JN409619

풍고집

이 책은 2017~2018년도 정부(교육부)의 재원으로 한국고전번역원의 지원을 받아 수행된 '권역별거점연구소협동번역사업'의 결과물임.

This work was supported by Institute for the Translation of Korean Classics-Grant funded by the Korean Government.

한국고전번역원 한국문집번역총서/성균관대학교 대동문화연구원

풍고집 5

楓皐集

김조순 지음
金祖淳

이성민 옮김

일러두기

1. 이 책의 번역 대본은 한국고전번역원에서 간행한 한국문집총간 289집 소재《풍고집(楓皐集)》으로 하였다. 번역 대본의 원문 텍스트와 원문 이미지는 한국고전종합DB(http://db.itkc.or.kr)에서 확인할 수 있다.
2. 내용이 간단한 역주는 간주(間註)로, 긴 역주는 각주(脚註)로 처리하였다.
3. 한자는 필요한 경우 이해를 돕기 위하여 넣었으며, 운문(韻文)은 원문을 병기하였다.
4. 맞춤법과 띄어쓰기는 한글 맞춤법과 표준어 규정을 따랐다.
5. 이 책에서 사용한 부호는 다음과 같다.
   ( ) : 번역문과 음이 같은 한자를 묶는다.
   〔 〕: 번역문과 뜻은 같으나 음이 다른 한자를 묶는다.
   " " : 대화 등의 인용문을 묶는다.
   ' ' : " " 안의 재인용 또는 강조 문구를 묶는다.
   「 」: ' ' 안의 재인용을 묶는다.
   《 》: 책명 및 각주의 전거(典據)를 묶는다.
   〈 〉: 책의 편명 및 운문·산문의 제목을 묶는다.

차례

일러두기 • 4

풍고집 제12권

묘지墓誌

종숙부 장악원 정 부군 묘지명 從叔父掌樂院正府君墓誌銘 • 15

종숙모 숙인 덕수 이씨 묘지명 從叔母淑人德水李氏墓誌銘 • 27

유모 허씨 묘지명 乳媼許氏墓誌銘 • 32

죽은 며느리 유인 완산 이씨 묘지명 亡子婦孺人完山李氏墓誌銘 • 36

승지 이공 묘지 承旨李公墓誌 • 41

죽은 아내 청양부부인 묘지명 亡室青陽府夫人墓誌銘 • 58

이청안 묘지명 李清安墓誌銘 • 66

묘표墓表

선부군 묘표 先府君墓表 • 70

종숙부 좌의정 익헌공 부군 묘표 從叔父左議政翼憲公府君墓表 • 77

왕고 증 좌찬성부군 묘표 王考贈左贊成府君墓表 • 84

학생 임공 묘표 學生任公墓表 • 90

행장行狀

예조 정랑 박공 행장 禮曹正郎朴公行狀 • 93
우참찬 유공 행장 右參贊兪公行狀 • 104
백부 목사 부군 행장 伯父牧使府君行狀 • 136

풍고집 제13권

시장諡狀

부제학 증 이조 판서 김공 시장 副提學贈吏曹判書金公諡狀 • 145
판돈녕부사 조공 시장 判敦寧府事趙公諡狀 • 177
예조 판서 심공 시장 禮曹判書沈公諡狀 • 206
판중추부사 홍공 시장 判中樞府事洪公諡狀 • 227

풍고집 제14권

시장諡狀

병마절도사 증 병조 판서 심공 시장 兵馬節度使贈兵曹判書沈公諡狀 • 253
공조 판서 증 좌찬성 이공 시장 工曹判書贈左贊成李公諡狀 • 265
이조 판서 조공 시장 吏曹判書趙公諡狀 • 280

호조 판서 이공 시장 戶曹判書李公諡狀 • 327
정릉 참봉 증 이조 판서 김공 시장 靖陵參奉贈吏曹判書金公諡狀 • 370
대제학 이공 시장 大提學李公諡狀 • 381
안풍군 시장 安豐君諡狀 • 398
좌부빈객 증 좌의정 임공 시장 左副賓客贈左議政任公諡狀 • 409

풍고집 제15권

서序

《실록청제명록》에 대한 서문 實錄廳題名錄序 • 419
《운석소고》에 대한 서문 雲石小稿序 • 421
연경에 가는 동어 이 판서를 전송하는 서문 送桐漁李判書赴燕序 • 425
만기 선생의 회갑을 축하하는 서문 賀晩磯先生周甲序 • 430
《동성교여집》에 대한 서문 東省校餘集序 • 433
《임재집》에 대한 서문 臨齋集序 • 436
《노가재집》에 대한 서문 老稼齋集序 • 440
《난계유고》에 대한 서문 蘭溪遺稿序 • 444
《최순옹충의록》에 대한 서문 崔淳翁忠義錄序 • 448
《교하노씨족보》에 대한 서문 交河盧氏族譜序 • 452

기記

읍호루 중수기 挹灝樓重修記 • 454

만마산성 신축기 萬馬山城新築記 • 458

안동 관왕묘 중수기 安東關王廟重修記 • 462

교정복괘연에 대한 기 記橋亭卜卦硯 • 465

봉원사의 유람에 대한 기 記奉元寺遊 • 470

부용당 중수기 重修芙蓉堂記 • 475

문소루 중수기 聞韶樓重修記 • 479

황학루 중수기 黃鶴樓重修記 • 482

발跋

가재 선생이 남긴 희작 그림에 대한 발문 稼齋先生戲墨跋 • 486

《선원보략》에 대한 발문 璿源譜略跋 • 488

선부군이 남긴 글에 쓴 발문 先府君遺文跋 • 491

정종 대왕의 어서 〈명사강목 부록 뒤에 제하다〉라는 문초 한 폭에 대한 발문 正宗大王御書題明史綱目附錄後文草一幅跋 • 494

정종 대왕의 어제 〈영설시〉에 대한 발문 正宗大王御製詠雪詩跋 • 498

〈정심당기〉에 쓴 발문 靜心堂記跋 • 500

《퇴헌집》에 대한 발문 退軒集跋 • 502

잠箴

육헌잠 六獻箴 • 504

명銘

정종 대왕께서 하사하신 흡주연에 대한 명 正宗大王御賜歙硯銘 • 509

어제 〈내각 직제학 이만수에게 나막신을 하사하며 지은 명〉에
이어 짓다 賡御製賜內閣直提學李晚秀木屐銘 • 510

왜국 붓에 대한 명 倭筆銘 • 511

신여금에 대한 명 愼汝琴銘 • 513

이경혼이 하사받은 허리띠에 대한 명 李景混賜帶銘 • 514

송頌

새로 만든 양털 붓에 대한 송 新製羔毫頌 • 516

이종 아우 이사성 희찬 의 새집에 대한 송 姨弟李士成 羲贊 新第頌 • 518

찬贊

어제 〈각신에게 생강을 하사하며 지은 찬〉에 이어 짓다
賡御製賜閣臣薑贊 • 520

전傳

이언진전 李彦瑱傳 • 521

미치광이 한씨전 韓顚傳 • 525

이선생전 李先生傳 • 528

양산숙전 梁山璹傳 • 535

풍고집 제16권

잡저雜著

성상께서 하사하신 손거울과 작은 나무 쟁반에 대한 설
御賜面鑑手槃說 • 549

《홍엽첩》에 쓰다 書紅葉帖 • 551

장수의 원인을 탐색하여 심효선 능술 의 육십일 세 생신을 축하하다
原壽賀沈孝善 能述 六十一歲 • 554

김명원의 《경독원미정고》 뒤에 쓰다 書金明遠畊讀園未定稿後 • 557

이원의 최충일이 소장한 우리 집안의 옛 간독 두루마리의 끝에 쓰다
書利原崔忠一所藏吾家故牘卷端 • 559

바람과 비에 대한 설 風雨說 • 561

법에 대하여 說法 • 565

《춘추》를 읽고 지은 설 讀春秋說 • 567

《노자》를 읽고서 讀老子 • 570

시문을 객에게 보여주는 것에 대한 설 詩文示客說 • 572

홍류동의 바위에 새겨진 시의 뒤에 쓰다 書紅流石刻詩後 • 575

어떤 사람에게 주다 贈人 • 576

집안에 소장한 《서한문》의 뒤에 쓰다 書家藏西漢文後 • 579

선조 문충공과 우암 송 선생이 귤옥 윤공의 유집에 쓴 서문과 발문의
뒤에 쓰다 書先祖文忠公尤庵宋先生所撰橘屋尹公遺集序跋後 • 582

임자년에 받은 하사품에 대한 설 壬子內賜說 • 585

선씨의 《삼강록》 뒤에 쓰다 書宣氏三綱錄後 • 586

소장공의 《고목죽석도》 뒤에 쓰다 書蘇長公枯木竹石圖後 • 589
이자고의 부채에 쓰다 題李子皐扇 • 590
개벽에 대한 논변 開闢辨 • 592
《옥적신어》 병서 王篴新語 幷序 • 602
대나무에 대한 설 竹說 • 605
유근의 생일에 逌兒生朝 • 608
맹여의 회갑을 축하하다 賀孟如晬日 • 611
겸재의 화첩에 대해 쓰다 題謙齋畫帖 • 614
《기사일기》 뒤에 쓰다 書己巳日記後 • 616
범털로 만든 붓에 대하여 虎毛筆說 • 619
대수판 大水判 • 620
두 가지 누에 대해 탄식하다 歎二累 • 622
잡록 雜錄 • 623

풍고집 발문 跋 | 정원용 鄭元容 • 643
풍고집 발문 跋 | 김흥근 金興根 • 649
풍고집 발문 跋 | 조두순 趙斗淳 • 652

풍고집

제12권

墓誌 묘지

墓表 묘표

行狀 행장

묘지墓誌

종숙부 장악원 정 부군 묘지명[1]

從叔父掌樂院正府君墓誌銘

나의 종조숙부(從祖叔父)인 장악원 정공(掌樂院正公)이 이미 세상을 떠난 지 24년 뒤에, 종조형(從祖兄)인 현감(縣監) 복순(復淳)이 공의 행장을 가지고 와 나에게 다음과 같이 말하였다.

"아! 나의 선군자(先君子)께서는 영민하고 크고 심오한 자질로 인(仁)으로 마음에 집을 짓고 덕(德)으로 남을 사랑하여,[2] 집안에서는 종친들에게 의지가 되었고 밖에서는 붕우들의 추앙을 받으셨다. 만약 현달하여 공경(公卿)의 지위에 올라 품은 능력을 온전히 다 펼쳤더라면 문충공(文忠公 김수항(金壽恒))과 충헌공(忠獻公 김창집(金昌

1 종숙부……묘지명 : 풍고의 종조숙부인 김이장(金履長, 1718~1774)에 대한 묘지명으로, 풍고의 나이 34세 때인 1798년(정조22)에 지었다.

2 인(仁)으로……사랑하여 : 《맹자》 〈이루 상(離婁上)〉에, "인은 사람의 편안한 집이고, 의는 사람의 바른 길이다.〔仁, 人之安宅也. 義, 人之正路也.〕"라는 구절이 있다. 또 《예기》 〈단궁 상(檀弓上)〉에 "군자는 덕으로써 남을 사랑하며, 소인은 고식적으로 남을 사랑한다.〔君子之愛人也以德, 細人之愛人也以姑息.〕"라는 구절이 있다.

集))의 유업(遺業)을 거의 다시 떨쳤을 것이다. 하지만 일찍 과거 공부를 그만두고 벼슬에 나아갈 뜻을 끊어 음직(蔭職)을 전전하며 일생을 마치셨다. 그러므로 드러난 공적은 지방관으로서의 치적을 벗어나지 못했고 알려진 덕행은 향당(鄕黨) 밖으로까지 알려지지 못해, 감추어져 드러나지 않았고 드러나도 빛나지 못하였다. 불초(不肖)는 세월이 오래 지날수록 그 행적이 더욱 묻혀 버릴까 두려운 마음이 들었다. 이에 삼가 생몰년과 이력 및 머무셨을 때와 관직에 나아가셨을 때의 훌륭한 점의 대략을 순서대로 기록해 나의 형제와 자손들에게 주어 면려하고, 다시 묘도(墓道)의 글을 짓는 일을 너에게 부탁하려 한다."

초상화를 그리는 사람은 털끝 하나만 차이가 나도 오히려 그 사람이 아니라고 한다. 하물며 자질(子姪)로서 부형(父兄)의 덕을 형용함에 어찌 조그마한 차이가 있어서야 되겠는가. 내 나이 열 살 때 공은 이미 세상을 떠났으므로 나는 공의 덕행을 직접 접하지 못했다. 이에 여러 부형에게 공의 실제 모습을 여쭌 뒤 마침내 감히 붓을 잡아 기록한다.

공은 휘는 이장(履長)이고 자는 장경(長卿)이니, 바로 우리 고조 충헌공이 돌아가시기 전에 지어준 것이다.

우리 김씨(金氏)는 안동(安東)에서 나왔으니, 고려의 개국 공신 태사(太師) 휘 선평(宣平)이 실로 시조이다.

이후로 후손이 끊임없이 이어졌는데, 우리 조선에 이르러서는 좌의정 문정공(文正公) 휘 상헌(尙憲)이 도학(道學)과 문장으로 우리나라의 종사(宗師)가 되었다. 인조 때인 병자년(1636, 인조14)과 정축년

(1637)의 호란을 당해서는 오랑캐 조정에서 절개를 굳게 지키며 천하에 대의를 밝히니, 학자들이 '청음선생(淸陰先生)'이라고 일컬었다.

이후로 두 세대를 내려와 휘 수항(壽恒)이 있으니, 관직은 영의정에 올랐고 시호는 문충(文忠)이며 호는 문곡(文谷)이다. 맑은 절개와 올곧은 도로 사림(士林)을 이끌었는데, 숙종 기사년(1689, 숙종15)에 사화(士禍)를 당했다.[3] 이분이 바로 공의 고조이다.

증조의 휘는 창집(昌集)이고 호는 몽와(夢窩)이니, 세칭 '사대신(四大臣)'의 한 사람이다. 경종 신축년(1721, 경종1)에 수상(首相)이 되어 충문공(忠文公) 이이명(李頤命), 충익공(忠翼公) 조태채(趙泰采), 충민공(忠愍公) 이건명(李健命)과 함께 성상 앞에서 영종(英宗 영조)을 세워 저사(儲嗣)로 삼을 것을 헌의하였다.[4] 임인년(1722, 경종2)에 역적 조태구(趙泰耉)와 김일경(金一鏡) 등이 역적 환관(宦官)을 끼고 궁중의 은밀한 후원을 받고 있었는데, 공교롭게도 경종에게 병이 생기자 무고하여 큰 옥사를 엮어 저궁(儲宮 영조)을 핍박하였다.[5] 공과 두

3 숙종……당했다 : 기사환국(己巳換局)을 말한다. 이 사건으로 남인(南人)이 재집권하자, 김수항은 탄핵을 받아 진도(珍島)에 위리안치되었다가 이후 사사되었다.

4 경종……헌의하였다 : 경종이 즉위한 뒤 병약하고 후사가 없자, 왕세제(王世弟)였던 영조의 대리청정을 건의한 일을 말한다. 처음에 경종은 정사를 왕세제에게 맡길 것을 허락했으나 소론의 격렬한 반대로 성사되지 못했다가, 1721년에 영조를 왕세제로 책봉하였다.

5 임인년에……핍박하였다 : 소론(少論)의 거두였던 조태구(趙泰耉)와 김일경(金一鏡)이 환관(宦官) 박상검(朴尙儉)과 결탁해 노론(老論) 세력을 완전히 축출한 임인옥사(壬寅獄事)를 일으킨 것을 말한다. 소론은 당시 목호룡(睦虎龍)을 매수해 노론 측에서 경종을 시해하려 한다고 고변하게 해 옥사를 일으켰으며, 노론사대신은 모두 유배되었다가 사사되었다.

이공(李公)과 조공(趙公) 및 공의 장자와 장손[6]이 모두 화에 걸려들었으니, 경종은 실로 알지 못한 일이었다. 아! 하늘이여, 원통하도다. 영종 때 공의 3대가 모두 신원되었다.[7]

조부의 휘는 제겸(濟謙)이고 호는 죽취자(竹醉子)이니, 우부승지를 지낼 때 화를 당했다.[8] 누차 증직되어 좌찬성에 이르렀다.

부친의 휘는 성행(省行)이다. 포의(布衣)로서 나라를 위해 목숨을 바쳤으니 종사(宗社)가 편안하게 된 것은 모두 그의 힘이었다.[9] 영종은 '세한송백(歲寒松栢)'이라 칭찬하며[10] 처음에는 지평으로 추증해 주었으며, 뒤에는 이조 참의로 추증하였다. 금상(今上 정조)이 더 올려 참판으로 추증하고 '충신(忠臣)'이라는 정려(旌閭)를 내렸다.

모친은 증 정부인(贈貞夫人) 풍산 홍씨(豐山洪氏)이니, 증 참판 홍중연(洪重衍)의 딸이요 영안위(永安尉) 문의공(文懿公) 홍주원(洪柱

6 공의 장자와 장손 : 김창집의 장남은 김제겸(金濟謙, 1680~1722)이고, 장손은 김성행(金省行, 1696~1722)이다.

7 영종……신원되었다 : 영조는 1740년(영조16)에, 임인옥사가 소론의 무고에 의한 것이라고 판정한 경신처분(庚申處分)을 단행하여 김창집과 이이명을 신원하였다. 그 이듬해에 이른바 신유대훈(辛酉大訓)을 반포하여 임인옥사와 관련된 옥안을 소각하고 피화자를 모두 신원하라는 결정을 내렸다.

8 우부승지를……당했다 : 김제겸은 우부승지로 있던 1721년(경종1) 12월에 임인옥사에 연루되어 울산(蔚山)으로 유배되었고, 이후 부령(富寧)으로 유배되었다가 사사되었다. 《承政院日記 景宗 1年 12月 6日, 2年 8月 14日》

9 종사(宗社)가……힘이었다 : 《영조실록》 16년(1740) 3월 2일 기사에, 유척기(兪拓基)가 김성행의 신원을 요청하면서 "오늘날까지 종사가 있을 수 있게 된 것은 또한 김성행의 힘입니다.〔宗社之得有今日, 亦省行之力也.〕"라고 한 내용이 있다.

10 영종은 세한송백(歲寒松栢)이라 칭찬하며 : 《승정원일기》 철종 9년 3월 20일 기사에, 영조가 김성행을 세한송백이라고 칭찬했다는 조두순(趙斗淳)의 말이 보인다.

元)의 증손이다.

공은 태어나면서부터 얼굴이 희고 미목(眉目)이 수려하며 얼굴에 감도는 빛이 상서롭고 온화하였으니 몽와공(夢窩公 김창집)이 매우 애지중지하여 항상 말하기를, "이 아이는 비범하니 선군(先君)의 제사를 맡길 곳이 생겼다."라고 하였다.

임인년(1722, 경종2)의 화[11]가 일어났을 때 공은 겨우 다섯 살이었는데, 지친(至親)이 모두 쫓겨나 이리저리 흩어져 조모 송 부인(宋夫人)이 금산(錦山)으로 유배되니 홍 부인(洪夫人)이 공을 데리고 따라갔다.[12]

갑진년(1724, 영조즉위년, 7세)에 조정에서 몽와공을 신원하여, 충헌(忠獻)이라는 시호를 내리고 노량(露梁)에 사당을 세워 '사충(四忠)'이라 사액하였다.[13] 또 유배된 일족을 풀어주니, 공은 두 부인을 따라 돌아왔다.

정미년(1727, 영조3, 10세)에 조태구와 김일경의 일당인 이광좌(李光佐)가 다시 권력을 잡아 또 충헌공의 관작을 삭탈하고 앞서 세웠던

11 임인년의 화 : 17쪽 주5 참조.

12 조모……따라갔다 : 조모 송 부인(宋夫人)은 김제겸(金濟謙)의 아내인 은진 송씨(恩津宋氏)로, 송병원(宋炳遠)의 딸이며 송준길(宋浚吉)의 증손이다. 김제겸이 사사된 후 은진 송씨는 아들 김탄행(金坦行)과 함께 금산으로 유배되었다. 홍 부인(洪夫人)은 김이장의 모친 풍산 홍씨를 말한다. 《渼湖集 卷19 先伯父府君行狀》

13 갑진년에……사액하였다 : 영조는 즉위 후 노론사대신의 관작을 회복하고 '사충사(四忠祠)'를 세우게 하였는데, 1727년(영조3)의 정미환국(丁未換局)으로 소론 정권이 다시 들어선 뒤 사충사도 철폐되었다. 1740년(영조16)의 경신처분(庚申處分)으로 사대신이 다시 충신으로 판정되었으며, 1756년(영조32)에 사당을 복설하고 사충서원(四忠書院)이라 부르게 하였다.

사당을 허물었으니, 이를 '정미환국(丁未換局)'이라고 한다.

무신년(1728, 영조4, 11세)에 이광좌 일당이 기사년(1689, 숙종15)의 잔당과 합세해 병사를 일으켜 모반하니,[14] 공은 또 두 부인을 따라 청풍(淸風)으로 피란했다가 난리가 평정된 뒤 도로 여강(驪江)[15]으로 돌아왔다. 임자년(1732, 영조8, 15세)에 송 부인이 세상을 떠나고 갑인년(1734, 영조10, 17세)에 홍 부인이 또 세상을 떠나니 공은 더욱 의지할 데 없이 외로웠으나, 자신의 몸을 지키며 예법대로 상을 치렀다.

병진년(1736, 영조12, 19세)에 공은 열아홉 살의 나이로 비로소 혼인하였고, 부지런하고 검소한 생활로 자신의 뜻을 지켰다.

경신년(1740, 영조16, 23세)에 충헌공(김창집)의 관작이 회복되고 그 뒤 을해년(1755, 영조31)에 사당 역시 다시 세워졌으니 의리가 이때에 이르러 더욱 크게 확정되었다. 그러나 공은 이전에 당한 화를 매우 가슴 아프게 여겨 과거 공부를 단념하고 종신토록 과장(科場)에 나가지 않았다.

무진년(1748, 영조24, 31세)에 조정에서 충신의 아들을 녹용하는

14 무신년에……모반하니 : 1728년(영조4)에 정권에서 배제된 소론이 남인과 연합해 일으킨 이인좌(李麟佐, 1695~1728)의 난을 말하는데, 무신란이라고도 한다. 기사년의 잔당은 기사환국을 일으켰던 남인을 지칭한 말이다. 이들은 영조를 폐하고 밀풍군(密豊君) 이탄(李坦)을 왕으로 추대하고자 하였으나 실패하였다.

15 여강(驪江) : 경기도 여주(驪州)를 말한다. 김성행의 아우 김탄행(金坦行)이 9세 때 금산으로 유배되었다가 풀려난 뒤 여주와 양지(陽智) 사이를 떠돌며 살았다는 기록이 있는 것으로 보아 김이장 역시 함께 살았던 것으로 보인다. 《三山齋集 卷9 從叔父府使公墓表》

은전을 베풀어 장릉 참봉(長陵參奉)을 제수하였으나 나아가지 않았다.

계유년(1753, 영조29, 36세)에 연신(筵臣)이 다시 아뢰어 특별히 내자시 주부(內資寺主簿)로 올려주었으나 사은숙배하고 즉시 체직되었다.

갑술년(1754, 영조30, 37세)에 조정에서 명을 내려 수령에 제수하여 관향(官享)[16]하게 하니, 즉시 제천 현감(堤川縣監)에 제수되었다.

정축년(1757, 영조33, 40세)에 순안 현령(順安縣令)으로 승진했다가 뒤에 관찰사와의 혐의(嫌疑) 때문에 벼슬을 버리고 돌아왔다.

신사년(1761, 영조37, 44세)에 사복시 판관(司僕寺判官)을 거쳐 강서 현령(江西縣令)으로 나갔다.

계미년(1763, 영조39, 46세)에 고성 군수(高城郡守)로 승진하였고 2년 뒤에 병으로 사직을 청하니, '편의만 도모한다'고 꾸짖는 교지(敎旨)를 받아 즉시 고성 땅에 유배되었다. 이듬해(1764)에 용서를 받아 사면되었고 돌아오는 길에 제용감 주부(濟用監主簿)에 제수되었으며, 얼마 뒤 사재감 첨정(司宰監僉正)을 지냈다. 이해 겨울에 남원 부사(南原府使)로 나갔으며, 그 이듬해(1765)에 승진하여 황주 목사(黃州牧使)가 되었다.

무자년(1768, 영조44, 51세)에 관리 평가에서 최하의 성적을 받아 돌아왔다. 공에게 앙심을 품은 권신(權臣)이 관찰사를 사주해 공의 평가를 깎아내려 중고(中考)의 성적에 두도록 하니, 성상이 마침내 결정을 내린 것이었다.

16 관향(官享) : 국가에서 존숭하는 명신(名臣)의 봉사손(奉祀孫)을 수령직에 제수하고 그로 하여금 사판(祠版)을 모시고 가서 임소에서 제사를 받들게 하는 것을 말한다.

기축년(1769, 영조45, 52세)에 어떤 일로 인해 붙잡혀 갔다. 당시 같은 죄를 지은 자들이 대부분 대궐 뜰에서 형신(刑訊)을 받았으나 공의 차례가 되자 성상이 특별히 신문하지 않고 남해현(南海縣)으로 유배를 보냈다가 몇 달 뒤에 풀어주었다. 이해 겨울에 또 어떤 일로 인해 하리(下理)[17] 되었는데, 성상이 또 차마 대질신문을 하지 못하고 곧장 평구역(平丘驛)으로 유배시켰다가 얼마 뒤 용서하였으니, 참판공(參判公 김성행)을 추념하였기 때문이었다.

계사년(1773, 영조49, 56세)에 장악원 정(掌樂院正 정3품 당하)에 제수되자 공은 겸손하고 두려운 마음으로 곧장 해직을 청하고, 말하기를 "나는 화를 당한 집안의 후손으로 오늘까지 선조의 제사를 받들고 자식을 키우며 내외 3품의 관직까지 역임할 수 있었으니, 다시 무엇을 바라겠는가. 내 장차 여강으로 돌아가 노년을 보내겠다."라고 하였다. 그리고 여주(驪州)의 옛집을 고쳐 넓히고 당호(堂號)를 '유안(遺安)'이라고 하였으니, 방공(龐公)의 말에서 취한 것이었다.[18]

갑오년(1774, 영조50, 57세) 겨울에 병을 얻어 12월 18일에 서울의 집에서 세상을 떠났다. 숙종 무술년(1718, 숙종44)에 태어났으니 향년은 57세였다. 임종할 때 집안의 부녀자들에게 영결의 절을 올리고 물러가게 한 뒤, 아들들에게 훈계하여 상례와 제례는 검약함에 힘쓰고

17 하리(下理) : 심리에 부쳐지거나 조사·신문을 받거나 하옥하여 치죄하는 것이다.

18 당호(堂號)를……것이었다 : 유안(遺安)은 자손에게 편안함을 남겨준다는 뜻이다. 방공(龐公)은 후한(後漢)의 은사(隱士) 방덕공(龐德公)을 말한다. 형주 자사(荊州刺史) 유표(劉表)가 방덕공을 찾아와 벼슬을 권하자, 방덕공은 "세상 사람들은 모두 위태로움을 남겨 주지만 나는 홀로 편안함을 남겨 준다."라고 한 고사가 전한다. 《後漢書 卷83 逸民列傳 龐公》

독서하며 교유를 끊도록 하였다.

이듬해 2월에 여주 등신면(登神面) 초현리(草峴里) 선영의 왼쪽 언덕에 임시로 장사를 지냈다. 경술년(1790, 정조14) 4월 5일에 참판공(김성행)의 묘소에서 십여 보 떨어진 신향(辛向)에 부인 숙인(淑人) 이씨(李氏)와 합장하여 봉분을 세웠으니, 3대 선조의 묘소 곁에 묻으라는 유언을 따른 것이다.[19] 숙인의 관향은 덕수(德水)이며, 따로 묘지(墓誌)가 있다.[20]

공은 어렸을 때 집안의 화를 당해 일찌감치 학문을 익힐 기회를 놓쳤지만 인후(仁厚)하여 고인의 풍모가 있었고, 점잖고 너그러워 평소에 갑자기 기뻐하거나 화를 내는 일이 없었다. 제부(諸父)와 제모(諸母)를 섬길 때는 공경과 사랑을 다하였고, 남을 대할 때는 온화한 얼굴빛에 정성스러운 뜻을 보이며 한 번도 함부로 대한 적이 없었으며, 같은 화를 당한 집안의 사람들을 마치 형제와 수족처럼 여겼다. 의리를 중시하고 베풀기를 좋아하며, 일족과 화목하게 지내고 곤궁한 이들을 구휼하니, 지친(至親) 가운데 공의 도움 덕분에 밥을 굶지 않은 자들이 여러 집이었다. 원근의 친인척과 빈객 중에 길흉의 큰일을 고하는 자들이 다른 사람에게 가지 않고 공에게 찾아갔기에, 방문 밖에 신발들이 늘 어지러이 널려 있었다. 갖옷과 말 등 값비싼 물건도 즐거운 마음으로 남에게 주었지만 남에게서는 구차하게 취하는 것이 없었으니, 이는 공의 천성에서 나온 것이었다.

19 3대……것이다 : 김이장의 3대 선조인 김창집·김제겸·김성행의 묘가 모두 이곳에 있다.

20 숙인(淑人)의……있다 : 이 글 바로 다음에 숙인 이씨에 대한 묘지명이 있다.

관리가 되어서는 엄하면서도 은혜로웠고 부임하는 곳마다 무너진 제도를 정비하고 폐단을 정상으로 되살렸으며, 순안과 고성에서는 공적이 더욱 드러나 두 곳에 모두 거사비(去思碑)[21]가 세워졌다고 한다.

공은 4남 1녀를 두었다. 장남은 복순(復淳)이고, 차남 태순(泰淳)은 일찍 죽었고, 삼남 인순(麟淳)은 전 현감으로 공의 종제(從弟) 이직(履直)의 후사가 되었으며, 사남은 이순(頤淳)이다. 딸은 목사(牧使) 홍수영(洪守榮)에게 출가하였다.

복순은 1남 3녀를 두었다. 장녀는 홍식(洪埴)에게 출가하였고, 다른 딸과 아들은 어리다. 태순의 양자는 교근(教根)인데 진사(進士)이며, 딸은 진사 한상리(韓象履)의 아내가 되었다. 인순의 아들은 준근(浚根)이고 딸은 이영규(李英奎)에게 출가하였다. 교근은 1남 1녀를 두었는데 모두 어리다.

공은 집안 대대로 국가의 두터운 은혜를 입었다고 여겨서 스스로 힘을 다해 보답하기를 생각하였고, 조정의 잘잘못을 들을 때면 자신의 관직이 낮다고 하여 그 근심과 기쁨을 잊은 적이 없었다. 아! 이는 또한 문충공(김수항)과 충헌공(김창집)의 심법(心法)에서 얻은 것이었지만, 안타깝게도 그것을 다 펼치지 못하였다. 명(銘)은 다음과 같다.

네 대에 걸쳐 다섯 공께서 四世五公
우리 집안을 빛내셨고[22] 有煥門闌

21 거사비(去思碑) : 선정을 베푼 감사나 수령 등이 떠나간 뒤에 그 공덕을 기리어 고을 주민들이 세운 비석을 말한다.

22 네……빛내셨고 : 원문의 '사세오공(四世五公)'은 원래 4대에 걸쳐 5명의 고관을

한 집안에 세 분의 충신 있으니[23]	一門三忠
그 마음은 일편단심이었도다	其心則丹
아! 공의 세대에 이르러	嗚呼公世
슬픔이 기쁨으로 단서 바뀌니[24]	咷笑更端
쓰러진 나무에서 새로 움이 돋고	甹出乎顚
올빼미가 허문 집이 온전해졌네[25]	鴟毁者完
소장과 굴신을	消長屈伸
나라의 안위와 함께했나니	與國危安
여주의 강물은 도도히 흐르고	驪水滔滔
여주의 묘도(墓道)는 구불구불하네	驪阡蜿蜿
줄지어 늘어선 묘소에	堂斧纍纍

배출한 후한(後漢) 원안(袁安) 집안을 칭찬한 말이다. 농암(農巖) 김창협(金昌協)은 자신의 형 김창집(金昌集)을 대신해 지은 〈백씨 대신 지은 우의정을 사직하는 두 번째 소〔代伯氏辭右議政再疏〕〉에서, 증조 김상헌(金尙憲), 증백조(曾伯祖) 김상용(金尙容), 부친 김수항(金壽恒), 중부(仲父) 김수흥(金壽興) 및 김창집이 모두 재상의 자리에 올랐으므로, "4대에 다섯 공이 났다고 할 만합니다.〔恰爲四世五公矣.〕"라고 한 바 있다. 《農巖集 卷9》

23 한……있으니 : 김창집과 김제겸과 김성행을 말한다.

24 아……바뀌니 : 1740년(영조16) 경신처분(庚申處分)으로 노론사대신이 충신으로 판정되었다는 말이다. 원문의 '도소(咷笑)'는 《주역》 〈동인괘(同人卦) 구오(九五)〉에, "남과 함께하되 먼저는 울부짖다가 나중에는 웃는다.〔同人, 先號咷而後笑.〕"라고 한 데서 온 말로, 비환(悲歡)을 의미하는 말로 쓰인다.

25 쓰러진……온전해졌네 : 허물어졌던 집안을 다시 온전히 일으키게 되었다는 말이다. 《서경》 〈반경 상(盤庚上)〉에 "쓰러진 나무에 싹이 나는 것과 같다.〔若顚木之有由蘖.〕"라는 구절이 있는데, 여기서는 '싹〔蘖〕'을 '움〔甹〕'으로 바꾸어 표현하였다. 또 올빼미〔鴟〕는 간악한 사람을 비유하는 말이다. 《詩經 鴟鴞》

소나무 잣나무 꼿꼿이 섰고[26] 松栢丸丸
일목과 양소에[27] 一穆兩昭
영령의 혼백이 단란하게 모였네 精魄聚團
살아서는 그 신주를 맡았고 生尸其主
돌아가서는 무덤 속에서 모셨도다[28] 沒陪璲欑
영예 누리지 못한 건 오직 공뿐이라 不榮唯公
이에 길이 탄식하노라 載其永歎

26 줄지어……섰고 : 김창집 · 김제겸 · 김성행 · 김이장의 묘소는 여주 대신면(大神面) 초현리(草峴里)에 남북으로 늘어서 조성되어 있다. 《시경》 〈은무(殷武)〉에, "저 경산에 오르니, 소나무 잣나무 꼿꼿하네.〔陟彼景山, 松柏丸丸.〕"라는 구절이 있다.

27 일목(一穆)과 양소(兩昭)에 : 목과 소는 사당에 놓이는 신주 또는 묘소의 좌우 위치를 말하는데, 여기서는 김창집 · 김제겸 · 김성행의 묘소를 말한다. 일목은 김제겸을, 이소는 김창집과 김성행을 이른다. 김창집의 묘소는 을좌(乙坐)에, 김제겸과 김성행의 묘소는 손좌(巽坐)에 있다. 《海藏集 卷14 遺安堂金公墓碑》

28 돌아가서는……모셨도다 : 원문의 '수(璲)'는 묘도를 뜻하는 '수(隧)'와 같은 글자이고, '찬(欑)'은 가매장한다는 의미인데, 김이장이 1774년 세상을 떠났을 때 가매장했던 것을 말한 것으로 보인다. 가매장한 사실은 묘지의 내용에 보인다.

종숙모 숙인 덕수 이씨 묘지명[29]

從叔母淑人德水李氏墓誌銘

내가 악정공(樂正公)의 묘지(墓誌)[30]를 짓고 나자 복순(復淳) 씨가 다시 공의 숙인(淑人)의 묘지를 지으라고 명하였다.

삼가 살피건대, 숙인의 성은 이씨(李氏)이고, 보계(譜系)는 덕수(德水)에서 나왔으니, 고려 때 중랑장(中郎將)을 지낸 이돈수(李敦守)의 후손이다.

6대조 우(瑀)는 호는 옥산(玉山)이니, 문성공(文成公) 이(珥)의 아우이다. 조부는 현감 증화(增華)이다. 부친은 통덕랑(通德郎) 광연(廣淵)이다. 모친은 유인(孺人) 광산 김씨(光山金氏)이니, 판서를 지낸 경헌공(景獻公) 김진귀(金鎭龜)의 딸이다.

숙인은 품성이 맑고 지혜로웠으며 어려서부터 행실이 훌륭하였다. 계례(笄禮)를 할 즈음 통덕공(通德公 부친 이광연)의 상을 당했는데 병이 옮을 염려가 있어 외인들을 드나들지 못하게 하고서, 빈렴하고 수의를 입히는 일부터 조석으로 제수를 올리는 일에 이르기까지 모두 직접 살피고 손수 갖추어 유감이 없도록 하였다.

열아홉 살에 우리 종조숙부인 장악정공(掌樂正公 김이장)에게 시집

29 종숙모……묘지명 : 풍고의 종조숙부인 김이장(金履長)의 부인 덕수 이씨(德水李氏)에 대한 묘지명이다. 앞의 김이장의 묘지명과 비슷한 시기인 1798년(정조22)에 지은 것으로 보인다.

30 악정공(樂正公)의 묘지(墓誌) : 이 글 바로 앞에 수록된 〈종숙부 장악원 정 부군 묘지명(從叔父掌樂院正府君墓誌銘)〉을 말한다. 악정공은 김이장을 지칭한다.

왔으니 실로 우리 집안 4대의 총부(冢婦 종부(宗婦))이다. 시집을 올 당시 공은 폐인으로 자처하였고 화란을 당한 뒤라 집안도 몹시 가난하여 거의 제사를 받들고 종족을 보호하지도 못할 정도였다. 그러나 숙인은 집안의 일을 도맡아서 망해가는 집안을 보존하는 데 온 힘을 다해 비거나 부족한 것이 없게 하여, 공으로 하여금 그 어려움을 알지 못하도록 하였다.

공이 여섯 차례 고을살이를 할 때 숙인이 모두 따라갔는데 털끝만큼도 그 정사에 간여한 일이 없었다. 공이 강서 현령(江西縣令)으로 있을 때 종조부 미호(渼湖) 선생[31]이 때마침 관아에 이르렀다가 숙인의 방에 들어가 좌우를 둘러보고 웃으며 말하기를 "거처하는 곳에 사치스럽고 화려한 물건이 없으니 어찌 너의 본성이 그러해서가 아니겠느냐."라고 하였다. 숙인이 대답하기를 "부녀자가 아무리 사치를 부리고 싶어도 마음대로 하지 못하는 것은 모두 지아비의 덕입니다."라고 하였다. 고을에 이노(吏奴 아전과 관노)로부터 받는 비단이 있었는데, 숙인은 그것이 의리에 맞지 않는다는 말을 듣고 물리쳤다. 이노가 전부터 있던 관례라고 하자, 숙인이 말하기를 "관청에 본래 돈이 있는데 어찌 그렇게 할 필요가 있겠느냐."라고 하였다. 이노가 물러나 칭송하며 "원님은 현명하시고 부인은 더욱 청렴하시다."라고 했다고 한다.

악정공은 고인의 풍모가 있었고 의리를 중시하고 베풀기를 좋아하니, 공을 찾아와 밥을 먹는 친척과 빈객이 날마다 항상 십여 명이나 되었다. 하지만 숙인은 그들을 접대하는 데 법도가 있었고 싫어하거나

31 미호(渼湖) 선생 : 김원행(金元行, 1702~1772)으로, 자는 백춘(伯春)이고 미호는 그의 호이다. 김제겸(金濟謙)의 아들로, 당숙 김숭겸(金崇謙)의 후사가 되었다.

고달프게 여기지 않았다. 무릇 공의 생각이 미치지 못하는 일은 또한 반드시 사전에 넌지시 알려주었다. 공의 미덕을 완성하고 남의 다급함을 구제하는 데 숙인의 내조가 대개 이와 같았다.

처음에 공이 장가들기 전에 조모 송 부인(宋夫人)과 모친 홍 부인(洪夫人)[32]이 연이어 세상을 떠났다. 숙인이 시집온 뒤 두 부인이 남긴 옛 상자 속에서 공의 관례와 혼례 때 쓸 두건과 예복을 발견하였다. 바느질을 미처 마무리하지 못하였고 묻은 손때가 방금 만든 것과 같았기에 이를 붙잡고 크게 슬퍼하며 눈물을 흘렸고, 항상 두 부인이 살아있을 때 봉양하지 못한 것을 지극한 아픔으로 여겼다. 제사에 정성을 다하기를 노년까지 게을리하지 않았으니, 집안일을 며느리에게 넘겨준 뒤에도 제사 때마다 반드시 직접 주관하여 지휘하였고, 소식(素食)하면서 새벽까지 지새웠다. 자식들이 간언하면, "나는 늙었으니, 이 일을 오래도록 하고 싶어도 그럴 수 있겠느냐."라고 하였다. 문충공(文忠公 김수항(金壽恒))의 신주(神主)가 친진(親盡)되어 체천(遞遷)하게 되자 숙인은 곡하고 절하며 전송하였고, 기일이 되면 반드시 쌀과 과일을 마련해 제사를 도와주었다. 아! 이런 숙인이야말로 진정한 총부이다.

숙인은 숙종 무술년(1718, 숙종44) 5월에 태어나 당저(當宁) 경술년(1790, 정조14) 2월 8일에 세상을 떠나니, 향년 73세이다. 4월 5일에 시아버지 참판공(參判公 김성행(金省行)) 묘소의 아래에 장사 지냈다. 이에 앞서 악정공이 세상을 떠났을 때 선영의 왼쪽 산등성이 을좌(乙

32 조모……홍 부인(洪夫人) : 송 부인은 김이장의 조모인 은진 송씨(恩津宋氏)이고, 홍 부인(洪夫人)은 김이장의 모친 풍산 홍씨(豐山洪氏)를 말한다.

坐)의 언덕에 임시로 장사를 지냈었는데, 이때에 이르러 면례(緬禮)를 거행하여 합장하였으니, 예법에 맞았다.

공의 성은 김이고 휘는 이장(履長)이다. 세계(世系)와 자손은 공의 묘지에 자세히 기록하였기에 여기서는 다시 수록하지 않는다. 명(銘)은 다음과 같다.

부인은 그 몸이 참으로 왜소했지만 婦人者身誠眇然
가문의 흥망이 실로 그 몸에 달렸다네 而家之興替實係焉
이 때문에 《주역》에서 여폭의 상 드러내고[33] 是以易著輿輻之象
《시경》에서 〈계명〉의 현명함 칭찬하였네[34] 詩稱鷄鳴之賢
인자는 후손이 반드시 이어지고[35] 仁者後必延
덕을 쌓은 집안에는 반드시 경사가 넉넉한 법[36] 積德者慶必餘

33 주역에서……드러내고 : 《주역》에서 아내의 현덕을 강조했다는 말이다. 여폭(輿輻)의 상은 수레의 바퀴살이 빠지는 상을 말한다. 《주역》 〈소축괘(小畜卦) 구삼(九三)〉에, "수레의 바퀴살이 빠졌으니, 부부간에 반목한다.〔輿說輻, 夫妻反目.〕"라는 구절이 있다.

34 시경에서……칭찬하였네 : 《시경》의 〈계명〉은 임금을 경계시키는 후비의 덕을 표현한 것인데, "닭이 울었으니 조정에 대신들이 모였겠다.〔鷄既鳴矣, 朝既盈矣.〕"라고 하면서 "나 때문에 당신이 미움 사면 안 된다.〔無庶予子憎.〕"고 경계시키는 대목이 나온다. 이 시는 곧 옛날 어진 왕비가 임금이 조회에 늦을까 염려하여 새벽마다 일찍 일어나 조회에 나가도록 고한 것을 보고, 시인이 그 일을 아름답게 여겨 노래한 것이라 한다.

35 인자(仁者)는……이어지고 : 소식(蘇軾)의 〈삼괴당명(三槐堂銘)〉에, "인자에게는 반드시 훌륭한 후손이 있다.〔仁者必有後.〕"라는 구절이 있다. 《古文眞寶後集》

36 덕을……법 : 《주역》 〈곤괘(坤卦) 문언(文言)〉에 "선을 쌓은 집안에는 반드시 남은 경사가 있다.〔積善之家, 必有餘慶.〕"라는 말이 있다.

하늘에서 아들 많이 주고 장수하게 함 당연하니	宜多男多壽于天
여주(驪州)의 묘도에서 지아비를 따랐도다	從夫子乎驪之阡
시부모와 조상이 이에 편안해졌으니	惟舅姑祖先是寧
안온하고 길함이 천만년을 이어지리라	安且吉兮千萬年

유모 허씨 묘지명[37]

乳媼許氏墓誌銘

유모 허씨(許氏)는 재령(載寧) 농가(農家)의 딸이다. 종형 헐암(歇菴)[38]과 나에게 젖을 먹여 주었고 또 나의 요절한 누이동생[39]에게도 일찍이 젖을 먹였으니, 전후로 모두 15, 6년이었다. 종형과 내가 차례로 아내를 맞이하자 유모는 마치 남편인 양 우리의 아내를 사랑하고 중히 여겼으며, 또 아들과 딸을 낳자 마치 아비처럼 품에 안고 보살펴 준 것이 전후로 또 17, 8년이다. 전후로 30여 년 동안 그 은혜와 공덕이 막대한데 유모가 마침내 늙어서 세상을 뜨고 말았다. 유모는 신해년(1731, 영조7)에 태어나 기미년(1799, 정조23)에 죽었고, 동문(東門) 밖의 각심현(覺心峴)[40]에 장사 지냈다. 나와 헐암은 슬프게 곡하고 법도대로 상복을 입었다.[41]

37 유모(乳母) 허씨(許氏) 묘지명 : 풍고가 자신의 유모 허씨를 위해 지은 묘지명이다. 유모가 세상을 떠난 것은 1799년(정조23) 7월 13일로 기록되어 있다.

38 헐암(歇庵) : 풍고의 종형인 김명순(金明淳, 1759～1810)의 호이다. 자는 대숙(大叔)이며, 풍고의 백부 김이기(金履基)의 둘째 아들로 태어나, 계부 김이경(金履慶)의 후사가 되었다.

39 요절한 누이동생 : 풍고의 모친 평산 신씨(平山申氏)는 딸 셋을 낳았는데, 이장소(李章紹)에게 출가한 장녀에 대한 기록만 있어 나머지 두 딸은 요절한 것으로 본다.

40 각심현(覺心峴) : 현재의 성북구 월계동(月溪洞)에 있었던 각심사(覺心寺) 부근을 말하는 것으로 보인다.

41 법도대로 상복을 입었다 : 시마(緦麻) 3개월 복을 입었다는 말이다. 《의례(儀禮)》〈상복(喪服)〉 시마삼월(緦麻三月)조에 시마복을 입는 대상을 거론하면서, “유모를 위

우리 집은 본래 몹시 가난하여 우리 형제가 젖을 먹을 당시 유모는 배고픔과 추위의 고달픔에서 벗어나지 못했고 양식과 의복을 스스로 마련하기까지 했으나 원망하는 말이나 탓하는 기색이 없었으며, 평소에 한 번도 자신의 노고를 자랑한 적이 없었으니, 어려운 일이라고 하겠다.

유모가 세상을 떠난 날은 7월 13일로, 이날은 바로 선백부(先伯父 김이기(金履基))의 기일 이틀 후이니 바로 나의 선비(先妣)의 기일이다. 그러므로 우리 형제는 유모를 위해 재계하기를 기약하지 않았지만 저절로 재계하고 소식(素食)하며 이날을 보내게 되었다. 이것은 아마도 유모의 은혜와 공덕이 막대하여 이치상 반드시 보답해야 하므로, 이날 세상을 떠나 우리 형제에게 죽을 때까지 잊지 못하게 한 것이리라.

유모의 성품은 투박하고 뻣뻣했고 외모도 그러하여 보고 있으면 마치 거친 사내와 같았으며, 남에게 굽히는 바가 없어 거의 위아래도 알지 못하는 듯했다. 그러나 마음을 주는 사람에게는 온화하고 부드러워 마치 뼈가 없는 사람 같았다. 헐암이 항상 말하기를 "우리 유모는 죽어서 다른 별이 되지 않고 필시 괴석(怪石)이 될 것이다."라 하였으니, 곧 그의 사람됨을 알 만하다.

유모는 처음에 정씨(鄭氏)에게 시집가 아들 용산(龍山)을 낳고 재령에서 살았다. 뒤에는 김씨(金氏)에게 시집가 아들 연로(鍊老)를 낳아 우리 집에서 키웠다.

예전에 유모가 선백모(先伯母)를 따를 때 영유(永柔)의 관아에서

해 입는 복이다.〔乳母.〕"라고 하였고, 전문(傳文)에, "무엇 때문에 시마복을 입는가? 모(母)라는 명칭이 있기 때문에 복을 입는다.〔何以緦也? 以名服也.〕"라고 하였다.

다음과 같은 꿈을 꾸었다고 한다.[42]

> 바다에 갔다가 큰 바위 위에 앉았는데 바위가 갑자기 저절로 움직이더니 물결을 따라 건너편 언덕에 닿았다. 언덕에 궁궐같이 아름다운 집이 있었고 집 안에는 아무도 없었다. 여기저기 둘러보다가 어떤 방에 이르러 문을 여니 옥 같은 모습의 아이 하나가 단정히 앉아 책상에 놓인 책을 읽고 있었는데 네댓 살쯤 되어 보였다. 이에 앞으로 가 아이를 부르며 "아가야, 배고프면 내 젖을 먹으렴."이라 하고 젖을 먹이다가 꿈에서 깨었다.

유모가 백모에게 꿈 얘기를 하자 백모가 웃으며 말하기를 "아이고 어리석은 것아, 네가 어찌 그런 자식을 낳겠느냐. 둘째 집에서 아이를 가졌다고 하니, 아들을 낳으면 필시 네가 가서 젖을 먹일 것이다."라고 하였다. '둘째 집'이라고 한 것은 선비(先妣)가 손아래 동서였기 때문이었다. 얼마 뒤에 내가 태어났고 젖이 모자라 과연 유모를 불렀다.

유모가 일찍이 나를 안고 문밖에 서 있었는데 어떤 노파가 지나가다가 갑자기 유모에게 이르기를 "자네 혹시 꿈에서 바위를 타고 바다로 들어가 책 읽는 아이에게 젖을 먹인 적이 없는가? 자네가 바위로 아는 것은 바로 거북이고 젖을 먹인 아이는 바로 이 아이니, 훗날 반드시 귀하게 될 것이네."라고 하였다. 유모가 놀라고 괴이하게 여겨 이유를

42 예전에……한다 : 풍고의 백부 김이기는 1763년(영조39) 12월에 영유 현령(永柔縣令)에 임명되었다. 선백모는 청해 이씨(靑海李氏)로, 승지를 지낸 이용(李榕)의 딸이다. 《承政院日記 英祖 39年 12月 20日》《楓皐集 卷12 伯父牧使府君行狀》

물었지만, 노파는 대답하지 않고 가버렸다. 유모가 이 일을 늘 사람들에게 자랑하며 날마다 내가 귀하게 되기를 바랐는데, 지금 나는 귀하게 되었지만 유모는 이를 보지 못했으니, 아! 슬프다.

유자(儒者)는 마땅히 괴이하고 황당한 일을 말하지 않는 것이 옳다. 하지만 유모의 공덕을 기록하고자 한다면 그 꿈을 전하는 것 또한 유모의 기특함을 전하는 방도가 되기에 여기에 기록하였다. 이어서 명(銘)을 붙인다.

살아서 꿈을 꾸었으니 꿈에 바위를 타고 갔고　生而夢則夢騎石
죽어서 화했으니 아마도 바위로 화했으리라　死而化則化疑石
우리 유모 그 성품 바위에 부끄럽지 않으니　我媼有性不愧石
기이한 일 전하기 위해 돌에 새기노라　述異傳奇勒諸石

죽은 며느리 유인 완산 이씨 묘지명[43]

亡子婦孺人完山李氏墓誌銘

아! 슬프다. 유인(孺人)은 안동(安東) 김원근(金元根)의 처이니, 보계(譜系)는 세종의 아들 밀성군(密城君)[44]에서 나왔다. 영의정을 지낸 문정공(文貞公) 경여(敬輿), 이조 판서와 전문형(典文衡)을 지낸 문간공(文簡公) 민서(敏叙), 좌의정을 지낸 충민공(忠愍公) 건명(健命)이 유인의 7대조, 6대조 및 5대조이다.

부친은 헌성(憲成)이니 지금 의성 현령(義城縣令)이다. 모친은 숙인(淑人) 경주 김씨(慶州金氏)이니, 송애공(松崖公 김경여(金慶餘))의 후손이다.

유인은 정종(正宗 정조) 11년인 정미년(1787) 2월 24일에 태어났다. 원근에게 시집온 지 9년이 되었고 금상(순조) 7년인 정묘년(1807) 6월 5일에 세상을 떠났으니, 나이는 겨우 스물하나이다. 슬프다.

유인은 어려서부터 자주 병을 앓았고 장성해서도 여전히 여리고 약

43 죽은……묘지명 : 아들 김원근(金元根)에게 시집와서 21세 때인 1807년(순조7)에 세상을 떠난 며느리 완산 이씨(完山李氏)에 대한 묘지명이다. 완산 이씨는 노론사대신의 한 사람인 이건명(李健命)의 현손녀(玄孫女)이다. 풍고는 이 며느리를 얻었을 때 〈원근의 아내를 보고서 기쁨을 기록하다〔元根婦見志喜〕〉라는 시를 짓기도 하였다. 한편, 아래 번역문에서 시부모 또는 시아버지와 시어머니로 번역한 것은 풍고와 아내 청송 심씨(青松沈氏)를 지칭한다. 《楓皐集 卷1》

44 밀성군(密城君) : 세종의 다섯째 서자인 이침(李琛)으로, 신빈 김씨(愼嬪金氏) 소생이다.

해 시부모가 항상 걱정하였다. 유인은 시부모를 상심케 할까 걱정하여, 심한 경우가 아니면 반드시 힘을 내 세수하고 머리를 빗고서 평소처럼 아침저녁으로 문안 인사를 올려 자신의 병세를 시부모가 알지 못하게 하였다. 지난해 겨울부터 병이 더욱 고질이 되어 거의 다시 일어나지 못할 듯했다. 병세가 심해진 뒤에도 시아버지가 보러 가면 반드시 사람을 시켜 자신을 일으키게 하고 두려워하고 조심하는 기색이 얼굴에 나타났으며, 죽음을 눈앞에 두고도 여전히 그렇게 하였다. 하지만 정신은 또렷하여 묻는 것이 있으면 또박또박 분명하게 대답했고 또 죽음을 애달파하는 기색이 없었으니, 바로 그 평소의 수양을 알 수가 있다. 슬프다.

유인은 교하(交河)의 고향 마을에서 태어나 자라다가 열두 살 때 어머니를 따라 처음 서울로 와서 종부조(從父祖)의 집에 머물렀다. 그 집이 내 누님의 집과 담장을 맞대고 있었기에 시어머니 쪽 친속을 통해 내 누님에게 인사하였다. 누님의 아들[45]은 유인의 종조숙(從祖叔)이었는데, 장난삼아 유인을 밀어 앞에 세워 두었지만 유인은 얼굴빛을 단정히 하고 손을 가지런히 모으고 서서 마치 아무것도 듣고 본 것이 없는 듯 편안하였다. 시어머니가 어여삐 여겨 쓰다듬어 주고 돌아와 나에게 말하기를 "며느릿감으로 얌전하고 아름다우니 염두에 둘 만합니다."라고 하였다. 이때 벌써 혼사가 논의되었다.

그 이듬해에 우리 집으로 시집오니 용모는 단정하고 깨끗했고 품성

45 누님의 아들 : 이헌기(李憲琦, 1774～1824)를 말한다. 본관은 전주(全州)이며, 자는 치규(穉圭)이다. 1807년(순조7) 문과에 급제하였고, 이조 판서와 공조 판서 등을 역임하였다.

은 정숙하고 부드러워 보는 사람마다 매우 칭찬하였다. 몇 년이 지나는 동안 밤낮으로 자식이 생기기를 바랐지만 까닭 없이 두 번이나 유산하였고, 끝내 다시 임신하지 못한 채 어느 날 아침 세상을 떠나 형적이 마침내 사라지고 마니, 앞으로 우리 집안을 보는 자들은 유인처럼 현명한 부인이 있었는지를 모를 것이다. 슬프다.

유인은 정숙하여 특별히 좋아하는 것이 적었다. 귀고리며 비녀와 노리개 등 여인들의 마음을 기쁘게 하는 패물을 다른 사람들은 모두 좋아하고 부러워했지만, 유인은 그렇지 않아서 남들이 바라는 것이 있으면 상자를 털어 주고 마음 쓰지 않았다.

임술년(1802, 순조2) 이후로 성상의 수레가 대궐 밖으로 나올 때마다 집안사람들이 너도나도 집을 세내어 그 행차를 구경했는데, 유인은 시어머니가 함께 가자고 강권하는 경우가 아니면 늘 집을 지키며 앉아 있기만 하였다. 시어머니가 일찍이 말하기를 "이 며느리는 너무 욕심이 적으니, 오래 사는 데 이롭지 못할까 걱정입니다."라고 하였다. 아! 욕심이 적은 것은 장수를 누릴 상(相)이 아니었던가.[46] 욕심을 많이 부리며 장수하기보다는 차라리 단명하더라도 담백하게 살려고 했던 것인가? 슬프다.

유인은 이씨(李氏)의 딸이다. 옛날 백강공(白江公)은 인조 때 척화를 주장하다가 청나라 사람의 미움을 받아 용만(龍灣 의주(義州))에 구

46 욕심이……아니었던가 : 《논어》 〈옹야(雍也)〉의 "인자는 장수한다.〔仁者壽.〕"라는 구절에 대해 《논어주소(論語注疏)》에 "인자는 생각과 탐욕이 적어 성정이 항상 편안하고 고요하기 때문에 대체로 장수한다는 말이다.〔仁者壽者, 言仁者少思寡欲, 性常安靜, 故多壽考也.〕"라는 내용이 보인다.

금되었으니, 우리 선조 문정공(文正公 김상헌(金尙憲))과 함께 대의가 천하에 알려졌다.[47] 서하공(西河公)[48]은 문장과 명망과 덕행이 일찍 세상에 알려졌고 우리 선조 문충공(文忠公 김수항(金壽恒))과 함께 효종・현종・숙종의 세 조정을 섬겨 명신이 되었다. 한포공(寒圃公 이건명(李健命))은 경묘(景廟 경종) 원년(1721)에 우리 선조 충헌공(忠獻公 김창집(金昌集))과 세자를 세우는 문제를 결단했다가 함께 신임사화(辛壬士禍)를 당했다.

세상에 인친(姻親)과 선대의 우호로 일컬어지는 집안은 진실로 많지만 골육이나 마찬가지였던 우리 두 집안과 같은 경우는 아직까지 없었다. 만약 유인이 원근의 처가 되지 않았다면 나는 진실로 딸과 같이 여겼을 것이니, 그런 유인이 원근의 처가 되었음에랴. 살아 있을 때 어찌 사랑을 쏟지 않을 수 있었겠으며, 죽었으니 어찌 지극히 애통해하지 않을 수 있겠는가. 슬프다.

세상을 떠난 다음 달 모일(某日)에 모지(某地) 모향(某向)의 언덕에 묘소를 잡아 장사를 지냈다.

47 백강공(白江公)은……알려졌다 : 백강공은 이경여(李敬輿, 1585~1657)를 말한다. 자는 직부(直夫)이고 백강은 그의 호이다. 1642년(인조20) 12월에 청나라 연호를 사용하지 않는다는 등의 이유로 신익성(申翊聖)・이명한(李明漢)과 잡혀가 심양(瀋陽)에 억류되었다가 이듬해에 돌아왔다. 1644년 사은사로 청나라에 갔다가 다시 억류되었고 이듬해 소현세자(昭顯世子)와 함께 귀국하였다. 문정공(文正公)은 김상헌(金尙憲)을 말한다. 김상헌은 1640년에 심양으로 압송되었다가 병이 심해져 1642년 1월에 의주(義州)로 보내져 구류된 적이 있었다. 이경여가 용만에 구금되었다는 기록은 찾지 못했다.

48 서하공(西河公) : 이경여의 아들인 이민서(李敏叙)를 말한다. 자는 이중(彝仲)이고 서하는 그의 호이다.

그의 시아비 풍고 거사(楓皐居士)가 오랜 사랑을 영원히 베풀 길이 없음을 슬퍼하고 지금의 애통함을 풀 길이 없음을 생각하여 이 글을 돌에 써서 광중(壙中)에 넣으니, 또한 유인의 마음을 조금이나마 위로할 수 있을 것이다. 슬프다.

처음 유인이 태어나던 날 저녁에 현령공(縣令公 이헌성)이 충민공(忠愍公 이건명)의 묘도에서 커다란 죽순이 자라 갑자기 하늘까지 닿는 꿈을 꾸고 드디어 유인의 소자(小字)를 짓고, 또 "이 아이는 반드시 성취가 있을 것이다."라고 하였다. 그런데 이제 다 끝나 버렸으니, 그 꿈은 과연 거짓이고 진실이 아니었던가. 아! 슬프다. 명(銘)은 다음과 같다.

부인의 삶은	婦人之生
자식 통해 귀하게 되고 남편 통해 영광 누리는데	以子而貴以夫而榮
구 년 동안 포의의 처로 살다가	九年爲布衣妻
혈육 한 점 남기지 못했구나	而無血肉遺嬰
또 싹만 틔우고 꽃 피우지 못했으니	而又苗而不秀
슬프다 현부여, 그 심정 어떠할까	哀乎賢婦若爲情
여기에 의지해 위로받기를	是依是慰
시아비가 무덤에 명을 새기노라	其舅銘其塋

승지 이공 묘지[49]

承旨李公墓誌

맹자(孟子)가 "부귀가 마음을 방탕하게 하지 못하며, 위세가 지조를 굽히게 할 수 없다.〔富貴不能淫, 威武不能屈.〕"라고 한 것[50]은 진실로 대장부의 일이기는 하지만 온전한 덕을 지닌 군자가 아니라면 참으로 노력한다고 해서 이룰 수 있는 경지가 아니다.

내가 일찍이 옛날의 선비를 살펴본 적이 있었다. 평소에 품행을 스스로 자랑하고 덕업을 스스로 드러내던 자들이 하루아침에 큰일에 임하고 큰 변고를 당해서는, 화복을 두려워하여 창졸간에 어찌할 바를 몰라 스스로 자신의 지조를 훼손시키고 자신의 명성과 품행을 더럽히지 않는 자가 없었으니, 옛 전적을 살펴보면 한결같이 모두 그러하였다. 어찌 슬프지 않겠는가.

아! 원릉(元陵)이 유명(遺命)을 내린 이후로[51] 세상사가 변하고 인심이 타락하였다. 홍인한(洪麟漢)과 정후겸(鄭厚謙)이 권력을 훔쳐 농

49 승지 이공(李公) 묘지 : 이제만(李濟萬, 1738~1810)의 묘지이다. 이제만의 본관은 전의(全義), 자는 겸지(兼之), 호는 수와(守窩)이다.

50 맹자(孟子)가……것 : 《맹자》〈등문공 하(滕文公下)〉에 "부귀가 마음을 방탕하게 하지 못하며, 빈천이 절개를 옮기지 못하며, 위세가 지조를 굽히게 하지 못하는 것, 이를 대장부라 이른다.〔富貴不能淫, 貧賤不能移, 威武不能屈, 此之謂大丈夫.〕"라고 하였다.

51 원릉(元陵)이……이후로 : 원릉은 영조의 능호이다. 원릉의 유명이란, 세손인 정조를 효장세자(孝章世子)의 후사로 삼아 왕위를 계승하게 한 유언을 말한다.

단하고[52] 홍국영(洪國榮)이 총애를 빙자하여 완악하게 꿈틀거리며 사욕을 탐하니,[53] 몰염치한 무리가 기세를 보고 추종하여 그 위세가 불꽃처럼 활활 타올랐다. 심지어 김귀주(金龜柱)와 같은 자는 외척으로서 몰래 흉악한 짓을 저지르고,[54] 김종수(金鍾秀)는 대신으로서 드러내놓고 패역을 저질러서,[55] 거짓으로 겉모습을 꾸미고 의리를 핑계 대어

52 홍인한(洪麟漢)과……농단하고 : 홍인한(1722~1776)은 사도세자(思悼世子)의 장인인 홍봉한(洪鳳漢)의 동생이자 정조의 외증조부이다. 정후겸(鄭厚謙, 1749~1776)은 원래 인천에서 어업에 종사하던 서인 출신이었으나, 영조의 서녀 화완옹주(和緩翁主)의 양자가 되어 궁중을 출입하게 되었고 공조 참판 등을 지냈다. 이 두 인물은 정조가 세손으로 있을 당시 대리청정을 막으려 하였으며, 정조의 즉위를 반대하다가 끝내 뜻을 이루지 못하였고, 정조 즉위 후 사사되었다. 정조는 홍인한과 정후겸 등을 사사하고 그 전말을 기록한《명의록(明義錄)》을 편찬하게 하였다.

53 홍국영(洪國榮)이……탐하니 : 홍국영(1748~1781)의 본관은 풍산(豊山), 자는 덕로(德老)이다. 영조 말년에 세손을 보호한 공로로 세손의 두터운 총애와 신임을 얻었고, 정조 즉위 후 정후겸과 홍인한 등을 탄핵해 실각시켰으며, 도승지에 올라 권력을 잡았다. 1780년(정조4)에 왕비를 독살하려던 일에 연루되어 가산을 몰수당하고 강릉(江陵)으로 추방되었다.

54 김귀주(金龜柱)와……저지르고 : 김귀주(1740~1786)의 본관은 경주(慶州)로, 영조의 계비인 정순왕후(貞純王后)의 오빠이다. 정조 즉위 후 정후겸·홍인한과 결탁해 정조를 해치려 한 사실이 드러나 흑산도에 유배되었다. 1784년(정조8)에 나주(羅州)로 이배되었다가 이듬해 죽었다.

55 김종수(金鍾秀)는……저질러서 : 김종수(1728~1799)의 본관은 청풍(淸風), 자는 정부(定夫), 호는 진솔(眞率)·몽오(夢梧)이다. 좌의정에까지 올랐다. 1794년(정조18)에 사도세자를 위한 토역(討逆)을 다시 주장한 남인(南人) 채제공(蔡濟恭)과 양립할 수 없다는 의리를 굽히지 않다가 정조의 탕평에 대한 배신으로 지목되어 유배되었다가 풀려났다. 1802년(순조2)에 정조의 묘정에 배향되었다. 1807년(순조7)에 척신인 김귀주·심환지(沈煥之) 등과 당파를 이루어 정조를 기만하고 뒤에서 정조의 치적을 헐뜯으며 자신의 이익을 추구했다는 이유로 관작이 추탈되었다. 1864년(고종1)에

종사를 위태롭게 만들고 사림(士林)을 해쳐서 온 세상을 위협하고 억압하기까지 하였다.

사대부 가운데 주견도 없이 허탄과 과장과 기험(忮險 음험하고 시기심이 많음)과 속임수를 좋아하는 자들은 물결이 내달리고 그림자가 뒤쫓듯 파리떼가 앵앵거리고 개가 구차하게 꼬리를 흔들 듯하여, 바보처럼 미치광이처럼 갈팡질팡하며 떳떳한 본성을 잃지 않는 자가 없었다. 나라가 뒤집히는 화의 징조가 조석에 닥쳤으며, 심환지(沈煥之)와 권유(權裕)의 변란[56]에 이르러서는 어그러지고 혼란함이 극에 달하였다.

이러한 때에 시종일관 한결같은 절개를 지키며 과격하지도 않고 상정(常情)을 어기지도 않아서 스스로 곧게 서서 굳세게 자신의 지조를 잃어버리지 않았던 자는 오직 고(故) 승지(承旨) 이공(李公)만이 그러했다.

공은 휘는 제만(濟萬)이고 자는 겸지(兼之)이다. 전의(全義)의 대성(大姓)이니, 세종조의 명신 효정공(孝靖公) 휘 정간(貞幹)의 후손이다.

부친의 휘는 태백(泰白)으로 사마시에 합격하였다. 조부의 휘는 상경(相璟)이고 증조의 휘는 종덕(種德)이니, 두 대(代)가 모두 벼슬하지 않았다. 모친은 문화 유씨(文化柳氏)이니, 불후당(不朽堂) 유백승

관작이 회복되고 1866년(고종3)에 다시 묘정에 배향되었다.

56 심환지(沈煥之)와 권유(權裕)의 변란 : 심환지(1730~1802)는 벽파(僻派)의 영수로 순조가 즉위하고 정순왕후(貞純王后)가 수렴청정을 하게 되자 영의정에 올랐으며, 신유사옥(辛酉邪獄)을 일으켜 시파(時派)를 제거하였다. 권유(1730~1804)는 신유사옥이 시작되면서 심환지에 의해 대사헌으로 임명되었고, 풍고의 딸 순원왕후(純元王后)와 순조의 국혼을 반대하는 소를 올려 삼간택(三揀擇)을 방해하였다.

(柳百乘)의 손녀이다.

공은 영종(英宗) 무오년(1738, 영조14)에 한양(漢陽)의 종현리(鍾峴里) 집에서 태어났다.

임신년(1752, 영조28, 15세)에 모친상을 당하였고, 탈상하자마자 또 부친상을 당하였다.

병술년(1766, 영조42, 29세)에 문과에 급제하여 승정원 가주서(假注書)에 제수되었고 얼마 뒤 한권(翰圈)에 추천되었다.[57]

정해년(1767, 영조43, 30세)에 괴원(槐院 승문원)에 선발되었고 특교(特敎)를 받아 6품에 올랐다.

무자년(1768, 영조44, 31세)에 종부시 주부에 제수되었다가 예조 좌랑으로 옮겼다.

기축년(1769, 영조45, 32세)에 진연도감 낭청(進宴都監郎廳)에 차임되었고, 병조 좌랑과 예조 정랑을 지냈다.

임진년(1772, 영조48, 35세)에 사헌부 지평에 제수되었다.

계사년(1773, 영조49, 36세)에 전랑(銓郎 이조 좌랑)으로서 관북(關北 함경도)으로 나가 과거 시험을 주관하였고 돌아와 다시 대성(臺省 사헌부)에 들어갔다.

갑오년(1774, 영조50, 37세)에 이조 정랑으로 승진하고 지평으로 옮겼다가 외직으로 나가 경성 판관(鏡城判官)이 되었다.

병신년(1776, 정조즉위년, 39세)에 체차되어 돌아와 곧 다시 대성

57 한권(翰圈)에 추천되었다 : 한권은 한림 권점(翰林圈點)의 준말로, 예문관 관원의 임용 후보자에게 권점을 행하는 것을 일컫는다. 이제만은 1767년(영조43)에 한권에 추천된 기록이 있다. 《承政院日記 英祖 43年 2月 13日》

에 들어갔다. 겨울에 경성에서 있었던 일 때문에 전주(全州)의 삼례역(參禮驛)에 편배(編配)[58]되었다가 정유년(1777, 정조1, 40세) 봄에 특교를 받아 사면되었다.

기해년(1779, 정조3, 42세)에 헌직(憲職)에 제수되었으나 인혐(引嫌)하고 숙배(肅拜)하지 않았으며, 체직되어 병조 정랑과 사간원 정언에 제수되었다. 겨울에 실록청 편수관(實錄廳編修官)에 차임되었다.

경자년(1780, 정조4, 43세)에 또 사간원에 들어갔다. 8월에 사헌부 장령으로 승진하였으며, 장악원 정과 통례원 좌통례(左通禮)를 역임하였다.

신축년(1781, 정조5, 44세)에 사간원 헌납에 제수되었다. 수안 군수(遂安郡守)에 제수되었다. 실록 편수관의 공으로 말을 하사받는 은전을 입었다.

임인년(1782, 정조6, 45세)에 내직인 헌직(憲職)으로 옮겼다.

계묘년(1783, 정조7, 46세)에 승진하여 사헌부 집의에 제수되었다.

갑진년(1784, 정조8, 47세)에 사복시 정(司僕寺正)에 제수되었고, 강동 현감(江東縣監)에 제수되었다. 을사년(1785)에 체직되어 돌아왔다.

병오년(1786, 정조10, 49세)에 사간원 사간에 제수되었다.

기유년(1789, 정조13, 52세)에 현륭원(顯隆園)을 천봉(遷奉 이장)할 때 대축(大祝)[59]을 맡은 공으로 통정대부(通政大夫)로 승진하고 병

58 편배(編配) : 귀양 보낼 사람의 이름을 도류안(徒流案)에 적어 넣고 귀양을 보내는 것을 말한다.

59 대축(大祝) : 제향(祭享) 때 축문을 읽는 관원이다.

조 참지와 참의, 승정원 동부승지에 제수되었다.

경술년(1790, 정조14, 53세)에 청송 부사(青松府使)에 제수되었고 얼마 뒤 일로 인해 파직되어 돌아왔다.

신해년(1791, 정조15, 54세)에 조사 위장(曹司衛將)[60]으로서 좌부승지가 되었다가 바로 공조 참의에 제수되었다.

임자년(1792, 정조16, 55세)에 또 병조 참의로 있다가 승지로 옮겼으며, 이와 같이 한 것이 여러 번이었다. 여름에 심달한(沈達漢)의 무고를 당해 치대(置對 대질신문)하고 은혜를 입어 풀려났다.[61]

계축년(1793, 정조17, 56세)에 영광 군수(靈光郡守)에 제수되었다.

병진년(1796, 정조20, 59세)에 임기가 만료되었다. 홍광일(洪光一)의 무고를 당하자 성상이 엄한 교지를 내려 홍광일을 처벌하였다.[62] 공은 이때부터 조정에 있는 것을 즐겁게 여기지 않아 물러나 고향 집으로 돌아왔다. 그사이에 한두 번 벼슬에 제수되었으나 감히 명을 받들지 못했다.

기미년(1799, 정조23, 62세)에 승지에 제수되었다가 곧바로 형조

60 조사 위장(曹司衛將) : 오위도총부 소속의 오위장 12명 중 2명을 조사 위장이라고 하는데, 오위도총부의 사무를 주관하였다. 1764년(영조40) 이후 1명은 문신으로 임명하였다.

61 심달한(沈達漢)의……풀려났다 : 1792년에 지평으로 있던 심달한이 좌부승지 이제만이 역적 윤구종(尹九宗)을 두둔한 일을 문초하도록 상소하였고, 정조가 사건을 조사하게 한 뒤 석방한 기록이 보인다.《正祖實錄 16年 閏4月 27日・28日・29日, 5月 1日》

62 홍광일(洪光一)의……처벌하였다 : 이와 관련한 기록이《정조실록》20년 6월 12일 기사에 보인다.

참의에 제수되었는데, 간곡히 사양하였으나 윤허를 받지 못했다.

경신년(1800, 정조24, 63세) 봄에 홍주 목사(洪州牧使)에 제수되었는데 겨울에 거토(居土)[63]의 모욕을 당했다. 섣달에 시사(時事)가 크게 변하니 공이 가장 먼저 견책을 당해 광양(光陽)에 유배되었다.[64]

계해년(1803, 순조3, 66세)에 성상의 체후가 회복된 일로 사면하는 은전이 있어 정순 성모(貞純聖母)가 '방(放)'자를 써서 내렸는데, 당시 김관주(金觀柱)[65]가 우상(右相)으로 있으면서 극력으로 저지하여 마침내 양이(量移)하라는 명이 내렸다. 처음에는 한산(韓山)으로 정배(定配)되었다가 공의 집과 가까운 곳이라고 주장하는 자가 있어 고창(高敞)으로 바뀌었다.

을축년(1805, 순조5, 68세)에 사면되어 돌아와 바로 서용(敍用)되었다.

병인년(1806, 순조6, 69세)에 첨지중추부사와 형조 참의에 제수되고, 또 승지에 제수되었다.

정묘년(1807, 순조7, 70세)에 문과 동당(文科東堂)[66]의 시관에 차임

63 거토(居土) : 관리 평가에서 중(中)의 성적을 받는 것을 말한다.

64 섣달에……유배되었다 : 시사의 변화는 정조의 죽음 이후 정순왕후가 대리청정을 하며 시파를 축출한 것을 말한다. 이제만이 광양으로 유배된 기록은 《순조실록》 즉위년 12월 26일 기사에 보인다.

65 김관주(金觀柱) : 1743~1806. 본관은 경주(慶州)이고 자는 경일(景日)이다. 1800년 정순대비가 수렴청정을 하자 이조 참판 등을 거쳐 1802년에 우의정에 올랐다. 심환지 등과 신유사옥을 일으켰으며, 권유(權裕)로 하여금 풍고를 공격해 순조와 순원왕후의 국혼을 방해하도록 하였다. 1806년에 함경도 경흥(慶興)으로 유배 가다가 죽었다.

66 문과 동당(文科東堂) : 동당은 식년과(式年科) 또는 증광시(增廣試) 때에 강경(講經) 시험을 보던 곳인데, 식년과나 증광시 자체를 문과 동당이라고 하였다.

되었다.

기사년(1809, 순조9, 72세)에 다시 병조 참의에 제수되었다.

경오년(1810, 순조10, 73세)에 조사 위장(曹司衛將)에 제수되었는데, 휴가를 청해 고향으로 돌아갔다. 12월 27일에 정침(正寢)에서 세상을 떠나니 향년 73세였다.

공의 외모는 단아하고 중후하며 단정하고 빼어났으며 풍도는 온화하였다. 성품은 또 인후(仁厚)하고 자상하였으며, 총명함은 남보다 월등했다. 어린 시절에 이웃 아이들과 놀 때면 반드시 벼슬아치의 흉내를 내어 여러 아이를 두려워 복종하게 만들었으니, 이를 본 사람들이 기특하게 여겼다.

약관에 집안일을 도맡아 자신의 힘으로 문호를 세울 수 있었다. 늘 부모를 일찍 여읜 것을 지극한 한으로 여겼고 제사를 모시는 정성이 노년에 이를수록 더욱 돈독하였다.

나라에 경사가 있으면 그때마다 기뻐하며 잠을 이루지 못했고, 조정의 시책이 마땅함을 잃으면 방 안을 서성이며 근심하고 탄식하였다. 경성 판관(鏡城判官)으로 있을 때 영묘(英廟 영조)의 국상을 당하였고 홍주 목사(洪州牧使)로 있을 때 정묘(正廟 정조)의 예척(禮陟 임금의 승하)을 당하였는데, 슬픔을 머금고 지극히 애통해하여 주위 사람들을 감동시켰다. 특히 경신년(1800)[67]에 이르러서는, 스스로 세도(世道)가 험난하고 조정이 무너졌기에 위태로운 행적을 오직 성명(聖明)의 보살핌에 의지한다고 여기고 있었는데, 하루아침에 갑자기 궁검(弓劍)의 아픔[68]을 안게 되자 외로이 의지할 곳이 없어져 살고 싶지 않은

67 경신년 : 정조가 승하한 해이다.

듯했다.

자식을 교육함에는 올바른 도리가 있었고 대중을 거느림에는 정해 놓은 법도가 있었으며, 종족을 대할 때는 깊은 은혜를 베풀었다. 외종(外從)의 집안이 영락해져서 가난하고 자식이 없자 그를 위해 후사를 세워 주고 집을 사고 밭을 구해 생계를 꾸려가게 해 주었다. 남을 칭찬해 추천하는 것을 가장 좋아하여 이끌어 준 사람이 매우 많았으므로, 호남과 호서의 선비들이 모두 따랐다. 남과 교제할 때는 간격을 두지 않았으며 충후함과 인자함이 말과 얼굴에 가득히 드러났다. 공의 충성과 효성은 하늘로부터 타고났는데, 이를 미루어 넓혀 종족과 향당에까지 이른 것이 이와 같았다.

대성(臺省)에 있을 때 관방(官方 관가의 법도)의 어지러움을 논하자 영고(英考 영조)가 크게 칭찬하고 격려하였다. 사간원에 있을 때 겨울 우레가 울린 일로 상소하여 경계하기를 진달하니, 성상이 당시 폐단의 핵심을 찔렀다는 비답을 내렸다. 경자년(1780, 정조4, 43세)에 또 간관(諫官)으로서 경재(京宰 재상)와 시종(侍從)이 저지른 불법과 내시(內侍)와 액정(掖庭)의 횡포을 논하니, 특별히 '바로잡고 경계하는 말〔矯警〕'이라는 칭찬을 내렸다.[69]

68 궁검(弓劍)의 아픔 : 임금의 승하를 말한다. 황제(黃帝)가 승하할 때 하늘에서 용이 내려와 모시고 올라갔는데, 황제를 따라간 신하와 후궁이 70여 명이었다. 이에 나머지 사람들이 용의 수염을 잡자 수염이 뽑히면서 황제의 활과 검이 함께 땅에 떨어졌으므로, 남은 백성들이 활과 검을 끌어안고 하늘을 우러러보았다는 고사에서 나왔다.《史記 卷28 封禪書》

69 경자년에……내렸다 : 이제만이 정언(正言)으로서 올린 간언에 대해 정조는 "근래 모두 입을 다물고 있는 때에 이런 바로잡고 경계하는 말이 있으니, 내가 아름답게 여긴

공이 심달한(沈達漢)의 무고를 받았을 때, 심달한이 공을 역적과 한패가 되었다는 죄〔黨逆之科〕로 몰아가고 유회(柳誨)가 이어서 그것을 증언하였다. 성상이 특별히 치대(置對)를 명하고 이어 심달한과 유회를 함문(緘問)하도록 명하였으며, 곡진한 말씀으로 억울함을 분명하게 풀어주었다.[70]

병진년(1796, 정조20, 59세)에 홍광일이 투서했을 때 성상이 크게 격노하여 마침내 전교를 내렸다. 전후로 수백 자나 되었는데, 심지어 "그 누가 감히 이런 글을 지어내어 홍광일로 하여금 이런 상소를 올리게 했는가. 광일에게 시키고 광일을 사주한 자가 광일보다 더 심히 놀랍고 통탄스럽다."라는 말까지 있었다.[71]

기미년(1799, 정조23, 62세)에 형조 참의가 되었을 때, 성상은 공이 영광 군수(靈光郡守)로서 세운 치적이 한 도(道)에서 으뜸이었고 추조(秋曹 형조)에서 옥사를 판결할 때 청탁을 받지 않았다는 것을 누차 연신(筵臣)에게 말하였다. 그리고 특별히 공의 어려운 집안 살림을 걱정하여 외직에 보임하는 명을 내리기까지 하였다.

홍주 목사(洪州牧使)로 있을 때 살아 있는 전복을 진상하였다. 몹시 더운 날씨에도 부패하지 않았으니, 병중이던 성상의 정신이 매우 맑아져서 면포(緜布) 한 필을 하사하라는 명을 내렸다. 실로 이때가 경신년

다. 모두 아뢴 대로 하라.〔近日寂寥之時, 有此矯警之語, 予用嘉乃, 竝依啓.〕"라는 비답을 내렸다. 《正祖實錄 4年 4月 4日》

70 공이……풀어주었다 : 심달한의 무고와 관련한 내용에 대해서는 46쪽 주61 참조. 함문(緘問)은 함사(緘辭)를 통해 행하는 신문으로, 서면으로 조사하는 것을 말한다.

71 병진년에……있었다 : 이와 관련한 기록이 《정조실록》 20년 6월 12일 자 기사에 보인다. 정조의 하교 내용도 수록되어 있는데, 내용에 약간 차이가 있다.

(1800) 6월 20일이었다.[72] 공이 영조와 정조 두 성군(聖君)의 지우를 입어 융숭한 은총을 받은 것이 이와 같았다.

경성(鏡城)은 북도(北道)의 암읍(巖邑 지형이 험한 산골 고을)으로 평소 다스리기 어려운 곳이라 불렸는데, 공은 군졸을 어루만지고 아전과 백성을 품어서 치적이 북도에서 으뜸이었다.

수안(遂安)은 본래 쇠잔한 고을로 진상할 물품을 하리(下吏)로부터 백징(白徵)[73]하니, 도망치고 흩어지는 자들이 이어졌다. 이에 공은 창고의 곡식을 일일이 문서와 대조해 조사하여 장부에 기재되지 않은 쌀 60포(包)를 얻었는데 돈으로 환산[折價]하니 7백 금(金)이 되었다. 창고 하나를 설치해 그곳에 두고 이름을 '교제창(交濟倉)'[74]이라 하여 봄과 가을로 쌀을 거두어들였다가 빌려주어 진상할 밑천과 관속들의 급료로 삼자 묵은 폐단이 제거되니 백성들이 칭송하였다.

관서(關西)에 억울한 옥사가 몹시 많아지자 도신(道臣 관찰사)이 장계를 올려 조사관을 보내 줄 것을 청하였다. 이에 공이 강동(江東)으로 나가 속관(屬官)과 함께 철저히 조사하여 40여 명을 온전히 살려 내었다.

영광 군수(靈光郡守)가 궐석이 되자 성상이 경연(經筵)에 나가 신료들에게 자문하고 선부(選部 이조)에 특명을 내려 공을 차출해 보내게

72 실로……20일이었다 : 정조는 경신년(1800년) 6월 28일에 승하하였다.

73 백징(白徵) : 백지 징세(白地徵稅)의 준말로, 조세를 면제한 땅이나 납세 의무가 없는 사람에게 이유 없이 세금을 물리는 것을 말한다.

74 교제창(交濟倉) : 흉년과 춘궁기에 백성을 구제하기 위하여 각 도에 두었던 창고이다. 처음에는 함경도 각 고을에 두었다가 말기에는 각 도에 모두 두었다.

하였다. 당시에 큰 흉년이 들었는데 공은 진실한 마음으로 구휼할 방법을 강구하여 힘을 다해 구휼하였으니, 관청의 곡식 4천여 석을 풀어 굶주린 백성 2만여 경을 구제해 주었다. 공이 자식을 돌아보며 이르기를 "선친께서 나의 이름을 제만(濟萬)으로 지어 주신 것이 실로 우연이 아니었다."라고 하였고, 거리의 백성들은 노래를 지어 널리 전하며 칭송하였다.

여섯 번 고을살이를 하는 동안 전민(田民 전답과 소작인)이 늘어나지 않았다. 자손에게 물려줄 재산이 있어야 한다고 말하는 사람이 있으면 그때마다 탄식하기를 "나는 지금 아들 하나밖에 없으니 어찌 재산을 늘려 재앙을 불러오게 하겠는가."라고 하였다. 관리로서 공의 능력과 청렴결백한 지조 가운데 세상에 드러난 것이 또 이와 같았다.

그러나 공은 더욱 우뚝한 바가 있었다. 적신(賊臣) 김귀주(金龜柱)가 폐부지친(肺腑之親 왕실의 근친)으로서 상벌을 마음대로 주무르고 당여(黨與)를 널리 포진시켜 춘궁(春宮 정조)을 위태롭게 만들기를 도모하여 춘궁을 보호하는 신하를 공격해 물리치자, 공은 시사(時事)를 개탄스럽게 여겨 자취를 거두고 벼슬에 나아가지 않았다.

삼례(參禮)에서 해배(解配)되어 돌아올 때에 홍국영(洪國榮)이 힘을 써 주었다. 홍국영은 이를 기회로 공을 이끌어 자기편으로 만들려고 하여 여러 차례 사람을 보내 넌지시 떠보게 하였으나, 공은 전혀 응하지 않았다. 이 일을 알고 있는 자들은 모두 공의 안위를 걱정하였으나 공은 개의치 않았다.

얼마 뒤 홍국영이 쫓겨나자 윤광소(尹光紹)가 틈을 노려 상소를 한 통 올렸는데,[75] 그 뜻이 오만방자하였다. 공은 아간(亞諫 사간원 사간)으로서 동료 대관(臺官)들을 이끌고 차자(箚子)를 올려 진달하기를 "연전에 윤선거(尹宣擧) 부자의 관작을 회복시켜 주라는 명을 내린 것은 진실로 경사를 같이 누리고자 사면령을 내려 특별히 사형의 죄〔一律〕를 용서해 주는 성대한 뜻에서 나온 것이었습니다. 하지만 그때 신하들이 반대하며 극력으로 간쟁하지 못했고 지금에 이르도록 한결같이 미적거리고 있으니, 이것은 진실로 신하들의 죄입니다."라고 하고,[76] 이어 윤광소를 먼 변방으로 귀양 보내는 법을 시행하기를 청하니, 성상이 너그러운 비답을 내렸다. 조정과 재야의 사람들이 모두 감동 받았지만, 한쪽 사람들은 이때부터 공에게 눈을 흘겼다. 뒤에 윤광안(尹光顔)[77]이 충청 감사가 되어 몰래 사사로운 원한을 품고 당시의 정세를 엿보다가 마침내 공의 고과를 중고(中考)에 두었으니, 그 일은 대개 이 차자에서 비롯된 것이었다.

75 윤광소(尹光紹)가……올렸는데 : 윤광소의 본관은 파평(坡平), 자는 치승(稚繩), 호는 소곡(素谷)이다. 소론의 영수 명재(明齋) 윤증(尹拯)의 방손이다. 윤광소는 1786년(정조10) 3월 15일에 윤증을 변호하는 상소를 올렸는데, 《정조실록》에 그 상소가 실려 있다.

76 공은……하고 : 이제만이 올린 차자는 《정조실록》 10년(1786) 3월 17일 기사에 수록되어 있다. 윤선거(尹宣擧)는, 유계(兪棨)와 함께 찬술한 《가례원류(家禮源流)》의 발문을 둘러싸고 1715년(숙종41)에 노론과 소론의 싸움이 일어나 아들 윤증과 함께 관작을 박탈당했다가 1722년(경종2)에 관작이 회복되었다. 또 정조 즉위 후 다시 윤선거 부자는 관작을 박탈당했다가, 1782년(정조6) 12월에 회복되었다. 본문에서 '연전'이라고 한 것은 바로 1782년을 말한다. '경사'는 1782년 12월에 《국조보감(國朝寶鑑)》을 완성한 일과 정조의 장자인 문효세자(文孝世子)에게 원자(元子)의 호칭을 정한 것을 말한다. 《正祖實錄 6年 12月 3日》

77 윤광안(尹光顔) : 1757～1815. 본관은 파평(坡平), 자는 복초(復初), 호는 반호(盤湖)이다. 1786년(정조10)에 문과에 급제하였고, 충청도와 경상도의 관찰사를 역임하였다.

선조(先朝 정조) 을묘년(1795, 정조19) 이후로 흉악한 무리가 조정에 들어서서 도망친 자를 부르고 배반한 자를 받아들여 기염이 하늘에 치솟으니, 비록 평소에 조금 자중하고자 했던 자들이라도 이들에게 달려가느라 가쁜 숨을 몰아쉬지 않는 사람이 없었다.

무오년(1798, 정조22, 61세)에 풍악산(楓嶽山)을 유람하러 갈 때 한양을 거쳐서 갔는데, 심환지(沈煥之)가 자신의 무리로 하여금 백방으로 공을 설득하게 하였다. 하지만 공은 대답하지 않고 다만 "올 때 화성(華城 수원)에 이르러 원덕(元德) 대감과 하룻밤을 같이 보냈소." 라고만 하였다. 원덕은 서공(徐公) 유린(有隣)[78]의 자(字)이다. 이에 그 사람은 낙심하며 가버렸다. 공은 이 일로 더욱 놀라서 돌아가 자신의 집에 '수와(守窩)'라는 편액을 걸었으니, 뜻한 바가 있었던 것이다.

당시 근와(芹窩) 김 상공(金相公)[79]이 물러나 살던 집과 간중(艮中) 이정산(李定山) 현민(顯民)[80]의 집이 한나절 거리에 있어 서로 왕래하며 교유하였다. 이것이 공의 평소의 출처(出處)와 지조, 부침과 영욕의

78 서공(徐公) 유린(有隣) : 서유린의 본관은 달성(達成), 자는 원덕이며, 호는 영호(潁湖)이다. 1766년(영조42)에 문과에 급제하였고 병조 판서·한성부 판윤 등을 역임하였다. 정순왕후와 결탁한 심환지가 시파를 탄압할 때 경흥(慶興)에 유배되어 그곳에서 죽었다.

79 근와(芹窩) 김 상공(金相公) : 김희(金憙, 1729~1800)로, 본관은 광산(光山), 자는 선지(善之), 근와는 그의 호이다. 김장생(金長生)의 후손이다. 1793년(정조17)에 우의정에까지 올랐다. 시호는 효간(孝簡)이다. 《사계연보(沙溪年譜)》를 편찬하였고, 《송자대전(宋子大全)》의 편찬에도 참여하였다. 문집으로 《근와집》이 있다.

80 간중(艮中) 이정산(李定山) 현민(顯民) : 이현민의 구체적인 행적은 분명하지 않다. 간중은 그의 호로 보인다. 1791년(정조15)에 정산 현감(定山縣監)을 지낸 기록이 있다. 김희와 함께 《송자대전》의 편찬에 참여하였다.

대략이다.

경신년(1800, 순조즉위년) 12월 26일에 흉악한 무리가 조방(朝房)에 모여 일시에 발계(發啓)하여 선조(先朝 정조)의 신하들을 쫓아내었는데, 공이 가장 먼저 그 화를 입었다.[81] 공의 죄를 성토한 자는 공이 서공 유린의 당여라는 것을 구실로 삼았지만, 사실 공이 평생 의지하고 따른 사람이 바로 나의 종숙(從叔)인 의정공(議政公 김이소(金履素))이어서 공이 흉도의 원수가 된 것이었다.[82] 또 공은 나와 괴로움과 고달픔을 보살펴 주는 우의가 있었는데 흉도들이 바야흐로 몰래 대혼(大婚)[83]을 저지하여 날개를 잘라버리려 하였다. 이 때문에 공이 화를 벗어날 수 없었던 것이다. 아! 슬프다.

공은 일찍이 영조 신묘년(1771, 영조47)[84] 이후로 조정의 상황이

81 경신년……입었다 : 《순조실록》 즉위년 12월 26일 기사에, 사헌부에서 신기(申耆)·이제만·서유문(徐有聞)을 탄핵한 내용이 보이며, 12월 29일 기사에 이제만이 광양현(光陽縣)으로 유배된 기록이 보인다. 조방(朝房)은 조정의 벼슬아치들이 조회 시각을 기다릴 때 사용하는 방으로, 직방(直房)이라고도 한다. 발계(發啓)는 임금이 재가하였거나 의금부에서 처결한 죄인에 대하여 사간원·사헌부에서 다시 죄의 명목을 갖추어 아뢰는 것을 말한다.

82 사실……것이었다 : 풍고의 종숙 김이소(金履素)는 자는 백안(伯安)이고 호는 용암(庸庵)이다. 1764년(영조40)에 문과에 급제하였고, 좌의정에 올랐다. 김이소는 원래 노론 벽파에 속했으나 1795년(정조19) 이후에 입장을 바꾸어 시파의 영수가 되었는데, 이제만이 심환지 등 벽파의 공격을 받은 이유로 김이소를 거론한 것은 이를 두고 한 말이다.

83 대혼(大婚) : 정조 생전인 1800년 2월부터 논의되었던 순조와 풍고의 딸의 혼사를 말한다.

84 영조 신묘년 : 1771년(영조47)에 사도세자의 서자인 은언군(恩彦君)과 은신군(恩信君)이 시전 상인들에게 빌린 수백 냥의 빚을 갚지 않았다는 이유로 김귀주(金龜

어지러워졌다고 말한 적이 있으니, 세상 사람들이 말하는 '남당(南黨)과 북당(北黨)이 시비에 현혹되었다.〔南北眩於是非.〕'라는 것이다.[85] 그러나 북당의 죄는 권력을 잡았다는 것에 불과했지만, 권력을 버리면 춘궁(春宮)을 보호할 수 없었다. 남당은 비록 사류(士類)로 자처했지만, 어찌 사류가 되어 왕실의 지친을 해치고 나라의 근본을 흔든단 말인가. 금상 을축년(1805, 순조5)에 이르러 김귀주(金龜柱)와 김한록(金漢祿)[86]의 죄안이 비로소 바로잡히긴 했지만, 여전히 그들의 위세가 쌓여 있어서 감히 드러내놓고 홍봉한(洪鳳漢)[87]의 무죄를 말하는 사람이 없었다. 이에 공이 개탄하며 당로자(當路者)에게 말하기를 "홍봉한이 역적이 된 것은 바로 김귀주와 김한록에게 미움을 받았기 때문입니다. 지금 두 역적을 추율(追律)[88]하여 시비가 비로소 밝혀졌는데 홍봉한에게 죄가 없다는 것은 아직 드러나지 않았으니, 어찌 공들의

柱) 등의 탄핵을 받아 제주도로 유배된 사건을 말한 것이다. 은신군은 이해 제주에서 죽었다.

85 세상……것이다 : 사도세자의 죽음 이후 척신들이 김귀주를 중심으로 하는 남당(南黨)과 홍봉한(洪鳳漢)을 중심으로 하는 북당(北黨)으로 나뉘어 대립했던 것을 말한다.

86 김한록(金漢祿) : 1722~1790. 본관은 경주이고, 자는 여수(汝綏)이며 호는 한간(寒澗)이다. 남당(南塘) 한원진(韓元震)의 제자이다. 정순왕후(貞純王后)와 결탁하여 홍봉한을 탄핵해 관직에서 물러나게 하고 세손이던 정조까지 해치려 하였으나 뜻을 이루지 못했다. 1806년에 관작이 추탈되었다가 1864년(고종1)에 회복되었다.

87 홍봉한(洪鳳漢) : 1713~1778. 본관은 풍산(豊山)이고, 자는 익여(翼汝)이며 호는 익익재(翼翼齋)이다. 사도세자의 장인이다. 사도세자가 죽음을 당할 때 방관적인 태도를 취해 정적들로부터 많은 공격을 받았으며, 정조가 즉위한 뒤 실각하였다.

88 추율(追律) : 죽은 뒤에 역적의 죄가 드러났을 때, 죽은 사람에게 역률(逆律)을 집행하는 것을 말한다.

책임이 아니겠습니까."라고 하였다. 이러한 의론은 참으로 탁월한 안목이요 신묘한 판단이라고 할 만하다.

숙부인(淑夫人) 영월 신씨(寧越辛氏)는 현감 신택녕(辛宅寧)의 딸로 성품이 따뜻하고 맑았으니 실로 공의 아름다운 덕에 어울렸다. 공의 아들은 진사 기주(沂柱)이고, 딸은 반남(潘南) 박종순(朴宗順)에게 출가하였다. 측실의 아들은 하주(河柱)와 강주(江柱)이며, 딸은 찰방 김이풍(金履豐)에게 출가하였다. 기주의 아들은 우연(愚淵)이고, 딸은 사인(士人) 박시흠(朴時欽)에게 출가하였다.

죽은 아내 청양부부인 묘지명[89]

亡室青陽府夫人墓誌銘

슬프다! 부인이 나보다 먼저 흙 속으로 돌아가니, 내가 어찌 묘지를 짓지 않을 수 있겠는가.

부인은 청송 심씨(青松沈氏)이다. 비조의 휘는 홍부(洪孚)이니, 고려에서 벼슬하여 위위시 승(衛尉寺丞)을 지냈다. 본조에 이르러 덕부(德符)는 좌명 공신(佐命功臣)으로 청성백(青城伯)에 봉해졌다. 온(溫)은 영의정을 지냈고 영릉(英陵 세종)의 원구(元舅 장인)이다. 회(澮)는 보사 공신(保社功臣)으로 영의정에 올랐다. 순문(順門)은 의정부 사인(舍人)을 지냈고 연산주(燕山主 연산군)에게 직간하다가 세상을 떠났다. 연원(連源)은 영의정을 지냈다. 강(鋼)은 인순 왕후(仁順王后 명종 비)의 부친으로 청릉부원군(淸陵府院君)에 봉해졌다. 의겸(義謙)은 청양군(青陽君)에 봉해졌으며 목릉(穆陵 선조) 때 서인(西人)의 영수였다. 광세(光世)는 응교를 지냈고 광해주(光海主 광해군)의 뜻을 거슬렀다가 유배되어 세상을 떠났다. 이들은 모두 부인의 선조 가운데 현달했던 분들이다.

증조의 휘는 택현(宅賢)이니 이조 판서를 지냈고 시호는 청헌(淸獻)이며, 경종과 영조 두 조정에서 이름이 드러났다. 조부의 휘는 구(銶)

89 죽은……묘지명 : 부인 청송 심씨(青松沈氏)에 대한 묘지명이다. 청송 심씨는 심건지(沈鍵之)의 딸이다. 1802년(순조2)에 풍고의 딸이 순조의 비가 되자, 청양부부인(青陽府夫人)에 봉해졌다.

이니 판서로 추증되었다. 부친은 호조 정랑을 지냈고 휘는 건지(健之)이다. 초취(初娶)는 은진 송씨(恩津宋氏)로 일찍 세상을 떠났다. 계배(繼配)는 완산 이씨(完山李氏)로 현감 이윤언(李胤彦)의 딸이니, 바로 부인의 모부인이다.

부인은 영종(英宗) 병술년(1766, 영조42) 2월 11일에 공주(公州)의 묘사(墓舍)에서 태어났고, 얼마 뒤 부모를 따라와 서울에서 자랐다. 기해년(1779, 정조3, 14세)에 부친상을 당했다. 신축년(1781, 정조5, 16세)에 나에게 시집왔다. 무오년(1798, 정조22, 33세)에 모부인이 세상을 떠났다. 임술년(1802, 순조2, 37세)에 금상이 중궁(中宮)[90]을 책봉함에 따라 청양부부인(青陽府夫人)에 봉해졌다.

무자년(1828, 순조28, 63세) 8월 11일에 견평방(堅平坊)[91]의 집에서 세상을 떠났다. 부음이 알려지자 성상이 몹시 놀라고 슬퍼하며 은교(隱教)[92]를 내리고 세자와 함께 곡읍(哭泣)의 예를 행하였으며 이틀 동안 조회를 보지 않았다. 그리고 별도로 수봉(襚賵)과 동원부기(東園副器)[93]를 하사하였다. 성복(成服)하는 날 성상과 세자가 모두 제관(祭

90 중궁(中宮) : 풍고의 딸이자 청양부부인의 딸인 순원왕후(純元王后)를 말한다.

91 견평방(堅平坊) : 현재의 서울시 종로구 견지동(堅志洞) 일대이다.

92 은교(隱教) : '은졸지교(隱卒之教)'의 준말로, 세상을 떠난 공신을 위해 임금이 애통한 마음을 표현한 하교를 말한다.

93 수봉(襚賵)과 동원부기(東園副器) : 장례용품을 말한다. '수봉'의 수(襚)는 장사 지낼 때 필요한 의복과 이불이고 봉(賵)은 거마(車馬)로, 죽은 자의 집에 물품을 보내 주는 것을 말한다. 동원부기는 궁중에서 쓸 관곽을 만들고 남은 판재를 말한다. 동원(東園)은 진한(秦漢) 시대에 장례와 무덤에 쓸 기물을 만들어 공급하던 관청 이름이며 거기서 만든 관곽을 동원비기(東園祕器)라 하였는데, 이 관곽의 여분 또는 쓰고 남은 판재를 동원부기라 하였다. 조선에서는 장생전(長生殿)에서 이 일을 담당하였다.

官)을 보내 제사를 돕게 하였고, 세자가 상례에 직접 임하려 하였으나 조정의 논의에 막혀 결행하지 못하였다. 성상이 일등예장(一等禮葬)[94]으로 장례를 치르게 하였으나 내가 간곡히 사양하며 받지 않았으니, 이는 평소 부인과 약속한 것이 있었기 때문이었다.

부인은 아들과 딸을 11명 낳았는데 그중 넷은 요절하였다. 아들 유근(逌根)은 지금 판서이고, 남편의 종형(從兄)[95]의 후사가 되었다. 원근(元根)은 지금 판서이다. 좌근(左根)은 지금 군수이다. 딸은 지금 현감으로 있는 남구순(南久淳), 지금 설서(說書)로 있는 이겸재(李謙在), 지금 문과에 직부(直赴)한 이긍우(李肯愚)에게 각각 출가하였다. 그리고 지금의 중궁 전하(中宮殿下 순원왕후)는 형제의 순서로 첫째이니, 왕세자[96]와 대군(大君)과 세 공주를 낳았다. 세자빈(世子嬪)은 판서 조만영(趙萬永)의 딸이니, 원손(元孫)을 낳았다. 첫째 명온 공주(明溫公主)는 동녕위(東寧尉) 김현근(金賢根)에게 하가(下嫁)하였고, 둘째는 복온 공주(福溫公主)이고, 셋째는 아직 봉작을 받지 못했다. 대군은 태어나서 곧 요절하였다. 유근의 딸은 생원(生員) 이인기(李寅夔)의 처가 되어 딸 하나를 남기고 일찍 죽었다. 그 외 내외의 손자와 증손이 십 수 명인데 모두 어리다.

남편 조순은 성은 김씨이고, 자는 사원(士原)이며, 호는 풍고이다.

94 일등예장(一等禮葬) : 국가에서 하사하는 예장은 3등으로 구분되는데, 대군(大君)・공주・왕비의 부모 및 정일품 관원에게는 일등예장을 하사한다.《萬機要覽 財用編4 戶曹各掌事例》

95 남편의 종형(從兄) : 김용순(金龍淳)을 말한다. 자는 시백(施伯)이다.

96 왕세자 : 효명세자(孝明世子)를 말한다.

관향은 안동이다. 태사(太師 김선평(金宣平))와 문정공(文正公 김상헌(金尙憲))과 문충공(文忠公 김수항(金壽恒))과 충헌공(忠獻公 김창집(金昌集))의 후손이며, 영의정으로 추증된 휘 이중(履中)과 정경부인(貞敬夫人)으로 추증된 평산 신씨(平山申氏)의 아들이다. 정종(正宗 정조) 을사년(1785, 정조9)에 문과에 급제하였고, 이조 판서와 문형(文衡)을 거쳐 뒤에 영돈녕(領敦寧)에 제수되고 영안부원군(永安府院君)이 되었다.

이해 10월 12일에 여주(驪州) 효자리(孝子里)의 은학대(銀鶴臺) 간향(艮向)의 무덤에 부인을 장사 지냈으니, 내가 예전에 직접 정해놓은 곳이었다.

슬프다! 부인은 자태는 아름답고 거동은 우아하였으며 기운은 온화하고 마음은 맑았으니, 멀리서 바라보면 상서롭고 단정한 여사(女士)임을 알 수 있었다. 마치 부모를 섬기듯 시부모를 섬겼으니 유순한 빛이 얼굴에 드러났다. 남편과는 정의가 지극하였지만 한 번도 웃으며 맞이하여 먼저 말을 건네거나 책망하는 말을 듣고 억지로 변명한 적이 없었다. 내가 처음 만났을 때부터 묵묵히 이를 알고 노년에까지 이르렀다. 자식에게 잘못이 있으면 정색을 하고 의리로 깨우쳐 주었고, 하인들이 비록 어리석은 짓을 해도 마음을 유지하며 은혜로 어루만져 주었다. 그 말이 간략했기 때문에 친밀한 사람들도 감히 함부로 대하지 않았으며, 그 덕이 두터웠기 때문에 소원한 사람들도 현명함을 칭찬하였다.

대혼(大婚)[97] 이후로 집안이 찬란히 빛나게 되자 부인은 더욱 겸손하며 편안히 여기지 않았다. 일찍이 조용히 나에게 말하기를 "세상 사람

97 대혼(大婚) : 풍고의 딸이 순조의 비가 된 것을 말한다.

들이 대부분 국혼(國婚)을 부러워한다고 들었는데, 이것이 무슨 마음인지 모르겠습니다. 우리 부부는 자중자애하니 집안 대대로의 국혼이 어찌 사람을 영광스럽게 하겠습니까. 다만 걱정만 더할 뿐입니다."라고 하였다. 이 때문에 부득이한 경우가 아니라면 거의 대궐에 들어가지 않았으며, 들어가더라도 곧 나오며 말하기를 "외인(外人)이 오래 머물러서는 안 된다."라고 하였다.

내가 예전에 독한 병에 걸려 기절한 적이 있었는데, 정신이 잠깐 들었다가는 곧 다시 정신을 잃곤 하였다. 부인은 내실에서 베개로 이마를 받치고 단정히 두릎 꿇고 엎드려 말하지 않고 움직이지 않은 것이 모두 나흘 밤낮이었다. 종질 홍근(弘根)이 늘 말하기를 "숙모의 이 일은 학문이 있는 사람이나 장부가 아니면 할 수 없는 일입니다."라고 하였다.

부인은 신 부인(申夫人)[98]을 살아생전에 섬기지 못했다. 병술년(1826, 순조26, 61세) 겨울에 향곡(香谷)에서 계전(桂田)으로 면례(緬禮 이장)를 행하였는데,[99] 부인이 말하기를 "제가 돌아가신 어머님의 얼굴을 알지 못하는 것이 지극한 한입니다. 지금 현화(玄和)[100]가 다시 나오니, 비록 어머님의 얼굴은 뵐 수 없지만 관(棺)을 부여잡고 이

98 신 부인(申夫人) : 풍고의 모친인 평산 신씨(平山申氏)를 말한다.

99 향곡(香谷)에서……행하였는데 : 향곡은 풍고 가문의 선영이 있는 여주(驪州) 개군면(介軍面) 추읍산(趨揖山) 아래 향곡리(香谷里)를 말한다. 이곳은 현재의 양평군(楊平郡) 향리(香里) 지역이다. 계전(桂田) 역시 여주에 있던 지명이다.《楓皐集 卷12 附錄 先府君墓表)》

100 현화(玄和) : 현궁(玄宮)과 같은 말로 무덤 속의 광중(壙中)을 말하는데, 관을 뜻하기도 한다.

애통함을 푼다면 또한 후련하지 않겠습니까."라고 하였다. 마침내 수레에 병든 몸을 싣고 가서 궤전(饋奠)의 예를 거행했는데 모든 예를 몸소 주관하며 슬프게 통곡하여 주위에 있는 사람들을 감동시켰다. 장례를 치르고 난 뒤에는 또 새 봉분을 자세히 살펴보고 돌아왔으며, 병이 비록 심해졌지만 신경 쓰지 않았다.

어떤 무장(武將)이 옷감을 보내왔는데 모두 잘라져 있었다. 부인이 이를 보고 눈살을 찌푸리며 "어찌 이렇게 한 것인가. 이 사람은 필시 크게 출세하지 못할 것이다."라고 하였는데, 얼마 뒤에 과연 그러하였다.

아! 부인의 언행 가운데 기록할 만한 것이 많지만 부인은 생전에 번잡한 것을 싫어하였으니, 세상을 떠난 뒤 내가 어찌 많은 말을 할 것인가. 다만 그 가운데 큰 것만 기록하였다.

부인은 집안을 화목하게 한 것이 48년이었으니 이미 해로하였고, 나이는 육십에 세 살을 넘겼으니 또한 하수(下壽)[101]는 누린 것이다. 아들을 낳아 소종(小宗)을 잇게 하였고, 딸을 낳아 지존의 배필이 되게 하였으니,[102] 그 공이 가문과 국가에 있다고 할 만하다. 살아서는 영예와 부귀를 누렸고 죽어서는 남편이 평생의 행적을 갖추었으니, 또 순응하고 편안하다고 할 만하다.[103] 본조 4백여 년에 부인처럼 부녀자의

101 하수(下壽) : 《장자》 〈도척(盜跖)〉에 "인생은 상수가 100세요, 중수가 80세요, 하수가 60세이다.〔人上壽百歲, 中壽八十, 下壽六十.〕"라고 하였다.

102 아들을……하였으니 : 장남 김유근(金逌根)이 종숙 김용순(金龍淳)의 후사로 들어간 것과 딸이 순조의 비가 된 것을 말한다. 소종(小宗)은 대종(大宗)에서 갈라져 나간 방계의 종가를 말한다.

103 순응하고……만하다 : 원문은 '순차녕의(順且寧矣)'인데, 송(宋)나라 장재(張

복록이 성대했던 자가 몇 명이나 되랴. 나는 마음에 슬픔이 없을 듯하다. 하지만 스스로 생각건대, 하늘로부터 받은 운명이 너무나 기구하여 평생 제대로 한 일이 적었고 오직 집안에 어진 부인의 내조가 있다는 것만이 스스로 위안 삼을 만하였는데, 이제 끝나버렸다. 아! 슬프다.

내가 현암(玄巖)[104]에 집을 지은 이듬해에 부인과 함께 낙성식을 하였는데, 부인이 한적하고 탁 트인 것을 좋아하여 감탄하면서 나를 돌아보고 말하기를 "어찌해야 이곳에 살면서 돌아가지 않을 수 있을까요?"라고 하기에, 내가 말하기를 "부인이 어찌 이곳의 적막함을 달가워하겠소."라고 하였다. 부인이 말하기를 "그렇지 않습니다. 여자는 규문(閨門) 밖을 나가지 않으니, 서울이나 시골이나 똑같을 뿐입니다."라고 하였다. 그 이듬해에도 다시 왔고 또 다음 해에도 다시 와서 6년 동안 모두 세 번이나 왔으니, 그리워하며 잊지 못했던 것이 이와 같았다. 이에 내가 부인을 위해 며칠 동안 현암에 상여를 머물러 두어 그날의 뜻을 추념하였다. 눈물을 닦고 돌에 명(銘)을 새긴다. 명은 다음과 같다.

載)가 지은 〈서명(西銘)〉에 "살아서는 내 하늘에 순응하고 죽어서는 내 편안하리라.〔存吾順事, 沒吾寧也.〕"라는 말을 원용한 표현이다.《張子全書 卷1》

104 현암(玄巖) : 철종(哲宗)이 짓고 남병철(南秉哲)이 글씨를 쓴 〈풍고 김조순 비명(楓皐金祖淳碑銘)〉이 국립중앙도서관에 탁본으로 남아 있는데, 그 글에 "공이 현암의 시골집〔玄巖鄕廬〕에 있을 때, 둘째 아들의 문과 급제 소식을 듣고도 즐거운 기색을 나타내지 않았다."라는 말이 보인다. 또《순조실록》33년 10월 24일 기사에 "충문공 김조순의 원액(院額)을 내려 주었는데, 현암(玄巖)이라 하였다."라는 기사가 보인다. 현암은 원래 여주에 속한 지명이었는데, 현재는 이천시(利川市) 백사면(栢沙面) 현방리(玄方里) 지역이다. 현암서원 역시 그곳에 있었다.

현암의 들판 그윽하고 조용한데 玄墅之幽靚兮
붉은 명정 오래 머무니 옛날 함께 왔었네 丹旌淹若昔相携
효자리 무덤길 깨끗하고 아름다운데 孝阡之明麗兮
청오[105]가 점친 길지에 어찌 지금 홀로 머무는가 青烏叶胡今獨棲
참으로 고요하고 참으로 편안해라 孔靜而孔安兮
남편을 기다리며 후손에게 복을 내리리라 君子是俟後人是禔

105 청오(青烏) : 풍수가(風水家)를 뜻하는 말이다. 원래는 한(漢)나라 청오자(青烏子)를 가리킨다. 청오자는 팽조(彭祖)의 제자로 화음산(華陰山)에 들어가서 도를 배워 신선이 되었다고 한다.

이청안 묘지명[106]

李淸安墓誌銘

이회능(李晦能)이 제생(諸生)일 때 내가 그의 이름을 듣기는 했지만 만나본 적은 없었다. 회능이 청안 현감(淸安縣監)이 되어 두루 부임 인사를 다니며 죽동(竹東)의 내 집[107]으로 찾아왔을 때 비로소 만나보고 아주 기뻐하였다. 회능이 서글픈 얼굴로 옷깃을 여미며 말하기를 "저는 병이 이미 고질이 되어 필시 오래 살지 못할 것이고, 자식은 어려서 뒷일을 감당하지 못할 것입니다. 만약 죽는다면 제 무덤에 어찌 묘지를 바라겠습니까. 원컨대 공의 뇌사(誄詞)든 시(詩)든 한 마디 말씀을 얻고자 하오니, 후세 사람들에게 이광현(李光顯)이라는 사람이 있었다는 것을 알게 해주신다면 충분합니다. 공께서 허락해 주시겠습니까?"라고 하였다. 내가 웃으며 "알았소."라고 하였다. 헤어진 지 5년 뒤에 회능은 임기가 차서 포천(抱川)으로 돌아갔고 1년 남짓 만에 세상을 떠났다. 수명은 약간이고, 모지(某地)에 장사 지냈다.

106 이청안(李淸安) 묘지명 : 이광현(李光顯)에 대한 묘지명이다. 이광현의 생몰년이 기록되지 않아 정확하지 않지만, 청안 현감에서 돌아와 1년 남짓 만에 죽었다는 기록을 통해 몰년은 1810년(순조10)으로 추정된다. 이광현은 1804년 12월에 청안 현감으로 부임하여 1809년 5월까지 재직하였다. 청안은 충청북도 괴산(槐山)의 옛 지명이다. 《承政院日記 純祖 4年 12月 2日, 9年 5月 8日》

107 죽동(竹東)의 내 집 : 죽동은 현재의 서울 중구 장교동(長橋洞) 일대의 죽동방(竹東坊)을 가리킨 것으로 보인다. 《풍고집》 권3에 〈저녁에 죽동으로 돌아가며 섭섭한 마음이 들어〔暮歸竹東悄悵有感〕〉라는 시가 있다.

나는 회능과 평생 한 번 만났다. 하지만 그의 부음을 듣고 슬프고 마음이 아팠으니, 오랜 친구라도 이보다 심하지는 않을 것이다.

회능은 소부(騷賦 시문(詩文))에 뛰어나 태학(太學)에 있을 때 여러 차례 과시(課試)에서 으뜸을 차지하여 선왕이 일찍부터 그 이름을 알아서 입시(入侍)할 때마다 흐뭇하게 웃음을 지으시니, 제생들은 이를 바라보며 부러워했고 회능은 자부하였다. 그러나 얼마 뒤에 경신년(1800)의 통곡[108]을 당하자 회능은 마침내 실의에 빠져 우울해하였다.

슬프다! 당시 제생 가운데 대략 한 가지 재주가 있으면 선왕의 도용(陶鎔)[109]의 은혜를 입지 않은 자가 없었고, 과거에 급제해 집안을 일으키고 공경(公卿)의 지위에 이른 자들이 또 세상에서 반이나 되었다. 그런데 회능처럼 문장에 능하였고 성상이 마음으로 또 보살펴 주었는데도 끝내 과거에 급제할 수 없었으니, 어찌 운명이 아니겠는가.

회능의 사람됨은 술 마시기를 좋아하였고 호탕하여 남다른 기상이 있었다. 그런데 집안이 가난하여 먹을 것이 없어 항상 술로 밥을 대신했으므로 술을 더욱 잘 마시게 되었고, 술을 마시면 남다른 기상이 더욱 드러났기 때문에 그의 이름이 더 잘 알려지게 되었다. 우리들 사이에서는 그를 알든 모르든 간에 모두 회능을 일컬어 '기이한 선비〔奇士〕'라고 하였다.

일찍이 금강산(金剛山)을 유람하여 꼭대기에 오르자 그곳에서 동해(東海)가 보였다. 회능이 멀리 바라보고 절하며 말하기를 "거대하다."

108 경신년의 통곡 : 정조의 승하를 말한다.

109 도용(陶鎔) : 가마에서 도자기를 굽고 용광로에서 쇠를 녹이는 것처럼 인재를 배양해서 육성한다는 뜻이다.

라고 하였고, 돌아갈 때가 되자 읍(揖)을 하고 내려왔다. 옛날에 도연명(陶淵明)이 지팡이를 꽂아놓고 봇도랑을 흐르는 물소리를 듣고 말하기를 "나의 스승보다 훨씬 더 훌륭하다."라고 하였다.[110] 봇도랑을 흐르는 물은 가느다란 샘물일 뿐인데도 그의 말이 오히려 이와 같았으니, 만약 도연명이 동해를 보았다면 절하고 읍하지 않았으리라고 어찌 장담하겠는가. 그렇지만 절을 하는 것은 스승을 대하는 예이니, 회능은 아마도 도연명을 사모한 자이리라.

회능이 일찍이 다른 사람을 통해 나의 시를 보고서 친한 사람에게 이르기를 "오늘날 마땅히 최고로 꼽아야 할 것이다."라고 했다고 한다. 나는 어울리는 벗들 가운데 가장 글재주가 없는데, 회능이 무슨 이유로 나를 잘못 인정한 것인지 모르겠다. 그러나 평생 잘 모르던 사람의 한마디 말에 자신이 죽은 뒤의 이름을 의탁하였으니, 그 일이 참으로 기이하다. 회능은 기이한 선비이니 기이하다는 점에서는 진실로 이상할 것이 없다. 그리고 내가 회능을 만난 것으로 말하면 또한 평생에 없었던 기이함이니, 끝내 스스로 이 일을 거절하여 기사(奇士)의 이름을 사라지게 할 수 있겠는가. 이에 유궁(幽宮 무덤)의 명(銘)을 지어 그의 집에 돌려준다.

회능은 선원(璿源)의 후손[111]으로, 회능은 자이고 광현은 이름이다.

110 옛날에……하였다 : 당나라 풍지(馮贄)의 《운산잡기(雲山雜記)》 권2에 〈연명별전(淵明別傳)〉을 인용하여 "도잠이 일찍이 봇도랑을 흐르는 물소리를 듣고 지팡이에 기대 한참 동안 듣고 있다가 탄식하기를 '차조와 벼가 이미 이삭이 패어 그 푸른빛이 사람에게 스며들고 때때로 흉금을 갈라 한 번 어지러움을 씻어내게 하는 듯하니, 이 물이 나의 스승보다 낫다.〔淵明嘗聞田水聲, 倚杖久聽, 歎曰: "秫稻已秀, 翠色染人, 時剖胸襟, 一洗荊棘, 此水過吾師丈人矣."〕"라고 했다는 고사를 전하였다.

명은 다음과 같다.

회능의 묘소에	晦能之葬
풍고가 명을 짓네	楓皐爲銘
영원히 전해질 것인가 전해지지 않을 것인가	朽與不朽歟
오직 이 명문은 그의 이름과 함께하리라	維銘與其名

111 선원(璿源)의 후손 : 본관이 전주(全州)라는 말이다. 선(璿)은 왕실의 존귀함을 표시한 것으로, 선원은 이씨 왕조의 세계(世系)를 말한다.

묘표墓表

선부군 묘표[112]

先府君墓表

선군(先君)의 휘는 이중(履中)이고 자는 시가(時可)이다.

우리 김씨는 본관이 안동(安東)이니, 고려 때 태사(太師)를 지낸 휘 선평(宣平)이 실로 비조이다.

좌의정을 지낸 문정공(文正公) 휘 상헌(尙憲)에 이르러 학자들이 존경하여 '청음 선생(淸陰先生)'이라 하였다. 화의(和議)를 배척하다가 심양(瀋陽)의 감옥에 억류되어 전후로 5년 동안 뜻을 굽히지 않았다. 청나라 사람들이 예를 갖추어 돌려보내니 의로운 명성이 천하에 알려졌다. 이분이 바로 선군에게 6대조가 된다.

112 선부군(先府君) 묘표 : 부친 김이중(金履中, 1736~1793)에 대한 묘표이다. 이 묘표의 뒷부분에 나오는 자손록에 '유근은 지금 참판이다.', '원근은 지금 현령이다.', '좌근은 지금 생원이다.'라는 기록으로 볼 때, 풍고의 나이 55세 때인 1819년(순조19)에 지은 것으로 보인다. 김유근은 1819년 1월에 병조 참판을 지냈고, 김원근은 1818년 11월부터 1820년 1월까지 의성 현령(義城縣令)을 지냈다. 또 김좌근은 1819년에 생원시에 합격하였다.《承政院日記 純祖 18年 11月 3日, 19年 1月 17日》《外案考 卷3 慶尙道 義城縣令》

고조는 영의정을 지낸 문충공(文忠公) 휘 수항(壽恒)이니, 단정하고 반듯하며 정직하여 사림(士林)을 이끌었으며 기사년(1689, 숙종15)의 화[113]에 순절하였다. 증조는 영의정을 지낸 충헌공(忠獻公) 휘 창집(昌集)이다. 성상의 계책을 도와 영종(英宗 영조)을 세제(世弟)로 세우려 하다가 간사한 자들의 무함을 받아서 아들과 장손(長孫)까지 화가 미쳐 신임(辛壬)의 옥사에 목숨을 잃으니,[114] 바로 세상에서 말하는 '건저사대신(建儲四大臣)'의 영수이다. 조부의 휘는 제겸(濟謙)이니, 승지를 지냈고 좌찬성으로 추증되었다.

부친의 휘는 달행(達行)이니, 학생으로 좌찬성에 추증되었다. 재주와 덕행이 있었으나 일찍 세상을 떠났다. 모친은 한산 이씨(韓山李氏)이니 목은(牧隱 이색(李穡)) 선생의 후손이요 감사 휘 집(潗)의 딸이다.

선군은 영종(英宗) 병진년(1736, 영조12) 3월 23일에 태어났다. 어려서부터 총명하였고 숙부인 미호(渼湖 김원행(金元行)) 선생에게 수학하였는데 섬기는 일에 법도를 어기지 않으니, 선생이 다른 조카들보다 더 아껴주었다. 얼마 뒤에는 명성이 사우(士友)들 사이에 자자해지니 사람들이 모두 재상감으로 기대하였고, 선군 역시 세상을 경륜해 볼 뜻을 지녔다. 그러나 운수가 불우하여 36세(1771, 영조47)에 비로소

113 기사년의 화 : 기사환국(己巳換局)을 말한다. 이 사건으로 남인(南人)이 재집권하자, 김수항은 탄핵을 받아 진도(珍島)에 위리안치되었다가 사사되었다.

114 아들과……잃으니 : 아들은 김제겸(金濟謙)이고, 장손은 김성행(金省行)이다. 신임의 옥사는 신축년(1721년, 경종1)과 임인년(1722년)에 걸쳐 일어난 신임사화(辛壬士禍)를 말한다. 경종 때 왕위 계승과 대리청정 문제를 둘러싸고 노론과 소론 사이에 벌어졌던 사화로, 영조를 왕세제로 책봉할 것을 주장한 노론사대신, 즉 김창집(金昌集)·이이명(李頤命)·이건명(李健命)·조태채(趙泰采)가 처벌을 받아 희생되었다.

진사가 되었고 음직에서 벼슬을 마치고 말았으니, 아! 슬프다.

내직으로는 홍릉 참봉(弘陵參奉), 내자시 봉사, 순릉 직장(順陵直長), 장원서 봉사(掌苑署奉事), 세마(洗馬), 동몽교관, 인의(引儀), 호조와 공조의 좌랑, 제용감 판관(濟用監判官), 사도시 첨정(司䆃寺僉正), 광릉 영(光陵令)을 지냈다. 외직으로는 용인 현령(龍仁縣令), 고양 군수(高陽郡守), 평양 서윤(平壤庶尹), 과천 현감(果川縣監), 서흥 부사(瑞興府使)를 지냈다.

계축년(1793, 정조17, 58세) 9월 29일에 서흥의 임소에서 세상을 떠나니, 향년 58세이다. 용인에는 선정비(善政碑)가 세워졌고, 평양에는 거사대(去思臺)[115]가 있다. 아! 슬프다.

선군은 세 살 때 부친을 여의었고, 열두 살 때 모친을 여의어 형인 광주 부군(光州府君)[116]의 집에서 자랐는데, 형과 형수를 섬기며 부모처럼 엄숙히 공경하였고 늙어서도 조금도 게을리하지 않았다. 평소에 술 마시기를 즐기고 책 읽기를 좋아하였는데, 술이 얼근해지면 흉금이 더욱 호탕하게 드러나고 글 읽는 소리가 맑고 깨끗하여 마치 석경(石磬)을 치고 옥경(玉磬)을 울리는 듯하니, 듣는 사람들이 싫어하지 않았다.

선을 좋아하고 의리를 중시하였으며 재물을 다스리는 데는 더욱 소탈하여 천금을 해진 신짝처럼 여겼다. 밖으로는 너그럽고 안으로는

115 거사대(去思臺) : 감사나 군수 등 지방 장관이 떠난 뒤에 그 지방 백성들이 치적을 사모하여 세운 누각이나 비석을 말한다.

116 광주 부군(光州府君) : 김이기(金履基)를 말하는데, 1787년(정조11)에 광주 목사를 지냈다. 《楓皐集 卷12 伯父牧使府君行狀》

곧고 반듯하였으니, 남을 대할 때는 선인이든 악인이든 두루 좋게 지냈으나 가정에서는 남녀의 구별을 신중히 하고 귀천을 엄히 따지기를 마치 치조(治朝)[117]처럼 엄격하게 하였다. 그러나 불초(不肖)는 늦게 본 자식이어서 다치기라도 할세라 특별히 사랑하면서도 작은 잘못이 있으면 반드시 엄하게 꾸짖고 벌을 내렸다.

불초가 내각(內閣)의 벼슬을 얻게 되자[118] 선군이 일찍이 종제(從弟)인 송원공(松園公)[119]에게 조용히 말하기를 "너는 내가 대교(待敎)를 사랑한다고 생각하느냐?"라고 하자, 송원공이 대답하기를 "그렇습니다. 그렇지 않습니까?"라고 하였다. 선군이 말하기를 "저 아이가 올바른 도리로 성상을 섬긴다면 비록 뜻을 거슬러 죽는다고 하더라도 나는 오히려 영광스럽게 여길 것이다. 이와 반대로 하여 패망에까지 이른다면 내가 무슨 통곡할 것이 있겠는가."라고 하였다. 항상 불초에게 말씀하시기를 "너의 뜻을 살펴보니 대체로 준칙이 없다. 나는 비록 성취한 바가 없지만 어려서부터 공자(孔子)를 준칙으로 삼지 않은 적이 없었다."라고 하였다. 위대하도다! 그 말씀이여. 불초가 어찌 감히 잊겠는가. 아! 슬프다.

117 치조(治朝) : 천자나 왕이 두는 삼조(三朝) 중 하나인데, 노문(路門) 밖에 있으며 매일 조회를 보는 곳이다. 여기서는 조정을 일컫는 말로 쓰였다.

118 불초가……되자 : 뒤에 이어지는 문맥으로 보아 풍고가 1788년(정조12)에 규장각 대교가 된 것을 말한 것으로 보인다.

119 송원공(松園公) : 김이도(金履度, 1750～1813)로, 자는 계근(季謹)이며, 송원은 그의 호이다. 풍고의 종숙부이다. 1800년(정조 24) 문과에 급제하였으며, 순조가 즉위한 뒤 시파(時派)로 몰려 영암(靈巖)에 유배되었다가 이듬해 풀려났다. 이후 경기도 관찰사, 병조와 공조의 판서, 대사헌 등을 역임하였다.

선군의 원배(元配)는 평산 신씨(平山申氏)이니 목사를 지낸 휘 사적(思迪)의 딸이다. 엄하고 순수하며 자상하고 어질어 선군이 매우 존중하였다. 계축년(1733, 영조9)에 태어나 계사년(1773, 영조49) 7월 15일에 세상을 떠났다. 계배(繼配)는 함평 이씨(咸平李氏)이니, 진사 휘 형옥(衡玉)의 딸로, 병자년(1756, 영조32)에 태어나 경술년(1790, 정조14) 5월 23일에 세상을 떠났다. 온화하고 유순하여 부덕(婦德)이 있었으니, 사람들은 전배(前配)의 자녀들을 보고 부인의 소생이 아닌 줄을 몰랐다. 불초가 귀하게 되어 선군은 영의정으로 추증되었고, 두 부인은 정경부인(貞敬夫人)으로 추증되었다.

신 부인(申夫人)은 아들 둘을 낳았는데 차남이 불초 조순이다. 딸 셋을 낳았으니, 장녀는 음직으로 도정(都正)을 지낸 이장소(李章紹)에게 출가하였다. 이 부인(李夫人)은 딸 둘을 낳았으니, 차녀는 생원 홍희명(洪羲命)에게 출가하였다. 측실의 아들 평순(平淳)은 유복자로 태어나 무과에 급제하였고, 딸은 심능극(沈能極)에게 출가하였다.

불초는 아들 여섯을 두었으니, 장남 유근(逌根)은 출계하여 종형(從兄 김용순(金龍淳))의 후사가 되었는데 문과에 급제하였고 지금 참판이다. 원근(元根)은 지금 현령이다. 좌근(左根)은 생원이다. 딸 다섯을 두었으니, 삼녀는 남구순(南久淳), 사녀는 이겸재(李謙在), 오녀는 이긍우(李肯愚)에게 출가하였다. 그리고 지금의 중궁(中宮) 전하는 형제의 순서로 첫 번째이니, 우리 동궁 저하와 두 공주를 낳았다.[120]

120 중궁(中宮)……낳았다 : 중궁 전하는 순조의 비 순원왕후(純元王后)이다. 동궁 저하는 효명세자(孝明世子)를 가리키며, 두 공주는 명온 공주(明溫公主)와 복온 공주(福溫公主)이다.

이장소는 아들 둘을 두었는데 장남 이헌기(李憲琦)는 문과에 급제하여 지금 참판이다. 이헌위(李憲瑋)는 문과에 급제하여 지금 정자(正字)이다. 딸 하나를 두었으니 족제(族弟)인 김운순(金運淳)에게 출가하였다. 홍희명은 아들 셋을 두었는데 홍일모(洪一謨)와 홍열모(洪說謨)이고, 딸 셋을 두었는데 장녀는 민달용(閔達鏞)에게 출가하였다. 유근의 딸은 이인기(李寅夔)에게 출가하였다. 그 외 내외의 손자와 증손은 모두 어리다.

처음에 신 부인은 여주 추읍산(趨揖山) 아래 향곡리(香谷里)의 찬성부군(贊成府君 김달행) 묘소의 왼쪽 산등성이 신향(申向)의 언덕에 장사 지냈고, 이 부인은 찬성부군의 묘소 오른쪽 산기슭에 장사 지냈으며, 선군은 양주(楊州)의 정토(淨土)에 장사 지냈다. 정종(正宗) 을묘년(1795, 정조19) 10월에 불초가 세 분 묘소 가운데 길지를 점쳤는데, 술자(術者)들이 모두 신 부인의 묘소라고 하기에 마침내 신 부인의 묘소에 합봉하였으니, 오른쪽에 선군을 받들고 이 부인은 왼쪽에 모셨다. 아! 슬프다.

아! 선군께서 성대한 덕을 지니고도 세상에 그다지 크게 드러나지 못했으니 어찌 운명이 아니겠는가. 그러니 불초가 어찌 하늘에 대해 유감이 없을 수 있겠는가. 하지만 선군께서 덕을 쌓아 남겨 주신 복으로 불초처럼 재주 없는 자가 영광스럽고 귀하게 되어 인신(人臣)의 최고 자리에까지 오르고 자손이 번성하며, 도신(塗莘)의 휘음(徽音)을 이을 분을 집안에서 길러 내어[121] 성군(聖君)의 후손을 낳아 국가 만년

121 도신(塗莘)의……내어 : 풍고의 딸이 순원왕후(純元王后)에 오른 것을 말한다. 도신은 황후나 왕후를 가리키는 말로, 우(禹) 임금이 도산(塗山)의 여인을 아내로 맞이

(萬年)의 기틀을 열었으니, 이것은 하늘이 돌아가신 선군을 위해 보답해 주신 것일 것이리라. 그러니 불초는 거의 유감이 없을 것이다. 아! 슬프다.

불초는 글재주가 없지만, 또 감히 과장된 말로 우리 선군의 가르침을 실추시키지 않았다.

하고, 문왕(文王)이 신국(莘國)의 태사(太姒)를 후비로 삼은 데서 유래하였다. 휘음(徽音)은 아름다운 명성을 말하는데, 《시경》 〈사제(思齊)〉에 "태사가 그 아름다운 명성 이으시니, 아들이 백 명이나 되도다.〔太姒嗣徽音, 則百斯男.〕"라는 구절이 보인다.

종숙부 좌의정 익헌공 부군 묘표[122]

從叔父左議政翼憲公府君墓表

공의 휘는 이소(履素)이고 자는 백안(伯安)이다.

안동 김씨는 태사(太師) 휘 선평(宣平)을 비조로 삼는다. 좌의정을 지낸 문정공(文正公) 휘 상헌(尙憲)에 이르러 가문의 명성이 비로소 성대해졌으니, 공은 그분의 6세손이다. 고조의 휘는 수항(壽恒)이니 영의정을 지냈고 시호는 문충(文忠)이다. 증조의 휘는 창집(昌集)이니 영의정을 지냈고 시호는 충헌(忠獻)이다. 조부의 휘는 제겸(濟謙)이니 우부승지를 지냈고 좌찬성에 추증되었다. 부친의 휘는 탄행(坦行)이니 부사(府使)를 지냈고 영의정에 추증되었다. 모친은 정경부인으로 추증된 청주 한씨(淸州韓氏)이니, 통덕랑 한백증(韓百增)의 딸이다.

문정공(김상헌)은 화의(和議)를 배척하다가 심양(瀋陽)의 감옥에 억류되어 천하에 대의를 밝혔다. 문충공(김수항)은 사림을 이끌었고 기사년(1689, 숙종15)에 이르러 화를 당하였다.[123] 충헌공(김창집)은 세제(世弟)를 세우는 논의를 결정했다가 조부와 아들과 손자 3대가 모두 신임(辛壬) 사이에 순절하였다.[124] 공의 집안은 목묘(穆廟 선조) 이래로

122 종숙부……묘표 : 김이소(金履素, 1735~1798)에 대한 묘표이다. 김이소의 자는 백안(伯安)이고 호는 용암(庸庵)이다. 1764년(영조40)에 문과에 급제하였고, 좌의정에 올랐다.

123 기사년에……당하였다 : 기사환국(己巳換局)을 말한다. 이 사건으로 남인(南人)이 재집권하자, 김수항은 탄핵을 받아 진도(珍島)에 위리안치되었다가 사사되었다.

124 충헌공은……순절하였다 : 김창집의 아들은 김제겸(金濟謙)이고, 손자는 김성

7대(代)가 여덟 조정에서 기쁨과 슬픔을 국가와 함께하였다. 그리고 공은 선대(先代)의 빛나는 공덕을 이어받고 능히 그 아름다움을 계승해 왕실을 떠받치며 태산북두(泰山北斗)처럼 빛났으니, 아! 성대하다.

공은 영묘(英廟) 갑신년(1764, 영조40, 30세)에 충량과(忠良科)[125]에 병과(丙科)로 급제하였다.

정해년(1767)에 6품(참상관)에 올랐다.

무자년(1768)에 도당록(都堂錄)[126]에 들었다.

신묘년(1771, 영조47, 37세)에 통정대부(通政大夫)에 올랐다.

정묘(正廟) 무술년(1778, 정조2, 44세)에 가선대부(嘉善大夫)에 올랐다.

계묘년(1783, 정조7, 49세)에 자헌대부(資憲大夫)에 올랐다.

갑진년(1784, 정조8, 50세)에 정헌대부(正憲大夫)에 올랐다.

기유년(1789, 정조13, 55세)에 숭정대부(崇政大夫)에 올랐다.

행(金省行)이다. 신임은 1721년(경종1)과 1722년에 걸쳐 일어난 신임사화(辛壬士禍)를 말한다. 71쪽 주114 참조.

125 충량과(忠良科) : 1764년(영조40) 처음으로 시행된 정시(庭試)의 일종으로, 병자호란 때 순절한 이들의 충절을 기리고 아울러 그 후손들을 위로할 목적으로 실시하였다. 따라서 이 시험에 응시할 수 있는 사람은 윤집(尹集)・홍익한(洪翼漢)・오달제(吳達濟) 등 삼학사(三學士)와 김상용(金尙容)・김상헌(金尙憲) 등 절신(節臣)의 후손들이었지만, 임진왜란 이후 귀화한 명나라 사람의 후예들까지 포함시켰다. 영조 이후에는 실시되지 않았던 것으로 보인다.

126 도당록(都堂錄) : 의정부에서 홍문관의 교리・수찬을 선임하기 위한 제2차 추천 기록을 말한다. 의정(議政)과 이조의 판서・참판・참의 등이 모여 홍문록(弘文錄)에 오른 명단에서 적합한 자의 성명 위에 다시 권점을 찍어 찬반을 보이고 그 결과를 임금에게 올리면 득점의 순위에 따라 관직을 임명하였다.

임자년(1792, 정조16, 58세)에 특별히 우의정에 제수되었다.

계축년(1793, 정조17, 59세)에 좌의정으로 승진하였다.

갑인년(1794, 정조18, 60세) 봄에 잠깐 면직되었다가 곧 다시 벼슬을 받았으며, 여름에 장성(長城)에 유배되었다가 한 달 뒤에 배소(配所)에서 다시 벼슬에 제수되었다.

을묘년(1795, 정조19, 61세)에 한 번 대궐에 들어가 진언했다가 대신(臺臣)의 배척을 받았으나 사면을 받아 영돈녕(領敦寧)에 제수되었다. 겨울에 관례에 따라 판돈녕(判敦寧)으로 내려왔다.

병진년(1796, 정조20, 62세)에 다시 영돈녕에 올랐다.

이상이 공이 조정에서 거친 벼슬의 시말이다.

승정원에서는 가주서, 주서, 승지가 되었고 동부승지에서부터 지신사(知申事)에까지 이르렀다. 주연(胄筵 세자시강원)에서는 설서(說書), 겸사서(兼司書), 문학, 좌우 빈객을 지냈다. 옥서(玉署 홍문관)에서는 수찬, 교리, 부교리를 지냈다. 양사(兩司 사간원과 사헌부)에서는 헌납, 대사간, 대사헌을 지냈다. 제조(諸曹)에서는 이조와 예조와 병조 삼조(三曹)의 참의, 참판, 판서를 지냈으며, 이조에서는 좌랑을 거쳤고 호조와 형조에서는 참판과 판서를 지냈다. 돈녕부와 중추부 두 부(府)의 지사(知事)를 지냈다. 경조(京兆)의 우윤과 판윤(判尹)을 지냈으며, 성균관 대사성과 좌우 참찬을 지냈다.

겸직으로는 승문원 부정자로부터 지제교, 남학 교수(南學教授), 실록청과 춘추관, 경연특진관(經筵特進官), 부도총관, 동지중추부사, 판금오(判金吾 의금부판사), 주사(籌司 비변사), 선혜청(宣惠廳), 준천사(濬川司), 공시 당상(貢市堂上)[127]의 직책을 맡았다. 공을 세워 은혜를 입은 경우로는 연호궁(延祜宮)에 책인(冊印)을 올릴 때 예방 승지(禮

房承旨)를 지낸 일,[128] 문효세자(文孝世子)의 책례부사(冊禮副使)를 지낸 일,[129] 현륭원(顯隆園)을 천봉(遷奉)할 때 도감 당상(都監堂上)을 지낸 일이었다.

제조의 직책을 맡은 부서는 상의원, 봉상시, 태복시, 조지서, 전의감, 혜민서, 내자시, 관상감, 사포서, 장악원, 승문원, 전생서, 사직서, 평시서, 장영(壯營 장용영(壯勇營)) 등 여러 시(寺)와 원(院)과 감(監)과 서(署)였다. 사옹원과 사역원 및 훈련도감·금위영(禁衛營)·어영청(御營廳)의 삼영(三營)에서는 나란히 도제거(都提擧 도제조)를 지냈다.

외직으로는 북평사(北評事), 옥구 현감(沃溝縣監), 강원도와 평안도의 관찰사를 지냈다. 전대(專對 사신)로는 네 차례 동지사의 정사로 임명되었으나 병으로 체직되었고, 한 번 진하 정사(進賀正使)로 연경에 다녀왔다.[130] 이것으로 공이 역임한 관직과 막중한 임무를 알 수

127 공시 당상(貢市堂上) : 공계(貢契)와 시전(市廛)의 감독 사무를 맡아보는 당상관이다. 1752년(영조28)에 처음 비변사 소속으로 설치되었고 공시의 폐단을 바로잡는 데 주력하였다.

128 연호궁(延祜宮)에……일 : 연호궁은 영조의 후궁이자 진종(眞宗)으로 추존된 효장세자(孝章世子)의 사친인 정빈 이씨(靖嬪李氏)의 신판을 봉안한 사당이다. 책인(冊印)은 옥책(玉冊)과 금보(金寶)로, 제왕 또는 후비의 존호를 올릴 때 송덕문을 새긴 간책(簡冊)을 옥책, 추상하는 존호를 새긴 도장을 금보라고 한다. 김이소는 1778년 연호궁의 책인을 올릴 때 예방 승지를 지냈고, 가선대부에 올랐다. 《豊墅集 卷18 領敦寧府事金公諡狀》

129 문효세자(文孝世子)의……일 : 문효세자는 정조의 장남으로 의빈 성씨(宜嬪成氏) 소생이다. 1784년(정조8) 7월에 왕세자로 책봉되었다. 김이소는 1784년에 문효세자의 책례 부사로 임명되었다. 《正祖實錄 8年 7月 2日》

130 전대(專對)로는……다녀왔다 : 김이소는 1791년(정조15), 1795년, 1797년, 1798년에 동지사의 정사로 임명되었는데, 1791년에는 연경에 다녀왔고 나머지 세 차례는

있다.

견책을 받은 것으로 특별히 기록할 만한 것은 다음과 같다. 동료 관원과의 피혐 관계를 진언하다가 유배되고 파직된 것이 각각 한 번이고, 지신사(知申事)로 삭직된 것이 한 번이다. 대사헌으로 파직된 것이 한 번이고, 채제공(蔡濟恭)을 성토하다가 파직을 당한 것이 세 번이며, 이조 판서를 사직하다가 특지(特旨)를 받아 파직된 것이 두 번이다. 관동(關東)의 일에 연루되어 고신(告身)을 빼앗긴 것이 한 번이며, 관서(關西)의 일에 연루되어 특배(特配)된 것이 한 번이다.[131] 상신(相臣)과 경연 석상에서 충돌한 일로 파직당한 것이 한 번이며, 유성한(柳星漢)의 일[132]로 대관(臺官)의 무함을 받은 것이 한 번이고, 신하들이 대궐 문을 밀치고 들어가 진언한 일에 연루되어 유배된 것이 한 번이다. 하지만 항상 한 철을 넘기기 전에 은혜를 입어 서용되었으며, 폄적된 것이 몇 달을 넘지 않았다. 이를 통해 공이 험난한 상황에서 절개를 지켰으며 성상이 융성하게 돌보아 주었음을 알 수 있다.

공은 영종(英宗) 을묘년(1735, 영조11) 11월 25일에 양지현(陽智

모두 병으로 체직되었다. 또 1794년에 진하사로 임명되었으나 역시 병으로 체직되었다. 《豊墅集 卷18 領敦寧府事金公謚狀》

131 관서(關西)의……번이다 : 1790년(정조14) 봄 김이소가 평안도 관찰사로 있으면서 정주 목사(定州牧使) 오대익(吳大益)이 뇌물죄로 의금부에 나아가 심리를 받은 일을 살피지 못해 정주(定州)에 유배된 일을 말한다. 《豊墅集 卷18 領敦寧府事金公謚狀》

132 유성한(柳星漢)의 일 : 유성한(1750~1794)의 본관은 진주(晉州), 자는 원명(原明)이다. 1777년(정조1)에 문과에 장원으로 급제하였다. 1792년(정조16)에 도산서원(陶山書院)에서 별시를 치른 것에 대해, 왕이 경연에는 참석하지 않고 유흥만 즐긴다며 도산서원 별시에 대한 노론(老論)의 불편한 심기를 우회적으로 드러내는 상소를 올려, 영남 선비들이 만인소(萬人疏)를 올리게 하는 원인을 제공하였다.

縣) 민계(民溪)의 외가에서 태어났고, 정종(正宗) 무오년(1798, 정조 22) 8월 24일에 안국방(安國坊)의 우거(寓居)에서 세상을 떠나니, 향년 64세였다.

부음이 알려지자 성상이 놀라 애도하고 사흘 동안 조회를 보지 않았다. 근시(近侍)를 보내 치조(致弔)하고 성복(成服) 때에는 치제(致祭)하게 하였으며,[133] 익헌(翼憲)이라는 시호를 내렸다.

부인은 정경부인 풍천 임씨(豐川任氏)이니, 호조 참판으로 추증된 시팔(時八)의 따님으로, 성품이 온화하고 돈후하여 부덕(婦德)이 있었다. 공과 같은 해에 태어났고 공보다 3년 먼저 세상을 떠났으며, 여주 소개곡(昭開谷) 정좌(丁坐)의 언덕에 합장하였다.

공은 아들 하나를 두었는데 요절하여 중제(仲弟) 이유(履裕)의 아들 지순(芝淳)을 양자로 삼았으니, 지금 현감이다. 측실의 아들 원순(原淳)은 직장(直長)이고, 차남은 기순(箕淳)이다. 딸은 홍서(洪埁), 심능인(沈能寅), 이희명(李羲命)에게 출가하였다. 지순의 장남은 조근(祖根)이고 나머지 아들은 어리다. 원순의 장남은 정근(貞根)이고 나머지 아들은 어리다. 홍서의 아들은 홍우종(洪禹鍾)과 홍문종(洪文鍾)이다.

지순이 공의 묘도에 비석을 세우려고 하여 나에게 그 글을 부탁하였다. 나는 일찍이 공의 행록(行錄)을 지었다. 하지만 삼가 생각건대 공은 나의 부형(父兄)이니, 지금 비석의 글을 지을 때 문사(文辭)가

133 근시(近侍)를……하였으며 : 치조(致弔)는 대신이나 대신의 부모가 상을 당했을 때 임금의 명으로 신하가 조의를 표하는 것이고, 치제(致祭)는 죽은 신하를 위해 임금의 명을 받아 신하가 나아가 제사를 지내는 것이다.

졸렬하면 부형의 덕을 후세에 드날리지 못할 것이고, 글의 내용이 사실보다 지나치면 사람 중에 또 누가 믿으려 하겠는가. 이러한 경우에 내가 어찌 글을 지으랴만, 또 어찌 감히 사양하겠는가.

기억하건대 공이 세상을 떠나던 날 저녁에 불초가 공의 계씨(季氏)인 송원(松園 김이도(金履度)) 종숙부와 손을 맞잡고 함께 통곡하였다. 이날 밤에 우리 선왕께서 은졸지교(隱卒之教)를 내렸는데 그 하교에 "확고히 지조를 지켰고 모습은 그 사람됨과 같았다."라고 하였고, 또 "연전의 한 가지 일은 바로 공경하고 탄복한 바였다."라고 하였다.[134] 불초가 송원공과 눈물을 닦으며 받들어 읽었고 다시 눈물을 흘리며 말하기를 "우리 숙부께서 성주(聖主)에게 이런 교지를 얻었으니 돌아가신 뒤에도 지각이 있다면 어찌 구천(九泉)에서 영광스러워하지 않겠습니까?"라고 하고, 마침내 그 교지를 받들어 관 속에 넣었다. 얼마 뒤에 불초가 상에게 입시(入侍)하니 용안이 처연하였고 한참 만에 말씀하기를 "그대의 숙부는 어찌 이리 급하게 떠났단 말인가. 아! 슬프다. 내 장차 원보(元輔 영의정의 별칭)로 끝까지 쓰려 하였는데, 이제는 더 이상 볼 수 없게 되었다."라고 하였다. 아! 우리 선왕께서는 타고난 자질이 고명하여 신하들 가운데 인정하는 사람이 드물었지만 숙부께서는 살아 계실 때나 돌아가셨을 때나 지우를 받음이 유독 이와 같았다. 이를 통해 공의 덕이 백세토록 전해질 것임을 증명할 수 있겠다.

134 이날……하였다 : 은졸지교(隱卒之教)는 임금이 공신의 죽음을 애도하며 내리는 하교를 말한다. 정조가 내린 교서는 《홍재전서(弘齋全書)》 권36 교7(教七)에 〈영돈녕부사 김이소의 죽음을 애도하는 하교〔領敦寧金履素隱卒教〕〉라는 제목으로 수록되어 있다. 정조가 하교에서 말한 연전의 한 가지 일은 분명하지 않다.

왕고 증 좌찬성부군 묘표[135]

王考贈左贊成府君墓表

부군의 휘는 달행(達行)이고, 자는 수보(脩甫)이다.

우리 김씨는 안동(安東)에서 나왔으니, 고려 때 태사(太師)를 지낸 휘 선평(宣平)의 후손이다. 우리 조정에 들어와 휘 상헌(尙憲)이 있으니, 좌의정을 지냈고 시호는 문정(文正)이다. 이분이 일찍이 화의(和議)를 배척하다가 심양(瀋陽)의 감옥에 억류되니 천하 사람들이 그 의리를 칭송하였고, 우리나라의 학사와 대부들이 존경하여 '청음 선생(淸陰先生)'이라고 부른다. 부군에게는 5대조이다. 증조는 영의정을 지낸 문충공(文忠公) 휘 수항(壽恒)이니, 기사년(1689, 숙종15)에 사화(士禍)를 당하였다.[136] 이분이 문곡 선생(文谷先生)이다. 조부는 영의정을 지낸 충헌공(忠獻公) 휘 창집(昌集)이니, 이분이 몽와 선생(夢窩先生)이다.

부친의 휘는 제겸(濟謙)이니, 우부승지를 지냈고 좌찬성으로 추증되었으며 호는 죽취(竹醉)이다. 모친은 정경부인으로 추증된 은진 송씨(恩津宋氏)이니, 문정공(文正公) 동춘(同春 송준길(宋浚吉)) 선생의

135 왕고(王考)……묘표 : 조부 김달행(金達行, 1706~1738)에 대한 묘표이다. 김달행은 미호(渼湖) 김원행(金元行)의 생부인 김제겸(金濟謙)의 넷째 아들이다. 김원행이 지은 김달행의 묘지명이 참고가 된다. 《渼湖集 卷15 從弟修甫墓誌銘幷序》

136 기사년에 사화(士禍)를 당하였다 : 기사환국(己巳換局)을 말한다. 이 사건으로 남인(南人)이 재집권하자, 김수항은 탄핵을 받아 진도(珍島)에 위리안치되었다가 사사되었다.

손녀요 도사(都事) 송병원(宋炳遠)의 딸이다.

부군은 숙종 병술년(1706, 숙종32) 12월 11일에 태어났다. 태어난 지 16년 만인 경종(景宗) 신축년(1721, 경종1, 16세)에 충헌공이 이충문(李忠文 이이명(李頤命))과 이충민(李忠愍 이건명(李健命))과 조충익(趙忠翼 조태채(趙泰采)) 세 대신과 함께 금중(禁中)에서 결단하여 영종(英宗 영조)을 세워 세제(世弟)로 삼으려 하였는데, 흉악한 무리가 궁중의 은밀한 도움을 받아 무옥을 일으켜 세제를 핍박하였다.[137] 충헌공이 찬성(贊成)과 그의 장손[138]과 함께 삼대가 선후로 혹독한 화를 당하였으니 이를 신임사화(辛壬士禍)라고 한다. 부군(김달행) 역시 연좌되어 흡곡(歙谷)에 유배되었다.

영종이 즉위하여 교화와 다스림이 청명해져 흉악한 무리를 내쫓고, 여러 억울하게 죽은 사람들을 신원해 주고 연좌되어 멀리 유배되었던 이들을 방면하였으며, 강가에 사당을 세워 사대신(四大臣)을 제향하였다.[139] 이때에는 하늘도 화를 내린 것을 후회하여 거의 군자의 도가 자라나 모두 그 복을 받을 듯하였다.[140] 그러나 얼마 뒤에 흉악한 무리

137 충헌공이……핍박하였다 : 경종이 즉위한 뒤 병약하고 후사가 없자, 이른바 노론 사대신이 왕세제(王世弟)였던 영조의 대리청정을 건의했다가 소론의 격렬한 반대로 실패하였고, 이후 소론의 거두였던 조태구(趙泰耉)와 김일경(金一鏡)이 환관(宦官) 박상검(朴尙儉)과 결탁해 노론 세력을 완전히 축출한 임인옥사(壬寅獄事)를 일으킨 것을 말한다.

138 찬성(贊成)과 그의 장손 : 찬성은 김달행의 아들로 좌찬성으로 추증된 김제겸(金濟謙)이고 장손은 김성행(金省行)이다.

139 강가에……제향하였다 : 영조는 즉위 후 노론사대신의 관작을 회복하고 노량(露梁)에 사충사(四忠祠)를 세우게 하였다. 19쪽 주13 참조.

140 군자의……듯하였다 : 원문은 '군자도장병수기복(君子道長竝受其福)'인데, 《주

가 다시 일어나 터무니없는 모함으로 성상을 위협하니, 성상이 그들의 말을 두려워해 이전의 단안(斷案)을 모두 뒤집었다.[141]

부군은 다시 피눈물을 흘리며 십여 년 동안 두문불출하다가 무오년(1738, 영조14) 6월 29일에 세상을 떠나니, 향년은 겨우 33세였다. 아! 원통하도다.

이에 부군의 셋째 형인 문경공(文敬公) 미호(渼湖 김원행(金元行)) 선생이 부군의 묘지명에 다음과 같이 기록하였다.[142]

"군은 태어나면서부터 준엄한 기상이 있어 정직하지 않거나 좀스러운 사람을 보면 그 얼굴에 침을 뱉고 싶어 하였다. 천성적으로 통찰력이 있고 사리에 밝아 사물의 기능에 대해 막힘이 거의 없었으며, 재주 있고 명민한 데다 심지가 굳어 일을 성사시켜 내었기에 아는 사람들은 모두 군을 유용한 인재라고 생각하였다.

군은 이미 일찌감치 집안이 화를 당한 것을 이유로 벼슬길에 나갈 생각을 접어 평소에 그다지 글을 읽지 않았다. 하지만 함께 문자를

역》〈태괘(泰卦) 단(彖)〉에, "군자를 안에 있게 하고 소인을 밖에 있게 하니, 군자의 도가 자라나고 소인의 도가 없어진다.〔內君子而外小人, 君子道長, 小人道消也.〕"라는 구절이 있고, 〈정괘(井卦) 구삼(九三)〉에 "임금이 밝으면 모두 복을 받는다.〔王明, 竝受其福.〕"라는 구절이 있다.

141 그러나……뒤집었다 : 이른바 정미환국(丁未換局)을 말한다. 영조는 즉위한 뒤 노론의 요청에 따라 신임사화를 무옥으로 판정하고 신임사화 때 처벌된 노론을 신원하는 을사처분(乙巳處分)을 단행하였다. 그러나 영조는 1727년(영조3)인 정미년에 이광좌(李光佐)와 조태억(趙泰億) 등 소론이 다시 정권을 잡자 을사처분을 뒤집어 노론사대신을 죄안(罪案)에 들게 하고 신임사화를 역옥으로 규정하였다.

142 이에……기록하였다 : 아래에 인용한 묘지명은 《미호집》 권15에 수록된 〈종제수보묘지명병서(從弟修甫墓誌銘幷序)〉의 내용을 그대로 옮긴 것이다.

논하고 경서(經書)의 뜻을 담론해 보면 정밀한 식견이 왕왕 보통 사람들을 능가하였다. 특히 고문(古文)과 예서(隸書)에 뛰어나 고법(古法)에 아주 가까웠는데, 여기에도 그다지 힘을 쏟은 적은 없었으니, 이것만으로도 그 재주를 알 수 있다. 제대로 배워서 성취하지 못한 것이 안타깝다. 그렇지만 군의 재주로 보아 집안이 융성하고 국가가 태평한 날에 태어나 능력만큼 역량을 펼칠 수 있었다면 어찌 그가 남만 못했겠는가. 그러나 영해(嶺海)를 떠돌며 온갖 고생만 겪고 몹시도 가난하게 살다가 지극한 통한을 품은 채 일생을 마쳤으니, 천명이로다! 어찌 슬프지 않겠는가."

아아! 미호 선생의 이 말에서 부군을 깊이 알기에 충분하다.

부군을 처음에 여주(驪州) 초현리(草峴里) 선영의 묘역에 장사 지냈다가 정묘년(1747, 영조23)에 그 북쪽 십여 리 되는 추읍산(趨揖山) 아래 향곡리(香谷里) 해좌(亥坐)의 언덕으로 옮겨 안장하였다. 부인 이씨(李氏)도 합장하였다.

부인의 관향은 한산(韓山)으로, 목은(牧隱 이색) 선생의 후손이며 감사 휘 집(潗)의 딸이다. 현명하고 법도가 있었으며 지아비를 섬기며 그 뜻을 거스르는 말이 없었다. 금상 임술년(1802, 순조2)에 대혼(大婚)이 이루어져[143] 규례에 따라 부군에게는 좌찬성을, 부인에게는 정경부인을 추증하였다.

부군은 아들 셋을 두었으니, 이기(履基)는 목사이고, 이중(履中)은 부사이며, 이경(履慶)은 요절하였다. 딸 둘을 두었는데 군수 이득상(李得祥)과 현감 송재위(宋載緯)에게 출가하였다.

143 대혼(大婚)이 이루어져 : 풍고의 딸이 순조의 비가 된 것을 말한다.

목사(김이기)의 아들은 음직으로 전 정(正)을 지낸 용순(龍淳)과 명순(明淳)이고, 딸은 주서 이건원(李健源)과 음직으로 정(正)을 지낸 윤수익(尹守翼)에게 출가하였다. 부사(김이중)의 아들 조순(祖淳)은 지금 영돈녕이고, 딸은 음직으로 도정(都正)을 지낸 이장소(李章紹)와 생원 홍희명(洪羲命)에게 출가하였다. 측실의 아들 평순(平淳)은 무과에 급제하였고, 딸은 심능극(沈能極)에게 출가하였다. 이경은 아들이 없어 명순을 후사로 삼았으니 참판이다. 군수(이득상)의 아들은 이영린(李英麟)이다. 현감(송재위)의 아들은 송윤정(宋允鼎)과 송구정(宋久鼎)과 현감 송태정(宋太鼎)과 지금 정랑으로 있는 송기정(宋基鼎)이며, 두 딸은 판서로 있는 김상휴(金相休)와 전 세마(洗馬) 이도중(李度中)에게 출가하였다.

용순은 나의 아들 유근(逌根)을 후사로 삼으니 지금 참판이며, 딸은 황종일(黃鍾一)에게 출가하였다. 측실의 아들은 손근(遜根)이고, 딸은 홍훈(洪壎)에게 출가하였다. 조순의 아들은 유근(逌根)과 지금 목사로 있는 원근(元根)과 생원 좌근(左根)이다. 장녀는 바로 지금의 중궁 전하이니, 동궁과 두 공주를 낳았다. 차녀는 남구순(南久淳)과 이겸재(李謙在)와 이긍우(李肯愚)에게 출가하였다. 명순의 아들 홍근(弘根)은 지금 주부(注簿)이고, 응근(應根)과 흥근(興根)은 모두 생원이다. 측실의 아들 칭근(偁根)은 전 무겸(武兼 무신겸선전관)이다.

삼가 생각건대, 부군은 어린 시절에 환난을 당했고 또 천수를 누리지 못했으며 덕을 길렀으나 숨겼고 광휘를 품었지만 드러내지 않았으니, 불초자들이 드러내어 선양하고 싶은들 어디에서 그 사실을 찾아낼 수 있겠는가. 하지만 미호 선생이 천륜(天倫)의 정으로 무덤의 지문(誌文)을 지었으니, 그 말은 간결하면서도 엄정하고 그 글은 굳세면서도 깨끗하여 공의 덕을 형용하고 모사함이 대략 모두 갖추어져 있다. 미호 선생은 백대의 유종(儒宗)이니 훗날 부군의 덕을 살피려는 자들은 그 문장이 바로 여기에 있지 않겠는가. 이에 삼가 선생의 말씀을 표출하여 이를 드러내 비석에 새기며, 감히 다시 불초자들이 알고 있는 한두 가지 유문(遺聞)과 구전(舊傳)을 그 사이에 덧붙여 참람하고 망령된 죄를 초래하게 하지 않을 뿐이다.

학생 임공 묘표[144]

學生任公墓表

공의 휘는 원량(元亮)이고 자는 언명(彦明)이다.

임씨의 선계(先系)는 풍천(豐川)에서 나왔다. 6대조 유겸(由謙)은 판서를 지냈고 시호는 소간(昭簡)이다. 증조 기(紀)는 사헌부 지평을 지냈다. 조부 경우(慶祐)는 통덕랑을 지냈다. 부친 천(洤)은 증 사복시 정이다. 모친 숙인(淑人)은 남원(南原) 윤모(尹某)의 따님이다.

공은 어려서부터 자신의 행동을 단속하였고, 독서를 좋아하였는데 그 뜻을 깊이 궁구하는 데 힘쓰며 훈고(訓詁)를 능사로 여기지 않았다. 효성으로 부모를 섬겼으며, 모부인이 세상을 떠났을 때 정해진 법도보다 더 슬퍼하다 몸이 수척해졌고 한여름과 한겨울에도 최질(衰絰 상복)을 잠시도 벗지 않았다. 삼 년을 하루같이 초하루와 보름에 반드시 묘소에 올라 통곡하니, 마을 사람들이 모두 지극한 효자라고 칭찬하였다.

백부(伯父) 군수공(郡守公 임준(任濬))이 아들인 사간(司諫) 원구(元耉)와 조카인 필선(弼善) 원성(元聖)을 훈계하며 이르기를 "독서를 소중히 여기는 이유는 과거에 급제할 수 있기 때문이 아니라 실천할 수 있기 때문이다. 너희들은 원량을 법도로 삼으면 된다."라고 하였으니,

144 학생 임공(任公) 묘표 : 임원량(任元亮, 1634~1670)에 대한 묘표이다. 임원량의 자는 언명(彦明)이다. 풍고가 진사 임신검(任愼儉)의 부탁을 받고 지은 글인데, 지은 시기는 정확하지 않다.

부형이 공을 추중(推重)함이 이와 같았다.

얼마 뒤에 예물을 갖추고 화양동(華陽洞)의 송 문정공(宋文正公 송시열(宋時烈))을 배알하여 장차 성리(性理)의 학문을 배우려 하였으나 뜻을 이루지 못하고 경술년(1670, 현종11)에 세상을 떠났다. 태어난 해가 만력(萬曆) 갑술년(1634, 인조12)이니[145] 춘추는 겨우 37세였다. 모지(某地) 모좌(某坐)에 장사 지냈다.

전주 이씨(全州李氏)를 아내로 맞았으니 승지 이성(李晟)의 딸이고 숙부인으로 추증되었다.

공은 3남 2녀를 두었으니, 장남 찬(瓚)은 참판으로 추증되었고, 차남은 유(瑜)이고, 삼남은 구(球)이다. 장녀는 고위원(高偉元)에게 출가하였고, 막내는 정원규(鄭元奎)에게 출가하였다. 손자와 증손이 모두 약간 명이다.

임씨는 대대로 나의 선조와 세의(世誼)가 매우 돈독하였다. 석실(石室) 문정공(文正公 김상헌(金尙憲))이 일찍이 공의 종증조(從曾祖)인 빈객공(賓客公)을 위해 묘도에 비명을 지은 적이 있다.[146]

지금 공의 후손인 진사 신검(愼儉)은 단정하고 성실한 사람으로 나

145 만력(萬曆) 갑술년이니 : 숭정(崇禎) 갑술년의 오기로 보아 괄호 안에 1634년으로 병기하였다. 만력 갑술년은 1574년(선조7)으로 시기가 맞지 않는다.

146 석실(石室)……있다 : 빈객공(賓客公)은 임광(任絖, 1579~1644)을 가리킨다. 자는 자정(子靜)이다. 1624년에 문과에 급제한 뒤 황해도 관찰사와 도승지를 역임하였다. 1644년(인조22)에 세자시강원 좌부빈객(左副賓客)으로 김육(金堉)과 함께 심양(瀋陽)에 볼모로 잡혀간 소현세자(昭顯世子)를 수행하기 위해 청나라에 갔다가 그곳에서 세상을 떠났다. 또 김상헌은 임광의 신도비명을 지어, 서로 같은 동네에서 자라 60여 년을 교유하였다고 하였다. 《淸陰集 卷29 贈左議政行刑曹參判任公神道碑銘幷序》

와 종유(從遊)한 지 이미 수십 년이 되었다. 공의 비석을 세우고자 하며 오랜 교분을 생각해 나에게 그 글을 부탁하기에, 감히 재주가 없다는 이유로 사양하지 못하였다.

행장行狀

예조 정랑 박공 행장[147]

禮曹正郎朴公行狀

공은 성은 박(朴)이고 휘는 심문(審問)이며, 관향은 밀양(密陽)이다.

여러 박씨는 모두 신라의 팔대군(八大君)을 그 시조로 하는데, 밀양에 봉해진 자가 장자(長子)이다.[148] 오랜 세대를 거치며 중간에 계보를 잃어버린 것이 많은데, 공의 5대조인 휘 현(鉉)은 고려에서 벼슬하여 관직은 사헌부 규정(司憲府糾正)을 지냈고 3품으로 치사하였으니, 이 분이 처음 현달한 분이다. 현이 휘 문유(文有)를 낳았으니, 전리 좌랑(典理佐郎)을 지냈고 3품으로 치사하였다. 문유가 휘 사경(思敬)을 낳

147 예조……행장 : 박심문(朴審問, 1408～1456)에 대한 행장으로, 풍고의 나이 40세 때인 1804년(순조4) 가을에 지었다. 박심문의 본관은 밀양(密陽), 자는 신숙(愼叔), 호는 청재(淸齋)이다. 1456년(세조2)에 질정관(質正官)으로 명나라에 다녀오다가, 의주(義州)에서 성삼문(成三問) 등 사육신이 참형되었다는 소식을 듣고 독약을 마시고 자살하였다. 정조 때 이조 판서로 추증되었다. 시호는 충정(忠貞)이다.

148 여러……장자(長子)이다 : 팔대군(八大君)은 신라 경명왕(景明王)의 아들인 8명의 대군을 지칭한다. 우리나라의 박씨는 모두 이 팔대군의 봉작을 관향으로 삼았다. 경명왕의 장자는 박언침(朴彦沈)이며, 밀성군(密城君)에 봉해졌다고 한다.

았으니, 전법상서 겸상장군(典法尙書兼上將軍)을 지냈고 추성익위공신(推誠翊威功臣)에 책봉되었다. 사경이 휘 침(忱)을 낳았으니, 전의판사(典儀判事)를 지냈고 우리 태조를 섬겨 개국 공신(開國功臣)의 훈적(勳籍)에 들었다.

침이 휘 강생(剛生)을 낳았으니, 호는 나산경수(蘿山耕叟)이고 경술(經術)과 훌륭한 품행으로 집현관(集賢館)에 뽑혔다. 정주(程朱)의 학문을 근본으로 삼고 예교(禮敎)를 앞장서서 밝히니, 양촌(陽村) 권근(權近)과 경암(敬庵) 허조(許稠)와 같은 당시의 명유들이 모두 공을 사우(師友)로 추중하였다. 관직은 부제학에 이르렀고 좌찬성으로 추증되었다. 부인 파평 윤씨(坡平尹氏)는 윤승경(尹承慶)의 딸이요 시중(侍中) 문숙공(文肅公) 윤관(尹瓘)의 후손이니, 부녀자로서 행실이 훌륭하였다. 이분들이 바로 공의 부친과 모친이니, 아들 셋을 낳았는데 공은 그 막내이다.

공은 영락(永樂) 무자년(1408, 태종8)에 태어났다. 어려서부터 총명하였고 과제를 주거나 독려하지 않아도 독서에 몰두하니, 보는 사람들이 크게 될 그릇이라고 칭찬하였다. 열여섯 살에 찬성공(贊成公 박강생)이 안변(安邊)의 임소에서 세상을 떠났다. 공의 두 형이 모두 먼저 죽었기에 혈혈단신으로 외로이 큰일을 당하였지만, 염습하고 빈소를 차리는 일에서부터 전궤(奠饋 상중에 올리는 제사)를 올리는 일에 이르기까지 한결같이 가법을 따르며 혹시라도 어김이 없었다. 고향에 반장(返葬)하고 그 곁에서 시묘살이를 하면서 아침저녁으로 가슴을 치며 통곡하니, 그 애통해함이 마을 사람들을 감동시켰으며 이단의 학문을 배운 마을 사람들도 모두 감동하였다.

모부인이 과부가 되고 연세도 높았는데, 오직 중형(仲兄)의 아들 중손(仲孫, 1412～1466)이 공과 나이가 서로 비슷하여 날마다 곁에서 모셨다. 공이 중손에게 경계하기를 "나와 너는 모두 일찍 부친을 여의어 올바른 가르침을 듣지 못했으니, 힘써 노력하여 스스로 수립하지 않는다면 어떻게 어머니의 마음을 위로하고 선조의 명성을 이을 수 있겠느냐."라고 하였다. 드디어 각고의 노력으로 학업을 익혀 약관이 되기 전에 엄연히 대유(大儒)의 모습을 갖추니 당시 사람들이 사씨(謝氏) 집안 뜰의 두 나무에 비유하였다.[149] 중손은 공보다 먼저 과거에 급제하였고 뒤에 관직이 참찬에 이르렀다. 공은 재집(宰執 재상)의 천거를 받아 음보로 인수부 승(仁壽府丞)과 사온서 직장(司醞署直長)이 되었다.

정통(正統) 병진년(1436, 세종18, 29세)에 세종이 친히 선비를 책문(策問)으로 시험하며 '오랑캐를 대하고 식량을 넉넉히 하는 방법〔待夷裕食之道〕'을 물었는데, 공이 병과(丙科)로 뽑혔으니 실로 충간공(忠簡公) 이개(李塏)[150]와 같은 시험에 급제한 것이었다.

공은 이름난 부친의 아들로 어려서부터 명성이 있었고, 벼슬에 진출한 뒤로 당시의 여론이 모두 공을 청요직(淸要職)에 임명해야 한다고

149 사씨(謝氏)……비유하였다 : 사씨 집안은 진(晉)나라 때 태부(太傅)를 지낸 사안(謝安)의 집안을 말하는데, 두 나무는 사안과 사현(謝玄)을 가리킨다. 사안이 자질들에게 "어찌하여 사람들은 자기 자제가 출중하기를 바라는가?"라고 묻자, 조카 사현이 "비유하자면 마치 지란(芝蘭)과 옥수(玉樹)가 자기 집 뜰에 자라기를 바라는 것과 같습니다."라고 한 고사가 전한다. 《晉書 卷79 謝玄列傳》

150 이개(李塏) : 1417～1456. 본관은 한산(韓山)이고, 자는 청보(淸甫)·백고(伯高)이며, 호는 백옥헌(白玉軒)이다. 사육신의 한 사람으로, 목은(牧隱) 이색(李穡)의 증손이다. 시호는 충간(忠簡)이다.

인정하였다. 그러나 공의 여동생이 장의궁주(莊懿宮主)[151]로 뽑히자 공은 이 때문에 삼가고 두려워하는 마음을 품어 언제나 물러나려는 뜻을 지니고 있었다.

공이 기거주(記居注)로 있을 때 절재(節齋) 김종서(金宗瑞) 공이 함길도(咸吉道) 도절제사(都節制使)가 되어 야인(野人)의 땅을 다스리면서 공을 불러 종사관(從事官)으로 삼았다. 육진(六鎭)에 성을 쌓은 뒤[152] 김공이 안무(按撫)할 방책을 묻자 공이 진언하기를 "그들의 땅을 얻고 그곳 사람을 쫓아버리는 것은 먼 곳의 야인을 안정시키는 방법이 아닙니다. 하지만 야인은 성품이 사나워 아침저녁으로 변란을 일으킬 것입니다. 두 섬돌 사이의 춤으로도 처음에는 항복하지 않았는데, 칠종(七縱)의 은혜를 끝내 보장할 수 있겠습니까.[153] 만전을 위한 계책은 남쪽의 백성을 이주시켜 그 땅을 채우는 것만 한 것이 없습니

151 장의궁주(莊懿宮主) : 세종의 후궁으로, 1424년(세종6) 10월 27일에 후궁이 되었다. 《世宗實錄 6年 10月 27日》

152 육진(六鎭)에……뒤 : 육진은 종성(鐘城)·온성(穩城)·회령(會寧)·경원(慶源)·경흥(慶興)·부령(富寧)의 여섯 진을 말한다. 1433년(세종15) 12월에 함길도 관찰사가 된 김종서는 세종의 북방 정책에 따라 7, 8년간 북변에서 육진을 개척하였다.

153 두……있겠습니까 : 회유책만으로는 사나운 야인들을 귀순하게 만들 수 없다는 말이다. 두 섬돌 사이에서 춤을 추는 것은 덕으로 상대를 감화시키는 정책을 말한다. 《서경》〈대우모(大禹謨)〉에 "순 임금이 마침내 문덕을 크게 펼쳐 방패와 깃으로 두 섬돌 사이에서 춤을 추셨는데, 칠십일 만에 유묘족이 와서 귀순하였다.〔帝乃誕敷文德, 舞干羽於兩階, 七旬有苗格.〕"라고 한 데서 나왔다. 칠종(七縱)은 칠종칠금(七縱七擒)의 준말로, 역시 덕을 베풀어 상대를 복종하게 하는 것을 말한다. 촉(蜀)나라 제갈량(諸葛亮)이 남중(南中)을 평정하고 4개 군(郡)을 재정비할 때 추장 맹획(孟獲)을 일곱 번 사로잡았다가 놓아주어 결국 자발적으로 복종하게 했던 고사에서 나온 말이다. 《三國志 卷35 蜀書 諸葛亮傳》

다."라고 하였다. 김공이 그 말을 따라 조정에 강력히 요청하여 시행하였다. 일을 끝내고 돌아와 그 공으로 예조 랑(禮曹郎)으로 승진하였으나, 10년 동안 조용(調用)되지 못했다.

세종과 문종이 연이어 승하하고 단종이 어린 나이에 왕위를 잇자 대권(大權)이 옮겨가려 하여 임금의 권세가 날로 약해졌고 고명대신(顧命大臣)인 김종서와 황보인(皇甫仁) 등이 모두 죽임을 당했다. 얼마 뒤에 세조가 수양대군(首陽大君)으로서 왕위를 선양받았고 단종을 높여서 상왕(上王)으로 삼았다. 이에 공이 개탄하여 참찬 중손에게 말하기를 "내가 감히 요순(堯舜)을 경시하는 마음이 있는 것이 아니라, 단지 스스로 몸을 깨끗이 하여 선왕에게 의로운 뜻을 바치고자 하는 것일 뿐이다."[154]라고 하였다. 그리고 이때부터 병을 핑계로 집에 거처하며 뜰 가득히 진달래나무〔杜鵑樹〕를 심어 놓고 꽃이 피고 달이 밝은 날이면 그곳을 서성이며 읊조렸으니, 진달래나무는 뜻을 의탁한 것이었다.[155]

154 내가……뿐이다 : 요순(堯舜)을 경시하는 마음은 왕위를 선양한 것을 경시하는 것을 말한다. 사람마다 스스로 선왕에게 충성을 바쳐야 한다는 것은 자신의 의지에 따라 선왕에게 충성을 바치는 방법이 다르다는 말인데, 여기서는 자신은 조정을 떠나 은둔하겠다는 의미로 사용하였다. 은(殷)나라의 미자(微子)가 주왕(紂王)의 학정을 피해 은나라를 떠나며 기자(箕子)와 비간(比干)에게 충고하자 기자가 말하기를, "스스로 마음을 깨끗이 하여 사람마다 스스로 선왕에게 충성을 바쳐야 하니, 나는 떠나서 은둔할 것은 생각지 않으리라.〔自靖, 人自獻于先王, 我不顧行遯.〕"라고 한 구절이 《서경》〈미자(微子)〉에 보인다.

155 진달래나무는……것이었다 : 노산군(魯山君)으로 강봉(降封)되어 영월(寧越)로 유배된 단종이 자신의 신세를 두견새에 비유하며 〈자규사(子規詞)〉를 지었다. 자규는 두견새이고 진달래의 한자 이름도 두견이므로, 진달래를 심어 단종을 그리워하는

공은 이개 공과 같은 과거에 급제하였고 또 매죽(梅竹) 성삼문과 단계(丹溪) 하위지(河緯地)와 친했다. 제공이 상왕의 복위를 한창 모의할 즈음 공은 자주 이들과 왕래하며 그 일을 듣게 되었다. 얼마 뒤 공이 황조(皇朝 명나라)의 질정관(質正官)으로 뽑혔는데, 사양했으나 윤허를 받지 못했다. 경사(京師 북경)로 출발할 때가 되자 제공이 모두 와서 전별하며 술을 마셨다. 밤이 깊은 뒤에 공이 제공의 손을 잡고 진달래나무 아래를 걸으며 두자미(杜子美)의 '시절을 슬퍼해 꽃을 보고도 눈물을 뿌리고, 이별이 한스러워 새소리에도 마음이 놀라네.〔感時花濺淚, 恨別鳥驚心.〕'라는 구절[156]을 읊조리며 눈물을 줄줄 흘렸고, 제공들도 눈물을 뿌리며 공과 이별하였다.

공이 경사에서 돌아와 의주(義州)에 이르렀을 때 성공(成公) 등이 모의가 누설되어 죽임을 당했다는 것을 듣고 깜짝 놀라며 울음을 삼켰다. 이날 밤 삼고(三鼓 삼경(三更))에 손을 저어 좌우 사람을 다 물러가게 하고 오직 믿는 군관(軍官) 아무개만 남게 하여 그에게 고하기를 "내가 전에 여섯 군자와 약속을 하였는데 지금 모두 죽었다. 내가 만약 홀로 살아남는다면 무슨 면목으로 지하에서 선왕(先王)에게 절을 올리겠는가. 오늘 내 뜻은 이미 결정되었으니, 위로는 황천(皇天)을 저버리지 않고 아래로는 백이(伯夷)·숙제(叔齊)와 함께 돌아갈 것이다. 너는 이 편지를 가지고 가서 내 자식들에게 고하여 반드시 어린 임금이 계실 때의 관직을 나의 무덤에 쓰게 하라. 나의 관직은 예조 정랑이다."

마음을 가탁했다는 의미이다.

156 두자미(杜子美)의……구절 : 자미는 두보(杜甫)의 자이고, 인용한 시는 〈춘망(春望)〉시의 함련(頷聯)이다. 《杜少陵詩集 卷4》

라고 하고, 편지 한 통을 꺼내 그에게 주었다. 부탁을 마치자 독약을 마시고 죽으니 향년 49세였다. 그의 훈계와 같이 하여 고양(高陽) 원당리(元堂里) 계향(癸向)의 언덕에 장사 지냈다. 아! 위대하다.

당시에 육신(六臣)은 비록 죽었지만 남은 화가 여전히 맹렬하여, 평생 두 마음을 품지 않았던 공의 친척과 인당(姻黨)과 붕우 가운데 멸족을 당하거나 죽지 않은 자가 거의 없었다. 이때 이후로 나라에서 육신의 일을 언급하기를 기피함이 더욱 심해져 벼슬아치와 유생들 사이에서 감히 육신의 일을 앞장서서 말하는 자가 없었다. 그러므로 공의 자손들 역시 공의 죽음을 깊이 감추니, 세상 사람들이 공이 어떤 사람인지를 알지 못한 것이 3백 년이 다 되었다.

오직 영양위(寧陽尉) 정종(鄭悰) 공이 문종의 딸에게 장가들어 단종의 자부(姊夫)가 되어[157] 당시의 일에 대해 눈으로 보고 귀로 들었다. 그러므로 당시에 충의를 바친 여러 신하의 본말을 사사로이 기록하여 집에 감추어 두었는데, 공의 사적 역시 그 기록에 있었다. 공의 사적이 끝내 인멸되지 않고 지금 세상에 전해질 수 있었던 것은 실로 이 기록 덕분이다. 아! 또한 어려운 일이로다.

공의 부인은 청주 한씨(清州韓氏)이니, 부사(副使) 한승순(韓承舜)의 딸이다.

공은 7남 1녀를 두었다. 장남 원충(元忠)은 문과에 급제하였고 홍주 통판(洪州通判)을 지냈으며, 3남 1녀를 두었다. 차남 원공(元恭)은 사

157 오직……되어 : 정종(鄭悰, ?~1461)의 본관은 해주(海州)이고, 1450년(세종 32)에 문종의 딸이자 단종의 누이인 경혜 공주(敬惠公主)와 혼인한 뒤 영양위(寧陽尉)에 봉해졌다. 시호는 헌민(獻愍)이다.

직(司直)을 지냈고 1녀를 두었다. 삼남 원의(元懿)는 사직을 지냈고, 3남을 두었다. 사남 원정(元正)은 진사(進士)이고 4남을 두었다. 오남은 원량(元良)이다. 육남은 원온(元溫)이고, 1남 5녀를 두었다. 칠남은 원준(元俊)이고, 5남 2녀를 두었다.

자손들은 본손과 지손이 서로 이어지고 벼슬아치가 끊이지 않았다. 연(衍)은 진도(珍島)에서 제사를 이어갔고,[158] 진(晉)은 영남 좌도(嶺南左道)에서 왜적을 격파했으며,[159] 수형(隨亨)은 남한산성(南漢山城)에서 어가를 호종하였다. 민도(敏道)는 용력(勇力)으로 심양(瀋陽)의 질관(質館)에서 세자를 호위하였고,[160] 인수(麟壽)는 효행으로 정려문을 하사받았다. 이들이 공의 후손 가운데 선대의 아름다움을 계승했던 이들이다.

금상 4년인 갑자년(1804, 순조4) 봄에 공의 사손(嗣孫) 모(某)가 임금의 행차 앞에서 상언하여 공에 대한 포양(褒揚)의 은전을 내려주

158 연(衍)은……이어갔고 : 박연(朴衍)의 호는 지곡(芝谷)이고, 무과에 급제하여 훈련원 참군(訓鍊院參軍)을 지냈다. 진도(珍島)에 군진(軍鎭)을 창설하였고, 향현사(鄕賢祠)에 배향되었다. 그 부친 박용(朴容)이 진도의 입향조라고 한다. 《密陽朴氏淸齋公派譜 卷1》

159 진(晉)은……격파했으며 : 박진(朴晉, 1560~1597)의 자는 명부(明夫)이다. 1584년(선조17)에 무과에 급제하였고, 1592년에 밀양 부사가 되었다. 임진왜란이 발발하자 경상좌도 병마절도사로 임명되어 큰 공을 세웠고, 가선대부(嘉善大夫)에 올랐다. 좌찬성에 추증되었으며, 시호는 의열(毅烈)이다.

160 민도(敏道)는……호위하였고 : 박민도(朴敏道, 1608~?)의 자는 성지(性之)이고, 1636년(인조14)에 무과에 급제하였다. 1641년에 선전관(宣傳官)으로 심양에 다녀온 기록이 보인다. 질관(質館)은 인질이 거처하는 관사란 뜻으로, 병자호란 후 인질로 간 소현세자(昭顯世子) 등이 거처하던 관사인 심양관(瀋陽館)을 말한다.

기를 청하였다. 이에 이 일이 묘당(廟堂)에 회부되자 묘당에서 복주(覆奏)하기를 "공의 곧은 충정과 굳센 절조는 육신에 못지않으니 마땅히 높은 벼슬을 추증하여 그 명성을 세워야 합니다."라고 하였다. 이에 상이 명을 내려 공을 가선대부 이조참판 겸동지경연의금부사 홍문관제학 동지춘추관성균관사 오위도총부부총관으로 추증하였다. 아! 공의 이름이 이때부터 육신과 함께하여 칠신(七臣)이 되었으니, 이것이 어찌 다만 공의 영광일 뿐이겠는가. 또한 육신의 마음을 위로할 수 있게 되었다.

이해 가을에 공의 11세손으로 임천군(林川郡)에 사는 도흠(道欽)이 비로소 제가(諸家)의 글에 보이는 공의 유사(遺事)를 수집하여 나의 집에 찾아와 공의 행장을 지어줄 것을 부탁하였다.

아! 하늘이 세상에 사람을 낼 때 정직함을 지니게 했으므로,[161] 사람의 마음에는 떳떳한 본성이 있다. 떳떳한 본성이란 의리가 밝혀지는 경로이다. 그러나 선왕의 교화가 밝혀지지 않았을 때부터 사람의 마음이 날로 점차 이익으로 내달리며 그 처음의 본성을 돌아보는 이가 드물어졌으니, 슬프지 않겠는가.

아! 장릉(莊陵)이 손혁(遜革)하는 즈음에[162] 임금을 배신하고 영화

161 하늘이……했으므로 : 《논어》 〈옹야(雍也)〉에, "사람이 살아가는 이치는 정직함이니, 정직하지 않으면서도 생존하는 것은 요행으로 죽음을 면한 것이다.〔人之生也直, 罔之生也, 幸而免.〕"이라는 구절이 있다.

162 장릉(莊陵)이 손혁(遜革)하는 즈음에 : 단종이 세조에게 왕위를 물려줄 때라는 말이다. 장릉은 단종의 묘호이다. 손혁은 '손국혁제(遜國革除)'의 준말이다. 명나라 성조(成祖)가 북평(北平)에서 반란을 일으켜 왕위에 오른 뒤 자신의 조카인 혜종(惠宗)이 왕위를 물려주었다고 하여 '손국'이라는 구실을 붙이고, 제태(齊泰)와 황자징(黃子

를 추구한 자가 있었고 벗을 팔아먹고 살기를 도모한 자가 있었다. 그들 역시 사람이니 어찌 참으로 떳떳한 본성이 없어서 그렇게 한 것이겠는가. 그런데도 오히려 이를 달게 여긴 것은 불의인 줄 몰라서가 아니라 다만 죽음을 두려워한 것일 뿐이다. 그러므로 죽고 사는 것은 사람에게 진실로 이처럼 어려운 것이지만, 공은 또 저처럼 죽기를 쉽게 여겼다. 아! 애석하다.

만약 공이 경사(京師)에 조회하러 가는 일이 없어 육신(六臣)과 함께 머리를 나란히 하고 죽었더라면 그 명성과 절개가 진실로 천지간에 드높고 일월처럼 빛나며 죽백(竹帛 역사서)에 드리워지고 사람들의 눈과 귀를 가득히 채워서 충분히 불후하고도 남았을 것이다. 어찌 정공(鄭公 정종(鄭悰))의 작은 상자에 감춰진 기록을 기다려서야 비로소 그 명성이 전해지게 되었겠는가.

그렇지만 육신의 죽음은 죽지 않고자 하더라도 그렇게 될 수 없는 것이었고, 공의 죽음은 혹 죽지 않을 수도 있었지만 죽은 것이다. 하지만 공이 만약 죽지 않을 수 있다 하여 죽지 않았다면 또 어찌 애초에 육신과 약속을 했겠는가. 죽음에 선후가 있어서 차이가 난 것은 그 행적이고, 명성에 드러나고 숨겨진 차이가 없어서 똑같은 것은 그 충(忠)이니, 끝내 행적이 인멸되지 않고 다시 오늘에 드러나게 된 것이 어찌 천명이 아니겠는가.

옛날 오계자(吳季子)가 서군(徐君)의 무덤가에 검을 걸어둔 것[163]을

澄) 등을 간신으로 몰아 죽이고는 '혁제'라고 했던 데서 나온 말이다. 《明史 卷4 恭閔帝本紀》

163 옛날……것 : 오계자(吳季子)는 춘추 시대 오왕(吳王) 수몽(壽夢)의 넷째 아들

천하 사람들이 의롭게 여긴 것은, 자신의 보검(寶劍)을 아끼지 않은 것을 높이 산 것이 아니라 서군과의 약속을 잊지 않았던 것을 높이 산 것이며, 자신의 마음을 저버리지 않은 것을 귀하게 여긴 것이 아니라 남이 모르고 자신만 아는 것에 대해 자신을 속이지 않은 것을 귀하게 여긴 것이다. 그러므로 순식(荀息)이 헌공(獻公)에게 대답하기를 "만약 죽은 사람이 다시 살아난다고 해도 살아 있는 자가 자신의 말을 부끄럽게 여기지 않는다면, 선비라고 할 만합니다."라고 했던 것이다.[164]

지금 공은 백금(百金)의 검 따위와 비교되지 않는 저 칠척(七尺)의 몸을 마치 홍모(鴻毛)와 초개(草芥)처럼 내던졌으니, 요컨대 죽은 사람에게 부끄럽지 않은 뒤에야 그만둔 것이다. 아! 진정한 의사(義士)이다.

삼가 이상과 같이 차례대로 기술하니, 훗날의 군자들은 반드시 나의 말을 망령되다고 여기지 않을 것이다.

계찰(季札)을 말한다. 계찰이 상국(上國)에 사신으로 가는 길에 서군(徐君)을 방문하였는데, 서군이 계찰이 지닌 검을 갖고 싶어 하는 기색을 보였다. 계찰은 돌아오는 길에 칼을 주리라고 마음먹었는데, 돌아올 때 서군을 방문하니 이미 세상을 떠나고 없었다. 이에 계찰은 서군의 무덤가 나무에 칼을 걸어 놓고 떠났다고 한다. 《史記 卷31 吳太伯世家》

164 순식(荀息)이……것이다 : 순식은 춘추 시대 진(晉)나라 헌공(獻公)의 신하이다. 헌공이 임종을 앞두고 "선비는 어떻게 하면 신의가 있다고 할 수 있는가?"라고 묻자, 순식은 "설사 죽은 자가 다시 살아 돌아온다 해도 산 자가 자신의 말에 부끄러움을 느끼지 않는다면 신의 있다고 할 수 있을 것입니다."라고 대답했다는 고사가 전한다. 《春秋公羊傳 僖公10年》

우참찬 유공 행장[165]

右參贊兪公行狀

공은 휘는 최기(最基)이고 자는 양보(良甫)이다. 자락헌(自樂軒)이라 자호하였으며 또 무수옹(無愁翁)이라고도 하였다.

유씨(兪氏)는 기계(杞溪)에서 나왔으니, 신라 아찬(阿湌)[166]의 후예이다.

우리 조정에 휘는 여림(汝霖)이고 시호는 경안(景安)인 분과 휘는 강(絳)이고 시호는 숙민(肅敏)인 분이 있으니, 이들 부자는 모두 육경(六卿)에 올랐다.

숙민공의 손자 휘 대의(大儀)는 이조 참판으로 추증되었다. 이분이 휘 성증(省曾)을 낳으니 관찰사를 지냈다. 이분이 휘 철(櫛)을 낳으니 대사헌을 지냈다. 이분이 휘 명건(命健)을 낳으니 나주 목사(羅州牧使)를 지냈다. 이분들이 공의 고조와 증조와 조부와 부친이다. 목사공 이상 3대는 모두 좌찬성으로 추증되었다. 모친은 정경부인 순흥 안씨

165 우참찬 유공(兪公) 행장 : 유최기(兪最基, 1689~1768)에 대한 행장이다. 유최기의 본관은 기계(杞溪), 자는 양보(良甫), 호는 자락헌(自樂軒)・무수옹(無愁翁)이다. 유최기의 손자 유한식(兪漢寔)이 조정에 시호를 청하기 위해 행장을 부탁했기에 이 글을 지었다는 언급이 보이는데, 유최기가 정간(貞簡)이라는 시호를 받은 것은 1820년(순조20) 3월 23일이다. 한편 본문의 자손록에 '유한식이 지금 부사로 있다'라는 내용이 있는데, 유한식은 1816년(순조16) 3월에 울산 부사(蔚山府使)로 임명되어 1817년 12월에 상주 목사(尙州牧使)로 바뀌었다. 이 글은 그사이에 지은 것으로 보인다.

166 신라 아찬(阿湌) : 유삼재(兪三宰)를 말한다. 삼재(三宰)는 고관(高官)을 의미한다는 설과 이름이라는 설이 있다. 《知守齋集 卷10 始祖新羅阿湌府君墓誌》

(順興安氏)이니 통덕랑(通德郎) 안후선(安後宣)의 따님이다.

공은 숙종 기사년(1689, 숙종15)에 태어났다.

을미년(1715, 숙종41, 27세)에 사마시에 합격하였다.

경종 임인년(1722, 경종2, 34세)에 유생들과 함께 윤지술(尹志述)[167] 공을 구원하는 상소를 올렸다.

계묘년(1723, 경종3, 35세)에 증광 문과에 급제하였다. 이때 흉악한 무리가 국정을 장악해 충량(忠良)을 죽였고 공의 종제 문익공(文翼公) 척기(拓基) 역시 바다의 섬으로 유배되었으며, 공 또한 자취를 거두고 고향 집으로 돌아가 기주(記注 기거주(起居注))의 직책에 나아가지 않았다.

갑진년(1724, 경종4, 36세)에 목사공(부친 유명건)의 상을 당하였다.

영종(英宗) 병오년(1726, 영조2, 38세)에 상을 마치고 비로소 당후(堂后 승정원)에 들어갔다. 경의(經義)를 강론하는 자리에서 여러 차례 시정(時政)의 폐단을 바르게 진언하였고 기주(記注)의 일 또한 민첩하게 처리하니, 성상이 늘 돌아보며 칭찬하고 인정하였다. 세자시강원 설서에·제수되었고 이어서 《경묘실록(景廟實錄)》 실록청 겸춘추관에 차임되어 분판(粉板)[168]을 이용해 인출(印出)하는 방식을 창안하였다.

167 윤지술(尹志述) : 1697~1721. 본관은 칠원(漆原), 자는 노팽(老彭), 호는 북정(北汀)이다. 신임사화 때 김일경(金一鏡) 등 소론의 탄핵을 받아 사형되었다. 윤지술·임창(任敞)·이의연(李義淵)을 신임(辛壬)의 삼포의(三布衣)라고 불렀다. 1725년(영조1)에 노론이 집권하자 신원되고, 1802년(순조2)에 사현사(四賢祠)에 제향되었다. 시호는 정민(正愍)이다.

168 분판(粉板) : 장방형의 나무 표면에 들기름이나 콩기름을 먹여 말린 뒤 판 위에 하얀 석회분을 기름이나 아교에 개어 발라 글씨를 쓸 수 있게 만든 것이다.

이의현(李宜顯)과 이병상(李秉常) 공이 실록청 당상이었는데, 공을 매우 중시하였다. 이때부터 주연(胄筵 왕세자가 학문을 강론하는 자리)을 출입하며 강론하는 자리에서 면려하기를 진언하였는데. 그 정성이 간절하고 지극하였다. 전조(銓曹 이조)에서 겸설서(兼說書)에 수의(首擬)하였으니, 바로 참하관(參下官) 가운데 엄선하는 직책이었다.[169]

정미년(1727, 영조3, 39세)에 적신(賊臣) 이광좌(李光佐)가 다시 권력을 잡아 신미년(1721, 경종1)과 임인년(1722)의 단안(斷案)을 다 뒤집었고 그 무리와 함께 피차(彼此)의 설을 조정해 줄 것을 진언하였다.[170] 성상이 그 말에 미혹되자 휩쓸려 간 자들이 또 세상의 절반이 되었다. 공은 대의(大義)가 펼쳐지지 않음을 애통해하고 세도가 회복되지 않음을 걱정하여 드디어 상소하여 다음과 같이 말하였다.[171]

"삼가 살피건대, 전하께서 한 번 옛 신하들을 다 내쫓고 한쪽 편 사람을 등용하시면서부터 먼저 '탕평(蕩平)'이라는 두 글자를 다스림의 근본으로 삼으시어 여러 차례 윤음(綸音) 속에 드러내시니,

169 전조(銓曹)에서……직책이었다 : 겸설서(兼說書)는 세자시강원의 정7품 벼슬로, 세자에게 경사(經史)에 관한 학문을 가르치는 일을 맡아보았다. 수의(首擬)는 '수망(首望)으로 의망되다'는 뜻이다. 1인의 관원을 채용하기 위해 3인의 후보자를 임금에게 추천하는데, 수망은 그 추천 안(案)의 맨 앞에 적힌 후보가 되었다는 말이다. 참하관은 정7품 이하의 관원을 말한다.

170 정미년에……진언하였다 : 이른바 정미환국(丁未換局)을 말한다. 정미환국에 대해서는 86쪽 주141 참조.

171 공은……말하였다 : 《영조실록》 3년 12월 29일 기사에, 아래에 인용된 유최기의 상소 내용이 요약되어 실려 있다.

모든 대소 신료는 마땅히 깨끗하고 맑은 마음을 가다듬어 이전의 습속을 일신해야 할 것입니다.

조정의 신하들 가운데 성상의 뜻을 은밀히 헤아리며 영합하기에 능한 자들은 연석(筵席)에서 아뢰고 소장에서 진언할 때마다 모두 탕평이라는 두 글자를 가장 중요한 관건으로 삼습니다. 그 말을 들어보면 실로 성상의 훌륭한 명령을 선양하여 붕당을 짓는 일이 없을 듯한데, 그 행적을 살펴보면 도리어 또 모두 이와 반대입니다.

기만과 은폐를 자행한 것으로 말하면, 충량(忠良)한 이를 무함하고 국사(國史)를 고치도록 청하기를 오직 제멋대로 하였습니다. 난적(亂賊)을 용서하고 비호한 것으로 말하면, 배소(配所)의 울타리를 벗어나 육지로 나오게 하고 관작을 회복시키고 제사를 지내주는 것을 조금도 거리낌 없이 하였습니다. 그리고 몰래 역적의 자식을 비호하여, 김영해(金寧海)[172]의 이전 계사(啓辭)를 일부러 빼버린 자들을 추천하여 등용시켜서 갑자기 성가(聲價)를 더해 주었습니다. 또 연명으로 주차(奏箚)를 올려 김일경(金一鏡)이 지은 교문(敎文)[173]에 앞장섰던 자들에 대해서는 죄상을 닦아 주고 장려하여 등용

172 김영해(金寧海) : 신임사화(辛壬士禍)를 주도했다가 영조 즉위 후 처형된 김일경(金一鏡)의 아들이다. 번역 대본에는 '영(寧)'이 '영(嶺)'으로 되어 있는데, 《영조실록》의 기사에 의거하여 수정하였다.

173 김일경(金一鏡)이 지은 교문(敎文) : 경종은 1722년(경종2) 9월 21일에 임인옥사(壬寅獄事)의 진상을 조사해 결과를 교문(敎文)으로 반포했는데, 당시 홍문관 제학으로 있던 김일경이 그 교문의 초안을 지었다. 교문의 전문은 《경종실록》 2년 9월 21일자 기사에 수록되어 있다. 임인옥사는 소론의 거두였던 조태구(趙泰耉)와 김일경이 환관(宦官) 박상검(朴尙儉)과 결탁해 노론 세력을 완전히 축출한 사건을 말한다. 소론은 목호룡(睦虎龍)을 매수해 노론 측에서 경종을 시해하려 한다고 고변(告變)하게 해

해 가장 먼저 청요직에 두었습니다. 심지어는 소(疏)를 올려 밀고하여 사대부들에게 화를 전가하고 김일경의 뜻을 알아채 영합해[174] 부화뇌동하며 떠받드는 논의를 펼치던 자들과 같은 경우, 오히려 조문명(趙文命)[175]이 전조(銓曹)에 있던 날에는 저지를 당해 규례에 따른 승선(承宣)의 의망(擬望)에서 빠지기도 하고, 이전에 역임했던 대헌(臺憲 사헌부)의 직책을 맡는 것이 막히기도 하였습니다. 그런데 지금은 이들을 급급히 발탁하고 번갈아 천섬(薦剡 추천서)에 올리기를 마치 큰 공에 보답하여 오직 뒤처질까 두려워할 듯이 하였습니다. 심지어는 요직에 침을 흘리고 높은 벼슬에 목숨을 걸어 잔꾀〔機栝〕를 서로 펼치면서 어지러이 쟁탈을 벌이니, 식자(識者)는 더러워하며 침을 뱉고 아전과 노복들은 비웃으며 손가락질합니다.

전하께서 밤낮으로 부지런히 힘쓰며 탕평의 다스림에 이르기를 기약하고 계십니다만, 신료들이 주야로 쉬지 않고 힘을 쏟는 것이 모두 붕당의 사사로움에서 나오는 것임을 세상 어느 누가 모르겠습니까. 오직 성명(聖明)께서 살피지 못하고 계실 뿐입니다."

옥사를 일으켰으며, 유배되어 있던 노론사대신은 모두 사사되었다.

174 김일경의……영합해 : 원문은 '승망풍지(承望風旨)'인데, 다른 사람의 뜻에 영합하는 것을 말한다. 《영조실록》 3년 12월 29일자 기사에 수록된 유최기의 상소에는 '승망경지(承望鏡指)'로 되어 있으므로, 김일경의 뜻에 영합한다고 번역하였다.

175 조문명(趙文命) : 1680~1732. 본관은 풍양(豐壤)이고, 자는 숙장(叔章)이며 호는 학암(鶴巖)이다. 좌의정에까지 올랐다. 소론에 속했지만 노론계 명사와 널리 교유하였고, 붕당의 타파와 탕평의 실현을 정치 목표로 하였다. 시호는 문충(文忠)이다. 저서에 《학암집》이 있다.

이 상소가 성상의 뜻을 거슬러 삭출되었다.

기유년(1729, 영조5, 41세)에 서용되어 설서(說書)에 제수되고, 춘방(春坊 세자시강원)에 오래 머물렀다고 하여 6품에 올라 장악원 주부에 제수되었다. 구례(舊例)에 따르면 춘방의 관원 가운데 6품에 오른 경우에는 한가한 관사에 의망하지 않는 법인데, 전관(銓官)이 갑자기 이 자리에 의망하니 사람들이 모두 괴이하게 여겼다. 얼마 뒤에 병조좌랑으로 옮겼다가 사헌부 지평에 제수되자 상소하여 두 대신의 억울함 및 소하제적(疏下諸賊)의 일을 다음과 같이 논하였다.[176]

"전하께서는 연차(聯箚)한 한 가지 사항에 대해 죄줄 만한 것이 없음을 이미 분명하게 아시는데, 아직도 두 대신의 이름을 단서(丹書)에 그대로 두시는 것은 무엇 때문입니까?[177] 저 두 대신 및 그 아들과

176 사헌부……논하였다 : 두 대신은 이이명(李頤命)과 김창집(金昌集)을 말한다. '소하제적(疏下諸賊)'은 '상소문에 연명한 여러 역적'이라는 말이다. 1721년(경종1)에 경종에게 왕세제의 대리청정을 요청한 노론에 대해, 소론 측의 김일경(金一鏡)·이진유(李眞儒)·윤성시(尹聖時)·박필몽(朴弼夢)·서종하(徐宗廈)·정해(鄭楷)·이명의(李明誼) 등 7인이 연명 상소를 올렸는데, 이들을 '신축소하칠인(辛丑疏下七人)'이라 한다. 이후 영조 초기에 김일경이 처형된 뒤 남은 이들을 '소하육적(疏下六賊)'이라 하며, 정해가 죽은 뒤에는 '소하오적'이라고 하였다. 본문에서 말하는 소하제적은 이들을 가리킨다. 아래에 인용된 유최기의 상소는 《영조실록》 5년 8월 29일 기사에 요약되어 수록되어 있다.

177 전하께서는……때문입니까 : 연차(聯箚)한 한 가지 사항이란, 1721년(경종1)에 노론사대신이 경종에게 왕세제인 연잉군(延礽君)의 대리청정을 요구한 것을 말한다. 연차는 연명으로 상차(上箚)한다는 말이다. 단서(丹書)는 붉은 글씨로 범인의 죄상을 기록한 문서를 말한다. 노론사대신 가운데 이건명(李健命)과 조태채(趙泰采)는 1729년(영조5) 8월 18일에 기유처분(己酉處分)을 통해 신원되었으나, 이이명과 김창집은

손자의 이름이 애초에 목호룡(睦虎龍)의 입에서 나왔고 그 옥사를 다스린 자는 또 김일경과 박필몽(朴弼夢)이니,[178] 그렇다면 그 사이의 날조와 모함을 여기에서 알 수 있습니다. 그런데 지금 마침내 극률(極律 사형죄)로 추죄(追罪)하는 것이 황천에까지 미치고 있으니, 신(臣)은 이러한 처사가 국가의 형정(刑政)에 과연 어떠한지 모르겠습니다. 저 몇 신하들은 국가를 위해 목숨을 바쳤다가 가문이 뒤집히고 자손이 보존되지 못했으니, 관질(官秩)의 보존과 삭탈이 지하에 묻힌 유골에 무슨 상관이 있겠습니까. 그리고 전후로 상소한 신하들 또한 저들에 대해 무슨 돌아볼 것이 있어서 감히 면전에서 성상을 기만하겠습니까. 네 신하의 원통한 무함이 씻기지 않는다면 의리가 다시 밝아질 수 없고, 의리가 밝아지지 않는다면 인륜이 장차 어두워지고 펼쳐지지 않아 사람이 올바른 사람이 될 수 없을 것입니다. 이것이 바로 신이 피눈물을 쏟고 창자를 도려내며 명주(明主)께서 한 번 깨닫기를 바라는 이유입니다.

소하제적을 까닭 없이 육지로 내보냈다가 이미 작년 봄의 변란을 초래한 경우로 말하면,[179] 지금까지도 이진유(李眞儒)와 이명언(李

당시 신원되지 못하였다.

178 저……박필몽(朴弼夢)이니 : 목호룡(睦虎龍)의 입에서 나왔다는 것은, 임인옥사 때 소론에게 매수된 목호룡이 노론에서 경종을 시해하려 한다고 고변한 것을 말한다. 이 옥사로 인해 김창집 및 아들과 손자인 김제겸(金濟謙)과 김성행(金省行), 이이명과 그의 아들 이기지(李器之)가 역적으로 몰려 사사되었다. 박필몽(朴弼夢)은 소론 강경파로 1721년(경종1) 임인옥사를 일으켰으며, 1728년(영조4) 이인좌(李麟佐)의 난 때 무장(茂長)의 유배지에서 나와 반란군에 가담하였다가 능지처참되었다.

179 소하제적을……말하면 : 소하제적을 육지로 내보낸 것은 섬으로 유배되었던 박

明彦)이 경계를 맞댄 지역에서 이웃으로 있고, 윤성시(尹聖時)와 서종하(徐宗廈)는 좋은 땅에 그대로 두고 있습니다. 사헌부의 신하가 그 점을 말할 뿐만 아니라 여론도 한심하게 여기고 있으니, 먼저 해도(海島)로 유배하여 방비를 엄히 하지 않으면 안 됩니다."

상소가 올라가자 성상이 또 엄한 비답을 내리고 삭출을 명하였다. 대신과 연신(筵臣)이 번갈아 서로 변호해 주었으나 성상이 끝내 허락하는 명을 내리지 않았다. 이 때문에 누차 관록(館錄)[180]을 거쳤지만 이름이 죄적(罪籍)에 있었기 때문에 참여하지 못했다.

임자년(1732, 영조8, 44세)에 서용되어 지평에 제수되었다가 곧 체직되었고, 간간이 정언과 병조 정랑에 제수되었으며 또 비국랑(備局郎 비변사 낭청)에 차임되었다. 곧이어 지평에 제수되자 상소하여 박문수(朴文秀)를 논핵하기를[181] "지척에 있는 어전(御前)에서 대간(臺諫)을 꾸짖고 진신(縉紳)을 능멸하며, 농지거리로 재주를 삼고 광변(狂辯)에

필몽 등 5인을 1727년(영조3)에 이배하여 육지로 나오도록 명한 것을 말한다.《英祖實錄 3年 10月 6日》 작년 봄의 변란은 1728년 3월에 일어났던 이인좌(李麟佐)의 난을 말하는데, 박필몽은 제주(濟州)에서 무장(茂長)으로 이배된 뒤 이인좌의 난에 가담했다가 능지처참당했다. 무장은 전라도 고창의 옛 지명이다.

180 관록(館錄) : 홍문록(弘文錄) 또는 본관록(本館錄)이라고도 하는데, 홍문관의 교리와 수찬을 임명할 때의 1차 선거 기록을 말한다. 홍문관의 7품 이하 관원이 후보자의 명단을 작성하면 홍문관 부제학 이하 여러 사람이 각자 추천하는 사람의 성명 위에 권점을 찍는다.

181 곧이어……논핵하기를 : 아래의 상소 내용은 《영조실록》 8년 12월 18일 기사에 그 대략이 수록되어 있다. 박문수(朴文秀, 1691~1756)의 본관은 고령(高靈)이고, 자는 성보(成甫)이며, 호는 기은(耆隱)이다. 정치적으로는 소론에 속했다.

가탁해 모략을 펼쳐 조정의 예의가 어지러워지고 체모가 무너져 내렸으니, 마땅히 엄하게 꾸짖어 스스로 경계할 줄 알게 해야 합니다."라고 하였다. 이에 상이 온화한 비답을 내렸다. 또 상소하여 90세 이상 된 서민(庶民)에게 쌀과 고기를 하사하고 삼남(三南)의 전세(田稅)를 배로 운송할 때 수로를 잘 아는 배로 앞에서 인도하게 할 것을 청하니, 성상이 윤허하였다.

얼마 뒤 홍문관 부교리에 선발되어 소대(召對)하였는데, 주자(朱子)의 글을 강론하는 기회에 기질을 변화시키는 방법과 홀로 있을 때를 삼가고 신중히 하는 공부 및 실심(實心)으로 실리(實理)를 살피고 실덕(實德)으로 실사(實事)를 행하는 것에 힘쓰기를 진달하였다. 또 유사(有司)를 신칙하여 과제(科題)를 잡서에서 내지 말고 오로지 경전을 근본으로 삼을 것과 흉년에 역병으로 죽은 자를 여제(厲祭)[182]의 예에 의거해 제사를 지내 위로해 줄 것을 청하니, 성상이 모두 가납하였다. 이 이후로 늘 강론을 열 때마다 재용(財用)을 절약하고 사치를 없애며 사기(士氣)를 북돋우고 의리를 밝히며, 사단(四端)을 확충하고 군신이 서로 의지하는 요체에 대해 여러 차례 진달하여 반복한 것이 처음부터 끝까지 수천 수백 마디나 되었다.

일로 인해 체직되었다가 수찬(修撰)으로서 상소하여 장릉(莊陵 단종의 묘)에 비석을 세울 것을 청하였다. 또 성상의 유지(有旨)에 응하여 소를 진달하였는데, 대략 다음과 같다.[183]

182 여제(厲祭) : 재액으로 죽어 제사를 지내 줄 사람이 없는 여귀(厲鬼)를 위해 국가에서 지내 주던 제사를 말한다.

183 또……같다 : 아래의 상소 내용은 《영조실록》 9년 12월 11일 기사에 그 대략이

"예부터 지금까지 상서로운 일이 많으면 나라가 흥하였고 재앙이 많으면 나라가 망하였습니다. 생각건대 지금 천심(天心)이 돌보지 않아 천재지변이 계속 이어지고 있는데, 그 가운데 더욱 경악할 만한 것을 한번 말씀드리겠습니다.

가을에 군대를 사열하던 날 바람이 불고 우박이 떨어지고 천둥과 번개가 치더니 끝내 심상치 않은 변고가 생겼습니다. 뒤에 들어보니, 그날 매도(煤島)[184]에서 용(龍)이 뛰어올랐는데 갑자기 비바람이 몰아쳐 파도가 솟구쳐 넘쳤고 용이 한참을 싸우다가 순식간에 흩어져 날아가니 괴이한 우박이 세차게 쏟아져 백곡(百穀)의 이삭이 떨어졌다고 합니다. 또 기전(畿甸)의 해안가 고을에는 갑충(甲蟲)이 온 들판을 메웠고, 소의 등에 다리가 나고 백기(白氣)[185]가 하늘에 뻗쳤으며 《주관(周官)》의 십휘(十煇)[186]가 남김없이 다 드러났습니다. 그리고 근년에는 동남쪽 바다에서 나던 해산물이 모두 서쪽 바다에서 나고 있으니, 식자(識者)의 근심이 천진교(天津橋)에서 두견새 울음소리를 들었던 것에 그칠 뿐만이 아닙니다.[187]

수록되어 있다.

184 매도(煤島) : 강화도(江華島) 서쪽에 있는 섬으로 구음도(仇音島)라고도 불렀다. 《新增東國輿地勝覽 卷12 京畿 江華都護府》

185 백기(白氣) : 흰색의 구름 기운으로, 병란의 조짐이라고 한다.

186 주관(周官)의 십휘(十煇) : 《주관》은 《주례(周禮)》를 말한다. 휘는 태양 주위에 나타나는 구름 기운이다. 십휘는 태양과 구름 기운이 만나 만들어 내는 열 가지 현상을 말하며, 이 현상을 살펴 길흉을 점쳤다고 한다. 《周禮 春官宗伯 眡祲》

187 식자(識者)의……아닙니다 : 천하에 큰 변고가 생기게 될 것이라는 말이다. 송(宋)나라 소옹(邵雍)이 낙양(洛陽)의 천진교(天津橋) 위에서 전에 듣지 못하던 두견새 소리를 듣고 천하가 혼란스러워질 것이라고 예언하였다. 객이 이유를 묻자, "천하가

신이 일찍이 선정신(先正臣) 조헌(趙憲)의 봉사(封事)[188]를 본 적이 있는데, '먹구름이 걷히지 않아 하늘의 해가 어둑하다.〔頑雲不解, 天日嘗陰.〕'라는 말이 있었으니, 이때는 목묘(穆廟 선조(宣祖)) 신묘년(1591, 선조24)에 해당합니다. 또 옛날 한(漢)나라 때 날씨가 오랫동안 흐리기만 하고 비가 내리지 않자 하후승(夏侯勝)이 '황제가 표준이 되지 못하면 그 벌로 날씨가 항상 흐리다.〔皇之不極, 厥罰常陰.〕'라고 하였습니다.[189] 올해 겨울로 들어선 이후로 낮에도 항상 어둑하여 안개가 사방에 가득하며 겨울이 봄처럼 따뜻하여 초목이 아름다운 모습을 드러내고 있습니다. 천시(天時)와 물리(物理)가 평상의 도리와 완전히 반대되니 저의 사사로운 근심과 큰 우려가 어딘들 이르지 않겠습니까.

흉년과 역병으로 백성들의 죽음이 가까이 닥쳐오고 산붕(山棚)이 사람을 막아 도적 떼가 들끓고 있으며 소취(嘯聚)가 무리를 이루고

다스려지려면 지기(地氣)가 북에서 남으로 내려가고, 천하가 어지러워지려면 지기가 남에서 북으로 올라간다. 지금 남방의 지기가 이르렀으니, 새가 그 기(氣)를 가장 먼저 받는다."라고 했다는 고사에서 나온 말이다. 《邵氏聞見前錄 卷19》

188 조헌(趙憲)의 봉사(封事) : 《중봉집(重峯集)》 권8에 실린 〈왜사를 참할 것을 청하는 소〔請斬倭使疏〕〉를 말한다.

189 하후승(夏侯勝)이……하였습니다 : 하후승은 한나라 선제(宣帝) 때의 현신이다. 유람을 나가려는 선제를 만류하며 왕을 시해하려는 음모가 있을 것이라고 간언했다가 옥에 갇혔는데, 곽광(霍光)이 하후승을 불러 그 말의 의미를 물었다. 하후승이 말하기를 "《홍범전(洪範傳)》에 '황제가 표준이 되지 못하면 그 벌로 날이 항상 흐리다. 이때에는 아랫사람으로서 윗사람을 정벌할 것을 도모하는 자가 있다.'고 하였습니다."라고 한 고사가 전한다. 《홍범전》은 유향(劉向)의 《홍범오행전(洪範五行傳)》을 말한다. 《漢書 卷75 夏侯勝傳》

있는데[190] 정부에서는 힘을 다해 세금을 거두어 화가 잠복하여 그 틈을 노리고 있으니, 그 모습을 드러내지는 않았으나 그 그림자는 살필 수 있습니다. 신은 나라가 완전히 무너지게 되는 근심이 오직 외침(外侵)에만 있지 않다는 것이 두렵습니다."

또 다음과 같이 말하였다.

"전하의 지기(志氣)가 점차 쇠해지면서 느긋하게 세월만 보내려는 마음이 생겨 엄하게 처분하지 않으시니, 말세의 미약한 모습과 닮았습니다. 난적(亂賊)이 방자하게 날뛰고 흉악한 말이 번갈아 나오는데도 그 뿌리를 잘라버리지 못해, 군주의 위엄이 날로 떨어지고 왕실의 기강이 날로 문란해져서 점점 변괴가 일어나는 상황에 이르렀습니다. 진관(秦觀)의 훌륭한 말이 있으니 '당(唐)나라 대종(代宗)이 안사(安史)의 난에 가담한 자를 판결할 때, 이전에 숙종(肅宗)이 사납게 처벌했던 일을 거울삼아 협박에 못 이겨 따른 자의 죄를 사면하고 죄에 물든 자들의 주벌을 느슨하게 하여, 봉시(封豕)와 장사(長蛇) 같은 이들이 징계되지도 다스려지지도 않았습니다. 왕실이 점점 쇠미해진 것은 대개 이것에 근본을 두고 있습니다.'라고 하였습니다.[191] 신은 진관의 이 말을 역적을 토죄(討罪)하는 엄한 법이라고

190 산붕(山棚)이……있는데 : 유민과 도적이 창궐했다는 말이다. 산붕은 당(唐)나라 때의 부족 이름인데, 사냥으로 생활하며 일정한 거처가 없었다. 여기서는 거처 없이 떠도는 유민을 말한다. 소취(嘯聚)는 도적들이 밤에 휘파람을 불어 그 무리를 불러 모으는 것을 말하는데, 여기서는 도적 떼를 말한다.

191 진관(秦觀)의……하였습니다 : 진관은 송나라 철종(哲宗) 때의 문인으로 자는

할 만하다고 생각합니다."

갑인년(1734, 영조10, 46세)에 부수찬과 남학 교수(南學教授)와 부교리에 제수되었다가 성상의 뜻을 어겨 파직되었다. 얼마 뒤에 서용되어 부수찬에 제수되자 소대(召對)에서 말하기를 "8월 18일은 바로 선정신(先正臣) 문열공(文烈公) 조헌(趙憲)이 순절한 날이니, 금산(錦山)의 종용사(從容祠)[192]에 치제(致祭)하소서."라고 하였다. 또 말하기를 "조헌은 만력(萬曆) 갑술년(1574, 선조7)에 질정관(質正官)으로 중조(中朝 중국)에 사행을 다녀와 일기(日記) 한 책을 남겼는데,[193] 손수 필사하고 또 그 뒷부분에 조천록(朝天錄)을 붙였으니, 후

소유(少游)이고, 호는 회해거사(淮海居士)이다. 태학박사(太學博士)와 국사원 편수(國史院編修) 등을 지냈다. 진관의 발언은 《역대명신주의(歷代名臣奏議)》 권40 〈치세상(治勢上)〉에 보인다. 안사(安史)의 난은 안록산(安祿山)과 그의 부하 사사명(史思明)이 양국충(楊國忠)을 제거한다는 명분으로 일으킨 반란이다. 당 현종(唐玄宗) 14년인 755년부터 숙종(肅宗) 대를 거쳐 대종(代宗) 때인 763년까지 이어졌다. 대종이 왕위에 올랐을 때는 이미 안록산과 사사명이 죽고, 사사명의 아들 사조의(史朝義)가 반란군을 이끌고 있었다. 사납게 처벌했던 일을 거울삼았다는 것은, 숙종이 안사의 난에 가담했던 자를 가혹하게 처벌한 것을 거울삼았다는 말이다. 본문에 인용된 진관의 말 앞에 '숙종은 본래 성품이 가혹하여 안사의 난에 가담했다가 투항한 자들을 참수했고 벌을 기다리던 자들은 감옥에서 맞아 죽었으니 그 처벌이 사나웠다고 할 만하다.'라는 내용이 보인다. 봉시(封豕)와 장사(長蛇)는 몸집이 큰 돼지와 긴 뱀으로, 사나운 무리를 일컫는 말이다.

192 금산(錦山)의 종용사(從容祠) : 1647년(인조25)에 창건되었고 1663년(현종4)에 사액을 받았다. 임진왜란 때 금산에서 순국한 의병장 고경명(高敬命)·조헌(趙憲)·영규(靈圭) 등 21인의 위패를 봉안하고 있다.

193 일기……남겼는데 : 《조천일기(朝天日記)》를 말하는데, 원래 제목은 《연도일기

손의 집에 남아 있습니다. 도신(道臣)에게 명해 간행하여 중외에 반포하게 하여 전하의 〈비풍(匪風)〉과 〈하천(下泉)〉의 뜻[194]을 붙이소서."라고 하였다. 상이 그 뜻을 모두 따랐다.

공이 일찍이 상소하여 외직에 나가 노모를 봉양하기를 청했는데, 상이 경연에 사람이 없다는 이유로 윤허하지 않다가 이때 비로소 낭천 현감(狼川縣監)에 제수하였다. 공은 현감으로 있던 7개월 동안 녹봉을 털어 백성을 구휼하고 사창법(私倉法)과 노인연(老人宴 양로연)을 행했으며 산제(山祭)를 베풀어 호환(虎患)을 그치게 하니, 백성들이 동비(銅碑)를 세워 칭송하였다.

을묘년(1735, 영조11, 47세)에 부교리에 제수되었다가 임정(任珽)의 상소로 인해 체직되고,[195] 남학 교수(南學教授)에 제수되었다. 이때부터 여러 차례 삼사(三司)를 거쳤고, 그사이에 한 번 경기도 도사(京畿道都事)가 되었다. 수찬으로서 상소하여, 윤득경(尹得敬)의 계사(啓辭)는 실로 명분을 바로잡으려는 뜻에서 나온 것이었는데 도리어 삭출하는 명을 내린 것은 옳지 않다는 것을 논하니,[196] 상이 너그러운 비답

(沿途日記)》이다. 1574년 5월 10일부터 9월 14일까지의 일기이다.

194 비풍(匪風)과 하천(下泉)의 뜻 : 〈비풍〉과 〈하천〉은 모두 《시경》의 편명인데, 현자가 나라의 어지러움을 슬퍼한 내용이다.

195 임정(任珽)의……체직되고 : 유최기의 견책을 요청한 임정의 상소는 《영조실록》 11년 3월 10일 기사에 보인다.

196 수찬으로서……논하니 : 윤득경(尹得敬)은 사헌부 정언으로 있던 1736년(영조12)에, 경상 감사 오명서(吳命瑞)가 삭탈관직을 당한 뒤 다시 등용되지 못한 점을 안타까워하며 이에 대한 의견을 올렸다가 삭탈관직을 당한 일이 있었다. 윤득경의 계사는 《영조실록》 12년 12월 14일 기사에 수록되어 있다. 또 유최기가 상소하여 논의한 내용은 12월 25일 기사에 보인다.

을 내렸다. 또 옥당(玉堂)의 고사(故事)를 진달하여 강학에 힘쓰고 기강을 떨칠 것을 권면하였다. 얼마 뒤 모친을 봉양하기 위해 외직을 청해 고산 현감(高山縣監)이 되었다가 8개월 만에 돌아오니, 백성들이 생사당(生祠堂)을 세웠다.

무오년(1738, 영조14, 50세)에 동학 교수(東學教授)에 제수되었는데, 상소하여 체직되었다. 부교리에 제수되어 소대(召對)하여 재앙을 만나 몸을 닦고 반성하는 방법을 논하였고, 또 기자(箕子)의 숭인전(崇仁殿)[197]과 동방 삼국(三國) 시조(始祖)의 능에 치제(致祭)하기를 청하니, 상이 모두 윤허하였다.

경신년(1740, 영조16, 52세)에 대왕대비존숭도감 도청(大王大妃尊崇都監都廳)으로 차임되었고 그 공로로 통정대부(通政大夫)의 품계로 승진하였다. 헌신(憲臣 사헌부의 신하) 송시함(宋時涵)이 아뢰기를 "유모(兪某)는 당하관으로 모든 관직을 두루 역임하지 않은 것이 애석하니, 고(故) 중신(重臣) 김창협(金昌協)의 예에 의거하여 새로 내린 자급(資級)을 환수하소서."[198]라고 하니, 상이 그 말을 따랐다. 다시 겸사서(兼司書)와 헌납에 제수되었고, 곧 이조 좌랑에 통청(通淸)[199]되었다. 당시 공은 명망이 높았는데 충신과 간신이 뒤섞여 진출하고 시비가 분명히 가려지지 않음을 보고는 청현직(淸顯職)에 나아갈 뜻이 없었

197 숭인전(崇仁殿) : 기자(箕子)를 모신 사당으로, 평양에 있다. 고려 숙종 때 건립하여 기자전(箕子殿)이라 했다가, 광해군 4년(1612)에 숭인전으로 이름을 바꾸었다.

198 고(故)……환수하소서 : 김창협은 1686년(숙종12) 윤4월에 대왕대비존숭도감의 도청낭청(都廳郎廳)으로 차임되었고 그 공으로 5월에 통정대부에 올랐다가, 대간(臺諫)의 계사(啓辭)로 자급이 환수된 일이 있다. 《農巖集 卷35 附錄 年譜上》

199 통청(通淸) : 청환(淸宦)의 후보자로 천거하는 것을 말한다.

다. 그러다가 송시함의 계사가 있자 곧 답답해하며 즐거워하지 않았다. 얼마 뒤 특지(特旨)로 동부승지에 발탁되었다가 대사간으로 옮겨 제수되었는데, 상소하여 체직되었다.

신유년(1741, 영조17, 53세)에 예조 참의에 제수되었는데, 당시 동쪽 산골에 백성을 선동하는 환란이 있었기에 마침내 철원 부사(鐵原府使)에 제수되었다.

계해년(1743, 영조19, 55세)에 안 부인(安夫人 모친 순흥 안씨)의 상을 당하였다.

을축년(1745, 영조21, 57세)에 탈상하고 병조 참의에 제수되었다.

병인년(1746, 영조22, 58세)에 형조 참의로 옮겼다. 윤급(尹汲) 공이 아전(亞銓 이조 참판)이 되어 공과 김시찬(金時粲) 공 및 도암(陶庵)이 문정공(李文正公 이재(李縡))의 아들 제원(濟遠)을 나란히 삼전(三銓 이조 참의)에 통의(通擬 추천)하였다. 상이 지나치게 편향된 인사라고 윤공(尹公)을 엄히 질책하고, 전 순장(巡將) 권상일(權尙一)을 첨서낙점(添書落點)하였다.[200] 병조 참의에 제수되었다가 얼마 뒤 체직되었고, 앞장서서 진신(搢紳) 50여 인과 상소하여 박문수를 탄핵하다가 파직된 뒤 곧 서용되어 특지로 대사간에 제수되었다.

상이 명을 내려 이광좌(李光佐)에 대한 삼사(三司)의 합계(合啓)를 중지하라고 하자,[201] 공이 대답하기를 "삼사에서 아직도 연명으로 계

200 권상일(權尙一)을 첨서낙점(添書落點)하였다 : 권상일(權尙一)은 권상일(權相一, 1679~1759)을 가리킨 것으로 보인다. 본관은 안동(安東), 자는 태중(台仲), 호는 청대(淸臺)이다. 《승정원일기》에도 '권상일(權尙一)'로 기록된 부분이 보인다. 첨서낙점은 관원을 임명할 때 왕이 삼망(三望) 이외의 사람을 첨가 기입하여 그 위에 점을 찍어 재결하는 것을 말한다.

(啓)를 올리지 않는 것은 다른 이유가 아닙니다. 지난번 경연에서 감히 듣지 못할 하교가 있었기 때문에 대간(臺諫)이 모두 기피하여 공무를 행하지 않은 것일 뿐입니다. 지금의 이 합사(合辭)는 바로 전인(前人)이 지은 것이니, 마땅히 다시 문자를 첨삭하여 아뢰어야 할 것입니다." 라고 하였다. 그리고 다침내 옥당 및 헌대(憲臺 사헌부)와 함께 다음과 같이 합계하였다.

"국가가 불행하여 신축년(1721, 경종2)과 임인년(1722)이 있었고, 무신년(1728, 영조4)이 있었습니다.[202] 그사이에 흉악한 역적의 무리가 많지 않았던 것은 아닙니다만, 지극히 음험하고 간사한 마음을 크게 감추어서 명백하게 분간하지 않을 수 없고 엄하게 토죄(討罪)하지 않을 수 없는 것으로 논한다면, 이광좌보다 더한 자가 없습니다.

대개 병신년(1716, 숙종42)의 처분[203] 때부터 앙심을 쌓으며 원망하다가 신축년과 임인년에 뜻을 얻게 되자 몰래 흉악한 계책을 주도

201 상이……하자 : 영조가 '이광좌 등의 관작을 추탈하라'는 삼사의 합계를 중지시킨 것을 말한다. 아래 본문에 보이는 옥당과 사헌부의 합계는 《영조실록》 22년 9월 2일 기사에 보인다.

202 국가가……있었습니다 : 신축년과 임인년은 1721년과 1722년에 일어난 신임사화(辛壬士禍)를 말한다. 무신년은 1728년에 일어난 이인좌(李麟佐)의 난을 말한다. 71쪽 주114와 20쪽 주14 참조.

203 병신년의 처분 : 병신년인 1716년에 송시열(宋時烈)과 윤증(尹拯) 사이에서 발생한 회니시비(懷尼是非)에 대해 숙종이 윤증의 잘못이라고 판정한 처분을 말한다. 병신처분으로 소론의 정치적 입지가 위축되게 되었다.

하였습니다. 그리고 대리청정의 명이 내리던 날에 감히 방자하게 '나라가 틀림없이 망한다.〔國必亡.〕', '신하의 절조가 없는 것이다.〔無臣節.〕'라는 등의 말을 조당(朝堂)에서 소리쳤으니, 그 흉역(凶逆)한 속내가 남김없이 드러났다고 하겠습니다.[204]

역적 목호룡(睦虎龍)의 고변서(告變書)는 오로지 성궁(聖躬 경종)을 위태롭게 하는 내용이었는데,[205] 조금도 놀라지 않고 온 마음을 다해 조작해 점차 퍼뜨려 나갈 계책으로 삼았으니, 그가 꾸며내고 날조한 실상이 백망(白望)의 공초(供招)[206]에서 모두 드러났습니다. 또 김일경(金一鏡)이 추국받던 날에 이르러 억지로 '목호룡의 죄가 절통하다.'라는 말을 했는데, 목호룡의 죄가 어찌 다만 절통할 뿐이겠습니까. 또 그것이 절통함을 진정으로 알았다면, 어찌 그가 변고를 고했을 때 토죄할 것을 청하지 않고 진장(眞贓 범행의 확실한 증거물)

204 대리청정의……하겠습니다 : 1721년(경종1)에 세제(世弟)의 대리에 대한 비망기(備忘記)가 내렸을 때, 이광좌가 갑자기 뛰어나와 "이 일을 거두어들이지 않는다면 나라가 틀림없이 망할 것이다.〔此事若不得還收, 則國必亡矣.〕"라고 하였고, 다시 "오늘 대신이 이 하교를 받든다면 이는 신하의 절조가 없는 것이다.〔今日大臣若奉承此敎, 則是無臣節也.〕"라고 하였다. 이 내용은 《영조실록》 1년 3월 12일 기사 중 민진원(閔鎭遠)의 발언에 보인다.

205 역적……내용이었는데 : 1722년(경종2)에 소론에서 목호룡(睦虎龍)을 매수해 노론 측에서 경종을 시해하려 한다고 고변(告變)하게 한 것을 말한다. 이를 임인옥사(壬寅獄事)라고 한다.

206 백망(白望)의 공초(供招) : 백망은 임인옥사에 가담한 인물이다. 국청(鞫廳)에서 심문을 당할 때 조태구(趙泰耉)·최석항(崔錫恒)·김일경(金一鏡)·심단(沈檀) 등이 세제(世弟)를 위태롭게 만들려 모의했다고 고발하였다. 《景宗修正實錄 2年 3月 29日》

이 다 드러나고 소굴이 다 깨지고 난 날에야 비로소 말한단 말입니까. 역적 김일경이 초안한 교문(敎文)[207]에 역절(逆節)이 이미 드러났는데도 토죄하지 않았을 뿐만 아니라, 김일경을 발탁해 본병(本兵 병조 판서)에 의망(擬望)하여 마치 공로에 상을 내리듯이 하였습니다. 이잠(李潛)의 흉언을 무릉(茂陵)에 비교한 것은 또한 역적 김일경의 교문에서 나온 것이었는데,[208] 이광좌는 또 이 말을 이어받아 이잠의 포증(褒贈)을 청하기까지 하였으니, 이광좌와 김일경이 같은 마음이라는 것을 여기에서도 알 수 있습니다.

또 정미년(1727, 영조3)에 다시 조정에 들어와서는 이전 무옥(誣獄)을 다 뒤집었고, 심지어 세제를 세우고 대리청정하게 한 신하들

207 김일경이 초안한 교문(敎文) : 임인옥사(壬寅獄事)의 진상을 조사해 결과를 반포한 교문(敎文)인데, 그 초안을 당시 홍문관 제학으로 있던 김일경이 지었다. 107쪽 주173 참조.

208 이잠(李潛)의……것이었는데 : 이잠은 1706년(숙종32)에 상소하여 김춘택(金春澤) 등이 당시 원자(元子)였던 경종의 세자 책봉을 미룬 것은 원자를 제거하고 연잉군(延礽君)을 후사로 삼기 위한 것이었다는 취지의 발언을 했다가 국문 끝에 죽었다. 무릉(茂陵)은 한(漢)나라 선제(宣帝) 때 무릉에 살았던 서복(徐福)을 가리킨다. 서복이 상소하여 곽광(霍光)이 죽은 뒤 멋대로 권세를 부리는 곽씨 일족을 억제할 것을 간언하였는데, 곽씨가 망한 뒤 곽씨를 고발한 자들은 모두 봉작을 받았으나 서복만은 봉작에서 누락되었다. 어떤 사람이 서복을 위해 상소하여 "아궁이를 고치고 땔나무를 옮기라고 한 자에게는 은택이 없고, 불을 끄려고 머리를 그슬리고 이마를 덴 자를 윗자리에 앉혔다.〔曲突徙薪亡恩澤, 燋頭爛額爲上客.〕"라고 하여, 환란을 미리 방비하라고 한 서복의 공로가 인정받지 못한 것을 깨우쳐 주었다. 한편, 김일경은 임인옥사의 교문을 지으면서 이잠의 상소에 대해, "아궁이 근처의 땔나무를 딴 곳으로 옮겨 화재를 미연에 방지하기를 청한 무릉 사람 서복과 같다.〔可謂徙薪之茂陵.〕"라고 칭찬하였다. 《肅宗實錄 32年 9月 17日》《漢書 卷68 霍光傳》《景宗實錄 2年 9月 21日》

을 도리어 역안(逆案)에 두어 역적 목호룡이 무고한 말을 사실로 만들어 버렸습니다.[209] 그가 역적 목호룡이 복주(伏誅)된 뒤에야 어찌 감히 다시 이처럼 방자하게 주장한단 말입니까.

또 끌어들이고 배양해 낸 자들은 남태징(南泰徵)·이사성(李思晟)·이명언(李明彦)·권익관(權益寬)·정사효(鄭思孝)·홍계일(洪啓一)·이유익(李有翼)의 무리이니, 무신년(1728, 영조4)에 난리를 일으켰던 것은 모두 다른 사람들이 아니었습니다. 대개 그가 10년 동안 도모하고 배포(排布)한 것이 모두 나라를 흉하게 만들려는 계책이었기에, 끝내 하늘을 뒤덮는 화란을 빚어내어 종국(宗國)을 거의 망하게 하였으니, 신축년과 임인년의 원흉일 뿐만 아니라 실로 무신년의 괴수입니다.

다만 그는 음흉한 자들을 비호하고 숨어 지내는 무리를 결탁시켰으며, 또 김일경·박필몽(朴弼夢)·조태구(趙泰耉)·유봉휘(柳鳳輝)처럼 직접 손을 쓰지는 않았으니, 명철하신 전하라 하더라도 또한 간흉의 실상을 온전히 살피실 수 없었던 것입니다. 이것이 이른바 명백하게 분간하지 않을 수 없고 엄하게 토죄하지 않을 수 없다는 것입니다. 현륙(顯戮)을 아직 시행하기도 전에 음주(陰誅)가 먼저 가해져서,[210] 신(神)과 사람이 함께 분노하고 여론은 더욱 답답해하고 있습니다. 청컨대 고 영의정 이광좌의 관작을 추탈하소서."

209 정미년에……버렸습니다 : 이른바 정미환국(丁未換局)을 말한다. 정미환국에 대해서는 86쪽 주141 참조.

210 현륙(顯戮)을……가해져서 : 처벌을 받기 전에 먼저 죽었다는 말이다. 현륙(顯戮)은 처형한 뒤에 그 시체를 전시하는 것으로, 반역자에 대한 엄중한 처결을 의미한다. 음주(陰誅)는 귀신이 처벌한다는 의미인데, 여기서는 죽었다는 의미로 쓰였다.

합계가 올라가자 성상이 진노하여 책상을 내리치고 수백 자나 되는 엄한 교지를 내려 독책하며 즉시 그만두기를 명하였지만, 공은 더욱 항변하며 불가하다고 하였다. 성상이 마침내 명을 내려 외직으로 내쳐 웅천 현감(熊川縣監)에 보임하고 당일로 부임하게 하였으며, 공을 구원하는 자들을 모두 견책하였다. 며칠 뒤에 상이 공의 나이가 많음을 걱정해 영광 군수(靈光郡守)로 바꾸어 제수하고, 연신(筵臣)에게 이르기를 "유모(兪某)는 한쪽 당론(黨論)을 주도하던 자인데 간장(諫長 대사간)에 제수하였으니, 갈등이 있을 것은 본래 우려한 바였다." 라고 하였다. 승지가 외직에 보임한 명을 거두기를 청하였으나 성상은 여전히 허락하지 않았다. 당시의 명류(名流) 중에 감탄하며 칭찬하지 않는 사람이 없었고, 사천(槎川) 이병연(李秉淵)[211]은 전별시를 지어 칭송하였다.

몇 년 동안 영광군에 있으면서 스스로 귀양살이라고 여겨 녹봉을 조금도 사사로이 쓰지 않았으며, 돈을 꾸러 오는 자가 있으면 그때마다 자신의 재산을 털어 주었다. 영광군에는 예전에 양사청(養士廳)이 있다가 중간에 없어졌는데, 공이 만여 꿰미의 돈을 내어 당우(堂宇)를 짓고 전토를 사서 선비를 양성하는 바탕으로 삼으니 고을 인사들이 크게 기뻐하였다. 체직되어 돌아가게 되자 공의 후임이 된 자가 오래전부터 전해 오던 묵은 포흠(逋欠)[212]을 공의 탓으로 돌리려 하니, 고을

211 사천(槎川) 이병연(李秉淵) : 1671～1751. 본관은 한산(韓山), 자는 일원(一源)이며, 사천은 그의 호이다. 삼연(三淵) 김창흡(金昌翕)의 문인이다. 18세기 전반기의 뛰어난 시인으로, 겸재(謙齋) 정선(鄭敾)과 아울러 '시화쌍벽(詩畫雙璧)'으로 일컬어진다. 시집으로 《사천시초》가 있다.

212 포흠(逋欠) : 관가(官家)의 물건을 사사로이 써버리거나, 조세 및 환곡의 체납

사람들이 너나 할 것 없이 울면서 하소연하며 '집집마다 식구마다 나누어 바칠 것이니, 우리의 이전 원님을 처벌하지 말라'고 청하였다.

정묘년(1747, 영조23, 59세)에 전조(銓曹 이조)에서 공을 대사간으로 옮겨 의망하였으나 상이 전관(銓官)을 벌하고 시행하지 말라고 하여, 병조 참의로 옮겼다.

무진년(1748, 영조24, 60세)에 동부승지에 제수되어 입시(入侍)하니 상이 이르기를 "유모(兪某)는 본래 공평하고 정직한 사람이었다. 외직에 보임된 지 몇 년 사이에 벌써 늙어 백발이 되었구나."라고 하고 탄식을 그치지 않았다. 이때 상은 김진상(金鎭商) 공을 반드시 부르고자 하여 조정의 신하에게 김진상과 마음으로 교유하는 자가 누구인지를 물으니, 상국 이천보(李天輔)가 공이라고 대답하였다. 이에 상이 공에게 명하여 편지를 보내 김진상 공을 부르게 하니, 공이 후원(喉院 승정원)에서 재직하는 신분으로 편지를 보내 불렀다. 김공은 동성(東城) 밖에까지 왔다가 의리상 공복(公服)을 입을 수 없다고 하고 물러나 돌아갔다.[213] 공이 사람들에게 말하기를 "사람들 가운데 혹자

등으로 관물(官物)의 결손이 난 것을 말한다.

213 이때……돌아갔다 : 김진상(金鎭商, 1684~1755)의 본관은 광산(光山), 자는 여익(汝翼)이었다가 태백(太白)으로 고쳤으며, 호는 퇴어(退漁)이다. 1712년(숙종38)에 문과에 급제하였다. 1719년(숙종45)에 벼슬에서 물러났으며, 1722년(경종2) 신임옥사로 무산(茂山)에 유배되었다가 영조 즉위 후 풀려났다. 이후 여러 차례 벼슬에 임명되었으나 나아가지 않고 30여 년 동안 산수를 유람하면서 지냈다. 문집으로 《퇴어당유고(退漁堂遺稿)》가 전한다. 영조는 1748년(영조24)에 김진상을 보고 싶어 해서 일부러 관직을 내려 부르며, 포의(布衣)를 입고 오게 하는 것은 원로를 예우하는 것이 아니라고 하여 2품(品)의 관복을 보내었다. 하지만 김진상은 자신이 벼슬을 그만 둘 때의 관직이 5품이었으므로, 의리상 2품의 관복을 입지 않았던 것이다. 《承政院日

는 나를 '금문에서 크게 은거한다.〔大隱金門.〕'고 하지만, 장차 태백(太白)과 함께 유람할 수는 없다."라고 하였다.[214] 태백은 김공의 자(字)이다.

기사년(1749, 영조25, 61세)에 예조 참의에 제수되어 함흥(咸興)의 여러 능묘를 봉심하였고, 용흥강(龍興江)을 건너가 발의하여 박순(朴淳)[215] 공을 위해 사당을 세우고 유허에 비석을 세웠다. 돌아와서 대사성에 제수되었다.

신미년(1751, 영조27, 63세)에 이천 부사(伊川府使)에 제수되었다. 당시 권력을 잡고 있던 자가 공을 부학(副學 부제학)에 통의(通擬)하려 한다며 먼저 뜻을 보이자, 공은 이를 비루하게 여겨 마침내 외직을 구한 것이었다.

계유년(1753, 영조29, 65세)에 대사성에 제수되었다가 대신(大臣)이 연석(筵席)에서 아뢰어 가선대부 동지의금부사로 발탁되었으며, 얼마 뒤 호조 참판에 제수되었다.

갑술년(1754, 영조30, 66세)에 부총관(副摠管)과 한성부 좌윤에 제수되었다가 체직되어 대사성에 제수되었다.

記 英祖 24年 11月 26日, 12月 9日》《貞菴集 卷12 退漁金公墓表》《退漁堂遺稿 退漁堂遺稿識》

214 사람들……하였다 : 한직(閑職)에 머물러 있어 마치 조정에 숨은 은자와 같지만, 조정을 떠나 실제로 은둔하지는 않은 것이라는 말로 보인다. 금문은 조정이나 궁궐을 의미하는 말이다.

215 박순(朴淳) : ?~1402. 본관은 음성(陰城)이다. 태종이 즉위한 뒤 태조가 함흥(咸興)에 머물러 있을 때, 박순이 차사가 되어 태조를 찾아가 한양으로 돌아오겠다는 약속을 받았지만 용흥강에서 태조의 측근들에게 피살되었다.

병자년(1756, 영조32, 68세)에 대사간에 제수되었다가 일로 인해 파직되었으며, 서용되어 동지경연사와 대사헌에 제수되었다. 특지로 자헌대부 지의금부사에 발탁되어 의금부의 국문(鞫問)에 참여하였다. 죄인 이제현(李齊賢)이 고발을 당하여 장차 형신(刑訊)이 가해지려고 하였는데, 공이 이제현의 죄상이 드러난 것이 없으므로 잇달아 형신을 가하고 그에게 유배의 명을 내려서는 안 된다고 하였다. 성상이 선전관(宣傳官)에게 명하여 죄인의 목에 칼날을 겨누게 하고 직무를 제대로 수행하지 못했다는 이유로 그를 파직하였다. 그러나 공은 사체(事體)에 구애되는 점이 있다는 이유로 명을 거두기를 청하니, 상이 좌우를 돌아보다가 한참 만에 윤허하였다. 이때 다른 당파의 사람이 함께 참여했다가 공에게 사례하며 "공은 진정으로 인선(仁善)한 군자입니다."라고 하였다.

정축년(1757, 영조33, 69세)에 한성부 판윤에 제수되어 난전(亂廛)의 전수(全數)를 속공(屬公)하는 규례[216]와 양화도(楊花渡)의 어선에 세금을 매기던 법을 폐지하고, 오강(五江)[217]의 마부(馬夫)의 폐단을 혁파하였다.

무인년(1758, 영조34, 70세)에 기사(耆社 기로소)에 들어갔고 지중추부사에 제수되었다. 기당(耆堂 기로소 당상)으로서 주강에 참석하였

216 난전(亂廛)의……규례 : 금난전권(禁亂廛權)을 소유한 시전 상인은 국역(國役)을 지는 대신 난전의 활동을 규제하고 특정 상품에 대한 전매 특권을 부여받았다. 독점 판매권을 가진 상품을 난전에서 다른 상인이 팔 때 이를 몰수하여 국가에 귀속시켰는데, 이를 난전속공(亂廛屬公)이라 한다.

217 오강(五江) : 서울 근처의 한강(漢江)·용산(龍山)·마포(麻浦)·현호(玄湖)·서강(西江)을 말한다.

다가 주강이 끝나자 공이 진언하기를 "덕(德)을 밝히고자 해도 덕은 밝히기 어렵고, 백성을 새롭게 하고자 해도 백성은 새로워지기 어렵습니다. 또 지선(至善)은 성인의 지극한 공부입니다.[218] 항상 '순(舜) 임금은 어떤 사람이고, 나는 어떤 사람인가?'라는 말[219]을 마음으로 삼아 힘쓰고 또 힘쓰며 살피고 또 살핀 연후에야 기약할 수 있습니다." 라고 하였다. 상이 이르기를 "좋은 말이다. 경은 아직 늙지 않았으니 국사(國事)를 다스리기에 충분하다."라고 하였다. 그리고 친히 글씨를 써서 공에게 내려 '무인년(1758, 영조34) 동짓달 상순에 기로소의 여러 신하에게 특별히 명하여 공묵합(恭默閤)에서 기로강(耆老講)을 행하다.'라고 하였다. 이어 명을 내려 이를 새겨 기영관(耆英館)에 걸게 하였다.[220]

기묘년(1759, 영조35, 71세)에 우참찬에 제수되었다.

신사년(1761, 영조37, 73세)에 지경연(知經筵)에 제수되었다.

218 덕(德)을……공부입니다 : 《대학장구》 경 1장에 "대학의 도는 밝은 덕을 밝힘에 있으며, 백성을 새롭게 함에 있으며, 지극한 선에 그침에 있다.〔大學之道, 在明明德, 在親民, 在止於至善.〕"라는 말이 나온다.

219 순(舜) 임금은……말 : 성현의 경지에 오르기를 다짐하여 뜻을 세운다는 말이다. 안연(顔淵)이 "순 임금은 어떤 사람이며 나는 어떤 사람인가? 순 임금이 되려고 노력하는 자는 또한 순 임금같이 될 것이다.〔舜何人也? 予何人也? 有爲者亦若是.〕"라고 하였다. 《孟子 滕文公上》

220 그리고……하였다 : 이와 관련한 기록이 《영조실록》 34년 11월 10일 기사에 보인다. 공묵합(恭默閤)은 경춘전(景春殿) 동쪽에 위치한 곳으로, 사도세자가 대리청정하던 정축년(1757, 영조33)에 영조가 신하들을 접견하던 곳이다. 기로강(耆老講)은 기로소의 신하들을 불러서 강독하고 토론하는 것을 말한다. 기영관(耆英館)은 기로소의 별칭이다. 《弘齋全書 卷14 恭默閤記》

계미년(1763, 영조39, 75세)에 성수(聖壽)가 70세가 되었기에, 은혜를 입어 정헌대부(正憲大夫)에 올랐다. 2월에 기당(耆堂 기로소 당상)과 함께 입시하자 상이 명하여 각 신하들의 화상(畫像)을 그리게 하고 또 음식을 하사하니, 어제시(御製詩)에 화답한 사언시(四言詩)를 올렸다. 연신(筵臣)이 "유모(兪某)는 연로한데도 여전히 소리 내어 글을 읽습니다."라고 아뢰자, 상이 이르기를 "30년 뒤인 지금에 예전의 그 소리를 듣고 싶다."라고 하고, 〈서명(西銘)〉[221]을 낭송하게 하였다. 이어 하교하기를 "경은 늙었지만 여전히 소리 내어 글을 읽으니 그 음성이 크고 탁 트였다."라고 하였다.

을유년(1765, 영조41, 77세)에 지경연(知經筵)에 제수되었다. 편전(便殿)에 입시하자 음식을 하사받았고, 물러날 때는 상이 사알(司謁)[222]에게 공을 부축하도록 명하였다. 8월에 상이 영수각(靈壽閣)[223]에 나아가 하교하기를 "유모는 나이 많은 유신(儒臣)으로서 노년에도 여전히 소리 내어 글을 읽으니 특별히 선온(宣醞)하노라."라고 하였다. 11월에 경현당(景賢堂)에 참석하여 술잔을 받고 어제시에 화답시를 지어 올렸으며, 진연(進宴)에서 쌀과 고기를 하사받고 전문(箋文)을 올려 사은하였다.

무자년(1768, 영조44, 80세)에 80세의 나이가 되어 숭정대부(崇政

221 서명(西銘) : 송(宋)나라 횡거(橫渠) 장재(張載)가 서재의 서쪽 창문가에 써서 걸어 놓은 글 이름으로, 인의(仁義)에 입각한 유가의 윤리설을 요약해서 서술한 것이다. 《古文眞寶 後集 卷10 西銘》

222 사알(司謁) : 임금의 명령을 전달하는 일을 맡아보던 정6품의 잡직이다.

223 영수각(靈壽閣) : 기로소 안에 있는 어첩(御帖)을 보관하는 누각이다.

大夫)에 오르고 판의금부사가 되었다. 이해 10월 초하루에 정침(正寢)에서 세상을 떠났다. 부음이 알려지자 상이 조회를 멈추고 규례대로 제사와 부의를 내렸다. 양지현(陽智縣)의 목사공(牧使公 부친 유명건) 묘소 왼쪽 산기슭 모좌(某坐)의 언덕에 장사 지냈다.

부인은 동래 정씨(東萊鄭氏)이니, 판서 정형익(鄭亨益)의 딸로 여러 차례 추증되어 정경부인에 봉해졌다. 세 딸을 낳았으니, 사인(士人) 김한태(金漢泰), 좌랑 이춘빈(李春彬), 도사(都事) 홍재한(洪在漢)에게 출가하였다. 계배(繼配)는 남원 윤씨(南原尹氏)이니, 통덕랑 남준(南浚)의 딸로, 공의 품계를 따라 정경부인에 봉해졌다. 아들 하나를 낳으니 이름은 언육(彥錥)이고 부사(府使)이다. 측실의 아들 둘이 있으니 언장(彥鏘)은 만호(萬戶)이고, 언갱(彥鏗)은 주부로 추증되었다.

언육은 3남 3녀를 두었으니, 한식(漢寔)은 지금 부사이고, 한수(漢守)는 요절하였으며, 한용(漢容)은 종숙부의 후사로 나갔다. 세 딸은 진사 황기영(黃基泳)과 감역(監役) 이희시(李羲蓍)와 진사 이유민(李有敏)에게 출가하였다. 측실에서 2남 2녀를 두었으니, 아들은 한채(漢寀)와 한보(漢寶)이고, 딸은 김억연(金億淵)에게 출가하였다. 한식의 아들 응주(應柱)는 일찍 죽었는데 아들 정환(庭煥)을 두었다. 내외 적서(嫡庶)의 증손과 현손은 모두 약간 명이다.

공은 풍모가 엄숙했고 기상이 침착했다. 어린 시절에 누각에서 뛰어내리다가 발바닥이 칼날에 찔려 피가 줄줄 흐르니, 사람들이 모두 두려워하고 놀랐지만 공은 아무렇지도 않은 얼굴빛으로 천천히 손으로 칼날을 뽑았다. 이때부터 공은 다급한 일을 당해 이를 처리할 때 서두르는 법이 없었다. 주량이 대단히 컸는데 어느 날 제공(諸公)과 술을 마시다가 취한 뒤에 공이 시휘(時諱)에 저촉되는 말을 많이 하였다.

태부인(太夫人)이 이 일을 듣고 훈계하니 공은 드디어 술을 끊고 평생토록 마시지 않았다.

목사공(牧使公 부친 유명건)은 집안을 매우 엄히 다스렸는데, 공이 어려서부터 삼가 그 가르침을 잘 따랐기에 한 번도 꾸짖고 나무란 적이 없었다. 목사공이 양성 현감(陽城縣監)에 제수되어 마침 서울로 올라갔을 때 고모 안씨(安氏) 집안에 초상이 나 도움을 요청해 오니, 공이 스스로 판단하여 물품을 갖추어 보냈다. 뒤에 목사공이 단목(單目 물품 목록)을 부쳐왔는데 공이 보낸 물품과 조금도 차이가 없었기에, 목사공이 대단히 기특하게 여겼다.

공은 효성과 우애가 돈독하였다. 태부인(太夫人)을 섬기며 특별한 일이 없으면 한 번도 그 곁을 떠나지 않았다. 언문(諺文)으로 옛 현인들의 행적을 번역해 쓰고 직접 해설하여 태부인의 마음을 기쁘게 하였으며, 태부인이 잠들지 않으면 새벽닭이 울어도 감히 물러나지 않았다. 아우 좌윤공(左尹公 유직기(兪直基))과 집을 나란히 해 살며 날마다 반드시 부모님 곁에 모여서 화락하게 지냈고, 좌윤공이 시골로 거처를 옮기자 공은 늘 그리워하며 때때로 눈물을 흘렸다.

친척과 돈독하게 지내고 곤궁한 사람을 구휼하기를 항상 부족한 듯이 여겼다. 시골에서 찾아온 원근의 족당(族黨)에게는 반드시 "우리 집에 머무십시오."라고 하였고, 혼례와 상례를 보살펴 도와주며 조금도 아까워하지 않고 말하기를 "후손들은 비록 소원(疏遠)의 차이가 있으나 근본을 돌아보면 바로 한집안 사람이다."라고 하였다. 선조의 제사를 받드는 데 더욱 신중하여, 향사(享祀)할 때가 되면 하인들까지도 반드시 옷을 빨아 입고 입을 다물게 하여 감히 시끄럽게 떠드는 이가 없도록 하였다. 날마다 반드시 새벽에 가묘(家廟)에 배알하여 고령이 되어서도 한 번도 거른 적이 없었다.

공은 남보다 훨씬 총명하였다. 12, 3세 때 〈산사에서 독서하다〔讀書山寺〕〉라는 절구를 지어 삼연(三淵 김창흡(金昌翕)) 김공(金公)에게 기특하다는 칭찬을 크게 받았다. 장성해서는 부지런히 학문에 매진했고 특히 주자(朱子)의 글을 좋아하였다. 일찍이 삼종형(三從兄)인 겸산공(兼山公) 숙기(肅基)[224]와 함께 책 상자를 짊어지고 서로 따르며 토론하고 연구하였으니, 공이 평생 펼친 학문은 대개 여기에 근본을 두고 있다. 만년에는 《심경(心經)》, 《근사록(近思錄)》 및 성리학에 관련된 글 수십 편을 손수 베껴 써서 아침저녁으로 돌아가며 외웠고 병이 나면 젊은이들에게 읽게 하여 들으며, 세상을 떠나기 한 달 전까지도 그치지 않았다. 또 일찍이 《여훈(女訓)》을 써서 부녀자들에게 수시로 읽고 외게 하였으며, 《가훈(家訓)》 한 권을 지어 자손들을 가르쳤다. 저서로 시문 수십 권과 《군서유준(群書腴雋)》 10권이 집에 보관되어 있다.

교유한 사람들은 모두 당대의 명류들이었으며, 항상 신임(辛壬)의 대의(大義)를 자신의 임무로 삼았다.[225] 그러므로 탕평(蕩平)의 논의를 주장한 자들과는 끝내 함께 어울리지 않았으니, 비록 가까운 친척이나 지극히 절실한 사이라 할지라도 한 번도 그 집에 발걸음을 들인 적이 없었으며, 혼인을 허락하지도 않았다. 이 때문에 함께하는 이가 적고

224 겸산공(兼山公) 숙기(肅基) : 유숙기(兪肅基, 1696~1752)로, 본관은 기계, 자는 자공(子恭)이며, 겸산은 그의 호이다. 평생을 성리학 연구에 몰두하여 많은 저술을 남겼다. 문집으로 《겸산집》이 있다.

225 항상……삼았다 : 신임의 옥사가 무옥(誣獄)임을 밝히는 것을 임무로 삼았다는 말이다. 신임의 옥사는 1721년과 1722년에 걸쳐 일어난 신임사화(辛壬士禍)를 말한다.

세속과 맞지 않아 벼슬살이에 부침이 많고 침체되었지만 걱정하지 않았다.

정묘년(1747, 영조23, 59세)에 외직에서 돌아온 뒤 계속해서 강가의 교외에 머물렀는데, 전주(銓注)와 묘염(廟剡)에 한 번도 낙점을 받지 못했다.[226] 일찍이 승선(承宣)으로서 지은 응제시(應製詩)에 "강호에서 물아를 모두 잊으니 즐거움이 넉넉하네.〔兩忘江湖樂有餘.〕"라는 구절이 있었는데, 상이 이르기를 "이 승선의 편안하고 고아함을 귀하게 여길 만하니, 이 시는 자신의 마음을 말한 것이라 할 만하다."라고 하였다. 기로소에 들어가자 벼슬에서 물러나기를 청하려고 했으니, 당시 봉조청(奉朝請)[227] 중에 적임자가 아닌 사람이 있었기 때문이었다. 공이 다른 사람에게 말하기를 "나는 저 사람과 함께 같은 물에서 몸을 더럽힐 수 없다."라고 하였다. 집에 거처할 때 잡스러운 손님이 없어 뜨락이 고요하였다. 의복은 무명〔布綿〕에 불과했고 음식은 거친 밥도 싫어하지 않았으니, "나는 나물 뿌리도 먹을 수 있다는 말[228]에서 자못 힘을 얻었다고 생각한다."라고 하였다.

226 전주(銓注)와……못했다 : 벼슬에 추천되었으나 임명되지 못했다는 말이다. 전주(銓注)는 이조에서 인물을 전형하여 벼슬자리에 천거하는 것을 말한다. 묘염(廟剡)은 벼슬아치의 후보를 의정부에서 천거하는 것으로, 묘천(廟薦)이라고도 한다.

227 봉조청(奉朝請) : 사임한 정3품 이상의 벼슬아치에게 특별히 내려 준 벼슬로, 실무는 보지 않고 다만 의식(儀式)이 있을 때만 관청에 나아가 참여하였으며 종신토록 녹(祿)을 받았다. 봉조하(奉朝賀)라고도 한다.

228 나물……말 : 《소학(小學)》 〈선행(善行)〉에 "왕신민이 늘 말하기를 '사람이 항상 나물 뿌리를 씹을 수 있으면 어떤 일이라도 할 수 있다.'라고 하였다.〔汪信民嘗言, 人常咬得菜根, 則百事可做.〕"라는 구절이 있다.

남을 대할 때는 소탈하되 온화하여 나와 남의 경계를 허물고 마음을 터놓고 정성을 보였지만, 권귀(權貴)와 분수를 넘는 사람에 대해서는 마치 자신의 몸이 더럽혀질 듯이 여겼다. 김귀주(金龜柱)는 공의 사위 이춘빈(李春彬)의 사위였는데, 공은 이춘빈에게 시집간 딸이 일찍 과부가 되어 자식이 없다 하여 김귀주를 친사위처럼 아껴주었다. 그런데 김귀주가 외척이 되어[229] 위세를 부리게 되어서는 새해에 세배를 와도 번번이 이맛살을 찌푸리고 좋아하지 않았으며, 편지 한 통도 보내지 않아서 《춘추(春秋)》의 대의(大義)에 매우 엄격하였다.[230] 아경(亞卿)에 올랐을 때 어떤 전관(銓官)이 공을 부개(副价 부사(副使))로 삼으려 했는데, 공이 말하기를 "내 어찌 저들에게 기꺼이 머리를 조아릴 수 있겠는가."라고 하니, 그 사람이 듣고서 그만두었다.

제독(提督) 이여송(李如松)의 먼 후손 중에 강화(江華)에 사는 자가 있었는데, 공이 강화의 수신(守臣 유수(留守))에게 편지를 보내 사우(祠宇)의 완성에 도움을 주게 하였고 집에 소장하고 있던 신종 황제(神宗皇帝)의 어서(御書)가 쓰인 장자(障子 족자(簇子))를 내어 그 사당에 보관하게 하였다. 또 문익공(文翼公 유척기(兪拓基))에게 그 일을 이야기하여, 문익공이 연백(延白 연석(筵席)에서 주청함)하여 그를 거두어 녹용(錄用)하게 하니, 그가 바로 이면(李葂)이다.[231]

229 김귀주(金龜柱)가 외척이 되어 : 김귀주는 영조의 계비 정순왕후(貞純王后)의 오빠이다.

230 춘추(春秋)의……엄격하였다 : 오랑캐를 물리치는 것처럼 김귀주를 배척했다는 말이다. 《춘추》의 대의는 중화를 높이고 이적을 배척하는 '존왕양이(尊王攘夷)'의 의리를 말한다.

231 문익공이……이면(李葂)이다 : 이면은 이여송의 동생인 이여매(李如梅)의 5세

한식(漢寔)이 장차 조정에 절혜(節惠 시호)를 청하고자 하여 나에게 공의 행장을 지어달라고 부탁하였다. 삼가 생각건대, 공의 재능과 식견과 풍도와 절의는 진실로 '조정에서 높이 쓰일 그릇〔廊廟之器〕'이었다. 그러나 쓰임은 그 재능을 다 발휘하지 못하였고, 관직은 그 덕에 걸맞지 않았으니, 이는 좋은 때를 만나지 못했기 때문이다. 그렇기는 하지만 원릉(元陵 영조)이 공의 사람됨을 말씀하실 때면 반드시 "공평하고 정직하다."라고 하였다. 좋은 때를 만나지 못하고서도 오히려 이와 같은 지우를 받았으니, 어찌 아무런 이유 없이 그렇게 된 것이겠는가. 아아! 지금 공의 덕을 형용하고자 한다면 그 어느 것이 원릉의 이 한마디 말보다 나은 것이 있겠는가. 삼가 위와 같이 행장을 짓는다.

손이다. 영조는 1740년(영조16)에 이여매의 후손에게 명하여 신주를 세우게 하고 또 조천(祧遷)하지 말도록 하였는데, 이는 이여매의 신주를 세우지 않고 지방(紙榜)만 써서 제사한다는 유척기(兪拓基)의 보고에 따른 조치였다.《英祖實錄 16年 4月 20日》

백부 목사 부군 행장[232]

伯父牧使府君行狀

부군의 휘는 이기(履基)이고 자는 덕여(德汝)이며, 성은 김씨(金氏)이니 관향은 안동(安東)이다. 우리 왕고(王考)인 찬성으로 추증된 휘 달행(達行)의 장자이다. 보계(譜系)는 왕고의 비갈(碑碣)[233]에 자세히 기록되어 있다. 모친은 정경부인으로 추증된 한산 이씨(韓山李氏)이다.

부군은 경종 갑진년(1724, 경종4)에 태어났다. 어렸을 때는 행동이 자유분방했는데 학업에 나아가자 왕고가 엄하게 날로 회초리를 들어 종아리가 성한 데가 없었으니, 마침내 마음을 다잡아 가르침을 받들었다. 14세에 사서(四書)와 이경(二經 《시경》과 《서경》)에 통하여 학문에 진전이 있으려 하였는데, 그 이듬해에 왕고가 세상을 떠나고 집안이 매우 가난해졌다. 부군은 상복을 입고 관례(冠禮)를 행하였으며,[234] 모

232 백부……행장 : 풍고의 백부 김이기(金履基, 1724~1790)에 대한 행장이다. 김이기의 자는 덕여(德汝)이며, 김이기의 아들 김용순(金龍淳)은 풍고의 아들 김유근을 후사로 삼았다. 본문의 자손록에 '용순의 아들 유근이 지금 참판으로 있다'는 구절이 보이는데, 김유근은 1819년 1월에 병조 참판을 지냈고, 1822년 8월에 이조 참판에 임명된 기록이 있다. 따라서 이 글은 1819년에서 1822년 사이에 지은 것으로 보인다. 《承政院日記 純祖 19年 1月 17日, 22年 8月 24日》

233 왕고의 비갈(碑碣) : 84쪽의 〈왕고 증 좌찬성부군 묘표(王考贈左贊成府君墓表)〉를 말한다.

234 상복을……행하였으며 : 《예기》 〈증자문(曾子問)〉에 "만약 자식의 관례를 행하려던 차에 정해진 기일에 미치지 못하여 자최나 대공, 소공의 상이 있으면 상복 차림으

부인을 모시고 서울과 시골집을 전전하며 마치 성인(成人)처럼 집안을 꾸려나갔다.

정묘년(1747, 영조23, 24세)에 모부인의 상을 당하였다.

무인년(1758, 영조34, 35세)에 음보로 목릉 참봉(穆陵參奉)에 제수되었고, 선공감 봉사(繕工監奉事)로 승진하였다.

경진년(1760, 영조36, 37세)에 하천을 준설하는 일에 참여하고 이 공으로 장악원 주부(掌樂院主簿)에 올랐으며, 사평(司評) 및 평시서 영(平市署令)과 경릉 영(敬陵令)을 역임했다.

계미년(1763, 영조39, 40세)에 외직으로 나가 영유 현령(永柔縣令)이 되었는데, 현의 죄인 가운데 용서할 만한 정황이 있는 자를 살려주는 쪽으로 판결했다가 이 일로 파직되었다.

기축년(1769, 영조45, 46세)에 전부(典簿)를 거쳐 영천 군수(永川郡守)로 나갔다.

병신년(1776, 영조52, 53세)에 사릉 영(思陵令)을 거쳐 인천 부사(仁川府使)로 나갔다.

정유년(1777, 정조1, 54세)에 온릉 영(溫陵令)에 제수되었다.

무술년(1778, 정조2, 55세)에 상의원 첨정(尙衣院僉正)으로 옮겼다가 의성 현령(義城縣令)으로 나갔다.

신축년(1781, 정조5, 58세)에 의빈부 도사(儀賓府都事)를 거쳐 옥천 군수(沃川郡守)로 나갔고, 임인년(1782, 정조6, 59세)에 능주 목사(綾州牧使)로 승진했는데, 모두 상관(上官)과의 혐의 때문에 그만두고

로 관례를 행한다.〔如將冠子, 而未及期日而有齊衰大功小功之喪, 則因喪服而冠.〕"라는 구절이 보인다.

돌아왔다.

갑진년(1784, 정조8, 61세)에 전생서 주부(典牲署主簿)를 거쳐 서원 현감(西原縣監)으로 나갔다가 일로 인해 벼슬을 버리고 돌아왔다.

정미년(1787, 정조11, 64세)에 광주 목사(光州牧使)로 나갔다가 다시 병으로 물러났다. 이에 앞서 부군이 풍비(風痺)의 병에 걸렸는데 해를 넘기며 고질병이 되었다가 경술년(1790, 정조14) 7월 13일에 세상을 떠나니 향년 67세였다. 임종할 때 말을 할 수는 없었지만 그래도 손가락으로 글자를 그려 사람들에게 보여주었다. 빈렴할 때 날씨가 매우 더웠으나 얼굴 모습이 평상시와 다름없었다.

이해 9월에 향곡리(香谷里) 곤좌(坤坐)의 언덕에 장사 지냈으니, 왕고의 묘소와 백여 보 떨어져 서로 바라보이는 곳이었다. 그 뒤 기미년(1799, 정조23)에 왕고의 무덤 오른쪽 사향(巳向)의 기슭으로 이장하고 부인 이씨(李氏)의 묘와 합장하였다. 부군은 항상 죽어서 선친의 곁에 묻히기를 원하였기에 이장하여 모두 부군의 유의(遺意)를 따랐다.

부군은 키가 훤칠하고 수염이 아름다웠다. 기운은 온후하고 화평하며 모습은 중후하고 신중하여 멀리서 보면 엄숙하고 가까이 다가가면 온화하였으니, 비록 평소에 공을 알지 못하는 사람이라도 한 번 보면 장자(長子)임을 알 수 있었다. 날마다 아침 일찍 일어나 세수하고 머리를 빗고 단정하게 앉아 있었으니, 병이 심하지 않으면 평소 기대거나 눕지 않았다. 진귀하거나 좋지 않은 음식은 입에 대지 않았고, 마음을 뺏는 물건은 몸에 가까이하지 않았다. 주량이 매우 커서 마음이 맞는 사람을 만나면 흉금을 터놓고 실컷 마셔 취하였지만 한 번도 남의 옳고 그름을 말한 적이 없었다. 자랑하거나 꾸미는 태도를 보이지 않았고 괴상하거나 과격한 논의를 하지 않았으니, "사람의 언행은 그저 자연스럽게 하면 그만이지, 어찌 꼭 남과 다르게 하여 세상을 놀라게 한 뒤에야 고상한 것이겠는가."라고 하였다. 일찍이 선군이 있는 자리에서 어떤 선비를 보았는데 그 사람이 떠나고 난 뒤 선군에게 말하기를 "저 사람은 시선이 경박하고 얼굴빛에 꾸밈이 있으니 아마도 좋은 사람이 아닌 듯합니다."라고 하였는데, 얼마 되지 않아 과연 그 사람이 화를 당하게 되었다.

부군은 훌륭한 품성을 타고났는데, 일찍이 부모를 여의어 항상 극진히 봉양할 수 없었음을 지극한 아픔으로 여겼다. 관직에 있을 때는 제사를 모실 때 반드시 제물을 풍성하게 마련하였으며, 기일을 만나면 그때마다 밤새도록 잠을 자지 않고 슬프게 통곡하여 사람들을 감동시켰다. 늙고 병이 들게 되어서도 여전히 소식(素食)하여 몸이 금방이라도 쓰러질 듯하고 숨이 가빠 보는 사람들이 위태롭게 여겼지만, 제사가 끝날 때까지 두 손을 공손히 모으고 서서 흐트러지지 않았으며 또한 남에게 대신 제사를 주관하게 하지 않았다.

전에 모친상을 당했을 때는 선군(先君)과 계부(季父)가 아직 어렸는데, 겨울밤에 방이 추울 때마다 부군은 품속에 두 아우를 안고 좌우로 살결을 맞대 따뜻하게 해 주었으며, 올바른 도리로 가르쳐 마침내 모두 자립하게 해 주었다. 친척과 화목하게 지내고 베풀기를 좋아하여 옷이 없어 추위에 떠는 자를 보면 번번이 입고 있던 옷을 벗어 주었다.

외직에 있을 때는 당시 재상에게 관절(關節 뇌물)을 보내지 않았고, 녹봉이 남으면 언제나 곤궁한 이들을 구제하였다. 어떤 가난한 일족이 미호(渼湖 김원행(金元行)) 선생에게 의지할 데를 하소연하자, 선생이 말하기를 "모(某)에게 가보는 게 어떻겠는가. 우리 집안에서 오직 모

(某)가 가장 어질다네."라고 하였다. 선생은 부군의 종부(從父)였으니, 부군이 부형에게 중시를 받음이 이와 같았다.

부군이 고을을 다스릴 때는 법도를 신중히 하고 너그럽고 공평함을 중시하였으며, 정령(政令)은 평범한 듯했지만 적발해 내는 것이 귀신과 같아서, 여러 수령이 바뀌도록 판결하지 못했던 사안 중에 부군의 손에서 판결된 것이 많았다. 영유 현령(永柔縣令)으로 있을 때는 천금(千金)을 내어 법을 만들어 땔감을 바치는 역(役)을 영원히 견감해 주었고, 옥천 군수(沃川郡守)로 있을 때는 큰 화재가 있었으나 백성들이 이를 재앙으로 여기지 않았다. 이 때문에 두 고을의 백성들은 거사대(去思臺)를 쌓아 공을 그리워하기도 하고 송덕비를 세워 찬양하기도 하였다.

젊은 시절에는 남에게 의지해 곁방살이한 것이 십여 년이나 되었지만 한 번도 울울한 기색을 보인 적이 없었으며, 늘 거울을 대하고 스스로 위로하기를 "장부에게는 반드시 한 번의 때가 있을 것이다."라고 하였다. 과거에 누차 응시했으나 낙방하고 음사(蔭仕)의 벼슬에 머물자 만년에 다른 사람에게 말하기를 "나는 평생토록 잘하는 것이 하나도 없어서, 오직 관리 노릇이나 했을 뿐이다."라고 하였으니, 대개 스스로 상심해서 한 말이었다.

부군은 스스로 교목세신(喬木世臣)은 의리상 국가의 기쁨과 슬픔을 함께해야 한다고 여겨, 조정에 훌륭한 정사가 있으면 이기지 못할 듯이 기뻐하였고 일이 생기면 근심이 얼굴빛에 드러나고 밤새도록 탄식하였는데, 왕왕 기미를 통찰하는 식견이 증명된 것이 많았다. 아! 만나지 못한 것은 때이니, 부군의 재주가 어찌 관리의 일에 그칠 뿐이겠는가.

부군의 부인 관향은 청해(青海)이니, 승지 휘 용(榕)의 딸이요 개국 공신 청해백(青海伯) 이지란(李之蘭)의 후손이다. 단정하고 자상하며 온화하고 순수하여 부인의 덕을 갖추었다. 17세에 부군에게 시집 왔을 때 시어머니는 병으로 누워 있고 집에 남은 것이라고는 벽밖에 없었는데, 부인은 즉시 마당에 내려가 물을 긷고 절구질을 하며 힘을 다해 봉양하니 시어머니가 효부라고 자주 칭찬하였다. 외직으로 나간 부군을 따라갔을 때에는 관아의 내실이 정숙했고 간알(干謁 청탁)이 통하지 않았다. 부군은 집에 있을 때나 관직을 맡았을 때나 부인에게 많은 내조를 받았다고 스스로 말하였다. 부군보다 한 살 적게 태어났고 부군보다 8년 늦게 세상을 떠났다.

부군은 2남 2녀를 두었다. 장남 용순(龍淳)은 음보로 전 정(正)을 지냈고, 차남 명순(明淳)은 문과에 급제하여 참판을 지냈으며 계부(季父)의 후사가 되었다. 장녀는 주서 이건원(李健源)에게 출가하였고, 차녀는 음보로 정(正)을 지낸 윤수익(尹守翼)에게 출가하였다.

용순은 종제 조순(祖淳)의 아들 유근(逌根)을 후사로 삼았으니, 문과에 급제하여 지금 참판으로 있다. 부군이 이조 참의로 추증되고 부인이 숙부인으로 추증된 것은 모두 이 아들 때문이다. 용순의 딸은 황종일(黃鍾一)에게 출가하였고, 용순의 측실의 아들은 손근(遜根)이고 딸은 홍훈(洪壎)에게 출가하였다.

명순의 아들 홍근(弘根)은 지금 사과(司果)로 있고, 응근(應根)과 흥근(興根)은 모두 생원이다. 측실의 아들 칭근(偁根)은 전 무겸(武兼 무신겸선전관)이다.

이건원의 딸은 권보인(權寶仁)과 김재공(金在公)에게 출가하였다. 윤수익의 아들 윤응대(尹應大)는 문과에 급제하여 승지를 지냈고, 윤성대(尹聲大)는 전 목사(牧使)이며, 딸은 유계환(兪繼煥)과 생원 홍헌

모(洪憲謨)에게 출가하였다.

불초(不肖)는 부군의 조카이다. 일찍 어머니를 여의고 백모(伯母)에게 양육되었는데, 부군이 불초를 어루만져 주시는 것은 두 종형과 전혀 차이가 없었고, 불초가 부군을 섬기는 것은 선군(先君)을 우러르듯이 하였다. 그러므로 일상생활에서 부군으로부터 얻은 가르침은 아무리 작은 예절과 작은 행동이라 할지라도 감히 실추시킨 것이 없도록 하였다. 그러나 백부의 연원이 깊고 의연(毅然)히 커서 공경을 베풀지 않아도 남들이 절로 감히 업신여기지 못하고 구차하게 영합하지 않아도 남들이 절로 열복(悅服)하지 않을 수 없었던 것으로 말하면, 불초가 끝내 감히 그 경지를 엿볼 수 없었으니, 아! 훌륭하다.

삼가 종형 명순(明淳)이 지은 행장에 의거해 그 대략을 서술하여 우리 후손들에게 알린다.

풍고집

제13권

시장 諡狀

시장諡狀

부제학 증 이조 판서 김공 시장[1]

副提學贈吏曹判書金公諡狀

금상(今上 순조) 6년(1806) 여름 6월 신묘일에 의정부 영의정 이병모(李秉模)가 건의하기를 "고(故) 홍문관 부제학 김시찬(金時粲)은 영묘 조(英廟朝)의 명신으로 진신(搢紳)과 사림(士林)의 존경을 받았습니다. 준엄한 말과 올바른 기개로 엄숙히 흉언(凶言)을 물리친 공이 있으니, 마땅히 벼슬을 추증하고 시호를 내려 선(善)을 표창하고 의리를 세우는 성조(聖朝)의 정사를 보여주어야 합니다."라고 하니, 상이 허락하였다.[2] 이에 공을 자헌대부 이조판서 겸 지경연의금부사

1 부제학……시장 : 김시찬(金時粲, 1700~1766)의 시호를 청하는 글이다. 김시찬의 본관은 안동(安東)이고, 자는 치명(穉明), 호는 초천(苕川)이다. 1806년(순조6) 9월 24일에 시호를 하사받았다. 이 글 뒷부분의 자손록에 김시찬의 손자 김이교(金履喬)가 지금 승지로 있다는 기록이 있는데, 김이교는 1806년 6월 15일에 동부승지에 임명되었다. 따라서 이 글은 1806년 6월에서 9월 사이에 지은 것으로 보인다. 《純祖實錄 6年 9月 24日》《承政院日記 純祖 6年 6月 15日》

2 금상(今上)……허락하였다 : 이병모(李秉模)가 건의한 내용은 《순조실록》 6년 6월 15일 기사에 보인다. '흉언(凶言)을 물리친 공'은 김한록(金漢祿)의 흉언을 물리친 것을 말한다. 여기에 대해서는 170쪽 주58 참조.

홍문관대제학 예문관대제학 지춘추관성균관사 오위도총부부총관으로 추증하였다. 법도에 따라 태상시(太常寺 봉상시(奉常寺))에 시장(諡狀)을 전해야 하므로, 공의 증손인 진사 호순(昊淳)이 가장(家狀)과 고 대학사(大學士) 문청(文淸) 남공(南公)이 지은 묘갈명[3]을 가지고 찾아와 나에게 시장을 부탁하였다.

삼가 살피건대, 공의 자는 치명(穉明)이다. 우리 김씨는 관향이 안동(安東)이다. 선 태사(先太師) 휘 선평(宣平)이 고려 태조를 도와 견훤(甄萱)을 물리치는 데 큰 공을 세워 고창(古昌)에 사당이 세워져 제향을 받았기에 자손이 그곳을 관향으로 삼았으니, 고창은 바로 지금의 안동부(安東府)이다.

공의 고조 우의정 휘 상용(尙容)은 호가 선원(仙源)이니, 바로 석실(石室) 문정공(文正公 김상헌(金尙憲))의 형이다. 인조 정축년(1637, 인조15)에 강도(江都 강화도)에서 순절하여 문충(文忠)이라는 시호를 하사받았고, '충신(忠臣)'이라는 정려(旌閭)가 내려졌다. 영종(英宗)이 명을 내려 상상(上相 영의정)으로 더 올려 추증하고 대대로 제향하게 하였다. 증조 휘 광현(光炫)은 이조 참판을 지냈으며, 일찍이 장릉(章陵)을 추숭한 것에 대해 남과 다른 견해를 세웠다.[4] 황명(皇明)이 멸

3 고……묘갈명 : 문청(文淸) 남공(南公)은 남유용(南有容, 1698~1773)으로, 본관은 의령(宜寧)이고, 자는 덕재(德哉)이며, 호는 뇌연(雷淵)·소화(小華)이다. 남공철(南公轍)의 부친이다. 남유용이 지은 김시찬의 묘갈명은 〈홍문관 부제학 김공 묘갈명 병서(弘文館副提學金公墓碣銘幷序)〉로, 《뇌연집(雷淵集)》 권23에 수록되어 있다.

4 장릉(章陵)을……세웠다 : 장릉은 인조가 자신의 생부인 정원대원군(定遠大院君)을 원종(元宗)으로 추존한 뒤에 붙인 묘호(廟號)이다. 인조는 1623년에 반정에 성공한 이후 꾸준히 정원대원군을 왕으로 추존하고자 하였고, 신하들의 찬반 논란 끝에 1632년

망하자 더 이상 벼슬하지 않았다. 호는 수북(水北)이다. 조부 휘 수민(壽民)은 현감을 지냈고 참찬으로 추증되었으며, 효성으로 정려가 내려졌다.

부친 휘 성도(盛道)는 좌랑을 지냈고 참판으로 추증되었으며, 모친 평산 신씨(平山申氏)는 참의로 추증된 신상(申橡)의 딸이다.

공은 숙종 경진년(1700, 숙종26)에 태어났다.

신축년(1721, 경종1, 22세)에 상상(上庠)에 뽑혔다.[5]

을묘년(1735, 영조11, 36세)에 증광시 문과에 급제해 추천을 받아 예문관 검열이 되었다가 대교로 승진했으나, 북사(北使 청나라 사신)가 이르면 마땅히 어가를 수행해 교외에서 맞이해야 했기에 공은 해직을 청하여 이를 피하였다. 얼마 뒤 시강원 설서로 옮기니 신치근(申致謹)이 필선(弼善)으로 있었다. 신치근은 본래 칠적(七賊)을 비호하고 무신년(1728, 영조4)의 역적들과 왕래하던 자였다.[6] 공은 그와 함께 숙

(인조10) 5월에 원종으로 추존하였다. 김광현은 부제학으로 있던 1634년(인조12)에 원종의 신위를 태묘(太廟)에 들이는 데 찬성한 유백증(兪伯曾)을 논핵하였다가 함경도 삼수군(三水郡)으로 유배되었으며, 이듬해 7월에 석방되었다.《仁祖實錄 12年 閏8月 11日・13日・14日, 13年 7月 14日》

5 상상(上庠)에 뽑혔다 : 진사시에 합격했다는 말이다. 상상(上庠)은 성균관(成均館)을 말한다.

6 신치근(申致謹)은……자였다 : 신치근(1694~1738)의 본관은 평산(平山)이고, 자는 유언(幼言)이다. '칠적(七賊)'은 김일경(金一鏡)・이진유(李眞儒)・윤성시(尹聖時)・박필몽(朴弼夢)・서종하(徐宗廈)・정해(鄭楷)・이명의(李明誼) 등 소론 측 인물을 지칭한다. 이들은 1721년(경종1)에 경종에게 왕세제의 대리청정을 요청한 노론 일파를 비판하며 연명으로 상소한 인물들로, '신축소하칠인(辛丑疏下七人)'이라고도 부른다. '무신년의 역적'은 1728년에 이인좌(李麟佐)의 난을 일으킨 소론을 말하는데,

직을 서지 않고자 하여 소장을 올리고 경출(徑出)하였다.[7] 이 일이 있기 전에 성상이 공에게 이르기를 "그대는 문충(文忠 김상용)의 후손이나 당론(黨論)을 일삼지 말라."라고 하자 공이 대답하지 않고 물러난 일이 있었다. 대개 정미년(1727, 영조3) 이후로 일번인(一番人)이 신축년(1721, 경종1)과 임오년(1722)의 흉악한 계책을 얼버무리고자 하여[8] 당목(黨目 당파)을 조정한다는 논의를 내세워 성상의 이목을 어지럽혔다. 당시 이익을 좋아하고 의리를 모른 채 공명만 탐내는 무리가 이를 좇아 부화뇌동하며 국시(國是 여기서는 탕평론)는 견고하여 깨트릴 수 없다고 강변하였다. 성상 역시 사화(士禍)가 혹독하여 종묘사직이 거의 뒤집힐 뻔한 것을 목도하고 이를 징계해 다스릴 것을 생각하여 갑자기 그 논의를 받아들였다. 이에 간사함과 올바름이 뒤섞이고 국사(國事)가 날로 잘못되어 현자와 원로들이 물러나 숨어버리니, 식견 있는 사람들이 한심하게 여기고 있었다. 이 때문에 공이 성상의 하교를 받들고서 "예, 예."라고만 하고 대답하지 않았던 것이었다. 이때 와서 하교하기를 "지난번에 모(某)가 대답하지 않고 '예, 예.'라고만 하더니, 지

남인과 연합해 난을 일으켜 영조를 폐하고 밀풍군(密豊君) 이탄(李坦)을 왕으로 추대하고자 하였으나 실패하였다.

7 공은……경출(徑出)하였다 : 《승정원일기》 영조 12년(1736) 4월 24일 기사에 그 내용이 보인다. 경출은 궐 안의 관사에서 근무하던 사람이 개인적인 사정이나 탄핵을 받았다는 이유로 임금의 허락 없이 궐문을 나가는 것을 말한다.

8 정미년……하여 : 정미년은 정미환국(丁未換局)으로 소론 정권이 다시 들어섰을 때를 말한다. 일번인(一番人)은 당파나 이념을 달리하는 쪽의 사람을 구체적으로 지칭하지 않고자 할 때 쓰는 말로, 여기서는 소론을 가리킨다. 신축년과 임오년은 1721년과 1722년에 걸쳐 일어난 신임사화(辛壬士禍)를 지칭한다.

금 마침내 이와 같다. 파직하라."라고 하였다.

사국(史局)으로 돌아온 뒤에 신치근이 스스로 변명하자, 공은 또 소장을 올려 그의 죄를 나열하고 말하기를 "신치근이 국법을 피한 것은 또한 요행일 뿐인데, 오히려 그와 동료가 될 수 있겠습니까."라고 하였다. 이에 성상이 엄한 비지(批旨)를 내려 삼수(三水)로 유배하게 했다가 대신(大臣)의 말로 인해 고원(高原)으로 유배지를 바꾸었고[9] 겨울에 사면하여 돌아오게 하였다. 공이 신치근을 피한 것에 대해 어떤 사람이 너무 지나친 일이 아닌가 의심하자, 단암(丹巖) 민 문충공(閔文忠公)[10]이 말하기를 "그렇지 않다. 처음 벼슬한 선비는 행동이 변할까를 걱정하지 과격함을 걱정하지 않는다. 하물며 모(某)는 그 올바름을 얻기까지 했음에랴."라고 하였다. 예문관 봉교(奉敎)로 승진했는데 적신(賊臣) 이광좌(李光佐)[11]가 예문관의 우두머리로 있자 힘을 다해 사직하고 떠났다. 성균관 전적으로 승진하고 병조 좌랑과 시강원 문학을 거쳐 사헌부에 들어가 지평이 되었다.

경신년(1740, 영조16, 41세)에 경기도 도사(京畿道都事)에 제수되

9 사국(史局)으로……바꾸었고 : 《영조실록》 12년(1736) 7월 5일 기사에 관련 내용이 보인다. 당시 김시찬은 예문관 대교로 있었다. 또 《영조실록》 12년 7월 9일 기사에, 좌의정 김재로(金在魯)가 삼수(三水)가 극변 지역이므로 김시찬의 유배지를 바꾸어 달라고 청한 내용이 보인다.

10 단암(丹巖) 민 문충공(閔文忠公) : 민진원(閔鎭遠, 1664~1736)으로, 본관은 여흥(驪興), 자는 성유(聖猷), 단암은 그의 호이며, 문충은 시호이다. 송시열(宋時烈)의 문인으로, 1691년(숙종17)에 문과에 급제하여 좌의정에까지 올랐다.

11 이광좌(李光佐) : 1674~1740. 본관은 경주(慶州)이고, 자는 상보(尙輔)이며, 호는 운곡(雲谷)이다. 이항복(李恒福)의 현손이다. 1694년(숙종20)에 문과에 장원급제하였고, 이후 소론의 거두로서 노론과 대립하였다. 영의정에까지 올랐다.

었다. 여름에 돌아와 사간원 정언이 되어 수천 자에 달하는 소장의 초안을 잡아 의리를 크게 밝힐 것과 왕도(王道)를 온전히 행할 것을 청하려 하였다. 그런데 소장을 올리기 전에 국문(鞫問)할 일이 생겨 삼사(三司)의 관원으로 악전(幄殿)에 입시해 합사(合辭)하여 조태구(趙泰耉)와 유봉휘(柳鳳輝)와 이광좌 등의 죄를 성토하였다.[12] 상이 노여워하자, 송인명(宋寅明)[13]이 진언하기를 "삼사의 이 논의는 어쩔 수 없이 하는 것입니다. 다만 청의(淸議)를 주장하는 자가 삼사 관원의 논의의 완준(緩峻 완급)을 살펴 저들 내부에서 상벌을 내리기 때문에, 이 무리가 그것을 두려워하는 것이 조정의 상벌보다 심한 것입니다."라고 하였다. 이에 공이 목소리를 높여 말하기를 "대신의 말은 잘못되었습니다. 조정의 큰 논의는 마땅히 그 옳고 그름을 말해야 할 뿐입니다. 어찌 감히 억측하는 말로 성상의 귀를 미혹시키고 어지럽힌단 말입니까."라고 하였다. 상이 더욱 진노하여 공을 흑산도(黑山島)에 천극안치(栫棘安置 위리안치)하도록 명하였다. 이해 가을에 용서를 받고 풀려났다.[14]

12 그런데……성토하였다 : 국문할 일은, 공주(公州)에 사는 박동준(朴東俊)이 이광좌의 역모에 관련된 일을 감사(監司)에게 고한 사건에 대해 영조가 인정문(仁政門)에서 친국(親鞫)한 것을 말한다. 영조는 이 고변을 무함으로 판단하고 있었다. 이와 관련한 기록이 《영조실록》 16년(1740) 5월 19일과 23일 기사에 보인다. 악전(幄殿)은 차일을 치고 사방을 휘장으로 둘러막아 임시로 꾸민 막사를 말한다.

13 송인명(宋寅明) : 1689~1746. 본관은 여산(礪山)이고, 자는 성빈(聖賓), 호는 장밀헌(藏密軒)이다. 1719년(숙종45)에 문과에 급제한 뒤, 좌의정에 올랐다. 당파로는 소론 탕평파에 속한다.

14 상이……풀려났다 : 《영조실록》 16년(1740) 5월 23일 기사와 7월 21일 기사에 그 내용이 보인다.

2년 뒤(1743, 영조19, 44세)에 비로소 서용되어 홍문관에 들어가 수찬과 부수찬이 되었고, 이조 좌랑으로 옮겼다. 얼마 뒤에 겸문학(兼文學)이 되었다가 부수찬으로 옮기자 상소하여 말하기를[15] "신은 이미 편당(偏黨)을 짓는 자로 의심을 받았으니, 설령 국가를 이롭게 할 훌륭하고 지극한 계책이 있다고 할지라도 오늘날에 시행되지 못할 것입니다. 신의 어리석은 충정을 털끝만큼도 바치지 못할 뿐만 아니라 언로 또한 장차 신으로 인해 더욱 험난해질 것입니다."라고 하였다. 또 수찬으로 상소하였는데 그 대략에 이르기를[16] "지금 조정의 신하들은 오직 사사로운 뜻을 따르고 자신의 욕심만 채우고 있습니다. 대관(大官)은 녹봉에 연연해 용납되기를 바라고, 소관(小官)은 기회를 틈타 이익을 얻기만 생각하여, 지극한 정성으로 공무를 받드는 자가 거의 한 사람도 없습니다. 전하께서도 이를 모르시지 않지만, 오직 전하께서 자신을 다스리는 공부에 사사로움이 없을 수 없기에, 신하들을 용서해 주는 데에서 벗어나지 못하는 것입니다. 이것이 바로 주자(朱子)가 말한 '내가 이미 나의 사욕을 이루고자 하였으니, 저 사람 또한 자기의 사욕을 이루고자 할 것이다. 군신 사이에 안면과 정분이 친숙해지면 어쩔 수 없이 조금 용납하지 않을 수 없다.'라고 한 것[17]과 같은 경우입니다.

15 부수찬으로……말하기를 : 김시찬의 상소 전문은 《승정원일기》 영조 19년 8월 9일 기사에 수록되어 있다.

16 수찬으로……이르기를 : 김시찬의 상소 전문은 《승정원일기》 영조 19년 10월 14일 기사에 수록되어 있다.

17 주자(朱子)가……것 : 주희(朱熹)가 59세 때인 1188년에 효종(孝宗)에게 올린 〈무신봉사(戊申封事)〉에서, "아마도 폐하께서 반드시 '인정에는 각기 사사롭게 생각하는 것이 있으니, 내가 이미 나의 사사로움을 이루고자 하였으니 저도 역시 저의 사사로

오직 이와 같기에 마침내 백 년 동안 아무 일 없는 나라인데도 항상 아침저녁으로 불안에 떠는 근심이 있는 것이니, 어찌 마음이 아프지 않겠습니까."라고 하였고, 말미에서 또 현자를 부르고 간언을 받아들이는 것에 대해서도 간곡하게 당부하니, 그 말이 간절하고 곧았기에 성상 역시 너그러이 받아들였다. 부교리로 승진했다가 시강원 필선과 겸사서(兼司書)로 바뀌었다.

갑자년(1744, 영조20, 45세)에 사간원 헌납을 거쳐 외직으로 나가 안변 부사(安邊府使)가 되었고, 이듬해에 교리에 제수되었으나 안변 고을에 재이(災異)가 생겨 곧 취소되었다. 또 그 이듬해에 내직으로 돌아와 별겸춘추(別兼春秋)의 직책을 받고 시강원 보덕과 문신 겸선전관(文臣兼宣傳官)에 제수되었다. 당시 한천(翰薦)을 혁파하고 한권(翰圈)으로 만들었는데,[18] 공은 이 방식으로는 인재를 널리 취하지 못한다

움을 이루고자 할 것이다.'라고 생각하셨을 것입니다. 군신 사이에 안면과 정분이 친숙해지면 형세상 어쩔 수 없이 조금은 용납할 수밖에 없습니다.〔意必以爲人情各有所私, 我既欲遂我之私, 則彼亦欲遂彼之私. 君臣之間, 顏情稔熟, 則其勢不得不少容之.〕"라고 한 내용이 보인다.《晦菴集 卷11》

18 당시……만들었는데 : 한림(翰林) 즉 예문관 관원의 임명을 추천 방식에서 권점(圈點) 방식으로 바꾸었다는 말이다. 한천(翰薦)은 예문관 관원이 후임을 추천하는 것을 말한다. 한권(翰圈)은 한림권점(翰林圈點)의 준말로, 한림을 뽑을 때 뽑는 사람들이 각기 그 후보자들의 성명 아래에 권점을 찍는 일을 말하는데, 권점이 많은 사람이 뽑힌다. 한림은 예문관의 정7품 봉교(奉教), 정8품 대교(待教), 정9품 검열(檢閱)을 통틀어 부르는 이름으로, 이들을 팔한림(八翰林)이라고 불렀다. 한림의 선발은 전임자의 추천으로 이루어지다가, 1741년(영조17)에 영조가 자기 당파의 사람만 추천하는 폐단을 지적하고 권점(圈點)과 소시(召試)를 병행하여 선발하는 방식으로 바꾸었다.《英祖實錄 17年 5月 2日》《오항녕, 韓國史官制度成立史硏究, 한국연구원, 2003, 139·144쪽》

고 하였다가 성상의 뜻을 거슬러 삭직되었다. 얼마 뒤 서용되어 홍문관 응교에 올랐다.

정묘년(1747, 영조23, 48세)에 사헌부 집의에 제수되었고 얼마 뒤 또 세 번째로 춘방(春坊)에 들어갔다가 사복시 정(司僕寺正)으로 옮겼다. 응교와 사간원 사간으로 여러 차례 바뀌었다가 다시 겸보덕(兼輔德)을 거쳐 초산 부사(楚山府使 이산 부사(理山府使))에 제수되었고 통정대부(通政大夫)의 품계에 올랐다. 공의 명망이 당시에 추중을 받았는데, 재상으로 있던 자가 몰래 막아 택차(擇差 인재를 뽑아 벼슬시킴)를 핑계로 공을 외직으로 내보내니 여론이 애석하게 여겼다.

이듬해(1748, 영조24, 49세) 가을에 사직하고 돌아와 병조 참의로 있다가 승정원 동부승지로 옮겨 제수되었다. 호서(湖西)의 도신(道臣)이 서맥(瑞麥)을 진상하자 공이 물리치기를 청하며 아뢰기를 "설령 이 보리가 참으로 아름다운 징조라 하더라도 옛사람이 재이(災異)가 생길 때마다 번번이 아뢰었던 뜻이 아닙니다."라고 하였다.[19] 형조 참의와 성균관 대사성과 장례원 판결사로 옮겼다.

신미년(1751, 영조27, 52세)에 충청도 관찰사가 되었다. 당시 조정에서 처음으로 균역법(均役法)을 실시하였는데 백성의 곤궁함이 더

19 호서(湖西)의……하였다 : 이와 관련한 기록이 《영조실록》 25년 5월 2일 기사에 보인다. 호서의 도신은 충청도 관찰사 이일제(李日躋)를 가리킨다. 서맥(瑞麥)은 한 가지에 많은 이삭이 달리거나 다른 가지에 같은 이삭이 달린 보리로, 고대에는 상서의 징조로 여겨졌다. 옛사람이 재이가 생길 때마다 번번이 아뢰었다는 것은 일반적인 옛사람의 행동을 말한 것으로 보인다. 한편, "주자가 조정에 있을 때 무릇 재이가 생기면 모두 주차(奏箚)에 기록해 하나라도 빠뜨린 경우가 없었다.〔朱子之在朝也, 凡有災異, 率皆俱載奏箚, 無一或遺.〕"라는 기록이 참고가 된다. 《黎湖集 卷7 歲首陳戒兼辭職名疏》

심해졌기에 공이 글을 올려 전정(田政)을 자세히 조사해 비총법(比摠法)[20]으로 변경할 것을 청하였다. 쌍수성(雙樹城)은 양호(兩湖 호남과 호서)를 방어하는 곳인데 성안에 물이 없었다. 공이 외성(外城)을 증축하여 금강(錦江)의 복류(伏流)를 끌어와 못을 만드니 이때부터 성안에 항상 물이 충분하게 되었다.[21] 임기가 만료되어 조정으로 들어와 사간원 대사간과 승지와 각 조(曹)의 참의를 지냈다.

정축년(1757, 영조33, 58세)에 외직으로 나가 삼화 부사(三和府使)가 되었는데, 큰 기근이 들어 마음을 다해 백성들을 구휼하니 온 경내의 사람들이 공 덕분에 살아났다. 최씨(崔氏)의 아들이 절도사(節度使)로 왔기에 공은 이를 치욕으로 여겨 힘을 다해 사직해 파직되어 돌아왔다.[22]

20 비총법(比摠法) : 숙종(肅宗) 연간부터 1894년(고종31) 갑오경장 때까지 시행된 부세 부과의 방식이다. 비총은 전세 수입의 총액을 말하는데, 중앙정부에서 미리 결정한 수취 총액을 각 도의 군현을 통해 거두는 방식이었다. 중앙정부는 그해의 농작상황에 의거해 각종 부세의 징수액과 감면액을 결정하여 시행한 것이 아니라, 양전(量田)을 통해 확보한 장부상 거두어들일 수 있는 최고치의 원총(元摠)과 예년의 수취총액 및 기타 여러 자료를 비교·참고하여 해당 연도의 부세총액을 반급하고 각 도의 군현에서는 중앙으로부터 할당된 총수를 징수하여 상납하였던 것이다. 이러한 방식은 면리(面里)가 하나의 수세 단위가 되었고, 중앙정부는 수세 과정에 직접 관여하지 않으면서도 일정 총액을 확보하는 방안이었다. 또 지방에서는 총액을 채우면 그 이외 운영에는 부담이 적었다.

21 쌍수성(雙樹城)은……되었다 : 쌍수성은 충청남도 공주(公州)의 공산성(公山城)을 말한다. 이괄(李适)의 난 때 인조가 피신하여 성안 두 그루 나무 아래에 머무른 뒤로 쌍수산성(雙樹山城)으로 불리게 되었다. 복류(伏流)는 땅속으로 스며들어 흐르는 물이다. 《萬機要覽 軍政篇4 忠淸道》

22 최씨(崔氏)의……돌아왔다 : 최씨의 아들은 최진해(崔鎭海)를 가리키는 것으로

기묘년(1759, 영조35, 60세)에 홍문관 부제학에 제수되자 병을 핑계로 사직하여 면직되었으나 그날로 다시 제수되었다. 당시에 장헌세자(莊獻世子 사도세자(思悼世子))가 대리(代理)하고 있었는데, 성상이 조정의 신하들로 하여금 진언할 것은 모두 동궁(東宮)으로 가게 하고 대조(大朝)에게 올리는 것을 금지했기에, 군정(群情)이 막혀 근심과 걱정이 이만저만이 아니었다. 공이 개탄하며 말하기를 "지금 국가의 큰 정령(政令)이 모두 대조에서 나오는데, 장소(章疏)는 단지 동궁에게만 올라가니, 이것이 옳은 일이겠는가."라고 하였다. 이에 차자(箚子)와 상서(上書)를 갖추어 그날로 올렸다.

그 차자의 내용은 다음과 같다.[23]

"삼가 듣건대 지난번 조참(朝參)에서 상하가 서로 면려한 것이 오직 '사사로움을 제거한다.〔去私.〕'는 말에 있었다고 하기에, 신은 병으로 엎드려 있다가 저도 모르게 벌떡 일어나 '우리나라가 거의 다스려질 것이다.'라고 하였습니다. 전(傳)에 이르기를 '하늘은 사사로이 덮어줌이 없고 땅은 사사로이 실어줌이 없으며, 일월은 사사로운

보인다. 《승정원일기》의 기록에 따르면, 김시찬은 1757년(영조33) 3월 19일에 평안도의 삼화 부사에 임명되었고, 1758년 1월 16일에 부사직(副司直)에 임명되었다. 또 최진해는 1757년 10월 20일에 평안도 병마절도사에 임명되었으므로, 본문의 내용과 시기적으로 일치한다. 최진해는 최수강(崔壽岡)의 아들이자 영조의 생모인 숙빈 최씨(淑嬪崔氏)의 친조카이며, 본관은 해주(海州)이다. 김시찬이 최진해가 상관으로 부임한 것을 치욕으로 여긴 이유가 분명하지는 않다. 다만 《영조실록》에 소론의 김상로(金尙魯)가 최진해를 칭찬하는 대목이 보이는 것으로 보아, 소론의 후원을 받은 인물로 짐작된다.

23 그……같다 : 아래 차자(箚子)는 《영조실록》 35년 윤6월 13일 기사와 《승정원일기》 동일자 기사에 보인다.

정으로 비추어줌이 없으니, 왕자(王者)는 이 세 가지 무사(無私)를 받들어 천하 사람을 위무한다.〔天無私覆, 地無私載, 日月無私照. 王者奉三無私, 以勞天下.〕'라고 하였습니다.[24]

아! 사(私)는 공(公)의 반대이니, 마음에서 생겨나 정사를 해치게 되는 것[25]은 필부도 오히려 그러한데, 군주의 경우야 그 해로움을 다 말할 수 있겠습니까. 전하께서는 삼기(三紀) 동안[26] 걱정하고 수고하시며 일념으로 치세(治世)를 도모하셨지만, 온갖 법도가 좀먹고 무너져 날로 위태롭고 어지럽게 된 것은 진실로 하나의 '사'자로 인해 그 빌미가 만들어진 것입니다.

보잘것없는 자에게 높은 벼슬자리를 주는 것은 고인이 경계한 바인데,[27] 조정의 반열에 있는 자들은 태반이 인척입니다. 중비(中批)[28]로 제수하는 것은 본래 좋은 일이 아닌데 비초(緋貂)의 반열에 있는 자[29]들은 대부분이 친히 발탁하신 자들입니다. 그래서 사람들

24 전(傳)에……하였습니다 : 《예기》 〈공자한거(孔子閑居)〉에 보인다.

25 마음에서……것 : 공손추(公孫丑)가 지언(知言)을 물었을 때 맹자가 대답한 말 가운데, "마음에서 생겨나 정사에 해를 끼치며 정사에 발로되어 일에 해를 끼친다〔生於其心, 害於其政; 發於其政, 害於其事.〕"라는 구절이 보인다. 《孟子 公孫丑上》

26 삼기(三紀) 동안 : 영조가 재위한 지 36년이 되었다는 말이다. 일기(一紀)는 12년을 말한다. 이 글을 지을 때는 영조 35년인 1759년인데, 즉위년을 포함하면 36년이 된다.

27 보잘것없는……바인데 : 《시경》 〈절남산(節南山)〉에 "보잘것없는 인척들에게는 높은 벼슬을 시키지 말아야 한다.〔瑣瑣姻亞, 則無膴仕.〕"라는 구절을 원용한 표현이다. 인(姻)은 사위의 아버지이고, 아(亞)는 사위끼리 서로 부르는 말이며, 무(膴)는 후(厚)하다는 뜻이다.

28 중비(中批) : 정식 의망(擬望)을 거치지 않고, 특지로 임명하는 것을 말한다.

이 모두 권귀와 연줄을 맺으려는 마음과 요행을 바라는 마음을 품어서, 정주(政注)[30]는 뒤섞여 어지럽고 과장(科場)은 엄숙하지 않아 공기(公器 관직)가 더럽혀지는 데까지 이르렀습니다.

제궁(諸宮)의 절수(折受)[31]는 조종(祖宗)의 법도보다 넘치고, 하사하는 은혜는 액속(掖屬)에까지 미치니, 한 톨 한 톨 고생스레 얻은 곡식과 가난한 여인의 손에서 나온 비단이 아무렇지도 않게 이런 것으로 새고 있습니다. 그런데도 신하들은 바로잡을 생각을 하지 않을 뿐만 아니라 도리어 서로 이끌며 사사로운 이익을 도모하니 이욕(利慾)이 널리 퍼지고 뇌물이 버젓이 행해져 국가의 재용이 고갈되었습니다.

성상의 지혜가 출중하시어 군신들을 굽어보고 이치를 남김없이 환히 다 아시기에 윗자리에서 홀로 국정을 운영하십니다. 지난 십수 년을 한번 생각해 보십시오. 성상께서 하고자 하신 것 가운데 신하들의 간언 때문에 저지된 것이 있었습니까? 성상께서 하고자 하지 않으신 것 가운데 신하들의 간언 때문에 행하신 것이 있었습니까? 게다가 근래에는 소장을 올릴 길이 막히고 기휘할 것이 많으니 대소 신료들은 성상의 뜻을 따르고 받드는 데 법도가 없습니다. 옛날에는

29 비초(緋貂)의……자 : 3품 이상의 관원을 말한다. 비초는 3품관 이상이 입는 붉은 관복과 담비 가죽으로 만든 갖옷이다.

30 정주(政注) : 원래는 관직의 후보자를 복수로 추천하여 올리는 일을 말하는데, 여기서는 전반적인 인사 행정을 의미한다.

31 제궁(諸宮)의 절수(折受) : 제궁은 왕·왕비·왕의 사친(私親) 또는 잠저(潛邸)의 궁 등을 총칭하는 말이며, 절수는 국가에서 특정 사람에게 농지·산림·천택 등의 일부를 떼어주는 것을 말한다.

윗사람의 뜻을 잘 살피는 자를 소인(小人)으로 여겼는데 지금은 우러러보고 굽어보며 그 뜻을 헤아리는 것을 유능한 사람이라고 여깁니다. 옛날에는 임금의 표정에 개의치 않고 숨김없이 간언하는 것을 충정으로 여겼는데 지금은 거리낌 없이 간언하여 자신을 보호할 줄 모르는 것을 어리석음으로 여깁니다. 그리하여 언로가 막히고 말았습니다. 오직 이 세 가지 것[32]이 가장 뚜렷하게 드러난 병폐입니다. 아! 이와 같은데도 위태로움과 멸망에 이르지 않은 적이 있었습니까? 선유(先儒)가 말하기를 '이렇게 하는 것이 병인 줄 알았다면 이렇게 하지 않는 것이 약이다.'라고 하였습니다.[33] 지금 성상께서 이미 '사(私)'가 해가 됨을 깨달았다면 진실로 마땅히 맹렬히 반성하고 용감히 결단하여 그 뿌리까지 뽑아버리고 안으로는 심신에서부터 밖으로는 정교(政敎)에 이르기까지 오직 하늘의 법칙을 따라야 할 것입니다. 그렇게 된다면 장차 공도(公道)가 크게 시행되고 다스림의 효험이 일신됨을 볼 것입니다."

그 상서(上書)의 내용은 다음과 같다.[34]

32 이……것 : 차자에서 논한 편파적인 관리임용, 국가 재용의 남용, 언로의 단절을 말한다.

33 선유(先儒)가……하였습니다 : 선유는 주희(朱熹)를 말한다. 《회암집(晦庵集)》 권64 〈답혹인(答或人)〉에 "이렇게 하는 것이 병인 줄 알았다면 이렇게 하지 않는 것이 곧 약이다.〔知得如此是病, 卽便不如此是藥.〕"라는 구절이 있다.

34 그……같다 : 아래 상서(上書)는 《영조실록》 35년(1759) 윤6월 13일 기사와 《승정원일기》 영조 35년 7월 10일 기사에 보인다. 원래는 상소(上疏)라고 일컬어야 하는데, 대리청정하고 있는 왕세자에게 올렸기 때문에 '상서(上書)'라고 칭한 것이다. 《영조

"예부터 저군(儲君 왕세자)의 덕을 반드시 인효(仁孝)와 온문(溫文)으로 일컬었던 것은, 진실로 인(仁)은 천지가 만물을 낳는 마음이고 효(孝)는 바로 요순(堯舜)이 다스림을 펼친 근본이며, 예악으로 내면과 외면을 함께 닦으면 온윤(溫潤)하고 문명(文明)한 기상이 드러나기 때문이니,[35] 덕업의 융성함이 어찌 이보다 더한 것이 있겠습니까. 지금 세손(世孫)은 아름다운 자질을 하늘에서 타고나 그 총명함이 일찍부터 뛰어나니, 저하께서는 더욱 먼저 스스로의 수양에 힘써 몸소 실천함으로 가르치는 도리로 삼아야 할 것입니다.

아! 저하의 일신으로 말하면, 앞에는 4백 년 종묘사직을 짊어진 막중함이 있고, 뒤에는 억만년토록 자손에게 넉넉히 남겨 주어야 할 어려움이 있습니다. 어찌 전전긍긍하며 오직 실추시킬까 두려워하지 않을 수 있겠으며, 오늘날 신민(臣民)들이 목을 늘이고 바라는

실록》 25년(1749) 1월 23일 기록된 왕세자의 청정절목(聽政節目) 가운데, '상소는 상서라 칭한다.〔上疏稱上書.〕'는 내용이 보인다.

35 예부터……때문이니 : 태자의 성품을 인효(仁孝)로 일컬은 것은 《사기(史記)》 권55 〈유후세가(留侯世家)〉에 상산사호(商山四皓)가 효혜제(孝惠帝)의 성품을 거론하며 "삼가 듣자하니 태자의 성품이 인효하다고 합니다.〔竊聞太子爲人仁孝.〕"라고 한 용례가 보이며, 《맹자》 〈공손추 상(公孫丑上)〉의 주희의 주에 "인은 천지가 만물을 낳는 마음이다.〔仁者, 天地生物之心.〕"라는 말이 보인다. 또 '온문(溫文)'은 삼대(三代)의 군왕이 예악(禮樂)으로 태자(太子)를 교육하여 얻게 되는 효용을 뜻하는 말이다. 《예기》 〈문왕세자(文王世子)〉에 "삼대의 군왕은 세자를 교육할 때 반드시 예와 악을 사용했으니, 악은 내면을 닦는 것이고 예는 외면을 닦는 것이다. 예와 악이 번갈아 마음속에 교차하면 외면에 그 형체가 드러나니, 이 때문에 그 성취함을 즐거워하며 공경하고 온화하고 문아한 기상이 있게 된다.〔凡三王教世子, 必以禮樂. 樂所以修內也, 禮所以修脩也. 禮樂交錯於中, 發形於外, 是故其成也懌, 恭敬而溫文.〕"라고 한 데서 나온 말이다.

것이 어찌 한정이 있겠습니까.

그런데 혹 궁액(宮掖)과 근습(近習)[36]들 중에는 저하를 받들어 모시는 법도를 삼가지 않고 저하의 명을 가탁하여 저자 사이에서 멋대로 방자하게 구는 자도 있습니다. 그들이 저하의 덕에 누를 끼치는 것이 적지 않건만 저하께서 구중(九重)에 깊이 계시니 어찌 다 알 수 있겠습니까. 신하들이 비록 근심을 품고 충성을 바치려는 마음을 품고 있으면서도 감히 저하 앞에서 한 번 아뢰지 못하니, 이것이 어찌 저하를 사랑하는 마음이 없어서 그런 것이겠습니까. 삼가 바라건대 유사(有司)에게 분명히 명해 저들을 엄히 금하게 하여 청명한 덕을 밝히소서. 부정한 것이 이목에 닿지 않고 의리가 마음속에 젖어 들면 뜻과 기운이 저절로 밝고 순수해지고 몸과 마음이 깨끗하고 편안해져 부지불식간에 그 덕이 날로 닦여질 것입니다."

당시에 액례(掖隷)와 궁속(宮屬)들이 세자의 명을 가탁해 시정 간에서 횡포를 부리니 유언비어가 날로 일어나 인심이 흉흉하고 불안해 했기에 공이 상서에서 이를 언급한 것이었다.

다음 날 아침 상서(上書)에 대한 비답을 먼저 내려 우악한 뜻으로 가납하고 이어 명을 내려 궁속 가운데 특히 방자한 놈 셋을 추조(秋曹 형조)에 넘겨 법에 따라 처벌하게 하였다.[37] 이에 도성의 백성들이 환호

36 궁액(宮掖)과 근습(近習) : 궁액은 궁중의 하인들인 액례(掖隷)를 말하며, 근습은 여기서는 임금을 가까이에서 모시는 환관 등을 가리킨다.

37 다음 날……하였다 : 《영조실록》에는 김시찬이 상서(上書)를 올린 것과 같은 날인 영조 35년 윤6월 13일에 비답을 내린 기록이 보인다.

작약하고 춤을 추며 마치 다시 살아난 듯하였고, 액속(掖屬)들은 납작 엎드려 숨소리도 내지 못하였다. 사흘 뒤에 차자에 대한 비답이 비로소 내려왔는데 비답의 뜻이 준엄하였다. 차자의 서두에 효소전(孝昭殿)의 상제(喪制)를 마친 것에 대해 위로하는 말이 없는 것으로써 신하로서의 법도가 없는 것이라 하여 흑산도(黑山島)에 유배를 명하였다.[38] 삼사(三司)와 대신(大臣)들이 번갈아 김시찬을 구원했으나 성상의 뜻을 돌리지 못하였다.

이때에는 언로가 오랫동안 막혀서 상하가 단절되어 있었는데, 공의 차자와 상서가 한 번 나오자 조야(朝野)가 감동하여 서로 고하며 "문충공(文忠公 김상헌(金尙憲))이 훌륭한 후손을 두었다."고 찬탄하지 않는 사람이 없었다. 도성의 남녀들이 무리를 이루어 유배 가는 공의 말머리를 에워싸고 충신의 얼굴을 한 번 보고 싶어 했으며 심지어 눈물을 흘리는 자까지 있었다. 가뭄이 들자 형조의 관리 이우방(李遇芳)이 상언하여 "부제학을 풀어주면 하늘에서 비가 내릴 것입니다."라고 하였다.[39] 그 뒤에 제공(諸公)이 등대(登對)하여 한목소리로 공을 용서해

38 사흘……명하였다 : 《영조실록》에는 김시찬이 올린 차자와 비답이 영조 35년 윤6월 13일 기사에 보인다. 효소전(孝昭殿)은 숙종의 계비 인원왕후(仁元王后) 김씨의 혼전(魂殿)인데, 여기서는 인원왕후를 말한다. 인원왕후는 1757년(영조33) 3월에 세상을 떠났고, 영조는 1759년 3월 26일에 대상제(大祥祭)를 지내고 탈상하였으며, 5월 1일에 담제(禫祭)를 지냈다.

39 가뭄이……하였다 : 이우방(李遇芳)은 이인좌(李麟佐)의 난을 진압하다가 순절한 거창(居昌)의 좌수(座首) 이술원(李述源)의 아들이다. 이술원이 순절한 뒤 이우방은 이인좌의 난에 가담한 정희량(鄭希亮)을 잡아서 죽인 뒤 간과 뇌를 꺼내어 아버지의 관 앞에 장사 지내 원수를 갚았다. 이우방이 형조의 관리로 상소를 올린 기록은 찾지 못했으나, 김시찬의 행장과 묘지에도 이우방이 상소한 일이 기록되어 있다. 《密菴集

줄 것을 청하였고, 공과 뜻을 달리하는 사람들 역시 눈물을 흘리며 청하니, 성상 또한 감동하여 장성(長城)으로 양이(量移)할 것을 명하였다.[40]

흑산도는 나주목(羅州牧)의 바다 가운데 있어 수토(水土)가 나쁘고 벌레와 뱀과 장기(瘴氣)가 많아 사람들이 견디기 어려운 곳이었는데, 공은 두 번이나 이 섬으로 유배되어 태연히 거처하였다. 공이 아들에게 보낸 편지에 말하기를 "찌는 더위에 몸이 삭고 풍토병에 노출되니 어찌 몸에 손상이 없겠느냐. 하지만 성상께서 이미 죽이지 않는 벌로 나를 대하셨으니 나 또한 스스로 그 명을 편안히 받아들인다. 마음속의 뜻이 정해지면 외부의 나쁜 기운은 저절로 물러나는 법이다."라고 하고, 하루도 침상에 누워서 보낸 날이 없었으니, 군자들이 공의 내면에 온축된 바에 탄복하였다.

성상이 공에게 벌을 내린 것이 위로하는 말이 없었다는 이유였으므로 공을 용서해 주기를 청하는 자들이 감히 드러내놓고 호소할 수 없었다. 오직 늑천(櫟泉) 송 문순공(宋文純公)[41]만이 성상을 알현하여 말하기를 "상소에서 축하와 위로를 전하는 것은 바로 말세의 일인데, 지금 이를 큰 죄로 여기시는 것입니까."라고 하였다.

卷15 從叔父茗泉公行狀》《雷淵集 卷23 弘文館副提學金公墓碣銘》

40 성상……명하였다 : 《승정원일기》 영조 35년(1759) 7월 1일 기사에 그 기록이 보인다.

41 늑천(櫟泉) 송 문순공(宋文純公) : 송명흠(宋明欽, 1705~1768)으로, 늑천은 그의 호이다. 본관은 은진(恩津), 자는 회가(晦可), 시호는 문원(文元)이다. 송준길(宋浚吉)의 현손이자 이재(李縡)의 문인으로, 학행으로 천거되어 벼슬길에 여러 번 부름을 받았으나 모두 나아가지 않았다. 저서로 《늑천집(櫟泉集)》이 있다.

경진년(1760, 영조36, 61세)에 소결(疏決)을 행할 때 특별히 용서하는 명을 내렸다가 도로 그만두었으니, 이전에 공을 초산(楚山)으로 쫓아내었던 자가 다시 심기를 건드리는 말로 성상을 자극했기 때문이었다.[42]

갑신년(1764, 영조40, 65세) 정월 21일에 야루(夜漏)가 이미 다하였는데 성상이 갑자기 하교하기를 "이 사람을 해변에서 늙어 죽게 하는 것은 이날을 기리는 뜻이 아니니 방면하도록 하라."라고 하였다.[43] 그 이튿날이 바로 문충공(文忠公 김상헌)이 강도(江都 강화도)에서 순절한 날이어서 성상의 마음에 감회가 있었기 때문이었다. 조야(朝野)가 뛸 듯이 기뻐하며 서로 축하하였다.

공은 이날 이후로 초천(苕泉)[44]의 옛집으로 돌아간 뒤 문을 닫고 지내며 오직 경전에 마음을 쏟았다. 그러나 조정에 아름다운 정사가 있다는 말을 들으면 마치 얻은 것이 있는 듯 기뻐하였고 잘못이 있음을 들으면 걱정하며 식음을 폐하기도 하였으니, 공의 임금에게 충성하고 나라를 사랑함이 이와 같았다.

42 경진년에……때문이었다 : 소결(疏決)은 나라에 경사나 재해가 있을 때 임금과 신하가 모여서 각 도의 도류안(徒流案)을 열람한 뒤 풀어 줄 죄인과 그대로 둘 죄인을 판결하는 것이다. 영조가 김시찬을 용서하려다가 그만둔 것과 관련된 내용은 《승정원일기》 영조 36년(1760) 5월 13일과 6월 5일 기사에 보인다. 공을 초산(楚山)으로 쫓아내었다는 것은 김시찬을 초산 부사에 임명한 것을 말하는데, 그 일을 주도한 재상이 누구인지는 정확하지 않다.

43 갑신년……하였다 : 《승정원일기》 영조 40년(1764) 1월 21일 기사에 보인다.

44 초천(苕泉) : 서울 종로구 경운동에 있던 마을로, 김시찬의 호를 마을 이름으로 삼았다. 소천동(召泉洞)이라고도 불렀다. 《서울지명사전》

이해 겨울에 《어제유후곤록(御製裕後昆錄)》에 공과 송 문순공(송명흠)·찬선(讚善) 신공(申公 신경(申暻))·박치륭(朴致隆) 공을 당인(黨人)으로 단안(斷案)하였다.[45] 당론을 조정하려는 논의가 행해진 이후로 조정의 신하 가운데 지론(持論)이 조금이라도 바른 사람에 대해 성상은 대체로 당파의 습성을 지닌 자로 의심하였는데, 때마침 신공(申公)의 상소에 당론을 조정하려는 자들을 몰아세운 말이 있었기 때문이었다.[46] 공은 이미 금고(禁錮)된 상황이었기에 탄식하기를 "지금 내 나이가 현거(懸車)[47]에 가까우니 어찌 다시 세상에 마음을 두겠는가.

45 이해……단안(斷案)하였다 : 《어제유후곤록(御製裕後昆錄)》은 영조가 72세 되던 해인 1764년(영조40)에 당쟁의 폐해를 논하고 이를 후손에게 감계(鑑戒)하도록 하기 위해 만든 《어제엄제방유곤록(御製嚴堤防裕昆錄)》을 말한다. 목판본으로 간행되었으며, 규장각(규 5718)에 소장되어 있다. 이 책에서 정조는 김시찬·박치륭(朴致隆)·송명흠·신경(申暻)의 이름을 직접 거론하며 당론을 주도한 인물로 비판하였는데, 김시찬에 대해 "뱃속이 당심으로 가득하다.〔滿腔黨心.〕"라고 하였다. 박치륭(1692~1766)의 본관은 반남(潘南), 자는 여승(汝升), 호는 유곡(楡谷)이며, 문과에 급제한 뒤 사간원 정언과 사헌부 장령 등을 역임하였다. 1762년(영조38)에 사도세자(思悼世子)의 구명을 위해 상소했다가 흑산도에 유배되어 그곳에서 죽었다. 신경에 대해서는 바로 아래의 주46 참조.

46 때마침……때문이었다 : 신공(申公)은 신경(申暻, 1696~1766)이다. 본관은 평산(平山), 자는 명윤(明允), 호는 직암(直菴)이다. 박세채(朴世采)의 외손자로 호조참의 등을 역임하였다. 신경은 1740년(영조16) 10월 9일에 박세채의 글을 뽑은 《박문순문초(朴文純文抄)》를 올리며 상소하여, 당시 탕평파 대신들이 박세채의 논의를 탕평론의 이론적 근거로 삼은 것을 비난하면서 박세채는 송시열을 존모했다고 주장하였다. '당론을 주장하는 자들을 핍박했다'는 것은 이를 두고 한 말이다. 박세채는 1683년(숙종9)에 회니(懷尼) 분쟁으로 대립하는 노론과 소론의 대립을 조정하기 위해 〈황극탕평론(皇極蕩平論)〉을 발표하였는데, 이 논의는 이후 영조의 탕평책에 이론적 근거를 마련해 주었다. 《直菴集 卷2 再辭兼暴玄石先生志事疏》《英祖實錄 16年 10月 9日》

다만 이번 생애에 더 이상 성상의 얼굴을 뵐 날이 없게 된 것이 슬플 뿐이다."라고 하였다.

공은 일찍 고아가 되어 친척의 손에 길러졌고, 조금 장성한 뒤로는 백씨(伯氏 김시간(金時侃))를 아버지처럼 섬기며 늙어서도 게을리하지 않았다. 백씨가 세상을 떠나자 공은 너무 애통해하다가 병이 들어 병술년(1766, 영조42) 11월 모일에 세상을 떠나니, 향년 67세였다. 고관(高官)과 장보관(章甫冠)을 쓴 선비들로부터 다른 당파의 사람과 천한 하인들에 이르기까지 공의 얼굴을 알고 공의 이름을 들은 자는 탄식하고 애석해하며 "이런 사람이 세상을 떠나다니."라고 말하지 않는 사람이 없었다. 평소에 공을 깊이 안 자들은 또 모두 손을 붙잡고 조문하며 친척의 상을 당한 것처럼 눈물을 흘렸으니, 공이 한 시대에 존중받았던 것을 알 수 있다.

공이 세상을 떠난 뒤에도 이름이 오히려 죄적(罪籍)에 있었는데 성상이 이를 듣지 못하였다. 서지수(徐志修) 공이 성상에게 상언하니 성상이 깜짝 놀라며 즉시 공의 작질을 돌려주고 규례대로 부의와 제사를 하사하였다.[48]

공은 사람됨이 침중(沈重)하면서도 영특하였고 온화하면서도 강직하였으며, 지극한 정성은 흠잡을 데 없었기에 사람들이 감히 함부로 대하지 못하였다. 지론(持論)은 공평하고 너그러웠으나 의기(義氣)는

47 현거(懸車) : 수레를 집 안에 걸어 놓는다는 뜻으로, 벼슬을 그만두고 집에서 쉬는 것을 말한다. 치사(致仕)하는 나이인 70세를 현거지년(懸車之年)이라고도 한다. 당시 김시찬은 65세였다.

48 서지수(徐志修)……하사하였다 : 《영조실록》 42년(1766) 12월 17일 기사에 그 내용이 보인다. 서지수는 당시 도제조로 있었다.

얼굴빛에 드러났다. 집에 있을 때는 조상의 제사에 예법을 지켰고 형제간에 우애가 있었으며 종족에게 은혜를 베풀었다. 임금을 섬길 때는 속이지 않는 것을 의리로 삼았고 벼슬에 나아가기는 어렵게 하고 물러나기는 쉽게 하는 것[49]을 법도로 삼았으며 선(善)을 진언하고 어려운 일을 요구하며[50] 거리낌 없이 할 말을 다 하는 것을 자신의 임무로 삼았다. 그러므로 시종일관 조정에 있으면서 출처(出處)와 의론(議論)이 분명하고 곧아서 털끝만큼도 지조를 굽히거나 주저하는 모습이 없었다. 성품은 또 겸손하여 한 번도 학문으로 자부한 적이 없었지만, 주자(朱子)의 책을 매우 좋아하여 마음을 세우고 일을 처리하는 것을 한결같이 모두 여기에 근본을 두었다. 만년에는 또 《주역》을 좋아하여 손으로 베껴 쓰며 다 외웠다. 매일 새벽이 되면 손을 씻고 의관을 갖추어 단정히 앉아 숙독하였고 병이 심한 경우가 아니면 중지한 적이 없었다. 환난을 겪고 곤액을 당하면서도 자신의 처신을 잃지 않았던 것은 대개 이 두 책에서 힘입은 바가 많았다.

49 벼슬에……것 : 원문은 '난진이퇴(難進易退)'인데, 벼슬자리에서 미련 없이 과감하게 물러나는 것을 말한다. 《예기》 〈표기(表記)〉에 "임금을 섬길 적에, 나아가기는 어렵게 하고 물러나기는 쉽게 한다면 자리에 질서가 잡힐 것이요, 나아가기는 쉽게 하고 물러나기는 어렵게 한다면 문란해질 것이다.〔事君難進而易退, 則位有序, 易進而難退, 則亂也.〕"라는 말이 나온다.

50 선(善)을……요구하며 : 원문은 '진선책난(陳善責難)'인데, 신하가 임금에게 선언(善言) 즉 인의(仁義)의 도리를 진술하고, 임금에게 어려운 일 즉 인정(仁政)을 하도록 권면하는 것을 말한다. 《맹자》 〈이루 하(離婁下)〉에 "어려운 일을 임금에게 요구하는 것을 공이라 하고, 선한 것을 말하여 사심을 막는 것을 경이라 하고, '우리 임금은 훌륭한 일을 할 수 없다'라고 하는 것을 적이라 한다.〔責難於君謂之恭, 陳善閉邪謂之敬, 吾君不能謂之賊.〕"라는 구절이 있다.

유자(儒者)를 존중하는 것을 치체(治體 나라를 다스리는 법도)의 근본으로 삼았으니, 일찍이 당로자(當路者)에게 말하기를 "지금 세상에서 유자를 별종의 사람으로 여겨 출사(出仕)하여 세상일을 논하는 것을 본분 밖의 일로 생각하는데, 성상의 뜻 또한 이와 같습니다. 이 일은 참으로 시급히 설파하여 성상의 의혹을 해소해야 합니다."라고 하였다.

균역법(均役法)을 논의할 때 공이 그 일을 주관하는 자에게 말하기를 "군포(軍布)를 줄이려는 뜻은 참으로 좋지만, 경상비용이 부족한 것은 비용을 절약할 뿐이니, 어찌 옛 제도를 바꾸어 새로운 제도를 만들어 도리어 세금을 거두는 정사를 행한단 말이오?[51] 형공(荊公)의 청묘법(青苗法)이 어찌 《주관(周官)》의 훌륭한 제도라고 하지 않겠습니까마는 천하의 비난을 이기지 못했습니다."[52]라고 하였다. 그 사람이

51 군포(軍布)를……말이오 : 영조는 1750년(영조26) 7월 11일에 균역청(均役廳)을 설치한 뒤 균역법을 시행하였다. 핵심 내용은 1년에 백성들이 부담하던 군포 2필을 1필로 줄여주는 것이었다. 하지만 이로 인한 국가의 재정 부담을 해소하기 위해 일정한 직업 없이 놀고 있는 재력가들에게 선무군관(宣武軍官)이라는 명칭을 주고 군포를 내게 하였으며, 결작(結作)이라는 토지세를 신설하여 지주들에게서 세금을 징수하였다. 또 왕실의 재원으로 활용하던 어세(漁稅)·염세(鹽稅)·선세(船稅)를 군사재정으로 충당하였다. 균역법의 실시로 백성들의 부담은 줄어드는 대신 양반층, 특히 지주들의 부담이 커지게 되었다.

52 형공(荊公)의……못했습니다 : 형공은 형국공(荊國公)에 봉해진 송나라 왕안석(王安石)을 말한다. 청묘법(青苗法)은 왕안석이 창안한 신법(新法)인데, 곡식의 이삭이 파릇파릇할 때 백성에게 곡식을 꾸어주었다가 추수한 뒤 2할의 이자를 붙여 징수하는 제도로, 고리대금에 시달리는 백성을 구제하기 위한 제도였다. 《주관(周官)》은 《주례(周禮)》를 말한다. 왕안석은 《주례》에 보이는 '천부(泉府)'의 법에 의거하여 청묘법 제도에 권위를 부여하고 청묘법 시행의 정당성을 확보하였다. 천부는 사도(司徒)에 속한 관청으로, 국가의 세금을 징수하고 시장 물품의 매매로 물자의 유통을 관장하였으

발끈하여 말하기를 "이것이 어찌 나의 사사로운 이익을 위한 것이겠소."라고 하니, 공이 말하기를 "이것이 비록 사사로운 이익을 위한 것은 아니지만, 전(傳)에 이르기를 '나라의 어른이 되어 재용에 힘쓰는 자는 반드시 소인의 인도로부터 시작된다.〔長國家而務財用, 必自小人始.〕'라고 하였으니,[53] 그대는 아마 그것에서 벗어나지 못할 것입니다."라고 하였다. 이로부터 그 사람이 공에게 원망을 품은 것이 매우 심하였다.

새로 벼슬한 자 가운데 자신의 재주를 믿고서 경박하고 간사하게 구는 자가 있었는데, 공을 한 번 만나보고는 뒷날 공의 집 앞을 지나갈 때 말하기를 "이분은 엄정하여 감히 다시 뵙지 못하겠다."라고 하였다. 어떤 인가에 옛날부터 귀신이 부리는 괴이한 일이 있어 감히 그 집에 살지 못했는데, 어느 날 공이 그곳에 가자 괴이한 일이 즉시 사라졌고 그 후로 다시 생기지 않았다.

공은 술을 즐기고 산수 유람을 좋아하였다. 문장을 지을 때는 온축한 것을 널리 펼치되 이치를 드러냄에 주안점을 두고 아름답게 꾸미는

며, 또 백성에게 필요한 물품을 대여해 주고 그에 대한 이자를 징수하기도 하였다. 청묘법은 고리대 수취가 불가능해진 지주층의 반발과 실제 시행 과정에서 발생한 여러 가지 폐단으로 사마광(司馬光)·소식(蘇軾) 등 구법당(舊法黨)의 격렬한 반대에 부딪혀 결국 폐지되었다. 또 청묘법을 비롯한 왕안석의 신법에 대해, 당대의 평가는 물론 《송사(宋史)》에서도 부정적 평가를 내렸고 이후 대대로 그 평가의 기조가 이어졌다고 한다. 《宋史 卷327 王安石列傳》《이근명, 王安石 新法의 시행과 黨爭의 발생, 역사문화연구 제46집, 2013》《張呈忠, 從《管子·輕重》到《周官·泉府》-論王安石理財思想的形成, 管子學刊, 2017年 3期》

53 전(傳)에……하였으니 : 《대학장구》 전 10장에 "나라의 어른이 되어 재용에 힘쓰는 자는 반드시 소인의 인도로부터 비롯된다.〔長國家而務財用者, 必自小人矣.〕"라는 말이 나온다.

것을 추구하지 않았다. 의론(議論)은 모두 실용에 시행할 수 있었다. 저술한 시문 약간 권이 있고 《관역록(觀易錄)》 2권이 집에 보관되어 있다.

세상을 떠난 이듬해(1767, 영조43) 2월에 청양(靑陽)의 모(某) 언덕[54]에 장사 지냈다가 뒤에 청주(淸州) 궁현리(弓峴里)의 간좌(艮坐) 언덕으로 이장하였다.

정종(正宗) 계축년(1793, 정조17)에 공의 둘째 아들이 해서(海西 황해도)를 안찰하게 되자,[55] 규례에 따라 공을 이조 참판으로 추증하였다.

처음에 척신(戚臣) 김귀주(金龜柱)[56]의 종숙(從叔) 김한록(金漢祿)[57]이라는 자가 호중(湖中 충청도)에 살았고, 사대부들 사이에 김귀주를 위해 몰래 사당(死黨 생사를 같이하는 무리)을 모아 장차 저위(儲位

54 청양(靑陽)의 모(某) 언덕 : 《밀암집(密菴集)》 권15 〈종숙부 초천공 행장(從叔父茗泉公行狀)〉에는 '청양현(靑陽縣) 남쪽 10리의 적량리(赤梁里) 묘좌(卯坐)의 언덕'으로 기록되어 있다.

55 공의……되자 : 김시찬의 둘째 아들은 김방행(金方行)으로, 자는 정보(正甫)이다. 1793년(정조17) 1월에 황해도 관찰사에 임명되었고 그해 4월에 임지에서 세상을 떠났다. 《正祖實錄 17年 1月 9日, 4月 2日》

56 김귀주(金龜柱) : 1740~1786. 본관은 경주(慶州)이고, 영조의 계비인 정순왕후(貞純王后)의 오빠이다. 정조 즉위 후 정후겸(鄭厚謙)·홍인한(洪麟漢)과 결탁해 정조를 해치려 한 사실이 드러나 흑산도에 유배되었다. 1784년(정조8)에 나주(羅州)로 이배되었다가 이듬해 죽었다.

57 김한록(金漢祿) : 1722~1790. 본관은 경주이고, 자는 여수(汝綏)이며 호는 한간(寒澗)이다. 남당(南塘) 한원진(韓元震)의 제자이다. 정순왕후와 결탁하여 홍봉한을 탄핵해 관직에서 물러나게 하고 세손이던 정조까지 해치려 하였으나 뜻을 이루지 못했다. 1806년에 관작이 추탈되었다가 1864년(고종1)에 회복되었다.

세자)를 흔들려 하였다. 김한록은 공의 족자(族子)인 김교행(金敎行)과 일찍이 동문수학한 적이 있었다. 김한록이 강론 자리에서 호인(胡寅)과 장식(張栻)이 당(唐)나라 중종(中宗) 때의 일을 논한 것을 거론하였는데, 그 말이 매우 패려(悖戾)하였다.[58] 김교행이 깜짝 놀라 그를 물리치고 주자(朱子)가 장경부(張敬夫 장식(張栻))에게 답한 편지를 보여주었다. 김한록이 또 공의 조카인 김의행(金毅行)에게 이야기하자

58 김한록이……패려하였다 : 1805년(순조5) 12월에 정순왕후가 세상을 떠난 뒤 시파는 벽파 세력을 완전히 축출하기 위해, 임오화변(壬午禍變) 전후에 있었다고 전하는 김한록의 발언을 문제 삼았다. 김한록은 1761년(영조37) 봄에 김교행과 김의행에게 당나라 중종에 관한 일을 거론하며, 사도세자를 중종에 빗대고 사도세자의 아들 정조(正祖)가 왕위에 오를 수 없다는 뜻을 내비쳤다고 한다. 혜경궁(惠慶宮) 홍씨(洪氏)의 《한중록(閑中錄)》에 "죄인의 자식은 정통을 이을 수 없으니, 태조의 자손이라면 어느 누구든 불가하겠는가.〔罪人之子不可承統, 太祖子孫, 何人不可?〕"라는 김한록의 발언이 전하는데, 이를 김한록의 팔자흉언(八字凶言) 또는 십육자흉언(十六字凶言)이라고 한다. 당나라 중종은 고종(高宗)의 아들로, 왕위에 오른 뒤 모후(母后)인 측천무후(則天武后)의 의해 유폐되었다가, 21년 만에 적인걸(狄仁傑)과 장간지(張柬之) 등에 의해 복위되었다. 그러나 황후인 위후(韋后)에게 미혹되고 무삼사(武三思)를 등용하여 나라를 혼란에 빠뜨렸다가, 결국 위후에게 독살당하였다. 호인(胡寅)은 송나라 때의 학자로 자는 명중(明仲), 호는 치당(致堂)이다. 그는 자신의 사평서(史評書)인 《독사관견(讀史管見)》에서, 복위한 뒤 황후에게 미혹되어 나라를 망친 중종을 비판하고, 폐위되었던 중종을 복위시킨 적인걸과 장간지 등을 충성스럽기는 하나 사람을 알아볼 줄 모르는 신하라고 비판하였다. 《讀史管見 卷19 唐紀 中宗》 장식(張栻) 역시 송나라 때의 학자로, 호는 남헌(南軒)이다. 장식이 당나라 중종 때의 일을 논한 것은, 주희(朱熹)에게 보낸 편지에서 "중종이 비록 일찍이 측천무후에 의해 폐위되기는 했지만 제위(帝位)를 황후의 아비에게 전해 주고자 한 적이 있었으니, 이는 그가 종묘에 죄를 얻은 것이므로 왕위를 계승할 수 없다는 것은 이미 저절로 드러난 것입니다.〔中宗雖是嘗爲武后所廢, 然嘗欲傳位與后父, 是其得罪宗廟, 不可負荷已自著見.〕"라고 한 것을 말한다. 《南軒集 卷22 答朱元晦》

김의행이 크게 놀라 공에게 달려가 고하였다.[59] 공이 그 말을 듣고 이르기를 "아, 이것은 저 한록이라는 자의 마음이 진실로 난역(亂逆)한 것이니, 도리어 옛날의 일을 끌어와 지금의 일을 증명하는 것에 무슨 어려움이 있겠는가. 이것은 척리(戚里 외척) 간에 서로 알력이 생겨 지위를 잃을까 염려하고 뒷날을 걱정하는 마음 때문에 마침내 이런 흉악한 계책을 만들어낸 것이다. 만약 일찍 분별하여 엄히 배척하지 않는다면 장차 종사(宗社)를 어찌하겠는가."라고 하며, 분노를 금치

59 김교행(金敎行)이……고하였다 : 이와 관련하여 《순조실록》 6년 5월 13일 기사에 수록된 영의정 이병모(李秉模)의 발언이 참고가 된다. 이병모는 "신이 그때에 성교(聖敎)를 우러러 듣고서 비로소 '여덟 자의 흉언'이 있다는 것은 알았으나, 오히려 그 언근(言根)의 출처는 알지 못하였습니다. 그 후에 들으니 그 언근은 김한록한테서 나왔다는데, 대개 김한록이 호중(湖中)에 있으면서 이러한 흉언을 발설하자, 고 참판 김이성(金履成)의 부형 김의행(金毅行)과 지금 중신(重臣) 김희순(金羲淳)의 조부 김교행이 심한 말로 준엄하게 배척하였다고 합니다."라는 기록이 보인다. 주자(朱子)가 장경부(張敬夫)에게 답한 편지는 《회암집(晦庵集)》 권31에 수록된 〈답장경부(答張敬夫)〉를 말하는데, 바로 앞의 주석에 소개한 장식(張栻)의 편지에 주희(朱熹)가 답한 편지이다. 주희는 "그러나 중종이 어리석기는 했지만 당시 유폐된 것은 다만 한마디의 실수 때문이며, 죄상이 아직 드러나지 않았고 사람들의 신망도 아직 끊어지지 않았습니다.……이 또한 대번에 인심을 잃은 폭군으로 보기 어렵습니다.〔但中宗雖不肖, 而當時幽廢, 特以一言之失, 罪狀未著, 人望未絶……是亦未遽爲獨夫也.〕"라고 하여 중종을 옹호하는 내용으로 답하였다. 한편, 주희의 편지에서 말한 중종의 한마디의 말실수는, 684년에 중종이 황제 자리에 올라 황후의 아버지인 위현정(韋玄貞)을 시중(侍中)으로 삼으려 했을 때 배염(裴炎)이 간언하자, 화가 난 중종이 "나는 천하를 위현정에게 주었는데, 무엇이 불가하여 시중의 자리를 아끼겠는가.〔我以天下與韋玄貞, 何不可而惜侍中邪?〕"라고 한 것을 말한다. 배염이 이 말을 태후(太后)인 측천무후에게 고하자 측천무후가 중종을 폐위하여 여릉왕(廬陵王)으로 삼았다. 《資治通鑑 卷203 唐紀19 則天順聖皇后上之上》

못하였다. 이어 자질(子姪)들에게 경계하며 말하기를 "나는 지금 죄가 쌓여 장차 죽을 것인데, 너희들이 뒷날 조정에 출사한다면 내가 오늘 한 말을 폐기하지 말라."라고 하였다. 김한록이 이 말을 듣고 몹시 분개하였으나 공의 명성을 두려워하여 감히 움직이지 못하고 가솔을 이끌고 다른 곳으로 피해 떠나갔다.

공이 세상을 떠난 뒤로 김귀주의 당여(黨與)가 공의 집안을 몰락시켜 입을 막고자 하여 백방으로 몰래 공의 자질(子姪)을 중상모략하였다. 그러나 정묘(正廟 정조)가 춘저(春邸 세자궁)에 있을 때부터 이미 공의 이 일을 들었기에, 그 계략을 끝내 이루지 못하였다. 경신년(1800, 순조즉위년)과 신유년(1801, 순조1) 사이에 김귀주의 당여가 더욱 사납게 기세를 떨쳐 변괴가 계속되자 공의 두 손자가 또 거의 화를 당할 뻔했으니,[60] 다행히도 목숨을 보전한 것은 인력으로 할 수 있는 일이 아니었다.

지금 조정에서 비로소 김귀주와 김한록의 죄를 바로잡았는데 그에

60 경신년과……뻔했으니 : 정조가 승하한 뒤 순조가 즉위하고 정순왕후(貞純王后)가 수렴청정을 하면서 노론 벽파가 정권을 잡고 시파를 탄압했던 상황을 말한 것이다. 김시찬의 두 손자는 김이교(金履喬)와 김이재(金履載)를 말한다. 정조가 승하하기 직전인 1800년 5월 29일에 김이재가 정조의 측근인 이조 판서 이만수(李晩秀)의 상소 내용을 비판하는 상소를 올렸다가 언양현(彦陽縣)으로 유배되었다. 또 정순왕후가 수렴청정을 하게 된 뒤 김이교는 김이재 상소의 배후로 지목되어 1800년(순조즉위년) 12월 29일에 함경북도 명천부(明川府)에 유배되었으며, 같은 날 김이재는 전라남도 강진현(康津縣) 고금도(古今島)에 안치되었다. 김이교는 1801년(순조1) 11월에 향리로 방축되었다가 1805년(순조5) 3월에 석방되었고, 김이재는 1805년 7월에 석방되었다.《正祖實錄 24年 5月 29日》《純祖實錄 卽位年 12月 29日, 1年 11月 12日, 5年 3月 22日·7月 26日》

대한 포상이 가장 먼저 공에게 내리자[61] 군자들이 천리(天理)는 끝내 어그러지지 않음을 알게 되었다. 이 일을 논하는 세상 사람들은 말하기를 "바야흐로 김귀주와 김한록이 흉악한 논의를 창도할 때 그 위세가 저군(儲君 여기서는 정조)을 경시할 정도였고 결탁한 무리들이 또 세상 사람의 반이나 되어, 하고자 하는 일은 거의 못할 것이 없었다. 그러나 공은 이들을 배척하며 두려워하지 않았으니, 어려운 일이 아니겠는가." 라고 한다. 이 말이 사실에 가깝기는 하지만 공을 깊이 알았다고는 할 수 없다. 난신적자(亂臣賊子)에 대해 누구나 주벌할 수 있으니,[62] 떳떳한 성품을 지닌 사람이라면 누군들 그들을 배척하지 못하겠는가.

61 지금……내리자 : 1806년(순조6) 6월에 순조는 우의정 김달순(金達淳)의 옥사를 계기로 김귀주와 김한록의 죄를 천명하였고, 이어 김시찬을 이조 판서로 추증하고 시호를 내리도록 명하였다. 김달순은 안동 김씨였으나 벽파에 속했고 벽파의 거두 김관주(金觀柱)의 후원에 힘입어 우의정에 올랐다. 정순왕후가 세상을 떠나고 순조가 친정을 시작하자 정치적 위기를 느낀 벽파는 사도세자에 대한 자신들의 입장을 정리해 둘 필요가 있었다. 이에 김달순이 순조에게, 사도세자의 잘못을 간언했던 박치원(朴致遠)과 윤재겸(尹在謙)을 추증함으로써 사도세자에게 간언을 용납하는 덕이 있었음을 보이라고 건의하였다. 그러나 김달순은 이 건의로 시파의 공격을 받아 전라도 강진(康津)의 신지도(薪智島)로 유배되었다가 1806년 4월에 사사되었다. 이를 김달순의 옥사라고 한다. 《純祖實錄 6年 6月 15日》《이성무, 조선시대 당쟁사 2, 아름다운 날, 2007, 263~266쪽》

62 난신적자(亂臣賊子)에……있으니 : 《맹자》 〈등문공 하(滕文公下)〉의 "능히 양주(楊朱)와 묵적(墨翟)을 막을 것을 말하는 자는 성인의 무리이다.〔能言距楊墨者, 聖人之徒也.〕"라는 맹자의 말에 대해, 주희는 《집주(集註)》에서 "부정한 학설이 정도를 해침은 사람마다 공격할 수 있고 굳이 성현만이 하는 것이 아니니, 이는 《춘추》의 법에 난신적자를 사람마다 죽일 수 있고 굳이 법관만이 하는 것이 아님과 같다.〔蓋邪說害正, 人人得而攻之, 不必聖賢; 如春秋之法, 亂臣賊子, 人人得而誅之, 不必士師也.〕"라고 하였다.

그러나 배척을 했을 때 난신적자가 간담이 서늘해져 끝내 흉계를 멋대로 행하지 못하는 것은 다른 사람이 이런 배척을 하는 것을 두려워해서가 아니라 바로 이 배척을 한 사람이 공이라는 것을 두려워한 것이다. 공은 임금의 노여움을 무릅쓰고 충언을 올리면서도 오히려 두려워하지 않았으니, 여우나 쥐 같은 소인배들을 배척하는 데 무슨 어려움이 있었겠는가. 그러므로 공이 어려운 일을 한 것은 공의 사람됨에 있는 것이지 배척하는 말을 한 것에 있지 않다고 하겠다.

공의 부인은 정부인(貞夫人) 이씨(李氏)이니, 본관은 경주(慶州)이며 학생(學生) 이채조(李采朝)의 딸이다. 공보다 1년 먼저 태어났고 공보다 2년 뒤에 세상을 떠났으며, 공의 묘소에 합장하였다.

공은 늦도록 자식이 없자 조카 상행(常行)을 후사로 삼았는데, 상행은 음직으로 벼슬하여 동지중추부사를 지냈다. 뒤에 또 아들 하나를 낳았으니 이름은 방행(方行)이고 대사성을 지냈다. 딸은 이경빈(李敬彬)에게 출가하였다. 측실에서 아들 셋을 두었으니, 득행(得行), 무과에 급제하여 지금 현감으로 있는 최행(崔行), 욱행(勖行)이다.

동지중추부사(김상행)의 아들은 이정(履定)인데 일찍 죽었기에 족자(族子) 호순(昊淳)을 후사로 삼았다. 세 딸은 감사(監司) 조진택(趙鎭宅)과 군수 권중집(權中執)과 윤치신(尹致愼)에게 출가하였다. 방행은 세 아들을 두었으니, 이교(履喬)는 문과에 급제하여 지금 승지로 있고, 이재(履載)는 문과에 급제하여 교리(校理)를 지냈으며, 이회(履會)는 진사이다.

나는 공에게 족손(族孫)이 되는데, 태어난 것이 늦어 공의 얼굴을 뵙지 못했으나 부형과 사우(師友)의 사이에서 들은 바가 있으므로 공의 온전한 덕에 대해 삼가 말할 수 있다.

아! 산처럼 방정하고 중후함은 외면에 드러난 모습의 엄숙함이고, 연못처럼 깊고 고요함은 내면에 지닌 식견의 현명함이다. 얼음처럼 차갑고 서릿발처럼 매서움은 공의 청렴함이 드러난 것이고, 소나무처럼 높고 대나무처럼 굳셈은 공의 절조가 나타난 것이다. 위의(威儀) 있는 봉황과 상서로운 기린과 같았던 점은 공의 문채의 성대함이고, 포백(布帛) 같고 숙속(菽粟)과 같았던 점[63]은 타고난 바탕의 진실함이다. 공의 재주는 세상의 어려움을 구제할 수 있었지만 항상 내쳐짐을 당했던 것은 시대의 상황 때문이었고, 공의 정성은 임금의 마음을 바로잡고 세상 사람들에게 신뢰받을 수 있었지만 그 공적이 드러나지 않은 것은 이 세상의 불행이자 우리들의 여한이다.

훌륭하도다! 남 문청공(南文淸公)의 말이여.[64] 말하기를 "공은 세가(世家)의 자손으로, 효성과 충성은 하늘에서 부여받고 가법(家法)에서 본받았으며, 공은 또 이를 정직함으로써 기르고 해치지 않았다.[65] 군주(君主)의 덕을 말할 때는 올바른 도리를 진언하며 기휘(忌諱)에 저촉

63 포백(布帛)……점 : 포백과 숙속은 옷감이나 곡식 등 흔하지만 의식주에 절대적으로 필요한 물품을 가리키는데, 주로 평범하지만 세상에 큰 도움이 되는 문장이나 학문을 칭찬하는 말로 쓰인다. 《송사(宋史)》 권427 〈정이열전(程頤列傳)〉에 정이를 찬양하여 "그 말씀의 아름다움이 모두 포백과 숙속과 같았다.〔其言之旨, 若布帛菽粟然.〕"라는 말이 나온다.

64 남 문청공(南文淸公)의 말이여 : 남 문청공은 남유용(南有容)을 말한다. 남유용의 말은 〈홍문관 부제학 김공 묘갈명 병서(弘文館副提學金公墓碣銘幷序)〉에 나온다. 《雷淵集 卷23》

65 정직함으로써……않았다 : 《맹자》 〈공손추 상(公孫丑上)〉에 호연지기(浩然之氣)를 설명하면서 "정직함으로써 기르고 해치지 않으면 천지 사이에 가득 차게 된다.〔以直養而無害, 則塞于天地之間.〕"라는 말이 보인다.

됨도 피하지 않았으며, 시정(時政)을 논할 때는 이끗의 근원을 막으며 권력을 부리는 자를 두려워하지 않았다. 이로 인해 이리저리 떠돌며 곤경에 빠져 산골과 바다에서 일생의 반을 보내기는 했지만, 끝내 목숨을 잃지 않았던 것은 진실로 성상이 그 충성을 어여삐 여긴 덕분이었다. 공과 같은 사람은 절조를 지키며 천명을 아는 군자에 가깝다."라고 하였으니, 아! 이 말로 충분하다. 《주역》에 이르기를 "험해도 기뻐할 줄 알고 곤궁해도 형통함을 잃지 않는 것은 오직 군자만이 가능할 뿐이다.〔險以說, 困而不失其所亨, 其惟君子乎!〕"라고 하였으니,[66] 아마도 공을 말하는 것이리라. 삼가 시장(諡狀)을 짓는다.

66 주역에……하였으니 : 《주역》 〈곤괘(困卦) 단전(彖傳)〉에 보인다.

판돈녕부사 조공 시장[67]

判敦寧府事趙公諡狀

공의 성은 조씨(趙氏)이고, 휘는 진관(鎭寬)이며, 자는 유숙(裕叔)이고, 자호는 가정(柯汀)이다.

보계(譜系)는 풍양(豐壤)에서 나왔다. 시조는 휘가 맹(孟)이니, 고려의 개국 공신으로 문하시중(門下侍中)을 지냈다.

조선에 들어와 휘 익정(益貞)이 있으니, 이조 참판을 지냈고 한평군(漢平君)에 봉해졌으며 시호는 공숙(恭肅)이다. 이분이 휘 팽(彭)을 낳으니, 진사시에 합격하고 문장에 뛰어났으나 일찍 세상을 떠났다. 이분이 휘 종경(宗敬)을 낳으니, 호는 독암(獨菴)이고 관직은 홍문관 전한(典翰)을 지냈다. 김안로(金安老)가 다시 조정에 들어오는 것을 저지하려다가 도리어 배척을 받았고, 김안로가 죽자 특별히 도승지로 추증되었다.[68] 이분이 휘 정기(廷機)를 낳으니, 의정부 사인(舍人)을

67 판돈녕부사 조공(趙公) 시장 : 조진관(趙鎭寬, 1739~1808)의 시호를 청하는 글이다. 조진관의 본관은 풍양(豐陽), 자는 유숙(裕叔), 호는 가정(柯汀)이다. 1820년(순조20) 3월 23일에 '효문(孝文)'이라는 시호를 하사받았다. 이 글 뒷부분의 자손록에 조진관의 아들 조만영(趙萬永)이 '지금 승지로 있다'는 기록이 있는데, 조만영은 1819년 9월 4일에 승지에 임명되었고, 1820년 3월 7일에 부호군(副護軍)으로 옮겼다. 따라서 이 글은 1820년 3월 7일 이전에 지은 것으로 보인다.《純祖實錄 20年 3月 23日》《承政院日記 純祖 19年 9月 4日, 20年 3月 7日》

68 김안로(金安老)가……추증되었다 : 김안로(1481~1537)의 본관은 연안(延安)이고, 자는 이숙(頤叔), 호는 희락당(希樂堂)·용천(龍泉)이다. 1519년(중종14)에 기묘사화(己卯士禍)로 조광조(趙光祖) 일파가 몰락한 뒤 이조 판서에 올랐다. 아들 김희(金

지냈고 부제학에 추증되었다. 이분이 휘 수익(守翼)을 낳으니, 홍문관 교리를 지냈고 이조 참판에 추증되었으며 풍녕군(豐寧君)에 봉해졌다. 전한을 지낸 종경(宗敬) 이하 3세는 재능과 학문과 명성과 절개로 당시에 추중을 받았지만 그 지위가 덕(德)에 걸맞지 않았기에, 세상 사람들이 모두 애석해하였다. 휘 수익이 휘 흡(潝)을 낳으니, 정사 공신(靖社功臣)에 참여하고[69] 풍안군(豐安君)에 봉해졌다. 관직은 한성부 좌윤에 이르렀고 의정부 우참찬으로 추증되었으며 시호는 경목(景穆)이다. 이분이 휘 중운(仲耘)을 낳으니, 군수를 지냈고 이조 판서에 추증되었다. 이분이 휘 도보(道輔)를 낳으니, 돈녕부 도정을 지냈고 의정부 좌찬성으로 추증되었다. 이분이 공에게 증조가 된다.

조부의 휘는 상경(尙絅)이고 호는 학당(鶴塘)이니, 행 이조 판서를 지냈고 영의정에 추증되었으며 시호는 경헌(景獻)이다. 영묘(英廟 영조)가 늘 '덕 있는 재상〔有德宰相〕'이라고 칭찬하였다.

부친의 휘는 엄(曮)이고 호는 영호(永湖)이니, 이조 판서를 지냈다. 좌찬성으로 추증되고 문익(文翼)이라는 시호를 받았으니, 공이 현귀(顯貴)하게 되었기 때문이다. 모친은 정경부인(貞敬夫人) 풍산 홍씨

禧)가 효혜 공주(孝惠公主)와 혼인해 중종의 부마가 되자 권력을 남용하다가 1524년(중종19)에 남곤(南袞)과 심정(沈貞)의 탄핵을 받아 경기도 풍덕(豐德)에 유배되었다. 남곤이 죽은 뒤인 1530년(중종25)에 유배에서 풀려났고 1531년에 다시 조정으로 복귀하였다. 조종경(趙宗敬, 1495~1535)은 김안로의 복귀를 반대하다가 심정의 당파라는 김안로의 탄핵을 받아 과천(果川)으로 물러나 살았으며, 1537년(중종32)에 김안로가 사사되자 신원되었다.

69 정사 공신(靖社功臣)에 참여하고 : 정사 공신은 인조반정에 참여한 공신을 말한다. 조흡은 3등 공신에 봉해졌다.

(豊山洪氏)이니, 판서를 지내고 영의정으로 추증된 홍현보(洪鉉輔)의 딸이다.

공은 영종(英宗) 기미년(1739, 영조15)에 태어났다. 총명함이 보통 아이들과 달라서 5세 때에 시구(詩句)를 지을 줄 알았다. 11세 때 찬성공(贊成公 부친 조엄)을 따라 익위사(翊衛司)의 숙직하는 곳에 갔는데, 당시 한정당(閒靜堂) 송공(宋公)[70] 역시 함께 숙직하였다. 찬성공이 명해 송공에게 글을 배우게 하니, 송공은 공이 《논어》를 읽는 것을 보고 축하하기를 "이 아이는 이미 문리(文理)를 통했으니 번거로이 가르칠 것이 없네."라고 하였다.

일찍이 부마(駙馬)의 후보에 올라 대궐에 들어갔는데, 숙원(淑媛)[71]이 내수(內竪 환관)를 시켜 간택을 기다리는 아이들을 자신의 방으로 인도해 데려오게 하였다. 공이 말하기를 "사대부가 어찌 후궁(後宮)의 부름에 나아갈 수 있겠는가."라고 하고, 홀로 가지 않았다. 진전(眞殿)[72]을 지나가게 되자 북향하고 네 번 절을 올렸다. 성상(聖上 영조)이 이를 듣고 매우 기특하게 여겼다.

임오년(1762, 영조38, 24세)에 생원시와 진사시의 두 시험에 합격

70 한정당(閒靜堂) 송공(宋公) : 송문흠(宋文欽, 1710~1752)으로, 본관은 은진(恩津)이고, 자는 사행(士行)이며, 한정당은 그의 호이다. 동춘당(同春堂) 송준길(宋浚吉)의 4세손이며, 늑천(櫟泉) 송명흠(宋明欽)의 아우이다. 형조 좌랑과 문의 현령(文義縣令) 등을 지냈다. 예학(禮學)에 조예가 깊었다. 문집으로 《한정당집》이 있다.

71 숙원(淑媛) : 조선 시대 종4품 내명부(內命婦)의 위호(位號)로, 왕의 후궁에게 내린 작호이다.

72 진전(陳殿) : 조선 역대 왕들의 어진(御眞)을 봉안하고 제사를 올리던 곳으로, 선원전(璿源殿)을 가리킨다.

하였다.

신묘년(1771, 영조47, 33세)에 의금부 도사에 제수되었으나 나아가지 않았다.

을미년(1775, 영조51, 37세)에 세자익위사 시직(世子翊衛司侍直)에 제수되었다. 이때 성상은 이미 대질(大耋)의 나이[73]임에도 여전히 정치에 힘을 다하기를 생각하였다. 때마침 훌륭한 보필을 얻는 꿈을 꾸었기에 드디어 구현과(求賢科)를 실시해 유생(儒生)에게 시험을 보인 것이 두 번에 이르렀으나 성상의 뜻에 맞는 인재가 없었다. 이에 다시 친히 음관(蔭官)에게 책문(策問)을 내려 시험하였는데, 공이 장원을 차지하였다. 성상이 매우 기뻐하며 "조엄이 훌륭한 자식을 두었다."라고 하며, 명을 내려 의정공(議政公 조부 조상경)에게 제사를 하사하고, 등급을 뛰어넘어 공을 통정대부(通政大夫)로 발탁하였다. 또 명을 내려 예조 참판과 홍문관 제학을 제수하였다.[74] 대개 순서에 따르지 않고 지위를 내린 것은 부암(傅巖)의 고사[75]를 따른 것이었다. 곧이어

73 대질(大耋)의 나이 : 80세를 말한다. 1775년 당시 영조의 나이는 82세였고, 이듬해에 승하하였다.

74 때마침……제수하였다 : 이 내용은 《영조실록》 51년 11월 14일과 16일 기사와 《승정원일기》 영조 51년 11월 15일과 16일 기사에 보인다. 기사에 따르면, 영조는 조진관의 답안에 비점(批點)을 치고 칭찬하며 "너의 대책은 내가 꿈속에서 수작한 것과 비슷하다. 이는 우연한 일이 아니니다."라고 하였으며, 부친 조엄을 외직에 임명하라는 명을 정지하고 예조 판서로 임명하였으며, 친히 제문을 지어 조부 조상경에게 치제하였다. 조진관의 원래 관직인 세자익위사 시직은 정8품이고 통정대부는 정3품 당상관의 품계이다.

75 부암(傅巖)의 고사 : 은(殷)나라 고종(高宗)이 훌륭한 재상을 얻는 꿈을 꾸고, 그 재상의 초상화를 그려 찾게 하여 부암(傅巖)의 들판에서 판축(版築)을 쌓는 일을

대신(大臣)의 간언으로 이 명을 거두고, 특명으로 동부승지에 임명하고[76] 과방(科榜)을 내걸기 전에 공무를 수행하도록 하니, 은혜와 영광이 한 시대를 뒤흔들었다. 그러나 화(禍)의 기미 또한 이로부터 싹튼 것이었다. 특명으로 광주 부윤(廣州府尹)에 제수되었다가 얼마 지나지 않아 수의어사(繡衣御史 암행어사)가 얽은 죄로 파면되었다.[77]

병신년(1776, 영조52, 38세)에 영종이 승하하고 정묘(正廟 정조)가 이어 왕위에 올랐다. 이때 홍국영(洪國榮)이 한창 권세를 부리면서 반드시 찬성공(부친 조엄)에게 맺힌 유감을 풀려고 했으니, 이는 찬성공이 평소 준엄하여 권귀에게 아부하지 않았기 때문이었다. 또 그 전해 겨울에 찬성공이 전관(銓官)의 자리에 있으면서 윤양후(尹養厚)에게 속임을 당해 정후겸(鄭厚謙)을 예조 참판에 의망(擬望)하였고, 홍인한(洪麟漢)은 바로 공의 부인(夫人)의 아우였다.[78] 이에 이평(李

하고 있던 부열(傅說)을 얻어 재상으로 임명한 고사를 말한다. 《書經 說命下》《史記 卷3 殷本紀》《孟子 告子下》

76 곧이어……임명하고 : 영의정 한익모(韓翼謩)와 우의정 홍인한(洪麟漢)이 조진관의 승자(陞資)가 너무 빠르다고 진달하자, 영조가 이를 받아들여 조진관을 동부승지로 임명하였다. 《英祖實錄 51年 11月 16日・19日》

77 광주 부윤(廣州府尹)에……파면되었다 : 조진관은 1775년(영조51) 11월 30일에 광주 부윤에 임명되었는데, 1776년(영조52) 1월 6일에 어사(御史)에게 피마(避馬)하지 않았다는 죄로 파면되었다. 어사는 경기도 암행어사 유한경(兪漢敬)이다. 《英祖實錄 51年 11月 30日, 52年 1月 6日》《雲石遺稿 卷15 先考判敦寧府事兼吏曹判書柯汀府君家狀》

78 또……아우였다 : 이와 관련한 기록이 《정조실록》 즉위년 3월 26일 기사에 보인다. 윤양후(尹養厚)・정후겸(鄭厚謙)・홍인한(洪麟漢)은 모두 정조의 대리청정을 노골적으로 반대했던 벽파의 인물이었다. 윤양후의 본관은 파평(坡平)이고 자는 유직(幼直)이며, 홍인한과 더불어 홍국영과 대립하였다. 정후겸은 원래 인천에서 어업에 종사

枰)과 송환억(宋煥億)이 홍국영의 사주를 받아 서로 이어가며, 찬성공이 정후겸과 결탁했고 서번(西藩 평안도)에 있을 때 많은 불법을 저질렀다고 탄핵하였다. 또 찬성공을 홍인한의 혈당(血黨 생사를 같이하는 무리)으로 지목하며 안팎에서 선동하니,[79] 닥쳐올 화를 짐작하기 어려웠다.

공이 마침내 신문고(申聞鼓)를 쳐서, 정후겸과 결탁했고 홍인한의 혈당이라는 것이 무고(誣告)임을 호소하고 변론하였는데 모두 확실한 증거가 있었다. 아울러 서영(西營 평안도 관찰사의 감영)을 조사하여 진위를 밝힐 것을 청하였다. 성상이 '자제가 원통하다고 말하는 것은 이상한 일이 아니다'라고 하교하고 마침내 평안도에 명해 진위를 조사하게 하였다. 그러나 조사를 맡은 자가 또 사실대로 보고하지 않았기에, 찬성공(부친 조엄)이 마침내 벌을 받게 되었다.[80]

하던 서인 출신이었으나, 영조의 서녀 화완옹주(和緩翁主)의 양자가 되어 궁중을 출입하게 되었고 공조 참판 등을 지냈다. 홍인한은 사도세자(思悼世子)의 장인 홍봉한(洪鳳漢)의 동생이자 정조의 외증조부이다. 전관(銓官)은 문무관을 전형하는 지위에 있는 이조와 병조의 당상관을 말하는데, 조엄은 1775년(영조51) 12월 13일에 이조 판서에 임명된 바 있다. 조엄의 부인 풍산 홍씨는 홍현보(洪鉉輔)의 딸인데, 홍인한과 홍봉한은 홍현보의 아들이다.

79 이평(李枰)과……선동하니 : 이와 관련한 기록이 《정조실록》 즉위년 3월 26일과 3월 28일 기사에 보인다. 서번(西藩)은 평안도를 지칭하는데, 조엄은 1770년(영조46) 5월 28일에 평안도 관찰사에 임명되었다가 1771년 4월에 해임되었다. 《承政院日記 英祖 46年 5月 28日》《英祖實錄 47年 4月 25日》

80 찬성공이……되었다 : 조엄은 평안도 위원군(渭原郡)으로 유배되었다. 이때 조사를 맡은 자는 이명빈(李明彬)인데, 뒤에 사실대로 조사하지 못했다는 이유로 회양부(淮陽府)로 유배되었다. 《正祖實錄 卽位年 3月 26日, 4月 17日》

이때 공이 의금부에 나아가 갇혔는데,[81] 채제공(蔡濟恭)이 판의금부사로 있으면서 공의 집안에서 오는 편지를 전하지 못하게 하고 음식은 모두 조사한 뒤에 들여보내게 하였다. 서영(西營)을 조사하라는 명이 내려왔을 때에는 밤에 옥중(獄中)이 떠들썩하였는데, 어떤 이졸(吏卒)이 망령되이 '찬성공에게 후명(後命 사약(賜藥))이 이미 내렸다'고 전하였다. 공은 '부친의 억울함을 알리려다가 도리어 이런 지경에 이르렀으니 천지간에 살아갈 면목이 없다.'고 생각하고, 마침내 차고 있던 칼을 당겨 스스로 목을 찔렀는데 한참 기절했다가 살아났다. 금오(金吾 판의금부사 채제공)가 이 사실을 알리자, 성상이 "효자로다, 효자로다."라고 연이어 칭찬하고 즉시 옥에서 풀어줄 것을 명하였다. 찬성공이 이배(移配)될 때에는 또 공이 스스로 목을 찌른 일을 유시(諭示)하며 특명으로 감형하게 하였다.[82]

정유년(1777, 정조1, 39세)에 찬성공이 김해(金海)의 적소(謫所)에서 세상을 떠나자 널을 받들고 고향 집으로 돌아왔고 거상 중에는 몸이 상할 정도로 몹시 애통해하였다. 홍국영이 실각하자 성상이 비로소 그 원통함을 살피게 되었다. 임인년(1782, 정조6, 44세)에 이르러 찬성공(부친 조엄)의 직첩(職牒)을 추급(追給)하라는 명이 내렸고, 공 역시 군직(軍職)에 임명되었다.

무신년(1788, 정조12, 50세) 가을에 성상이 찬성공이 윤양후에게

81 이때……갇혔는데 : 신문고를 친 일로 갇힌 것이다. 《承政院日記 正祖卽位年 5月 4日》

82 찬성공이……하였다 : 조엄은 1776년(정조즉위년) 7월 7일에 '영원히 금고(禁錮)하고 사형의 죄를 경감하여 경상도 김해부(金海府)로 정배하라.'는 명을 받았다. 《承政院日記 正祖卽位年 7月 7日》

속임을 당한 사실을 유시하고 공을 돈녕부 도정에 제수하니, 공은 성상의 은혜에 감격하여 사은숙배하고 물러났다.

경술년(1790, 정조14, 52세)에 어가가 행차하는 길에서 상언(上言)하여, 찬성공이 관서(關西 평안도)에서 불법을 저질렀다는 것이 무고임을 조목조목 변론하며 다시 조사해 줄 것을 청하였고,[83] 이어 대궐 아래에서 서명(胥命 임금의 명을 기다림)하였다. 성상이 대신(大臣)들에게 자문하도록 명하니 대신들이 모두 마땅히 다시 조사해야 한다고 하였는데, 때마침 채제공이 의정부에 있으면서[84] 이리저리 핑계를 대며 헌의(獻議)하지 않았다. 공이 채제공의 집 문 앞에 거적을 깔고 엎드려 복주(覆奏 임금에게 아룀)해 주기를 간절히 청하였으나, 끝내 들어주지 않았다. 공이 돌아와 어떤 이에게 말하기를 "옛날 민노봉(閔老峯)이 유배되었을 때 그의 아들 문효공(文孝公)이 당시 재상에게 부친을 살려달라고 한 일이 있었다.[85] 지금 나는 그가 마음을 움직이지 않으리라는 것을 분명히 알고 있지만 이렇게 한 이유는 또한 나의 도리를 다하고자 한 것일 뿐이다."라고 하였다.

83 경술년에……청하였고 : 이 내용은《정조실록》14년 3월 16일 기사에 보인다.

84 때마침……있으면서 : 당시 채제공은 좌의정이었다.

85 옛날……있었다 : 민노봉(閔老峯)은 민정중(閔鼎重)으로, 본관은 여흥(驪興)이고 자는 대수(大受)이며 노봉은 그의 호이다. 송시열(宋時烈)의 문인이다. 문효공(文孝公)은 민정중의 아들 민진장(閔鎭長)으로, 자는 치구(稚久)이며, 문효는 그의 시호이다. 1686년(숙종12)에 문과에 장원급제한 뒤 우의정에까지 올랐다. 1689년에 민정중이 벽동(碧潼)으로 유배되었을 때 민진장은 당시 남인의 거두이자 좌의정으로 있던 목내선(睦來善)에게 민정중의 목숨을 살려줄 것을 청하여 참화를 벗어난 일이 있다고 한다.《雲石遺稿 卷15 先考判敦寧府事兼吏曹判書柯汀府君家狀》

계축년(1793, 정조17, 55세)에 성상이 영묘(英廟 영조)를 직접 섬긴 여러 신하에게 은혜를 베풀었는데, 공 또한 가선대부(嘉善大夫)의 품계에 올랐다.[86] 초여름에 한성부 우윤에 제수되자 상소하여 연전에 슬프게 하소연한 일을 말하여 마침내 회계(回啓)하라는 명을 받았으나[87] 담당 관원이 미적거리며 처리하지 않았다. 이에 힘을 다해 사직했으나 온화한 비답을 받았다. 얼마 뒤에 체직되어 부총관(副摠管)에 제수되었으나 정고(呈告)하여 10월에 이르러서 체직되었다.

이듬해(1794, 정조18, 56세) 봄에 또 상언하여 다시 조사해 줄 것을 청하였다. 6월에 이상황(李相璜) 공이 어사(御史)가 되어 평안도에 가서 조사하여 그것이 사실무근임을 다 밝혀내고서 돌아오니, 성상이 분명히 살펴 비답을 내려 억울함을 풀어주었다.[88] 찬성공이 무고를 당했을 때부터 전후로 19년 사이에 공이 상언(上言)한 것이 세 번이고, 소장을 올려 진달한 것이 한 번이며, 서명(胥命)한 것 또한 수년이었는데, 이때에 이르러서야 마침내 깨끗하게 밝혀진 것이었다. 논자들은

86 계축년에……올랐다 : 정조는 1793년(정조17) 1월 1일에 영조의 탄신 100주년이 된 것을 기념하여 선원전(璿源殿)에서 작헌례(酌獻禮)를 행하고, 영조를 섬긴 구신(舊臣)들에게 가자하였는데, 조진관은 가선대부의 품계에 올랐다. 《正祖實錄 17年 1月 1日》

87 초여름에……받았으나 : 이 일은 《정조실록》 17년 4월 16일 기사에 보인다. 슬프게 하소연한 일은 조엄이 평안도에서 불법을 저질렀다는 것이 무고임을 아뢴 것을 말한다. 182쪽 주80 참조. 회계(回啓)는 왕이 상소나 장계(狀啓) 등을 담당 부서에 내려보냈을 때 담당 부서에서 해당 사안의 처리에 대해 의견을 아뢰는 것을 말한다. 복계(覆啓)라고도 한다.

88 6월에……풀어주었다 : 이 일은 《정조실록》 18년 6월 15일과 16일 기사에 보인다. 당시 이상황(李相璜)은 평안도 안핵사(按覈使)로 조사를 행한 뒤 복명하였다.

"신원(伸冤)되지 않는 억울함이 없는 것은 천리(天理)의 떳떳함이지만, 또한 공의 참된 효성에 감동한 것이다."라고들 하였다. 7월에 한성부 우윤과 동지의금부사에 제수되자 비로소 나아가 명에 응하였다. 8월에 특지(特旨)를 내려 비국 당상(備局堂上)에 차임하고, '선신(先臣 조엄)이 다하지 못한 뜻을 바치도록 하라'고 하유(下諭)하였다. 형조 참판으로 옮겨 제수되어 국조(國朝) 이래 흉년의 구휼 정책을 모아 편찬하라는 명을 받들어, 연표(年表)를 만들어 올리자 그 책의 이름을 《혜정연표(惠政年表)》라고 하였다.[89] 이때부터 매번 책을 편찬하는 일이 있을 때마다 공을 그 일에 참여하게 하였다. 한 재신(宰臣)이 《소학집주(小學集註)》의 주석을 손볼 것을 청하자 공이 상주(上奏)하기를 "《소학》이라는 책은 백성을 가르쳐서 훌륭한 풍속을 이루는 책이니, 덕망 높은 참된 유자가 아니면 함부로 주석을 덧붙여서는 안 됩니다."라고 하니, 성상이 가납하였다. 겨울에 대사간으로 옮겨 제수되었다가 곧 이전의 직임에 유임되었다.[90]

을묘년(1795, 정조19, 57세) 봄에 일에 연좌되어 유배되었다가 모친의 나이가 많다는 이유로 보석(保釋)되었다.[91] 서용되어 병조 참판에

89 연표(年表)를……하였다 : 《국조보감(國朝寶鑑)》 권74 〈정조조 6〉 18년 10월조에 이 내용이 보인다. 《혜정연표(惠政年表)》는 조선 역대 왕조에서 각종 부세역(賦稅役)을 감면한 선정의 사례를 연도 및 지역별로 도표화한 연표로, 불분권 4책으로 이루어져 있다.

90 겨울에……유임되었다 : 조진관은 1794년(정조18)년 12월 20일에 대사간에 임명되었다가 그다음 날 형조 참판의 자리에 그대로 유임되었다. 《承政院日記 正祖 18年 12月 20日 · 21日》

91 을묘년……보석(保釋)되었다 : 1795년(정조19) 2월에 죄인 홍낙현(洪樂鉉)을 풀

제수되었고 얼마 뒤 예조 참판 겸 동지춘추관사에 제수되어 심도(沁都 강화도)에서 《실록(實錄)》을 상고하였고, 다시 추조(秋曹 형조)로 옮겼다. 6월에 한성부 좌윤과 좌부승지에 제수되었다. 혜경궁(惠慶宮)의 주갑(周甲) 때 전문함(箋文函)을 올린 공로로 가의대부(嘉義大夫)의 품계로 승진하였다.[92] 7월에 상소하여 벼슬에서 물러나 돌아갈 것을 청하였다. 성상이 그 소장을 보류하고 공을 불러 하교하기를 "선경(先卿 조엄)에게 다 이루지 못한 뜻이 많다. 그 다 이루지 못한 뜻을 완수하는 것이 바로 경(卿)의 책임인데, 어찌 갑자기 물러난단 말인가."라고 하였다.[93] 또 빈연(賓筵 연회)에서 은퇴가 불가하다고 타이른 성상의 말이 수백 자에 이르도록 길게 이어졌기에, 감히 더 이상 사직을 청하지 못하였다. 9월에 도승지에 제수되었다.

병진년(1796, 정조20, 58세) 봄에 탐라(耽羅 제주(濟州))로 배를 띄워 구휼미를 수송할 일이 생기자 나리포 구관당상(羅里鋪句管堂上)에 차임되었다.[94] 외직으로 나가 개성 유수(開城留守)가 되었는데, 개성

어주라는 정조의 명에 쟁집(爭執)하다가 유배형을 받게 되었으나, 모친의 나이가 많다는 이유로 보석을 허락받은 기록이 보인다. 《正祖實錄 19年 2月 4日》

92 혜경궁(惠慶宮)의……승진하였다 : 혜경궁은 정조의 생모인 혜경궁 홍씨(洪氏)를 말한다. 혜경궁의 회갑연은 1795년(정조19) 6월 18일에 행해졌으며, 조진관 역시 이날에 가의대부로 승진한 기록이 보인다. 《承政院日記 正祖 19年 6月 18日》

93 7월에……하였다 : 이와 관련한 기록이 《승정원일기》 정조 19년 7월 29일 기사에 보인다.

94 병진년……차임되었다 : 이와 관련한 기록이 《정조실록》 20년 3월 6일 기사에 보인다. 나리포(羅里鋪)는 1720년(숙종46)에 진휼청(賑恤廳)에서 공주(公州)와 연기(燕岐)의 접경 지역인 나리촌(羅里村)에 설치했던 창고로, 도서 지역에 발생하는 기근에 대비해 선박을 많이 두고 인근 지방에서 곡물을 매입하여 보관했던 곳이다. 1722년

부는 매우 피폐하였고 영토의 경계를 확장하자는 논의가 있은 지도 백 년이 다 되어갔다. 공은 백성의 실정을 묻고 지형을 살펴 장단(長湍)의 사천(沙川) 이서 지역과 금천(金川)의 대남면(大南面)과 소남면(小南面)을 떼어서 개성부에 소속시킬 것을 청하였다.[95] 장계를 올려 재주와 행실이 뛰어난 인사(人士)를 추천하니, 그들 모두 발탁되어 임용되는 은혜를 입었다. 오래전부터 유채(儒債)하는 법[96]이 있었는데, 공은 선비를 대우하는 법도가 아니라고 하여 이를 혁파하였다. 공이 개성에서 돌아오게 되자 개성부 사람들이 생사당(生祠堂)을 세우고 초상화를 그려 걸어두었다.

정사년(1797, 정조21, 59세) 봄에 경상 감사(慶尙監司)에 제수되었는데, 성상이 공의 태부인(太夫人 모친)이 구순(九旬)을 바라보는 나이로 길을 떠나는 것이 불편하다는 이유로 개성 유수로 유임을 명하였다.[97] 4월에 모친의 병환을 이유로 상소하여 체직되었다. 지신(知申

(경종2)에 이 창고를 임피현(臨陂縣)으로 옮기고 제주 진휼을 위한 전담 창고의 역할을 하게 하였다. 제주에 기근이 들었을 때 진휼미를 보내고, 그 대가로 제주의 토산품을 받아와 이를 매매해 다시 곡식을 확보하는 형태로 운영되었다. 이후 여러 차례 설치 장소를 옮겼다가 1786년(정조10)에 나주(羅州)로 이설하였다. 《萬機要覽 財用編 6 諸倉 羅里舖倉》《이욱, 18~19세기 중반 濟州地域 商品貨幣經濟의 발전과 성격, 국학연구 12집, 2008》

95 공은……청하였다 : 이와 관련한 기록이 《정조실록》 20년 5월 30일 기사에 보인다.

96 유채(儒債)하는 법 : 정확한 의미는 미상이다. 어떤 이유로 선비에게 빚을 지어 돈을 물리게 하는 것을 말하는 듯하다.

97 성상이……명하였다 : 《승정원일기》 정조 21년 2월 16일 기사에, 아흔을 바라보는 조진관의 모친으로 하여금 7백 리 길을 가게 할 수 없다는 이유로 조진관의 유임을 명한 기록이 보인다. 조진관의 모친 홍씨(洪氏)는 1808년(순조8)에 향년 92세로 세상

도승지)이 되어 성상의 명을 받들고 철원(鐵原)에 가서 장군 김응하(金應河)의 사당에 제사를 올렸고, 돌아와 그 사당에 정려(旌閭)할 것을 청하여 윤허를 받았다.[98] 곧이어 전라 감사에 제수되었는데, 사적인 의리상 번얼(藩臬)을 맡을 수 없다는 이유로[99] 힘써 사양하여 마침내 체직되었다. 얼마 뒤에 대사성을 겸직하여 선비들의 문체를 시험하여 문체가 전아하고 순정한 자를 뽑았다. 뽑히지 못한 자가 헌대(憲臺 사헌부)에 있는 자기 고향 사람을 사주해 상소하여 반시(泮試 성균관의 제술 시험)가 엄격하지 못했음을 고발하게 하니,[100] 공이 상소하여 변명하고 사직을 청하였다. 12월에 지신(知申)에 제수되고, 함흥(咸興)의

을 떠났으므로, 이때의 나이는 81세였다.《雲石遺稿 卷15 王考吏曹判書贈左贊成永湖府君家狀》

98 철원(鐵原)에……받았다 : 김응하(金應河)는 자는 경희(景羲), 본관은 안동(安東)으로, 철원에서 출생하였다. 1618년(광해군10) 명나라가 요동을 침범한 건주위(建州衛)의 후금(後金)을 칠 때 조선에 원병을 청하였는데, 김응하는 도원수 강홍립(姜弘立)을 따라 후금 정벌에 나갔다가 전사하였다. 명 신종(明神宗)은 그를 요동백(遼東伯)에 봉하였으며, 조선에서도 1620년(광해군12)에 영의정을 추증하였다. 김응하의 사당은 철원에 있는 포충사(褒忠祠)를 말한다. 조진관이 김응하의 사당에 제사를 올린 것은 1797년(정조21)이고, 김응하의 사당에 정려를 청해 윤허를 받은 것은 1798년 3월이다. 또 조진관은 김응하의 사당에 정려를 청하는 글을 짓기도 하였다.《龍洲集 卷19 贈領議政金將軍神道碑銘》《正祖實錄 22年 3月 22日》《柯汀遺稿 卷5 請遼東伯旌閭啓》

99 사적인……이유로 : 사적인 의리는 자신의 부친 조엄(趙曮)이 평안도 관찰사로 있을 때 불법을 저질렀다는 무함을 받았던 것을 말한 것으로 보인다. 번얼(藩臬)은 중국의 번사(藩司)와 얼사(臬司) 즉 포정사(布政司)와 안찰사(按察司)를 일컫는다. 우리나라에서는 절도사와 관찰사를 가리키는 말로 쓰인다.

100 뽑히지……하니 : 이와 관련한 기록이《정조실록》21년 10월 9일 기사에 보인다. 사주받아 상소한 자는 문약연(文躍淵)으로 기록되어 있다.

치마대(馳馬臺)의 비문을 성상이 직접 받을 때 대거(對擧)한 공로로 자헌대부(資憲大夫)의 품계에 올랐다.[101]

무오년(1798, 정조22, 60세)에 지춘추관사와 도총관 및 공조와 형조의 판서에 제수되었다. 5월에 명을 받들고 경외(京外)의 옥안(獄案)을 심리하였는데 밤낮으로 정신을 다 쏟아 잘못된 판결을 바로잡은 것이 많았다. 당시에 중전(重錢)을 주조하자는 논의가 있었는데, 공이 의론하기를 "전화(錢貨 돈)는 위에서 만드는 것이고, 물산은 백성에게서 나오는 것입니다. 물산은 한정이 있는데 전화만 날로 불어난다면 온갖 물품값이 다 치솟아서 백성들이 그 고통을 받게 될 것입니다. 더군다나 지금 사람들의 마음이 점차 혼탁해져서 이익을 찾는 구멍을 무수하게 뚫고 있는데, 또 그사이에 하나의 기화(奇貨)를 만드는 것은 백성들에게 순박함을 보여주는 방법이 아닙니다."라고 하였다.[102] 그 논의가 마침내 중지되었다. 얼마 뒤에 호조 판서에 제수되었다.

경신년(1800, 정조24, 62세) 정월에 호조 판서에서 체차되고 병조판서에 제수되었다. 낮은 직책에 머물러 있는 인재를 찾아내었는데,

101 함흥(咸興)의……올랐다 : 이와 관련한 기록이 《정조실록》 21년 12월 30일 기사에 보인다. 치마대(馳馬臺)는 함흥의 반룡산 두 봉우리 그 가운데 숫돌같이 평탄하게 나 있는 길을 말한다. 태조 이성계(李成桂)가 늘 그곳에서 말을 달렸으므로 후인들이 그곳을 치마대라고 이름하였다. 정조 때 이곳을 기념하기 위해 비석을 세웠는데, 정조는 비문을 지었으며 비석의 인본(印本)을 직접 받는 의식을 거행하고 공을 세운 신하들의 품계를 높여주었다. 대거(大擧)는 의식을 거행할 때 절차의 진행을 맡은 관리의 맞은편에서 그 일을 거드는 것을 말한다. 《弘齋全書 卷15 馳馬臺舊基碑銘》

102 당시에……하였다 : 조진관이 의론한 내용은 그의 문집 《가정유고(柯汀遺稿)》 권4에 〈주중전의(鑄重錢議)〉라는 제목으로 실려 있으며, 《정조실록》 22년 5월 2일 기사에도 실려 있다. 중전(重錢)은 일반 화폐보다 액면가가 높은 고액전을 말한다.

매위(韎韋) 가운데 연로한 부모를 봉양하며 10년 동안 벼슬을 구하지 않고 효도를 다 마친 자가 있어 공이 그를 가상히 여기고 가장 먼저 천거하였다.[103] 4월에 사직하여 체차되었다. 선혜청 당상(宣惠廳堂上)에 차임되자 성상이 "경은 지부(地部 호조)에서 매우 신중하게 직책을 맡아 지켰다. 혜국(惠局 선혜청)에서도 또한 이와 같이 해야 할 것이다."라고 하유하였다. 6월에 정묘(正廟 정조)가 승하하자 국장 당상(國葬堂上)과 찬집청 당상(纂輯廳堂上)에 차임되었고 동지경연사를 겸하였다. 곧이어 이조 판서에 제수되자 그날로 도성을 나가 연이어 사직 상소를 올려 말하기를[104] "신(臣)은 이조 판서의 직책에 대해 곧 지극한 아픔과 깊은 한이 있습니다. 지난날 신의 가문이 당한 일은, 서번(西蕃 평안도)의 일은 자잘한 것이라 오히려 그림자에 속할 뿐이고, 전지(銓地 이조)에 한 번 발을 들인 것이 실로 그 뿌리가 되었습니다.[105] 그래서 비록 일월이 다시 비추고 구름과 물처럼 흔적 없이 사라져버린 뒤라고 할지라도, 이 직책에 한 발자국이라도 나아가는 것은 신이 죽을 때까지 하지 않겠다고 마음에 맹세한 바입니다."라고 하여, 끝내 체차되었다.

103 매위(韎韋)……천거하였다 : 이와 관련하여 조진관이 올린 상서가 《승정원일기》 정조 24년 4월 24일 기사에 보인다. 매위는 붉은색 가죽으로 만든 갑옷을 말하는데, 무관(武官)을 뜻하는 말로 쓰인다.

104 이조 판서에……말하기를 : 이하에 인용된 상소의 전문은 《가암유고》 권3에 〈이조 판서를 사면하는 소[辭免吏曹判書疏]〉로 실려 있으며, 《승정원일기》 순조즉위년 9월 15일 기사에도 보인다.

105 지난날……되었습니다 : '신의 가문이 당한 일'이란, 조진관의 부친 조엄(趙曮)이 평안도 관찰사로 있을 때 불법을 저질렀다는 무함을 받은 일과 이조 판서로 있을 때 정후겸(鄭厚謙)을 예조 참판에 의망하였다가 '홍인한(洪麟漢)의 혈당(血黨)'으로 지목되어 탄핵받았던 것을 말한다. 182쪽 주79 참조.

10월에 대사헌에 제수되었다가 체차되어 공조 판서에 제수되었다. 얼마 뒤 돈장(敦匠)의 공로[106]로 정헌대부(正憲大夫)의 품계에 오르고, 형조 판서와 지경연사와 지실록사(知實錄事)에 제수되었다. 12월에 특명으로 호조 판서에 제수되었다.

신유년(1801, 순조1, 63세) 봄에 다시 추조(秋曹 형조)의 장관이 되어 사학(邪學)의 옥사[107]를 처리하게 되었다. 공은 혹시 억울하게 걸려든 죄수가 있을까 염려하여 반드시 직접 자세히 심리하였다. 그들 중에 매우 미혹되어 마땅히 일률(一律 사형)에 해당시켜야 할 자가 있으면 번번이 온화한 말로 타이르고 깨우쳐 주며 인간의 도리를 일러주었고, 시종일관 고집을 부리며 깨닫지 못하면 그제야 일러주기를 그만두었다. 어떤 사람이 이르기를 "저들이 이미 자백하였는데, 어찌 고달프게 정성을 다해 말을 허비하십니까?"라고 하니, 공이 탄식하며 말하기를 "저들 역시 사람인데, 자신이 배운 것이 잘못된 것임을 스스로 알지 못하여 형틀에 나아가기를 즐거운 곳에 나아가는 것과 같이하니, 어찌 슬프지 않겠는가. 내가 이렇게 하는 이유는 혹시라도 스스로 깨닫고 평범한 백성이 되는 자가 있기를 바라서이다."라고 하였다. 이로 인해 뉘우치고 깨닫는 자가 또한 많았다. 5월에 우참찬으로 옮겼고, 이어 장용영 제조(壯勇營提調)에 차임되었으며, 곧이어 병조 판서에 제수되었다. 10월에 사직하여 체차되었고, 얼마 뒤 장용영 때의 일에 연루되

106 돈장(敦匠)의 공로 : 돈장은 장인(匠人)들과 공역(工役) 전반에 대해 지휘 감독하는 일을 말한다. 여기서는 정조가 승하했을 때 조진관이 국상 당상(國葬堂上)을 맡아 일한 것을 가리킨다.

107 사학(邪學)의 옥사 : 1801년(순조1)에 천주교에 관련된 자를 처벌한 신유사옥(辛酉邪獄)을 말한다.

어 특명으로 파직되었다.[108]

임술년(1802, 순조2, 64세) 봄에 서용되어 한성부 판윤에 제수되었다가 호조 판서로 옮겼다. 당시 궁방(宮房)의 면세전(免稅田) 8백 결(結)에 대해 모두 무토(無土)로 떼어주라는 명이 있자, 공이 법에 의거해 논계하여 그 일이 마침내 중지되었다.[109] 또 군자감(軍資監)의 낭관

108 얼마……파직되었다 : 《순조실록》 1년 12월 13일 기사에 "함흥(咸興)과 영흥(永興)의 두 본궁(本宮)에 제수(祭需)의 급대(給代)를 곧바로 거행하지 않았다고 하여, 대왕대비가 장용영 제조 조진관을 파직하도록 명하였다."라는 내용이 보인다. 대왕대비는 정순왕후(貞純王后)이다. 본궁은 통상 국왕이 잠저 때 거처하던 곳을 가리킨다. 함흥 본궁은 태조가 왕위에 오르기 전에 살았던 집이고 상왕으로 물러난 뒤 거처하기도 한 곳이다. 태조 즉위 후 목조(穆祖)·익조(翼祖)·도조(度祖)·환조(桓祖) 및 각 왕후의 위판을 봉안하였고, 태조가 승하한 뒤에는 태조와 신의왕후(神懿王后)의 위패를 봉안하였다. 영흥 본궁은 태조의 아버지가 살았던 집으로, 태조와 신의왕후의 위패를 봉안하였다.

109 궁방(宮房)의……중지되었다 : 궁방은 왕실의 일부인 궁실(宮室)과 왕실에서 분가하여 독립한 대원군·왕자군·공주·옹주가 살던 집을 통틀어 일컫는 말이다. 임진왜란 이후 조정에서 궁방의 경비 마련을 위해 떼어준 전지를 궁방전(宮房田)이라 하는데 출세결(出稅結)과 면세결(免稅結)로 구분된다. 또 면세결은 유토면세(有土免稅)와 무토면세(無土免稅)의 두 종류로 나뉜다. 유토면세는 궁방에서 국가의 돈을 지급받아 토지를 매입하고 그 토지의 관할권과 수조권(收租權)을 아울러 소유하는 것이며, 무토면세는 일정한 땅의 수조권만을 가진 것이었다. 궁방에 지급하는 면세결을 유토로 하는지 무토로 하는지에 대해서는 법전에서 규정하고 있지 않지만, 관례적으로 혼합하여 지급하였다. 그런데 조선 후기로 오면서 유토면세지를 매입할 재정이 부족해지자 대부분의 궁방전은 무토면세로 바뀌게 된다. 본문에 언급한 내용은 1802년(순조2) 12월에 순조의 누이인 숙선옹주방(淑善翁主房)에게 궁방전의 지급을 논할 때의 일이다. 《순조실록》의 기록에 따르면, 1802년 12월 15일에 호조에서 관례에 따라 숙선옹주에게 지급할 무토면세 200결을 마련하였고, 1803년 11월 30일에 대왕대비는 추가로 600결을 지급하도록 하였으며, 1803년 12월 25일에 600결을 무토면세로 지급하게 함으로써

(郞官)이 자주 교체되어 이속(吏屬)들이 간사하고 외람된 짓을 하는 것을 막을 수 없자, 태창(太倉)의 예에 의거하여 자벽(自辟)하여 오래도록 책임을 맡길 것을 청하였다.[110] 예문관 제학을 겸직했다가 동료와의 혐의 때문에 사직하여 체차되었다. 8월에 부묘도감(祔廟都監)과 존숭도감(尊崇都監)의 당상(堂上)으로 세운 공로에 의해 숭정대부(崇政大夫)의 품계에 올랐다. 또 가례도감(嘉禮都監)의 당상에 차임되었다가 혐의로 인해 사직하여 체차되었다. 얼마 뒤 파직되었다가 서용되어 공조 판서에 제수되었다.

계해년(1803, 순조3, 65세)에 동지성균관사를 겸직하였고, 다시 이조 판서에 제수되자 이전에 올린 간청[111]을 인용했으나 허락받지 못했다. 이에 다시 상소하여 말하기를 "30년 동안 마음속에 가득 맺혀 있던 마음을 만약 하루아침에 무너뜨린다면 장차 어떻게 지하에서 선신(先臣)을 뵙겠습니까."라고 하였다.[112] 이에 성상이 너그러운 비답을 내리

결국 800결을 모두 무토면세로 지급하게 되었다. 조진관이 800결을 무토면세로 지급하라는 명을 중지시킨 기록은 찾지 못했다. 다만 조진관의 문집《가정유고》권4에〈숙선옹주방의 전결에 대해 논한 계〔論淑善翁主房田結啓〕〉가 보인다. 궁방전의 설치와 추이에 대해서는《趙映俊, 18世紀後半～20世紀初 宮房田의 規模, 分布 및 變動, 朝鮮時代史學報 44, 2008》을 참조하기 바란다.

110 군자감(軍資監)의……청하였다 : 이와 관련한 기록이《순조실록》3년 5월 26일 기사에 보인다. 군자감은 군수품의 출납을 맡아보던 관아이다. 태창(太倉)은 서울에 두었던 관곡(官穀) 보관 창고로, 광흥창(廣興倉)의 다른 이름이다. 자벽(自辟)은 해당 부서의 장관이 추천하여 낙점을 받아 임명하는 것을 말한다. 정조 때 호조 판서 심이지(沈頤之)의 건의에 따라 태창의 낭관을 호조에서 추천해 임명하여 오랫동안 그 임무를 맡기는 규정을 정하였다.《正祖實錄 17年 9月 11日》《國朝寶鑑 卷74 正祖朝6》

111 이전에 올린 간청 : 191쪽 주104·105 참조.

고 허락하였다. 겨울에 사단(社壇 사직단)의 악기조성청 당상(樂器造成廳堂上)에 차임되었다.[113] 겨울이어서 옥(玉)을 캐는 데 어려움이 있자, 영묘(英廟) 갑자년(1744, 영조20)에 묘정(廟廷)의 현(縣 매달아서 쓰는 악기)을 다시 만들 때 기한을 늦추었던 예를 끌어와 봄이 되기를 기다렸다가 일을 시작할 것을 청하였다. 또 문묘(文廟)의 악기를 황단(皇壇)에 옮겨 사용했던 예에 의거하여 풍운단(風雲壇)의 악기를 임시로 사용할 것을 청해 허락을 받았다.[114]

갑자년(1804, 순조4, 66세)에 홍문관 제학에 제수되었다. 호조 판서로서 건릉개수 당상(健陵改修堂上)에 차임되었고 그 공로로 숭록대부(崇祿大夫)의 품계에 올랐다. 창덕궁 인정전(仁政殿)에 화재가 생

112 다시……하였다 : 이 상소의 전문은 《가정유고》 권4에 〈이조 판서를 사면하는 소 2〔辭免吏曹判書疏 再疏〕〉로 수록되어 있다.

113 겨울에……차임되었다 : 악기조성청(樂器造成廳)은 조선 후기에 악기 제작에 관한 업무를 관장하기 위해 임시로 설치했던 관청인데, 1682년(숙종8)에 종묘(宗廟) 영녕전(永寧殿)에 쓸 방향(方響)을 만들기 위해 처음 설립되었다. 1803년(순조3) 11월에 사직서(社稷署)의 악기고(樂器庫)에 화재가 발생하자 악기를 다시 만들기 위해 악기조성청을 설치하고 조진관을 당상관으로 차임하였다. 《純祖實錄 3年 11月 4日》 또 《가정유고》 권4에 〈사단의 악기조성도감의 설치를 늦추기를 청하는 소〔請社壇樂器造成都監退行疏〕〉가 수록되어 있다.

114 영묘(英廟)……받았다 : 이와 관련한 기록이 《순조실록》 3년 11월 9일 기사에 보인다. 1744년 10월 13일에 승정원에서 실화하여 창덕궁의 인정문(仁政門)과 좌우의 행각(行閣)이 불타고 연영문(延英門)까지 번져 열성조의 《승정원일기》가 전소되고 악기가 불탄 일이 있었다. 또 문묘(文廟)의 악기를 황단(皇壇)에 옮겨 사용한 일은 1741년(영조17)에 있었다. 황단은 대보단(大報壇)을 말한다. 풍운단은 서울 남쪽 교외의 청파역(青坡驛) 근방에 있었던 제단인 풍운뇌우단(風雲雷雨壇)을 말한다. 《英祖實錄 17年 2月 22日, 20年 10月 13日 · 20日》

겨 중건하는 일을 감독하였고 일을 마친 뒤 말을 하사받는 은전을 입었다.[115]

을축년(1805, 순조5, 67세)에 〈정순대비옥책문(貞純大妃玉冊文)〉을 지어 올려 보국숭록대부(輔國崇祿大夫)의 품계에 올랐다.[116] 5월에 북사(北使 청나라 사신)가 이르자 영접도감 당상(迎接都監堂上)에 차임되었는데, 얼마 지나지 않아 당시 재상이 성상에게 아뢰어 공을 파직시켰다.[117] 이는 공이 오랫동안 국가의 재정을 담당하자 이를 시기한 자가 이 일을 매개로 공의 죄를 엮어낸 것이었다. 얼마 뒤에 유임되자 공은 여러 차례 상소하여 혜국(惠局 선혜청)의 직책에서 면직되었다.[118] 겨울에 다시 호조 판서에 제수되자 모친의 나이가 아흔이 이라는 이유를

115 갑자년에……입었다 : 이와 관련한 기록이 《순조실록》 4년 8월 15일 · 18일 · 29일 기사에 보인다. 건릉(健陵)은 정조와 효의왕후(孝懿王后) 김씨(金氏)의 능으로, 경기도 화성에 있다. 창덕궁 인정전(仁政殿)에 화재가 난 것은 1803년(순조3) 12월의 일이다. 《純祖實錄 附錄 卷1 純祖大王行狀》

116 을축년에……올랐다 : 이와 관련한 기록이 《순조실록》 5년 3월 22일 기사에 보인다. 정순대비는 1805년(순조5) 1월에 세상을 떠났다. 조진관은 옥책문 제술관(玉冊文製述官)의 직임을 맡았으며,〈정순대비 빈전에 존호를 더 올리는 옥책문〔貞純大妃殯殿加上尊號玉冊文〕〉을 지었다. 《柯汀遺稿 卷5》

117 얼마……파직시켰다 : 이와 관련한 기록이 《순조실록》 5년 5월 29일 기사에 보인다. 조진관은 원접사(遠接使)로 갈 때 어첩함(御帖函)을 미처 준비해 가지 못했다는 이유로 파직되었다. 《운석유고》 권15 〈선고 판돈녕부사 겸이조판서 가정부군 가장(先考判敦寧府事兼吏曹判書柯汀府君家狀)〉의 기록에 따르면, 당시 재상은 좌의정 서매수(徐邁修)였다.

118 얼마……면직되었다 : 《가정유고》 권4에 〈호조 판서에 유임된 뒤 자책하는 소〔戶判仍任後自引疏〕〉, 〈선혜청 당상을 사면하는 소〔辭免宣惠堂上疏〕〉, 〈호조 판서를 사면하는 소〔辭免戶曹判書疏〕〉가 실려 있다.

들어 돌아가 봉양할 것을 청하여 체직을 허락받고, 외직으로 나가 화성 유수(華城留守)가 되었다. 이는 이전의 간청을 거듭 아뢰자 성상이 비답을 내려 모친을 봉양하기에 편하게 해 주어, 마침내 공이 그 명을 받든 것이었다. 공이 녹봉 수천 금을 털어 관둔전(官屯田)에 수갑(水閘 갑문(閘門))을 쌓으니 막료가 그 일을 기록할 것을 청하였다. 공이 허락하지 않으며 말하기를 "이 몸이 장차 은둔할 것인데 그 글을 어디에 쓸 것인가."라고 하였다.

정묘년(1807, 순조7, 69세) 봄에 다시 끝까지 모친에 대한 봉양을 마치게 해 줄 것을 거듭 아뢰어 성상의 허락을 받았다. 이때부터 공은 태부인(太夫人)을 모시고 동호(東湖)의 옛집으로 돌아와 아침저녁으로 모친을 즐겁고 기쁘게 해 드리며 곁을 떠나지 않았다.

무진년(1808, 순조8, 70세)에 기로소(耆老所)에 들어갔다. 이해 윤5월 15일에 세상을 떠났다. 부음이 전해지자 성상이 규례에 따라 조회를 정지하고 조문하고 치제(致祭)하고 부의(賻儀)하게 하였다. 7월에 원주(原州)에 있는 찬성공(부친 조엄)의 묘소 오른쪽에 임시로 장례를 치렀다. 경오년(1810, 순조10)에 영평(永平) 광석리(廣石里) 손좌(巽坐)의 언덕으로 이장하고, 부인을 합장하였다.

공은 타고난 모습과 성정이 단정하고 고상하여 어려서부터 마치 성인(成人)처럼 의젓하였다. 눈으로는 바르지 않은 책을 보지 않았고 입으로는 법도에 맞지 않는 말을 하지 않았다. 백부(伯父) 죽석공(竹石公)[119]은 성품이 엄정하여 인정하는 사람이 적었지만, 공의 말에 대해

119 백부(伯父) 죽석공(竹石公) : 조돈(趙暾, 1716~1790)으로, 자는 광서(光瑞)이며, 죽석은 그의 호이다. 1740년(영조16)에 문과에 급제하였고, 대사헌과 이조 판서를

서는 한 번도 칭찬하지 않은 적이 없었으며 자신의 생각을 버리고 공의 말을 따라 준 것이 많았다. 15, 6세 때 공은 미생(彌甥)으로서 지수재(知守齋) 유공(兪公)을 찾아뵈었는데,[120] 유공은 그때 원보(元輔 재상)의 직임을 맡고 있었으며 기백(畿伯 경기도 관찰사) 모(某)가 그 자리에 있었다. 유공은 언문으로 번역한 패관소설을 가지고 이야기를 나누며 시간을 보내었다. 객이 떠나자 공이 나아가 말하기를 "공께서 실수하셨습니다. 그 사람은 본래 말할 것이 없는 사람이지만 직책이 방백(方伯 관찰사)이니 백성을 다스릴 일이 참으로 많을 것인데, 그것에 대해 한마디도 언급하지 않으신 것은 무엇 때문입니까?"라고 하였다. 유공이 아무런 말도 못하다가 부인을 돌아보며 "내가 조생(趙生)에게 야단을 맞았구려."라고 하였다.

어떤 주사(主司 시관(試官))가 공을 발탁하고자 하여 은근히 그 뜻을 전했으나, 공이 물리치고 마침내 다른 곳에서 시험을 보았다. 공이 여러 차례 예위(禮闈)를 주관하게 되자,[121] 선비들이 모두 공정함을 지켰다고 칭찬하였다. 이웃 마을에 지위가 높고 권세를 지닌 자가 있어

역임하였다. 시호는 숙헌(肅憲)이다.

120 공은……찾아뵈었는데 : 미생(彌甥)은 외손을 가리키는 말이다. 유공(兪公)은 유척기(兪拓基)를 말하는데, 본관은 기계(杞溪)이고, 자는 전보(展甫)이며, 지수재는 그의 호이다. 김창집(金昌集)의 문인이다. 유척기의 딸은 홍흠보(洪欽輔)에게 출가하였는데, 홍흠보는 조진관의 외조부인 홍현보(洪鉉輔)와 사촌 간이므로, 조진관에게 유척기는 외가 쪽 인척이 된다.

121 예위(禮闈)를 주관하게 되자 : 과거 시험을 주관했다는 말이다. 예위는 고대 중국의 과거 시험의 회시(會試)를 실시하던 곳인데, 회시의 의미로도 쓰인다. 예부(禮部)에서 주관하기 때문에 붙여진 이름이다.

날마다 명사들과 시를 주고받고 이를 책으로 엮었는데, 편마다 왼쪽을 비워 두고 공의 시를 싣기를 기다렸다.[122] 그러나 공은 평소 그의 사람됨을 싫어하여 한 번도 화답시를 보내지 않았다. 그 권세가가 끝내 흉한 일로 죽자 사람들이 공의 선견지명에 탄복하였다.

공은 청렴하고 검소하고 신중하고 행동을 단속하였으니, 평생 의관을 꾸미지 않았으며 크고 작은 상자에는 자물쇠가 없었다. 찬성공(부친 조엄)이 서번(西番 평안도)에 부임할 때 도성문 밖에 전송하는 사람이 구름처럼 모였다. 공은 거친 도포 차림에 파리한 말을 타고 우의(雨衣)를 안장에 걸어두었는데, 이를 보고 이상하게 여긴 자가 있었다. 그런데 병신년(1776, 정조즉위년)의 사건이 일어나자[123] 그 사람이 탄식하기를 "이 공은 겸손하고 검소함이 가난한 선비와 같았으니, 어찌 억울하게 죽을 사람이겠는가."라고 하였다.

공이 지위가 높아져 세 번 중권(中權)의 직임을 맡고 여덟 번 금곡(金穀)을 관장하였지만,[124] 전택(田宅)은 늘어난 것이 없었고 집에는

122 이웃……기다렸다 : 조인영(趙寅永)이 지은 조진관의 〈가장(家狀)〉에 따르면, 엮은 책의 이름을 《북록만사(北麓漫史)》라 하고, 편마다 왼쪽 몇 줄을 비워 두고는 "여기에는 마땅히 조모(趙某)의 시를 실어야 한다."라고 했다고 한다. 《雲石遺稿 卷15 先考判敦寧府事兼吏曹判書柯汀府君家狀》

123 병신년의 사건이 일어나자 : 정조가 즉위한 뒤 홍국영이 사주하여 조엄(趙曮)이 평안도 관찰사로 있을 때 불법을 저질렀다고 무고하자, 스스로 목을 찔러 자결을 시도했다가 살아난 일을 말한다. 182~183쪽 본문 내용 참조.

124 공이……관장하였지만 : 세 번 병조의 관원을 지내고 여덟 번 호조의 관원을 역임했다는 말이다. 중권(中權)은 삼군(三軍) 가운데 주장(主將)이 있는 중군(中軍)을 가리키는데, 여기서는 병조를 의미하는 말로 쓰였다. 또 금곡(金穀)은 돈과 곡식으로 여기서는 호조를 가리키는 말로 쓰였다.

서적만이 쓸쓸하였다. 질동이와 질화로는 옛날에 쓰던 것을 바꾸지 않았으며, 밤에는 기름등이나 촛불을 사르지 않고 한 줄기 푸른 등불만이 환하게 비추고 있을 뿐이었다. 일찍이 초모(貂帽 담비 가죽 모자)를 하사받은 적이 있었는데 이를 15년 동안 사용하니 부인이 모자가 해졌다고 싫어하자, 공이 말하기를 "나는 늙었으니, 무엇 때문에 다른 것으로 바꾸겠소. 또 선왕께서 은혜롭게 하사한 것이니 죽을 때까지 쓰는 것이 옳지 않겠소."라고 하였다. 언제나 '조문자(趙文子)는 살아서는 이익으로 남과 교제하지 않았고, 죽을 때는 남에게 아들을 부탁하지 않았다.〔生不交利, 死不屬其子.〕'라는 말[125]을 외면서, "나는 이런 삶에 거의 부끄러울 것이 없다."라고 하였다.

찬성공(부친 조엄)의 상을 당했을 때 '사(士)의 예'로 염습하였는데 이를 항상 지극한 아픔으로 여겨서 자식들에게 유계(遺誡)하여 자신의 시신에 사용하는 물품은 금단(錦緞 비단)을 쓰지 못하도록 하였다.[126] 선친의 억울함이 풀리지 않았을 때는 평안도 사람〔浿人〕을 만나지 않았으며, 비록 하찮은 물건이라도 평안도에서 생산된 것은 또한 한 번도 가까이한 적이 없었으니, 이는 이렇게 하지 않으면 부친의 억울함을

125 조문자(趙文子)는……말 : 조문자는 춘추 시대 진(晉)나라의 대부로, 이름은 무(武)이며, 문자(文子)는 시호이다. 조맹(趙孟)이라고도 한다. 위에 인용한 말은《예기》〈단궁 하(檀弓下)〉에 보이는데, 조문자의 청렴함을 칭찬한 말이다.

126 자신의……하였다 : '시신에 사용하는 물품〔附於身者〕'은 빈렴(殯斂)에 필요한 물품을 말한다. 《예기》〈단궁 상(檀弓上)〉에 "자사(子思)가 말하기를 '상을 당하고 3일 만에 빈(殯)을 하는데 무릇 시신의 몸에 직접 닿는 물품은 반드시 정성스럽고 신실하게 하여 뒷날에 후회하지 않도록 해야 한다.'라고 하였다.〔子思曰: "喪三日而殯, 凡附於身者, 必誠必信, 勿之有悔焉."〕"라는 말이 보인다.

스스로 드러내기에 부족하다고 여겼기 때문이었다. 어떤 사람이 말하기를 "선공(先公)의 법도는 관대하면서도 준엄하였는데, 그대는 겸손하여 억제함이 너무 지나쳐서 세도(世道)를 자신의 임무로 여기지 않으니[127] 무엇 때문입니까?"라고 하였다. 공이 사양하며 말하기를 "나는 선친에 비해 일을 감당할 능력이 없으며, 또 나의 엉성함과 우활함을 스스로 헤아려 감히 세상에 나갈 생각을 하지 못하는 것일 뿐입니다."라고 하였다.

공은 문장을 지을 때 반드시 경서(經書)를 날줄로 삼고 사서(史書)를 씨줄로 삼았으며, 팔가(八家 당송팔대가(唐宋八大家))와 본조의 문인 중에 구양수(歐陽脩)와 농암(農巖 김창협(金昌協)) 김공(金公)을 특히 좋아하였다. 말하기를 "구절과 글자를 까다롭고 어렵게 쓰는 것은 올바른 문장이 아니다."라고 하였다. 시에서는 대부분 근체시를 지었고 고체시는 거의 짓지 않았는데, 말하기를 "요즘 사람들이 재주와 능력이 미치지 못하면서 함부로 한·위(漢魏)의 시를 모방하니 이는 거짓된 것이다."라고 하였다. 중년에 곤액을 당한 이후로 《주역》에 마음을 두어 깊고 정밀하게 연구하여 침식을 잊기까지 하였으니, 항상 "40년 공부가 모두 이 책에 있다."라고 하였다.[128]

성력(星曆 천문과 역법)이나 율수(律數 음악과 수학)와 같은 것들에 대해서도 또한 모두 묵묵히 그 핵심을 이해하였다. 일찍이 음악을 익히는

127 그대는……않으니 : 조진관이 병조 판서와 관찰사에 임명되었을 때 그 직임을 극구 사양한 것을 말한다.

128 주역에……하였다 : 조진관은 《주역》의 각종 문제를 18개 조목으로 분류하여 논의한 《역문(易問)》을 남겼는데, 그의 문집인 《가정유고》 권9와 권10에 수록되어 있다.

소리를 듣고 말하기를 "임종(林鍾)[129]의 음이 분산되고 음률에 맞지 않는다."라고 하였는데 그 종을 자세히 살펴보니 과연 작은 금이 가 있었기에 악사(樂師)들이 모두 크게 놀랐다. 찬성공(부친 조엄)이 영남에 조창(漕倉)을 처음 만들었을 때,[130] 물자를 모으고 운송하는 창고와 선박에 드는 비용이 번다하고 세세하기가 터럭과도 같아서 감영의 서리와 막료들이 모두 계산할 수가 없었다. 그러나 공이 하룻저녁 만에 계산을 마치니, 겨우 약관 때였다.

저술한 시문 약간 권과 《역문(易問)》[131] 1권이 집에 보관되어 있다.

부인은 정경부인(貞敬夫人)으로 추증된 남양 홍씨(南陽洪氏)이니, 이조 참판으로 추증된 홍익빈(洪益彬)의 딸이다. 단정하고 엄숙하며 진실하고 공손하여 내조를 잘하였으며, 공보다 10년 먼저 세상을 떠났다.

공은 3남 4녀를 두었다. 장남 만영(萬永)은 문과에 급제하였고 지금 승지(承旨)로 있다. 차남 원영(原永)은 진사이고 지금 부사(府使)로 있는데, 양자로 나갔다. 3남 인영(寅永)은 문과에 장원급제하였고 전

129 임종(林鍾) : 음률의 명칭이다. 12율(律) 가운데 음성(陰聲)인 육려(六呂)에 속하며, 함종(函鐘)이라고도 한다.

130 찬성공이……때 : 조진관의 부친 조엄(趙曮)은 1758년(영조34) 12월에 경상도 관찰사로 임명되었으며, 1760년(영조36) 11월까지 재직하였다. 조창(漕倉)은 조운(漕運)할 곡식을 쌓아두던 창고로 조운창이라고도 한다. 한편, 영조가 조엄이 경상도 관찰사를 지냈다는 이유를 들어 영남의 조창에 대해 묻는 내용이 《영조실록》 41년 11월 14일 기사에 보인다. 《英祖實錄 34年 12月 14日》《承政院日記 英祖 34年 12月 15日, 36年 11月 29日》

131 역문(易問) : 201쪽 주128 참조.

(前) 세자시강원 문학이다. 장녀는 이복연(李復淵)에게 출가했는데, 이복연은 무과에 급제하였고 지금 병마절도사로 있다. 차녀는 김병문(金炳文)에게 출가했는데, 김병문은 음직으로 벼슬하여 지금 군수(郡守)로 있다. 3녀는 윤경렬(尹慶烈)에게 출가했는데, 윤경렬은 진사이고 전 군수이다. 4녀는 이재문(李在文)에게 출가하였다.

만영은 1남 4녀를 두었다. 아들은 병귀(秉龜)이고, 딸은 왕세자빈이다.[132] 원영은 1남 4녀를 두었는데, 딸은 이준(李埈)에게 출가하였다. 인영은 2녀를 두었다.

이복연의 아들은 이인달(李寅達)인데 무과에 급제하였고 오위도총부 경력(經歷)을 지냈으며, 딸은 윤만식(尹晩植)에게 출가하였다. 김병문의 장남 김대균(金大均)은 음직으로 벼슬하여 지금 주부(主簿)로 있고, 차남은 김홍균(金弘均)이며, 딸은 조병헌(趙秉憲)과 홍재원(洪在元)에게 출가하였다. 윤경렬의 아들은 윤치용(尹致容)과 윤치정(尹致定)이고, 세 딸은 진사 김최수(金最秀)와 김규선(金圭善)과 김대근(金大根)에게 출가하였다. 이재문의 딸은 김정균(金正均)에게 출가하였다. 그 외 내외의 손자와 손녀는 모두 어리다.

만영이 장차 조정에 공의 절혜(節惠 시호)를 청하기 위해 시장을 나

132 딸은 왕세자빈이다 : 조만영(趙萬永)의 딸은 순조의 아들인 효명세자(孝明世子)의 빈(嬪)이 되었고, 1827년(순조27)에 헌종을 낳았다. 헌종이 왕위에 오른 뒤 효명세자를 익종(翼宗)으로 추존하자 왕대비가 되었다. 1857년(철종8)에 순원왕후(純元王后)가 죽자 대왕대비에 올랐다. 철종이 승하하자 고종을 자신의 양자로 삼았고 1866년(고종3)까지 수렴청정을 하였다. 1890년(고종27)에 세상을 떠났다. 1899년(광무3)에 효명세자가 문조익황제(文祖翼皇帝)로 추존되면서 신정익황후(神貞翼皇后)로 추존되었다.

에게 부탁하였다. 나는 비록 공보다 25년 뒤에 태어나기는 했지만, 은대(銀臺 승정원)에서 함께 일할 때부터 나란히 높은 품계에 오를 때까지 함께 한 기간이 또한 13, 4년이었다. 내가 가만히 살펴보니, 공의 재주는 당세를 경륜할 만했고, 공의 문장은 조정을 빛낼 만하였으며, 성상의 은혜가 정성스럽지 않은 것이 아니었고 관작과 지위가 높지 않은 것이 아니었다. 그러나 절제와 겸손을 마음에 두어 공업(功業)을 드러내지 않고 우뚝이 홀로 걸으며 일생을 마치고 말았던 것이 어찌 공이 즐거워서 그렇게 한 것이겠는가. 대개 또한 정밀하게 살핀 의리가 있었던 것이다.

아! 사람이면 누군들 부모를 위하는 것을 중요하게 여기지 않겠는가마는, 살고 죽는 것은 사람에게 또한 큰일이다. 그런데 바야흐로 공이 옥중에서 스스로 목을 찔렀을 때는 단지 '목숨을 버리고 나의 부친을 따라 죽는 것'만 알았을 뿐, 어찌 다른 것이 있음을 알았겠는가. 공이 죽지 않은 것은 천행일 뿐이었다. 그때의 공의 생각을 헤아려보자면, '부친의 예측할 수 없는 화에 임하고 인륜의 비정상적인 변고를 만나 오직 한 번 죽는다면 부친을 따라 죽는 것에서 내 마음을 드러낼 수 있기에, 여기에서 죽음을 구했으나 죽지 못하고 살아났다. 이렇게 살아난 것은 내가 죽음을 구하려 했던 마음이 아니다.'라는 것과 같았을 것이다. 그러므로 때가 이르렀으나 재주를 거두어 감추었고 앞길이 평탄해졌으나 곤궁하여 돌아갈 곳이 없는 것처럼 하여, 몸을 깊이 감추기를 편하게 여기고 명성을 빛내기를 귀하게 여기지 않았던 것이다. 이는 공이 지난날 직접 말하지는 않았으나 언외(言外)에서 공의 마음을 거의 살필 수 있는 것이다. 그렇다고는 하나, 공이 이전에 스스로 목을 찌르지 않았다면 부친을 칼날에서 벗어나게 할 수 없었을 것이고,

공이 뒤에 살아나지 않았다면 결코 부친의 억울함을 백일하에 드러내지 못했을 것이다. 선왕께서 '효자'라고 자주 칭찬하였으니, 또한 현양(顯揚)한 것이 아니겠는가.

삼가 공의 행적을 순서대로 기록하여 태상시(太常寺 봉상시)에 고한다.

예조 판서 심공 시장[133]

禮曹判書沈公諡狀

옛날 우리 영고(寧考)[134]이신 정종 장효 대왕(正宗莊孝大王 정조)이 도덕이 높고 교화가 두루 미쳐서 은혜로이 신하들을 접견하니, 가까운 자리에 있으면서 한집안 사람처럼 여겨진 자들을 손가락으로 다 꼽을 수 없다. 그러나 이미 세상의 변고가 많아 그에 따라 풍속이 낮아지니, 이에 자신의 짐을 짊어지지 못한 자[135]도 있었고, 처음의 대우를 이어가지 못한 자[136]도 있었다. 출입하고 진퇴할 즈음에 영고와

133 예조……시장 : 심풍지(沈豐之, 1738~1793)의 시호를 청하는 글이다. 심풍지의 본관은 청송(靑松), 자는 사상(士常), 호는 기기재(頎頎齋)이다. 풍고는 심풍지의 형인 심건지(沈健之)의 딸을 아내로 맞이하였으므로 심풍지의 조카사위가 된다. 또 《풍고집》 권1에 〈심상서 풍지 만사〔沈尙書豐之挽詞〕〉가 수록되어 있다. 심풍지는 1805년(순조5) 1월 7일에 정간(貞簡)이라는 시호를 하사받았다. 《純祖實錄 5年 1月 7日》

134 영고(寧考) : 나라를 편안히 한 선왕으로 영왕(寧王)이라고도 칭한다. 여기서는 정조를 가리킨다.

135 자신의……자 : 원문은 '불극부하자(不克負荷者)'인데, 부하(負荷)는 짐을 등에 진다는 말로 자식이 선업(先業)을 계승하는 것을 비유하는 말이다. 《춘추좌씨전》 소공(昭公) 7년의 "아비가 장작을 쪼개 놓았는데, 아들이 등에 지지 못한다.〔其父析薪, 其子弗克負荷.〕"라는 말에서 유래하였다. 여기서는 자신의 임무를 제대로 수행하지 못해 벼슬에서 물러난 사람을 뜻하는 말로 쓰였다.

136 처음의……자 : 원문은 '불승권여자(不承權輿者)'이다. 권여(權輿)는 처음이란 뜻으로, 《시경》 〈권여(權輿)〉에 "나에게 큰 집이 깊고 넓더니, 지금에는 밥 먹을 때마다 남는 것이 없도다. 아아, 권여를 잇지 못함이여.〔於我乎, 夏屋渠渠, 今也每食無餘, 于嗟

성쇠를 겪게 된 단서가 하나가 아니었지만, 초원(初元 임금이 등극한 원년)의 만남에서 시작하여 특별한 지우를 받고 비상한 보살핌을 입어 살아서는 변함이 없었고 죽어서는 남은 그리움이 있었던 사람은, 기기재(頎頎齋) 심공(沈公)이 바로 그분이다.

공의 휘는 풍지(豐之)이고 자는 사상(士常)이다. 영고께서 일찍이 여덟 글자를 써서 하사하며 "헌걸차고 훤칠하며 너그러운 풍모〔頎頎而長休休之風〕"라고 하고 이것을 공의 집의 편액으로 삼게 하였으며, 모든 하사품의 표지에는 늘 '기기재'라 쓰고 이름을 쓰지 않았다.

심씨(沈氏)의 보계(譜系)는 청송(青松)에서 나왔다. 시중(侍中)을 지내고 청성백(青城伯)에 봉해진 정안공(定安公) 덕부(德符)는 우리 태조가 개국할 때 좌명(佐命)의 공훈을 세웠다. 영의정을 지내고 청천부원군(青川府院君)에 봉해진 안효공(安孝公) 온(溫)은 영릉(英陵 세종)에게 원구(元舅 장인)가 된다. 영의정을 지내고 청송부원군(青松府院君)에 봉해진 공숙공(恭肅公) 회(澮)는 세조 때 익대 좌리 공신(翊戴佐理功臣)의 호를 하사받았다. 의정부 사인(舍人)을 지내고 영의정에 추증된 순문(順門)은 올바른 도리로 연산주(燕山主 연산군)에게 간언하다가 죽음을 당했다. 영의정을 지낸 충혜공(忠惠公) 연원(連源)은 명종의 묘정에 배향되었다. 영돈녕부사를 지내고 청릉부원군(青陵府院君)에 봉해진 익효공(翼孝公) 강(鋼)은 바로 인순왕후(仁順王后 명종의

乎, 不承權輿.〕"라고 한 데서 나온 말이다. 이 시는 군주가 현자를 초치해서 처음에는 큰 집을 하사하여 살게 하였으나 지금은 박대하여 식사조차 남는 것이 없어, 군주가 처음을 잊지 못함을 한탄한 시라고 한다. 여기서는 벼슬을 제대로 이어가지 못한 사람을 의미하는 말로 쓰였다.

비)를 낳은 분이다. 그 아들인 사헌부 대사헌을 지내고 청양군(青陽君)에 봉해진 의겸(義謙)은 명종과 선조 연간에 명분과 의리를 지켜 사림의 존중을 받았으니, 문호의 성대함이 이때에 더욱 빛나게 되었다.

증조 속(涑)은 특명으로 영의정에 추증되었다. 조부 택현(宅賢)은 이조 판서를 지냈고 시호는 청헌(淸獻)이다. 영종(英宗 영조) 초년에 탕평론(蕩平論)을 주장하지 않으니,[137] 올바른 논의를 하는 자들이 칭찬하였다. 부친 구(銶)는 영천 군수(永川郡守)를 지냈고, 공이 현달하여 이조 판서로 추증되었다. 모친 안동 권씨(安東權氏)는 판관(判官) 권탁(權擢)의 딸이다.

공은 영종 무오년(1738, 영조14)에 태어났다. 미목(眉目)이 수려하여 골상(骨相)이 있었다. 아이 때 대궐에 들어가 임금을 알현한 적이 있었는데, 영종이 공의 머리를 쓰다듬으며 말하기를 "나는 이미 늙었다. 너는 너의 조부가 나를 섬겼던 마음으로 나의 동궁(東宮)을 섬기라."라고 하였다. 장성하자 체구는 우뚝하고 빼어났으며 행동거지는 단정하고 중후하였다.

영종 신묘년(1771, 영조47, 34세)에 정시(庭試)에 병과(丙科)로 급제하였고, 권지 승문원 부정자(權知承文院副正字)가 되었다.

이듬해(1772, 영조48, 35세)에 승정원 주서(注書)에 추천되었다. 임금이 추천을 주관하는 자가 한쪽 당파로 치우칠 것을 의심하여 명을 내려 추천 방식을 혁파하고 권점(圈點) 방식을 만들게 했었는데,[138]

137 영종(英宗)……않으니 : 영조가 즉위한 뒤 탕평책을 펼쳐 당론을 조정하려 하자, 조택현은 영조가 탕평의 명분을 빌려 사류(士類)들을 통제하려 한 것으로 여겨 굴복하지 않았다고 한다. 《知守齋集 卷11 吏曹判書沈公墓誌銘幷序》

공은 권점과 소시(召試)에서 제2위로 합격하였다. 얼마 뒤에 대신(臺臣 사헌부의 관원)의 헌의로 공에 대한 권점과 소시가 중지되었다. 시강원 설서를 거쳐 사간원 정언에 올랐다. 이때 영종은 정사의 괴로움에 지쳐 있었고 조정의 신하들은 당파를 나누어 서로 삐걱거렸는데, 적신(賊臣) 홍인한(洪麟漢)과 정후겸(鄭厚謙) 등이 결탁하여 권력을 휘두르고 있었기에, 공은 자취를 거두고 자신의 뜻을 지키며 벼슬에 나아갈 뜻을 끊었다. 공을 위해 이를 걱정하던 사람이 있어 당로자(當路者)를 맞이해 공으로 하여금 그와 즐겁게 어울리도록 하려 했으나, 공은 자리를 피하여 만나지 않았다. 얼마 뒤에 그 당로자가 권세를 잃자, 그 사람은 공의 선견지명에 탄복하였다. 병조 정랑을 거쳐 홍문관에 들어가 부수찬이 되고 세자시강원 문학을 겸직하였으며, 얼마 뒤 홍문관 수찬으로 바뀌어 제수되었다.

병신년(1776, 영조52, 39세)에 호남의 과거를 주관하러 나가서[139] 남의 답안을 엿보는 유생을 처벌하니 시험장이 이 때문에 엄숙해졌다. 돌아오는 길에서 영종의 휘음(諱音 부음)을 듣고 말을 달려 조정으로 돌아왔다.

영고가 왕위를 계승하자 찬집청 낭청(纂輯廳郎廳)에 차임되었고,

138 성상이……했었는데 : 1741년(영조17)에 영조가 자기 당파의 사람만을 추천하는 폐단을 지적하며, 한림(翰林) 즉 예문관 관원의 임명을 추천 방식에서 권점(圈點)과 소시(召試)를 병행하여 선발하는 방식으로 바꾸었다. 소시는 임금이 앞에 불러다 놓고 물어서 시험하는 것을 말한다.《英祖實錄 17年 5月 2日》《오항녕, 韓國史官制度成立史研究, 한국연구원, 2003, 139·144쪽》

139 호남의……나가서 : 전라좌도 경시관(全羅左道京試官)으로 나갔다.《承政院日記 英祖 52年 2月 9日》

얼마 뒤에 교정청(校正廳)으로 옮겼다. 그사이에 친국 문사낭청(親鞫問事郎廳)이 되었는데, 홍문관 부교리로서 상소하여 정후겸의 생부와 형제를 귀양 보내고 향리로 쫓아낼 것과 안겸제(安兼濟)를 국문할 것과 이담(李潭)의 관작을 추탈할 것을 청하니, 영고가 그 말을 따르기도 하고 따르지 않기도 하였다.[140] 또 차자(箚子)를 올려 문성국(文聖國)과 문씨(文氏)의 죄악을 논하고 속히 형벌을 시행하기를 청하였다.[141] 홍인한과 정후겸을 법에 따라 처벌할 것을 정청(庭請)하였는데,[142] 공이 여러 동료와 함께 또한 네 차례의 차자를 올리고서야 마침내 사사(賜死)하게 되었다.[143] 공이 문사낭청으로 있을 때 신문(訊問)한 말이 때로는 수천 수백 자나 되었기에 다른 낭청들은 대부분 제대로 이해하

140 홍문관……하였다 : 정조는 즉위 직후, 세손으로 있을 당시 대리청정을 막으려 하였고 또 자신의 즉위를 끝까지 반대했던 홍인한과 정후겸 등을 사사하였으며, 이 일의 전말을 기록한《명의록(明義錄)》을 편찬하게 하였다. 심풍지의 상소와 정조의 비답은《정조실록》즉위년 4월 15일 기사에 수록되어 있다. 정후겸의 생부는 정석달(鄭錫達)이며, 정후겸의 형제는 정일겸(鄭日謙)을 말한다. 정후겸에 대해서는 181쪽 주78 참조.

141 차자(箚子)를……청하였다 : 심풍지의 차자와 정조의 비답은《승정원일기》정조 즉위년 5월 14일 기사에 수록되어 있다. 문씨(文氏)는 영조의 후궁으로 사도세자의 죽음에 깊이 간여했던 숙의 문씨(淑儀文氏)를 말하는데, 주로 문녀(文女)로 기록되어 있다. 문성국(文聖國)은 숙의 문씨의 오빠이다.

142 홍인한(洪麟漢)과……정청(庭請)하였는데 : 영의정 김양택(金陽澤)이 백관을 거느리고 홍인한과 정후겸을 사사할 것을 청한 것을 말한다. 정청은 의정(議政)이 백관을 거느리고 궁정(宮庭)에 이르러 대사(大事)를 계품(啓稟)하고 전교를 기다리는 것을 말한다.《正祖實錄 卽位年 4月 3日》

143 마침내 사사(賜死)하게 되었다 : 정조는 즉위한 해인 1776년 7월 5일에 홍인한과 정후겸을 사사하였다.

지 못하였다. 공은 홀로 창졸간에도 잘 알아듣고 조용히 전하여서 조금도 잘못되거나 빠뜨린 것이 없었으니, 출입할 때마다 영고의 눈길이 항상 공에게 붙어 있었다.

외직으로 나가 함경북도 병마평사(咸鏡北道兵馬評事)가 되었다. 당시 관북(關北 함경도)에 기근이 들자 조정의 의론이 어사(御史)를 머물게 하여 구휼을 감독하게 하고자 하였는데, 영고가 공을 불러 부모의 나이를 묻고 마침내 별견어사(別遣御史)로 임명한 것이었다. 평사(評事)는 절도부(節度府)에 소속되었는데, 문사(文士)들은 대부분 귀한 집안에서 태어나 장수들을 멸시하였으나 공은 체모(體貌)를 신중히 하여 그들의 환심을 얻었다. 음악과 여색을 물리치고 몸가짐을 엄히 하였으며, 여가가 생기면 글을 읽고 선비들을 가르쳤다. 오만한 상서(象胥 통역관)를 매질하여 변방의 금령을 거듭 펼치니, 사냥하는 오랑캐들이 더 이상 국경을 넘어 남쪽으로 내려오지 못했고, 국경에서 무역하는 자들은 소매에 손을 넣은 채 감히 소란을 피우는 자들이 없었다.[144] 천평진(天坪鎭)을 설치하는 문제에 대해 관찰사와 절도사의 의견이 합치되지 않자 영고가 공에게 명해 자세히 살펴 편부(便否)를 아뢰게 하였는데,[145] 공이 그 불편함을 진달하니 마침내 논의를 그만두었다.

이듬해(1777, 정조1, 40세) 봄에 조정으로 돌아왔다. 초여름에 가뭄이 들자 공이 수찬(修撰)이 되어 동료들을 이끌고 '하늘에 응하는

144 국경에서……없었다 : 북관 개시(北關開市)에서 시장을 감독하는 임무를 맡은 관원을 개시 어사(開市御史)라고 하는데, 함경북도 병마평사가 겸직하였다.

145 천평진(天坪鎭)을……하였는데 : 《일성록》 정조즉위년 11월 7일 · 12일, 정조 1년 4월 10일 기록 등에 이 내용이 보인다.

것은 진실로써 한다.〔應天以實.〕'는 경계를 진달하니,[146] 영고가 칭찬하고 현궁(弦弓 시위를 얹은 활)을 하사하였다. 일찍이 야대(夜對)할 적에 《육선공주의(陸宣公奏議)》를 진강한 적이 있었는데,[147] 공이 진언하기를 "육지(陸贄)가 계(癸)와 신(辛)이 간언을 막았던 일로 덕종(德宗)을 경계하였지만,[148] 덕종은 그를 벌하지 않았습니다. 신은 항상 후세의 신하 가운데 이와 같은 말을 자신의 임금에게 진언한 사람이 드물었음을 한스럽게 여깁니다. 전하께서 바야흐로 대명(大命)을 받아 새로 즉위하셨으니, 바라건대 마음을 비우고 간언을 받아들이는 도량을 크게 하시어 간쟁이 이르도록 하소서."라고 하였다. 이에 영고가 가상히

146 초여름에……진달하니 : 심풍지 등이 올린 차자와 비답이 《승정원일기》 정조 1년 5월 6일 기사에 보인다. 한(漢)나라 때의 승상 왕가(王嘉)가 애제(哀帝)에게 진언하며 "백성을 감동시키는 것은 행동으로 하고 말로 하지 않으며, 하늘에 응하는 것은 진실로써 하고 형식으로 하지 않는다.〔動民以行, 不以言, 應天以實, 不以文.〕"라고 한 내용이 보인다. 《漢書 卷45 蒯伍江息夫傳》

147 일찍이……있었는데 : 이와 관련한 기록이 《승정원일기》 정조 1년 5월 9일 기사에 보이는데, 아래에 인용된 심풍지의 진언이 좀더 자세히 실려 있다. 《육선공주의(陸宣公奏議)》는 당나라 덕종(德宗) 때 한림학사(翰林學士)를 지낸 육지(陸贄)가 천자에게 올린 주의(奏議)를 모아 편찬한 책이다. 선공(宣公)은 육지의 시호이다. 야대(夜對)는 임금이 밤에 신하를 불러 경연을 여는 것을 말한다.

148 육지(陸贄)가……경계하였지만 : 계(癸)는 하(夏)나라 걸왕(傑王)의 이름이고, 신(辛)은 은(殷)나라 주왕(紂王)의 이름이다. 육지가 올린 주의(奏議)의 내용에 "폐하의 일월과 같은 밝음과 강해와 같은 도량으로, 마땅히 스스로 하나라 계와 은나라 신이 간언을 막고 잘못을 꾸며 변명했던 사악함을 스스로 바로잡고, 대우와 성탕이 간언에 절하고 허물을 고쳤던 참된 마음에 어울리게 하셔야 합니다.〔以陛下日月之明、江海之量, 自當矯夏癸、殷辛拒諫飾非之慝, 協大禹、成湯拜言改過之誠.〕"라고 한 내용이 보인다. 《陸宣公奏議注 卷4 興元論解姜公輔狀》《歷代名臣奏議 卷201》

여겨 받아들였다.

실록청 낭청(實錄廳郎廳)에 차임되었으며, 사간원 헌납에 제수되고 동학 한학교수(東學漢學敎授)를 겸하였다. 상소하여, 을미년(1775, 영조51) 5월 정시(庭試)의 과방(科榜)을 파방(罷榜)하고 이미 죽은 자를 제외한 나머지 사람들을 모두 섬으로 유배 보낼 것을 청하였는데, 영고는 단지 원방(原榜)만을 파방할 것을 명하였다.[149] 문신 선전관(文臣宣傳官)을 겸하고 헌납에서 체직되었다.

바닷물이 넘쳐 영동(嶺東) 지방이 크게 재앙을 입자, 공이 명을 받고 위유(慰諭)하였다.[150] 공이 유서(諭書)를 받들고 여러 고을을 두루 돌아다니며 영고의 덕의(德意)를 선포하고 수령 가운데 불량한 자 몇 사람을 쫓아내었으며, 편의책과 폐단 13가지를 조목조목 상달하였다. 복명하자 영고가 공을 불러 대면하고 명을 받들어 수행한 것이 뜻에 맞았노라고 칭찬하였다.

당시에 전랑(銓郎)의 선발 제도를 새로 복구하였는데, 공이 부망(副望)의 위차로 이조 좌랑에 제수되었다.[151] 이날 규장각의 직각(直閣)과

149 상소하여……명하였다 : 정조는 1777년(정조1) 7월 25일에, 을미년(1775, 영조51)의 정시(庭試)가 정후겸과 홍인한이 개입하여 자신의 당파를 의도적으로 합격시킨 부정이 저질러졌다는 이유로 당시 합격자 전원의 합격을 취소하였다. 심풍지는 이날 진언하여, 합격자 가운데 부정이 분명한 사람 12명 중 이미 죽은 자를 제외하고 나머지 모두를 섬으로 귀양 보낼 것을 주청하였다. 이와 관련한 기록이 《명의록》에도 보인다. 《正祖實錄 1年 7月 25日》《明義錄 卷首 尊賢閣日記上 5月 25日》

150 바닷물이……위유(慰諭)하였다 : 심풍지는 강원도 위유어사(江原道慰諭御史)의 직책을 띠고 임무를 수행하였다. 《正祖實錄 1年 9月 6日》

151 당시에……제수되었다 : 전랑(銓郎)은 관리의 추천권을 가진 이조의 정랑(正郎)과 좌랑(佐郎)을 말하며, 이들이 관리를 추천하는 것을 통청(通淸)이라고 한다. 《홍제

대교(待敎)를 새로 두었는데, 공이 또 직각에 수천(首薦 수망(首望))되었다. 공은 '한 시대의 청요직(淸要職)으로는 전랑과 직각보다 나은 것이 없는데, 하루에 두 가지 직함을 아울러 맡게 되었으니 두려워서 어찌해야 할지 모르겠다'고 생각하였다. 영고가 공의 뜻을 살피고서, 처음에는 공의 이름에 낙점했다가 고쳐서 부천(副薦 부망(副望))에게 낙점하였다.

대정(大政)[152]을 행할 때 수령의 결원이 많았는데, 장전(長銓 이조 판서) 김종수(金鍾秀)와 삼전(三銓 이조 참의) 이의익(李義翊)이 각기 청탁하려는 뜻이 있었다. 공은 이를 먼저 이미 어렴풋이 듣고 있었는데, 정석(政席 인사를 결정하는 자리)에 나가니 과연 그자들의 이름이 거론되었다. 공은 이치(吏治 관리로서 치적)가 좋지 않다는 이유로 막으며 그들의 이름을 쓰려 하지 않았다. 두 사람이 감히 대항하지 못하다가, 정석에서 나온 뒤에 사람들에게 말하기를 "심모(沈某)는 참으로 두려워할 만하다."라고 하였다.

비변사 낭청(備邊司郎廳)과 겸실록(兼實錄)과 겸춘추(兼春秋)에 차임되었다가 옮겨서 의정부 검상(檢詳)에 제수되었다. 검상은 으레 사인(舍人)으로 승진하는데, 조정에서 전랑(銓郎)으로 적당한 사람을 얻기 어렵다는 이유로 승진을 허락하지 않아 정랑(正郎)으로 승진하였으

전서(弘濟全書)》 권30에 〈전랑의 통청에 관한 예전 제도를 복구하라는 하교〔銓郎通淸復舊制敎〕〉가 수록되어 있다. 심풍지가 이조 좌랑에 임명된 것은 1777년(정조1) 10월 29일의 일이다. 《承政院日記 正祖 1年 10月 29日》

152 대정(大政) : 1년에 두 차례 행하던 도목 정사(都目政事) 중 12월에 행하는 것을 가리키는 말로, 6월의 정사에 비해 규모가 훨씬 큰 데서 비롯된 말이다. 도목정사는 관리의 성적을 평가하여 좌천 또는 승진시키는 것을 말한다.

며, 여러 차례 옮겼다가 곧 다시 정랑으로 들어왔다. 그 사이에 사헌부 지평이 되었는데, 입대(入對)하여 말하기를[153] "전하께서는 학문이 고명하시니 강론을 열기를 기다릴 필요가 없을 듯합니다. 하지만 군주는 정치를 할 때 반드시 유신(儒臣)을 자주 만나 경전과 역사를 강론하며 다스림의 도리에 대해 자문해야 합니다. 공부가 이미 지극해졌고 의리가 이미 밝혀졌다고 해서 되풀이하여 익히고 깊이 연구하는 데 소홀해서는 안 됩니다. 엎드려 바라건대, 날마다 경연을 열고 자주 납시어 소대(召對)하여 성왕의 다스림을 계속해서 밝히는 노력을 다하십시오."라고 하였다. 또 말하기를 "신이 듣건대, 호조와 혜국(惠局 선혜청)의 경상비용이 겨우 1년을 버틸 정도라고 하니, 국가의 재정이 몹시 서글프다고 할 만합니다. 보위에 오르신 이후로 지금까지 성상께서 궁결(宮結)[154]을 지급하는 것을 혁파하고 쓸데없는 비용을 줄인 것을 계산해 보면 수만(數萬)을 밑돌지 않으니, 마땅히 실효가 있어야 할 것입니다. 그러나 탁지(度支 호조)의 경비가 이전에 비해 너무 과도하고 군문(軍門)의 비용은 특히 절제가 없습니다. 청컨대 묘당(廟堂 의정부)으로 하여금 정리하여 바로잡고 정해진 규례를 만들어 한없이 새어 나가는 것을 막도록 하소서."라고 하니, 성상이 모두 윤허하였다.

얼마 뒤에 홍문관 응교로 승진하였다. 모부인의 연세가 높다는 이유를 들어 봉양하게 해 줄 것을 청해 외직으로 나가 예천 군수(醴泉郡守)가 되어 정사에 부지런히 힘썼다. 예천군에 누전(漏田 토지대장에서 빠진

153 입대(入對)하여 말하기를 : 이하의 두 인용문은 《승정원일기》 정조 2년 10월 20일 기사에 자세한 내용이 보인다.

154 궁결(宮結) : 각 궁방(宮房)에 내려준 결세(結稅)를 말한다. 193쪽 주109 참조.

전지)이 있어 공이 장차 먼저 관찰사에게 보고하려 하였다. 전임 군수 가운데 또한 유력자가 있었는데, 일이 발각되어 처벌을 받을까 두려워 힘을 다해 공을 만류하다가 뜻을 이루지 못하자 공과 절교하려고까지 하였다. 그러나 공은 끝내 동요하지 않았다.

경자년(1780, 정조4, 43세)에 화빈(和嬪)을 책봉하였는데, 공은 가례(嘉禮) 때 도청(都廳)을 맡은 공로로 통정대부(通政大夫)의 품계에 오르고[155] 승정원 동부승지에 제수되었다. 옮겨서 좌승지로 승진하였고 체차되어 예조 참의에 제수되었으며, 곧 이조 참의가 되었다. 얼마 뒤에 모친상을 당하였고, 탈상한 뒤에 돈녕부 도정(敦寧府都正)에 제수되었다. 여러 차례 관직을 옮기며 승지·사간원 대사간·병조의 참의와 참지·성균관 대사성·이조 참의를 지냈고, 다시 은대(銀臺 승정원)로 들어와 마침내 도승지에 올랐다.

혜경궁(惠慶宮)에게 존호를 더 올릴 때[156] 책인(冊印)을 마주 든 공로로 가선대부(嘉善大夫)의 품계에 올랐다. 호조와 병조와 형조 삼조의 참판·한성부 우윤·동지춘추관사·동지중추부사·동지의금부사·도총부 부총관을 역임하였고, 승문원과 비변사의 제조가 되었으며,

155 경자년에……오르고 : 화빈(和嬪)은 정조의 빈(嬪)인 윤씨(尹氏)로, 본관은 남원(南原)이며, 판관(判官) 윤창윤(尹昌胤)의 딸이다. 궁호(宮號)는 경수(慶壽)이다. 화빈 윤씨는 1780년 3월 10일에 화빈으로 책봉되고 3월 12일에 가례를 행하였다. 심풍지는 3월 15일에 통정대부에 올랐다. 《正祖實錄 4年 3月 10日·12日》《承政院日記 正祖 4年 3月 15日》

156 혜경궁(惠慶宮)에게……때 : 1783년(정조7) 4월의 일이다. 1778년(정조2) 2월에 혜경궁에게 '효강(孝康)'이라는 존호를 올렸으며, 이때 더 올린 존호는 자희(慈禧)이다. 《正祖實錄 2年 2月 25日, 7年 4月 1日》

얼마 뒤에 이조 참판에 제수되었다.

갑진년(1784, 정조8, 47세)에 홍문관에 들어가 부제학이 되었다. 본관록(本館錄)을 행하고,[157] 상소하여 사직하며[158] 원량(元良 세자)을 보도하고 성지(聖志)를 가다듬으며, 강학을 부지런히 하고 제방(隄防 난역(亂逆)을 막음)을 엄히 하며, 언로를 열고 검소한 덕을 숭상하며, 기강을 엄숙히 하고 명예와 절조를 권면하는 것 등에 힘쓸 것을 청하니, 영고가 너그러운 비답을 내렸다. 동지성균관사를 겸직하였고, 외직으로 나가 홍충도(洪忠道 충청도) 관찰사가 되었다.

이듬해(1785, 정조9, 48세)에 일에 연루되어 파직되어 돌아왔다. 문효세자(文孝世子)의 상을 당했을 때[159] 도승지로서 왕명을 받들어 윤여(輪輿)를 설치하는 것을 감독하였다. 도감 당상(都監堂上) 조시준(趙時俊)[160]이 한창 총애를 얻고 있었는데, 혼궁(魂宮)을 마주하고 차(茶)를 마시니 공이 꾸짖어 물러나게 하였다. 영고가 이를 듣고 기뻐하며 말하기를 "관직을 맡아 직임을 다했다고 말할 만하다."라고 하였다. 청나라의 사신이 조제(弔祭)하기 위해 이르자, 영고가 공에게 명해

157 본관록(本館錄)을 행하고 : 1784년(정조8) 1월 17일의 일이다. 본관록에 대해서는 111쪽 주180 참조. 《正祖實錄》

158 상소하여 사직하며 : 이하 상소의 내용은 《정조실록》 8년 1월 23일 기사에 자세히 보인다.

159 문효세자(文孝世子)의……때 : 문효세자는 정조의 장남으로 의빈 성씨(宜嬪成氏) 소생이다. 5세 때인 1786년(정조10) 5월 11일 미시(未時)에 홍역(紅疫)으로 창덕궁의 별당에서 훙서(薨逝)하였다. 《正祖實錄 10年 5月 11日》

160 조시준(趙時俊) : 문효세자의 상이 났을 때 예장도감 당상(禮葬都監堂上)에 임명되었다. 문효세자가 죽은 이듬해인 1787년(정조11)에 조시준의 형 조시위(趙時偉)는 문효세자를 독살한 혐의를 받았다. 《正祖實錄 10年 5월 11日》

술과 음식을 가지고 관사(館舍)에서 위로하게 하였다. 청나라 사신이 사례하는 시를 지어 올렸는데, 그 시어가 조금 공경스럽지 못했다. 이에 공이 시를 받지 않고 고칠 것을 청하였다. 관반(館伴)이 말썽이 생길까 염려하여 만류하였으나, 공은 듣지 않고 끝내 사신으로 하여금 고치게 하였다.

정미년(1787, 정조11, 50세)에 가순궁(嘉順宮)[161] 가례도감 당상(嘉禮都監堂上)에 차임되었으니, 대개 영고의 뜻이었다. 이때 저위(儲位 세자)가 오랫동안 비어 있었다. 때마침 곤전(坤殿)에게 병이 생겼는데 마치 임신의 징후와 같았고, 궁중의 상하 사람들과 곤전을 진찰한 의관(醫官)들이 모두 같은 말을 하니, 성상 역시 매우 기뻐하며 밤낮으로 기다렸다. 공이 이때 내의원 부제조(內醫院副提調)를 겸직하고 있던 터라 입대할 때마다 산실청(産室廳)을 설치할 것을 청하였다. 그러나 영고는 이전 화빈(和嬪)의 일을 거울삼아[162] 몇 달이 지나도록 산실청의 설치를 미루고 있었다. 얼마 뒤에 대신(大臣)의 말에 따라 공을 발탁해 내의원 제조와 지중추부사를 제수하고 은대(銀臺 승정원)의 직임을 그대로 지니게 하였다. 공이 상소하여 힘을 다해 사양하였으나, 신하의 분수를 안다고 칭찬하고 윤허하지 않았다. 임인년(1782, 정조

161 가순궁(嘉順宮) : 정조의 후궁이자 순조의 모친인 수빈 박씨(綏嬪朴氏)이다. 1786년(정조10)에 문효세자가 훙서(薨逝)한 뒤 후궁 간택에 뽑혀 1787년 2월에 정조와 가례를 치렀다. 순조와 숙선옹주(淑善翁主)를 낳았다. 《正祖實錄 11年 2月 12日》

162 화빈(和嬪)의 일을 거울삼아 : 화빈 윤씨(和嬪尹氏)는 1780년(정조4)에 정조와 가례를 올렸다. 《정조실록》 5년 1월 17일 기사에 화빈 윤씨가 회임하여 산실청을 설치한 기록이 있고, 《일성록》 정조 5년 11월 2일 기사에 화빈 윤씨의 출산을 기다리는 내용이 보인다. 그러나 화빈 윤씨가 자식을 낳은 기록이 없다.

6)부터 이때에 이르기까지 모두 6년 동안 지신(知申 도승지)의 고지(誥紙)[163]를 내린 것이 거의 40여 통을 넘었다. 산실청을 설치한 뒤에는[164] 번갈아 숙직하며 보호하는 책임을 모두 공에게 맡겼다. 겨울에 우레가 치자 공이 승정원의 동료를 이끌고서, 조정의 기상을 화목하게 하고 백성의 뜻을 안정시키며 사치를 제거하고 탐관오리를 징계할 것을 진계(陳戒)하니,[165] 영고가 가상히 여겨 받아들였다.

무신년(1788, 정조12, 51세) 봄에 중비(中批)를 통해 채제공(蔡濟恭)을 재상으로 삼았다. 이날 공은 이미 신퇴(申退)했다가 부랴부랴 승정원에 들어가 영고를 알현하기를 청하였다. 그러나 영고는 부르기를 기다리지 않고 들어왔다는 이유로 삭직을 명하였다. 공이 마침내 동료 관원들과 함께 연명으로 상소하여 채제공의 임명을 중지하기를 청하였는데, 그 소장의 말이 매우 격렬하였다. 영고가 엄히 질책하며 소장을 불태웠는데, 조정의 신하들이 떠들썩하게 연이어 상소하자 마침내 상소하지 말라는 금령을 내리고 이어 공 등(等)을 죄인의 명단에 넣는 것을 중지하였다.[166]

163 고지(誥紙) : 관직을 임명하거나 해임한다는 내용을 적어 본인에게 주는 관고지(官誥紙)를 말한다.

164 산실청을 설치한 뒤에는 : 《정조실록》 11년(1787) 9월 18일에 산실청을 설치한 기록이 보인다.

165 겨울에……진계(陳戒)하니 : 진계한 내용이 《승정원일기》 정조 11년 10월 14일 기사에 보이는데, 심풍지의 이름은 보이지 않는다.

166 무신년……중지하였다 : 이와 관련한 기록이 《정조실록》 12년(1788) 2월 11일과 12일 기사에 보인다. 중비(中批)는 정식 의망(擬望)을 거치지 않고 왕의 특지로 임명하는 것을 말한다. 정조는 1788년 2월 11일에 특지를 내려 남인(南人)인 채제공을 우의정에, 소론(少論)인 이성원(李性源)을 좌의정에 임명하였다. 다음 날 채제공에게 교지를

이해 겨울에 영남의 유생들이 상소하여 조덕린(趙德麟)과 황익재(黃翼再)의 죄명을 풀어줄 것을 청하였고, 영고가 그 말을 받아들여 나란히 죄명을 씻어주는 것을 윤허하였다.[167] 공이 승정원의 동료들을 이끌고 상소하여 간쟁하기를[168] "조덕린이 올린 상소는 그 말의 뜻이 흉악하고 패려하기가 임인년(1722, 경종2)의 교문(敎文)[169] 속에 있는 말과 다를 것이 없으니, 임금을 꾸짖어 욕하고 인륜을 무너뜨려 없애버렸습니다. 무신년(1728, 영조4)에 의병을 불러 모았던 거조[170]는 다만

내렸으며, 또 더 이상 채제공의 일을 거론하지 말 것을 전교하였다. 신퇴(申退)는 관원이 신시(申時)에 집무를 마치고 물러가는 것을 말한다. 《正祖實錄 12年 2月 11日》

167 이해……윤허하였다 : 이와 관련한 기록이 《정조실록》 12년 11월 8일과 10일 기사에 보인다. 조덕린(趙德麟)은 주로 '조덕린(趙德隣)'으로 기록되어 있다. 본관은 한양, 자는 택인(宅仁), 호는 옥천(玉川)이다. 1725년(영조1)에 노론을 비난하는 상소를 올렸다가 종성(鍾城)에 유배되었으며, 정미환국 때 풀려났다. 1728년에 이인좌(李麟佐)의 난이 일어나자 영남호소사(嶺南號召使)에 임명되어 의병을 규합하였다. 1736년(영조32)에 다시 이전의 상소와 연관되어 노론의 탄핵을 받고 제주로 유배되던 중 강진(康津)에서 죽었다. 황익재(黃翼再)는 상주(尙州) 출신으로, 이인좌의 난을 평정하는 데 공을 세웠으나 반란군에 연루되었다는 모함을 받아 구성(龜城)에 유배되었다가 1736년에 풀려났다. 이인좌의 난이 일어난 지 60년째 되던 1788년(정조12) 11월 10일에 경상도 유생 이진동(李鎭東) 등이, 이인좌의 반란에 저항한 영남 사대부의 행적을 기록한 《무신창의록(戊申倡義錄)》과 그들의 절의를 주장하는 상소를 올렸다. 정조는 11월 10일에 이들의 죄명을 씻어주었다.

168 공이……간쟁하기를 : 이하의 내용은 《정조실록》 12년 11월 11일 기사와 동일자 《승정원일기》에 보인다.

169 임인년의 교문(敎文) : 1722년(경종2) 9월 21일에 경종이 임인옥사(壬寅獄事)의 진상을 조사해 그 결과를 반포한 교문을 말한다. 초안은 당시 홍문관 제학으로 있던 소론(少論)의 거두 김일경(金一鏡)이 지었다. 교문의 전문은 《경종실록》 2년 9월 21일 기사에 수록되어 있다. 107쪽 주173 참조.

그가 죽을 처지에서 목숨을 구하려고 한 계책일 뿐입니다. 어찌 이런 것으로 갑자기 죄명에서 풀어줄 것을 논한단 말입니까. 황익재 역시 저지른 죄가 지극히 엄중하니, 죄를 씻어주어서는 안 됩니다."라고 하며, 속히 명을 거두기를 청하였다. 그러나 영고는 영종(英宗 영조)의 하교를 인용하며 따르지 않았다.[171]

공은 즉시 합문(閤門)에 나아가 알현하기를 청하였다. 영고가 이번 일은 약원(藥院 내의원)에서 간여할 사안이 아니라는 이유로 거절하였으나, 공은 물러나려 하지 않았다. 영고가 여러 차례 신하로서 감히 들을 수 없는 하교를 내렸지만 공은 더욱 굳게 버텼다. 영고가 드디어 소장을 올린 영남 유생을 불러서 만나 비답을 내리니, 공이 마침내 상소하여 자핵(自劾)하고 나갔다. 영고가 진노하여 빨리 불러들이라는 명을 내리자 공이 연영문(延英門)[172] 아래에 무릎을 꿇었다. 영고가 신하의 예가 없다는 것을 조목조목 꾸짖었는데, 위엄이 진동하였고 말씀이 예사롭지 않았으며 그날 밤 날씨도 매우 추웠다. 그러나 공은 바람과 눈 속에 엎드린 채 저녁부터 날이 밝을 때까지 버티며 조금도 굽히지 않으니, 영고의 뜻이 비로소 풀렸다.

나는 당시에 우사(右史)로서 당후(堂后)에서 숙직하며[173] 승정원에

170 무신년에……거조 : 1728년에 이인좌(李麟佐)의 난이 일어나자 조덕린이 영남호소사(嶺南號召使)에 임명되어 의병을 규합했던 것을 말한다. 220쪽 주167 참조.

171 영고는……않았다 : 《정조실록》 12년 11월 11일에 내린 정조의 전교에, "선왕의 하교에 '글을 지은 일로 그 사람을 죄주는 것은 군주의 아름다운 정치가 아니다.〔先朝下教若曰, 文字罪其人, 非王者美政.〕'라고 하셨다."라는 내용이 보인다.

172 연영문(延英門) : 창덕궁의 정전(正殿)인 인정전(仁政殿)의 동쪽에 있었던 승정원의 남문(南門)이다.

서 공을 문후하였고, 고(故) 상국(相國) 문익(文翼) 윤공 시동(尹公蓍東)[174] 또한 형조 판서로서 그곳에 왔다. 공이 개연히 윤공에게 말하기를 "성상의 현명함으로 어찌 사리를 살피지 못하시겠습니까. 이는 다만 채제공의 무리가 성상을 현혹했기 때문입니다. 재주 없는 천신이 성상의 마음을 깨우쳐드리지 못했으니 그 죄가 죽어 마땅합니다. 하지만 조정에 감히 간언을 올릴 사람이 한 명도 없으니, 공께서 혹시 생각이 있으십니까?"라고 하였다. 윤공이 웃으며 말하기를 "이것은 의리이니, 내 어찌 감히 사양하겠소."라고 하였다. 공이 크게 기뻐하며 나에게 《승정원일기》에 실린 조덕린 사건의 시말을 살펴서 윤공에게 주도록 하였다. 윤공이 마침내 상소하여 그 일의 불가함을 극론하다가 또한 엄한 견책을 당하였다.[175] 공이 또 승정원의 동료들을 이끌고 다시 계청(啓請)하여 구제했으나 뜻을 이루지 못했다. 그러나 영고가 뒤에 두 공의 일을 듣고서 매우 훌륭하게 여겼다.

당시에 산실청에서 숙직한 지 이미 1년이 지났기에 공은 밤낮으로 걱정하여 근심이 얼굴에 드러났는데, 이때 이르러 어혈(瘀血)을 푸는

173 나는……숙직하며 : 우사(右史)는 사관(史官)을 가리키는 말로, 고대 중국의 사관으로 좌사(左史)와 우사(右史)가 있어 각각 기언(記言)과 기사(記事)를 맡았다고 한다. 당후(堂后)는 승정원 주서가 기거하던 방을 말한다. 풍고는 당시 기사관(記事官)의 직책을 맡고 있었다.

174 윤공 시동(尹公蓍東) : 1729~1797. 본관은 해평(海平), 자는 백상(伯常), 호는 방한(方閒)이며, 시호는 문익(文翼)이다. 1754년(영조30)에 문과에 급제하였고 여러 차례 유배와 해배를 겪으며 형조 판서와 이조 판서를 거쳐 우의정에까지 올랐다. 시파(時派)로서 벽파 공격에 앞장섰다.

175 윤공이……당하였다 : 윤시동의 상소는 《정조실록》 12년 11월 26일 기사에 수록되어 있다. 정조는 윤시동을 다시는 서용하지 말라는 전교를 내렸다.

약을 올리기를 논하고 산실청을 철수하였다.[176] 옮겨서 예조 판서와 도총부 도총관에 제수되었다.[177] 공은 마음이 무너지고 허전하여 아무것도 먹지 않고 새벽까지 서성인 것이 한참이나 되었다.

이듬해(1789, 정조13, 52세)에 조카 능적(能迪)이 알성시(謁聖試)에 합격하여 공이 장차 가묘(家廟)에 고하려다가 갑자기 중풍을 맞아 인사불성이 되니 그 증세가 매우 위태로웠다. 영고가 소식을 듣고 깊이 걱정하고 안타까워하면서 귀한 약재를 하사하였으며, 이때부터 자주 차도를 묻고 때때로 약재를 내리기도 하였다. 공이 눈물을 흘리며 자질(子姪)들에게 말하기를 "성은이 높고 무거운데 나의 병이 이와 같으니, 너희들은 훗날 반드시 힘을 다해 보답하여 네 아비의 뜻을 완수하기를 생각하라."라고 하였다.

신해년(1791, 정조15, 54세)에 이르러 영고가 공을 매우 그리워하여 특지(特旨)를 내려 예조 판서에 제수하고, 승지에게 명해 편지를 보내 억지로라도 조정에 나올 수 있는지를 묻게 하였다. 이에 공은 상소하여 고질병으로 폐인이 된 사정을 진달하였다. 가을에 이르러 다시 도총관을 제수하고 영고가 꼭 한 번 공을 만나고자 하였다. 공 역시 그리움을 이기지 못해 마침내 가마를 타고 대궐에 이르러 사은하였다. 영고가 즉시 공을 인견한 뒤 조카 능적에게 공을 부축하게 하고는 매우 정성스럽게 위로하였다. 공이 영고를 마주하여 몇 마디 나누기

176 당시에……철수하였다 : 수빈 박씨는 이때 결국 출산하지 못한 것으로 보인다. 산실청을 설치한 것은 1787년(정조11) 9월 18일이고, 산실청을 철수한 것은 1788년(정조12) 12월 30일이다. 《正祖實錄 11年 9月 18日, 12年 12月 30日》

177 옮겨서……제수되었다 : 도총부 도총관에 제수된 것은 1788년 12월 26일이고, 예조 판서에 제수된 것은 12월 29일이다. 《承政院日記 正祖 12年 12月 26日 · 29日》

도 전에 눈물을 줄줄 흘리고 목이 메어 말을 이루지 못하니, 성상이 한참 애달파하고서 물러가게 하였다. 이후로도 연이어 벼슬에 임명하는 문서가 있었지만 모두 숙배하지 않았다.

계축년(1793, 정조17) 5월에 세상을 떠나니 향년은 56세였다. 부음이 알려지자 영고가 한탄해 마지않았고, 규례대로 조회를 멈추고 제사와 부의를 하사하였다. 9월에 공주(公州) 수촌(水村) 인좌(寅坐)의 언덕에 장사 지냈다.

부인 기계 유씨(杞溪兪氏)는 군수 유언수(兪彦銖)의 딸이고, 영의정을 지낸 문익공(文翼公) 유척기(兪拓基)의 손녀이다. 부인의 법도가 있었고 공보다 11년 뒤에 세상을 떠났다.

공은 3남 2녀를 두었다. 장남 능직(能直)은 생원이고, 차남 능악(能岳)은 전 현감이며, 3남은 능달(能達)이다. 장녀는 직장(直長) 이노익(李魯益)에게 출가하였고, 차녀는 생원 서임보(徐任輔)에게 출가하였다.

능직은 먼저 의만(宜晩)을 데려와 후사로 삼았고, 뒤에 아들 하나와 딸 하나를 낳았는데 모두 어리다. 능악은 세 아들을 두었는데, 장남 의신(宜臣)은 출계(出系)하여 종형 능술(能述)의 후사가 되었고 나머지는 어리다. 딸은 청풍(淸風) 김동건(金東健)에게 출가하였다. 능달은 아들 하나를 두었는데 바로 의만이며, 딸 하나를 두었는데 어리다.

공은 사람됨이 맑고 순수하고 화락하였으며, 조용하고 신중하여 말과 웃음이 적었다. 대궐에서 물러 나오면 문을 닫고 단정히 앉았으며 자리에는 잡스러운 객이 없어 집이 고요하였다. 항상 '벼슬과 녹봉은 정해진 한도가 있으며 조급하게 나아가면 반드시 실패한다.'고 생각했다. 예컨대 계묘년(1783, 정조7)에 주사 유사(籌司有司 비변사 유사당상)

에 임명되고 갑진년(1784, 정조8)에 세자시강원 빈객(世子侍講院賓客)에 임명되고 무신년(1788, 정조12)에 혜국 제조(惠局提調 선혜청 제조)에 임명되었을 때 모두 힘써 피하여 맡지 않았던 것과 같은 것이다. 그리고 다만 겸손하고 삼가며 자랑하지 않는 것으로 현명한 군주와 맺어져 대궐을 출입하던 10여 년 동안 한 번도 털끝만큼의 차이가 있지 않았다. 그러므로 영고가 항상 '옥 같은 사람〔如玉其人〕'이라고 칭찬하였다. 공이 세상을 떠난 뒤에 더욱 거듭 그리워하며 말하기를 "그 사람처럼 순수하고 깨끗하기는 참으로 쉽지 않으며, 그 사람과 같은 풍의(風儀 풍도와 의표) 역시 오늘날에 다시 볼 수가 없다."라고 하였다.

김공 광묵(金公光默)이 공을 이어 지신(知申 도승지)이 되자 영고가 김공에게 "가서 심모(沈某)를 만나보고 그 사람을 배우라."라고 하였다. 김공이 어느 날 공을 위문하러 와서 영고의 하교를 전하자, 공이 손을 잡고 눈물을 흘리며 말하기를 "국사를 위하고 공무에 힘쓴 것일 뿐 어찌 다른 것이 있었겠는가."라고 대답하였다. 갑진년(1784, 정조8)과 을사년(1785) 사이에 조정 사대부들이 점차 갈라지니 공이 이를 매우 걱정하였다. 일찍이 조용히 영고에게 진언하기를 "조정의 신하는 마땅히 곧고 결백하며 공손한 자세로 화합하기를 마음으로 삼아야 하는데, 지금 사사로운 마음으로 서로 의심하며 멀리하니 이는 전혀 국가의 복이 아닙니다."라고 하였다. 영고가 그 말에 감동하여 은밀히 당파 간의 대립을 조율하는 책무를 공에게 맡겼다. 공 역시 이를 자신의 임무로 삼았으므로, 그 대답이 이와 같았던 것이다. 영고가 또 일찍이 김공을 칭찬하며 "심모(沈某)가 경(卿)을 좋은 사람이라고 힘껏 추천했는데, 과연 틀린 말이 아니었다."라고 하였다. 공이 영고에게 지우를 받은 것이 이와 같았다.

공은 평소 집안에서의 행실이 매우 지극하였다. 증 판서공(贈判書公 부친 심구(沈銶))이 금구(金溝)의 관아에 있을 때[178] 이질(痢疾)을 앓아 매우 위독하였다. 공이 백씨(伯氏) 정랑공(正郎公 심건지(沈健之))과 부친의 병을 돌보며 밤낮으로 옷의 띠를 풀지 않았으며, 변을 맛보아 병세를 살피기까지 하였다. 상을 당해서는 애통해하다가 기절하여 거의 죽을 뻔했던 것이 여러 번이었으며, 여묘살이를 하면서 상복을 벗지 않았다. 모친의 상을 당했을 때는 공의 나이가 이미 노년을 향하고 있었지만 부친의 상을 당했을 때와 다름없이 예를 지켰다. 백씨를 매우 공손히 섬겼고, 백씨가 세상을 떠나자 정성과 공경을 다하여 형수를 모셨다. 조카들을 염려하여 같은 집에 살면서 보살펴 주었는데, 보는 사람들은 누가 자식인지 조카인지를 구분하지 못하였다.

현감군(縣監君 심능악(沈能岳))이 공의 역명(易名 시호)의 은전을 청하고자 하면서, 공을 자세히 아는 사람으로 나만 한 사람이 없다고 여겨 나에게 시장을 부탁하였다.

아! 공의 명성과 지위는 드러났고 그 말과 행동은 길가는 사람들의 눈과 귀에 갖추어져 있으니, 어찌 나의 말을 기다려서야 공을 더 중하게 할 것인가. 그러나 나라를 걱정하고 임금을 사랑했던 공의 그 성심은 환하여 저절로 인멸될 수 없는 것이 있다. 꼿꼿하게 자신을 지키고 간약(簡約)하며 더러움에 물들지 않아 처한 상황에 따라 옮겨가지 않았던 것은 또 다른 사람이 알 수 있는 것이 아니다.

삼가 위와 같이 기록하여, 태상시(太常寺 봉상시)에 올린다.

178 증 판서공(贈判書公)이……때 : 심풍지의 부친 심구(沈銶)는 1762년(영조38) 10월 3일에 금구 현령(金溝縣令)에 임명되었다. 《承政院日記 英祖 38年 10月 3日》

판중추부사 홍공 시장[179]

判中樞府事洪公諡狀

공은 휘는 억(檍)이고 자는 유직(幼直)이다. 성은 홍씨(洪氏)이니 보계는 남양(南陽)에서 나왔다.

시조 선행(先幸)은 고려 때 금오위 위(金吾衛尉)[180]를 지냈다. 우리 조선에 들어와 대대로 고관이 이어졌으니, 부제학을 지낸 형(泂)과 정효공(貞孝公) 담(曇)과 충목공(忠穆公) 진도(振道)가 모두 당세의 명신이 되었다. 그 뒤 휘 성원(聖元)에 이르러서는 첨지중추부사를 지내고 이조 참판으로 추증되었으며, 휘 숙(璛)은 병조 참판을 지내고 이조 판서로 추증되었으며, 휘 용조(龍祚)는 대사간을 지내고 좌찬성에 추증되었으니, 이분들이 공의 증조와 조부와 부친이다. 모친은 정부인(貞夫人) 한산 이씨(韓山李氏)이니, 경종 임인년(1722, 경종2)에 한양에서 공을 낳았다. 당시에 무옥(誣獄)이 일어나 사화(士禍)가 생겨 찬성공(贊成公 홍용조) 또한 온성(穩城)에 위리안치되었는데 이 부인(李夫人)이 따라갔기에, 공은 숙모에게 양육되었다.[181]

179 판중추부사 홍공(洪公) 시장 : 홍억(洪檍, 1722~1809)의 시호를 청하는 글이다. 홍억의 본관은 남양(南陽), 자는 유직(幼直)이다. 1811년(순조11) 6월 19일에 정간(貞簡)이라는 시호를 하사받았다.《純祖實錄 11年 6月 19日》

180 금오위 위(金吾衛尉) : '금오위'는 고려 시대 중앙군인 이군(二軍) 육위(六衛) 중의 하나이다. 성종(成宗) 14년(995)에 설치된 것으로 추정되며, 개경(開京)의 치안을 담당한 경찰 부대였다.

181 당시에……양육되었다 : 당시에 일어난 사화는, 소론(少論)의 거두였던 조태구

공은 어려서부터 총명하였고 시문을 짓는 재주가 일찍 이루어져서 영종(英宗 영조) 계유년(1753, 영조29, 32세)에 알성시(謁聖試)에 장원급제하였다. 창명(唱名 급제자 발표)이 끝나고 성상이 어떻게 임금을 섬길 것인가를 묻자, 공이 모든 일에 충성을 다하고 품은 생각을 숨김없이 아뢰겠노라고 대답하니, 성상이 칭찬하였다.[182] 규례에 따라 성균관 전적에 보임되었고[183] 병조 좌랑으로 옮겼다가 정랑으로 승진하고 지평에 제수되었다. 이공 명식(李公命植)이 사관(史官)으로서 일개 승선(承宣 승지)과 함께 주선하게 됨을 부끄럽게 여겨 의리를 내세웠다가 외직으로 좌천되었다.[184] 당시에 동궁(東宮 사도세자)이 대리청정 중이

(趙泰耉)와 김일경(金一鏡)이 환관 박상검(朴尙儉)과 결탁해 노론 세력을 완전히 축출한 임인옥사(壬寅獄事)를 말한다. 이 옥사로 홍용조는 1722년 6월 25일에 극변(極邊)인 함경북도 온성(穩城)에 위리안치되었다. 숙모는 홍용조의 셋째 형인 홍귀조(洪龜祚)의 아내 전주 이씨(全州李氏)를 말한다. 홍귀조는 미호(渼湖) 김원행(金元行)의 장인이기도 하다. 《承政院日記 景宗 2年 6月 25日》《三山齋集 卷9 先妣行狀》

182 창명(唱名)이……칭찬하였다 : 이와 관련한 기록이 《승정원일기》 영조 29년 2월 8일 기사에 보인다.

183 규례에……보임되었고 : 문과에서 장원으로 급제한 자는 종6품의 관직에 임명하는 것이 규례였다. 성균관 전적은 정6품이다. 《經國大典 吏典 諸科》

184 이공 명식(李公明植)이……좌천되었다 : 1752년(영조28) 겨울에 영조가 도승지 이철보(李喆輔)로 하여금 예문관 당상을 겸하게 하였는데, 1753년 3월에 예문관 검열로 있던 이명식이, 입신(立身)이 바르지 않은 이철보의 낭속(郎屬)이 될 수 없다는 이유로 당시 대리청정 중이던 사도세자(思悼世子)에게 상서(上書)했다가 보안 찰방(保安察訪)으로 좌천된 일이 있었다. 이철보는 소론에 속한 인물로, 임인옥사 직후에 실시한 1723년(경종3) 별시 문과에 급제하였는데, 1725년(영조1) 3월에 임인옥사가 무옥으로 규정되자 박사성(朴師聖)의 탄핵을 받아 삭과(削科)되었으며, 1727년(영조3) 7월에 복과(復科)되었다. 그런데 이때 다시 이명식이 상서하여 이철보의 삭과를 주장하다가 좌천된 것이었다. 이명식의 본관은 연안(延安), 자는 건중(楗仲)이다.

었는데, 공이 상서(上書)하여 이명식의 의리에 따른 처신이 마땅함을 얻었으니 단번에 그 뜻을 꺾어 내쳐서는 안 된다고 진언하였다. 가을에 영남의 과거를 주관하였고, 겨울에 병조 정랑으로 부름을 받았다.

갑술년(1754, 영조30, 33세)에 이조 좌랑에 제수되었다가 정언에 제수되었다. 대신(臺臣 사헌부의 관원) 조종부(趙宗溥)가 영상 이공 천보(李公天輔)를 논핵하니, 성상이 노하여 조종부를 사판(仕版)에서 없앨 것을 명하였다. 공이 상서하여 구원하니, 동궁이 공을 삭직하도록 명하였다.[185]

을해년(1755, 영조31, 34세) 7월에 서용되어 세자시강원 사서(司書)에 제수되었다. 겨울에 이조 좌랑이 되었다.

병자년(1756, 영조32, 35세)에 정언에 제수되었다.

정축년(1757, 영조33, 36세)에 삼자함(三字銜)[186]을 겸하였다.

무인년(1758, 영조34, 37세) 여름에 정언이 되었다. 이보다 앞서 갑술년(1754, 영조30, 33세)에 영선(瀛選)되었으나 공은 한집안에서 두 사람이 홍문록(弘文錄)에 있다는 이유로 참여하지 못했다가 이때

1751년(영조27)에 문과에 급제하였고, 대사간·병조 판서·지중추부사 등을 역임하였다. 《英祖實錄 29年 3月 18日》《海石遺稿 卷12 奉朝賀李公命植諡狀》

185 대신(臺臣)……명하였다 : 이와 관련한 기록이 《영조실록》 30년 11월 20일과 25일 기사에 보인다. 사헌부 지평이었던 조종부는, 영의정 이천보(李天輔)가 강씨(姜氏)의 아내를 빼앗아 첩으로 삼고 그 남편을 가두어 죽게 했다는 소문이 파다하다는 이유로 이천보를 논핵하였다. 그러나 이천보가 이 소문을 극구 부정하면서 유야무야되었고, 조종부는 사판에서 삭제되고 홍억은 삭직되었다.

186 삼자함(三字銜) : 세 글자로 된 직함이라는 뜻으로, 봉조하(奉朝賀)와 지제교(知製敎)를 일컫는 말인데, 여기서는 지제교를 지칭한다.

이르러 비로소 관록(館錄)에 참여하게 되었는데, 곧 당록(堂錄)에서 이름이 빠지게 되었다.[187] 얼마 뒤에 상서(上書)하여 대신의 취사가 공정하지 않다고 말한 자가 있었는데,[188] 대조(大朝 영조)가 이를 듣고 "홍모(洪某)가 빠진 것이 애석하다."라고 하였다.

기묘년(1759, 영조35, 38세)에 여러 차례 세자시강원 문학과 지평(持平)과 사서(司書)에 제수되었다.

신사년(1761, 영조37, 40세) 9월에 겸사서(兼司書)에 제수되었다가 얼마 뒤 홍문관에 들어가 교리가 되었다.

임오년(1762, 영조38, 41세)에 연이어 수찬·부수찬·겸문학에 제수되었다. 5월에 홍문관의 동료 관원들과 함께 연명으로 흉적 나경언(羅景彦)을 노륙(孥戮)의 율로 처벌할 것을 청하였는데,[189] 성상이 엄

187 이보다……되었다 : 영선(瀛選)은 홍문록(弘文錄)에 선발되었다는 말이다. 홍문록은 홍문관의 관원을 선발하는 절차 또는 그 절차에 따라 선발된 사람의 명단을 가리킨다. 홍문록의 선발은 세 단계를 거치는데, 우선 홍문관의 현직 관원이 의논하여 후보자 명단인 본관록(本館錄)을 작성하여 이조에 이송한다. 본관록을 관록(館錄)이라고도 한다. 이조에서 본관록을 심사하여 이조록(吏曹錄)을 작성한 뒤 이조록과 본관록을 의정부에 이송하면, 의정부에서 이 기록을 검토하여 적합한 후보자를 추가한 뒤 후보의 이름에 권점을 찍어 적합 여부를 판정하였는데, 이를 도당록(都堂錄) 또는 당록(堂錄)이라고 하였다. 홍억이 도당록에서 빠지게 된 것은 영의정 이천보에 의한 것이었다. 관련 기록이 《영조실록》 34년 7월 9일, 12일~14일 기사에 보인다.

188 얼마……있었는데 : 홍문관 교리 이담(李潭)이 상서하여 영의정 이천보의 취사가 공정하지 않음을 논한 내용이 《영조실록》 34년 7월 9일 기사에 보인다.

189 5월에……청하였는데 : 이와 관련한 기록이 《영조실록》 38년 윤5월 6일 기사에 보인다. 나경언(羅景彦)은 형조 판서 윤급(尹汲)의 청지기였는데, 정순왕후(貞純王后)의 아버지인 김한구(金漢耉) 등의 사주를 받고 1762년(영조38)에 사도세자를 무고하였다. 영조가 친국(親鞫)하는 자리에서 옷 솔기에 숨겨 두었던 동궁의 허물 10여

한 비지를 내려 여러 옥당 관원들을 영남의 연해로 내치게 하니, 공은 흥해(興海)로 유배되었다. 한 달 뒤에 용서받고 서용되어 부수찬과 헌납과 부교리에 제수되었다. 9월에 대부인(大夫人 모친)의 상을 당하였다.

갑신년(1764, 영조40, 43세)에 탈상하고 헌납에 제수되었다.

을유년(1765, 영조41, 44세)에 겸필선(兼弼善)으로 승진하고 특별히 병조 번고어사(反庫御史)[190]에 차임되고 서학교수(西學教授)를 겸하였다. 동지사의 서장관으로 차임되어 사간(司諫)에 올랐다가 체차되어 사복시 정(司僕寺正)에 제수되었으며 또 겸필선이 되었다. 연행을 떠나려 할 때 성상이 친히 글을 하사하여 연행을 영예롭게 하였다.[191]

병술년(1766, 영조42, 45세) 봄에 복명하였고 교리에 제수되고 한학교수(漢學教授)를 겸하였다. 6월에 응교와 겸보덕(兼輔德)으로 승진하였다. 관동(關東 강원도)을 안렴(按廉)하면서[192] 수령으로 불법을

가지를 적은 흉서를 올리고, '동궁을 무함하였으니 그 죄는 죽어 마땅하다.'는 자백을 하여, 참형에 처해졌다. 나경언의 고변으로 영조는 사도세자를 서인으로 강등하고 뒤주에 가두어 죽게 하였다. 노륙(孥戮)의 율은 처자까지 함께 죽이는 것을 말한다.

190 병조 번고어사(反庫御史) : 번고어사는 창고에 보관된 물품을 조사하기 위해 특별히 보내던 어사를 말한다. 번고는 창고의 물품을 조사하고 정리하는 것을 말한다. 영조는 1765년(영조41) 8월 18일에 전교를 내려, 홍억을 병조 번고어사로 삼아 비상시에 사용하기 위해 병조의 창고에 보관된 물품 가운데 썩어서 사용이 불가능한 것을 취해 비변사로 하여금 처리하게 하였다. 《국역비변사등록 영조41년 5월 18일》

191 연행을 떠나려……하였다 : 홍억이 연행에 앞서 하직 인사를 올리자, 영조가 4언시 2구를 직접 써서 하사하였다고 한다. 《英祖實錄 41年 11月 2日》

192 관동(關東)을 안렴(按廉)하면서 : 홍억은 1766년 7월 24일에 강원도 암행어사에 임명되었다. 《英祖實錄 42年 7月 24日》

저지른 자를 논핵하였고 억울한 옥사를 자세히 조사하여 정상을 참작해 풀어준 자가 많았다. 돌아와 통례원 좌통례(左通禮)와 겸필선(兼弼善)에 제수되었다가 얼마 뒤 응교와 겸보덕에 제수되었다. 궁인(宮人) 가운데 큰길에서 풍악을 울린 자를 조사해 엄히 다스릴 것을 청하였고, 또 묘당(廟堂 의정부)으로 하여금 청렴한 관리를 뽑도록 하여 장려해 등용할 것을 청하였다. 겨울에 우레가 울리자 차자를 올려 궁위(宮闈 궁중)가 엄격하지 않음과 기강이 확립되지 않음을 진달하니, 성상이 가납하였다.

정해년(1767, 영조43, 46세) 봄에 장령에 제수되고 여러 차례 응교와 부응교에 제수되었으며, 김포 안핵어사(金浦按覈御史)로 차임되었다가 돌아와 집의에 제수되었다. 8월에 외직으로 나가 순천 부사(順天府使)가 되었다. 순천은 다스리기 어려운 곳이고 또 풍속이 교활하고 사나웠는데, 공이 포흠(逋欠)을 징수하고 부역을 감면하자 명성과 공적이 크게 드러났다.

무자년(1768, 영조44, 47세) 봄에 병으로 면직하였다. 겸필선과 보덕에 연이어 제수되었다. 함경도의 고산 찰방(高山察訪)이 되었는데, 당시 함경도에 일이 있었기 때문이었다. 곧 체직되었다.[193] 12월에 함경도 강계(江界)에 결원이 생겨 대신이 공을 추천하니, 작질을 올려 임명하였다. 몇 달 뒤에 체직되어 돌아왔다.[194]

193 함경도의……체직되었다 : 홍억은 1768년(영조44) 9월 14일에 고산 찰방에 임명되었다가 그날 다시 부응교에 제수되었다. 《承政院日記 英祖 44年 9月 14日》

194 12월에……돌아왔다 : 홍억은 1768년(영조44) 12월 21일에 내의원 도제조 홍봉한(洪鳳漢)의 추천을 받아 강계 부사(江界府使)에 임명되었으며, 1769년 5월 12일에 부응교에 임명되었다. 강계 도호부사는 종3품이고, 부응교는 종4품이다. 《承政院日記

기축년(1769, 영조45, 48세)[195] 5월에 동부승지에 제수되었다가 우부승지로 승진하여 강계부(江界府)의 폐단을 바로잡을 방책을 진언하였다. 성상이 시행을 허락하고 다시 공을 강계로 파견할 것을 생각하였는데, 대신이 "이 사람의 재능과 지략은 시행할 만한 곳이 많습니다."라고 하자, 마침내 그만두었다. 7월에 의주 부윤(義州府尹)에 제수되어, 군정(軍政)을 잘 다스리고 변방의 금령을 엄하게 해서 몰래 강을 건너가는 자를 장(杖)을 쳐서 죽이고 또 대상(大商) 가운데 무늬 있는 비단을 몰래 무역한 자의 목을 베니 온 부(府)가 두려워하였다. 항상 변경은 위급한 곳이라 하여 한 번도 바지와 버선[196]을 벗고 잠을 잔 적이 없었으니, 성상이 듣고 가상히 여겼다.

신묘년(1771, 영조47, 50세)에 해직되어 돌아왔다. 병조 참지와 승지와 대사간에 제수되었다.

임진년(1772, 영조48, 51세)에 형조 참의에 제수되었다. 9월에 성상이 육상궁(毓祥宮)을 지날 때 갑자기 찬성공(부친 홍용조)이 예전에 아뢴 말을 떠올리고 찬성공을 서인으로 강등시키라는 명을 내렸는데, 양사(兩司)에서 찬성공의 관작을 추탈하라고 논계(論啓)하자 성상이 즉시 윤허한 것이었다. 이는 성상이 일찍이 북쪽 교외로 거둥하다가 사묘(私廟 육상궁)를 지날 때 찬성공이 승지로 수행했는데, 성상이 가마에서 내려야 할지를 묻자 찬성공이 "왕가의 법도는 여항과 다릅니다."

英祖 44年 12月 21日》

195 기축년 : 원문에는 없으나 이해의 편의를 위하여 보충해 번역하였다.

196 바지와 버선 : 원문은 '고말(袴末)'인데, 문맥상 바지와 버선을 뜻하는 '고말(袴襪)'의 의미로 보아 이렇게 번역하였다.

라고 대답했다가 이 일로 성상의 뜻을 거슬렀기 때문이었다. 겨울에 명을 내려 찬성공의 관작을 회복하도록 하였다.[197]

계사년(1773, 영조49, 52세) 3월에 성상이 대신에게 전교를 내려 "홍모는 등용할 만하다."고 하고, 형조 참의에 제수하였다.[198] 작은 일에 연루되어 파직되었다가 서용되어 승지에 제수되었다.

갑오년(1774, 영조50, 53세) 가을에 예조 참의로서 북도(北道 함경도)의 여러 능침을 봉심하였다.

병신년(1776, 정조즉위년, 55세) 3월에 영종(英宗)이 승하하고 정묘(正廟 정조)가 왕위를 이어받았다. 공은 간장(諫長 대사간)으로서 문성국(文聖國)과 김상로(金尙魯)의 자식들에게 해당 법률을 시행할 것과 궁인 문씨(文氏) 소생 화령옹주(和寧翁主)의 작호를 삭제하고 성 밖으로 안치할 것과 정후겸(鄭厚謙)의 모친 화완옹주(和緩翁主)를 성 밖으로 내쫓을 것을 청하였고, 각 도의 사찰 가운데 원당(願堂)이라고 일컬으며 사사로이 위판을 받드는 것을 금하게 할 것을 청하니, 성상이 모두 윤허하였다.[199] 또 상소하여 상신 신회(申晦)와 그의 조카 영성위

197 9월에……하였다 : 육상궁(毓祥宮)은 숙종의 후궁이며 영조의 생모인 숙빈 최씨(淑嬪崔氏)의 신주를 모신 사당이다. 찬성공은 홍억의 부친 홍용조(洪龍祚)를 말한다. 1725년 8월에 영조가 북교(北郊)에 기우제를 지내기 위해 거둥하다가 육상궁 앞을 지날 때 승지로 수행하던 홍용조에게 수레에서 내려도 될지를 하문하자, 홍용조는 왕가의 예가 여항의 예와 다르고 대신과 예관(禮官)이 있으므로 일개 승지가 관여할 바가 아니라고 대답했다가 영조의 뜻을 거스른 적이 있었다.《承政院日記 英祖 15年 8月 30日, 9月 1日》《渼湖集 卷17 監司洪公墓碣銘》

198 계사년……제수하였다 :《승정원일기》 영조 49년(1773) 3월 9일과 윤3월 1일 기사에 보인다.

199 공은……윤허하였다 : 이와 관련한 기록이 《정조실록》 즉위년 5월 14일 · 17일 ·

(永城尉) 신광수(申光綏)를 논핵하였고, 또 선정인(先正人)을 모욕한 윤광소(尹光紹)를 먼 곳으로 추방할 것을 청하니, 성상이 따랐다.[200] 얼마 뒤에 신회의 율명(律名 죄명)을 청하지 않았다는 이유로 수찬 이보온(李普溫)에게 논척을 당하였다. 공이 상소하여, 합계(合啓)하기 전에 상소하여 모인(某人)의 형률을 청하는 것은 고례(古例)가 아님을 논변하였다.[201] 7월에 병조 참의로서 장차 친국(親鞫)을 호위하려 하였

23일 · 25일, 6월 14일 기사에 보인다. 궁인 문씨(文氏)는 영조의 후궁으로 사도세자의 죽음에 깊이 간여했던 숙의 문씨(淑儀文氏)를 말하는데, 《실록》에는 주로 '문녀(文女)'로 기록되어 있다. 문성국(文聖國)은 숙의 문씨의 오빠이다. 김상로(金尙魯)는 본관은 청풍(淸風), 자는 경일(景一), 호는 하계(霞溪)로, 1759년(영조35)에 영의정에까지 올랐으며, 1762년(영조38) 사도세자의 죽음에 깊이 개입하였다. 정후겸(鄭厚謙)은 원래 인천에서 어업에 종사하던 서인 출신이었으나, 영조의 서녀 화완옹주(和緩翁主)의 양자가 되어 궁중을 출입하였고 공조 참판 등을 지냈다. 정조가 세손으로 있을 당시 대리청정을 막으려 하였으며, 또 정조의 즉위를 반대하다가 끝내 뜻을 이루지 못하였고, 정조 즉위 후 사사되었다.

200 또……따랐다 : 이와 관련한 기록이 《정조실록》 즉위년 5월 16일 기사에 보인다. 신회(申晦)의 본관은 평산(平山), 자는 여근(汝根)이며, 영의정에까지 올랐다. 정조가 즉위한 뒤 영조의 죽음을 알리고 시호를 청하며 왕위계승을 고하는 고부 겸 청시승습사(告訃兼請諡承襲使)로 임명되었으나 사도세자를 죽이는 일에 동조하였다 하여 정조의 노여움을 사서 파직되었다. 신광수(申光綏)는 우의정을 지낸 신만(申晚)의 아들로, 영조의 서녀인 화완옹주(和緩翁主)의 언니 화협옹주(和協翁主)에게 장가들었다. 윤광소(尹光紹)는 소론의 영수 명재(明齋) 윤증(尹拯)의 방손이다. 윤광소가 모욕한 선정인은 송준길(宋浚吉)과 송시열(宋時烈)을 말한다. 윤광소는 송준길이 송시열에게 '모두가 권모술수이다.〔都是機關.〕'라고 비판할 정도로 서로 갈등했다고 주장하였다. 《素谷遺稿 卷14 黃江問答辨》

201 얼마……논변하였다 : 이와 관련한 기록이 《승정원일기》 정조즉위년 5월 23일 기사에 보인다. 홍억은 전 수찬 이보온의 논척에 대해, 신회의 죄상은 용서받지 못할 것이 분명하지만 합계(合啓)하기 전에 대관(大官)의 죄명을 논하지 않은 것은 고례(古

는데, 만부(灣府 의주부(義州府))의 행적에 대해 조사하는 일이 아직 판결되지 않았다는 이유로 잠시 개차(改差)하라는 명을 받았다가 얼마 뒤에 끝내 삭직되었다.[202] 당시에 적신(賊臣) 홍국영(洪國榮)이 새로 권력을 휘둘러 불꽃 같은 위세가 대단했기에 누구도 감히 입을 열지 못했는데, 공은 오히려 그를 동네의 어린아이로 여겼다. 일찍이 그의 숙부인 홍낙순(洪樂純)과 이야기하다가 세손(世孫 정조)이 대리청정할 때의 이야기가 나오자, 홍국영이 스스로 자기의 공인 양 우쭐대는 말을 하였다. 공이 정색하며 말하기를 "이것은 선조(先朝 영조)의 뜻이었는데, 영공(令公)이 어찌 하늘의 공을 탐낸단 말입니까.[203]"라고 하니, 홍국영이 크게 노여움을 품고 공을 쫓아내야겠다고 생각하였다. 공이 의주 부윤으로 있을 때 어떤 환관의 아비가 연경(燕京)으로 사신 가는 종신(宗臣 벼슬자리에 있는 왕족)에게 줄을 대어 향임(鄕任)[204]에 차임된

例)를 준수한 것이었음을 논변하였다. 합계는 사간원·사헌부·홍문관이 연명하여 계사를 올리던 일이나 또는 그 계사를 말한다.

202 7월에……삭직되었다 : 이와 관련한 기록이 《승정원일기》 정조즉위년(1776) 6월 25일 기사에 보인다. 홍억은 이해 6월 14일에 병조 참의에 제수되었는데, 정조가 6월 25일에 홍인한(洪麟漢)을 비호한 윤약연(尹若淵)과 홍지해(洪趾海) 등을 친국하는 자리에서, 홍억이 의주 부윤으로 있을 때의 일을 문제 삼아 병조 참의에서 잠시 개차하라는 명을 내렸다. 의주 부윤으로 있을 때의 일은 아래 본문의 내용에 보인다.

203 영공(令公)이……말입니까 : 영공(令公)은 영감(令監)과 같은 말로, 정3품과 종2품의 사람에게 존칭으로 쓰는 말이다. 홍국영은 정조 즉위 후 승정원 동부승지로 발탁되었는데, 동부승지는 정3품 당상관이다. 하늘의 공을 탐낸다〔貪天之功〕는 말은 임금의 덕으로 이루어진 공을 자기 공으로 삼는다는 말이다. 《춘추좌씨전》 희공(僖公) 24년에 "남의 재물을 훔치는 것도 오히려 도둑이라 하는데, 하물며 하늘의 공을 탐내어 자신의 공로로 삼는 것임에랴.〔竊人之財, 猶謂之盜, 況貪天之功, 以爲己力乎?〕"라는 개지추(介之推)의 말에서 나왔다.

일이 있었다. 공이 뒤에 그 사실을 알고 즉시 그자를 가려내 쫓아버렸는데, 이때 와서 어떤 일로 그 일이 알려져 마침내 이를 죄안으로 삼았으니, 이것이 이른바 '만부(灣府)의 행적에 대해 조사하는 일'이었다. 이에 대간(臺諫) 김동연(金東淵)이 상소하여 몹시 비방하였는데, 만부에서 칙사를 접대하는 데 드는 은화(銀貨)를 마음대로 농단하고 창고의 공물을 횡령했다고 하며 먼 곳으로 유배보내기를 청하였다. 성상이 윤허하지 않고 의주부로 하여금 조사하게 하였다.[205] 아무런 실증이 없었지만 도신(道臣)은 오히려 의금부에 내려보내기를 계청하였고 채제공(蔡濟恭)은 판당(判堂 판의금부사)으로서 도배(徒配)형에 처할 것을 청하였다. 그러나 성상은 삭직하라는 명을 내리는 데 그쳤으니, 이는 그 실상을 알았기 때문이었다.

무술년(1778, 정조2, 57세) 5월에 서용되었다. 12월에 홍낙순이 전조(銓曹 이조)를 맡아서 공을 돈녕부 도정(敦寧府都正)에 의망하였다.

기해년(1779, 정조3, 58세)에 전벌(銓罰)을 당하였다. 7월에 견서(甄敍)되어 파주 목사(坡州牧使)에 제수되었다.[206]

204 향임(鄕任) : 향리(鄕吏)의 부정을 규찰하고 수령을 보좌하는 좌수(座首)·별감(別監) 등을 이르는 말이다.

205 이에……하였다 : 김동연(金東淵)이 상소한 내용과 정조가 의주부에 명을 내려 사실을 조사하게 한 비답은 《정조실록》 즉위년 11월 17일 기사에 보인다.

206 기해년에……제수되었다 : 전벌(銓罰)은 전조(銓曹)의 장관인 이조 판서에 대한 처벌을 말하는데, 여기서는 홍억이 전관으로부터 처벌을 받았다는 말로 보인다. 《삼반예식(三班禮式)》 권상(卷上) 〈전벌(銓罰)〉에 "문관과 음관의 좌천과 외보는 오직 시임 전관이 행한다.〔文蔭官左遷與外補, 惟時任銓官行之.〕"라는 말이 보인다. 홍억이 1779년에 처벌을 받은 기록은 찾지 못했다. 견서(甄敍)는 벼슬에서 퇴직한 관원을 잘 가려서 다시 등용하는 것을 말하는데, 홍억은 1779년 7월 20일에 파주 목사에 임명되었다.

경자년(1780, 정조4, 59세) 2월에 삼사에서 합계하여 홍낙순을 토죄(討罪)하였는데, 폐고(廢錮)되었던 공을 앞장서서 일으켜 준 것을 한 가지의 죄안으로 삼으니,[207] 공이 즉시 사직하고 물러났다.

3년 뒤(1783, 정조7, 62세)에 서용되어 이천 부사(伊川府使)에 제수되었는데, 청렴하고 간약하게 다스려서 공문(公門)이 엄숙하였으며, 서창(西倉)의 관사(官舍)를 세우고 조량(助粮)의 창고[208]를 만들었다.

을사년(1785, 정조9, 64세)에 병으로 체직되었다. 당시에 한 상신(相臣)이 평소에 공을 중히 여겼는데 성상에게 상언하기를 "홍모의 재능과 식견이 아깝습니다."라고 하니, 성상이 고개를 끄덕였다.

병오년(1786, 정조10, 65세) 10월에 성상이 명하여 공을 병조 참의에 의망하게 하였는데 전관(銓官)이 그 뜻을 어기고 다른 사람을 의망해 올리니, 전관을 엄중하게 추고(推考)하라는 명을 내리고 이어 공을 분병조 참의(分兵曹參議)[209]에 제수하였다. 12월에 승지에 제수되었

《承政院日記 正祖 3年 7月 20日》

207 경자년……삼으니 : 이와 관련한 기록이 《정조실록》 4년 2월 13일 기사에 보인다. 폐고된 홍억을 앞장서서 일으켜 주었다는 것은 앞의 본문 내용에 보이는 홍낙순이 이조 판서가 되어 홍억을 돈녕부 도정에 의망한 일을 말한다.

208 조량(助粮)의 창고 : 군량을 보관하기 위해 만든 창고인 듯하다.

209 분병조 참의(分兵曹參議) : 분조(分朝)의 병조 참의를 이른다. 분조는 본래 임금이 산릉(山陵)에 행차하거나 강무(講武)를 하는 일로 도성을 비울 때 육조의 일을 폐지하지 않기 위하여 도성에 남겨 두던 분사(分司) 혹은 전란 등으로 임금이 파천했을 경우 만일의 사태를 대비하여 행재소(行在所) 외에 별도로 두는 작은 조정을 이르는 말이나, 이러한 일이 없는 경우에도 특별한 일이 발생하여 조정의 업무가 과중할 경우 임시로 분조를 두기도 하였다. 홍억은 1786년(정조10) 10월 23일에 분병조 참의에

다. 밤에 성상이 공을 소견(召見)하였는데, 몇 해 전에 곤란을 당한 일을 물었다. 성상이 말하기를 "무엇 때문에 홍국영에게 미움을 받았는가? 참소하는 말이 날마다 나에게 들렸지만 나는 진실로 그것이 거짓임을 알고 있었다."라고 하였는데, 성상의 얼굴은 온화하고 맑았으며 옥음(玉音)은 아름다웠다. 공이 매우 감격해 눈물을 흘리며 대답하기를 "신이 세상을 사는 방법에 어두워 권귀(權貴)를 거스르는 말을 하여 스스로 곤경에 빠졌습니다. 만약 참언을 미워하는 밝은 성상의 덕이 아니었다면 신이 어찌 목숨을 보전하여 오늘까지 살아남을 수 있었겠습니까."라고 하고, 그 이유를 스스로 진달하였다. 성상이 말하기를 "당시에 누가 홍국영을 대면하여 이런 말을 할 수 있었겠는가. 미움을 받은 것이 당연하다."라고 하였다. 이어 야대(夜對 밤에 행하는 경연)를 행할 때 공에게 《송명신언행록(宋名臣言行錄)》을 읽게 하였다. 겨우 몇 줄을 읽었을 때 성상이 말하기를 "주연(冑筵 왕세자의 서연)에서 글을 강론했던 것이 어느덧 20년이나 지났는데 글 읽던 소리가 아주 훌륭했음을 아직도 기억하고 있다. 지금 다시 들으니 나를 기쁘게 하는구나."라고 하였다. 이때부터 성상의 은혜와 관심이 날로 깊어졌다.

정미년(1787, 정조11, 66세)에 예조 참의에 제수되었다. 9월에 충청 감사에 제수되자 공이 그 은혜에 감격하여 마음을 가다듬고 보답할 것을 생각하였다. 이에 녹봉 수천 꿰미를 내어 창고를 만들어 보관해두고 그 이자를 취해 각 고을에 경비를 나누어 배정하던 폐단을 완화하며 관사를 수리하고 성과 해자(垓字)를 손보고 병기를 정비하고 군교(軍校)를 다독이니 모든 일이 다 거행되었다. 얼마 뒤에 병이 들어 오한과

제수되었다. 《承政院日記 正祖 10年 10月 23日》

신열이 날로 깊어졌지만 계장(啓狀)에는 여전히 반드시 직접 서명하였고, 읍첩(邑牒 고을에서 올린 문서)과 민장(民狀 백성이 올린 소송장)이 있으면 그때마다 아전을 내실로 들여 판결하니, 공무에 아무런 공백이 없었다. 성상이 이를 듣고 연신(筵臣)에게 말하기를 "금백(錦伯 충청도 관찰사)이 병이 심한데도 평소처럼 정무를 본다 하니, 내가 매우 안쓰럽다. 편지를 보내 나의 뜻을 유시하고 공무를 물리고 병을 조리하게 하라." 라고 하였으니, 남다른 은총이었다.

기유년(1789, 정조13, 68세)에 경상 감사로 옮겨 제수되었는데, 번다한 사무가 호서(湖西)보다 배나 많았으나 여유롭게 처리하였다. 8월에 현륭원(顯隆園)을 천장하려 할 때 지난날의 궁료(宮僚)라는 이유로 특별히 가선대부(嘉善大夫)의 품계에 올랐다.[210] 이해 가을에 면화 농사가 흉년이 들어 영남의 면화 역시 귀했는데, 자본이 넉넉한 대상(大商)들이 전국 각지로 나가 면화를 사들여 이익을 독점할 계책을 세우니, 공이 금령을 내려 조령(鳥嶺)을 넘는 것을 허락하지 않았다. 때마침 영남의 선비 가운데 죄를 범한 자가 있었는데 달아나 채제공(蔡濟恭)의 집에 숨었다. 채제공이 마침내 상인을 금한 일을 들추어내 보고하여 '도성에 면화가 귀하게 된 것은 그 죄가 경상 감사에게 있다'고 하였다. 성상이 특명으로 공을 파직시키고 새로 부임하는 감사에게 유시(諭示)하기를 "전 감사가 경체(徑遞 만기 전에 교체됨)되어 애석하

210 8월에……올랐다 : 정조는 1789년(정조13) 10월에 경기도 양주(楊州)에 있던 사도세자의 묘를 화성시(華城市)로 옮기고 명칭을 현륭원(顯隆園)으로 고쳤다. 궁료(宮僚)는 세자시강원에 속한 보덕 이하의 벼슬아치를 통틀어 이르는 말이다. 홍억은 영조 때 보덕과 필선 등의 관직을 역임하였다. 홍억은 현륭원을 천장하기 전인 8월 4일에 가선대부의 품계에 올랐다. 《承政院日記 正祖 13年 8月 4日》

다."라고 하였다. 한성부 좌윤으로 불려 돌아와 동지춘추관사를 겸직하였고 병조 참판으로 옮겼다가 대사헌으로 옮겼으며 체차되어 우윤(右尹)에 제수되었다.

경술년(1790, 정조14, 69세)에 다시 대사헌에 제수되었다가 또 돌아와 좌윤이 되었다. 특명으로 형조 참판에 제수되고 좌승지로 옮겼다가 곧 형조 참판에 다시 임명되어 부총관(副摠管)을 겸직하였다. 당시에 형조 판서[211]가 늙고 병들어 형조의 사무가 적체되었다. 성상이 전적으로 공에게 사무를 위임하고자 하여 매일 저녁에 각 도의 옥안(獄案) 가운데 여러 차례 복주(覆奏)[212]를 거치고도 결정하지 못한 것 서너 건을 취해 내려준 다음 이튿날 조회에 나와 회계(回啓)하도록 명하고 이것을 상례로 삼았다. 전후로 서너 달 동안 무려 수십 백 건이나 되어 문서가 번다하고 어지러웠지만 물 흐르듯이 논단하였고, 조금이라도 의심스러운 옥안이 있으면 그때마다 목숨을 살려주는 쪽으로 논의를 붙이니, 상주문이 들어갈 때마다 "경의 논의가 마땅하다."라는 말로 판하(判下 상주한 말을 허가함)하였다. 6월에 당저(當宁 순조)가 탄생하자 이날 특명을 내려 공을 도승지에 제수하고 약원(藥院 내의원)에서 숙직하게 하였다.[213] 당시에 장차 큰 사면령을 내리려고 하였는데 모든 경외(京外)의 죄수들에 대한 사면 여부를 모두 공에게 논계(論啓)하도록

211 형조 판서 : 당시의 형조 판서는 정창순(鄭昌順)이다.

212 복주(覆奏) : 사형수에 대하여 반복 심리를 거쳐 그 결과에 대한 최종 재가를 받기 위해 상주하는 것을 말한다.

213 6월에……하였다 : 1790년(정조14) 6월 18일에 정조의 후궁 수빈 박씨(綏嬪朴氏)가 순조를 낳았으며, 이날 홍억은 도승지에 제수되었다. 《正祖實錄 14年 6月 18日》《承政院日記 正祖 14年 6月 18日》

명하였고 대부분 공의 상주를 따랐다. 성상이 공에게 이르기를 "경은 추조(秋曹 형조)에서 또한 이미 수고하였다. 품계를 올려 발탁하는 교서를 써둔 지 이미 오래되었다."라고 하였다. 특별히 자헌대부(資憲大夫)로 올랐으며 도승지를 그대로 겸직하고 한성부 판윤에 제수되었다. 자전(慈殿)과 자궁(慈宮)에서 각각 은과 비단을 하사받고 안태사(安胎使)로 차임되었다가 약원의 직임을 띠고 있다고 하여 체직을 명 받아 형조 판서에 제수되었다.[214]

신해년(1791, 정조15, 70세)에 기로사(耆老社)에 들어갔고, 지의금부사와 지경연부사를 겸직하고 판윤에 제수되었다. 예조 판서로 옮겼다가 또 판경조(判京兆 한성부 판윤)가 되었으며, 얼마 뒤 돌아와 종백(宗伯 예조 판서)이 되었다.

임자년(1792, 정조16, 71세) 4월에 둘째 아들로 인해 은혜를 입어 숭정대부(崇政大夫)의 품계에 올랐다.[215] 당시에 공의 둘째 아들 대협(大協)이 문과에 급제하고 막내아들 대형(大衡)은 사마시에 합격하니, 공은 휴가를 얻어 두 아들을 데리고 선영(先塋)을 영소(榮掃)[216]하

214 안태사(安胎使)로……제수되었다 : 이와 관련한 기록이 《승정원일기》 정조 14년(1790) 7월 8일 기사에 보인다. 안태사는 왕자가 탄생하였을 때 그 태반(胎盤)을 태봉(胎峯)에 묻기 위해 파견된 관원이다. 한편, 홍억이 형조 판서에 제수된 것은 11월 3일이다. 《承政院日記 正祖 14年 11月 3日》

215 임자년……올랐다 : '임자년'은 원문에는 없으나, 《승정원일기》에 따르면 홍억이 숭정대부의 품계에 오른 것이 임자년인 1792년(정조16) 4월 2일이므로 보충해서 번역하였다. 또 뒤에 이어지는 내용인 둘째 아들 홍대협이 문과에 급제하고 막내아들 홍대형이 사마시에 합격한 것도 임자년이다. 한편, 둘째 아들 홍대협으로 인해 홍억이 숭정대부의 품계에 올랐다는 것은 무슨 일을 말하는 것인지 분명하지 않다.

216 영소(榮掃) : 자신이나 아들이 과거에 급제하거나 관직에 임명되는 등의 영광스

였고, 이어 큰아들 대응(大應)의 진천(鎭川) 임소에 나아가 봉양을 받았다.[217] 판의금부사와 형조 판서에 제수되었다가 일로 인해 파직되었다. 서용되어 대종백(大宗伯 예조 판서)에 제수되었고, 얼마 뒤에 판의금부사를 겸직하였다. 10월에 특명으로 병조 판서에 제수되었다. 11월에 금당(禁堂 의금부 당상)의 일에 연루되어 삭직되었다가[218] 곧 서용되었다.

계축년(1793, 정조17, 72세)에 지경연사와 판의금부사에 제수되었다.

갑인년(1794, 정조18, 73세)에 공이 회근(回巹)[219]을 맞았다고 하여 성상이 많은 하사품을 내렸으며, 원자(元子 순조) 역시 '태평만년(太平萬年)'이라는 네 글자를 써서 하사하였다. 성상이 혜경궁(惠慶宮)에게 진작(進酌)하고자 하여[220] 공이 이원 제거(梨園提擧 장악원 제조)로서 여

러운 일이 있을 때 선조의 묘소에 가서 예를 올리는 것을 말한다. 영분(榮墳)이라고도 한다. 영(榮)은 영광, 소는 소분(掃墳)의 뜻이다.

217 이어……받았다 : 홍대응(洪大應)은 1790년(정조14) 9월에 진천 현감에 제수되었다.《外案考 卷2 忠淸道 鎭川縣監》

218 11월에……삭직되었다가 : 1792년(정조16) 10월에 역적 신기현(申驥顯)의 아들을 조흘강(照訖講)에 합격시킨 윤영희(尹永僖)를 나핵(拿覈)하라는 정조의 명에 대해, 승지 홍명호(洪明浩)가 나핵으로 그칠 것이 아니라 나국(拿鞫)해야 한다고 상언하였다. 이에 정조가 일개 승지가 성상의 명을 거역했다는 이유로 홍명호를 금갑도(金甲島)에 유배하라는 명을 내렸고, 이때 홍억 역시 귀양의 명을 받았다가 삭탈관직된 기록이 보인다. 조흘강은 과거에 응하는 유생에 대해 성균관에서 먼저 그의 호적을 대조한 뒤에 유교 경전의 하나인《소학》을 외우게 하는 시험이다.《正祖實錄 16年 11月 9日·11日》

219 회근(回巹) : 회혼(回婚)과 같은 뜻으로 혼인한 지 60년이 되는 해를 말한다.

220 성상이……하여 : 혜경궁 홍씨(惠慶宮洪氏)의 회갑을 기념하여 진연(進宴)을 펼

령(女伶 여자 악공)을 연습시키는 일을 맡았다. 어떤 대신이 외읍(外邑)의 재주 있는 기녀를 선발하기를 청하자 공이 불가하다고 주장하니, 성상이 공의 말을 따랐다. 도총관(都摠管)에 제수되었다.

을묘년(1795, 정조19, 74세) 원일(元日)에 대비(大妃 정순왕후(貞純王后))의 성수가 쉰이고 혜경궁의 춘추가 육순이라 하여 중외에 성은을 널리 베풀었는데, 공 역시 숭록대부(崇祿大夫)의 품계에 올랐다. 동시에 관작을 받은 사람이 모두 7만 5100여 명이었고 그들의 나이를 다 헤아리면 589만 8200세였다. 성상이 명을 내려 편찬하게 한 《인서록(人瑞錄)》이 완성되자 궁궐 뜰에서 연회를 베풀어 문관과 음관의 정경(正卿 정2품 이상) 가운데 70세 이상인 20명에게 자손들을 이끌고 참여하도록 명하여 날이 저물 때까지 함께 즐겼다.[221] 여러 기신(耆臣 기로소

치려고 했다는 말이다. 진연은 참석 대상과 준비하는 음식의 가짓수에 따라 그 규모가 구별되었던 것으로 보이는데, 진풍정(進豐呈)이 규모가 가장 크고, 다음으로 진연·진찬(進饌)이 있으며, 진작(進爵)이 규모가 가장 작다. 본문에서 말한 진작(進酌)은 진작(進爵)을 이른 것으로 보인다. 《정조실록》 18년 6월 3일 기사에 영의정 홍낙성(洪樂性)이 혜경궁의 회갑 탄신 진하에 관해 아뢰면서 "내년의 진연에 대해서는 이미 성명(成命)을 받들었습니다. 그러나 금년의 진작(進酌)은 일의 체모나 의례 절목이 진연과는 약간 차이가 있습니다."라는 말이 보인다.

221 을묘년……즐겼다 : 번역 대본에는 을묘년으로 되어 있으나, 《정조실록》과 《승정원일기》의 기록에 따르면, 갑인년(1794, 정조18)의 일이다. 홍억이 숭록대부의 품계에 오른 것은 갑인년 1월 1일이며, 《인서록(人瑞錄)》을 편찬하게 하고 완성되자 잔치를 베푼 것은 갑인년 9월 24일의 일이다. 《인서록》은 《어정인서록(御定人瑞錄)》으로, 1794년에 정순왕후(貞純王后) 김씨(金氏)가 50세가 되고 혜경궁 홍씨가 60세가 되며 정조가 즉위한 지 20주년이 되는 것을 기념하여 경외(京外)의 노인 7만 5145명에게 관작을 하사한 뒤 이에 대한 전말을 기록한 책이다. 4권 2책으로 《홍재전서》 권6에 서문과 함께 수록되어 있다.

에 든 신하)이 원자(元子)에게 헌수를 했고, 성상이 친히 7언 율시를 짓고 공에게 연회에 참석한 신하들과 함께 화답시를 지어 올릴 것을 명하였다. 이해부터 연초마다 특별히 옷감과 쌀과 고기를 하사하고, 탁지(度支 호조)의 낭관(郎官)을 보내 공 부부의 안부를 묻게 하였다. 정동준(鄭東浚)은 공에게 먼 친척이 되었는데, 정동준이 패망하게 되자 어석령(魚錫齡)이 이 일을 말미암아 공을 얽어 넣었지만, 성상의 통찰에 힘입어 명백히 밝혀졌다.[222] 4월에 도총관과 판돈녕부사와 공조판서에 제수되었으나 모두 나아가지 않았다.

병진년(1796, 정조20, 75세) 봄에 세 차례 글을 올려 사직을 청했으나 성상이 허락하지 않았다. 9월에 숙선옹주(淑善翁主)가 마마를 앓자 또 공에게 명해 약원(藥院)에서 숙직하게 하였다. 성상이 공의 연로함을 염려하여 인삼과 차와 좋은 음식을 자주 하사하였다. 공이 성상을 뵙자 '무릇 길사(吉事)와 경사(慶事)가 있을 때마다 경의 복력(福力)에 의지하지 않을 수 없으니 다시는 사직을 청해서는 안 될 것이다.'고 효유하였다.

정사년(1797, 정조21, 76세)에 또 판금오(判金吾 판의금부사)가 되었다가 곧 체직되었다. 7월에 광주 유수(廣州留守)에 제수되었다. 당시 수어영(守禦營)을 남한산성으로 내보낸 지 얼마 되지 않았는데,[223] 공

222 정동준(鄭東浚)은……밝혀졌다 : 정동준의 본관은 동래(東萊), 자는 사심(士深)이다. 정조의 측근으로 규장각 대교와 대사간·경상도 관찰사 등을 역임하였다. 1795년(정조19)에 권력을 농단한다는 권유(權裕)의 탄핵을 받자 자결하였다. 홍억이 정동준에게 아첨했다고 탄핵한 사간원 사간 어석령(魚錫齡)의 상소와 이에 대한 정조의 비답이 《정조실록》 19년 2월 18일 기사에 보인다.

223 당시……않았는데 : 남한산성의 소재지인 경기도 광주부(廣州府)는 숙종과 영조

이 마음을 다해 다스려 견사(繭絲)와 보장(保障)에 대해 모두 마땅함을 얻었다.[224]

기미년(1799, 정조23, 78세)에 병으로 체직되었다. 6월에 판의금부사에 제수되었다. 공은 병진년(1796, 정조20)의 하교를 받들었을 때부터 감히 다시는 사직할 생각을 하지 않았다. 그러나 일번인(一番人)이 전조(銓曹)를 담당하고부터는 전조의 의망(擬望)이 거의 드물었고, 특별히 제수된 것은 항상 이전의 의망을 썼을 때였다.[225]

경신년(1800, 정조24, 79세) 정월에 원자에게 관례를 행하고 책봉

때에 유수부(留守府)로 승격되었다가 다시 광주부로 되돌려졌으며, 1759년(정조19)에 와서야 유수부로 확립되었다. 남한산성은 소속 병력과 군향(軍餉)의 운영을 중앙 군영인 수어청(守禦廳)이 전담하여 관리했으므로 수어청 경청(京廳)과 남한본청(南漢本廳)인 유영(留營)으로 분할된 이원적인 체제로 운영되었다. 수어사(守禦使)는 경청에 머물며 업무를 총괄하였다. 그런데 광주 부윤(廣州府尹) 역시 수성장(守城將)을 겸직하면서 산성과 관련된 업무를 수행할 의무가 있기 때문에 수어사와 관할 범위가 중첩되었다. 이때 와서 정조는 군제 개편을 단행하여 한양에 있던 수어청(守禦廳) 경청(京廳)을 폐지하고 남한산성으로 옮겼으며, 광주부 유수가 수어사(守禦使)를 겸하게 하여 행정과 군정을 일원화했다. 광주 유수의 임기는 2년이었다. 《正祖實錄 19年 8月 18日》《國朝寶鑑 卷74 正祖朝6 乙卯19年》《趙樂玲, 조선후기 留守府 재정연구, 서울대 박사논문, 2015, 94~104쪽》

224 견사(繭絲)와……얻었다 : 광주 유수로서 세금 정책을 잘 시행하고 남한산성을 국가의 보장(保障)으로 만들었다는 말이다. 견사는 원래 누에고치처럼 세금을 계속 받아들이는 것이고, 보장은 백성을 잘살게 만듦으로써 견고한 요새의 성처럼 역할을 하도록 하는 것을 말한다.

225 6월에……때였다 : 《승정원일기》 정조 23년(1799) 6월 6일 기사에 "판의금부사의 전망(前望) 단자를 들이라고 하여, 홍억에게 낙점하였다."라는 내용이 보인다. 병진년의 하교는 앞의 본문 내용 참조. 일번인(一番人)은 당파나 이념을 달리하는 쪽의 사람을 구체적으로 지칭하지 않고자 할 때 쓰는 말로, 여기서는 소론을 가리킨다.

하여 왕세자로 삼았다. 또 장차 대혼(大婚)을 행하려 하여 특명을 내려 공을 책례 가례도감 당상(冊禮嘉禮都監堂上)에 차임하였다. 심환지(沈煥之)가 성상에게 공을 이간질하며 말하기를 "이 사람은 지금은 해로(偕老)하는 사람이 아닙니다."라고 하자, 성상이 말하기를 "이런 것은 응당 더욱 좋은 일이다."[226]라고 하니, 심환지가 무안해하였다. 공조 판서에 제수되었다. 2월에 세자의 관례와 책봉례가 끝난 일로 구마(廐馬)를 하사받고 공의 손자 한 명이 관직을 받았다. 윤4월에 신귀조(申龜朝)가 헌대(憲臺 사헌부)에 들어가 글을 엮어 공의 파직을 청하자 성상이 속히 그만둘 것을 명하여 그쳤지만,[227] 공이 소장을 올려 면직되었다. 6월에 정묘(正廟 정조)가 승하하자 시사가 날로 변하여 흉악한 무리가 기세를 떨치니, 공은 이때부터 조정에서 자취를 거두었고 당세의 일에 대해 말하지 않았다. 10월에 지중추부사에 제수되었다.

신유년(1801, 순조1, 80세)에 나이가 여든이 되었다는 이유로 보국대부(輔國大夫)에 올랐다. 얼마 뒤에 공의 아들 대협(大協)이 바닷가로 내쳐졌다가 죽었다.[228] 판중추부사의 직책이 비었으나 전조(銓曹)에서 또한 공을 승진시키지 않은 것이 몇 년이나 되었다. 어떤 사람이

226 이런……일이다 : 부부가 함께 장수하며 해로하다가 이제야 부인이 세상을 떠났으니 문제 될 것이 없다고 말한 것으로 보인다.

227 윤4월에……그쳤지만 : 사헌부 지평 신귀조(申龜朝)가 탄핵한 내용과 정조의 비답이 《정조실록》 24년 윤4월 24일 기사에 보인다.

228 공의……죽었다 : 홍대협은 순조가 즉위한 뒤 심환지(沈煥之) 등 벽파(僻派)의 탄핵을 받아 전라도 해남현(海南縣)으로 유배되었다가 죽었다. 《純祖實錄 1年 1月 15日, 2月 23日·26日》《承政院日記 純祖 1年 12月 15日》

공에게 다시 사직할 뜻을 이루기를 권하자, 공이 웃으며 말하기를 "세상이 이미 나를 막아 사직하지 않아도 절로 사직한 것이나 마찬가지이니, 봉조하(奉朝賀)를 어디에 쓰겠는가."라고 하였다.

병인년(1806, 순조6, 85세)에 비로소 판중추부사에 올랐다. 상소하여 사직하면서 이어 계술(繼述)에 힘쓸 것을 아뢰니, 성상이 너그러운 비답을 내렸다.[229] 여름에 여러 대신과 연명으로 진언하여 적신(賊臣) 김한록(金漢祿)의 처자식을 처벌할 것을 진달하였다.[230]

3년 뒤인 기사년(1809, 순조9) 4월에 세상을 떠나니, 향년 88세였다. 부음이 알려지자 규례대로 조회를 멈추고 부의와 제사를 내렸다.

공의 부인은 연안 김씨(延安金氏)이니, 대사헌을 지낸 김상옥(金相玉)의 딸이다.

공은 3남 3녀를 두었다. 대응(大應)은 서윤(庶尹)을 지냈고, 대협(大協)은 승지를 지냈으며, 대형(大衡)은 판관을 지냈다. 세 딸은 군수 박진수(朴晉壽)와 첨정(僉正) 김명연(金命淵)과 사인(士人) 이의열

229 병인년에……내렸다 : 홍억이 올린 사직 상소와 순조의 비답은《승정원일기》순조 6년 5월 17일 기사에 보인다. 계술(繼述)은 선왕의 뜻을 훌륭히 계승하는 것을 말한다. 홍억이 상소한 내용 가운데 "전하께서 힘써야 할 것은 계술 두 글자보다 더한 것이 없으며, 신이 말씀드리고 싶은 것 역시 계술 두 글자일 뿐입니다.〔殿下之所可勉者, 無過於繼述二字, 臣之所欲獻者, 亦只是繼述二字耳.〕"라는 구절이 보인다.

230 여름에……진달하였다 : 홍억이 연명으로 올린 진언은《승정원일기》순조 6년 6월 22일 기사에 보인다. 이 연명 상소에 풍고 역시 영돈녕부사로 참여하였다. 김한록(金漢祿)은 본관은 경주이고, 자는 여수(汝綏)이며 호는 한간(寒澗)이다. 정순왕후(貞純王后)와 결탁하여 홍봉한(洪鳳漢)을 탄핵해 관직에서 물러나게 하고 세손이던 정조까지 해치려 하였으나 뜻을 이루지 못했다. 1806년에 관작이 추탈되었다가 1864년(고종1)에 회복되었다.

(李義悅)에게 출가하였다. 내외의 손자와 증손이 매우 많다.

공은 타고난 성품이 담백하고 곧고 대범하고 검소하였으며, 말과 웃음이 적었고 남들을 대할 때는 강직하였다. 가죽옷 한 벌을 40년 동안 입었으며 완미하여 즐기는 물건을 눈앞에 두지 않았다. 재능과 식견이 명민했고 특히 정사에 뛰어났다. 경외(京外)에서 벼슬할 때 아무리 작은 물건이라도 사사로운 이유로 함부로 사용하지 않았으니, "나라의 물건은 나의 물건보다 더 심하게 아껴야 한다."라고 하였다. 지론이 공평하였으며 괴팍하고 과격한 행동을 부끄럽게 여겼다. 그러나 의리와 시비를 가리는 즈음에는 한 번도 깐깐한 자세를 원만하게 바꾼 적이 없었고 구차하게 영합하여 시속을 따르지 않았다. 그러므로 처음부터 끝까지 당파를 짓는 사람들과 어긋나 번번이 그들의 모함에 빠졌으나 후회하지 않았다.

아! 공은 그 명성이 있었으나 그 실제를 다 펴지 못했고 온축해 둔 것이 있었지만 다 펼쳐내지 못했으니, 바로 이것이 당시의 사람들이 한탄하고 애석해하는 바이다. 그러나 세 조정을 두루 섬기면서 화락하고 태평한 시운을 만났으며 장수하고 강녕하며 자손이 번성하였으니, 당세에서 찾아보더라도 대개 또한 짝할 이가 드물었다. 대궐에서 조회할 때마다 수려한 얼굴과 백발로 대신들의 반열에 꼿꼿이 서 있는 모습을 멀리서 바라보면 상서롭고 온화하며 어질고 선한 기운이 애연히 사람들을 감싸서, 밝은 시대의 성대한 교화를 빛내고 태평한 세상의 으뜸가는 상서가 되기에 충분하였다. 기주(箕疇)에 나오는 구오(九五)의 복[231]을 공이 거의 소유한 것이니, 이른바 요직을 차지하여 권력을

231 기주(箕疇)에……복 : 기주는 《서경》 〈홍범(洪範)〉의 구주(九疇)로, 기자(箕

잡고서 위태로워지는데도 스스로 깨닫지 못하는 사람과 비교할 때 누구의 삶이 더 나은 것인가. 그렇다면 공이 자신의 쓰임을 다하지 못했던 것은 바로 하늘이 권력을 잡고서 위태로워지는 삶을 허락하지 않고 구오의 복을 넉넉히 베풀려 했기 때문이리라.

이상 서술한 것은 모두 법도로 볼 때 마땅히 시호를 내려야 하는 행적이기에, 삼가 공의 가장(家狀)에 기록된 대체를 취해 태상시(太常寺 봉상시)에 올린다.

子)가 저술하였다고 하여 기주라고 부른다. 구주는 천하를 다스리는 아홉 가지 큰 법도를 말한다. 구오의 복은 구주 가운데 아홉 번째로 나오는 오복(五福)을 가리킨다. 《서경》〈홍범〉에, "오복은 첫째는 장수함이고, 둘째는 부유함이고, 셋째는 강녕함이고, 넷째는 덕을 좋아함이고, 다섯째는 정명으로 마치는 것이다.〔五福, 一曰壽, 二曰富, 三曰康寧, 四曰攸好德, 五曰考終命.〕"라는 구절이 있다.

풍고집

제14권

시장
諡狀

시장諡狀

병마절도사 증 병조 판서 심공 시장[1]

兵馬節度使贈兵曹判書沈公諡狀

공은 휘는 진(榗)이고, 자는 진경(晉卿)이다.

심씨(沈氏)는 보계가 청송(靑松)에서 나왔으니, 문하좌시중(門下左侍中)을 지내고 조선에 들어와 청성백(靑城伯)에 봉해진 휘 덕부(德符)의 후손이다. 그 뒤에 휘 광언(光彦)이 있으니 좌참찬을 지냈고 호안(胡安)이라는 시호를 받았으니, 이분이 공의 5대조이다. 고조 현(鉉)은 참봉을 지냈다. 증조 종범(宗範)은 감찰을 지냈고 호조 참판에 추증되었다. 조부 준(儁)은 참봉을 지냈고 호조 판서에 추증되었다. 부친 지문(之汶)은 대사헌에 추증되었다. 모친 문화 유씨(文化柳氏)는 현감을 지낸 유정설(柳廷禼)[2]의 딸이다.

1 병마절도사(兵馬節度使)……시장 : 심진(沈榗, 1650~1722)의 시호를 청하는 글이다. 심진의 본관은 청송(靑松), 자는 진경(晉卿)이다. 1802년(순조2) 7월 26일에 장민(壯愍)이라는 시호를 하사받았다. 한편, 《실록》과 《승정원일기》에는 '심진(沈搢)'으로도 기록되어 있다. 《純祖實錄 2年 7月 26日》

2 유정설(柳廷禼) : 《회헌집(晦軒集)》 권18 〈전라 병사 심공 묘지명 병서(全羅兵使沈公墓誌銘幷序)〉에는 '유정설(柳廷卨)'로 기록되어 있다.

공은 효종 경인년(1650, 효종1)에 태어났다. 어려서부터 뜻이 커서 보통 아이들과 달랐으니, 공을 본 사람들이 모두 크게 될 그릇이라고 칭찬하였다. 장성하여 문재(文才)가 있었지만 얼마 뒤에 붓을 던졌고, 숙종 병진년(1676, 숙종2, 27세)에 무과에 급제하였다. 당시에 공의 백부인 판서공(判書公 심지명(沈之溟))이 개성 유수(開城留守)로 있었는데, 노하여 공을 보려 하지 않았다. 공이 고하기를 "남아가 입신하는데 문무가 어찌 차이가 있겠습니까. 외람되이 가훈을 어겼으니 그 죄는 팔뚝을 끊어버려야 하겠지만, 세상에서 무위(武威)를 떨치는 것 역시 하나의 길입니다."라고 하였다. 유수공(留守公)이 그 말을 기특하게 여겨 즉시 불러보고서 나라를 다스리고 무비(武備)를 닦을 계책을 묻자 공이 막힘없이 응대하니, 유수공이 꾸짖을 말이 없었다.

역적 허견(許堅)이 아비 허적(許積)이 체부(體府 도체찰부(都體察府))를 연 것을 빙자하여 젊은 무인(武人)들을 불러 모아 연못을 뛰어넘고〔超池〕 모래를 드는〔擧沙〕 놀이를 하며 암암리에 용력이 있는 자를 뽑으니, 한때의 매위지사(襪韋之士)들이 바람에 휩쓸리듯 따르지 않는 자가 거의 없었다.[3] 공은 홀로 따르지 않으며 말하기를 "내가 비록 벼슬

3 역적……없었다 : 허견(許堅)이 역모를 꾀했다는 말이다. 허견의 본관은 양천(陽川)이고, 자는 노직(魯直)이며, 남인의 영수 허적(許積)의 서자이다. 허적이 체부(體府)를 열었다는 것은, 영의정 허적의 주장에 따라 1678년(숙종4) 12월에 도체찰부(都體察府)가 복설된 것을 말한다. 도체찰부는 전란에 대비하고 북벌을 추진하기 위해 설치된 기구로 효종조까지는 상설 기구였는데, 현종조에 폐지되었다가 복설되었다. 도체찰부의 도체찰사는 영의정이 겸직하게 되어 있었으며, 당시 황해도 대흥산성(大興山城)에 도체찰사의 진영을 설치하였다. 그런데 서인의 영수였던 김석주(金錫胄)가 대흥산성을 중심으로 한 남인의 동향을 조사하다가 1680년(숙종6)에 이른바 '삼복(三復)의 변'이라는 역모 사건을 폭로하였다. 허적의 서자 허견이 대흥산성의 병력을 배경

하지 못한다고 하더라도 차마 이런 짓은 못한다."라고 하였다. 군문(軍門)으로서 6품에 올랐으나 전관(銓官)의 뜻을 거슬러 한참 뒤에야 조용되어 무겸선전관(武兼宣傳官)이 되었다.[4]

경신년(1680, 숙종6, 31세)에 보사 원종공신(保社原從功臣)에 참여하였다.[5]

갑자년(1684, 숙종10, 35세)에 부친상을 당하였다. 탈상한 뒤 무겸(武兼 무겸선전관)을 거쳐 외직으로 나가 화량진 절제사(花梁鎭節制使)가 되었다.

기사년(1689, 숙종15, 40세)에 내자시 주부로 있다가 외직으로 나가 고창 현감(高敞縣監)이 되었는데,[6] 청렴하고 신중하며 일 처리가

으로 복창군(福昌君)·복선군(福善君)·복평군(福平君)과 결탁하여 역모를 도모했다는 것이었다. 이 역모로 남인이 완전히 추방되고 서인 정권이 수립되었다. 이를 경신환국(庚申換局) 또는 경신대출척(庚申大黜陟)이라고 한다. 매위지사(韎韋之士)는 붉은색 가죽으로 만든 갑옷을 입은 선비라는 뜻으로, 무관(武官)을 가리키는 말로 쓰인다.

4 군문(軍門)으로서……되었다 : 군문으로서 6품에 올랐다는 것은, 군문의 관원을 지내며 참상관(參上官)에 올랐다는 말로 보인다. 심진은 1681년(숙종7) 2월 25일에 부호군(副護軍)에 임명된 기록이 보인다. 부호군은 오위(五衛)의 종4품에 해당하는 관직이다. 무겸선전관(武兼宣傳官)은 무신으로서 선전관을 겸하는 것을 말한다. 심진은 1686년(숙종12) 9월 9일에 무겸선전관으로 임명되었다.《承政院日記 肅宗 7年 2月 25日, 12年 9月 9日》

5 경신년에……참여하였다 : 보사 공신(保社功臣)은 경신환국에 공을 세운 신하에게 내린 공신 칭호이다. 경신환국에 대해서는 254쪽 주3 참조. 1689년 기사환국(己巳換局)으로 남인이 득세하자 경신옥을 무옥(誣獄)이라고 주장하여 공신을 다시 삭제했는데, 1694년 갑술옥사로 서인이 재집권하자 다시 훈명을 추록하였다.

6 기사년에……되었는데 : 심진이 내자시 주부에 임명된 것은 1690년(숙종16) 1월 18일이고, 고창 현감에 임명된 것은 동년 4월 5일이다.《承政院日記 肅宗 16年 1月

치밀하고 분명하여 치적이 한 도에서 으뜸이었다. 임기가 만료되어 돌아오게 되자 고창현의 백성들이 길을 막고 수레를 붙잡고서 차마 공을 보내지 못하였다.

병자년(1696, 숙종22, 47세)에 초계 군수(草溪郡守)에 제수되었다. 당시 큰 흉년이 들었는데 마음을 다해 구휼하니 백성 중에 굶어 죽은 이가 없었다. 한창 백성을 구휼할 때 도신(道臣 관찰사)이 어떤 일로 장계를 올려 파직시키자, 고을 백성들이 일시에 소리치고 울부짖으며 "어찌 우리의 부모를 빼앗아 가는가."라고 하였다. 얼마 뒤에 공을 파직하는 일이 중지되자 환호성이 온 경내에 가득하였다. 얼마 뒤 모친상을 당하였는데, 수의어사(繡衣御史 암행어사)가 공의 청렴함과 개결함을 뒤늦게 칭찬하니 특명으로 통정대부의 품계로 올려주었다.

경진년(1700, 숙종26, 51세)에 상을 마치고 함흥 중군(咸興中軍)에 제수되었다.

임오년(1702, 숙종28, 53세)에 내직으로 들어와 내금위 장(內禁衛將)이 되었다가 그날 장흥 부사(長興府使)로 옮겨 제수되었다. 장흥부에는 오래전부터 폐단이 많았는데 공이 다 혁파하였다.

갑신년(1704, 숙종30, 55세)에 충익(忠翼) 조공(趙公 조태채(趙泰采))이 서전(西銓 병조 판서)을 담당하였는데, 공이 등용할 만한 인재라는 것을 알아보아서 순천영 토포사(順天營討捕使)에 옮겨 제수되었다. 순천영에 죄수 30여 명이 10년 동안 옥에 갇혀 있었는데 그들의 죄상이 자못 애매하였다. 세밑이 되어 공이 그들과 기약하고 다 방면해 돌아가 부모를 뵙고 오도록 하였는데, 기약한 날짜가 되어 돌아오지 않은 자가

18日, 4月 5日》

한 명도 없었다. 공이 그들을 위해 절도사에게 요청하여 다 풀어주도록 하여, 모두 양민이 되도록 하였다.

을유년(1705, 숙종31, 56세)에 내금위 장으로 돌아왔다가 얼마 뒤에 오위 장(五衛將)에 제수되었다.

병술년(1706, 숙종32, 57세)에 외직으로 나가 중화 부사(中和府使)가 되었다.

기축년(1709, 숙종35, 60세)에 갑산 부사(甲山府使)가 되었다가 일에 연루되어 체직되었다.

계사년(1713, 숙종39, 64세)에 용천 부사(龍川府使)가 되었는데 치적의 명성이 더욱 드러나 순리(循吏)에 뽑혔다.

공이 고창과 초계와 장흥과 순천에 있을 때 모두 유애비(遺愛碑)가 세워졌으며, 용천에 있을 때 숙종이 전각의 기둥에 공의 이름을 써 두었다고 한다.[7]

병신년(1716, 숙종42, 67세)에 소강 방어사(所江防禦使)에 제수되었는데 얼마 뒤에 일로 인해 파직되었다.[8]

7 숙종이……한다 : 당(唐)나라 선종(宣宗)이 이언행(李言行)의 이름을 침전(寢殿) 기둥에 첩(帖)으로 만들어 걸어 놓았던 것을 전주첩(殿柱帖)이라 한다. 조선 숙종이 이를 본떠서 대주첩(代柱帖)을 만들고 포계(褒啓)된 수령의 이름을 기록해 첩으로 만들었다는 기록이 보인다. 《肅宗實錄 34年 2月 6日》

8 병신년에……파직되었다 : 《승정원일기》 숙종 41년(1715) 7월 14일 기사에 소강 방어사로 있던 심진이 황당선(荒唐船)의 출몰을 알리는 장계를 보내면서 장계의 봉투에 쓰는 '개탁(開坼)'의 '탁(坼)' 자에 서전(書塡)을 하지 않았고, 또 봉투를 신중히 봉하지 않아 장계를 상하게 했다는 이유로 송정명(宋正明)이 추고를 청하자, 숙종이 윤허한 내용이 보인다. 황당선은 바다에 출몰하는 외국의 배를 말한다. 서전은 공문서 내용의 위조를 막기 위해 발송 공문을 접어서 붙이고, 그 이음새 부분에 글자를 쓰는

이듬해(1717, 숙종43, 68세)에 충민(忠愍) 이공(李公 이건명(李健命))이 공을 천거해 전라 우수사(全羅右水使)가 되었는데, 호령이 엄격하고 분명하여 군정(軍政)이 크게 정비되었다. 일찍이 바다에 나가 군사를 조련하였는데, 큰바람이 불어 여러 진(鎭)의 군함이 파도 사이를 오르내리며 뒤집힐 지경까지 이르렀다. 공이 친히 바다에 임해 지휘하여 배와 병졸들이 전혀 손상되지 않았으니, 군사들이 공의 능력에 탄복하였다. 이해에 숙종이 기로소에 들어갔다. 공은 나이가 일흔에 가깝다는 이유로 은혜를 입어 가선대부의 품계에 올랐다.

기해년(1719, 숙종45, 70세)에 충무(忠武) 이공 홍술(李公弘述)이 공을 불러 훈련도감 별장(訓鍊都監別將)으로 삼았다. 얼마 뒤에 전라 우수사 때의 일에 연루되어 파직되었다.[9]

경자년(1720, 숙종46, 71세)에 서용되어 내금위 장이 되었다. 얼마 뒤에 전라도 병마절도사에 제수되었는데, 조정에서는 바야흐로 공을 크게 쓰려고 하였고 공 역시 분발하여 힘쓰는 것을 자신의 임무로 여겼다. 얼마 지나지 않아 숙종이 승하하고 경종이 왕위를 이었는데 병환이 있고 후사가 없었다. 나의 고조 충헌공(忠獻公 김창집(金昌集))이 당시에 원보(元輔 영의정)가 되어 문충(文忠) 이공 이명(李公頤命)·충익(忠翼) 조공 태채(趙公泰采)·충민(忠愍) 이공 건명(李公健命)과 함께 성

것을 말한다. 개탁은 공문서를 넣은 봉투의 겉면에 쓰는 투식으로, '상전개탁(上前開坼)', '승정원개탁(承政院開坼)' 등으로 써서 장계를 열어볼 대상을 표시하는 것을 말한다.

9 얼마……파직되었다 : 《승정원일기》 숙종 45년(1719) 7월 6일 기사에, 전라 우수사로 있던 심진이 관리 평가를 엄정히 하지 못했다는 이유로 승정원에서 추고를 청하자 숙종이 윤허한 내용이 보인다.

상 앞에서 계책을 결정하고, 대비(大妃 숙종의 비 인원왕후(仁元王后))의 뜻을 받들어 영종(英宗 영조)을 세워 왕세제(王世弟)로 삼았다. 이에 간사한 무리가 척신(戚臣)과 환관을 끼고 왕세제를 세운 것을 옥안(獄案)으로 삼아 무옥(誣獄)을 크게 일으켜 가장 먼저 계책을 결정한 사대신(四大臣)을 죽이고 사대부들을 도륙하여 왕세제를 핍박하였다. 이것이 신임사화(辛壬士禍)이다.[10]

공의 조카인 심상길(沈尙吉)이 이 옥사에 연루되어 고문을 이기지 못하고 죽었다. 그 공사(供辭 죄인의 진술)에 공이 연루되어[11] 공이 이로 인해 연좌(緣坐)되어 양산(梁山)으로 유배되었지만 조정으로 잡혀오는 데까지는 이르지 않았다. 그런데 예전에 적신 이사상(李師尙)[12]이

10 이에……신임사화이다. : 소론(少論)의 거두였던 조태구(趙泰耉)와 김일경(金一鏡)이 환관(宦官) 박상검(朴尙儉)과 결탁해 옥사를 일으켜 노론 세력을 완전히 축출한 사건이다. 71쪽 주114 참조.

11 공의……연루되어 : 심상길(沈尙吉)의 본관은 청송(靑松), 자는 길보(吉甫), 호는 연옹(蓮翁)이다. 신임사화 때 목호룡이 고변한 역적의 무리 속에 이름이 있어 고문을 받다가 죽었다. 《회헌집》 권18 〈전라 병사 심공 묘지명 병서(全羅兵使沈公墓誌銘幷序)〉에, "그의 공초(供招)에 숙부를 위하여 벼슬을 도모하였다는 말이 있었는데, 혹독한 고문을 받다가 정신이 어지러운 가운데 한 말이었다."라는 기록이 보인다. 한편, 목호룡과 심상길의 공초는 《경종실록》 2년(1722) 3월 27, 4월 14일·23일, 7월 27일 등의 기사에 보인다. 역모를 꾀하던 심상길이 역모를 눈치챈 목호룡을 심진이 있던 전라도 병마절도사의 감영으로 좇아내었다는 것, 심진이 역모에 필요한 은화(銀貨)를 수송해 보냈다는 등의 내용이 있다.

12 이사상(李師尙) : 1656~1725. 본관은 전주(全州), 자는 성망(聖望)이다. 예조 참판·이조 참판·대사헌 등을 역임하였고, 정치적으로는 소론에 속했다. 신임사화 때 노론을 축출하는 데 큰 역할을 하였다. 1725년(영조1)에 영조가 신임사화를 무옥으로 규정한 을사처분(乙巳處分)을 단행하자, 탄핵을 받아 절도에 안치되었다가 김일경·

공에게 청탁을 하자 공이 그를 꾸짖었었고, 흉인(兇人) 심단(沈檀)[13]이 공과 일족이긴 했으나 그에게 뇌물을 주지 않았으며, 또 적신 윤취상(尹就商)[14]의 뜻을 거슬렀다. 공이 사류(士類)에게 추중을 받았기에 흉도들이 평소에 공을 미워하고 있었다. 그러다가 이때 이르러 군흉이 온갖 방법으로 죄를 엮어서 반드시 자백을 받아내고자 하여 혹독하게 고문을 가한 것이 11번이나 되었지만, 공은 끝내 굽히지 않다가 어느 날 밤에 옥중에서 세상을 떠났다. 흉도들은 공이 사망한 사실을 알리지 않고 이튿날 모함으로 공을 사형에 이르게 했으니, 실로 임인년(1722, 경종2, 73세) 7월이었다.[15] 아, 참혹하다!

영종 원년 을사년(1725)에 하늘의 토죄(討罪)가 마침내 시행되어 군흉들을 몰아내자 의리가 크게 밝혀지고 억울한 자들이 다 신원되었다.[16] 명을 내려 공의 관작을 회복하고 제사를 내리며 후손을 녹용하도

목호룡과 함께 사사되었다.

13 심단(沈檀) : 1645~1730. 본관은 청송(靑松), 자는 덕여(德輿), 호는 약현(藥峴)・추우당(追尤堂)이다. 남인의 영수인 윤선도(尹善道)의 외손자이다.

14 윤취상(尹就商) : ?~1725. 본관은 함안(咸安)이다. 정치적으로는 소론에 속했으며, 노론을 축출하는 데 큰 역할을 하였다. 1725년(영조1)에 영조가 신임사화를 무옥으로 규정한 을사처분(乙巳處分)을 단행하자, 탄핵을 받아 파직되었으며 국문을 받다가 죽었다.

15 흉도들은……7월이었다 : 《승정원일기》에 따르면 국청(鞫廳)에서 심진의 사형을 청한 것은 1722년(경종2) 7월 26일이며, 7월 28일 기사에 사형을 집행했다는 내용이 보인다.

16 영종……신원되었다 : 영조가 즉위한 1725년 3월에 노론의 요청에 따라 신임사화를 무옥으로 판정하고 신임사화 때 처벌된 노론을 신원하는 을사처분을 단행한 것을 말한다.

록 하였다. 정미년(1727, 영조3)에 흉당들이 다시 권력을 잡자 이전의 단안(斷案)을 모두 뒤집었다.[17] 신유년(1741, 영조17)에 특명을 내려 공의 옛 관작을 회복하게 하였다.[18] 선왕(先王 정조) 8년 갑진년(1784)에 명을 내려 공을 병조 판서로 추증하였고, 24년(1800) 여름에 대신이 유공 취장(柳公就章)과 함께 모두 시호를 내려줄 것을 청하자 성상이 허락하였다.[19] 아! 공은 유감이 없을 수 있을 것이다.

공은 강직하고 민첩하며 청렴하고 신중하였다. 관직에 임해서는 위엄과 은혜를 함께 행하고 간사한 자를 귀신처럼 적발해 내니, 아전과 백성들이 두려워하면서도 사모하여 감히 속이지 못했다. 집에 거처할 때는 행실이 순수하고 잘 갖추어졌으며 가난한 선비처럼 담백하였다. 누차 풍족한 고을을 맡았으나 남의 어려움을 도와주기를 좋아하였고 자손을 위한 계책을 세우지 않았다.

공의 부인은 정부인으로 추증된 장흥 임씨(長興任氏)로, 승지로 추증된 임식(任湜)의 딸이다. 공보다 18년 먼저 세상을 떠났다.

17 정미년에……뒤집었다 : 영조는 1727년(영조3)인 정미년에 이광좌(李光佐)와 조태억(趙泰億) 등 소론이 다시 정권을 잡자 을사처분을 뒤집어 노론사대신을 죄안(罪案)에 들게 하고 신임사화를 역옥으로 규정하였다. 이를 정미환국이라고 한다.

18 신유년에……하였다 : 영조는 1740년(영조16)에 임인옥사가 무옥임을 천명한 경신처분(庚申處分)을 내리고 김창집과 이이명을 신원하였으며, 이듬해인 신유년에 이른바 신유대훈(辛酉大訓)을 반포하여 임인옥사와 관련된 옥안을 소각하고 피화자(被禍者)를 모두 신원하라는 결정을 내렸다.

19 24년……허락하였다 : 정조는 좌의정 심환지(沈煥之)의 건의를 받아들여 심진과 유취장(柳就章)에게 시호를 내릴 것을 허락하였다. 유취장의 본관은 진주(晉州), 자는 여진(汝進)이다. 신임사화 때 장흥부(長興府)로 유배되었다가 처형되었다. 시호는 무민(武愍)이다. 《正祖實錄 24年 5月 2日》

공은 아들 둘을 두었으니, 장남은 상규(尙奎)이고 차남은 상우(尙友)이다. 측실의 아들은 상함(尙咸)이다.

화를 당해 막 세상을 떠났을 때 광주(廣州)의 천현(泉峴)에 고장(藁葬 예를 갖추지 못하고 장사함)했다가, 그 뒤에 같은 언덕의 간좌(艮坐)로 옮겨 매장하고 부인을 합장하였다.

아! 신축년(1721, 경종1)과 임인년(1722)의 일을 어찌 차마 말로 할 수 있겠는가. 하늘의 운수가 험난하여 왕실이 불타는 듯하였다. 진흙을 뒤집어쓴 돼지와 수레에 가득한 귀신[20]이 세상에 날뛰고 창궐하여 국본(國本 왕세자 영조)을 흔들고 충신을 도륙하니, 삼강(三綱)이 무너지고 인류가 멸망해 버렸으며 삼백 년 종묘사직이 한 올 머리카락에 매달린 듯 위태로웠다. 예부터 국가의 변란과 사림의 화가 어느 시대인들 없었겠는가마는, 신축년과 임인년처럼 혹독한 경우는 있지 않았으니, 어찌 이른바 '양구백육지운(陽九百六之運)'[21]이라는 것이 아니겠는가. 아! 슬프다.

20 진흙을……귀신 : 원문은 '부도지시영거지귀(負塗之豕盈車之鬼)'인데, 더러운 소인배들을 의미하는 말이다. 《주역》 〈규괘(睽卦) 상구(上九)〉에 "돼지가 진흙을 등에 뒤집어쓴 것과 귀신이 한 수레에 가득 실린 것을 본다.〔見豕負塗, 載鬼一車.〕"라고 한 데서 나온 말이다. 돼지가 진흙을 뒤집어쓴다는 것은 극히 더러움을 뜻하고, 귀신이 수레에 가득 실렸다는 것은 실체가 없는 것을 있는 것으로 여기는 것을 말한다. 여기서는 더러운 무리와 그들이 만들어낸 무함을 뜻한다.

21 양구백육지운(陽九百六之運) : 106년마다 도래한다는 극심한 액운을 말한다. 《주역》에서 양(陽)의 수(數)는 구(九)이고 음(陰)의 수는 육(六)인데, 양구(陽九)는 양만 있고 음이 없어 만물이 교섭을 할 수 없으므로 천하가 어지러워짐을 말한다. 또 음양가(陰陽家)의 설에 따르면, 4617년을 주기로 순환하는 1원(元)의 처음 106년째가 되면 큰 재해가 일어나는데 이를 양구라 한다고 한다.

옛날에 황보위명(皇甫威明)은 서량(西涼)의 호걸로서 당인(黨人)에 참여하지 못한 것을 부끄럽게 여겨 글을 올려 자신을 탄핵하기까지 하였으니,[22] 그의 뜻이 참으로 우뚝하다. 공은 한 사람의 무부(武夫)로서 일흔이 넘은 나이에 가혹한 형벌을 당하면서도 마음에 두려움을 느끼지 않고 뜻을 빼앗기지 않아 악독한 무리로 하여금 일찍이 흉계를 펼치지 못하게 하였으니, 죽음이 더욱 참혹했던 만큼 명성이 더 빛나서 당시 순국한 군자들과 진퇴를 같이할 수 있었다. 만약 평소에 저 충역(忠逆)과 사정(邪正)의 경계를 살핀 사람이 아니고 거취와 추향(趨向)의 사이에 대해 자세히 안 사람이 아니었다면 어찌 참여할 수 있었겠는가. 황보위명보다 낫다고 말하더라도 괜찮을 것이다. 아! 위대하다.

고(故) 태학사(太學士) 문간(文簡) 조공 관빈(趙公觀彬)이 지은 공의 묘지명에 "자취는 무인(武人)이요 마음은 포의의 선비였다. 고을을 다스림은 훌륭하고 곤외(閫外)를 제어함은 씩씩하였는데, 끝내 사화(士禍)에 목숨을 잃어서 공의(公議)가 크게 슬퍼하였다."라고 하였으니,[23] 아! 조공이 공을 깊이 알고 공의 실상을 기록했다고 할 만하다.

22 옛날에……하였으니 : 황보위명(皇甫威明)은 후한(後漢) 때의 명장인 황보규(皇甫規)로, 위명은 그의 자이다. 서량(西涼)은 황보규의 출생지로, 지금의 감숙성 일대를 지칭하는 양주(涼州)의 후한 때 명칭이다. 환제(桓帝) 때 당옥(黨獄)이 크게 일어나 명현들이 모두 연좌되어 체포되자, 황보규는 자신이 서주(西州)의 호걸로서 당옥에 연좌되지 못한 것을 부끄럽게 여겨 스스로 상언(上言)하여 처벌해 줄 것을 청한 고사가 전한다. 《後漢書 卷65 皇甫規列傳》

23 고(故)……하였으니 : 조관빈(趙觀彬)은 노론사대신의 한 사람인 조태채(趙泰采)의 아들이다. 태학사(太學士)는 홍문관 대제학의 별칭으로, 조관빈은 1749년(영조 25)년 5월 23일에 대제학에 임명되었다. 또 조관빈의 말은 《회헌집》 권18 〈전라 병사

삼가 위와 같이 공의 행적의 시종을 순서대로 기록하여 태상시(太常寺 봉상시)에 올려 절혜(節惠 시호)의 은전을 청한다.

심공 묘지명 병서〉의 첫머리에 나온다. 곤외(閫外)를 제어한다는 것은 변경을 다스리는 장군이 되었다는 말이다. 곤외는 성곽의 문지방 밖이라는 뜻으로, 외방(外方)을 말한다.

공조 판서 증 좌찬성 이공 시장[24]

工曹判書贈左贊成李公諡狀

영종 대왕(英宗大王 영조) 4년 무신년(1728) 봄에 영남에서 역적이 일어나 장차 경사(京師)를 침범하려 하였다.[25] 전(前) 공조 판서로 기로소에 들어간 이공(李公)이 당시 호서(湖西 충청도)의 남포현(藍浦縣 현재의 보령(保寧))에 있다가 개연히 회헌(悔軒) 조공 관빈(趙公觀彬)[26]에게 이르기를 "내가 비록 늙고 병들었지만 의리상 집에서 편안히 지낼 수 없으니, 자네와 함께 국난에 달려가고 싶네."라고 하였다. 당시에 길이 막혀 통행할 수 없자 공은 필마로 험난한 산골짝 사이를 지나 대궐에 이르러 분문(奔問)[27]하였다. 난리가 끝나고 성상을 알현하자 성상이 온화한 교지를 내려 공을 머물게 하고, 도총관(都摠管)과 지의금부사를 제수하였다.

이해 겨울 12월에 병을 얻어 세상을 떠나니, 향년 71세였다. 부음이 알려지자 규례대로 조회를 멈추고 부의와 제사를 내렸으며, 분무

24 공조……시장 : 이유민(李裕民, 1658~1729)의 시호를 청하는 글이다. 이유민의 본관은 청해(青海), 자는 덕유(德裕)이다. 1805년(순조5) 1월 7일에 정민(貞敏)이라는 시호를 하사받았다. 《純祖實錄 5年 1月 7日》

25 영종 대왕……하였다 : 1728년에 정권에서 배제된 소론이 남인과 연합해 일으킨 이인좌(李麟佐)의 난을 말하는데, 무신란이라고도 한다. 이들은 영조를 폐하고 밀풍군(密豊君) 이탄(李坦)을 왕으로 추대하고자 하였으나 실패하였다.

26 조공 관빈(趙公觀彬) : 263쪽 주23 참조.

27 분문(奔問) : 난리를 당한 임금에게 달려가서 문후(問候)하는 것을 말한다.

원종공신(奮武原從功臣)[28]으로서 의정부좌찬성 겸 판의금부사·지경연사·홍문관 대제학·예문관 대제학·지춘추관성균관사·오위도총부 도총관을 추증하였다. 이듬해(1729, 영조5) 남포의 황동(篁洞) 임좌(壬坐)의 언덕에 귀장(歸葬)하였으니, 선영이 있는 곳을 따른 것이다.

영묘(英廟 영조)가 일찍이 이야기를 하다가 공의 이야기가 나오자 연신(筵臣)에게 전교하기를 "나는 이 사람을 매복(枚卜)하지 못한 것[29]을 한스럽게 여긴다."라고 하고, 한참 탄식하였다.

공은 휘는 유민(裕民)이고 자는 관보(寬甫)이며 처음의 자는 덕유(德裕)이다.

청해 이씨(青海李氏)는 문하시중과 찬성사(贊成事)를 지낸 양렬공(襄烈公) 휘 지란(之蘭)에게서 나왔으니, 우리 태조의 개국을 도와 원훈(元勳)이 되었다. 건주(建州)를 평정한 공으로 명나라에서 특별히 청해백(青海伯)에 봉하니[30] 우리 조선에서 그대로 청해군(青海君)으로

28 분무 원종공신(奮武原從功臣) : 이인좌의 난을 평정한 공로로 녹훈된 공신의 호칭이다.

29 매복(枚卜)하지 못한 것 : 재상으로 등용하지 못했다는 말이다. 매복은 의정(議政) 중에 결원이 생겼을 때, 왕명에 따라 시임(時任) 의정들이 빈청(賓廳)에 나와서 그 후보자로 원임(原任) 의정의 좌목(座目)을 써서 입계(入啓)하는 일을 말한다. 시임이 없는 경우에는 원임들이 입시하여 전단자(前單子)에 낙점을 받았고, 원임 가운데 적임자가 없는 경우에는 새로운 인물로 추가하여 뽑았다. 《六典條例 吏典 議政府 枚卜》《銀臺條例 吏攷 大臣》

30 건주(建州)를……봉하니 : 이지란(李之蘭)은 1392년(태조즉위년)에 명나라를 도와 건주위(建州衛) 여진 추장 월로티무르〔月魯帖木兒〕의 반란을 정벌한 공으로 명나라로부터 청해백(青海伯)의 봉함을 받았다.

삼았다. 태조의 묘정에 배향되었다.

이분으로부터 6세를 지나 휘 인기(麟奇)가 있으니, 호는 송계(松溪)이다. 문장과 절행(節行)를 지녔고 서법(書法)에 뛰어났으며 관직은 동지중추부사를 지냈으니, 이분이 공의 고조이다. 증조는 휘가 명로(明老)이다. 조부는 휘가 문주(文柱)이니, 관직은 사복시 첨정(司僕寺僉正)을 지냈으며 기개가 높고 지조가 있었다. 계해반정(癸亥反正 인조반정) 때 정사 공신(靖社功臣)들과 함께 계책을 세운 것이 많았고, 공의 계부(季父)인 청흥군(靑興君) 중로(重老) 또한 훈적(勳籍)에 책록되었으나, 공은 끝내 사양하고 훈적에 참여하지 않아 세상에서 창강(滄江) 조속(趙涑)·장령(掌令) 이형(李逈)과 나란히 일컬어진다.[31] 뒤에 병조 참판으로 추증되었다. 부친은 휘가 핵(翮)이니, 첨지중추부사를 지냈고 좌찬성으로 추증되었다. 모친은 경주 이씨(慶州李氏)이니, 천휴당(天休堂) 이몽규(李夢奎)의 후손이요 진사 이효승(李孝承)의 딸이다. 정경부인에 추증되었다. 부친과 모친이 추증된 것은 모두 공이 귀하게 되었기 때문이다.

공은 효종 무술년(1658, 효종9)에 태어났다. 어려서부터 총명함이 남보다 뛰어났으니, 《서경》〈우공(禹貢)〉편을 한 번 읽고 즉시 외웠으며, 어떤 사람이 명경업(明經業)을 익힐 것을 권하자 1년 만에 칠서(七

31 세상에서……일컬어진다 : 조속(趙涑)의 본관은 풍양(豐壤), 자는 희온(希溫)이며, 창강은 그의 호이다. 인조반정에 가담하여 공을 세웠으나 훈적을 사양하였다. 시서화에 두루 뛰어났고 저서로 《창강일기(滄江日記)》가 있다. 이형(李逈)의 본관은 전주(全州), 자는 여근(汝近)이다. 인조반정 때 유생으로 참여하여 공을 세워 원종공신으로 6품관에 올랐다. 1652년(효종3)에 장령이 되어 김자점(金自點)의 옥사를 처리하는 데에도 공을 세웠다.

書)의 공부를 다 마쳤다.[32]

숙종 병자년(1696, 숙종22, 39세)에 비로소 과거에 급제하여 괴원(槐院 승문원)에 들어갔고, 순서에 따라 성균관 전적으로 승진하였다가 병조 좌랑으로 옮겼다. 외직으로 나가 부안 현감(扶安縣監)이 되었는데 치적이 가장 뛰어나다고 알려져 조정에서 표리(表裏)를 하사해 칭찬하였다. 세 번의 고과(考課)[33]를 마친 뒤 사간원 정언으로 부름을 받았고 사헌부 지평으로 옮겼다.

또 홍주 목사(洪州牧使)에 제수되자 백성에게 부지런히 사랑과 은혜를 베풀었고 아전들을 엄격히 단속하였다. 홍주에 합덕(合德)이라는 큰 방죽이 있어 민전(民田) 수천 이랑에 물을 대었는데, 어느 궁가(宮家)에서 성상의 뜻을 받들어 이 땅을 절수(折受)하려고 하였다.[34] 공이 그 불가함을 한사코 다투어서 관찰사에게 공문을 보낸 것이 두세 차례에 이르렀고 관찰사가 조정에 요청하여 조정에서 특별히 그 일을 그만두게 하니, 홍주의 백성들이 공의 덕을 기렸다. 이 일로 또 표리를 하사받았다. 얼마 뒤에 대직(臺職)으로 옮기게 되었으나 대신(大臣)이

32 어떤……마쳤다 : 명경업(明經業)은 과거 시험의 한 종류로, 유교 경전으로 시험하는 것이다. 칠서(七書)는 사서(四書)와 삼경(三經)을 말한다.

33 세 번의 고과(考課) : 원문은 '삼고(三考)'이다. 원래는 '구재삼고(九載三考)'의 준말로 9년 동안 3년에 한 번씩 관원의 치적을 평가한다는 의미인데, 여기서는 3년이라는 말로 쓰인 듯하다. 이유민은 1700년(숙종26) 1월 2일에 부안 현감에 제수되었고, 1703년(숙종29) 7월 14일에 사간원 정언에 제수되었다.《承政院日記 肅宗 26年 1月 2日, 29年 7月 14日》

34 어느……하였다 : 궁가(宮家)는 궁방(宮房)과 같은 말로, 왕실에서 분가하여 독립한 대원군·왕자군·공주·옹주가 살던 집을 통틀어 이른다. 절수(折受)는 국가로부터 농지·산림·천택 등의 일부를 떼어 받는 것을 말한다.

공이 순리(循吏)라는 이유로 유임을 청하였다.[35] 홍주를 떠난 뒤에는 백성들이 동비(銅碑)를 세워 사모하였다. 다시 사헌부에 있다가 작은 일로 적신 조태억(趙泰億)에게 모함을 당했으니, 대개 추향이 달랐기 때문에 미움을 받아 그렇게 된 것이었다.[36]

정해년(1707, 숙종33, 50세)에 찬성공(贊成公 부친 이핵(李翮))의 상을 당했다. 상을 마친 후에 헌직(憲職 사헌부의 직책)에 제수되었다.[37]

경인년(1710, 숙종36, 53세)에 군자감 정(軍資監正)으로 승진하였다. 외직으로 나가 충주 목사(忠州牧使)가 되었는데, 충주는 땅이 크고 풍속이 사납고 아전이 교활하여 다스리기 어려운 곳으로 일컬어졌다. 공은 명분을 바로잡고 횡포를 부리는 자를 억누르며 부서(簿書 송사에 관한 문서)를 즉시 결정하여 지체되는 것이 없게 하였다. 또 하소연할 것이 있는 자들로 하여금 문서를 들고 직접 관아의 뜰로 찾아와 그 정상을 스스로 아뢰게 하니, 사민(士民)들이 두려워하면서도 사랑하였고 아전들은 감히 간교를 부리지 못하였다. 정사가 잘 다스려지자 관찰사가 관리의 치적을 평가할 때 '백 리가 태고 시절처럼 편안하다.

35 얼마……청하였다 : 1705년(숙종31) 7월 18일에 사헌부 장령에 제수되었으나, 우의정 이유(李濡)가 차자를 올려 이유민의 유임을 청하였다. 대직(臺職)은 사헌부의 직책을 말한다.《承政院日記 肅宗 31年 7月 18日》

36 다시……것이었다 :《숙종실록》1707년(숙종33) 1월 15일 기사에 사헌부 장령으로 있던 이유민이 상소하여 숙종에게 존호를 올릴 것을 청하였고, 1월 16일 기사에 홍문관 수찬으로 있던 조태억(趙泰億)이 이유민의 아첨을 배척하는 상소를 올린 기록이 보인다. 조태억은 소론으로서 영조 즉위 후 우의정이 되었고, 1727년(영조3) 정미환국(丁未換局)으로 소론이 정권을 잡자 좌의정에까지 올랐다.

37 상을……제수되었다 : 이유민은 1710년(숙종36) 2월 29일에 사헌부 장령에 제수되었다.《承政院日記 肅宗 36年 2月 29日》

〔百里太古〕'[38]라는 것을 평가하는 말로 삼았다. 창고의 환곡(還穀)의 포흠(逋欠)이 7만여 석(石)이었고 군병의 정원이 부족한 것이 또 5백 명이나 되었는데, 그 포흠한 것을 징수하여 허위 장부를 바로잡고 대신할 자를 채워 백징(白徵)[39]을 면제하였으며, 장형(杖刑)을 가하지 않고 세금을 가혹하게 걷지 않았다. 순무사(巡撫使) 이공 만성(李公晩成)이 여러 차례 조정에 칭찬을 하니, 성상이 듣고 가상히 여겨 명을 내려 통정대부의 품계로 승진시켰다.[40]

계사년(1713, 숙종39, 56세)에 의주 부윤(義州府尹)에 임명되었다. 의주부는 변방에 임해 있고 큰 장사치들이 많았는데, 사신의 행차가 연경(燕京)에 갈 때마다 관은(官銀)을 취해 상인들에게 빌려주고 그 이자를 나누는 것을 상례로 삼았다. 공이 엄히 그것을 막고 또 포흠한 은(銀) 수만을 즉시 거두어들이니 의주부가 엄숙해졌다.

이듬해(1714, 숙종40, 57세)에 발탁되어 평안도 병마절도사가 되자 대신(臺臣 사헌부의 관원)이 공의 승진이 너무 빠르다고 말하였다.[41] 나의

38 백 리가……편안하다 : 수령이 정사를 잘 처리하여 백성들이 편안하게 지냈다는 뜻이다. 백 리는 한 고을을 가리키는 말로 쓰인다. 이백(李白)의 시에 "이곳 백 리의 고을만은 태고 시대처럼 순박하여, 흥겹게 희황 이전의 사람으로 누워 지낸다.〔百里獨太古, 陶然臥羲皇.〕"라는 구절이 나온다.《李太白集 卷9 經亂離後……贈江夏韋太守良宰》

39 백징(白徵) : 원래는 백지징세(白地徵稅)의 준말로 납세 의무가 없는 사람에게 세금을 물리는 것을 말하는데, 여기서는 군액과 관련된 것으로 보아 백골징포(白骨徵布)의 뜻으로 쓰인 듯하다.

40 성상이……승진시켰다 : 이유민은 1711년(숙종37) 4월 21일에 충주 목사로서 세운 치적에 따라 통정대부에 올랐다.《承政院日記 肅宗 37年 4月 21日》

41 이듬해에……말하였다 : 이유민은 1714년(숙종40) 8월 14일에 평안도 병마절도사에 임명되었으나, 승정원에서 이유민의 승차가 빠르다는 이유로 계속 개차를 청하였

선조인 충헌공(忠獻公 김창집)이 성상에게 아뢰기를 "신이 연전에 연경에서 돌아오다가 요동(遼東)에 이르러 저들이 새로 부임한 만윤(灣尹 의주 부윤)을 훌륭한 관리라고 칭찬하는 말을 들었는데, 봉성(鳳城 봉황성(鳳皇城))에 이르러서야 비로소 이모(李某)가 부윤이라는 것을 알았습니다. 이 사람을 절도사로 삼는다면 어찌 변경 관문의 방비를 더욱 높게 만들지 않겠습니까. 하지만 이미 다른 사람의 말이 있으니 의주 부윤으로 유임할 것을 청합니다."라고 하니, 성상이 따랐다. 얼마 지나지 않아 내직으로 들어와 형조 참의가 되었고, 승정원 동부승지를 거쳐 우승지로 승진하였다. 얼마 뒤에 수원 부사(水原府使)에 임명되었는데 또 관찰사의 칭찬으로 표리를 하사받았다. 공이 표리를 하사받은 은전을 입은 것이 전후로 모두 세 번이었다. 성상이 일찍이 대주첩(代柱帖)을 만들었는데[42] 공의 이름이 순리(循吏)에 들어 있었다고 한다. 다시 은대(銀臺 승정원)로 들어갔다.

기해년(1719, 숙종45, 62세)에 외직으로 나가 여주 목사(驪州牧使)가 되었다. 얼마 뒤 함경북도 병마절도사로 발탁되었는데, 문관으로서 이 관직에 임명된 자는 청강(淸江) 이제신(李濟臣)[43] 이후로 공이 처음이었다. 함경도에 이르러서는 변방의 방비를 신중히 하고 병기를 수선하며 군민(軍民)을 구휼하니, 위엄과 명성이 멀리까지 전파되었다. 함

고 숙종은 결국 10월 30일에 이유민의 개차를 윤허하였다. 《承政院日記 肅宗 40年 8月 14日 · 15日, 10月 30日》

42 성상이……만들었는데 : 257쪽 주7 참조.

43 이제신(李濟臣) : 1536~1584. 본관은 전의(全義), 자는 몽응(夢應), 호는 청강(淸江)이다. 1564년(명종19)에 문과에 급제하였고, 1582년(선조15)에 함경북도 병마절도사를 지냈다. 시호는 평간(平簡)이다.

경도는 건주(建州)와 일의대수(一衣帶水)[44]를 사이에 두고 있는데 그들 부락의 종족 가운데 고기 잡고 사냥하는 자들이 감히 남쪽으로 내려오지 못하니, 선춘령(先春嶺)[45] 이내에 마침내 인삼을 도둑맞는 걱정이 없어지게 되었다. 공은 체구가 크고 수염이 아름다웠으며 풍도(風度)가 단정하고 신채(神彩)가 빼어나, 멀리서 바라보면 근엄하여 범할 수 없는 기품이 있었다. 재임하는 동안 아랫사람을 다스림이 매우 엄격하여 이교(吏校 지방 관아의 아전과 군교(軍校)) 중에도 공의 얼굴을 알지 못하는 자까지 있었으니, 그 위엄이 이와 같았다.

신축년(1721, 경종1, 64세)에 한성부 좌윤으로 부름을 받아 내직으로 돌아왔고 얼마 뒤에 형조 참판으로 옮겼으니, 바로 경종이 등극한 해였다. 군흉이 뜻을 얻자 왕세제(王世弟 영조)를 세운 것을 옥안(獄案)으로 삼아 가장 먼저 사대신(四大臣)을 유배 보내고서 장차 죽이려 하였고,[46] 다음으로 조정에 있는 현자들을 쫓아내었다. 적신(賊臣) 이진유(李眞儒)가 마침내 공과 한천(寒泉) 이 문정공(李文正公 이재(李縡))을 무함하니, 같은 날에 삭직되어 쫓겨났다.[47] 얼마 뒤에 무옥(誣獄

44 일의대수(一衣帶水) : 한 가닥 옷의 띠처럼 건너기 쉬운 강물이라는 뜻으로, 여기서는 두만강(豆滿江)을 가리킨다.

45 선춘령(先春嶺) : 두만강 북쪽 700리에 있다. 고려 때 윤관(尹瓘)이 선춘령까지 국토를 확장하여 공험진(公嶮鎭)에 성을 쌓고 이곳에 '고려의 국경'이라고 새긴 비석을 세웠다고 한다.《新增東國輿地勝覽 卷48 咸鏡道 會寧都護府》

46 군흉이……하였고 : 1721년(경종1)에 일어난 신축옥사를 말한다.

47 적신(賊臣)……쫓겨났다 : 이진유(李眞儒)의 본관은 전주(全州), 자는 사진(士珍), 호는 북곡(北谷)이다. 소론으로서 김일경 등과 함께 신임사화를 일으켜 노론을 숙청하였다. 이 문정공(李文正公)은 이재(李縡)로, 본관은 우봉(牛峯), 한천은 그의 호이다. 이재와 이유민은 1721년(경종1) 12월 15일에 사간원의 탄핵을 받고 삭직되었

임인옥사)이 크게 일어나 충신들이 도륙되어 거의 다 죽었다. 공은 동교(東郊)로부터 남포(藍浦)의 고향 집으로 옮겨와 문을 닫고 누워 마치 그곳에서 여생을 마칠 듯이 하였다.

갑진년(1724)에 영종(英宗 영조)이 즉위하여 군흉을 내쫓으니 여러 사람이 입은 무함이 다 풀렸으며,[48] 공 역시 서용되어 동지의금부사와 한성부 좌윤과 장례원 판결사에 제수되었다. 당시 교화를 다시 펼치는 초기에 문충공(文忠公) 장암(丈巖) 정호(鄭澔)가 수상이 되어 개연히 선류(善類) 가운데 살아남은 자들을 등용하고자 하여 청성(淸城) 김공(金公 김석주(金錫胄))의 예를 끌어와 공을 훈련대장으로 의망하였으나, 묘당(廟堂)의 논의가 일치하지 않아 끝내 실행되지 못했으니,[49] 논자들이 애석해하였다.

정미년(1727, 영조3, 70세)에 시종신(侍從臣)의 부친이라 하여 가의대부(嘉義大夫)에 오르고, 또 대신의 말로 인해 자헌대부(資憲大夫)

다.《景宗實錄 1年 12月 15日》

48 갑진년에……풀렸으며 : 영조는 1724년 8월에 즉위한 뒤, 1725년(영조1) 3월에 이른바 을사처분(乙巳處分)을 단행하여 신임옥사를 무옥으로 규정하고 노론사대신을 신원하였다.

49 당시……못했으니 : 정호(鄭澔)의 본관은 연일(延日), 자는 중순(仲淳), 장암(丈巖)은 그의 호이다. 노론으로서 1725년(영조1) 4월 23일에 영의정에 올랐다. 청성(淸城) 김공(金公)은 김석주(金錫胄)로, 청성은 그의 본관인 청풍(淸風)을 말하며, 자는 사백(斯百), 호는 식암(息庵)이다. 김석주의 예를 끌어와 이유민을 훈련대장으로 임명하려 했다는 것은 병조 판서로서 훈련대장을 겸직시키려 했다는 말로 보인다. 숙종은 재위 기간 김석주에게 병조 판서와 훈련대장을 겸임시켜 정국을 좌우하였다.《승정원일기》에 영조가 1725년 1월 12일에 이유민을 병조 판서에 임명하였다가 1월 13일에 명을 거둔 기록이 있다. 이유민이 훈련대장에 의망된 기록은 찾지 못했다.

에 올랐다.[50] 성상이 특명을 내려 공을 병조 판서에 제수하였으나, 대간(臺諫)이 너무 빠른 승진이라고 논계(論啓)하자 체직되어 공조 판서에 임명되었고, 기로소에 들어갔다. 이해 가을에 시사가 또 변하자[51] 공은 서울에 있는 것을 즐기지 않고 다시 호서의 고향으로 돌아갔다. 이듬해(1728, 영조4, 71세)에 과연 무신년(戊申年)의 변란이 일어났다.[52]

공의 초배(初配)는 강릉 최씨(江陵崔氏)이니, 선교랑(宣敎郞) 최행원(崔行遠)의 딸로 정경부인에 추증되었으며 공보다 39년 먼저 세상을 떠났다. 계배(繼配)는 대구 서씨(大邱徐氏)이니, 통덕랑(通德郞) 서종의(徐宗誼)의 딸로 공보다 21년 뒤에 세상을 떠났다.

공은 1남 4녀를 두었다. 아들 용(榕)은 문과에 급제하여 승지를 지냈다. 딸 둘은 김석복(金錫福)과 김응엽(金應燁)에게 출가하였으니 최부인(崔夫人) 소생이요, 딸 둘은 서인달(徐寅達)과 김욱(金稶)에게 출가하였으니 서 부인(徐夫人) 소생이다.

승지(이용)는 3남 7녀를 두었다. 아들은 첨정(僉正)을 지낸 경태(慶泰), 지평으로 추증된 경항(慶恒), 경복(慶復)이다. 딸은 현감 홍계승

50 정미년에……올랐다 : 《영조실록》 3년 4월 23일 기사에 보인다. 시종신은 이유민의 아들 이용(李榕)을 말하는 것으로 보인다.

51 이해……변하자 : 정미환국(丁未換局)을 말한다. 영조는 즉위한 뒤 노론의 요청에 따라 신임사화를 무옥으로 판정하고 신임사화 때 처벌된 노론을 신원하는 을사처분(乙巳處分)을 단행하였으나, 1727년(영조3)인 정미년에 이광좌(李光佐)와 조태억(趙泰億) 등 소론이 다시 정권을 잡자 을사처분을 뒤집어 노론사대신을 죄안(罪案)에 들게 하고 신임사화를 역옥으로 규정하였다.

52 이듬해에……일어났다 : 무신년인 1728년에 일어난 이인좌(李麟佐)의 난을 말한다.

(洪啓承), 정술환(鄭述煥), 박한걸(朴漢杰), 조운경(趙運慶), 나의 백부인 목사 이기(履基), 감역 김열택(金說澤), 송계손(宋繼孫)에게 출가하였다. 김석복은 1남 1녀를 두었다. 김응엽은 2남 3녀를 두었다. 서인달은 자식이 없다. 김욱은 양자를 들였다.

경태는 4남을 두었으니, 교관(敎官) 봉규(鳳逵), 붕규(鵬逵), 문과에 급제하고 승지를 지낸 우규(羽逵), 상규(翔逵)이다. 경항은 5남을 두었으니, 생원 성규(星逵), 중규(中逵), 천규(天逵), 운규(雲逵), 창규(昌逵)이고, 딸은 하나이니 김이상(金履庠)에게 출가하였다. 경복은 아들이 하나이니 점규(漸逵)이고, 딸은 둘이니 김회주(金晦柱), 참의 신광집(申光緝)에게 출가하였다. 내외의 증손과 현손이 모두 백여 명이다.

공은 집안에서의 행실이 순수하고 잘 갖추어졌으며, 항상 대부인(大夫人 모친)을 봉양하지 못한 것을 지극한 아픔으로 여겼다. 찬성공(부친 이핵)을 섬길 때는 조석으로 문안드리는 일과 뜻을 받들고 음식과 의복을 봉양하는 일에 공경하고 삼가며 세밀히 살피지 않음이 없었다. 부친의 상을 당했을 때는 정해진 예법보다 훨씬 더 슬퍼하다가 몸이 야위었으며, 묘소 곁에 여막을 짓고 삼년상을 마쳤다. 백씨(伯氏)가 고질병을 앓자 부모처럼 모시면서 약물과 의복을 올리는 일을 모두 몸소 행하였고, 빈소를 차리고 염습하고 장례와 제례를 치름에 정성과 형식이 모두 지극하였다. 백씨의 아들이 또 요절하자 공은 그 질부가 홀로 된 것을 불쌍히 여겨 봉록을 모아 제전(祭田)을 마련해 주었고, 혹시 부족한 것이 있으면 반드시 자신이 저축한 것을 털어서 보태주었다.

자제를 가르침에 매우 엄격하여 한 번도 부드러운 얼굴빛과 말로 대한 적이 없었으며, 반드시 독서에 부지런히 임하는지 묻고 언사와 교유를 함부로 하지 못하게 하였다. 항상 말하기를 "부자 사이는 사랑이 중요하지만 사랑이 지나치면 반드시 너무 무람없게 되고 무람없게 되다 보면 가르침이 통하지 않으니, 엄격함을 우선으로 삼는 것만 한 것이 없다. 어려서부터 부형을 경외할 줄 알게 한다면 일깨워주고 이끌어줌을 따르지 않음이 없게 된다."라고 하였다.

평소에 집에 거처할 때에는 신실하여 장자(長者)의 풍도가 있었으니, 날마다 반드시 일찍 일어나 세수하고 머리 빗고 방을 청소하고 단정히 앉아 저녁때까지 기대앉지 않았다. 고을을 다스릴 때는 남다른 치적이 매우 많아 사람들이 모두 신명(神明)하다고 칭송하였으나 공은 입을 닫고 스스로 말하지 않으니, 비록 자제라 하더라도 감히 물어보지 못하였다. 남과 사귈 때는 두루 사랑하여 간격을 두지 않았고, 또 남을 돕는 일을 중요하게 여길 줄 알아 추위에 떠는 자에게는 새 옷도 벗어 입혀주고 굶주린 자에게는 적은 음식이라도 스스로 양보해[53] 먹여주기를 마치 미치지 못할 듯이 하였다.

벼슬살이 30년 동안 여러 차례 경외(京外)의 직책을 거치며 미관말직에서부터 고관대작에 이르기까지 조심하고 신중하였다. 항상 '충심〔忠〕'과 '청렴〔淸〕'을 처세의 근본으로 삼아서, 비록 중요치 않은 문서나 긴요치 않은 송사라 할지라도 반드시 고개 숙여 환히 파악하였고 직분과 지위가 높다는 이유로 혹시라도 소홀히 여긴 것이 없었다.

53 적은……양보해 : 원문은 '절소(絶少)'인데, 적은 음식을 자신이 먹지 않고 남에게 주는 것을 말한다. 《효경원신계(孝經援神契)》에 "어머니는 자식에 대해 정성을 다해 기르니, 마른자리는 자식을 앉히고 진자리는 자신이 앉으며, 적은 음식을 양보하고 감미로운 것을 나누어 먹인다.〔母之於子也, 鞠養殷勤, 推燥居濕, 絶少分甘.〕"라고 한 데서 온 말이다.

집안의 생계에 관한 일을 도모하지 않았기에 누차 큰 고을을 담당하였지만 돌아올 때의 행장(行裝)이 번번이 단출하였고 종종 빚을 얻어 살았다. 집안사람이 간혹 표정에 불평을 드러내면 공이 말하기를 "나는 본래 가난한 선비로 어릴 적엔 남의 오두막에서 셋방살이하며 어린 여종에게 솔잎을 주워 쌀과 바꾸게 하여 밥을 먹었다. 지금은 나라의 두터운 은혜를 받아 쌀밥에 고기반찬을 먹은 지[54] 또한 오래되었으니, 어찌 차마 다시 나랏돈을 가지고 사사로운 재산을 불려 처자식을 위한 바탕으로 삼겠는가. 또 논밭을 자손에게 물려준다면 어떻게 청백한 가풍을 전하겠는가."라고 하였다. 용만(龍灣 의주)에서 돌아왔을 때 띠풀로 엮은 이엉이 다 말려 올라가 비바람을 막지 못했다. 어떤 사람이 기와로 바꿀 것을 권하자 공은 웃으며 대답하지 않았다. 퇴어(退漁) 김공 진상(金公鎭尙)[55]은 공이 하는 일을 볼 때마다 매번 감탄하며 "진정한 재상이다."라고 하였다.

교관공(敎官公 손자 이봉규(李鳳逵))이 조정에 공의 역명(易名 시호)을

54 쌀밥에……지 : 원문은 '지량자비(持粱刺肥)'이다. 관상쟁이 당거(唐擧)가 연(燕)나라 채택(蔡澤)의 관상을 보고 43년을 살겠다고 하자, 채택이 말하기를 "내가 쌀밥에 고기반찬을 먹고……고기를 먹고 부귀한 생활을 누린다면 43년을 살아도 충분하다.〔吾持粱刺齒肥……食肉富貴, 四十三年足矣.〕"라고 말한 고사가 전한다.《史記 卷79 范雎蔡澤列傳》

55 퇴어(退漁) 김공 진상(金公鎭尙) : 김진상(金鎭尙)의 본관은 광산(光山), 자는 여익(汝翼)이었다가 태백(太白)으로 고쳤으며, 퇴어(退漁)는 그의 호이다. 1712년(숙종38)에 문과에 급제하였다. 1719년(숙종45)에 벼슬에서 물러났으며, 1722년(경종2) 신임옥사로 무산(茂山)에 유배되었다가 영조 즉위 후 풀려났다. 이후 여러 차례 벼슬에 임명되었으나 나아가지 않고 30여 년 동안 산수를 유람하면서 지냈다. 문집으로《퇴어당유고(退漁堂遺稿)》가 전한다.

청하려고 하여, 통가(通家)의 인연이 있고 직책이 태사(太史)라는 이유로[56] 나에게 시장(諡狀)을 부탁하였다.

삼가 생각건대, 공의 재기(才器)와 덕행은 본래 남보다 훨씬 뛰어났으니, 만약 이런 공이 그 온축한 바를 다 펼쳤더라면 치세에는 띠와 홀(笏)을 드리우고 계책을 담론하며 조정의 위에 앉아 사람들을 안정시켰을 것이고, 위태로운 시대에는 위무를 떨치며 방어의 임무를 맡아 국가의 간성(干城)이 되었을 것이다. 그러나 세 조정을 두루 섬겼으니 불우했던 것도 아니고, 집안을 일으키고 열경(列卿 판서)에 이르렀으니 현달하지 못한 것도 아니었다. 하지만 능력을 시험받은 곳이 항상 군(郡)을 다스리고 변방을 안찰하는 말직에 그쳐 끝내 한 시대에 공명을 세우고 사업을 빛내지 못한 것은 무엇 때문일까.

비록 그렇다고는 하지만 공이 조정에 나아간 것은 충헌공(忠獻公 김창집)과 문충공(文忠公 이이명)의 천거를 받은 것이었고, 재야로 물러난 것은 신임사화 때 제현(諸賢)이 화를 입었을 때이며, 퇴어(退漁 김진상)는 명사였는데 공을 심복하기에 겨를이 없었고 원릉(元陵 영조)은 명주(明主)였는데 공을 끝까지 쓰지 못한 것을 유감으로 여겼다. 그렇다면 비록 공의 순량(循良 순리(循吏))으로서의 명성까지 아울러 다 없앤다고 할지라도, 진실로 이미 우뚝이 당세의 위인인 것이다.

56 통가(通家)의……이유로 : 통가는 혼인을 통하여 맺어진 인연을 말하는데, 이유민의 손녀가 풍고의 백부인 김이기(金履基)에게 출가한 것을 말한다. 태사(太史)는 사관(史官)의 직책을 말하는데, 여기서는 풍고가 《정조실록》의 편찬에 도청당상(都廳堂上)으로 참여하는 것을 두고 한 말이다. 풍고는 1800년 12월에 실록청 당상에 임명되어 1805년(순조5) 8월 18일까지 임무를 수행하였다. 《楓皐集 卷12 伯父牧使府君行狀》《承政院日記 純祖 1年 12月 24日, 5年 8月 18日》

삼가 이상과 같이 기록하여 태상시(太常寺 봉상시)가 헤아려 채택하기를 기다린다.

이조 판서 조공 시장[57]

吏曹判書趙公謚狀

삼가 살피건대, 공은 휘는 명정(明鼎)이고 자는 화숙(和叔)이며 호는 노포(老圃)이다.

임천 조씨(林川趙氏)는 휘 천혁(天赫)을 비조로 삼으니, 중조(中朝 송나라)의 진사과에 급제하고 고려에서 벼슬하여 가림백(嘉林伯)에 봉해졌다. 가흥백(嘉興伯) 석견(石堅)에 이르러 또 크게 현달하였다. 이때부터 이후로 우리 조선에 들어와 6대가 문과에 급제하였다.

휘 원(瑗)이 있으니, 승지를 지냈고 이조 판서로 추증되었으며 호는 운강(雲江)이다. 이분이 휘 희진(希進)을 낳으니, 장악원 정(掌樂院正)을 지냈고 도승지로 추증되었으니, 이분이 공의 고조이다. 증조는 휘가 시형(時馨)이니, 군수를 지냈고 호조 참판으로 추증되었다. 조부는 휘는 현기(顯期)이고 호는 일봉(一峯)이니, 경륜과 학행으로 천거되었으나 관직은 인천 부사(仁川府使)에 그쳤으며 이조 판서로 추증되었다. 부친은 휘는 정순(正純)이고 호는 석곡(石谷)이다. 지평(持平)으로서 무신년(1728, 영조4)의 역변(逆變)을 당하여 가장 먼저 적신 이광좌(李光佐)를 논핵했다가 절도(絶島)로 유배되었으며,[58] 한 해 뒤

57 이조……시장 : 조명정(趙明鼎, 1709～1779)의 시호를 청하는 글이다. 조명정의 본관은 임천(林川), 자는 화숙(和叔), 호는 노포(老圃)이다. 1811년(순조11) 6월 19일에 문헌(文獻)이라는 시호를 하사받았다. 《純祖實錄 11年 6月 19日》

58 지평(持平)으로서……유배되었으며 : 무신년의 역변(逆變)은 이인좌(李麟佐)의 난을 말한다. 조정순이 영의정 이광좌를 논핵한 상소 내용과 그로 인해 절도로 유배된

에 용서받고 돌아와 고향에서 세상을 떠났다. 뒤에 공이 귀해졌기 때문에 의정부 좌찬성으로 추증되었다. 모친은 정경부인으로 추증된 공주 이씨(公州李氏)이니 좌랑을 지낸 이공간(李公幹)의 딸이다.

공은 숙종 기축년(1709, 숙종35)에 태어났다. 이 부인(李夫人)이 해산하려 할 때 석곡공(石谷公 부친 조정순)이 큰 거북이 꿈을 꾸고 대귀(大龜)라는 소자(小字 아명)를 지었다. 태어나 만경풍(慢驚風)[59]을 앓아 숨이 넘어가려 하자 집안사람들이 공을 안고 가 성 남쪽의 돌 거북〔石龜〕에 기도하니 얼마 뒤에 소생하였다. 마침내 길에 두어 이웃 사람이 거두어 키웠고, 8세에 비로소 집으로 돌아왔다. 9세에 이 부인의 상을 당하자 어른처럼 상례를 치렀다.

공은 어려서부터 영특하였으니, 4세에 《천자문(千字文)》을 배워 나흘 만에 다 암기하였고 13세에는 경전과 역사서에 통하고 제자백가의 책까지 두루 읽으니, 어른들이 번거로이 가르칠 필요가 없었다.

임자년(1732, 영조8, 24세)에 석곡공의 상을 당하였다.

을묘년(1735, 영조11, 27세)에 사마시에 합격하였다.

경신년(1740, 영조16, 32세)에 동몽교관(童蒙教官)에 제수되었다. 이해 겨울에 증광시(增廣試)의 갑과 제2위로 급제하여 규례대로 사도시 직장(司䆃寺直長)에 제수되었다.[60]

사실은 《영조실록》 4년 10월 5일 기사에 보인다.

59 만경풍(慢驚風) : 경풍(驚風)의 하나로, 어린이들이 중한 병 또는 병을 오래 앓는 경우에 생긴다. 천천히 발병하고 열이 없으며 간헐적으로 경련이 발생한다.

60 이해……제수되었다 : 문과에서 갑과에 수석으로 합격한 자에게는 종6품을 주고, 갑과의 나머지는 정7품에 임명하는 것이 규례였다. 사도시 직장은 정7품이다. 《經國大典 吏典 諸科》

임술년(1742, 영조18, 34세)에 피선(被選)되어[61] 예문관 검열이 되었고, 대교(待敎)로 승진하고 시강원 설서를 겸하였다.

계해년(1743, 영조19, 35세)에 반궁(頖宮 성균관)에서 대사례(大射禮)를 행할 때 연달아 세 발을 맞춰 표리(表裏)를 하사받았다. 가을에 병조 좌랑과 정랑으로 승진하였다가 옮겨서 사헌부 지평에 제수되었다. 이때 정우량(鄭羽良)이 전조(銓曹 이조)를 맡아 홍우원(洪宇遠)과 이원정(李元楨)의 후손을 천거하여 침랑(寢郎 능참봉)에 의망하자 공이 그의 죄를 아뢰어 배척하였고,[62] 또 적신 신치운(申致雲)의 죄를 논척하여 삭직을 청하니,[63] 성상이 모두 들어주고 이어 대신에게 효유(曉

61 피선(被選)되어 : 여기서는 예문관의 관원을 뽑는 절차인 한림권점(翰林圈點)에 후보자로 뽑혔다는 말이다. 한림은 예문관의 관원을 말한다.

62 정우량(鄭羽良)이……배척하였고 : 이와 관련된 기록이 《영조실록》 19년(1743) 9월 2일 기사에 보인다. 정우량은 당시 이조 판서로서 홍우원(洪宇遠)의 후손인 홍일환(洪日煥)과 이원정(李元楨)의 손자인 이학중(李學中)을 각각 제릉 참봉(齊陵參奉)과 영릉 참봉(英陵參奉)에 의망했다가, 지평 조명정에게 논척을 당하였다. 홍우원은 본관은 남양(南陽), 자는 군징(君徵), 호는 남파(南坡)이다. 1680년(숙종6)에 경신대출척(庚申大黜陟)으로 남인이 몰락하자 허적(許積)의 역모 사건에 연루되어 유배되었다가 죽었다. 이원정은 본관은 광주(廣州), 자는 사징(士徵), 호는 귀암(歸巖)이다. 홍우원과 마찬가지로 1680년 이조 판서로 있을 때 경신대출척으로 유배되던 도중에 불려와 장살을 당하였다.

63 또……청하니 : 이와 관련된 기록이 《승정원일기》 영조 19년(1743) 9월 5일 기사에 보인다. 조명정은 승지어 불과한 신치운(申致雲)이 경연에서 왕에게 인재를 천거한 죄를 물어 삭직을 요청하였다. 신치운은 본관은 평산(平山), 자는 공망(公望)이며, 신흠(申欽)의 5세손이다. 소론의 신예로서 노론의 거두였던 권상하(權尙夏)와 이희조(李喜朝) 등을 축출하는 데 앞장섰다. 1755년(영조31)에 나주괘서사건 직후 모반사건에 연루되어 경상북도 흥해군(興海郡)에 유배되었다가 처형당하였다.

諭)하기를 "헌신(憲臣 사헌부의 관원)이 근일에 올린 여러 계사(啓辭)가 대각(臺閣)의 수치를 시원하게 씻었다."라고 하였다. 겨울에 다시 지평이 되었다. 조공 중회(趙公重晦)가 사묘(私廟)의 일을 말하자[64] 성상이 진노하여 정무를 폐하고 엿새 동안 신료들을 접견하지 않았다. 공이 대신과 삼사(三司)의 관원과 함께 궐문을 밀고 들어갔고, 성상이 인견했을 때 조공의 죄를 청하지 않았다는 이유로 삭직을 당했다.[65] 이듬해(1744, 영조20, 36세) 봄에 서용되어 별겸춘추(別兼春秋)에 제수되었고, 얼마 뒤에 이조 좌랑에 제수되었다가 정랑으로 승진하였다. 가을에 선발되어 홍문관에 들어가 부교리가 되었다. 곧이어 함경북도 평사(咸鏡北道評事)가 되었는데, 부친의 병으로 체직되어 교리에 제수되고 중학 교수(中學教授)와 세자시강원 문학을 겸직하였다. 흰 무지개가 해를 꿰뚫는 이변[虹變]이 일어나자 동료들과 함께 차자를 올려 경계하는 말을 진달하였다.

얼마 뒤에 부모를 봉양하게 해 줄 것을 청하여 외직으로 나가 용강 현령(龍岡縣令)이 되었다.[66]

64 조공 중회(趙公重晦)가……말하자 : 이와 관련된 기록이 《영조실록》 19년(1743) 11월 28일 기사에 보인다. 조중회는 정언으로서 상소하여, 영조가 종묘의 봉심과 개수를 미루고 사묘(私廟)에 수시로 거둥하는 것을 잘못된 처사라고 하였다. 사묘는 숙종의 후궁이며 영조의 생모인 숙빈 최씨(淑嬪崔氏)의 신주를 모신 사당을 말한다. 1725년(영조1)에 창건되었는데, 처음에는 숙빈묘(淑嬪廟)라고 했다가 1753년(영조29)에 육상궁(毓祥宮)으로 격상시켰다.

65 공이……당했다 : 이와 관련된 기록이 《영조실록》 19년(1743) 12월 8일과 9일 기사에 보인다.

66 얼마……되었다 : 조명정이 용강 현령(龍岡縣令)에 임명된 것은 1745년(영조21)년 1월 25일의 일이다. 《承政院日記 英祖 21年 1月 25日》

이듬해(1746, 영조22, 38세)에 수찬으로 부름을 받아 내직으로 돌아왔고, 중시(重試)에 병과로 급제하였다. 당시에 《어제자성편(御製自省篇)》[67]이 완성되자 공이 교리로서 입시하여 경계의 말을 진언하기를 "《어제자성편》을 찬술하실 때는 유신(儒臣)을 불러 만나기를 거의 거른 적이 없었습니다. 신이 입직한 지 닷새가 되었는데 이제야 비로소 경연에 나오시니, 혹시 성상의 마음이 벌써 나태해진 것이 아닌지 걱정됩니다. 《어제자성편》이 완성된 지 한 달이 채 되지 않았는데 이처럼 실천하지 못하고 계시니, 하물며 이연(貽燕)의 계책[68]을 세우실 수 있겠습니까."라고 하였다. 성상이 "유신의 말이 나를 일깨워준다고 이를 만하다."라고 하고 이어서 표피(豹皮)를 하사하였다.

얼마 뒤에 교서관 겸교리(校書館兼校理)에 제수되어 《속대전(續大典)》의 인행(印行)을 감독하였다. 성상이 친히 태묘(太廟)에서 제향을 올릴 때 중종의 신실(神室)에 이르러 갑자기 느꺼움과 두려움이 생겨 누차 분발해 힘쓰자는 하교를 내렸다.[69] 공이 뒤에 강연(講筵)하는 기

67 어제자성편(御製自省篇) : 영조가 유교 경전과 역사서에서 개인의 수양과 국가의 정치에 유익한 항목을 간추려 편집한 책이다. 왕세자에게 교훈을 전하고 자신의 생활에 대한 반성의 자료로 삼기 위해 편찬하였다. 서문과 발문은 영조가 직접 지었다. 1746년(영조22) 3월 28일에 완성되었다. 《英祖實錄 22年 3月 28日》

68 이연(貽燕)의 계책 : 자손을 편안하게 할 계책을 말한다. 《시경》 〈문왕유성(文王有聲)〉에 "후손에게 계책을 남겨 주어, 공경하는 아들을 편안하게 하시니, 무왕은 훌륭한 군주이시다.〔詒厥孫謀, 以燕翼子, 武王烝哉.〕"라고 한 데서 나온 말이다. 《시경》 원문의 '이(詒)'는 물려준다는 뜻으로 '이(貽)'와 통용된다.

69 성상이……내렸다 : 영조가 중종의 묘실(廟室)을 참배하고 내린 하교는 《승정원일기》 영조 22년(1746) 4월 3일 기사에 보인다. 그 내용 가운데 "개연히 중흥을 이루려는 뜻이 생겼다. 내가 말하는 중흥이란 한나라 광무제가 했던 것처럼 하려는 것이 아니

회에 아뢰기를[70] "중흥(中興)의 한 가지 일은 반드시 의식적으로 이름 붙여 말씀하실 필요는 없습니다. 오늘 하나의 어려운 일을 행하고 내일 하나의 어려운 일을 행하면 저절로 점차 이르게 될 것입니다. 그러나 모든 일은 실심(實心)에서 나오지 않으면 오래지 않아 반드시 나태함에 이르게 됩니다. 성명(聖明)께서 스스로 헤아려 보시기에 과연 끝까지 지키기를 처음처럼 할 수 있을는지 모르겠습니다."라고 하였다. 성상이 말하기를 "유신의 말이 옳다. 내가 힘써 노력하여 그 결과를 보고 싶지만, 정신과 기력이 쇠약해져서 제대로 이루지 못할까 걱정된다."라고 하였다. 공이 대답하기를 "성상의 옥체가 비록 고된 정사에 지칠 때가 있다 하더라도 '이처럼 고된 정사에 지쳤다'거나 '이처럼 쇠약해졌다'고 말씀하지 마십시오. 이렇게 말씀하신다면 신하들이 반드시 그럭저럭 세월만 보내게 되는 근심이 생길 것입니다."라고 하였다. 성상이 말하기를 "나에게 고충이 있어서 신하들로 하여금 그것을 알게 하려는 것이다."라고 하자, 공이 대답하기를 "신하들이 그것을 아는 것이 무슨 이로움이 있습니까. 성상의 마음이 이와 같기 때문에 분발해 힘쓰겠다는 하교가 있더라도, 신하들은 혹 성공하지 못할 것이라고 염려하는 것입니다."라고 하였다. 성상이 말하기를 "이 말이 더욱 정직하니, 나의

라 바로 영원토록 나라를 튼튼히 하려는 계책이니, 오늘 마땅히 신료들과 함께 강구할 것이다.〔慨然有中興之志. 予所謂中興者, 非欲如漢光武之爲也, 卽固國永年之謨, 今日當與諸臣講究矣.〕"라는 말이 보인다. 영조가 중종의 신실에서 '중흥'이라는 말을 떠올린 것은 중종이 '중흥지주(中興之主)'로 불리기 때문이다.

70 공이……아뢰기를 : 이하 검토관이었던 조명정과 영조의 문답은 《승정원일기》 영조 22년(1746) 4월 11일 기사에 자세히 보이는데, 희정당(熙政堂)에서 주강(晝講)했을 때의 일로 기록되어 있다.

부족한 점을 깊이 알았도다."라고 하고 표리를 하사하여 포상하였다. 얼마 뒤에 장악원 정으로 승진하고 서학교수(西學教授)를 겸직하였다. 가을에 호남에서 과거 시험을 주관하였고, 시강원 겸필선(侍講院兼弼善)에 제수되었으며, 또 얼마 뒤에 사간원 사간에 제수되었다.

이듬해(1747, 영조23, 39세) 봄에 시강원 보덕(輔德)에 제수되었다. 성상이 직접 지은 〈원량권학문(元良勸學文)〉을 공으로 하여금 지니고 동궁에게 가서 뜻을 진술하고 학문을 면려하도록 명하였다. 공이 서연(書筵)의 강독 규정을 고쳐 《논어》는 주석에 대한 강독을 없애고 소대(召對)를 함께 행하되 그 횟수를 정하고 이어서 임독(臨讀)할 것을 청하였다.[71] 성상이 공에게 명해 새로운 강독 규정을 판(板)에 써서 걸어두게 하였다.

교리로서 야대(夜對)하여 아뢰기를[72] "〈숙야잠(夙夜箴)〉에 '일의 응대가 끝나고 나면, 나는 이전처럼 변함이 없다.〔事應旣已, 我則如故.〕'라는 말이 있습니다.[73] 삼가 살피건대 성상의 언사와 기색에 편치 못함이 자주 드러나니, 이는 다른 이유가 아니라 마음을 다스리는 공부에

71 공이……청하였다 : 이와 관련한 기록이 《승정원일기》 영조 23년(1747) 3월 18일 기사에 보인다. 그 내용에 따르면, 《논어》의 주석이 좋지 않은 것은 아니나 분량이 너무 많으므로 대문(大文)만 강독할 것을 청하였다. 임독(臨讀)은 임강(臨講)이라고도 하는데, 책을 펴놓고 눈으로 보면서 강독하는 것을 말한다.

72 교리로서 야대(夜對)하여 아뢰기를 : 이하 조명정과 영조의 대화는 《승정원일기》 영조 23년(1747) 8월 7일과 8일 기사에 자세히 보인다.

73 숙야잠(夙夜箴)에……있습니다 : 〈숙야잠〉은 송(宋)나라 진백(陳柏)이 지은 〈숙흥야매잠(夙興夜寐箴)〉을 말하는 것으로, 장(章)마다 4구씩 13장으로 되어 있다. 진백의 자는 무경(茂卿), 호는 남당(南塘)이다. 인용된 말은, 외물에 대한 응대가 끝난 뒤에는 평상시의 평정심을 유지하라는 말이다.

지극하지 못한 바가 있어서 그런 것입니다. 원컨대 이제부터 마음을 다스려 일에 응하시되 오로지 〈숙야잠〉의 이 말을 신표로 삼으소서." 라고 하였다. 성상이 자리에서 일어났다가 앉아서 말하기를 "〈숙야잠〉의 말을 나를 위해 다시 읽으라."라고 하였다. 공이 다시 읽자 성상이 훌륭하다고 칭찬하였다. 이튿날 어필로 "남에게 요구하는 것은 완벽하기를 원하고 자신을 살피는 것은 어둡다. 진백(陳柏)의 이 〈숙야잠〉으로써 밤낮으로 나를 일깨우라.〔求人則備, 自檢則昏. 將此陳箴, 提醒夙夜.〕"라는 열여섯 자를 〈숙야잠〉의 권 첫머리에 쓰고 공에게 명해 〈숙야잠〉을 읽게 하였다. 성상이 말하기를 "어제 진언한 말을 듣고서 나도 모르게 두려운 마음이 생겼다. 지난번에 표리를 하사했는데 지금 또 이 글을 하사하니, 나의 지극한 뜻을 체찰하여 일마다 나를 깨우치라." 라고 하였다. 공이 대답하여 말하기를 "전하께서 이미 스스로 병통임을 아셨으니, 그 병통을 치료할 약으로 어찌 신의 말이 필요하겠습니까. 근래 연석(筵席)에서 말씀하신 뜻은 의리로 보자면 크게 옳지 않고 일의 체모로 보자면 매우 어긋나는 것입니다."라고 하였다. 성상이 한창 일번인(一番人)의 조정(調停)의 설을 받아들였기 때문에[74] 공의 말이 이와 같았던 것이다.

얼마 뒤에 삼사(三司)와 함께 이광좌(李光佐) 등의 관작을 추탈할 것을 계청하자, 성상이 진노하여 엄한 하교를 내렸다.[75] 공이 앞으로

74 성상이……때문에 : 일번인(一番人)은 당파나 이념을 달리하는 쪽의 사람을 구체적으로 지칭하지 않고자 할 때 쓰는 말로, 여기서는 당론의 화해로 탕평을 시도하려했던 조문명(趙文命)·송인명(宋寅明) 등 탕평파 관료들을 가리킨다. 조정의 설은 당론의 중간에 서서 화해를 시키자는 논의를 말한다.

75 얼마……내렸다 : 이와 관련한 기록이 《영조실록》 23년(1747) 8월 16일 기사와

나아가 말하기를 "밝은 임금은 이치로 간언하여 설득할 수 있으니,[76] 신이 분명히 아뢰어 보겠습니다. 신의 말이 만약 당심(黨心)에서 나온 것이라면 당장 목을 베고 용서하지 마시되, 그렇지 않다면 또한 마땅히 진노를 조금 거두시고 평온한 마음으로 살펴서 받아들여 주소서."라고 하니, 성상이 "한번 말해보라."라고 하였다.

공이 대답하기를 "김일경(金一鏡)이 초안을 잡은 교문(敎文)[77]의 흉패함에 대해 온 나라 사람들이 함께 분노했는데, 이광좌는 수상이 되어 그의 죄를 성토하지 않았을 뿐만 아니라 마침내 도리어 본병(本兵 병조)의 장(長)으로 의망(擬望)하였으니, 이것이 첫 번째 큰 죄입니다. 목호룡(睦虎龍)이 처형을 당했을 때 그 이전까지 끌어댄 것은 모두 무고하는 진술이었는데, 이광좌가 재차 재상이 되었을 때 다시 무고당한 사람을 도리어 역안(逆案)에 두었고 억울하게 죽은 사대신(四大臣)에게 또한 같은 형률을 적용하게 하였으니,[78] 이것이 두 번째 큰 죄입니다.

동일자 《승정원일기》에 보인다.

76 밝은……있으니 : 삼국 시대 위(魏)나라의 허윤(許允)이 이부랑(吏部郎)이 되어 자신의 고향 사람을 많이 채용하자, 명제(明帝)가 그를 의심하여 관리를 보내 체포하게 했다. 허윤이 잡혀갈 때 그의 아내 완씨(阮氏)가 허윤에게 경계하기를 "명철한 임금은 이치로 간언하여 설득할 수 있으니, 인정으로 애원해서는 안 됩니다.〔明主可以理奪, 難以情求.〕"라고 한 데서 나온 말이다. 허윤은 명제에게 자신이 임명한 사람이 모두 적임자인지 아닌지 살펴줄 것을 청하였고, 결국 적임자임이 확인되어 풀려났다. 《世說新語 賢媛》

77 김일경(金一鏡)이……교문(敎文) : 경종은 1722년(경종2) 9월 21일에 임인옥사(壬寅獄事)의 진상을 조사해 결과를 교문(敎文)으로 반포했는데, 그 교문의 초안을 당시 홍문관 제학으로 있던 김일경이 지었다. 교문의 전문은 《경종실록》 2년 9월 21일자 기사에 수록되어 있다. 107쪽 주173 참조.

무신년(1728, 영조4)의 변란[79] 때 흉계를 선창하고 난리를 선동했던 자들은 그의 조아(爪牙)와 같은 심복으로 발탁하고 천거했던 무리가 아님이 없었으니, 이것이 세 번째 큰 죄입니다. 조태억(趙泰億)으로 말하면 그 죄가 이광좌와 다름없고, '정책(定策)'과 '문생(門生)' 등의 말은 임금을 협박해 거리끼는 바가 없는 것이었으니,[80] 이것이 더더욱 그에 대한 확실한 죄안입니다. 신들이 알고 있는 것이 이와 같기 때문일 뿐이지, 그렇지 않다면 무덤 속에서 이미 썩은 백골에 신들이 무슨

78 목호룡(睦虎龍)이……하였으니 : 임인옥사(壬寅獄事) 때부터 정미환국(丁未換局)까지의 과정을 서술한 말이다. 목호룡은 1722년(경종2)에 소론의 사주를 받아, 노론 측에서 경종을 시해하려 한다고 고변하여 임인옥사를 일으켰다. 이 옥사로 노론사대신 등이 사사되었다. 1724년에 영조가 즉위한 뒤 이광좌는 영의정에 올랐다가 1725년(영조1) 3월에 을사처분(乙巳處分)으로 임인옥사가 무고로 판정되자 파직당하였다. 김일경과 목호룡도 이때 처단되었다. 그 뒤 1727년(영조3)에 정미환국으로 소론이 정권을 잡자 이광좌는 재차 영의정에 올랐으며, 임인옥사는 역옥으로 번복되고 노론사대신은 다시 죄안(罪案)에 들게 되었다.

79 무신년의 변란 : 이인좌(李麟佐)의 난을 말한다.

80 조태억(趙泰億)으로……것이었으니 : '정책'과 '문생'은 '정책국로(定策國老)'와 '문생천자(門生天子)'를 줄인 말로, 당(唐)나라 경종(敬宗)부터 선종(宣宗)까지 왕의 폐립(廢立)을 환관이 제멋대로 행하며 국가의 원로로 자처한 것과 환관이 정권을 전횡하여 천자를 문생(門生)처럼 생각한다는 의미이다. 1724년(영조즉위년) 11월 6일에 유학(幼學) 이의연(李義淵)이 상소하여 신임사화를 일으킨 소론 주동자의 축출을 주장하자, 소론의 거두였던 우의정 조태억이 이의연을 절도(絶島)에 정배(定配)하는 문제로 청대(請對)한 자리에서 올린 말 중에 "당나라 때 환관은 '정책국로'니 '문생천자'니 하는 칭호까지 있었습니다. 군주의 자리는 하늘이 주고 백성이 따르는 것이니, 신하가 어찌 감히 하늘의 권한을 탐내어 힘을 쓴단 말입니까."라는 내용이 보인다. 조태억이 영조를 천자에, 노론을 나라의 원로에 은근히 빗대어, 경종 때 세제(世弟) 책봉을 주청했던 노론을 비판하는 말로 삼았던 것이다. 《新唐書 卷208 楊復恭列傳》

원한이 있어 그렇게 하겠습니까."라고 하였다. 성상의 뜻이 조금 풀리자 공이 이어 엄한 하교를 거둘 것을 청하니 성상이 허락하였다. 양사의 대간(臺諫)들이 인피(引避)하자 성상이 모두 아뢴 대로 하도록 하였다. 공이 또 대간의 인피를 말미암아 체직을 허락하는 것은 대신(臺臣)을 대하는 도리에 어긋난다는 이유로 명을 거두기를 청하였는데, 성상이 허락하지 않고 이어 공의 직책을 체차하였다. 이튿날 성상이 대신(大臣)에게 이르기를 "지금 조정에는 단지 이 한 사람만 보일 뿐이다."라고 하였다.

얼마 뒤에 홍문관 부응교로 승진하였고, 수의어사(繡衣御史)로서 연해에 있는 경기도의 읍을 살펴보고 돌아와 사복시 정으로 옮겼다. 겨울에 서장관(書狀官)으로 연경에 갔다. 복명한 뒤 부교리와 중학교수와 홍문관 응교에 제수되었고 시강원 사서를 겸하였다. 얼마 뒤에 발탁되어 승정원 동부승지에 제수되었다. 가을에 일에 연루되어 황주(黃州)로 유배되었다가 얼마 뒤에 용서받았다. 겨울에 외직으로 나가 경주 부윤(慶州府尹)이 되었다.[81] 토지 제도가 오랫동안 문란해져 있자 공이 다 측량하여 잉전(剩田) 7백여 결(結)을 얻었으며, 매달 초하루와 보름에 문묘(文廟)를 참배하고 제생을 이끌고서 경전과 사서(史書)를 과송(課誦 읽은 글을 시험함)하였다.

임기가 만료되자 동부승지에 제수되었다.[82] 민공 백상(閔公百祥)이

81 겨울에……되었다 : 조명정은 1748년(영조24) 12월 25일에 경주 부윤에 임명되었다. 《承政院日記》

82 임기가……제수되었다 : 조명정은 1751년(영조27) 7월 6일에 동부승지에 임명되었다. 《承政院日記》

대사간이 되어 이광좌 등을 성토하자, 성상이 민공을 거제(巨濟)로 찬배(竄配)하고 마침내 차마 듣지 못할 하교를 내렸다.[83] 공이 나아가 말하기를[84] "민백상이 아뢴 말은 충심에서 나온 것인데, 성상께서 조금 천천히 따져보지 않으시고 차마 듣지 못할 하교를 내리시기까지 하였으니 어찌 너무도 과중(過中)한 것이 아니겠습니까."라고 하였다. 성상이 말하기를 "근일에 삼사(三司)에서 시약청(侍藥廳)을 설치하지 않은 것을 죄로 삼았는데 나도 실로 그 죄 속에 함께 들어 있으니,[85] 이것이 어찌 신하의 분수로 거론할 수 있는 것이겠는가."라고 하였다. 공이 대답하기를 "전하께서는 한 명의 역신(逆臣 이광좌)을 보호하기 위해 성상의 몸으로 직접 이를 감당하려 하십니까. 당시에 흉악한 무리와 요망한 환관과 역적 계집종이 궁궐 안팎에 두루 가득해 문침(問寢 문안)

83 민공 백상(閔公百祥)이……내렸다 : 민백상의 본관은 여흥(驪興)이고, 자는 이지(履之)이다. 민백상은 1751년 6월 23일 대사간으로서 대리청정 중이던 사도세자에게 상서(上書)하여, 임인옥사를 일으킨 흉적을 제대로 처벌하지 않아 경종의 독살에 연루된 '성상(영조)의 무함이 제대로 씻기지 않았다〔聖誣未雪.〕'고 주장하였다. 이에 진노한 영조가 '나는 효성스럽지 못하고 형을 공경할 줄도 모른다.〔不孝不悌.〕'라는 하교를 내리고, 6월 29일에 민백상을 거제도로 유배시키고 그 상서를 불태웠다. 《英祖實錄 27年 6月 23日》《承政院日記 英祖 27年 6月 23日・29日》

84 공이 나아가 말하기를 : 이하의 내용과 관련된 기록은 《승정원일기》 영조 27년 8월 28일 기사와 《영조실록》 27년 8월 30일 기사에 보인다.

85 근일에……들어 있으니 : 《영조실록》 1년(1725) 3월 20일 기사에, 삼사(三司)에서 이광좌의 죄를 논하면서 경종의 병세가 위중한데도 시약청(侍藥廳)을 미리 설치하지 않아 그 병세를 모르게 하였다는 내용이 보이며, 이후 유사한 내용의 기사가 《영조실록》에 자주 보인다. 이때 와서 다시 이광좌의 처벌을 청하면서 시약청을 설치하지 않은 죄상을 재차 거론하자, 영조가 자신도 그 죄에서 자유롭지 못하다고 말한 것이다. 《英祖實錄 27年 8月 30日》

과 시선(視膳)의 일을 전하께서 또한 자유롭게 하실 수 없었으니,[86] 다른 일은 더욱이 어찌 논할 수 있었겠습니까. 이후로는 결코 이런 하교를 내지 마시어 부정한 말을 막으십시오."라고 하니, 성상이 심히 질책하였다. 9월에 수상 김재로(金在魯)가 소조(小朝 사도세자)에게 차자를 올려 공의 삭출을 청하였다. 성상이 그 처벌을 가볍다고 여겨 삼수(三水)로 찬배(竄配)할 것을 명하고, 하교하기를 "민백상과 조명정은 내가 매우 아끼는 자들인데, 그들이 당습(黨習)에 빠졌기 때문에 반드시 징계해 고치고자 한다."라고 하였다. 사흘 뒤에 유배지를 단천(端川)으로 바꾸었다.

임신년(1752, 영조28, 44세)에 용서를 받고 돌아왔다.

이듬해(1753, 영조29, 45세) 여름에 오랫동안 버려둔 것이 애석하다고 하여 특별히 동부승지에 제수되었다. 총융사(摠戎使)가 어영(御營)의 유진(留陣)에 나아갈 때 단지 장교(將校)로 하여금 전교(傳敎)를 듣게 하고 자신은 곧장 진으로 나아갔는데, 공이 징험 삼을 부신(符信)이 없으니 일이 매우 엉성하다는 이유로 이후로는 장신(將臣 각 군영의 대장과 사(使))이 직접 전교를 듣고서 가게 할 것을 청하니, 성상이 명하여 이를 기록하여 정식(程式)으로 삼게 하였다.[87] 얼마 뒤에 좌부

86 당시에……없었으니 : 환관은 김일경 등과 결탁해 임인옥사를 일으킨 박상검(朴尙儉)을 말하며, 역적 계집종은 박상검에게 매수당한 나인 석렬(石烈)과 필정(必貞) 등을 가리킨다. 박상검은 석렬과 필정 등을 시켜 밤마다 청휘문(淸暉門)을 닫게 하여 연잉군(延礽君)이 왕에게 문침(問寢)하거나 시선(視膳)하러 가는 길을 봉쇄하였다고 한다. 시선은 세자나 임금이 부모에게 올릴 음식을 살피는 것이다. 《景宗修正實錄 2年 9月 21日》《英祖實錄 附錄 誌文》

87 총융사(摠戎使)가……하였다 : 이와 관련한 기록이 《승정원일기》 영조 29년

승지로 승진하였다. 9월에 명을 받들어 궁원(宮園)의 의식(儀式)을 편찬하였는데,[88] 성상에게 올리자 초피이엄(貂皮耳掩 담비 가죽으로 만든 귀마개)을 하사했다. 얼마 뒤에 병조 참의로 옮겼다. 12월에 명을 받아 경기좌도 심휼사(京畿左道審卹使)가 되었다.[89]

이듬해(1754, 영조30년, 46세) 2월에 심휼사의 일을 마치고 돌아와 복명하였는데, 성상의 뜻에 맞았다. 충청도 관찰사에 제수되어 향음주례(鄕飮酒禮)를 행하였다. 또 감영의 아병(牙兵 친위병) 수천 명의 군사 훈련을 실시하였는데 이들이 대부분 먼 고을에 있자 공이 변고에 대비하는 뜻이 아니라고 여겨 모두 가까운 고을로 바꾸어 정하기를 계청하였다. 이해 가을에 홍수가 나서 충청도 일대에 큰 기근이 들자 공이 녹봉을 털어 진곡(賑穀 진휼미) 만여 석을 보조하였다. 또 재결(災結)이 부족하다는 이유로 누차 더 분표(分俵)해 줄 것을 청하였으나[90]

(1753) 5월 25일 기사에 보이는데, 총융사는 구성임(具聖任)으로 기록되어 있다. 어영의 유진은 임금이 거둥할 때 호위를 맡은 군대가 머물러 진을 친 곳을 말한다.

88 9월에……편찬하였는데 : 이와 관련한 기록이 《승정원일기》 영조 29년 9월 3일과 24일 기사에 보인다. 궁원(宮園)의 의식(儀式)은 《어제궁원식례(御製宮園式例)》와 《궁원식례보편(宮園式例補編)》을 말하는데, 영조의 모친 숙빈 최씨(淑嬪崔氏)를 모신 사당인 육상궁(毓祥宮)과 무덤인 소령원(昭寧園)의 제향에 관한 규식을 구윤명(具允明) 등이 편찬한 것이다.

89 12월에……되었다 : 《영조실록》 29년 12월 27일 기사에, "승지 조명정과 한광조(韓光肇)를 기내(畿內)와 삼도(三都)에 보내되 심휼사라 이름하여 민간의 기곤(飢困)과 억울하게 옥살이하는 자를 살피게 하였다."라는 내용이 보인다.

90 재결(災結)이……청하였으나 : 재해를 입은 논밭으로 책정된 숫자가 적다는 이유로 그 숫자를 더 책정해 조세를 감면해 줄 것을 청했다는 말이다. 재결은 재해를 당한 논밭을 말하고, 분표(分俵)는 재결을 배분하는 것을 말한다. 관찰사가 호조에서 배당한 재결수(災結數)에 따라 일정한 수량의 재결을 군현에 배분하게 된다. 조명정이 분표를

실현되지 못했다. 이에 공이 말하기를 "굶주린 백성들로 하여금 다시 백징(白徵)에 시달리게 할 수 없다."라고 하고 마침내 2천여 결을 임의로 분표하니 백성들이 크게 기뻐하였다. 하지만 공은 결국 취리(就理)하게 되었다가 용서를 받고 풀려나 병조 참의에 제수되었다.[91] 얼마 뒤에 호서 암행어사가 또 군량미를 멋대로 배분했다는 내용으로 논계하니, 해남(海南)으로 유배되었다가 곧 용서받았다.[92] 유배갈 때 호서를 지나게 되자 늙고 젊은 백성들이 떼를 지어 모여 도의 경계에서 공을 맞이해 말하기를 "지난번에 우리 공이 아니었다면 우리들은 아마 다 죽었을 것입니다."라고 하였고, 심지어 눈물을 흘리며 전송하는 자까지 있었다.

정축년(1757, 영조33, 49세) 여름에 우승지에 제수되고, 어제 편차인(御製編次人)에 차임되었다.[93] 당시에 《상례보편(喪禮補編)》을 속수(續修)하였는데 성상이 공에게 명해 그 교정에 함께 참여하게 하였

청한 내용은 《승정원일기》 영조 30년(1754) 8월 10일 기사에 보인다.

91 공이……제수되었다 : 백징(白徵)은 조세를 면제한 땅이나 납세 의무가 없는 사람에게 세금을 물리는 것을 말한다. 취리(就理)는 죄를 지은 벼슬아치가 의금부에 나아가 심리를 받는 것을 말한다. 조명정은 1756년(영조32) 3월 6일에 병조 참의에 임명되었다. 《承政院日記 英祖 32年 3月 6日》

92 얼마……용서받았다 : 조명정은 1756년(영조32) 3월 12일에 암행어사 조엄(趙曮)의 탄핵을 받았고, 10월 4일에 용서받아 해남 유배에서 풀려났다. 《承政院日記 英祖 32年 3月 12日, 10月 4日》

93 정축년……차임되었다 : 어제 편차인은 왕이 지은 글을 편찬하는 임무를 맡은 관원을 말한다. 조명정은 1757년(영조33) 6월 8일에 어제 편차인에 차임되어 《열성지장(列聖誌狀)》의 증보를 편찬하는 데 참여하였다. 《英祖實錄 33年 6月 8日》《承政院日記 英祖 32年 12月 14日》

다.[94] 공이 말하기를 "왕조의 전례(典禮)는 고경(古經)의 내용이 소략하므로 사대부의 상례와 제례를 두루 대조하여 행하는 것이 많습니다. 예컨대 '옥백을 바친다〔贈玉帛〕'라는 의식에 대해, 사대부의 예에서는 주인이 손을 씻고 직접 바치며 곡하고 절하는데, 《국조오례의(國朝五禮儀)》에서는 임금이 비록 장례에 참석하더라도 반드시 영의정으로 하여금 대신 바치게 한다고 되어 있으니, 고례의 뜻이 아닙니다."라고 하였다. 성상이 옳다고 하고 명하여 저령(著令 공식화한 법령)으로 수록하게 하였다.[95] 이달에 이조 참의에 제수되었으며, 좌승지로 옮겼다가

94 당시에……하였다 : 이와 관련한 기록이 《영조실록》 33년(1757) 6월 11일 기사에 보인다. 《상례보편(喪禮補編)》은 《국조상례보편(國朝喪禮補編)》을 말한다. 《국조오례의(國朝五禮儀)》 중에서 궁중의 상례에 관련된 부분만을 따로 수정해 증보한 책으로, 1752년(영조28)에 완성된 《어제국조상례보편》을 홍계희(洪啓禧)가 왕명을 받아 1758년에 간행하였다.

95 예컨대……하였다 : 이와 관련한 기록이 《승정원일기》 영조 33년 6월 17일 기사에 보인다. '옥백을 바치는 것〔贈玉帛〕'은 국왕의 장례 절차의 하나로, 하관한 뒤 관 남쪽에 옥과 비단을 담은 각각의 상자를 놓는 것을 말한다. 《승정원일기》의 기록에 따르면 조명정은, 옥백을 바치는 절차를 사대부의 상례 중 '현훈을 바치는〔贈玄纁〕' 절차에 대비했다. 현훈은 하관한 뒤 상주가 직접 바치는 검은색과 분홍색의 비단인데, 《의례(儀禮)》 〈기석례(旣夕禮)〉에 "이어서 하관한다. 이때 주인이 곡하고 용(踊)을 한정 없이 한다. 왼쪽 소매를 다시 입고 검은색과 분홍색 제폐 1속을 묘혈에 바친다.〔乃窆. 主人哭, 踊無筭, 襲, 贈用制幣玄纁束.〕"라는 구절이 보인다. 제폐는 1장 8척의 비단이다. 한편 《국조오례의》 권7 〈흉례(凶禮) 천전의(遷奠儀)〉에, 영의정이 재궁의 서쪽에 애책함(哀冊函)을 놓고 그 남쪽에 증옥함(贈玉函)과 증백함(贈帛函)을 놓는다는 내용이 보인다. 그런데 《국조상례보편》 권2 〈천전의〉에는, 영의정이 놓던 옥백을 왕이 영의정에게 전달하여 올리는 것으로 변경되어 '전하전옥백위(殿下傳玉帛位)를 퇴광(退壙)의 왼쪽에 서쪽을 향해 설치한다.'는 항목이 추가되었다. 퇴광은 임금의 관을 하관하고 남은 앞쪽의 빈 곳을 말한다.

얼마 뒤 형조 참의로 옮겼다.[96]

5월(1758, 영조34, 50세)에 《상례보편》을 편찬한 공로로 가선대부와 승정원 도승지로 승진하였다. 얼마 뒤에 황해도 관찰사에 제수되었는데, 당시 황해도에 요망한 무녀의 변고가 있었다.[97] 성상이 공에게 말하기를 "경(卿)은 위엄으로 억누르고 은혜로 품어주어 서쪽 변경을 돌아보는 나의 걱정을 덜도록 하라."라고 하였다. 공이 황해도 경계에 이른 뒤에 글을 지어 방방곡곡에 효유하고 무당에 현혹되어 빠져 돌아오지 못하는 자를 다 제거하니, 민심이 마침내 안정되었다. 해주(海州)의 석담(石潭)에 이 문성공(李文成公 이이(李珥))의 서원과 고택이 있었는데 세월이 오래되어 허물어졌기에 모두 수리하여 새롭게 만들었다. 또 《격몽요결(擊蒙要訣)》과 《향약(鄕約)》 두 책을 찍어 여러 고을에 널리 배포하여 사민(士民)들에게 익히게 하였다.[98] 연해의 백성 중에 군역(軍役)을 이중으로 지는 자들이 많자, 조정에 요청해 군포를 감면

96 이달에……옮겼다 : 조명정은 1757년(영조33) 6월 30일에 이조 참의에 제수되었고, 1758년(영조34) 2월 5일에 좌승지에 제수되었으며, 3월 18일에 형조 참의에 제수되었다. 《英祖實錄 33年 6月 30日》《承政院日記 英祖 34年 2月 5日, 3月 18日》

97 황해도에……있었다 : 《승정원일기》 영조 34년(1758) 5월 18일 기사에, 영조가 차견어사(差遣御史) 이경옥(李敬玉)에게, "듣자하니 해서(海西)에 요망한 여자가 있어서 자칭 생불(生佛)이라고 한다는데, 너도 들었느냐?"라고 하자, 이경옥이 들었다고 대답하는 내용이 보인다.

98 해주(海州)의……하였다 : 황해도 해주의 석담(石潭)은 율곡 이이의 처가가 있던 곳으로, 이이는 1576년부터 1578년 초까지 석담에 머물며 은거하였다. 석담의 고택은 이이가 강학했던 은병정사(隱屛精舍)를 말하는데, 1610년(광해군2)에 이 정사에 소현서원(紹賢書院)이라는 이름을 사액하였다. 또 이이는 석담에서 《격몽요결》과 《해주향약(海州鄕約)》을 지었는데, 《율곡집》 권27과 권16에 각각 실려 있다.

받게 해 주었다.

기묘년(1759, 영조35, 51세) 여름에 작은 일에 연루되어 파직되었다.[99] 얼마 되지 않아 사헌부 대사헌에 제수되고 비변사 제조에 겸하여 차임되었다. 우의정 이공 후(李公𪸔)[100]가 성상에게 말하기를 "조모(趙某)는 기력이 있으므로 크게 쓸 만합니다."라고 하자, 성상이 말하기를 "나 또한 익히 알고 있다."라고 하였다. 얼마 뒤에 사간원 대사간에 제수되었다. 부제학 김공 시찬(金公時粲)이 직언을 하다가 성상의 뜻을 거슬러 해도(海島 흑산도)로 찬배되었는데, 성상이 명을 내려 말하기를 "감히 김시찬을 구원하는 자가 있다면 마땅히 친히 국문할 것이다."라고 하였다. 공이 말하기를 "나의 직분이 간관(諫官)이니, 끝까지 입을 다물고 있을 수 없다."라고 하고, 마침내 알현하기를 청하였다. 성상이 그 이유를 묻고 대신을 돌아보며 말하기를 "옛날 한(漢)나라 무제(武帝)는 급암(汲黯)을 우직하다고 했는데,[101] 지금 조모의 우직함은 더욱 이루 말할 수가 없다."라고 하고, 이어 체차하라는 명을 내렸다. 곧이어 호조 참판에 제수되었고 오위도총부 부총관을 겸직하였다.

99 기묘년……파직되었다 : 장리(贓吏) 안상오(安相五)의 전최(殿最)를 잘못했다는 이유로 파직되었다. 《英祖實錄 35年 4月 3日》

100 이공 후(李公𪸔) : 번역 대본에는 '후(𪸔)'가 '후(塒)'로 기록되어 있는데, 《영조실록》의 기록에 근거하여 수정해 번역하였다.

101 옛날……했는데 : 급암(汲黯)은 한나라 무제 때의 직신(直臣)이다. 무제가 일찍이 천하에 인의(仁義)를 베풀고자 한다는 포부를 말하자, 급암이 "폐하께서는 속으로 욕심이 많으면서 겉으로만 인의를 베풀어서야 어떻게 요순의 정치를 본받는단 말입니까."라고 하였다. 무제가 노하여 조회를 파하고서, "심하다! 급암의 우직함이여.〔甚矣, 汲黯之戇也!〕"라고 했던 고사가 전한다. 《史記 卷120 汲黯列傳》

가을에 성상이 친히 여덟 글자의 명(銘)을 짓고 입시한 신하들에게 이어 짓도록 하자, 공이 "시로는 태강(太康)을 기리고, 병풍에는 무일을 내거소서.〔詩頌太康, 屛揭無逸.〕"라고 써 올렸다. 성상이 말하기를 "붓을 들면 규간(規諫)하기를 잊지 않는다고 말할 만하다."라고 하고, 특별히 탑전(榻前)에서 호피를 하사하였다.[102] 동지의금부사에 제수되었다. 얼마 뒤 홍문관 부제학에 제수되어 야대(夜對)하는 기회를 통해 당시의 폐단을 논하였는데, 과거의 실시가 너무 빈번하고 승전(承傳)이 너무 많으니 분경(奔競)이 갈수록 심해져서[103] 그 해가 백성에게

102 가을에……하사하였다 : 이와 관련한 기록이 《승정원일기》 영조 35년 8월 1일 기사에 보인다. 이날 영조는 창덕궁 춘당대(春塘臺)에 나아가 관무재(觀武才)를 행한 뒤 4언 2구로 된 〈영화당명(映花堂銘)〉을 짓고 신하들에게 화답하게 하였다. 조명정은 화답시를 칭찬받고 특별히 호피를 하사받았다. 관무재는 임금이 친히 열병(閱兵)한 뒤에 당상관으로부터 그 아래의 군관 및 한량에게 보이는 무과 시험이다. 태강(太康)은 《시경》〈실솔(蟋蟀)〉의 "너무 편안하지 않겠는가. 직분에 맡는 것을 생각하라.〔無已大康? 職思其居.〕"라는 구절을 말하며, 무일(無逸)은 《서경》〈주서(周書)〉의 편명으로, 주공(周公)이 어린 성왕(成王)을 보좌하면서 나태하지 말고 부지런히 나라를 다스려야 한다고 경계한 내용이다. 한편, '붓만 들면 규간을 잊지 않는다'는 것은 송나라 인종(仁宗)이 구양수(歐陽脩)를 칭찬한 말이다. 인종이 어느 날 대궐의 춘첩자(春帖子)를 읽다가 내용이 훌륭해 신하들에게 물으니 구양수가 지은 것이라고 하였다. 이에 구양수가 지은 대궐의 춘첩자를 다 가져오게 하여 읽고서 "붓을 들면 규간하기를 잊지 않았으니 진정한 시종신이다.〔擧筆不忘規諫, 眞侍從之臣也.〕"라고 탄식했던 고사가 전한다. 《宋名臣言行錄 後集 卷2》

103 승전(承傳)이……심해져서 : 승전은 임금의 전교를 전한다는 말로, 임금의 전교 자체를 가리키기도 한다. 여기서는 음관으로 임명하라는 임금의 전교를 의미한 것으로 보인다. 《승정원일기》 영조 36년 8월 3일 기사에 조명정의 건의가 보이는데, "음관으로 처음 벼슬을 받는 경우 본래 나이의 제한이 있는데, 근래 유학(幼學) 가운데 승전을 받는 자가 스무 살 전에 관직에 보임됩니다.〔至於蔭官初授, 自有年限, 而近來幼學之奉

미친다는 것을 말하였다. 성상이 말하기를 "분경은 본래 마땅히 해가 있는 것이지만, 그 해가 백성에게 미친다는 것은 무엇 때문인가?"라고 하였다. 대답하기를 "권세 있는 집안의 자제들은 전혀 글을 읽지 않지만 열다섯 살이 넘으면 벌써 대과(大科)에 응시합니다. 요행히 합격하면 해마다 벼슬에 제수되고 해마다 승진하여 못하는 관직이 없습니다. 승전한 자는 또 나이 제한이 없어 동자들이 관직을 채우고 있으니, 어떻게 백성을 다스리겠습니까. 오늘날에는 문관과 음관(蔭官)과 무관이 관원의 명부에 가득하여 1, 2십 년 만에야 겨우 하나의 현(縣)을 얻을 수 있습니다. 그러므로 관직에 있을 때 교묘히 구실을 만들어 오로지 긁어 들이는 것만 일로 삼습니다. 이와 같은데도 백성들이 어찌 곤궁하지 않을 수 있겠습니까."라고 하였다. 성상이 말하기를 "참으로 옳은 말이다. 어찌해야 바로 잡을 수 있겠는가?"라고 하였다. 대답하기를 "물줄기를 막는 것은 그 원천을 막는 것만 한 것이 없습니다. 과거의 시행을 마땅히 줄이고, 승전으로 임명하는 것을 마땅히 신중히 하여 서른 살이 되어야 비로소 벼슬에 드는 것을 허락한다면 조금이나마 폐단을 막는 방법이 될 듯합니다."라고 하였다.[104] 천둥이 치는 이변이 있자 등대(登對)하여 언로를 열고 과거를 줄일 것을 청하였다. 물러나서는 또 차자를 올려 극론하였으니, 예컨대 대과는 하나의 경전을 강경(講經)하고 소과는 《소학》에 통한 뒤에 전시(殿試)와 회시(會試)에

承傳者, 補官於卄歲之前.]"라고 하였다. 분경(奔競)은 벼슬을 얻기 위하여 권세가의 집을 분주하게 찾아다니는 것을 말한다.

104 대답하기를……하였다 : 이와 관련한 기록이 《승정원일기》 영조 36년 8월 3일 기사에 보인다.

나아감을 허락한 것은 모두 공이 건의한 것이었다.[105]

11월에 곤전책례주청사(坤殿冊禮奏請使)[106]로서 겸하여 동지 부사에 충원되어 연경에 갔다.

이듬해(1760, 영조36, 52세) 4월에 복명하고 곤전의 책봉 요청을 허락받은 공로로 가의대부(嘉義大夫)의 품계에 올랐으며, 얼마 뒤에 형조 참판에 제수되었다. 겨울에 다시 부제학에 제수되었다. 성상이 국자장(國子長 성균관 대사성)을 엄선하라는 명을 내리자 대신이 공과 서공 지수(徐公志修)가 적임자라고 대답하였고, 마침내 공이 성균관 대사성에 제수되었다. 강회(講會)를 개설하여 사서(四書)로 제생을 시험하였는데, 한결같이 《주자독서법(朱子讀書法)》[107]을 따랐다. 또 주돈이(周敦頤)의 〈태극도설(太極圖說)〉과 장재(張載)의 〈서명(西銘)〉 및 주자(朱子)의 〈경재잠(敬齋箴)〉과 진백(陳柏)의 〈숙야잠(夙夜箴)〉 등을 베껴 써서 제생들로 하여금 외고 익히게 하였다. 뒤에 성상이 제생들을 이끌고 시강(試講)한 뒤 효험이 있다고 하며 고비(皐比

105 예컨대……것이었다 : 이와 관련한 기록이 《승정원일기》 영조 35년 9월 20일 기사에 보인다. 그런데 이 내용 앞에 나오는 답변 내용이 영조 36년 8월 3일 기사에 나와 서로 시기가 맞지 않는다.

106 곤전책례주청사(坤殿冊禮奏請使) : 영조의 계비 정순왕후(貞純王后)의 책봉을 요청하는 주청사이다. 정순왕후는 1759년(영조35) 6월 20일 명정전(明政殿)에서 왕비로 책봉되었다.

107 주자독서법(朱子讀書法) : 독서 방법에 대한 주자의 가르침을 제자들이 개괄하여 편찬한 것으로 모두 4권이다. 여섯 조목으로 이루어져 있는데, 순서에 따라 점차 나아가는 것〔循序漸進〕, 익숙하게 읽고 정밀하게 생각하는 것〔熟讀精思〕, 마음을 비우고 푹 젖어 드는 것〔虛心涵泳〕, 자기에게 절실하게 체험해 살피는 것〔切己體察〕, 긴절하게 힘쓰는 것〔著緊用力〕, 경에 거하며 뜻을 견지하는 것〔居敬持志〕이다.

호피)를 하사하였다.[108]

이듬해(1761, 영조37, 53세) 가을에 동지성균관사를 겸직하고 특명을 받아 대사성에 인임되었다. 9월에 동지경연사에 제수되었고, 얼마 뒤에 특별히 함경도 관찰사에 제수되었는데, 성상이 위로하고 면려하며 공을 보내었다. 함경도에 도착한 뒤 제생 가운데 나이가 어린 사람 250인을 가려 뽑아 《소학》·《논어》·《맹자》·《시경》·《서경》을 익히게 하여 상과 벌을 내렸다. 성묘(聖廟 문묘)와 운전서원(雲田書院)[109]을 중수하고 향사례(鄕射禮)를 행하였으며, 또 무사 가운데 활을 잘 쏘는 자 200명을 선발해 달마다 시험을 보여 후한 상을 내렸다. 병기를 수리하고 고채(庫債)[110]를 줄여주어 장구한 계획을 세우는 데 힘쓰니, 유생과 무사들이 모두 바위에 글자를 새겨 칭송하였다.

어떤 사람의 말로 인해 체직되었다가[111] 연이어 대사헌과 동지돈녕부사에 제수되었다. 얼마 뒤에 부제학에 제수되자 상소하여 《논어》를 계속 강습하여 만년의 공부에 힘쓸 것과 재용을 절약하여 내년의 근심

108 뒤에……하사하였다 : 이와 관련한 기록이 《영조실록》 37년 1월 24일 기사에 보인다.

109 운전서원(雲田書院) : 조선 현종 때 함흥에 건립한 서원으로, 1727년(영조3)에 사액되었으며, 정몽주(鄭夢周)·조광조(趙光祖)·이황(李滉)·이이(李珥)·성혼(成渾)·송시열(宋時烈)·조헌(趙憲)·민정중(閔鼎重) 등을 배향하였다. 1871년(고종8) 흥선대원군(興宣大院君)의 서원철폐령으로 없어졌다.

110 고채(庫債) : 백성들이 관아 창고에 있는 물품이나 곡식을 빌려 쓰고 지게 된 빚을 말하는 것으로 보인다.

111 어떤……체직되었다가 : 조명정은 1762년(영조38) 6월 15일에 체직되었다. 수령을 전최(殿最)하며 거하(居下)로 평가한 자가 한 사람도 없다는 행도승지(行都承旨) 이유신(李裕身)의 탄핵을 받았다. 《承政院日記 英祖 38年 6月 15日》

에 대비할 것을 청하니, 성상이 비답을 내려 가납하였다.[112] 옮겨서 이조 참판에 제수되었고, 어제 편차인(御製編次人)으로 입시하여 또 재용이 크게 결핍된 상황을 극구 아뢰니,[113] 성상이 경청하였다. 이튿날 여러 신하에게 하유하기를 "조모(趙某)가 부제학으로 있을 때 진언한 것은 진실로 그의 직분이었을 뿐이다. 지금 다른 관직을 맡아서도 진언하니 그 애틋한 충정을 알 수 있다."라고 하였다. 다시 대사성에 제수되었다.

계미년(1763, 영조39, 55세) 봄에 병으로 체직되었다. 조공 돈(趙公暾)이 공을 대신해 북백(北伯 함경도 관찰사)이 되었는데, 묘당에 첩문(牒文 공문)을 올려 자주 공을 공격하니, 성상이 전임과 후임 사이에 서로 다툰다는 이유로 두 사람을 모두 삭직시키라고 명하였다. 얼마 되지 않아 서용되어 동지경연사에 제수되었다.[114] 이때부터 여러 차례 벼슬에 제수하는 명이 있었으나 공은 모두 숙배하지 않았다. 그사이에 또한 치대(置對 대질심문)하며 스스로를 변론하자, 성상이 공의 공사(供辭)에 모두 700여 자나 되는 판결을 내려 조목조목 개석(開釋 무고한 죄를 풀어줌)하였으나 공은 여전히 벼슬에 나가지 않았다. 성상이 명을

112 부제학에……가납하였다 : 이와 관련한 기록이 《승정원일기》 영조 38년 10월 27일 기사에 보인다.

113 어제 편차인(御製編次人)으로……아뢰니 : 이와 관련한 기록이 《승정원일기》 영조 38년 11월 12일 기사에 보인다.

114 조공 돈(趙公暾)이……제수되었다 : 조돈은 1762년(영조38) 7월 17일에 함경도 관찰사에 임명되었고, 1763년(영조39) 1월 14일에 조명정과 함께 파직되었다. 또 1763년 2월 19일에 조명정은 동지경연사에 제수되고, 조돈은 한성부 우윤에 제수되었다. 《承政院日記 英祖 38年 7月 17日, 39年 1月 14日》《英祖實錄 39年 2月 19日》

내려 공과 조공을 어전으로 불러 두 사람을 화해시키고 친히 두 개의 '망(忘)'자를 써서 나누어 주었다.[115] 곧이어 형조 참판에 제수되었는데 공이 마침내 소장을 올려 진달하고 고향으로 돌아갔다. 성상이 소장을 살피지 않고 돌아올 것을 재촉했으나, 따르지 않았다. 성상이 명하여 어전에서 받았던 '망'자를 도로 반납하라고 하자 공은 그제야 도성으로 들어와 대죄하였다. 삭직되었다가 곧 서용되었다. 그 뒤에 대신(臺臣) 임정원(林鼎遠)이 사감을 품고 상소하여 공이 스스로 그만두기를 생각하지 않는다는 이유로 물리쳐 내쫓는 형벌을 시행할 것을 청하니,[116] 성상이 노하여 임정원을 대망(臺望)[117]에서 삭제할 것을 명하였다.

겨울에 또 대사성에 제수되자, 공은 4년 동안 승보시(陞補試)를 관장하는 것은 근고(近古)에 유례가 없다는 이유로 해직을 청하였다. 한성부 좌윤으로 옮겼다.

갑신년(1764, 영조40, 56세) 9월에 빈연(賓筵)을 행할 때 대신과 예관(禮官)이 탄신일에 진하연(陳賀宴)을 거행할 것을 청하였으나, 성상이 윤허하지 않았다. 여러 비당(備堂 비변사의 당상관)이 또한 앞으로 나아와 번갈아 청했는데, 공은 엎드린 채 일어나지 않았다. 성상이 말하기를 "신하들이 모두 청하는데 경만 홀로 청하지 않는 것은 무엇 때문인가?"라고 하였다. 공이 비로소 앞으로 나아가 아뢰기를[118] "신이

115 성상이……주었다 : 이와 관련한 기록이 《영조실록》 39년(1763) 7월 26일 기사와 《승정원일기》 영조 39년 8월 2일 기사에 보인다.

116 대신(臺臣)……청하니 : 사헌부 지평 임정원(林鼎遠)의 상소가 《영조실록》 42년(1766) 12월 25일 기사에 보인다.

117 대망(臺望) : 사헌부와 사간원의 관원으로 뽑힐 후보자를 말한다.

118 공이……아뢰기를 : 이하의 내용은 《승정원일기》 영조 40년(1764) 8월 29일 기

삼가 전교를 보건대, 금년의 성수(聖壽)가 성모(聖母)의 정축년과 같기 때문에 차마 하례 의식을 거행하지 못하신다는 것이었습니다. 이번의 전교가 비록 지나치기는 하지만 이것이 끝없는 효심에서 나온 것임은 갑술년에 하례를 받지 않으신 뜻과 전후로 똑같습니다.[119] 신이 삼가 생각건대, 성수가 무강하여 신하들이 정성을 펼칠 날도 끝이 없을 것입니다. 오늘 성상의 하교를 받들어서 우러러 효심을 펼치시도록 하는 것이 아마 의리에 어긋나지 않을 듯합니다."라고 하였다. 성상이 말하기를 "재신(宰臣)이 나의 마음을 알아준 사람이라고 할 만하니, 대신과 여러 신하는 그만 못하다."라고 하였다. 10월에 특별히 부제학에 제수되어 조석강(朝夕講)에 참여하라는 명을 받았고, 강연이 끝난 뒤 특별히 이조 참판에 제수되었다. 얼마 뒤에 국자(國子 성균관)의 일에 연루되어 파직되었다.[120]

병술년(1766, 영조42, 58세) 여름에 도승지에 제수되었다가 조금

사에 보인다.

119 금년의……똑같습니다 : 금년은 1764년으로 영조가 71세 되는 해이다. 성모(聖母)는 숙종의 계비인 인원왕후(仁元王后)를 지칭하며, 정축년은 인원왕후가 71세의 나이로 세상을 떠난 1757년을 말한다. 또 '갑술년(1754)에 하례를 받지 않았다'는 것은, 영조가 환갑을 맞았던 갑술년에 숙종의 비 인현왕후(仁顯王后)가 폐출되었다가 복위한 지 60년째 되는 해라는 이유로 회갑연을 열지 않았던 것을 말한다. 인현왕후는 1689년(숙종15)에 폐출되었다가 영조가 탄생한 1694년(숙종20)에 복위하였다.

120 얼마……파직되었다 : 조명정이 이조 참판에서 파직된 기록은 《영조실록》 40년 11월 28일 기사에 보이는데, 국자(國子)의 일이 무엇을 말하는지 분명하지 않다. 해당 기사에는 신경(申暻)과 송명흠(宋明欽)을 초선(抄選)된 명단에서 뺄 것을 명한 뒤 전관(銓官) 조명정을 파직한 것으로 되어 있다. 초선은 의정 대신과 이조의 당상이 모여서 경연관으로 적합한 사람을 선발하는 것이다.

뒤에 부제학으로 옮겼다. 대개 10년 동안 영관(瀛館 홍문관)의 장을 열 번 지내고 아홉 번 성균관을 맡았으니, 이는 우리 조선에서 없었던 일이었다. 성상이 《소학》을 다시 강(講)하고[121] 특별히 공을 자헌대부(資憲大夫)의 품계로 승진시켰다. 형조 판서에 제수되었고, 예문관 제학과 도총부 도총관을 겸직하였다. 곧이어 특별히 이조 판서에 제수되었다. 겨울에 일에 연루되어 파직되었다가 서용되어 예조 판서에 제수되었다.

이듬해(1767, 영조43, 59세)에 형조 판서와 대사헌과 한성부 판윤과 홍문관 제학을 역임하였다.

무자년(1768, 영조44, 60세) 여름에 일로 인하여 특별히 거제 부사(巨濟府使)에 보임되었다가 곧 중지되었다. 이후로 의정부 우참찬에 제수된 것이 두 번이고, 예문관 제학과 세손 좌부빈객(世孫左副賓客)과 예조 판서에 제수된 것이 한 번씩이었으며, 이조 판서에 제수된 것이 두 번이었다.

기축년(1769, 영조45, 61세)에 연이어 대사헌과 한성부 판윤에 제수되고 좌부빈객을 겸직하였다. 대신이 경조(京兆 한성부 판윤)와 주사(籌司 비변사)의 직임을 체직하고 전적으로 세손의 보도를 맡길 것을 청하자 성상이 허락하였다.[122] 당시에 정묘(正廟 정조)가 세손으로서 동궁(東宮)을 열었으니, 공이 정묘의 지우를 받은 것이 이때부터 시작

121 성상이……강(講)하고 : 관련 내용이 《영조실록》 42년 5월 8일 기사와 《승정원일기》 동일자 기사에 보인다. 영조는 13세 때 처음 읽었던 《소학》을 이때 다시 읽으면서 '망팔소학강(望八小學講)'이라고 명명하게 하였다.

122 대신이……허락하였다 : 이와 관련한 내용이 《승정원일기》 영조 45년 6월 20일 기사에 보인다. 기사에 따르면 대신은 우의정 김상철(金尙喆)이다.

되었다.

경인년(1770, 영조46, 62세) 3월에 의정부 좌참찬에 제수되었다. 여름에 서연(書筵)에 나아가 정이천(程伊川 정이(程頤))이 철종(哲宗)에게 올린 상소 말미의 경계하는 말[123]을 써서 올리자, 세손이 가상히 여겨 받아들였다. 가을에 특진관(特進官)으로서 경연에 나아갔는데 어떤 종신(宗臣)이 진찬(進饌 간단한 연회)을 청했다가 성상의 뜻을 거슬러서 성상이 탕제(湯劑)를 물리치고 들지 않았다. 공이 아뢰기를 "강학을 귀하게 여기는 것은 장차 실천하고자 해서입니다. 그런데 지금 전하께서 종신에게 격노하시어 오랫동안 탕제를 드시지 않고 약원(藥院 내의원)의 계청에도 또한 답을 내리지 않고 계십니다. 이는 바로 이른바 '마음에 성내는 것이 있으면 그 올바름을 얻지 못한다.〔心有所憤懥, 則不得其正.〕'[124]라는 것이니, 경연을 연들 무슨 이로움이 있겠습니까."라고 하였다. 성상이 웃으며 말하기를 "누가 조모(趙某)를 경연에 들어오게 했는가. 반드시 이런 말을 할 것이라 여겼는데 과연 그렇구나."라고 하였다. 마침내 탕제를 먹고 대신에게 이르기를 "이 사람은 본래 강직하다."라고 하였다. 7월에 서연(書筵)에 입대하여 〈신량권학

123 정이천(程伊川)이……말 : 정이(程頤)의 상소는 송(宋)나라 철종(哲宗) 원년(1086)에 철종의 모후(母后)인 선인태후(宣仁太后)에게 올린 3편의 〈논경연차자(論經筵箚子)〉를 말하는 것으로 보인다. 철종이 10세의 나이로 왕위에 오르자 경연을 열어 잘 보도할 것을 청한 내용이다. 그 상소 말미에 첩황(貼黃)이라 하여 임금이 직접 열어 보도록 올리는 밀계(密啓)가 첨부되어 있다. 《二程文集 卷7》

124 마음에……못한다 : 《대학장구》 전 7장에 나오는 말이다. 《대학장구》에는 '심(心)'이 '신(身)'으로 되어 있는데, 주희는 '심(心)'이 되어야 한다고 하였다. 또 '분(憤)'이 '분(忿)'으로 되어 있는데, 뜻은 같다.

잠(新涼勸學箴)〉을 지어 올리니, 세손 또한 〈신량자경잠(新涼自警箴)〉을 지어 화답하였다.

신묘년(1771, 영조47, 63세) 봄에 지춘추관사를 겸직하였다. 겨울에 우참찬에 제수되었다.

임진년(1772, 영조48, 64세) 정월에 우부빈객을 겸직하여 또 〈위문역완물잠(爲文亦玩物箴)〉[125]을 세손에게 올리니, 세손이 글을 짓는 것을 좋아했기 때문에 잠(箴)을 지어 권면한 것이다. 3월에 이전 전조(銓曹)의 일에 연루되어 문외출송(門外黜送)당했다가 곧 풀려났다. 8월에 예문관 제학에 제수되고 좌부빈객을 겸직하였다. 어느 날 성상이 번뇌가 생겨 진전(眞殿)[126]을 참배하고 돌아오다가 육상궁(毓祥宮)[127]에 이르러 중문(中門) 밖에 엎드리니, 신하들이 모두 관모를 벗고 궁으로 돌아갈 것을 청했으나 성상이 따르지 않았다. 공이 나아가 말하기를 "전하께서는 무릇 일이 있으면 그때마다 선대의 영령에게 근심을 끼칠까 걱정하셨습니다. 지금 당인(黨人)들 때문에 스스로 성궁(聖躬)을 낮추어 진흙 속에 엎드려 계시니, 이것이 선대의 영령에게 근심을 끼치는 것이 됨을 어찌하시겠습니까. 이른바 당인이라는 자들은 모두 전하의 신하입니다. 경계하고 타일러도 끝내 고치지 않는다면 처형하든 귀양 보내든 무엇인들 불가하겠습니까. 전하께서는 어이하여 어좌(御

125 위문역완물잠(爲文亦玩物箴) : 《근사록(近思錄)》 권2에 "《서경》에 '사물을 완상하면 뜻을 잃는다.'고 하였으니, 글을 짓는 것 역시 사물을 완상하는 것이다.〔書曰玩物喪志, 爲文亦玩物也.〕"라는 구절이 보인다.

126 진전(眞殿) : 역대 임금의 초상화를 봉안한 선원전(璿源殿)의 이칭이다.

127 육상궁(毓祥宮) : 숙종의 후궁이며 영조의 생모인 숙빈 최씨(淑嬪崔氏)의 신주를 모신 사당이다.

座)에서 편안히 팔짱을 낀 채 담소하면서 처리하지 않으십니까. 전하께서는 평소에 옛 성인과 같기를 스스로 기약하셨는데, 옛 성인도 이런 거조가 있었는지 모르겠습니다."라고 하였다. 성상의 얼굴빛이 조금 풀리면서 말하기를 "경의 말이 비록 이러하나 경 또한 일찍이 당론을 주장했다."라고 하였다. 공이 대답하기를 "신이 만약 과연 당론을 주장했다면 도끼에 목이 달아나는 형벌도 달게 받겠습니다. 옛날에 누경(婁敬)이 한마디 말을 하자 한제(漢帝 한 고조(漢高祖))가 그날로 서쪽으로 가서 도읍을 정했습니다.[128] 제가 아무리 어리석다 한들 어찌 일개 누경만 못하겠습니까."라고 하였다. 성상이 크게 웃으며 "경은 잠깐 멈추라. 내가 생각할 것이 있었다."라고 하고, 즉시 보련(步輦 임금의 가마)을 타고 궁궐로 돌아왔다.

계사년(1773, 영조49, 65세) 봄에 좌참찬과 좌부빈객에 제수되었다. 세손이 《주자서(朱子書)》 한 부를 하사하자 공이 글을 올려 사례하였다. 3월에 아들 덕윤(德潤)이 진사시에 합격하자 성상이 공에게 덕윤을 데리고 입시하게 하고 특별히 어제시를 하사하여 은총을 베풀었다.[129] 4월에 홍문관 제학으로서 일에 연루되어 파직되었다가 얼마 뒤에 우빈객에 제수되었다. 가을에 이조 판서에 제수되고 예문관 제학을 겸직하였다. 당시에 공이 전병(銓柄)과 문임(文任)을 주관하는 것을

128 옛날에……정했습니다 : 누경(婁敬)은 제나라 출신의 수졸(戍卒)이다. 한 고조(漢高祖)가 천하를 통일하고 낙양(洛陽)에 수도를 정하려 하였는데, 마침 낙양을 지나던 누경이 고조를 만나 관중(關中)의 이로움을 건의하자, 고조가 그날로 서쪽으로 가서 관중 땅을 도읍으로 삼고 누경에게 유씨(劉氏) 성을 하사하였다. 《史記 卷99 劉敬列傳》

129 3월에……베풀었다 : 이와 관련한 기록이 《승정원일기》 영조 49년(1773) 3월 22일 기사에 보이며, 영조의 어제시도 수록되어 있다.

시기하는 자가 있어 대간(臺諫)을 사주해 논파(論罷 죄를 논해 파직함)하여 그 자리를 모두 대신하게 하였다.[130] 겨울에 성상이 이를 살피고서 마침내 파직의 명을 거두었고 세손 역시 액례(掖隷 액정서(掖庭署)의 하례(下隷))를 보내어 공의 안부를 물었다. 얼마 뒤에 우참찬에 제수되었다.

갑오년(1774, 영조50, 66세) 정월에 특진관으로 주강(晝講)에 들어갔다. 당시에 새로 현량과(賢良科)를 거행하였는데,[131] 공이 나아가 말하기를[132] "현령과를 특별히 설치한 것은 성상의 뜻이 우연히 나온 것이 아니지만, 합격한 문장 중에 썩 취할 만한 것이 없습니다. 선비들이 글을 읽지 않아 축적된 학문이 없는 것은 진실로 개탄스럽지만, 전하께서 평소에 만약 '와서 간언하게 하고〔來諫〕, 좋은 말을 들으면 절하며 받아들이는〔拜昌〕'[133] 덕을 지니셨다면 초야에 어찌 직언하고 극간하는

130 당시에……하였다 : 전병(銓柄)은 관리 임용권으로 이조 판서를 일컫는 말이다. 문임(文任)은 임금의 교서나 외교문서의 작성을 담당하는 직임으로, 홍문관과 예문관의 제학을 일컫는다. 조명정은 1773년(영조49) 7월 17일에 이조 판서에 임명되었고, 10월 15일에 사헌부 지평 신치권(申致權)의 탄핵을 받아 파직되었다. 《英祖實錄 49年 7月 17日》《承政院日記 英祖 49年 10月 15日》

131 당시에……거행하였는데 : 이와 관련한 기록이 《영조실록》 50년 1월 9일 기사에 보인다. 현량과(賢良科)는 학문과 덕행이 뛰어난 인재를 천거하게 하여 대책(對策)만으로 시험하는 제도이다. 당시 책문의 제목은 '삼대의 치국하는 방법이 같지 않다〔三代治國之道不同〕'였다.

132 공이……말하기를 : 이하와 관련된 내용은 《승정원일기》 영조 50년 1월 11일 기사에 보인다.

133 와서……받아들이는 : 와서 간언하게 한다는 것은, 요(堯) 임금이 감간고(敢諫鼓)를 달아 두어 할 말이 있을 때 누구든지 치게 하고, 순(舜) 임금이 비방목(誹謗木)을 세워 임금의 잘못에 대해 누구든지 비판하는 글을 쓸 수 있도록 한 것을 말한다. 《회남자(淮南子)》 〈주술훈(主術訓)〉에 보인다. 또 《서경》 〈대우모(大禹謨)〉에 "우 임금은

사람이 없었겠습니까. 이것이 바로 전하께서 스스로 반성하실 점입니다. 또 전하께서 스스로 기약하신 것은 삼대(三代)에 있었고 한(漢)·당(唐)이 됨을 부끄럽게 여기셨습니다. 지금 50년 동안의 치화(治化)를 돌아보건대 삼대에 크게 미치지 못하니, 이것은 대개 성상의 학문이 실질에 힘쓰지 않고 다스림의 방법이 요령을 얻지 못한 데서 말미암은 것입니다. 만약 신이 대책(對策)을 짓는다면 마땅히 먼저 전하께 완전히 구비하시기를 요구할 것입니다."라고 하였다. 성상이 책상을 치고 탄식하며 칭찬하기를 "경의 말이 곧고 명료하니, 현량이로다. 내가 황금대(黃金臺)를 쌓은 뜻[134]으로 경에게 숙마(熟馬)를 하사해 경의 곧음을 표창하노라."라고 하였다. 공이 감격하여 사은하였다.

당시에 음악을 거둔 것이 이미 반년이나 되었기에 공이 매우 간절하게 음악을 회복할 것을 청하였고, 얼마 뒤에 또 상소하여 거듭 요청하였다. 또 '건공(建功)' 두 글자가 날마다 사륜(絲綸 윤음(綸音))에 오르는 것은 왕언(王言)의 체모를 크게 잃은 것이라고 말하였다.[135] 성상이

좋은 말을 들으면 절하면서 받아들였다.〔禹拜昌言.〕"라는 말이 있고, 《맹자》 〈공손추상(公孫丑上)〉에 "우는 좋은 말을 들으면 절했다.〔禹聞善言則拜.〕"라는 말이 있다.

134 황금대(黃金臺)를 쌓은 뜻 : 천하의 현사(賢士)를 불러 모으겠다는 뜻을 말한다. 전국 시대 연(燕)나라 소왕(昭王)이 곽외(郭隗)에게 현사를 초빙할 방법을 묻자, 곽외가 자신부터 예우하면 현사들이 모여들 것이라고 하였다. 이에 소왕이 연경(燕京)에 황금대를 쌓고 곽외를 예우하며 현사를 초빙하니, 천하의 현사들이 모여들었다는 고사가 전한다. 《戰國策 燕策》

135 당시에……말하였다 : 이와 관련한 조명정의 상소가 《승정원일기》 영조 50년 1월 19일 기사에 수록되어 있다. 음악을 거두었다는 것은 연회를 열지 않았다는 말이며, 음악의 회복을 청했다는 것은 당시 영조의 나이 81세를 맞이해 진연을 베풀 것을 요청한 것이다. '건공(建功)'은 영조가 장복했던 건공탕(建功湯)을 말한다. 《영조실록》에

하교하여 공의 평생을 일일이 열거하며 '세 가지 어리석은 짓을 저질렀다〔三愚〕'라고 하고[136] 명하여 공의 이름을 사판(仕版 벼슬아치 명부)에서 삭제하게 하였다. 공은 이를 영광스럽게 여겨 마침내 거처하는 집에 편액을 내걸어 '삼우당(三愚堂)'이라고 하였다. 이튿날 하교하여 "말은 곧았다."라고 하고, 명을 내려 직첩을 돌려주게 하였다.

4월에 우빈객에 제수되었다. 세손이 문종(文宗)의 고사를 인용하여 수찰(手札)을 내리고 아울러 생강을 하사하였다.[137] 공의 작은 정자가 때마침 완성되자 생강의 '신명에 통할 수 있다'는 뜻[138]을 취해 정자

따르면, 1758년(영조34) 12월 19일에 영조가 환후가 있어 약방에서 이중탕(理中湯)을 올렸는데 이 약을 먹고 차도가 있자 12월 21일에 영조가 '이중건공탕(理中建功湯)'이라는 이름을 붙였다고 한다. 이후 영조는 말년까지 하루에 2~4차례 건공탕을 복용하였다. 그런데 말년에는 건공탕의 약효를 의심하고 주기적인 복용에 괴로워하기도 하였다. 《승정원일기》에 실린 조명정의 상소는 건공탕을 거르지 말고 복용할 것을 간청한 내용인데, 당시 영조가 건공탕을 올리지 말라는 명을 약원에 자주 내렸던 것으로 보인다.

136 성상이……하고 : 이와 관련한 기록이 《승정원일기》 영조 50년 1월 20일 기사의 비망기(備忘記)에 보인다. 영조는 윤학동(尹學東)의 승진을 막은 것, 친정(親政) 때 이조 참의로 참여하여 이조 판서 이후(李𪻐)를 비난한 것, 신원했다가 옛 재상의 탄핵을 받았던 것을 거론하였다.

137 문종(文宗)의……하사하였다 : 세자가 고사(故事)를 따라 신료들에게 생강을 하사했던 사례가 더러 보이는데, 문종과 직접 관련된 고사는 찾지 못했다. 안평대군(安平大君)이 성삼문(成三問)·임원준(任元濬)과 함께 희우정(喜雨亭)에서 달구경을 할 때 당시 세자였던 문종이 동정귤 두 쟁반과 시를 지어 보낸 고사가 있는데, 이를 원용한 것이 아닌가 한다. 세자가 생강을 내린 기록은 《중종실록》 39년 5월 15일 기사에 처음 보이는데, 인종이 세자로 있을 때의 일이었다.

138 생강의……뜻 : 《논어》 〈향당(鄕黨)〉에, "생강 드시는 것을 그만두지 않으셨다.〔不撤薑食.〕"라고 하였고, 주희는 《집주(集註)》에서 "생강은 신명을 통하게 하고 더러

이름을 '통신(通神)'이라 하고 세손의 은총을 기록하였다. 6월에 홍문관 제학으로서 도당회권(都堂會圈)[139]에 나아가지 않은 것에 연좌되어 교동(喬桐)으로 유배되었다가 곧 풀려났다.

을미년(1775, 영조51, 67세) 봄에 세자시강원 빈객(賓客)으로서 서연(書筵)에 입대하여 〈공휴일궤잠(功虧一簣箴)〉[140]을 지어 올렸다. 〈귤병(橘屛)〉[141]이라는 제목의 절구(絶句)와 12운 배율(排律)에 화답시를 지으라는 명을 받들어 즉석에서 지어 올리니, 세손이 '장관(壯觀)'이라고 유시하고 병풍을 걸어 하사하였다. 뒤에 또 귤배(橘杯)[142]를 하사받자 공이 〈귤배가(橘杯歌)〉를 지어 올리며 경계하는 뜻을 붙였고, 또 〈세불아여잠(歲不我與箴)〉[143]을 올렸다. 9월에 특별히 숭정대

운 것을 제거해 주기 때문에 먹기를 그만두지 않은 것이다.〔薑, 通神明, 去穢惡, 故不撤.〕"라고 하였다.

139 도당회권(都堂會圈) : 홍문관의 교리와 수찬을 선발할 때 의정(議政)·이조 판서·참찬·참의 등이 모여 홍문록(弘文錄)에 오른 명단에서 적합한 사람의 이름 위에 권점(圈點)을 찍어 권점을 많이 받은 사람을 임금에게 추천하는 것을 말한다.

140 공휴일궤잠(功虧一簣箴) : 《서경》 〈여오(旅獒)〉에 "작은 행실을 신중히 하지 않으면 끝내는 큰 덕에 누를 끼칠 것이니, 아홉 길의 산을 만들 때 한 삼태기의 흙이 모자라 그 공이 허물어지는 것과 같다.〔不矜細行, 終累大德, 爲山九仞, 功虧一簣.〕"라는 말이 나온다.

141 귤병(橘屛) : 귤나무 그림이 그려진 병풍을 말한 것으로 보인다. 《성담집》 권17 〈판서 조공 신도비명 병서〉에는 '광귤병(廣橘屛)'으로 나와 있는데, 광귤은 중국 광동(廣東) 지방에서 나는 귤을 말한다.

142 귤배(橘杯) : 귤 모양으로 생긴 술잔을 말하는 것으로 보인다.

143 세불아여잠(歲不我與箴) : 《논어》 〈양화(陽貨)〉에 양화가 공자에게 출사를 권하며 "해와 달은 가는 것이라 세월은 우리를 기다려 주지 않는다.〔日月逝矣, 歲不我與.〕"라고 한 말이 있다.

부와 판의금부사에 제수되었다. 겨울에 일에 연루되어 파직되었다.

병신년(1776, 영조52, 68세) 정월에 〈정성왕후 옥책문(貞聖王后玉冊文)〉과 〈중궁전악장(中宮殿樂章)〉을 지어 올렸다.[144] 2월에 분황(焚黃)하기 위해 고향으로 내려갔을 때 특별히 홍문관 제학에 제수되었는데 외방에 있다는 이유로 부첨(付籤)되었다.[145]

3월에 영종(영조)이 승하하고 정묘(正廟 정조)가 왕위를 잇자 특명을 내려 죄를 씻어주고 찬집청 당상(纂輯廳堂上)에 차임하였다. 4월에 국장도감 당상(國葬都監堂上)에 차임되었고, 연이어 지경연사와 홍문관 제학에 제수되어 〈진종 대왕 시장(眞宗大王諡狀)〉[146]을 지어 올렸다. 곧이어 겸하여 띠고 있던 상방(尙方 상의원(尙衣院))의 일에 연좌되어 파직되었다. 오래지 않아 명을 받들어 〈과거의 폐단을 변통하는 의(議)〉를 올리게 되었다. 당시 성상이 과거의 폐단을 개혁하는 데

144 병신년……올렸다 : 정성왕후(貞聖王后)는 영조의 원비(元妃) 서씨(徐氏)를 말하며, 중궁전 역시 정성왕후를 지칭한다.

145 2월에……부첨(付籤)되었다 : 이와 관련한 기록이 《승정원일기》 영조 52년 2월 13일 기사에 보인다. 분황(焚黃)은, 선조에게 증직의 교지가 내렸을 때 황지(黃紙)로 교지의 부본을 만들어 증직된 조상의 무덤 앞에서 고하고 불태우는 것을 말한다. 조명정이 1775년(영조51) 9월 1일에 판의금부사에 임명되었을 때 조명정의 부친과 조부에게 증직의 명이 내렸다. 부첨(付籤)은 찌를 붙인다는 말로, 여기서는 관원이 죄를 지었을 때 관적(官籍)에 있는 이름에 찌를 붙여 죄인임을 표시하게 하는 처벌을 말한 것으로 보인다. 《承政院日記 英祖 51年 9月 1日》

146 진종 대왕 시장(眞宗大王諡狀) : 진종 대왕은 영조의 맏아들로, 정빈 이씨(靖嬪李氏) 소생이며, 사도세자의 형이다. 1724년에 경의군(敬義君)에 봉해지고 이듬해 왕세자에 책봉되었으나, 즉위하지 못하고 10세 때 죽었다. 양자인 정조가 즉위하자 진종으로 추존되었다. 《승정원일기》 정조즉위년 4월 10일 기사에 진종 대왕의 시장을 문임(文任)에게 짓도록 한 내용이 보인다. 문임은 홍문관과 예문관의 제학을 말한다.

마음을 쏟아 대비(大比 식년시(式年試))만 남겨 두고 다른 과거를 다 혁파하고자 하였다. 공은 생각하기를 '과거의 폐단을 혁파하지 않아서는 안 되지만 여러 과거는 또한 조종조(祖宗朝)의 옛 규정으로서 시행한 지 이미 오래되어 갑자기 바꿀 수 없으니, 이미 시행하는 것에 따라 그 폐단을 바로잡는 것만 못하다. 또 성상이 새로 즉위하였으니 법도를 마땅히 신중하게 여기는 데 힘써야 한다.'고 생각하였다. 마침내 의(議)를 올려, 과거를 간소화하여 하나의 경전을 시험하되 친히 면대하여 시험할 것과 대비(大比)를 강경(講經)과 제술(製述)로 나누어 속하게 하는 것을 항목으로 삼았다. 그 근본은 먼저 국가의 기강을 세우고 임금의 학문을 더욱 면려하여 온 나라의 풍속을 모두 '청청자아(菁菁者莪)'와 '역복(棫樸)'의 교화[147]를 입는 데로 돌아가게 하는 것이었다. 얼마 뒤에 또 상소하여 과거의 폐단을 거듭 논하고 언로를 열고 재용을 절약하는 것까지 언급하였다.[148]

그중 과거의 폐단에 대해서는 다음과 같이 논하였다.

"성상의 하교가 만약 모든 과거를 다 혁파하고 대비(大比)만 남겨 두는 것을 말씀하시는 것이라면 성상께서 지닌 뜻이 어찌 참으로 높고 우뚝하지 않겠습니까. 하지만 신이 삼가 생각하건대, 그 일로 말하면 잘못을 바로잡으려다 지나치게 됨에 거의 가깝고, 그 시기로 말하면

147 청청자아(菁菁者莪)와 역복(棫樸)의 교화 : 청청자아는 《시경》 〈소아(小雅)〉의 편명으로, 모서(毛序)에 따르면 인재를 양성하는 것을 즐거워한 시이다. 역복 역시 《시경》 〈대아(大雅)〉의 편명으로, 문왕(文王)이 훌륭한 인물을 많이 등용하여 백성들이 그 덕을 사모하는 것을 읊은 시이다.

148 얼마……언급하였다 : 아래에 인용된 각 상소의 내용은 《정조실록》 정조즉위년(1776) 6월 13일 기사와 동일자 《승정원일기》에 전문이 수록되어 있다.

너무 조급함을 면치 못하는 것입니다. 또 변통하고 존폐하는 사이에 혹시라도 모든 것이 합당하지 않게 되면 법을 빙자해 간계가 생겨날 것이니, 그 유폐(流弊)는 도리어 고치지 않는 것보다 못하게 될 것입니다. 새로운 법이 이미 완성되고 난 뒤에는 말을 해도 무익할 것입니다. 일은 점진적으로 행하는 것을 중요하게 여기고, 경계할 것은 너무 신속히 하는 데에 있습니다. 바라건대 명철하신 성상께서는 선입견을 위주로 삼지 마시어 더욱더 신중히 하시고 더욱더 두루 자문하시어, 먼저 현재의 법 가운데 나아가 편리함을 따라 개정하여 목전의 시급한 부분을 바로잡으소서. 크게 개혁하고 크게 변통하는 것에 대해서는 우선 성학(聖學)이 더욱 높아지고 성화(聖化)가 더욱 융성해지기를 기다려 여유 있게 천천히 논의해서, 가장 합당한 곳으로 귀결되기에 힘쓰는 것이 아마 만전의 계책일 것입니다."

언로를 여는 것에 대해서는 다음과 같이 논하였다.

"성상께서 처음 대리청정하실 때부터 임어(臨御)하신 날에 이르기까지 관대하게 언로를 열어주심으로써 찾아와 간언하도록 하는 뜻을 분명히 보여주신 것은 극진하지 않음이 없다고 할 수 있습니다. 그러나 연석(筵席)이나 상소에 임금의 덕을 바로잡는 말이 있다는 것을 듣지 못했으니, 이는 아마도 정령과 시책 중에 간언해 그치게 해야 할 것이 아직은 없기 때문일 것입니다. 그러나 만약 옛사람이 치세에도 근심하고 명철한 임금에 대해서도 염려했던 마음[149]을 가지고서 어

149 옛사람이……마음 : 소식(蘇軾)의 〈전표성주의서(田表聖奏議敍)〉에 "옛날의 군자는 반드시 치세에도 근심하고 밝은 임금에 대해서도 위태롭게 생각했다.〔古之君子, 必憂治世而危明主.〕"라는 말이 보인다. 《東坡全集 卷34》

려운 일을 하기를 요구하고〔責難〕 완벽히 갖추기를 요구하는〔責備〕 의리[150]를 아울러 지닌다면, 또한 어찌 경계하고 권면할 만한 것이 없었겠습니까. 신은 이 때문에 언로가 완전히 다 열리지는 않았다고 생각합니다.

그리고 뭇 신하들이 뜻을 따르고 어기는 것은 반드시 성상의 뜻이 향하는 바에 따라 정해집니다. 임금이 정사에 임해 계책을 정한 뒤에 모든 자문을 구할 때 반드시 뜻에 합치되는 것만 옳게 여기고 뜻에 합치되지 않는 것은 그르게 여기니, 따르고 어기는 순간 기쁘게 하느냐 거스르느냐가 즉시 결정됩니다. 저 일을 맡은 자리에 있는 자들은 혹 남다른 의견이 있다 하더라도 그 일의 득실이 이미 자신의 이해와 상관없다면, 성상이 정한 뜻을 누가 감히 어겨 미움받는 상황에 스스로 빠지기를 달가워하겠습니까. 이 때문에 부화뇌동하여 영합함으로써 점점 결국 임금이 한 말을 바로잡지 못하는 지경에 귀결되고 만다면 어찌 그 나라가 위태롭지 않겠습니까.

오직 밝으신 성상께서는 깊이 경계하시어 반드시 《전(傳)》에서 이른바 '어떤 말이 너의 마음에 거슬리거든 반드시 도리에 비추어 반성하고, 어떤 말이 너의 마음에 솔깃하거든 반드시 도리에 맞지 않는 것인가 살펴보라.〔有言逆于汝心, 必求諸道, 有言遜于汝志, 必求諸非道.〕'라고 한 말[151]로써 간언을 듣는 요체로 삼으시고, 혹시라도 스스로를 성인

150 어려운……의리 : 《맹자》 〈이루 상(離婁上)〉에, "어려운 일을 임금에게 요구하는 것을 공손함이라 이른다.〔責難於君謂之恭.〕"라는 말이 있으며, 《신당서(新唐書)》 권2 〈태종기(太宗紀)〉에 "《춘추》의 법은 늘 현자에게 완전무결하기를 요구한다.〔春秋之法, 常責備於賢者.〕"라는 말이 있다.

151 전(傳)에서……말 : 상(商)나라 탕왕(湯王)의 손자인 태갑(太甲)에게 이윤(伊

으로 여기고 자신의 생각만 옳게 여기는 뜻이 그사이에 섞이지 않게 하신다면 종묘사직에 매우 다행스러운 일이 될 것입니다."

재용(財用)에 대해서는 다음과 같이 논하였다.

"재용을 절약해야 하는 한 가지 사안은 지금 즉시 거행하는 것이 참으로 부득이한 것입니다. '절약〔撙節〕'이라는 두 글자는 우선 논할 것도 없거니와, 본래부터 경상비용이 고갈된 상황에서 갑자기 이처럼 수많은 사역(事役)을 벌이게 되었으니, 그 비용을 동쪽에서 찾고 서쪽에서 빌리느라 힘들고 구차한 형편일 것임은 미루어 알 수 있습니다. 그러나 명령이 한번 내려지면 일을 담당한 신하가 감히 지체하지 못하고 힘을 다해 받들어 행하니, 완전히 고갈된 모습이 당장은 보이지 않는 것입니다. 그렇다면 성상께서 그런 폐단을 익히 알고 계신다고 하더라도 혹 그냥저냥 넘어가고 느긋하게 보실 염려가 없지 않으니, 이는 매우 근심할 만한 것입니다.

삼가 생각건대 성상의 뜻이 우뚝하니, 지난번에 여러 궁방(宮房)을 개혁하신 일로 보더라도 또한 성상의 생각이 한결같이 경비를 절약하려는 것에서 나온 것임을 알 수 있습니다. 그러나 신은 '재용을 절약한다.〔節財用.〕'는 것은 말하기는 쉬워도 실행하기는 실로 어렵다고 생각합니다. 재용과 관련된 일이 얽히고설켜서 수백 년 동안 쌓여왔기에, 만약 수입을 헤아려 지출하는 정사를 행하고자 한다면 인심이 동요해 온갖 방법으로 막고 헐뜯을 것이고, 이를 그만두고 약간 줄이는 정사를 행한다면 또 보탬과 도움을 주는 방도가 되기에 부족할 것입니다. 이것이 신이 말씀드린 '쉽게 할 수 없다'는 것입니다.

尹)이 충고한 말로, 《서경》 〈태갑 하(太甲下)〉에 나온다.

성상께서는 반드시 위(衛)나라 문후(文侯)가 거친 베옷을 입고 거친 명주로 지은 관을 썼던 마음[152]을 성상의 마음으로 삼으시어, 무릇 시행할 일이 있을 때 반드시 자세히 살펴서 취사하십시오. 그 일을 위임하여 이루어내도록 할 신하로는 또 반드시 마음이 굳세고 일에 능숙하며 화복에 따라 움직이지 않을 자를 얻은 뒤에 비로소 행할 수 있을 것입니다. 오직 성명께서는 깊이 헤아려 주소서."

상소가 올라간 지 며칠 만에 비답이 비로소 내려와 묘당으로 하여금 논의해 처리하게 하였다. 공이 마침내 다시 상소하였는데 그 대략은 다음과 같다.[153]

"신이 올린 상소의 앞 조항이 비록 과거(科擧)의 일을 논한 것이기는 하지만 신과 여러 신하가 바친 의(議)가 함께 향안(香案)[154] 앞에 놓여 있었으니, 유독 신의 상소만 먼저 묘당(廟堂)에 내려 처리하게 하신 것은 이미 격례(格例)를 벗어난 일입니다. 신의 상소의 아래 두 단락으로 말하면 장래의 일에 대해 경계한 것이니, 오직 성상의 마음에 보존하여 살피실 내용이지 본래 묘당이 논의해 상주(上奏)할 것과는 상관없는데, 어찌 이런 명을 내린 것입니까? 미천한 신의 상소에 대해 비답하기를 달갑게 여기지 않으셨으니 신의 마음에는 오직 황송함과 부끄

152 위(衛)나라……마음 : 임금부터 절약을 실천하는 마음을 말한다. 《춘추좌씨전》 민공(閔公) 2년에 "위 문공은 거친 베옷을 입고 거친 명주로 만든 관을 썼다.〔衛文公大布之衣大帛之冠.〕"라고 하였다.

153 공이……같다 : 아래에 인용된 상소와 정조의 비답에 관한 내용은 《정조실록》 즉위년(1776) 6월 15일 기사와 동일자 《승정원일기》에 수록되어 있다.

154 향안(香案) : 대궐 안의 향로나 촛대 옆에 놓아두는 책상으로, 임금이 있는 곳을 가리키는 말로 쓰인다.

러움만 더할 뿐입니다. 어찌 감히 얼굴을 들고 성상을 번거롭게 하겠습니까. 다만 이 일은 관계된 것이 자못 많습니다.

삼가 생각건대, 성인이 나오면 만물이 우러러봅니다. 성상의 훌륭한 말씀이 매우 분명해 조야(朝野)가 모두 따르니 몇 달 사이에 성상의 모습이 크게 변했습니다만, '단주(丹朱)처럼 하지 말라'는 경계가 아마도 우불(吁咈)하시는 즈음에 다시 나오게 될 듯합니다.[155] 불행히도 신의 진부한 말을 아직 대충이라도 들어주지 않으셨으니, 사람들이 장차 '저 사람은 뇌사(雷肆 세자시강원)의 옛 신료로 몇 년 동안 시강(侍講)한 사람인데도 간략하게 권면한 말조차 오히려 한 글자의 비답을 얻지 못했으니, 우리와 같은 소원한 자들이야 더더욱 어찌 감히 망령되이 운운할 수 있겠는가.'라고 할 것입니다. 그렇다면 이는 신의 상소 한 통 때문에 드디어 사방 사람들의 입을 막는 것이니, 그것의 폐해가 거의 '자만하는 목소리를 내며 사람을 막는 것'[156]보다 심할 것입니다.

155 단주(丹朱)처럼……듯합니다 : 정조가 신하들과 정사를 논의하면서 독단적으로 일을 처리하는 점이 있다고 간언한 말이다. 단주는 요(堯) 임금의 아들인데, 행실이 좋지 않았기 때문에 요 임금이 순(舜)에게 왕위를 넘겨주었다. 그러므로 우(禹)가 순 임금에게 고하기를 "단주처럼 오만하게 하지 마소서. 그는 태만하게 노는 것을 좋아하였으며, 오만하고 포학한 행동을 일삼았습니다.〔無若丹朱傲. 惟慢遊是好, 傲虐是作.〕"라고 경계하였다. 우불(吁咈)은 도유우불(都兪吁咈)의 줄임말로, 도유는 찬성을 우불은 반대를 의미한다. 요 임금이 신하들과 정사를 토론할 때 찬성과 반대의 의견을 기탄없이 개진하게 하였던 데서 유래하였다. 일반적으로 밝은 임금과 어진 신하가 서로 뜻이 맞아 정사를 토론하는 것을 뜻한다. 《書經 益稷》

156 자만하는……것 : 원문은 '이이지거인(訑訑之拒人)'이다. 맹자가, 위정자가 선(善)을 좋아하지 않으면 사람들이 찾아와 선을 아뢰지 않을 것임을 말하며, "자만하는 목소리와 얼굴빛이 사람을 천 리 밖에서부터 막아 버릴 것이다.〔訑訑之聲音顔色, 拒人於千里之外.〕"라고 한 데서 나왔다. 《孟子 告子下》

신이 만 번 죽는다고 하더라도 어떻게 그 죄를 갚을 수 있겠습니까.

언로가 막히는 것은 실로 국가의 흥망과 관계가 있으니, 그 발단은 매우 미미하지만 그 유폐(流弊)는 매우 큽니다. 이것이 신이 혐의와 죽음을 무릅쓰면서까지 다시 말하지 않을 수 없는 이유입니다."

성상이 답하기를 "경(卿)의 상소에 대한 비답에서 첫머리에 '경의 의견을 다 알았다'고 하였으니 경의 말을 기뻐했다고 할 수 있다. 또 비답의 끝에 '묘당에 내려 논의해 처리하게 하라'고 하였으니 경의 말을 들어주었다고 할 수 있다. 그러니 경지를 넓혀달라고 한 경의 요청을 거의 저버리지 않았다."라고 하였다. 또 하교하기를 "중신(重臣)이 재차 상소하여 자책하였으나, 나의 처음의 뜻은, 대신이 백관을 거느려 모든 정무를 감독하고, 언로의 폐색은 마땅히 대각(臺閣)에게 맡기며, 재용의 절약은 또한 마땅히 유사(有司)에게 맡기려 한 것이니, 이것이 논의해 처리하는 방법이었다. 대개 중신의 말을 공허하게 쓸데없는 말로 돌아가지 않도록 하고자 한 것이었다."라고 하였다.

이에 대간(臺諫) 이양정(李養鼎)이 아뢰어 공을 유배할 것을 청하니, 공은 평안도 정주(定州)로 찬배되었다. 공은 명을 들은 즉시 출발했다. 유배지에 이르러 《주역》, 《심경(心經)》, 《근사록(近思錄)》 등의 책을 가져다 밤낮으로 송독하기를 게을리하지 않았다. 당시에 적신 홍국영(洪國榮)이 새로 총애를 받아 위세가 조정을 뒤흔들었다. 공은 정도를 지키며 영합하지 않았고 일찍이 홍국영에게 편지를 보내 경계한 적이 있었는데, 홍국영이 크게 유감을 품고 있다가 기회를 틈타 공의 죄를 무함하여 마침내 벌을 받게 된 것이었다. 이해 10월에 특명을 받아 방환(放還)되었다.

이듬해(1777, 정조1, 69세) 가을에 또 옥당(玉堂)의 상소로 향리로 방축되니,[157] 공은 즉시 금천(衿川 경기도 시흥)의 민가에 세를 얻어 거처하였다. 10월에 계비(繼妣) 이 부인(李夫人)의 상을 당하자 대신의 요청으로 집으로 돌아가 상례를 살피는 것을 허락받았다.[158] 성복(成服)한 뒤에 상여를 받들고 석곡(石谷)[159]의 고향 전장(田庄)으로 돌아갔다. 공은 당시 이미 칠순의 나이에 이르렀는데도 오히려 예법대로 장례를 치렀다.

무술년(1778, 정조2, 70세) 겨울부터 상을 당한 슬픔으로 병이 생겨 기해년(1779) 정월 모일에 여막에서 세상을 떠나니, 향년 71세였다.

도신(道臣 관찰사)이 사실을 알리자 성상이 명하여 공의 직질(職秩)을 되돌려 주게 하였으나 승정원의 논계 때문에 실행되지 못했다.[160] 경자년(1780, 정조4) 4월에 이르러 성상이 밤에 비망기(備忘記)를 내려 다음과 같이 말하였다.[161]

157 옥당(玉堂)의……방축되니 : 홍문관 교리 남학문(南鶴聞)의 상소로 향리로 방축되었다. 향리로 방축하는 것은 서울에서 추방하여 시골로 내쫓는 형벌로, 중죄를 지은 죄인에게 비교적 관대한 처분을 내릴 때 적용되었다. 《正祖實錄 1年 7月 2日》

158 10월에……허락받았다 : 《승정원일기》 정조 1년(1777) 10월 5일 기사에 그 내용이 보인다. 《속대전(續大典)》 권5 〈형전(刑典) 휼수(恤囚)〉에, 정배된 죄인이 친상을 당했을 때 휴가를 주어 상을 치르게 하고 상을 치른 사흘 뒤에 배소로 출발하게 한 규정이 있다.

159 석곡(石谷) : 경기도 연천(漣川)에 속한 지명이다. 《渼湖集 卷17 持平贈參判趙公墓碣銘幷序》

160 성상이……못했다 : 이와 관련한 기록이 《정조실록》 3년(1779) 1월 25일 기사에 보인다.

161 경자년……말하였다 : 《정조실록》 4년(1780) 4월 3일 기사와 동일자 《승정원일기》에 비망기의 내용이 실려 있다.

"고(故) 중신(重臣) 조명정은 바로 나의 옛 빈객(賓客)이니, 실로 감반(甘盤)의 정의(情誼)가 있다.[162] 살아 있을 때 연루된 죄는 원래 충역(忠逆)의 의리와 무관한 것이었는데 죽어서도 여전히 그 작질을 회복시키지 못하였으니, 늘 마음으로 안타깝게 여기고 있다. 내가 두려워하고 애통해하며 오래도록 잊지 못하는 것은 따로 있다. 그때 공교롭게도 두 번째 올린 상소 뒤에 사달이 생겼고 상소에서 한 말도 임금의 잘못을 지적해 아뢴 것에 불과했다. 그런데 불행하게도 이 상소가 때마침 재앙을 부르는 결과를 낳고 말았으니, 조정의 신하들 사이에서 '자만하는 목소리로 간언을 막았다는 혐의〔訑訑之嫌〕'[163]가 없을 수 있겠는가. 누차 이 일을 들어 연석(筵席)에서 거듭 효유하였으니, 만약 중신이 앎이 있다면 아마 나의 뜻에 감동할 것이다."라고 하였다. 특별히 담당 부서에 명해 공의 관작을 회복시키고 조문과 제사 등의 의식을 규례대로 거행하게 하니, 애도하고 광영을 내리는 성조(聖朝)의 은전이 이에 갖추어지게 되었다.

처음에 마전(麻田)의 작천(鵲川)에 장사 지냈다가 이달에[164] 석곡공(石谷公 부친 조정순) 묘정(墓庭) 자좌(子坐)의 언덕에 이장하였다.

공이 정주(定州)로 유배되어 갈 때 장단(長湍)의 객점에서 점심을

162 조명정은……있다 : 조명정이 정조가 세손으로 있던 1768년(영조44)과 1769년에 세손 좌부빈객(世孫左副賓客)을 맡았던 것을 말한다. 감반(甘盤)은 은(殷)나라 고종(高宗)이 즉위하기 전에 고종을 가르쳤던 스승 이름이다.《書經 說命下》

163 자만하는……혐의 : 조정의 신하들 사이에서 임금을 비난한다는 의미이다. 319쪽 주156 참조.

164 이달에 : 정조가 비망기를 내려 조명정의 작질을 회복시켜 준 1780년(정조4) 4월을 말한다.

먹었다. 그때 조공 돈(趙公暾)의 아우 판서공(判書公) 조엄(趙曮)이 기백(箕伯 평안도 관찰사)으로 있다가 역시 무함을 당해 잡혀가게 되었기에, 조공이 그곳에서 아우를 기다리고 있다가 공과 만났다. 조공이 공에게 유배 가게 된 이유를 묻자 공이 두 상소를 꺼내 보여주었다. 조공이 무릎을 치고 감탄하며 말하기를 "지금 그대의 상소는 노신의 책임을 다했다고 할 수 있으니, 비록 죽는다고 한들 무슨 유감이 있겠소."라고 하고, 이어 농담으로 "그대가 이런 일을 할 수 있으리라고는 생각하지 못했소."라고 하니, 공 역시 농담으로 대답하였다. 얼마 뒤에 또 길에서 소조공(少趙公 조엄(趙曮))을 만났는데, 소조공이 공의 손을 잡고 눈물을 흘리며 말하기를 "그대의 이번 길은 진실로 노년의 영광이니, 수없이 많은 장오죄(贓汚罪)를 뒤집어쓴 이 몸에 비하면 어떠하겠습니까."라고 하였다. 공이 말하기를 "그대는 걱정하지 마시오. 명철하신 성상께서 위에 계십니다."라고 하니, 이를 본 사람들이 감탄하였다. 뒤에 어떤 사람이 조공에게 북관(北關 함경도)의 일을 묻자 조공이 말하기를 "이 일은 이미 지난 일일 뿐이오."라고 하였다.[165] 공이 옛 원한을 기억하지 않으니 선비들이 모두 추앙하였고, 세상 사람들 또한 조공에게 고인의 풍모가 있음을 칭찬하였다.

공은 학문에 부지런하고 문장을 좋아하여 나이가 많고 지위가 높아진 뒤에도 여전히 글 읽는 것을 일과로 삼았다. 그러므로 공이 지은 시문은 풍부하게 온축한 것을 널리 드러내어 순식간에 완성한 것인데

165 뒤에……하였다 : 북관의 일은 1763년(영조39)에 조명정이 함경도 관찰사에서 체직되자, 후임으로 부임한 조돈이 공문을 올려 조명정을 공격했던 것을 말한다. 302쪽 본문 내용 참조.

도 운치가 있고 온후하여, 읽어보면 군자다운 사람임을 알 수가 있다. 문집 10권이 집에 보관되어 있다. 정묘(正廟 정조)가 일찍이 읽어보고 간행하려 했는데 갑자기 승하하여 실행하지 못했으니, 아! 애석하다.

공의 첫째 부인은 창원 유씨(昌原兪氏)이니, 도정(都正) 유장(兪牂)의 딸이다. 두 번째 부인은 광주 이씨(廣州李氏)이니, 통덕랑 이관하(李觀夏)의 딸이다. 세 번째 부인은 전주 이씨(全州李氏)이니, 통덕랑 이명익(李命翊)의 딸이다. 네 번째 부인은 고령 박씨(高靈朴氏)이니, 박경혁(朴景赫)의 딸이다. 부인에게서 모두 아들이 없어 족자(族子) 덕윤(德潤)을 아들로 삼으니, 지금 함경도 감사이다.

공은 타고난 자질이 너그럽고 중후하고 굳세고 견고하였는데 학식으로 이를 북돋우고 재략(才略)으로 이를 완성하였다. 그러므로 집에 거처하며 부모를 섬기고 벼슬에 나가 임금을 섬기며 일을 행하여 정사의 사이에 드러난 것이 모두 넉넉해 볼 만한 것이 있었다.

부모의 뜻을 받들고 음식으로 봉양하며 부드러운 얼굴빛으로 대하기를 노년에 이르도록 게을리하지 않았고 끝내 상례(喪禮)를 이겨내지 못하고 세상을 떠난 것은 바로 공의 효성이었다. 집안처럼 국가를 걱정하고 아버지처럼 임금을 사랑하여, 언로가 막히면 소통할 방법을 생각하고 재원이 고갈되면 아껴 쓸 방법을 생각하였으며, 아는 것은 말하지 않음이 없고 말을 하면 남김없이 다 말하여서 임금의 마음을 바로잡는 것을 첫 번째 의리로 삼은 것은 바로 공의 공경이었다. 간사한 자를 미워하고 강한 권신(權臣)을 두려워하지 않아, 변별하는 사이에 단호히 결단하고 뜻을 지켜야 할 자리에서는 견고하게 지켜 죽음에 이르더라도 변하게 할 수 없었던 것은 바로 공의 강직함이었다. 사나운 자를 제거하고 약한 자를 세워 주며 백성의 숨은 어려움을 살피고 곤궁한 자를 불쌍히 여겨 은혜로 백성을 친근히 대하고 위엄으로 일을 완성해낼 수 있었던 것은 바로 서경(西京)의 순량(循良)[166]과 같았다. 고비(皐比)의 자리에 앉아 청청자아(菁菁者莪)의 교화를 도와[167] 바르지 않은 자를 몰아내고 올바른 자를 취해 문풍이 크게 변하여, 사람들이 현명한 감식안을 추중하고 선비들이 추향할 법도를 알게 된 것은 구양수(歐陽修)가 많은 선비를 길러낸 것과 같았다.[168]

이것이 대개 공의 몸가짐과 처세 가운데 가장 두드러진 것이다. 집안과 붕우 사이에 보여준 세세한 행동과 작은 법도의 아름다움 및 공이 남긴 언론과 문장과 풍류와 같은 것이, 또 어찌 공을 가볍게 하고 무겁게 할 만한 것이겠는가.

나는 어렸을 때부터 일찍 공의 명성을 듣고서 공을 한 번 만나 알게 되기를 원했으나 그렇게 하지 못했다. 벼슬에 나가 우리 선왕(先王

166 서경(西京)의 순량(循良) : 한(漢)나라 때 훌륭한 지방관인 순리(循吏)가 많았던 것을 지방관으로서 조명정의 치적에 비유한 말이다. 서경은 전한(前漢)의 수도인 장안(長安)을 말한다.

167 고비(皐比)의……도와 : 조명정이 성균관 대사성이 되어 인재를 양성한 것을 말한다. 고비는 범 가죽을 말하는데, 송(宋)나라의 장재(張載)가 호랑이 가죽을 깔고 앉아서 《주역》을 강론했으므로 강학하는 자리를 의미하게 되었다. 청청자아(菁菁者莪)의 교화는 인재를 양성하는 것을 말한다. 《시경》 〈청청자아〉에 "무성하고 무성한 새발쑥이여, 저 언덕 가운데 있도다. 이미 군자를 만나 보니 나에게 많은 보화를 준 듯하네.〔菁菁者莪, 在彼中陵, 旣見君子, 錫我百朋.〕"라고 한 데서 나왔다. 모서(毛序)에 따르면 이 시는 인재를 육성함을 즐거워하는 내용이다.

168 구양수(歐陽修)가……같았다 : 북송 초기인 인종(仁宗) 가우(嘉優) 2년(1057)에 구양수가 지공거(知貢擧)가 되어 고문(古文)을 제창하여, 당시 유행하던 서곤체(西崑體)를 일소하고 문풍을 크게 변화시킨 것을 말한다.

정조)을 섬기게 되어 경연과 한가로운 자리에서 모신 것이 여러 번이었는데, 영묘(英廟 영조) 만년의 인물을 말씀하실 때마다 선왕께서 번번이 공을 '참다운 재상〔眞宰相〕'이라고 칭찬하며 항상 '조 빈객(趙賓客)'[169]이라고 하고 이름을 부르지 않았다.

아! 공은 살아서는 영묘를 섬겼으니 풍운(風雲)의 성대한 시대[170]를 만났고, 죽어서는 선왕에게 공경과 존중을 받음이 이와 같았다. 아! 이분이 옛날에 이른바 '유애(遺愛)'라는 사람이 아니겠는가.[171]

삼가 공의 가장(家狀)을 이상과 같이 기록하여 태상씨(太常氏 봉상시)의 절혜(節惠 시호)의 은전에 대비한다.

169 조 빈객(趙賓客) : 조명정이 정조가 세손으로 있던 1768년(영조44)과 1769년에 세손 좌부빈객(世孫左副賓客)을 역임한 것을 말한다.

170 풍운(風雲)의 성대한 시대 : 현신(賢臣)이 명군(明君)을 만난 시대를 말한다. 《주역》 〈건괘(乾卦) 문언(文言)〉에 "구름은 용을 따르고, 바람은 범을 따른다.〔雲從龍, 風從虎.〕"라고 한 데서 나온 말이다.

171 옛날에……아니겠는가 : 유애(遺愛)는 고인의 유풍이 있는 인애한 사람이라는 말이다. 정(鄭)나라의 대부로 40여 년간 국정을 맡아 훌륭한 정치를 펼친 자산(子産)이 죽자 공자(孔子)가 눈물을 흘리며 "옛날의 유애이다.〔古之遺愛也.〕"라고 한 내용이 《춘추좌씨전》 소공(昭公) 20년 기사에 보이는데, 두예(杜預)는 주석에서 "자산이 자애를 보임에 고인의 유풍이 있다는 말이다.〔子産見愛, 有古人之遺風.〕"라고 하였다.

호조 판서 이공 시장[172]

戶曹判書李公諡狀

공은 휘는 태중(台重)이고 자는 자삼(子三)이다.

한산 이씨(韓山李氏)는 처음에 가정(稼亭 이곡(李穀)) 때부터 현달하였다. 그의 아들 목은(牧隱 이색(李穡)) 선생이 문장과 도의로 고려 말의 명유(名儒)가 되었는데, 얼마 뒤에 우리 조선이 개국하자 태조가 빈우(賓友)로 대우하였으니, 실로 공의 13대조이다. 이때 이후로 문벌이 더욱 성대해졌다.

고조는 휘가 재(穧)이니, 문과에 급제하고 부사(府使)를 지냈다. 증조는 휘가 정기(廷夔)이니, 효묘(孝廟 효종)가 현묘(顯廟 현종)를 위해 처음으로 세자보양관(世子輔養官)을 설치하였는데 공이 이 관직에 가장 먼저 뽑혔다. 문과에 급제하고 이조 참판을 지냈다. 조부는 휘가 행(涬)이니, 정관(靜觀 이단상(李端相))과 화양(華陽 송시열(宋時烈))의 문하에서 유학하였고, 《주역》과 예학(禮學)에 조예가 깊었으며, 음직

172 호조……시장 : 이태중(李台重, 1694～1756)의 시호를 청하는 글이다. 이태중의 본관은 한산(韓山), 자는 자삼(子三), 호는 삼산(三山)이다. 1834년(순조34) 5월 30일에 문경(文敬)이라는 시호를 하사받았다. 이 글 말미에 이태중의 증손인 이도재(李道在)가 시장을 부탁하였다는 기록이 보이고, 또 자손록에는 이도재가 이조 참의로 있다는 기록이 있다. 이도재는 1829년(순조29) 6월 23일에 이조 참의에 제수되고, 9월 3일에 돈녕부 도정에 제수되었으므로, 이 글은 그사이에 지은 것으로 보인다. 한편 영의정 김재찬(金載瓚)이 이태중에게 시호를 내릴 것을 청하고 순조가 이를 허락한 것은 1822년(순조22)의 일이다. 《純祖實錄 34年 5月 30日》《承政院日記 純祖 29年 6月 23日, 9月 3日》《純祖實錄 22年 閏3月 25日》

으로 군수를 지냈다. 부친은 휘가 병철(秉哲)이니 참봉을 지냈다. 모친은 반남 박씨(潘南朴氏)이니, 이조 판서와 전문형(典文衡)을 역임한 박태상(朴泰尙)의 딸로, 단정하고 엄숙하고 예를 좋아하였으며 입으로 경서와 사서(史書)를 전수하여 여러 자식을 가르쳤다. 숙묘(肅廟 숙종) 갑술년(1694, 숙종20)에 결성(結成 충남 홍성군 결성면)의 삼산리(三山里) 집에서 공을 낳았는데, 군수공(郡守公 조부 이행)이 방에 햇빛이 비치는 꿈을 꾸었다.

성동(成童 15세)이 되어 지촌(芝村) 이 문간공(李文簡公)[173]에게 학업을 전수받았는데, 문간공이 자주 칭찬하며 인정해 주었다. 부인을 맞이하게 되어서는 집에서 입고 쓰는 것이 조금이라도 화려하면 모두 물리쳤다.

신묘년(1711, 숙종37, 18세)에 참봉공(參奉公 부친 이병철)의 상을 당하였는데 슬픔으로 몸이 야위어 거의 지탱하지 못할 정도였다.

정유년(1717, 숙종43, 24세)에 사마시에 합격하였다. 숙씨(叔氏) 부사공(府使公 이상중(李商重))이 함께 회위(會闈 회시(會試))에 나아갔는데 글씨에 뛰어나 공을 위해 시권(試卷)을 대신 써 주겠다고 청했으나, 공은 그렇게 하려 하지 않고 끝내 직접 시권을 썼다.

영종 정미년(1727, 영조3, 34세)에 박 부인(朴夫人)의 상을 당했는데, 장례를 치르기를 부친의 상을 당했을 때와 같이 하였다.

경술년(1730, 영조6, 37세)에 정시(庭試)에 급제하였다. 이때의 과

173 지촌(芝村) 이 문간공(李文簡公) : 이희조(李喜朝, 1655~1724)로, 본관은 연안(延安), 자는 동보(同甫)이다. 지촌은 그의 호이며, 문간은 그의 시호이다. 이단상(李端相)의 아들이며, 송시열의 문인이다.

거는 시관(試官)이 모두 일번인(一番人)[174]이었는데, 본조(本朝)의 찬집청(纂輯廳)에서 《숙묘보감(肅廟寶鑑)》을 찬진(撰進)한 것을 표문(表文)의 시제(試題)로 삼았다. 이에 과장(科場)의 반이나 되는 자들이 대부분 모호하게 글을 지었는데[175] 공은 홀로 별록(別錄)을 짓는 의리에 대해 글을 지으니, 시험을 주관한 자가 또한 감히 낙방시키지 못하였다. 이때 시험을 주관한 자의 아들이 수석을 차지하자 대간(臺諫)이 사사로이 합격시킨 혐의가 있다고 상언하였다.[176] 공은 합격자 명단에 대해 사람들의 말이 있다고 하여 당후(堂后)의 임명에 응하지 않았다.[177] 얼마 뒤에 단천(單薦)으로 사국(史局)에 들어갔지만 끝내 임명되지 못했으니, 임명을 막은 자가 있었던 것이다.[178]

174 일번인(一番人) : 당파나 이념을 달리하는 쪽의 사람을 구체적으로 지칭하지 않고자 할 때 쓰는 말이다. 여기서는 소론을 지칭한다.

175 본조(本朝)의……지었는데 : 《숙묘보감(肅廟寶鑑)》은 숙종의 치세 내용을 기록한 책으로, 영조가 성균관 대사성 이덕수(李德壽)를 찬수청 당상(纂修廳堂上)으로 임명하여 편찬하게 하였다. 1730년(영조6) 5월 6일에 완성되었으며, 총 6권이다. 이덕수는 박세당(朴世堂)의 문인으로, 소론에 속하는 인물이다. '과장의 반이나 되는 자'들은 소론 이외의 사람들을 지칭한 것으로 보인다.

176 이때……상언하였다 : 1730년 2월 15일 시행한 정시(庭試)를 주관한 이는 《국조방목》의 찬진을 맡았던 이덕수이고, 그의 아들 이산배(李山培)가 이때 을과 1위로 합격하였다. 이에 대해 사헌부 장령 최치중(崔致重)이 시험에 부정이 있다고 상소하였으나, 영조가 받아들이지 않았다. 《國朝榜目 卷7》《英祖實錄 6年 3月 3日·6日, 9月 10日》

177 공은……않았다 : 이태중은 1730년 3월 8일에 승정원 가주서(假注書)에 임명되었으나 외방에 있다는 이유로 다른 사람으로 교체되었으며, 이후 계속 고향에 머물며 벼슬에 응하지 않은 기록이 《승정원일기》에 보인다. 당후(堂后)는 승정원 주서(注書)의 별칭이다.

178 단천(單薦)으로……것이다 : 이태중이 1732년(영조8) 9월 12일에 권지 승문원

갑인년(1734, 영조10, 41세)에 대신이 연석(筵席)에서 주청함으로써 6품에 오르고 정언(正言)에 제수되었으나, 곧 체직되었다.[179] 암행어사의 선발에 들었으나 응하지 않아 형리(刑吏)에게 회부되었다.

을묘년(1735, 영조11, 42세)에 지평(持平)에 제수되자, 상소하여 벼슬에 나오지 않은 이전의 뜻을 아뢰고 이어 논하기를[180] "조정에 염치와 예법이 무너지고 사라져, 대소신료들이 한결같이 부끄러움을 견디며 자신의 자리를 지키는 것만 생각합니다. 무릇 관직의 임명을 받을 때마다 올리는 상소를 보면 '바꿀 수 없는 원칙이 눈앞에 있다'고 하거나 혹은 '죽어도 감히 나아갈 수 없다'라고 하는데, 아침에 이렇게 말하고서 저녁에 벌써 그 명에 나아갑니다. 이런 행태가 풍조를 이루어 당연한 것처럼 여깁니다."라고 하였다. 또 말하기를 "충신의 억울함은 풀리지 않고 참소와 무함이 멋대로 행해져, 궁액(宮掖 궁중의 비빈)의 근척(近戚)은 아직도 분명치 않은 죄안에서 벗어나지 못하고, 선왕의 원로는 여전히 단서(丹書 죄상을 기록한 책)의 명부에 들어 있습니다. 그런데도 징계와 토죄가 느슨하여 그물을 빠져나간 자가 차고 넘치며, 음과 양이 뒤섞여 이익을 좇는 자들이 파리처럼 도처에 들끓습니다."라고 하였다.

부정자(權知承文院副正字)로 천거되었으나 박문수(朴文秀)가 천거의 불공정을 이유로 상소한 기록이 보인다.《承政院日記 英祖 8年 9月 12日·14日》

179 대신이……체직되었다 : 이와 관련한 기록이《승정원일기》영조 10년 4월 29일과 5월 14일 기사에 보인다. 대신은 이조 판서 김재로(金在魯)이다. 이태중은 계속 고향에 머물며 벼슬에 응하지 않았다.

180 상소하여……논하기를 : 아래의 두 상소 내용은《승정원일기》영조 11년 4월 24일 기사에 보인다.

상소가 올라가자 성상이 매우 진노해 오경(五更)에 공을 불러들이게 하여 준엄한 목소리로 묻기를[181] "궁액의 근척은 누구를 말하느냐?"라고 하니, 공이 대답하기를 "서덕수(徐德修)[182]입니다."라고 하였다. 성상이 "서덕수의 일은 을사년(1725, 영조1) 이후로[183] 그 억울함을 말하는 자가 없는데, 왜 분명치 않다고 하는 것이냐?"라고 하니, 대답하기를 "곤궁(坤宮 정성왕후(貞聖王后))을 국모로 섬기면서 서덕수를 신축년(1721, 경종1)의 역안(逆案)에 두는 것은 신하의 분수로 감히 편안히 여기지 못하겠습니다."라고 하였다. 이어 아뢰기를 "신축년과 임인년(1722, 경종2)의 일을 어찌 차마 말할 수 있겠습니까. 김일경(金一鏡)과 박필몽(朴弼夢)의 무리가 역적 목호룡(睦虎龍)의 고변을 꾸며내어 이리저리 엮어서 옥사를 만들고 거짓으로 원사(爰辭 죄인의 진술)를 만들었으니, 충신과 의사(義士)가 모두 머리를 나란히 하고 죽음을 당했습니다."라고 하였다. 말이 채 끝나기도 전에 성상이 꾸짖으며 "내가 너에게 이 이야기를 하라고 했더냐?"라고 하였다. 또 묻기를 "선왕의 원로는 누구를 말하느냐?"라고 하니, 대답하기를 "신축년의 사대신(四

181 성상이……묻기를 : 아래의 대화 내용은 《승정원일기》 영조 11년 4월 25일 기사에 보인다.

182 서덕수(徐德修) : 영조의 비 정성왕후(貞聖王后)의 조카로, 본관은 대구(大丘), 자는 사민(士敏)이다. 1722년(경종2)에 목호룡(睦虎龍)의 고변으로 경종을 시해하려 한 사건이 발생했을 때, 김창도(金昌道)·이정식(李正植)·조흡(趙洽) 등이 서덕수가 독약을 사용하여 경종을 시해하려는 역모에 참여하였다고 진술하였다. 이 일로 서덕수는 29세의 젊은 나이에 사형을 당하였다. 1738년(영조14)에 무고를 당했다는 사실이 밝혀져 신원이 회복되었다.

183 을사년 이후로 : 영조가 신임사화를 무옥으로 규정한 을사처분(乙巳處分)을 단행한 이후를 말한다.

大臣)입니다."라고 하였다. 성상이 "두 신하는 이미 복관되었는데[184] 어찌 네 신하라고 하는 것이냐?"라고 하니, 대답하기를 "두 신하가 비록 복관되었지만 김창집(金昌集)과 이이명(李頤命)은 아직도 죄적(罪籍)에 있고 복관된 자들 역시 아직 시호(諡號)가 회복되지 않았습니다."라고 하였다.

이에 성상의 분노가 진동하여 다그쳐 꾸짖고 기를 꺾어버리니 신하로서 감히 들을 수 없는 말이 많았다. 이는 대개 성상이 조정(調停)의 설[185]에 현혹되어 흉도를 포용하고 포악한 자를 적자(赤子)처럼 품어주기를 힘써서 조정의 신하 중에 신축년과 임인년의 의리를 언급하는 사람을 번번이 당론이라 하여 주벌하니, 성상의 뜻에 순종하는 것이 풍조가 되어 사류들이 입을 다물었기 때문이었다. 이때 이르러 공이 앞장서서 이야기하며 거리끼지 않자 성상의 마음이 이에 격노하여 장차 극률(極律 사형)로써 다스리려 하니, 곁에서 지켜보던 자들이 두려움에 벌벌 떨었다.

공이 꿋꿋하게 진언해 말하기를 "도끼에 목이 달아나고 끓는 가마솥에 들어가는 벌을 받더라도 신은 감히 피하지 않을 것입니다. 다만 김창집의 일로 말하면, 무릇 위태롭고 의심스러운 즈음에 큰일을 담당

184 두……복관되었는데 : 두 신하는 김창집(金昌集)과 이이명(李頤命)을 말한다. 신임사화 때 죽은 노론사대신 가운데 이건명(李健命)과 조태채(趙泰采)는 1729년(영조5) 8월 18일에 내린 기유처분(己酉處分)으로 신원되었다. 이이명과 김창집은 1740년(영조16)에 임인옥사가 무옥임을 천명한 경신처분(庚申處分) 때 신원되었다.

185 조정(調停)의 설 : 당론의 중간에 서서 화해를 시키자는 논의를 말한다. 영조는 이 당시에 당론의 화해로 탕평을 시도하려 했던 조문명(趙文命)·송인명(宋寅明) 등 탕평파 관료들을 등용하였다.

한 사람은 모함과 이간질을 당할 근심이 많은 법입니다. 이 때문에 옛사람이 '비록 직접 쓴 글이 있다고 하더라도 또한 믿어서는 안 된다.〔雖有手書, 亦不可信.〕'라고 하였으니,[186] 진실로 경험에서 나온 말입니다."라고 하였다. 성상이 또 엄한 목소리로 "입을 다물라. 너를 처분하는 것은 종이 한 장으로 충분하지만 너를 불러 만난 것은, 네가 일찍이 한림(翰林)에 단천(單薦)으로 든 적이 있었기에 어떤 자인가 알고 싶었기 때문일 뿐이다."라고 하였다. 이어 더욱 진노하여 "군부를 멸시하여 당론을 주장하니 관작을 얻으려는 자일 뿐이다."라고 하였다.

공이 다시 진언하기를 "신이 과거에 급제한 지 지금 6년이 되었습니다. 만약 도성에 살면서 당로자(當路者)에게 부탁하고 성상의 뜻에 영합했다면 어떤 관작인들 얻지 못했겠습니까. 그런데 지금 친척도 아니고 친구도 아니며 이미 죽어 뼈만 남은 김창집을 위해 성상의 노여움을 무릅쓰는 것이 관작을 얻고자 하는 계책이겠습니까. 신은 당론은 할 줄 모르고, 다만 군부가 있다는 것만 압니다. 그러므로 군부의 앞에서 진언하는 것일 뿐입니다."라고 하였다. 마침내 성상이 명을 내려 흑산도(黑山島)에 위리안치하게 하였다. 정언 홍계유(洪啓裕)가 상소

186 옛사람이……하였으니 : 분명한 물증도 모함으로 만들어진 것일 수 있다는 말이다. 당나라 이필(李泌)이 "비록 진나라 민회 태자처럼 직접 쓴 글이 있고 당나라 태자 영처럼 옷 속에 갑옷을 입었더라도, 오히려 믿어서는 안 된다.〔雖有手書如晉愍懷, 衷甲如太子瑛, 猶未可信.〕"라고 한 말이 있다. 진나라 혜제(惠帝)의 태자인 민회 태자는 황후 가후(賈后)의 술수에 빠져 술에 취해 역모의 글을 직접 베껴 썼다가 결국 폐서인되었다. 당나라 현종(玄宗)의 태자 영은 무혜비(武惠妃)의 술수에 빠져 옷 속에 갑옷을 입고 역적을 처단하러 궁궐에 들어갔다가 도리어 역모를 꾀했다는 모함을 받아 폐서인되었다.《資治通鑑 卷233 唐紀49》《晉書 卷53 愍懷太子列傳》《新唐書 卷82 十一宗諸子列傳》

하여 공을 구원하다가 또한 유배를 당하였다.

흑산도는 도성에서 멀고 환경이 나빠 장기(瘴氣)가 비와 같고 거처하는 방에 독사가 섞여 있었기에 따라온 자들이 모두 걱정하고 두려워하며 눈물을 흘렸으나 공은 홀로 조금도 근심하는 기색이 없었다. 흑산도에 옛날부터 귀신이 많아 대낮에 사람을 홀리기도 하였는데 공이 이르자 마침내 사라지니, 흑산도 사람들이 지금까지 전하며 칭송한다.

병진년(1736, 영조12, 43세)에 위리안치에서 풀려났고, 영암(靈巖)으로 이배되어[187] 8개월을 있다가, 나라의 경사로 인해 용서받고 돌아왔다.

정사년(1737년, 영조13, 44세)에 서용되어 정언에 제수되고, 이때부터 연이어 양사(兩司)와 춘방(春坊)에 제수되었으나 모두 응하지 않았다.

무오년(1738, 영조14, 45세)에 조정에서 외직을 맡겨 출사를 권하려 하여 경상도 도사(都事)를 제수하였으나 또 나아가지 않았다.

경신년(1740, 영조16, 47세)에 지평에 제수되었다. 이때에 성상의 마음 역시 조금 깨달음이 있어 신임사화의 무고의 옥안(獄案)을 다 불태우고 김 충헌(金忠獻 김창집(金昌集))과 이 충문(李忠文 이이명(李頤命))의 관작을 회복해 주었다.[188] 그러나 적신 이광좌(李光佐)는 이미 벼슬에서 물러난 뒤에도 여전히 도성에서 편안히 살고 성상의 총애

187 위리안치(圍籬安置)에서……이배되어 : 이와 관련한 기록이 《승정원일기》 영조 12년 3월 16일과 18일 기사에 보인다.

188 이때에……주었다 : 영조는 1740년(영조16) 1월 12일에, 임인옥사가 무옥임을 천명한 경신처분(庚申處分)을 내리고 김창집과 이이명을 신원하였다. 《英祖實錄 16年 1月 12日》

역시 변하지 않으니, 삼사(三司)의 관원들은 성상의 총애가 변하지 않는 것을 보고 입을 다문 채 감히 그 죄를 성토하지 못했다.

공이 울분을 이기지 못하고 현도(縣道)를 통해 사직 상소를 올렸는데, 다음과 같은 내용이 있었다.[189]

"초봄의 처분 이래로 의리가 펼쳐지려다가 펼쳐지지 못했고 징토(懲討)가 거행되려다가 거행되지 못했지만, 조정의 신하들은 머뭇거리고 기다리며 오직 성상께서 홀로 결단하시기만 바라고 있습니다. 선정신(先正臣)이 40여 차례 수차(手箚)를 올린 일은 진실로 이 세상에서 다시 볼 수 없다고 해도, 또한 어찌 이토록 매우 나약하고 쇠퇴함에 이르게 될 줄 생각이나 했겠습니까. 반열의 고하를 따지거나 청요직(淸要職)의 선후를 다투는 것이 아니면 전하의 조정에는 장차 한 가지도 할 수 있는 일이 없을 것입니다. 지금 마땅히 강직하고 정직한 선비를 모아 대각(臺閣)에 배치하여, 위로는 임금의 부족한 점을 보충하고 빠트린 부분을 수습하게 하시고 아래로는 허물을 다스리고 잘못을 바로잡게 하시어, 광명한 다스림이 드러나게 해야 할 것입니다."

이날에 삼사가 비로소 이광좌를 토죄하였고, 공의 삼종제인 부학공(副學公)이 동벽(東壁)으로서 주장하였다.[190] 성상이 삼사의 논계가 다

189 공이……있었다 : 아래 상소의 내용은 《승정원일기》 영조 16년 5월 11일 기사에 전문이 실려 있고 동일자 《영조실록》에도 요약되어 실려 있다. 현도(縣道)를 통해 상소를 올렸다는 것은, 지방에 있는 관원이 자신이 거주하는 고을에 상소를 바치면 고을 수령이 감사에게 상소를 보내고 감사가 승정원으로 올려보내는 과정을 거치는 것을 말한다. 이를 '종현도상소(從縣道上疏)' 또는 '현도소(縣道疏)'라고 불렀다.

190 공의……주장하였다 : 부학공(副學公)이 누구인지는 분명하지 않다. 동벽(東壁)은 벼슬아치가 출근하여 모여 앉을 때 동쪽에 앉는 벼슬아치를 말한다.

공의 뜻에서 나온 것이라고 의심하여, 이에 신하들을 핍박하여 일을 야기했다는 이유로 공을 엄히 꾸짖고 함경도 갑산부(甲山府)로 귀양 보냈다.[191] 유신과 대신(臺臣)이 연이어 상소하여 공을 구원하였으나 뜻을 이루지 못했다.

이보다 앞서 도당회권(都堂會圈)이 있었을 때 공이 이조록(吏曹錄)에도 나란히 들어가게 되었는데,[192] 이때 이르러 공정하지 않은 편파적 논의라는 이유로 명을 내려 이조록을 혁파하게 하였다. 뒤에 이조록의 복구를 청하는 자가 있자 성상이 말하기를 "이모(李某)와 같은 자를 복구한다면 그렇게 하라."라고 하였다. 이해 가을에 상신(相臣)이 공을 용서해 줄 것을 청하였다.

이듬해(1741, 영조17, 48세)에 서용되어 부교리(副校理)에 제수되었다. 이후 4, 5년 동안 벼슬에 제수되는 것이 거의 빈 달이 없어 응교와 보덕(輔德), 양사(兩司)의 아장(亞長)[193]에 두루 오르고 그사이에 도청(都廳)에 제수되었으나 모두 나가지 않았고, 사직 상소에는 번번이 '말을 내지 않는 것은 몸이 출사하지 않아서이다.〔言不出, 身不出.〕'라는 의리[194]를 인용하였다.

191 이에……보냈다 : 이와 관련한 기록이 《승정원일기》 영조 16년 5월 20일 기사에 보인다.

192 도당회권(都堂會圈)이……되었는데 : 이태중이 도당회권에 뽑힌 기록은 《영조실록》 16년 5월 17일 기사에 보인다. 도당회권과 이조록(吏曹錄)에 대해서는 312쪽 주139와 230쪽 주187 참조.

193 양사(兩司)의 아장(亞長) : 사간원 사간과 사헌부 집의를 가리킨다.

194 말을……의리 : 주희(朱熹)의 말이라는 기록이 더러 보이는데, 정확한 출처는 찾지 못했다. 《미호집(渼湖集)》 권5 〈자정에게 답하다〔答子靜〕〉에 송시열이 권상하

병인년(1746, 영조22, 53세)에 청나라 사람이 망우초(芒牛峭)에 새로 둔(屯 초소)을 설치하고 장차 책문(柵門)을 30리 물리려고 하였다. 조정에서 논의해 별사(別使)를 파견해 그 일을 중지하기를 요청하고자 공을 진주사(陳奏使)의 서장관으로 삼았으나[195] 공이 또 나오지 않았다. 성상이 변방의 근심에 관련된 일이라고 면려하자, 공이 어쩔 수 없이 명에 숙배하고 입시하니 바로 을묘년(1735, 영조11, 42세) 이후에 처음 연석(筵席)에 나온 것이었다. 성상이 지난 일을 후회하는 것으로 위로하는 마음을 보이고, 묻기를 "저들이 만약 우리의 요청을 들어주지 않는다면 그대는 장차 어떻게 대처할 것이냐?"라고 하였다. 대답하기를 "이 일은 변경의 이해에 관한 것이지 종묘사직의 큰일이 아닙니다. 1년이든 2년이든 반드시 해결하기 위해 연산(燕山 연경)에 뼈를 묻기로 작정하는 것이 옳은 일인지 신은 모르겠습니다."라고 하니, 성상이 매우 옳다고 여겼다.

옛날부터 내려오는 관례에 궁중에서 필요한 연경의 물품을 교역하기 위한 비용은 항상 포외(包外)에 있었다.[196] 상서(象胥 역관(譯官))가

(權尙夏)에게 경계한 말로, "몸이 출사하지 않으면 말을 내지 않는다.〔身不出則言不出.〕"는 말이 보인다. 한편 《승정원일기》 영조 19년(1743) 7월 26일 기사에 보이는 이태중의 상소에 위 말이 보인다.

195 청나라……삼았으나 : 이와 관련한 기록이 《영조실록》 22년(1746) 윤3월 8일 기사에 보인다. 망우초(芒牛峭)는 봉황성(鳳凰城) 근처의 초하(草河)와 애하(靉河)가 합류하는 수로 요충지인데, 주로 '망우초(莽牛哨)'라고 기록한다. 책문을 물린다는 것은 책문을 조선과의 국경지대 쪽으로 옮겨 세우는 것을 말한다. 망우초에 초소를 설치하려던 청의 계획은 조선의 주청으로 중지되었다. 《金宣旼, 雍正 乾隆年間 莽牛哨 事件과 淸-朝鮮 國境地帶, 中國史研究 71輯, 2011》

196 궁중에서……있었다 : 포외(包外)는 팔포(八包) 이외의 물품이라는 말로, 중국

이런 관례에 의거해 말을 하자 공이 정색하며 말하기를 "나의 직분은 법을 따르는 데 있는데 네가 감히 법에 벗어난 일을 말한단 말이냐."라고 하였다. 다음 날 갑자기 문단(紋緞 무늬 있는 비단)의 교역을 금하는 명이 있었고 이어 공에게 명해 교역을 금지하는 조항을 헤아려 정하게 하니, 이때의 연행은 행장이 매우 간소하고 따르는 사람 역시 정해진 숫자에 다 차지 않았다.

일을 마치고 돌아오려고 할 때 조정에서 새로 비포(比包)[197]하는 법을 정하고 서장관에게 책문(柵門) 밖에서 검사하도록 하였다. 공이 책문 밖에서 이틀을 머물렀는데도 운반하는 물품이 이르지 않자, 공이 말하기를 "법을 집행하는 관리가 어찌 보따리에 든 재화를 기다리며 지체해 머물 수 있겠는가."라고 하고 마침내 곧장 압록강을 건넜다. 이 일로 잡아들이라는 명을 받들었다가 은혜를 입어 풀려나자 즉시 고향의 집으로 돌아갔다. 얼마 뒤에 연행의 공로로 말을 하사받는 은전을 받들었다.

정묘년(1747, 영조23, 54세)에 승진하여 동래 부사(東萊府使)에

과 무역하기 위하여 법으로 한정된 수 외에 더 가지고 가는 인삼이나 은전(銀錢)을 말한다. 별포(別包) 또는 포외월송(包外越送)이라고도 한다. 팔포는 사행에 참여하는 공식 인원이 각종 여비를 조달하기 위해 가져가는 열 근씩 담은 인삼 꾸러미 여덟 개를 말하는데, 조선 후기에는 인삼 80근에 해당하는 은화나 다른 물품을 대신 가져갈 수도 있었다. 또 상의원(尚衣院)이나 내의원(內醫院)에서 필요한 물품을 교역하기 위한 비용은 포외에 해당되었다고 한다.《萬機要覽 財用編5 燕行八包》

197 비포(比包) : 조선 시대 사신을 따라 중국에 들어가서 무역하는 상인들의 짐 속에 든 물건의 품목과 그 값을 기록하여 두었다가, 무역을 마치고 돌아올 때 중국에서 무역한 물건의 품목과 값을 비교하여 맞추어 보는 것을 말한다.《萬機要覽 財用編5 燕行八包 比包》

제수되었는데 왜인(倭人)과 사사로운 원한이 있다는 이유로 상소하여 체직되었다.[198] 곧이어 의주 부윤(義州府尹)에 제수되었는데 나아가지 않아 심문을 받았다. 얼마 뒤 외직에 보임되면 으레 부임해야 하는데 오히려 응하지 않았다는 이유로 즉기지정배(卽其地定配)되었다. 앓고 있던 병이 매우 심해지자 대신이 그 상황을 진술하여 용서받아 돌아왔다.[199]

이듬해(1748, 영조24, 55세)에 서용되어 부응교에 제수되었고, 곧이어 동부승지에 발탁되었다가 곧 체직되었다.

기사년(1749, 영조25, 56세)에 다시 동래 부사에 제수되자 이전에 올린 상소를 거듭 아뢰어 체직되었다. 이 일로 붙잡혀 와 한양에 이르자 비국 부제조(備局副提調)에 차임되니 그날로 상소를 올리고 고향으로 돌아갔다가 다시 붙잡혀 와 폄적(貶謫)되어 갑산 부사(甲山府使)에 보임되었다.[200]

경오년(1750, 영조26, 57세)에 전라 감사로 옮겨 제수되었다. 당시에 공은 지조를 지킴이 더욱 확고하였고 명망과 실상이 모두 높아 비록

198 왜인(倭人)과……체직되었다 : 이태중의 선조가 임진년(1592)에 종사관(從事官)으로 전사했다는 이유로 부임하지 않으려 했다고 한다. 《承政院日記 英祖 23年 5月 27日》

199 의주 부윤(義州府尹)에……돌아왔다 : 이태중은 1747년(영조23) 5월 29일에 의주 부윤에 임명되었는데, 이에 응하지 않아 7월 20일에 의주에 정배되었으며, 영의정 김재로(金在魯)의 건의로 10월 15일 풀려나 돌아왔다. 《英祖實錄 23年 5月 29日, 7月 20日, 10月 14日·15日》

200 다시……보임되었다 : 이태중이 다시 동래 부사에 임명된 것은 1748년(영조24) 12월 14일이며, 갑산 부사에 임명된 것은 1749년(영조25) 7월 12일이다. 《承政院日記 英祖 24年 12月 14日, 25年 7月 12日》

평소에 공을 미워하던 자들이라도 비난할 수 있는 것이 없었고, 성상의 마음 역시 공에게 자못 관심을 두고 있었다. 연석(筵席)에서 하문할 때마다 신하들이 한목소리로 공을 천거하였고 묘염(廟剡 묘당의 천거)과 전주(銓注 전관(銓官)의 천거)는 반드시 공을 가장 우선으로 추천하였다. 공이 서울에 들어가 사직소를 올렸는데[201] 그 대략은 다음과 같다.

"신은 젊어서부터 어울리는 사람이 적었고 세상과 함께 변하지 못했습니다. 거칠고 조급하고 우활하고 편벽되다는 비난과 어그러지고 과격하고 고집스럽고 융통성 없다는 지목이 처음 벼슬에 나왔을 때부터 이미 파다했습니다. 게다가 여러 번의 망언으로 성상의 노여움을 거듭 격발했으니, 온 세상 사람들이 서로 전하며 저를 '괴물(怪物)'이라고 손가락질하였습니다. 신이 신이 된 까닭은 진실로 하나일 뿐인데 어찌된 영문인지 근년 이래로 비난과 칭찬이 갑자기 변하고 미움과 사랑이 서로 반반이 되었습니다.[202] 심지어 평소에 이름도 모르고 얼핏 얼굴 한 번 본 사람들마저도 또한 저를 너그럽고 공평하다느니 진실하고 온후하다느니 하며 한목소리로 천거해 마지않는 것인지 모르겠습니다. 성상처럼 사람을 잘 알아보는 식견으로도 오히려 누차 들려오는 말에 마음이 움직이지 않을 수 없었을 것입니다. 비록 저들의 말처럼 옛날에 거칠고 편벽되었던 자가 너그럽고 공평해지고, 어그러지고 융통성 없던 자가 진실하고 온후해졌다고 한다면, 이는 모난 것

201 공이……올렸는데 : 아래의 상소 내용은 《승정원일기》 영조 26년 3월 7일 기사에 전문이 실려 있다.

202 서로 반반이 되었습니다 : 《풍고집》의 원문은 '상반(相半)'인데, 《승정원일기》의 기록에는 '상반(相反)'으로 되어 있다. 우선 《풍고집》의 기록대로 번역하였다.

을 깎아 둥글게 만든 것입니다.[203] 세상 사람들은 잘 변화했다고 여길지 모르겠지만, 홀로 자신의 절개를 지키는 군자의 관점에서 보자면 머리와 얼굴만 바꾼 것을 비천하게 여겨 가증스러워할 만하니, 담장을 뚫거나 담을 넘어가서 물건을 훔치는 좀도둑[204]과 거의 다름없다고 여길 것입니다."

상소가 들어갔으나 사직을 허락받지 못했고, 잠깐 옥에 갇혔다가 곧 풀려났다. 백방으로 출사를 독려받았으나 공은 의금부에서 내려올 하옥의 명만 기다리며 한사코 움직이지 않았는데, 결국 진도군(珍島郡)에 보임되었다. 진도군에 이르자 묵은 병이 재발하였다. 연신(筵臣)이 이를 아뢰니 성상이 승지를 돌아보며 말하기를 "이모(李某)의 이번 처신은 또한 지난번의 일에 의거함이 있는 듯한데, 나는 지금도 그 일을 후회하고 있다. 내가 후회하고 있다는 것을 이모가 분명 모를 것이니, 마땅히 경연에서 내가 한 말을 기록해 보여주어 나의 뜻을 알게 하라."라고 하였다. 성상의 하교가 자상하고 곡진하여 수십 백 자나 되었고 공의 나이를 거론하며 '늙은 임금과 신하'라는 하교까지 있었다. 이는 성상의 탄신일이 갑술년(1694, 숙종20)이고 공 역시 같은 나이였기 때문이었다. 마침내 유배에서 풀려 돌아왔다.

203 모난……것입니다 : 충직한 절개를 바꿔 세상의 풍조에 영합하였다는 말이다. 《초사(楚辭)》 권4 〈구장(九章) 회사(懷沙)〉에 "모난 것을 깎아 둥글게 만드는 세상이여, 나는 변함없는 법도를 바꾸지 않았네.〔刓方以爲圜兮, 常度未替.〕"라고 하였다.

204 담장을……좀도둑 : 원문은 '천유(穿窬)'인데, 실상 없이 이름만 도둑질하여 항상 남이 알까 두려워함을 비유하는 말이다. 《논어》 〈양화(陽貨)〉에 "얼굴빛은 위엄스러우면서 마음이 유약한 것을 소인에게 비유하면 벽을 뚫고 담을 넘는 도둑과 같을 것이다.〔色厲而內荏, 譬諸小人, 其猶穿窬之盜也與.〕"라고 하였다.

얼마 뒤에 성상에게 부스럼 증세가 있어 온천에 거둥하였다.[205] 공은 행조(行朝)에서 지영(祗迎)하였는데 옛 관례가 있어 노차(路次 임시 막차(幕次))에 나아가 엎드렸다. 성상이 지영한 신하들의 성명을 두루 묻다가 공의 이름이 나오자 매우 기뻐하며 말하기를 "이모(李某)도 왔더냐?"라고 하고 명을 내려 시관(試官)에 의망하게 하니, 공이 명을 받들어 시험을 주관하였다. 이어서 또 특별히 병조 참의를 제수하자, 공이 상소하여 사직하였으나 윤허받지 못했다. 성상이 명을 내려 사율(師律 군율)로 잡아들이게 하여 공에게 유시하기를 "지금 직책을 강등하여 위장(衛將)으로 삼는다. 이것은 견책하여 보임하는 것과 같으니, 어찌 감히 사양하겠느냐."라고 하니, 공이 어쩔 수 없이 장전(帳殿 행궁)에서 사은하였다. 막 숙배하려 할 때 갑자기 전상(殿上)에서 위장으로 부르는 것을 도로 거두고 병조 참의로 호명하는 소리를 들었는데, 공은 창졸간이라 억지로 사양할 수 없다고 생각해 마침내 숙배를 마쳤다. 동부승지로 옮겨 제수하고 명을 내려 먼저 어가를 따라 서울에 도착한 뒤에 사은숙배하게 하였다. 공이 어가를 호종해 서울에 이른 뒤 상소하여 실정을 진달하여 체직되었다.[206] 공이 일찍이 그날의 일에 대해 말하기를 "내가 진도(珍島)에 있을 때 삼가 경연에서 하신 말씀을 보고 감격하여 머리를 조아려 사은해야겠다는 마음을 없앨 수 없었다. 시관(試官)이 되라는 명을 잠시 받들었던 것은 진실로

205 얼마……거둥하였다 : 《승정원일기》에 따르면 영조는 1750년(영조26) 9월 16일부터 23일까지 온양(溫陽) 온천의 행궁에 머물렀다.

206 공이……체직되었다 : 이태중의 상소 내용은 《영조실록》 26년 10월 1일 기사에 보인다.

이 때문이었다. 어가를 모시고 서울로 돌아왔다가 물러나 사사로운 분수를 지킨다면 진퇴의 법도에 아마 크게 해로울 것이 없고 군신의 의리에도 마땅함을 얻을 것으로 여겼는데, 후세 사람들이 어떻게 생각할지는 모르겠다."라고 하였다. 또 전라 감사에 제수되었으나 사직하고 고향으로 돌아왔다. 이때부터 연이어 승지와 판결사(判決事)와 대사성과 호조·병조·형조·공조의 참의에 제수되었으나 모두 나아가지 않았다.

계유년(1753, 영조29, 60세)에 숙씨(叔氏)의 단양(丹陽) 임소에 찾아가 네 군의 여러 형승을 유람하였다.[207] 이어 풍악산(楓嶽山 금강산)을 유람하고 영동(嶺東)까지 이르렀을 때 황해 감사(黃海監司)에 제수하는 교지를 받고 다시 단양으로 돌아와 도성에 들어가 사직을 청하려 하였다. 성상은 공이 또 벼슬에 응하지 않을 것을 염려하여 특보(特補)로 명을 내리고자 하였는데, 대신이 3품관을 2품관에 보임한다면 더욱 그가 나오려 하지 않을까 걱정된다고 말하자, 성상이 이에 논의를 그만두었다.[208]

공이 서울에 도착하자 은혜로운 교지가 더욱 간곡하여 '한 번 얼굴을 보고 싶다'는 하교가 있었다. 이에 공이 마침내 그 명에 사은숙배하였

207 숙씨(叔氏)의……유람하였다 : 숙씨는 이태중의 아우인 이기중(李箕重)을 말한다. 이기중은 1751년(영조27) 2월 2일에 단양 군수에 임명되어, 1755년(영조31)에 인천 부사(仁川府使)로 옮겨 갔다. 네 군은 남한강을 끼고 있는 제천(堤川)·청풍(淸風)·단양(端陽)·영춘(永春)을 말하는데, 영춘은 현재 단양군 영춘면으로 편입되었다. 《承政院日記 英祖 27年 2月 2日, 31年 7月 11日》

208 성상은……그만두었다 : 이와 관련한 기록이 《승정원일기》 영조 29년(1753) 5월 21일 기사에 보인다. 그 기록에 따르면 본문의 대신은 좌의정 이천보(李天輔)이다.

다. 경연에 들어가자 성상이 매우 기쁜 표정을 짓고 후회한다는 뜻을 먼저 보이며 말하기를[209] "지난 일은 서로 잘 알지 못한 데서 나온 것이다."라고 하고, 다음으로 "경이 서장관이 되었을 때 이미 국가를 위한 정성을 알았다."라고 하였다. 또 "온천에 행차하여 어가를 따르게 한 뒤에 마침내 조정에 서게 하지 못한 것이 한스럽다."라고 하유하였다. 이에 공이 실상과 형세상 어쩔 수 없었음을 대략 아뢰자, 연신(筵臣)이 어전에서 직책을 사양하는 것은 규례에 어긋난다고 공박하였다. 성상이 웃으며 말하기를 "그만두라. 이번에는 반드시 등용하고야 말 것이다."라고 하였다. 공이 머뭇거리며 물러나 엎드리자 성상이 공에게 말하기를 "내가 반드시 경을 등용하려는데 공은 어찌하여 지나치게 사양하는가? 경은 나와 나이가 같아 임금과 신하가 함께 늙어가고 있으니, 비록 나를 섬기고자 한들 또한 그 시간이 얼마나 되겠느냐. 해서(海西 황해도)의 백성들이 지금 다 죽어가고 있으니, 경은 가서 서쪽 변경을 염려하는 나의 걱정을 해소하도록 하라."라고 하였다. 공이 감격하여 일어나 대답하기를 "성상의 하교가 여기까지 이르렀으니, 제가 어찌 사양하겠습니까."라고 하였다. 성상이 그 자리에서 부절(符節)을 하사하고 이어서 하직 인사를 하게 하며, 다시 장차 어떻게 다스릴지를 물었다. 공이 대답하기를 "윗사람과 아랫사람이 서로 믿지 않은 지가 오래되어, 묘당은 도신(道臣)을 믿지 않고 도신은 수령을 믿지 않습니다. 이러고서야 무슨 일을 할 수 있겠습니까. 이런 폐단을 통렬히 제거하는 것이 오늘날의 급선무입니다."라고 하였다. 성상이 말하기를 "이

209 경연에……말하기를 : 이하 영조와 이태중의 대화 내용은 《승정원일기》 영조 29년(1753) 6월 3일 기사에 보인다.

한마디 말로 해서(海西)에 대한 일은 충분하다."라고 하였다. 물러나올 때 성상이 눈길로 전송하며 말하기를 "어찌 다만 해서의 일뿐이랴. 조정에서 비로소 사람을 얻었다."라고 하니, 연신이 모두 축하하였다.

이해에 해서에 가뭄이 극심하다가 많은 비가 쏟아져 마침내 큰 흉년이 들었다. 황해도는 논이 적고 밭이 많았는데, 밭은 관례적으로 재해를 입은 상황을 보고하지 않았지만 공은 재해 상황을 다 보고하였다. 묘당에서 불가하다고 쟁집하였으나 공은 그때마다 하직 인사를 올릴 때 아뢴 말을 끌어와 요청하여 마침내 허락을 받았다. 공은 도내를 순행하며 산골짜기와 바다 구석까지 직접 찾아가 위무하며 조정의 덕의(德意)를 선포하지 않은 적이 없었다. 여러 고을의 구휼 정책을 신중히 하며 반드시 네 부류의 곤궁한 백성[210]을 우선으로 삼았다. 감영(監營)에서 부 정공(富鄭公)이 청주(青州)를 다스릴 때 시행한 옛 법을 사용하여 장막을 설치해 죽을 준비해 두고 유랑하며 걸식하는 이들을 기다렸다.[211] 이에 온 도가 그 덕분에 살아났다.

갑술년(1754, 영조30, 61세)에 승진하여 평안 감사(平安監司)에 제수되었는데, 사양하였으나 윤허받지 못했다.[212] 당시에 물의가 분분하

210 네……백성 : 원문은 '사궁(四窮)'으로, 홀아비〔鰥〕·과부〔寡〕·고아〔孤〕·늙어서 자식이 없는 이〔獨〕를 이른다. 《孟子 梁惠王下》

211 부 정공(富鄭公)이……기다렸다 : 부 정공은 정국공(鄭國公)에 봉해진 송나라의 명신 부필(富弼)이다. 청주 자사(青州刺史)가 되었을 때 하북(河北)에 홍수가 나서 유민이 몰려오자 공사(公私)의 집 10여 만 채를 마련해 유랑민을 거처하게 하고 관곡(官穀)으로 죽을 쑤어 구휼한 일이 있었다. 《宋史 卷313 富弼列傳》

212 갑술년에……못했다 : 이태중이 올린 사직 상소가 《승정원일기》 영조 30년(1754) 1월 10일 기사에 보인다.

여 응당 부임해서는 안 된다고 했는데, 공이 웃으며 말하기를 "해서에 대해서는 명을 받들고 관서(關西 평안도)에 대해서 달아나는 것은 의리가 아니다."라고 하였다. 평안도에 도착한 뒤 모든 수령 가운데 특히 치적(治積)이 불량한 자를 적발해 징벌하고, 친척 간에 소송하는 자는 반드시 윤리를 무너뜨린 죄를 먼저 다스렸으며, 아전과 군교(軍校)들이 뇌물을 쓰는 것을 통렬히 금하고 억제하니, 위엄과 교화가 크게 행해져 오래도록 태평하였다.

장십부(壯十部)는 그 태반이 이름만 있는 군대였는데 유독 수포군(收布軍)만은 부호(富戶)가 많고 정원이 점점 불어났기에, 공이 마침내 수포군을 옮겨 충당하였다.[213] 또 큰돈을 내어 군사의 숫자대로 군장(軍裝)을 만들고 전담할 자를 두어 지속할 수 있게 하니, 이때부터 장십부에 들어오기를 원하는 자가 많아졌다. 강가에 인접한 여러 고을의 도시(都試)[214]의 규정을 정비하였다. 자모산성(慈母山城)에 올라가 말하기를 "뛰어난 지세가 원근을 제압하기에 충분하니 고금의 사람들이 평양(平壤)의 무비(武備)의 절반을 나누어 이 성에 저장했던 것은 진실로 뜻이 있었다."라고 하였다. 마침내 자모산성의 성가퀴와 관사와 군기(軍器)를 수리하여 면모를 일신시켰다.

213 장십부(壯十部)는……충당하였다 : 장십부는 1696년(숙종22)에 평안도에 두었던 별무군(別武軍)의 다른 이름인데, 10부(部)로 편성되었다. 수포군(收布軍)은 병역을 면제받는 대신 군포(軍布)를 바치는 군정(軍丁)을 말한다. 《순조실록》 14년(1814) 2월 26일 기사에 "고 중신 이태중은 본도의 감사로 왔을 때 역시 도망치거나 죽은 사람을 충당하기 어려워서 수포군 1만여 명을 줄였던 것입니다."라는 기록이 있다.

214 도시(都試) : 병조와 훈련원의 당상관 또는 지방의 관찰사·병마절도사가 무사(武士)를 선발하는 시험을 말한다. 매년 봄과 가을에 실시했다.

장경문(長慶門)은 지대가 가장 낮아 강물이 불어나면 번번이 넘쳐 성안으로 들어와 민가를 잠기게 하였기에, 돌을 쌓아 큰 제방을 만들었다. 남수문(南水門) 역시 낮게 가라앉아 물이 넘어와 무너졌기에, 아울러 석축을 쌓아 막으니 수재가 마침내 그쳤다. 영채(營債)는 시전(市廛) 백성이 겪는 고질적인 병폐였고 칙고(勅庫)도 또 포흠이 많았는데,[215] 공이 빚을 진 기간의 장단을 다 구별해 탕감해 주었다.

오래된 관례로 별비전(別備錢) 3만 민(緡)이 있었는데, 공이 '이 일은 당(唐)나라 번진(藩鎭)에서 선여(羨餘)를 바친 것과 같으니, 성조(聖祖)에서 이런 일이 있어서는 안 된다.'라고 여겼고, 임기가 만료될 때 상소하여 이 일을 중지시켰다.[216] 그리하여 일의 시행에 필요한 비용을 모두 이 돈에서 취해 마련하고, 다시 녹봉을 덜어 채워 넣었다. 전후로 모두 18만여 민이 들었으나 공화(公貨)는 포함되지 않았다.

이때 팔도의 면화 농사가 흉년이 들어 조령(朝令)으로 감영에 저장해 둔 면포를 내어 산개(散開)하게 하였는데, 막료(幕僚)와 가인(家人)이 모두 하려고 하지 않았다. 공이 말하기를 "올해 면화의 흉년이 이러하니, 5만 필을 나누어 판다면 가난한 백성들이 그 이로움을 받을 것이다. 내 어찌 훗날의 형체도 없는 비난을 염려하여 국가를 위해

215 영채(營債)는……많았는데 : 영채는 감영의 아전들에게 빌려 써서 진 빚을 말한다. 칙고(勅庫)는 중국 칙사(勅使)를 접대하기 위하여 필요한 물품을 미리 보관해 두는 창고를 말하는데, 이 물품을 빼내 빌려주고 이자를 받기도 하였다.

216 오래된……중지시켰다 : 선여(羨餘)는 당나라 때 지방관이 세금을 초과 징수한 뒤 세금이 남았다는 명분으로 조정에 진공한 돈을 말하는데, 임금의 총애를 받기 위한 수단으로 활용되었다. 이태중이 평안도 관찰사의 사직을 청하면서 별비전을 없앨 것을 상서(上書)한 내용이 《영조실록》 30년 12월 27일 기사에 보인다.

은혜를 베풀지 않겠는가."라고 하고, 마침내 모두 다 팔았다.

공이 해서를 안찰할 때 권세를 잡은 재상의 형과 조카가 고을의 수령이 되어 치적이 좋지 않았기에, 공이 이들을 다 파면했다. 그 재상이 크게 원망을 품었으나 공의 명성을 두려워하여 감히 뜻대로 하지 못하였다. 공이 세상을 떠나자 한 안사(按使)가 그 재상의 지시를 받아 뒤늦게 공의 죄를 얽어내려고 당시의 관속을 심문하였으나, 끝내 아무런 소득이 없었다.

칙사(勅使)가 평안도의 경내를 지나는데 접대가 풍족하며 훌륭했고 군대의 방어가 정돈되고 엄숙하였다. 칙사가 관찰사의 성명을 묻고는 놀라 말하기를 "이 사람이 모년(某年)에 반당(伴倘)[217]을 데리고 오지 않았던 그 서장관인가?"라고 하고, 자신의 부하를 단속하며 감히 물품을 요구하지 말도록 하였다.

육상궁(毓祥宮)의 수세노(收稅奴)[218]가 관서(關西)에서 횡포를 부리자 공이 엄히 곤장을 치고 쫓아버렸다. 그 궁노(宮奴)가 돌아가 성상에게 하소연하자 성상이 꾸짖으며 말하기를 "이모(李某)는 관직 보기를 헌신짝처럼 하는 사람이라 내가 어렵사리 변방의 직임을 맡겼다. 누가 너로 하여금 소란을 만들라고 했느냐?"라고 하였다.

병자년(1756, 영조32, 63세)에 체직되어 예조 참판과 동지경연사와 원손보양관(元孫輔養官)에 제수되고 또 비변사 당상에 차임되었다. 병

217 반당(伴倘) : 사신이 자비로 데려가는 수행원을 말한다.

218 육상궁(毓祥宮)의 수세노(收稅奴努) : 육상궁은 숙종의 후궁이며 영조의 생모인 숙빈 최씨(淑嬪崔氏)의 신주를 모신 사당으로, 궁방(宮房)의 하나이다. 수세노(收稅奴)는 궁방에 지급된 궁방전(宮房田)의 세금을 징수하기 위해 파견된 궁노(宮奴)를 말한다.

으로 남을 시켜 부절을 반납하였다. 성상이 급히 공을 소견하였는데, 맞이해 노고를 이야기하며 말하기를 "지금부터는 고향으로 내려가지 말고 나를 위해 원손(元孫)을 보양하라."라고 하였다. 고사(故事)에 원손과 보양관의 상견례는 반드시 날을 택해 행하였는데, 성상이 즉시 상견례를 행하도록 명하고 말하기를 "임금은 명(命)을 만들어 내니, 명을 낸 날이 바로 길일이다."라고 하였다. 얼마 뒤 능역(陵役)의 노고로 가의대부(嘉義大夫)의 품계에 올랐다.[219] 분황(焚黃)하기 위해 고향으로 돌아갔는데, 연이어 형조와 이조의 참판과 부제학과 좌부빈객에 제수되었다.[220]

진하(陳賀)할 일이 있어 참석하기 위해 가다가 홍주(洪州)에 이르렀을 때 병이 생겨 상소하여 자책하였는데, 진하를 행하는 날에 호조판서로 발탁해 제수한다는 명이 내리니[221] 문반과 무반이 다 놀랐다. 공이 사직소를 올렸으나 성상은 윤허하지 않고 연이어 재촉하는 명을 내리니, 공은 더욱 황공하고 감격하였다. 장차 길을 나서려 하며 집안

219 능역(陵役)의……올랐다 : 이태중은 1756년(영조32) 4월 26일에 창릉 정자각 중건청 당상(昌陵丁字閣重建廳堂上)이 되어 임무를 수행하였고, 이 공로로 6월 5일에 가의대부에 올랐다. 창릉은 예종(睿宗)과 계비 안순왕후(安順王后) 한씨(韓氏)의 능으로, 경기도 고양에 있다. 《承政院日記 英祖 32年 4月 26日, 6月 5日》

220 분황(焚黃)하기……제수되었다 : 이태중은 1756년(영조32) 6월 25일에 이조 참판, 7월 1일에 형조 참판, 7월 8일에 부제학, 윤9월 23일에 좌부빈객에 제수되었다. 《承政院日記 英祖 32年 6月 25日, 7月 1日·8日, 閏9月 23日》 분황에 대해서는 313쪽 주145 참조.

221 진하(陳賀)를……내리니 : 이태중은 1756년(영조32) 9월 26일에 호조 판서에 임명되었다. 영조의 탄신일이 9월 13일인데, 당시 환후를 앓다가 차도가 있어 9월 26일에 창경궁 명정전(明政殿)에서 대신들의 진하를 받았다. 《英祖實錄 32年 9月 26日》

사람에게 말하기를 "황해도 관찰사에 제수한 명을 받든 것은 진실로 부득이해서였다. 지난번에 부제학으로 있을 때 병이 나으면 조정에 들어가 사죄하며 소회를 다 말씀드리려 하였다. 이미 뜻을 이루지 못했는데 과분한 은혜가 더욱 더해져 이미 책임이 더 무거워졌다. 지금 한 번 상소해 나갈 수 없는 구실을 만들어 변명하여 스스로 나의 처지만을 위하는 것은 의리상 감히 하지 못할 것이 있다. 다만 마땅히 오늘 한마디 말을 진언하고 내일 한 가지 일을 아뢰어 힘써 참된 정성을 쌓으며 성상의 마음을 일깨울 뿐이다."라고 하였다. 마침내 병계(屛溪) 윤공 봉구(尹公鳳九)[222]와 부제학 김공 시찬(金公時粲)[223]과 편지를 주고받으며 시사를 논하고 마땅히 진언해야 할 말을 적어 봉함하여 길을 나서니, 집안사람들도 감히 그 내용을 묻지 못했다.

서울에 이르자 병이 갑자기 심해져 거의 사람을 알아볼 수 없을 정도였지만, 잠꼬대처럼 하는 말은 여전히 나라를 걱정하고 임금을 사랑하는 말이었다. 병이 심해진 뒤에 예문관 제학에 제수되었는데,[224] 집안

222 윤공 봉구(尹公鳳九) : 1683~1767. 본관은 파평(坡平)이고, 자는 서응(瑞膺)이며, 호는 병계(屛溪)이다. 유일(遺逸)로 천거되어 벼슬을 시작하여 공조 판서와 대사헌 등을 역임하였다. 권상하(權尙夏) 문하의 강문팔학사(江門八學士)의 한 사람으로 한원진(韓元震)의 인물성이론(人物性異論)에 동조한 대표적인 호론(湖論) 학자이다. 문집으로 《병계집》이 있다. 시호는 문헌(文獻)이다.

223 김공 시찬(金公時粲) : 1700~1766. 본관은 안동(安東)이고, 자는 치명(穉明)이며, 호는 초천(苕泉)이다. 1735년(영조11) 문과에 급제하였고, 대사간과 부제학 등을 지냈다. 저서로 《초천집》이 있고, 시호는 충정(忠正)이다. 풍고가 그의 시장(諡狀)을 지었다. 《楓皐集 卷13 副提學贈吏曹判書金公諡狀》

224 병이……제수되었는데 : 1756년 10월 9일의 일이다. 《承政院日記 英祖 32年 10月 9日》

사람이 이 소식을 알리자 공은 황공한 얼굴빛을 지으며 입속에서 들릴 듯 말 듯 말하기를 "과분하다."라고 하였다.

10월 13일에 머물러 살던 집에서 세상을 떠나니, 향년 63세였다. 빈렴(殯斂)에 비단을 사용하지 못하게 하고 신도비(神道碑)를 세우지 말게 한 것이 유훈이었다. 부음이 알려지자 성상이 몹시 애통해하며 죽음을 애도하였고, 조문하고 부의를 내린 것이 모두 일반적인 격식을 넘었다. 특별히 명하여 공의 자식들을 위로해 보살피게 하였고, 공의 장자는 탈상하기를 기다렸다가 조용(調用)하게 하였으며, 3년 동안 온전한 녹봉을 지급하게 하였다. 얼마 뒤에 또 조회에 임하여 공을 끝까지 등용하지 못한 것을 누차 한탄하고 애석해하였다. 나라 사람들은 공을 알든 모르든 간에 한탄하고 크게 탄식하지 않는 사람이 없었다. 그리고 양서(兩西 황해도와 평안도)의 백성들이 달려와 눈물을 흘리며 말하기를 "우리 공께서 떠나셨으니, 누가 우리 백성을 살려줄 것인가."라고 하였다. 12월에 결성(結成) 삼산면(三山面) 목현(木峴)의 모좌(某坐)에 있는 증 정부인(贈貞夫人)의 묘에 합장하였다.

공의 부인은 안동 권씨(安東權氏)이니, 부사 권함(權諴)의 딸이요, 판서 권성(權惺)의 손녀이다. 후배(後配)는 정부인 밀양 박씨(密陽朴氏)이니, 참판으로 추증된 박도원(朴道源)의 딸이다.

공은 7남 4녀를 두었다. 장남 복영(復永)은 음직으로 벼슬하여 판서를 지냈다. 차남 득영(得永)은 문과에 급제하여 승지를 지냈다. 삼남 극영(克永)은 음직으로 벼슬하여 도정(都正)을 지냈고, 공의 넷째 아우의 양자가 되었다.[225] 이들은 전부인(前夫人) 소생이다. 사남은 직영

225 공의……되었다 : 이태중의 형제 중 넷째인 이형중(李衡重)의 후사가 되었다는

(直永)이다. 오남 익영(翊永)은 군수를 지냈다. 육남 학영(學永)은 부사를 지냈다. 칠남 목영(牧永)은 현감을 지냈다. 공의 장녀는 서태수(徐迨修)에게 출가하였다. 이녀는 부사 윤희후(尹羲厚)에게 출가하였다. 삼녀는 판서 김문순(金文淳)에게 출가하였다. 사녀는 부사 김인순(金麟淳)에게 출가하였다. 이들은 후부인(後夫人) 소생이다.

판관(判官) 희인(羲寅)과 희빈(羲賓), 희민(羲民) 및 생원 심학지(沈學之)에게 출가한 딸과 민백함(閔百咸)에게 출가한 서녀는 장방(長房 이복영) 소생이다. 부사 희문(羲文), 현감 희운(羲雲), 생원 희순(羲淳)과 희신(羲臣), 희년(羲年) 및 현감 박종귀(朴宗龜)에게 출가한 딸은 이방(二房 이득영) 소생이다. 희원(羲元), 참봉 희곤(羲坤), 목사 희온(羲溫) 및 현령 김세연(金世淵)에게 출가한 딸은 삼방(三房 이극영) 소생이다. 희귀(羲龜), 판관 희시(羲蓍)는 사방(四房 이직영) 소생이다. 무과에 급제하여 오위장을 지낸 희명(羲蓂)과 서자는 오방(五房 이익영) 소생이다. 현감 희선(羲先)과 승지 김교희(金敎喜)에게 출가한 딸은 육방(六房 이학영) 소생이다. 홍양섭(洪陽燮)에게 출가한 딸은 칠방(七房 이목영) 소생이다. 이들이 모두 공의 손자와 손녀이다.

희원(羲元)의 아들 도재(道在)는 지금 이조 참의이다. 희곤(羲坤)의 아들 대재(大在)는 봉사(奉事)를 지냈고, 상재(常在)는 지금 현감이며, 시재(時在)는 지금 현감이다. 희온(羲溫)의 아들 강재(綱在)는 지금 군수이다. 희순(羲淳)의 아들 녹재(祿在)는 감역(監役)을 지냈다. 희시(羲蓍)의 아들 용재(龍在)는 참봉을 지냈다. 희선(羲先)의 아들 창재(昌在)는 지금 봉사이고, 경재(景在)는 지금 직각(直閣)이다. 이

말이다.《渼湖集 卷18 參奉李公墓表》

들이 모두 공의 증손 가운데 조정에 벼슬한 자들이다. 그 나머지 내외의 손자와 증손과 현손 가운데 어린 자들은 모두 기록하지 않는다.

공은 수려한 미목에 성근 수염을 지녔으며, 풍도는 준엄하고 단정했고 기상은 상서롭고 온화하니, 사람들은 멀리서 바라보면 경외하였고 가까이 나아가면 기뻐하였다. 총명함은 하늘로부터 타고난 것이었으니, 여섯 살 때 기해년(1659, 현종즉위년)의 예론(禮論)과 기사년(1689, 숙종15)의 흉당(凶黨)의 일[226]을 듣고서 이미 옳고 그름을 구별해 낼 줄 알았다. 열 살 때 내형(內兄 외사촌 형)이 있는 자리에 있었는데, 그 자리에 있는 객들은 모두 본래 명망 있는 선비들이었다. 편당(偏黨)에 대한 이야기가 나오자 여러 사람의 논의가 격렬했는데, 공이 갑자기 말하기를 "초나라의 귀척대신(貴戚大臣)이 오기(吳起)를 미워하여 화살이 왕의 다리에까지 꽂히게 하였으니,[227] 어찌 그것을 반역이라고 말하지 않을 수 있겠습니까."라고 하니, 자리에 있던 사람들의 말문이 막혔다.

스승의 문하에 나아가 배우게 되자 식견이 명확하고 투철해지고 뜻과 사업이 커졌다. 항상 말하기를 "하늘이 남아를 낳은 것이 어찌 다만

226 기해년의……일 : 기해년의 예론(禮論)은 이른바 기해예송(己亥禮訟)으로, 1659년 5월에 효종의 국상에 자의대비(慈懿大妃)가 입을 상복의 종류를 두고 벌어졌던 서인과 남인의 분쟁을 말한다. 기사년의 일은 1689년 일어난 기사환국(己巳換局)으로, 이때 남인이 다시 득세하고 서인이 축출되었다.

227 초(楚)나라의……하였으니 : 오기(吳起)는 전국 시대 위(衛)나라 사람이다. 초나라 도왕(悼王)의 인정을 받아 벼슬할 때 초나라 귀척대신들의 미움을 받았다. 도왕이 죽은 뒤 귀척대신의 공격을 받자 도왕의 시신 곁에 숨었다가 죽었는데, 오기를 향해 날아든 화살이 도왕의 시신에까지 꽂혔다고 한다. 《史記 卷65 孫子吳起列傳》

7척(尺)의 몸만 갖추게 했겠는가. 천하의 일이 모두 내 분수 안의 일이다."라고 하였다. 한미할 때 벼슬살이에 뜻을 두지 않아 권 부인(權夫人)과 전원에서 한가롭게 지낼 것을 약속하였는데, 임인년(1722, 경종2, 29세)과 계묘년(1723) 사이에 나라의 형세가 위태로워지는 것을 보고 울분이 심해져 벼슬에 나가 큰일을 하려고 하였다. 정미년(1727, 영조3, 34세)에 이르러 또 그 생각이 깡그리 사라졌다.[228]

무신년(1728, 영조4)의 변란이 일어났을 때 공은 삼산(三山)에서 거상하고 있었다.[229] 관군에 참여하기 위해 달려가는 이웃 사람이 와서 작별하며 말하기를 "소인이 이번에 떠나면 살아서 돌아오기를 기약하지 못하니, 공께 저의 처자식을 부탁드리고 싶습니다."라고 하고, 눈물을 뿌리며 떠났다. 공이 자신도 모르게 줄줄 눈물을 흘리며 말하기를 "저 무지한 백성도 오히려 국난에 달려갈 줄 아는데, 나는 3백 년 동안 대대로 녹을 먹은 집안의 후예로서 나라를 위해 힘을 내는 데 함께하지 않는다면, 살아서 어디에 쓰겠는가."라고 하고, 감정에 북받쳐 분발한 것이 여러 날이었다. 공이 과거에 응시해야겠다고 결심한 것은 대개 이 일에 근원이 있다.

공은 타고난 성품이 크고 두텁고 공정하고 분명하였으며 한쪽에 치

228 임인년과……사라졌다 : 임인년과 계묘년은 소론(少論)의 거두였던 조태구(趙泰耈)와 김일경(金一鏡)이 임인옥사(壬寅獄事)를 일으켜 노론을 축출하고 정권을 잡았던 때를 말한다. 또 정미년은 정미환국(丁未換局)을 말하는 것으로, 이때 다시 이광좌(李光佐)와 조태억(趙泰億) 등 소론이 정권을 잡아 노론사대신을 죄안(罪案)에 들게 하고 신임사화를 역옥으로 규정하였다.

229 무신년의……있었다 : 무신년의 변란은 1728년에 일어난 이인좌(李麟佐)의 난을 말한다. 이때 이태중은 계모 밀양 박씨의 상을 당해 거상 중이었다.

우친 덕(德)으로 자처하려 하지 않았다. 그러므로 자신을 단속함이 맑고 엄격하면서도 고상한 척 행동하는 것을 부끄럽게 여겼고, 지론은 반듯하였지만 너그럽고 공평함을 좋아하였다. 남의 선행을 보면 마치 자신이 한 것처럼 기뻐하였고, 남의 악행을 들으면 오직 드러내게 될까 걱정하였다. 어떤 사람을 대하더라도 모두 도량으로 다 품어주었고, 비록 취향이 다른 사람이라도 칭찬할 만한 사람이면 또한 즐겨 이야기하였으며 만나고 응대하는 사이에 남을 감복시킬 수 있는 점이 있었다.

갑산(甲山)에 유배되었을 때 그곳의 안사(按使 관찰사)가 바로 공의 한천(翰薦)을 막았던 자였다.[230] 한 번 만나 서로 이야기를 나누고 반나절 만에 헤어졌는데, 헤어진 뒤로 안사가 마음에서 잊지 못해 한 달에 서너 통씩 편지를 보내 안부를 묻기를 그치지 않았다. 서장관으로 국경을 나갔을 때 부사(副使) 역시 일찍이 상소하여 공을 탄핵한 자였다.[231] 진심으로 감복하여 이전의 일을 후회한다고 말하며 공과 평생의 우의를 맺었으며, 돌아오는 길에는 아직 모친의 장례를 치르지도 못한 아들을 나오게 하여[232] 공에게 인사를 시켰다. 임재(臨齋) 윤공(尹公)이

230 갑산(甲山)에……자였다 : 이태중은 이광좌를 토죄하라고 요청했다가 1740년(영조16) 5월 20일에 함경도 갑산에 유배되었는데, 당시 함경도 관찰사는 박문수(朴文秀)였다. 한편, 이태중이 1732년(영조8) 9월 12일에 권지 승문원 부정자(權知承文院副正字)로 천거되었으나 박문수가 천거의 불공정을 이유로 상소한 기록이 보인다.《承政院日記 英祖 8年 9月 12日 · 14日》

231 서장관으로……자였다 : 이태중은 1746년(영조22) 윤3월 8일에 서장관으로 임명되었는데, 당시 부사는 조영국(趙榮國)이었다. 이태중의 연행과 관련해서는 337~338쪽 본문 내용 참조.

232 아직……하여 : 조영국의 부인 청주 한씨(淸州韓氏)는 1746년(영조22) 7월에 세상을 떠났는데, 조영국이 연행에서 돌아오지 않았을 때였다. 조영국은 1746년 10월

일찍이 이 일을 논하여 말하기를 "자삼(子三)은 지나는 곳마다 교화하는 신묘함이 있다."라고 하였으니,[233] 말은 비록 농담이지만 실로 마음으로 감복한 것이었다.

공이 20년 동안 향리에 은둔하였는데 그 명성과 덕행이 한 시대의 준칙이 되어, 사우들 사이에 시비와 득실이 생겼을 때 반드시 공에게 질정을 받았다. 양송(兩宋)을 문묘에 종향(從享)하는 위차가 오랫동안 결정이 나지 않았는데, 공이 종숙(從叔)인 봉조하 공(奉朝賀公 이병상(李秉常))과 함께 한양의 제공에게 편지를 보내자 의론이 마침내 결정되었다.[234]

조정론(調停論)이 행해진 뒤로 조정(朝廷)의 논의가 완론(緩論)과

29일에 복명하였다. 《素谷遺稿 卷6 吏曹判書趙公墓誌銘》《英祖實錄 22年 10月 29日》

233 임재(臨齋)……하였으니 : 임재 윤공(尹公)은 윤심형(尹心衡)으로, 본관은 파평(坡平), 자는 경평(景平)이고, 임재는 그의 호이다. 자삼(子三)은 이태중의 자이다. '지나는 곳마다 교화한다.〔過化.〕'는 것은 성인이 이르는 곳마다 백성들이 모두 감화되어 그 영향을 받게 된다는 말이다. 《맹자》〈진심 상(盡心上)〉의 "지나가는 곳마다 교화가 되고, 머물러 있는 곳마다 신령스럽게 변화된다.〔所過者化, 所存者神.〕"라는 말에서 나왔다.

234 양송(兩宋)을……결정되었다 : 양송은 우암(尤庵) 송시열(宋時烈)과 동춘당(同春堂) 송준길(宋浚吉)을 말한다. 송시열과 송준길의 문묘 종향은 1756년(영조32) 2월 1일에 영조의 윤허를 받았다. 《英祖實錄 32年 2月 1日》 한편, 양송을 문묘에 종사하는 일의 진행 과정에서, 송준길의 후손인 송명흠(宋明欽)과 송문흠(宋文欽) 형제가 송준길의 위차가 송시열보다 높아야 한다고 주장하여 사림 간에 격론이 있었다. 현재 문묘에는 동국 18현이 종향되어 있는데, 열여섯 번째가 송시열이고, 열일곱 번째가 송준길이다. 봉조하 공(奉朝賀公)은 이병상(李秉常)으로, 본관은 한산(韓山)이고, 자는 여오(汝五)이며, 호는 삼산(三山)이다. 1742년(영조18)에 치사하고 봉조하를 받았다. 시호는 문청(文淸)이다.

준론(峻論)으로 나뉘어[235] 동당(東黨)과 남당(南黨)을 표방한다는 지목이 있었다.[236] 공은 '그 사람들은 모두 국변인(國邊人 국가의 편에 선 사람)이니 그들을 분열하게 해서는 안 된다'고 여겨 매번 도성에 들어갈 때마다 조정과 화합을 권유하여 크게 어그러지는 데까지는 이르지 않게 하였으니, 당시 상황이 공의 노력 덕분에 유지된 것이 실로 많았다.

공은 천륜에 돈독하여 살아 계신 부모를 섬기고 돌아가신 부모를 장사 지내며 반드시 공경하고 반드시 정성을 다하였다. 두 번 관찰사로 부임해서는 불기(不洎)를 깊이 애통히 여겨[237] 묘도(墓道)와 제사에 그 융성함을 지극히 하고 제수(祭需)를 올릴 때마다 반드시 의관을 정제하고 직접 임하였으며, 아무리 병이 심해도 거른 적이 없었다. 형제들과 매우 우애 있게 지냈는데 어린아이같이 장난을 치며 서로

235 조정론(調停論)이……나뉘어 : 조정론은 당론의 중간에 서서 화해를 시키자는 논의를 말하는 것으로, 영조 즉위 후 당론의 화해를 통해 탕평책을 시도한 것을 말한다. 영조는 탕평을 위해 노론과 소론 가운데 온건론자들을 주로 등용하였으므로, 영조의 탕평 정책을 완론(緩論) 탕평이라고 한다.

236 동당(東黨)과……있었다 : 1755년(영조31) 1월에 소론 일파가 노론을 제거할 목적으로 일으킨 역모 사건인 을해옥사(乙亥獄事)가 발생하였는데, 이를 나주괘서사건이라고도 한다. 이 역모 사건이 발각되어 소론이 대거 몰락하게 되었다. 이후 노론 정권은 다시 사도세자의 행적을 둘러싸고 남당(南黨)이라 불리는 척신들과 동당(東黨)이라 불리는 청론(淸論) 세력들이 대립하며 분열하였다.

237 두……여겨 : 이태중은 황해도와 평안도의 관찰사를 역임하였다. 불기(不洎)는 벼슬에 나아가 귀하게 되었으나 부모가 돌아가셔서 봉양할 길이 없음을 슬퍼하는 것이다. 증자(曾子)가 "부모가 살아 계실 때는 벼슬에 나아가 3부 정도의 녹봉을 받고서도 마음이 편했는데, 부모가 돌아가신 뒤에는 벼슬길에 나아가 3천 종의 녹봉을 받으면서도 어버이를 봉양할 수 없어 내 마음이 슬펐다.〔吾及親仕, 三釜而心樂, 後仕, 三千鍾而不洎親, 吾心悲.〕"라고 한 데서 나온 말이다. 《莊子 寓言》

즐거워하였다. 백씨 군수공(郡守公 이화중(李華重))은 공보다 한 살 많았는데 받들어 모시기를 감히 조금도 소홀히 하지 않았다. 일찍이 위어(葦魚 웅어)를 얻어 형제가 모여 먹으려고 할 때, 누이 박 유인(朴孺人)[238]이 손수 생선을 손질하다가 손가락을 다쳐 피를 흘렸다. 공이 말하기를 "어찌 입을 즐겁게 하려고 누이의 살갗을 상하게 한단 말인가."라고 하고는 끝내 먹지 않았다.

평소에 분수를 편히 여기고 특별히 좋아하는 음식도 없었으니, 여름에 솜옷을 입고 겨울에 갈옷을 입는 것을 병통으로 여기지 않았고, 거친 음식이든 한 상 가득한 진수성찬이든 똑같이 대하였다. 증소(橧巢) 김공 신겸(金公信謙)[239]이 일찍이 감탄하며 말하기를 "세상 사람 가운데 의식(衣食)을 소홀히 여기는 자는 대부분 억지로 힘을 쓰는데 모공(某公)과 같은 사람은 다만 마음에 개의치 않는 것일 뿐이니, 이것이 참으로 남들이 미치지 못하는 점이다."라고 하였다. 젊어서부터 노년에 이르기까지 한 치의 땅과 몇 칸짜리 집도 없었으나 마음이 여유로웠다. 어떤 사람이 그 이유를 묻자 답하기를 "큰 형님께서 매우 편하게 보살펴 주셔서이지요."라고 하였다. 군수공(백씨 이화중)이 세상을 떠나자 큰 조카와 함께 산 것이 또 십여 년이었다.

238 누이 박 유인(朴孺人) : 박사복(朴師復)에게 출가한 누이를 말한다. 《渼湖集 卷18 參奉李公墓表》

239 증소(橧巢) 김공 신겸(金公信謙) : 1693~1738. 본관은 안동이고 자는 존보(尊甫)이며, 증소는 그의 호이다. 김창업(金昌業)의 아들이다. 1721년(경종1) 진사시에 합격했으나, 백부인 영의정 김창집(金昌集)이 신임사화에 거제도로 유배될 때 연루되어 함께 유배되었다. 1725년(영조1)에 풀려난 뒤 강원도 영월에서 후진 교육에 힘썼다. 저서로 《증소집》이 있다.

관찰사로 있을 때 어떤 사람이 가산을 불릴 것을 이야기하자 공이 말하기를 "관찰사가 된 것도 평소의 뜻이 아니었는데, 하물며 집안 살림을 챙겨 재산을 만들 수 있겠는가."라고 하였다. 백씨가 경상도 김산(金山 김천(金泉))의 군수로 있을 때 정공 익하(鄭公益河)가 관찰사로서[240] 공을 위해 자식의 혼사를 도와주려 하였다. 공이 사절하며 말하기를 "혼사에 도움을 받는 것은 명분이 있는 것입니다만, 가형께서 이미 대략 갖추어 주셨으니 또 받는다면 이것은 뇌물입니다."라고 하고 받지 않았다. 근세의 청렴한 덕을 지닌 사람을 말할 때 또한 공의 짝이 될 사람이 적다.

공이 관찰사로 도내를 다스릴 때는 학교를 숭상하고 효열(孝烈)을 드러내 밝히며 유생과 사대부를 예우하고 인재를 육성하되 명교(名教)를 우선으로 삼았다. 큰 의리를 보존하고 너무 심한 것을 제거하며, 과실과 재해로 지은 죄〔眚災〕는 처벌을 줄이고 의도적으로 저지른 범죄는 엄히 처벌하되, 관대함과 간략함으로 아랫사람을 거느렸다. 쇠잔한 음관(蔭官)과 영락한 무관(武官)에 대해서는 한 번도 가벼이 하고(下考)로 평가한 적이 없었으며, 부득이한 경우에는 반드시 편지를 보내 위로를 전하고 돌아가는 여비를 보태주었다. 죽은 사람이 평소에 모르던 사람이더라도 그의 부모가 세상을 떠나면, 편비(編裨)로 하여금 상주 노릇을 하게 하였고 포흠(逋欠)이 얼마인지를 물어 아무리

240 백씨가……관찰사로서 : 이화중은 1740년(영조16) 3월에 경상도 김산 군수에 제수되었고, 1743년(영조19) 1월까지 재직한 기록이 보인다. 정익하(鄭益河)의 본관은 영일(迎日), 자는 자겸(子謙), 호는 회와(晦窩)이며, 1739년 9월에 경상도 관찰사에 제수되어 1741년 4월까지 재직한 기록이 보인다. 《承政院日記》

많아도 대신 갚아주었다. 노년에 음관이 되어 관리의 다스림에 서툰 자가 있었는데, 공이 말하기를 "큰일은 내가 그를 위해 대신 처리하고 작은 일은 용서해 그의 녹봉을 보전하여 아무개 공(公)의 제사를 받들게 하는 것이 또한 옳지 않겠는가."라고 하였다. 어려운 사람을 구제하고 곤궁한 사람을 구휼하는 일은 마치 메아리가 울리듯 시행하였다. 그러므로 도움을 구하는 자들이 시장에 사람이 몰려들 듯 항상 모여드니, 관사(館舍)는 그들을 다 수용하지 못할 지경이었고 녹봉 또한 유지할 수 없을 정도였지만 추호도 싫어하거나 괴로워하는 기색이 없었다.

공은 기억력이 남보다 매우 뛰어나 어렸을 때 기억하고 외웠던 것을 노년에 이르도록 잊지 않았다. 글을 지을 때는 조리가 분명하고 언어가 풍부하고 생각이 영민하였으며, 상소는 곧장 짓더라도 모두 임금에게 올리는 글의 형식을 갖추었다. 시를 짓는 것을 특히 달가워하지 않았으나 이따금 수창한 시는 격조가 높고 빼어나 식자들의 찬탄을 받았다. 그러나 한 번도 그 초고를 남겨둔 적이 없었다.

공은 포의로 있을 때부터 이미 재상감이라는 기대를 받았다. 과거에 급제하자 조정과 재야에서 공을 상서로운 기린과 봉황처럼 여겨 날마다 공의 등용을 기대하지 않는 사람이 없었다. 얼마 뒤 을묘년(1735, 영조11, 42세)에 흑산도(黑山島)로 유배되는 일이 생기니, 때는 큰일을 할 수 없는 시기였지만 도리어 사류(士類)의 촉망은 더욱 무거워졌다. 공이 일찍이 스스로 한탄하며 말하기를 "내가 처음 과거에 급제했을 때 스스로 다짐한 것은 그다지 고상하고 원대한 것이 없었다. 다만 낯빛을 바르게 하고 조정에 서서 일에 따라 행할 것과 행하지 말아야 할 것을 진언하는 것일 뿐이었다. 한 번의 상소로 낭패를 당해 험난한 상황을 전전하였으니 이 한 몸의 진퇴 또한 어떻게 귀결될지 모르겠다."라고 하였다.

바야흐로 처음 공이 스스로 뜻을 펼치고자 생각했을 때 당시 재상 가운데 공에게 넌지시 권하는 자가 있어 말하기를 "삼사(三司)에서 벼슬하는 것은 정세(情勢)라는 것이 있네. 때로는 춘방(春坊 세자시강원)을 거쳐 나아가기도 하고 때로는 외직을 말미암아 진출하기도 하며 때로는 군문(軍門)의 낭관(郎官)으로 참여하는 경우가 있는데, 관직에 차이가 있네. 이 세 가지 중에서 한번 선택해 보지 않겠는가."라고 하였다. 공이 말하기를 "삼사에 나아가지 않고 춘방에 나아가기를 구하는 것은 실로 《춘추》의 '임금이 연로하다 하여 세자를 섬기지는 않는다. 〔君老不事世子.〕'는 의리[241]를 범하는 것이니 감히 하지 못합니다. 외직은 콩죽과 물을 걱정하는 사람이[242] 간혹 어버이를 위해 뜻을 굽혀 나아가기도 하지만, 어찌 처자 때문에 할 수 있겠습니까. 군문의 낭관에 대해서는 나의 족숙(族叔)께서 일찍이 '경악(經幄 경연(經筵))의 신하는 대장(大將)의 사인(私人)이 되어서는 안 된다.'라고 하였으니, 저는 일찍이 그 논의를 바꿀 수 없다고 여겼습니다."라고 하였다.

241 춘추(春秋)의……의리 : 인용한 《춘추》의 의리를 《춘추》에서 찾지 못했다. 삼국시대에 위(魏)나라 세자 조비(曹丕)의 기세가 성해지자 천하 사람들이 그에게 몰렸으나 병원(邴原)만은 항상 절도를 지키면서 함부로 움직이지 않았다. 조조(曹操)가 사람을 시켜 이유를 묻자, 그는 "내가 듣기에 나라가 위태롭다 하여 총재를 섬기지는 않으며, 임금의 힘이 떨어졌다 하여 세자를 받들지는 않는다고 하였다.〔吾聞國危不事冢宰, 君去不奉世子.〕"라고 하였다는 기록이 있다. 《三國志 卷11 魏書 邴原傳》

242 콩죽과……사람이 : 가난 때문에 부모를 제대로 봉양하지 못하는 것을 걱정하는 사람을 말한다. 자로(子路)가 가난해서 효도하지 못한다고 탄식하자, 공자가 "콩죽을 끓여 먹고 물을 마시더라도 기쁘게 해 드리는 일을 극진히 행한다면, 그것이 바로 효이다.〔啜菽飮水盡其歡, 斯之謂孝.〕"라고 위로했던 고사가 전한다. 《禮記 檀弓下》

경신년(1740, 영조16)[243] 뒤에 재상 송인명(宋寅明)[244]이 스스로 허물을 보완하겠다고 말하며 사람을 시켜 공에게 그 뜻을 전하였다. 공이 웃으며 말하기를 "나를 대신해 상공에게 감사하다고 전해 주시오. 행한 일이 의리에 합당하다면 내가 마땅히 옷깃을 여미고 따를 뿐이니, 어찌 꼭 사사로이 뜻을 전할 필요가 있겠소. 그러나 나는 젊어서부터 공의 규모를 익히 알고 있기에, 진실로 감히 깊이 믿지는 못하겠소."라고 하였다.

무진년(1748, 영조24, 55세)에 자급이 오른 뒤로 성상이 반드시 공의 출사를 독려하고자 하여 더운 남쪽 바다와 황량한 변방으로 귀양 보내는 뜻의 보임(補任)이 이어졌으나[245] 공이 뜻을 지킴은 더욱 확고하였다. 의론하는 자 중에 공이 자신의 처지만 지키는 것이 지나치게 높다고 여겨, 소회를 통렬히 진언하여 거취를 정할 것을 권하는 자가 있었다. 공이 다음과 같이 말하였다.

"신하에게는 스스로 임금과의 관계를 끊는 의리가 없다. 을묘년(1735, 영조11)에 내린 성상의 하교[246] 때문에 내가 스스로를 폐기했다

243 경신년 : 영조가, 임인옥사가 무옥임을 천명하고 김창집과 이이명을 신원한 경신처분(庚申處分)을 말한다.

244 송인명(宋寅明) : 1689~1746. 본관은 여산(礪山), 자는 성빈(聖賓), 호는 장밀헌(藏密軒)이다. 1719년(숙종45) 문과에 급제하였고, 1740년에 좌의정에 올랐다. 탕평파 관료에 속하는 인물이다.

245 더운……이어졌으나 : 이태중이 1748년 12월에 동래 부사에 임명된 것과 1749년 7월에 갑산 부사에 임명된 것을 말한다. 《承政院日記 英祖 24年 12月 14日, 25年 7月 12日》

246 을묘년에……하교 : 331~333쪽 본문 내용 참조.

고 여기는 것은 사람의 마음을 헤아리지 못하는 것이다. 나에게 출처의 법도가 있다고 여기는 것은 나의 분수에 넘치는 것이다. 마땅히 한 번 소회를 진언하라고 말하는 것은 비록 비슷하기는 하지만 또한 나를 제대로 아는 사람의 말이 아니다.

을묘년에 올린 상소는 그 뜻이 본원을 바로잡아 대의를 밝히려는 데 있었으니, 갑자기 성상의 분노를 격발해 죄를 입으리라고 생각했던 것은 아니었다. 경신년(1740, 영조16, 47세)에 올린 상소[247]는 의리가 조금 펴진 날에 시론(時論)이 관망하고 있었기 때문에 사직 상소에 간략히 몇 마디 말을 넣었다가 또 성상의 번뇌를 범한 것이었다. 전후로 올린 상소가 모두 일에는 보탬이 되지 않고 다만 임금에게 과실만 더 만들게 하고 말았으니, 탄식을 금할 수 있겠는가. 이 이후로는 오직 마땅히 '몸이 출사하지 않으면 말을 내지 않는다.〔身不出, 言不出.〕'는 가르침[248]을 지키려 하였다. 그러나 성상의 마음은 '만약 나를 버리려는 것이 아니라면 또한 어찌 감히 한사코 사양하겠는가.'라고 하여 다만 위무(威武)로 임하고 영리(榮利)로써 이끌었으니, 죽음을 무릅쓰고 감히 그 명을 받들지 않았을 뿐이다."

성상이 또한 오랫동안 묵묵히 살피고 징험하여, 처음에는 당습(黨習)에 물든 자라고 의심했다가 마침내는 충직(忠直)에 근본을 둔 것임을 깨달았고, 처음에는 괴팍하고 과격한 자로 여겼다가 만년에는 결코 빼앗을 수 없는 절개임을 알게 되었다.

247 경신년에 올린 상소 : 상소의 내용은 《승정원일기》 영조 16년 5월 11일 기사에 전문이 실려 있고 동일자 《영조실록》에도 요약되어 실려 있다. 335쪽 본문 내용 참조.
248 몸이……가르침 : 336쪽 주194 참조.

성상의 마음이 확고해져 공을 크게 등용하고자 하여 정성과 예우에 더욱 힘을 다하니 군신 간에 의기가 성대히 합치되었다. 공은 이에 사직할 수 있는 의리가 없었으니, 본래 바른 말과 곧은 도리가 오랫동안 쌓여 성상의 마음을 감동시킨 것이 아니었다면 어찌 이런 일이 있을 수 있었겠는가. 더구나 공이 봉사(封事)에서 말하고자 했던 것은 모두 종사(宗社)의 안위와 세운(世運)의 흥망이 관계된 것이었으니, 당시의 식자들이 마음속으로 걱정하고 길이 탄식하면서도 감히 드러내 말하지 못했던 것이었다. 오직 공만이 붓을 잡아 써서 의연히 주저하지 않았던 것이다. 하늘이 공을 빨리 데려가지 않아서 만약 한 번 성상의 앞에서 진언하게 했더라면, 군덕(君德)은 삼고(三古) 시대보다 더 높아지고 민생은 만세토록 영원히 힘입었을 것이다. 공의 지극한 정성과 혈성이 이런 정도에 이르렀으니 또 남보다 크게 뛰어난 것이다. 맹자(孟子)가 "대인은 군주의 잘못된 마음을 바로잡는 자이다.〔大人者, 格君心之非.〕"라고 하였으니,[249] 공이 거의 여기에 가까울 것이다.

공은 김공 진상(金公鎭商),[250] 윤공 심형(尹公心衡)과 벼슬하지 않은 점은 같지만 지킨 바는 각각 달랐다. 윤공은 '임금과 뜻이 합치되지 않으면 떠난다.〔不合則去.〕'는 의리를 주장했지만, 공은 그렇게 여기지 않고서 말하기를 "참된 마음으로 임금을 섬기다가 그렇게 할 수 없으면 그만두는 것은 옳지만, 길이 굳은 절개를 지켜서 스스로 한 몸을 폐기

249 맹자(孟子)가……하였으니 : 《맹자》 〈이루 상(離婁上)〉에 "오직 대인이라야 군주의 잘못된 마음을 바로잡을 수 있다.〔惟大人, 爲能格君心之非.〕"라는 말이 보인다.

250 김공 진상(金公鎭尙) : 1684~1755. 본관은 광산(光山), 자는 여익(汝翼)이었다가 태백(太白)으로 고쳤으며, 호는 퇴어(退漁)이다. 행적과 이력은 125쪽 주213 참조.

하는 것은 활법(活法 융통성 있는 방법)이 아니다. 군신의 의리는 천지 사이에 도망갈 곳이 없다.[251] 임금이 만약 나를 제대로 등용하려고 한다면 어찌 정성을 쌓아 되돌릴 방법이 없겠는가. 경평(景平)은 한결같이 물러나려고 하고 성상 역시 그의 분방함을 내맡겨 두었으니, 경평의 처지에서는 오히려 쉬운 일이었다. 나의 경우는 스스로 정성과 힘이 미친다면 불가한 시대는 없다고 여겼고, 성상 또한 곧장 나를 버리려고 하지 않았다. 그러므로 내가 처했던 바는 더욱 어렵다고 생각하였다." 라고 하였다. 경평은 윤공의 자(字)이다.

공은 윤공과 평생의 벗이었으니 모든 말과 의론, 좋아하고 숭상하는 것이 서로 같지 않은 것이 없었지만, 유독 거취의 행적만은 구차히 같기를 구하지 않은 것이 이와 같았다. 후생과 천학(淺學) 중에 두 분 공을 논하는 자들은 그 같은 점을 보지 않고 다만 그 다른 점만을 보아서, 윤공이 세상을 잊는 데 과감했던 것[252]을 의심하지 않으면 공이 태도를 바꾼 것을 의심하니, 어찌 이치에 맞는 것이겠는가. 윤공이 출사하지 않은 것은 충군(忠君)과 애국(愛國)이었고, 공이 출사한 것 역시 충군과 애국이었다. 다만 처한 상황이 달랐을 뿐이다. 우왕(禹王)과 후직(后稷)과 안연(顔淵)도 처지를 바꾼다면 다 그러했을 것이

251 군신의……없다 : 공자가 초(楚)나라 대부 섭공자고(葉公子高)에게 "신하가 임금을 섬기는 것은 의리이다. 어디를 가나 임금이 없는 곳이 없으니, 이는 천지간에 도망할 곳이 없는 것이다. 이것을 크게 경계할 일이라고 하는 것이다.〔臣之事君, 義也, 無適而非君也, 無所逃於天地之間. 是之謂大戒.〕"라고 한 말이 있다. 《莊子 人間世》

252 세상을……것 : 원문은 '과재(果哉)'인데, 공자가 세상을 잊지 못한다는 비난을 받자, "과감하구나. 어려울 것이 없겠구나.〔果哉! 末之難矣.〕"라고 한 데서 나온 말이다. 《論語 憲問》

니,[253] 수레의 두 바퀴와 새의 두 날개를 어찌 한쪽만 없앨 수 있겠는가.

공이 일찍이 여만촌(呂晩村)의 '중화와 오랑캐의 구분은 군신의 의리보다도 엄격하다.'라는 설[254]에 대해 논하기를 "만촌을 배우는 자들은 사세(事勢)로써 논한다면 반드시 성립될 수 없을 것이다. 그러나 중하(中夏)가 오랑캐로 변할 수 없고 오랑캐가 중하에서 주인 노릇을 할 수 없으니, 이 의리는 분명하다. 만약 사람마다 이 의리를 연구해 밝혀서 한 사람이 한 사람의 힘을 다하고 두 사람이 두 사람의 힘을 다하여 한 마을과 한 고을에서부터 천하에 이르기까지 모두 이와 같이 할 뿐이다. 성패와 득실은 본래 따질 필요가 없다."라고 하였다.

송 문정공(宋文正公 송시열)의 공적을 논하기를 "우옹(尤翁)은 천리(天理)를 밝히고 인심을 바로잡는 것을 자신의 소임으로 삼아 동방 수천 리 떨어진 사람들로 하여금 옷깃을 왼쪽으로 여미는 것이 반드시 부끄러워해야 할 것이며 황조(皇朝 명나라)를 잊어서는 안 되며 주자

253 우왕(禹王)과……것이니 : 맹자는, 우왕과 후직(后稷)이 태평한 세상을 만나 천하의 일에 부지런히 힘쓴 것과 안자(顔子)가 혼란한 세상을 당하여 자신의 도를 지킨 것에 대해 "우왕과 후직과 안회는 도가 같다.〔禹稷顔回, 同道.〕"라고 하고, 또 "우왕과 후직과 안자가 처지를 바꾼다면 다 그러하셨을 것이다.〔禹稷顔子, 易地則皆然.〕"라고 하였다. 《孟子 離婁下》

254 여만촌(呂晩村)의……설 : 여만촌은 명말에 태어나 청나라 강희(康熙) 연간에 활동한 여유량(呂留良, 1629~1683)으로, 자는 장생(莊生)이고, 만촌은 그의 호이다. 주자학을 바탕으로 화이(華夷)의 분별을 엄격히 하는 반청사상을 드러내었다. 사후에 그의 사상에 영향을 받은 증정(曾靜)이 1732년(옹정10)에 반란을 시도하다가 발각되었고, 여유량은 부관참시를 당하였다. 조선에서는 영조 때 여유량에 대한 관심과 함께 그의 저서들이 유입되었고, 노론계 문인들을 중심으로 여유량에 대한 관심이 높았다고 한다. 여기에 대해서는 《김명호, 홍대용과 晩村 呂留良, 민족문화연구 제77호, 2017》을 참조하기 바란다.

(朱子)를 모욕해서는 안 된다는 것을 알게 하였다. 그리하여 비록 당시에 이류(異類) 가운데 올바른 사람을 해쳐서 포악을 저지른 자들일지라도 또한 감히 멋대로 도를 어그러뜨리지는 못했으니, 이것은 누구의 힘이었던가. 그 공이 우왕(禹王)보다 못하지 않다고 할 수 있다."라고 하였다.

노론과 소론의 분당과 신축년과 임인년의 충역(忠逆)에 대해 논하기를 "무릇 의리를 강론해 밝히기 위해서는 마땅히 먼저 그 수뇌를 살펴보아야 한다. 한태동(韓泰東)과 조지겸(趙持謙)[255] 등 여러 사람은 명류가 아니었던 적이 없지만 대체(大體)를 보지 못하여 스스로 군색한 길을 취하였다. 사대신(四大臣)은 나라를 위해 충성을 다하여 죽음에까지 이르렀으니, 어찌 그 절목(節目) 사이의 일을 가혹하게 지적할 수 있겠는가. 오인(五人)[256]에 이르러서는 비록 중도(中道)에 맞는 인물은 아니었지만 요컨대 모두 국변인(國邊人)이니, 국가에서 칭찬할 수는 있어도 물리칠 수는 없다."라고 하였다. 아! 참으로 원대한 것을 알았다고 할 수 있다.

공이 치명(治命 맑은 정신으로 남긴 유언)으로 시호를 청하지 말라고 하

255 한태동(韓泰東)과 조지겸(趙持謙) : 소론의 대표적 인물이다. 한태동의 본관은 청주(淸州), 자는 노첨(魯瞻), 호는 시와(是窩)이다. 조지겸의 본관은 풍양(豐壤), 자는 광보(光甫), 호는 오재(迂齋)이다.

256 오인(五人) : 1721년(경종1)에 노론 측에서 경종에게 왕세제의 대리청정을 요청하자, 소론 측의 김일경(金一鏡)·이진유(李眞儒)·윤성시(尹聖時)·박필몽(朴弼夢)·서종하(徐宗廈)·정해(鄭楷)·이명의(李明誼) 등 7인이 연명 상소를 올려 반대하였는데, 이들을 '신축소하칠인(辛丑疏下七人)'이라 한다. 이후 영조 초기에 김일경이 처형된 뒤 남은 이들을 '소하육적(疏下六賊)'이라 하며, 정해가 죽은 뒤에는 '소하오적'이라고 하였다. 여기서는 말하는 오인은 이 소하오적으로, 소론을 지칭하는 말이다.

였으나, 공이 세상을 떠난 지 7, 80년 동안 사론(士論)이 비등하여 모두 '세상에 시법(諡法)이 없다면 그만이지만, 공은 끝내 시호가 없어서는 안 된다.'라고 하였다. 금상(今上) 임오년(1822, 순조22)에 대신이 처음으로 경연에서 아뢰자 성상이 허락하였다.[257] 이에 공의 증손인 도재(道在)가 마침내 나에게 시장을 부탁하였다.

삼가 생각건대, 공이 지극한 정성으로 임금을 사랑하고 충언을 간절히 하였던 것은 육경여(陸敬輿)와 같고,[258] 나아가서나 물러나서나 늘 임금을 걱정하고 사림의 영수가 되었던 것은 범희문(范希文)과 같으며,[259] 도를 믿어 뜻을 바꾸지 않고 하늘도 바로잡을 수 있다고 여긴 것은 속수공(涑水公)과 같고,[260] 험난함과 평탄함을 두루 겪으면서도

257 금상(今上)……허락하였다 : 이와 관련한 기록이 《순조실록》 22년 윤3월 25일 기사에 보인다. 대신은 영의정 김재찬(金載瓚)이다.

258 지극한……같고 : 육경여(陸敬輿)는 당나라의 한림학사를 지낸 육지(陸贄)로, 경여는 그의 자이다. 육지가 황제에게 건의한 주의(奏議)는 대부분 폐정의 개혁을 요구한 절실한 내용이다.

259 나아가서나……같으며 : 범희문(范希文)은 송나라 인종(仁宗) 때의 범중엄(范仲淹)으로, 희문은 그의 자이다. 범중엄의 〈악양루기(岳陽樓記)〉에, "묘당에 높이 있을 때는 백성을 근심하고 강호에 멀리 있을 때는 임금을 근심하니, 이는 나아가도 근심하고 물러나도 근심하는 것이다.〔居廟堂之高則憂其民, 處江湖之遠則憂其君. 是進亦憂, 退亦憂.〕"라는 내용이 보인다. 《范文正集 卷7》

260 도를……같고 : 속수공(涑水公)은 북송(北宋)의 사마광(司馬光)으로, 속수 지방에 살았기 때문에 속수선생으로 불렸다. 자는 군실(君實)이다. '하늘도 바로잡을 수 있다고 여긴 것'이라고 번역한 원문은 '위천가정(謂天可正)'이다. 그런데 사마광이 철종(哲宗) 초년에 왕안석(王安石)의 변법(變法)을 혁파하고 옛 법을 복구했을 때 혹자가 화란을 당하지 않을까 걱정을 하자, 사마광이 "하늘이 만약 종사를 도와준다면 그런 일은 결코 일어나지 않을 것이다.〔天若祚宗社, 必無此事.〕"라고 한 고사를 염두에 둔다

한 시대의 완인(完人)이 된 것은 유원성(劉元城)과 같다.[261] 세상의 군자가 이 점에 대해 고찰함이 있다면 공의 온전한 덕을 거의 알 수 있을 것이다. 삼가 태상씨(太常氏 봉상시)에 고한다.

면, 이 문장을 '하늘이 바로잡아 줄 것이라고 여긴 것'으로 번역해도 될 듯하다. 《宋史 卷336 司馬光列傳》

261 험난함과……같다 : 유원성(劉元城)은 송나라 철종(哲宗) 때의 간의대부(諫議大夫) 유안세(劉安世)로, 원성은 그의 호이다. 당시 왕안석(王安石) 일파에 반대하는 사마광(司馬光) 등이 당인(黨人)으로 몰려 갖은 박해를 당했으나 유안세는 홀로 정도를 지키면서도 끝내 해를 입지 않아 세상에서 '원우완인(元祐完人)'이라고 일컬었다. 《宋史 卷345 劉安世列傳》

정릉 참봉 증 이조 판서 김공 시장[262]

靖陵參奉贈吏曹判書金公諡狀

공은 휘는 부필(富弼), 자는 언우(彥遇)이고, 자호는 후조당(後凋堂)[263]이다.

김씨는 광주(光州)에서 나왔다. 신라의 왕자 휘 흥광(興光)이 나라가 어지러워질 것을 알고 광주로 달아나 평민이 되었으니, 이분이 시조이다. 그 손자 휘 길(吉)에 이르러, 고려의 태조를 도와 삼중대광 사공(三重大匡司空)이 되었다. 이때부터 가문이 번창하고 현달하였다. 13세손 소감(少監) 무(務)에 이르러 조선 개국 초에 영남의 안동(安東)으로 옮겨 살았으니 이분이 공의 5대조이다.

증조의 휘는 회(淮)이니 참의로 추증되었다. 조부의 휘는 효로(孝盧)이니, 예안(禮安)의 오천리(烏川里)[264]에 은거하였고 훌륭한 품행

262 정릉(靖陵)……시장 : 김부필(金富弼, 1516~1577)의 시호를 청하는 글이다. 김부필의 본관은 광주(光州), 자는 언우(彥遇), 호는 후조당(後彫堂)이다. 퇴계(退溪) 이황(李滉)의 문인이다. 풍고의 이 글은 《후조당집》 부록 권1에도 실려 있다. 김부필은 1824년(순조24) 10월 19일에 문순(文純)이라는 시호를 하사받았다. 《純祖實錄 24年 10月 19日》

263 후조당(後凋堂) : 김부필의 문집 《후조당집(後彫堂集)》과 《후조당집》에 수록된 김부필의 가장(家狀)과 행장(行狀)에도 모두 '조(凋)'가 '조(彫)'로 기록되어 있다. 이 시장은 《후조당집》 부록 권1에도 실려 있는데, 역시 '후조당(後彫堂)'으로 기록되어 있다.

264 오천리(烏川里) : 안동 예안(禮安)에 있던 마을로, 후에 군자리(君子里)로 이름이 바뀌었다.

이 있었으며, 참판으로 추증되었다. 퇴계(退溪) 이 선생(李先生 이황(李滉))이 묘갈명을 지었다.[265] 부친의 휘는 연(緣)이니, 감사(監司)를 지냈고 호는 운암(雲巖)이다. 일찍이 간관(諫官)으로서 김안로(金安老)를 유배시키도록 논핵했다가 그의 계략에 걸려들어 회재(晦齋) 이 문원공(李文元公 이언적(李彦迪))과 함께 쫓겨났다.[266] 바로 문원공이 이른바 '쇠도 끊을 수 있을 듯 뜻이 맞았다.〔志契斷金.〕', '마음 합해 간언을 올렸다네.〔獻替同襟.〕'라고 했던 분이었다.[267] 모친은 창녕 조씨(昌寧曺氏)이니, 국자생(國子生) 조치당(曹致唐)의 딸이다. 정덕(正德 명 무종(武宗)의 연호) 11년인 병자년(1516, 중종11)에 공을 낳았다.

공은 어렸을 때 보통 아이들과 매우 달랐고, 장성해서는 부친의 올바른 법도를 이어받아 자제(子弟)로서 허물이 없었다.

가정(嘉靖 명 세종의 연호) 정유년(1537, 중종32, 22세)에 사마시에 합격하여 명성이 제생들 사이에서 출중하였다. 성균관에서 함께 공부하던 자 중에 잘못 법에 걸려 극형에 해당된 자가 있었는데, 공이 대신을 만나 그를 위해 정상을 말하여 죽음에서 벗어나도록 하였다.

265 퇴계(退溪)……지었다 : 《퇴계집》 권46에 수록된 〈성균 생원 김공 묘갈명 병서(成均生員金公墓碣銘并序)〉를 말한다.

266 일찍이……쫓겨났다 : 김연(金緣)은 1524년(중종19) 11월 4일에 사간원 정언으로서 당시 권신으로 횡포를 부리던 김안로(金安老)를 탄핵하여 유배 보낼 것을 청하였고, 김안로는 11월 18일에 경기도 풍덕(豐德)으로 유배되었다. 1531년(중종26) 김안로가 다시 실권을 잡자, 김연은 경성 통판(鏡城通判)으로 좌천되었고, 이언적은 파직되어 고향으로 돌아갔다. 《中宗實錄 19年 11月 4日・18日, 32年 11月 3日》

267 문원공이……분이었다 : 이언적의 〈김부윤 연에 대한 제문〔祭金府尹緣文〕〉에 나온다. 《晦齋集 卷6》

갑진년(1544, 중종39, 29세)에 운암공(雲巖公 부친 김연)이 세상을 떠났다. 이듬해에 효릉(孝陵 인종(仁宗))이 승하하였다. 그 이듬해(1546, 명종1, 31세)에 상을 마치고 마침내 과거 공부를 그만두었다. 들어가서는 조모 이 부인(李夫人)과 모부인을 예로써 봉양하였고, 나아가서는 퇴계 이 선생을 스승으로 섬겨 매우 삼갔으며, 외물에 마음을 두지 않았다. 얼마 뒤 뜨락에 소나무와 잣나무를 심고 그 당에 '후조(後凋)'라는 편액을 달았는데, 사람들은 그 뜻의 근원을 알지 못했다.

가정(嘉靖) 말년(1566, 명종21, 51세)에 조정에서 공의 품행과 도의를 듣고 처음으로 사관(祠官 능참봉)에 조용하였으나, 공은 나아가지 않았다.

융경(隆慶 명 목종(穆宗)의 연호) 무진년(1568, 선조1, 53세)에 또 효릉 참봉(孝陵參奉)에 제수되었다. 이 선생(李先生)이 당시에 도성에 있었는데 편지를 보내 공에게 출사를 권하자, 공이 시를 지어 답하기를 "산 구름 향해 한마디 말 부쳐 보내니, 무슨 맘으로 골짝에 숨었다가 또 허공에 오르는가. 구름이 대답하길 펼쳤다 거두었다 하는 것은 내 마음에 달렸지만, 이 또한 신룡의 변화 속에 달려 있다 하네.〔爲向山雲寄一語, 何心藏壑又升空? 雲言舒卷雖由我, 亦在神龍變化中.〕"라고 하였으니, 풍자의 뜻을 담은 것이었다.

기사년(1569, 선조2, 54세)에 또 정릉 참봉(靖陵參奉)에 제수되었으나 역시 응하지 않았다. 이 선생의 시에 "후조당 주인은 평소의 절개 굳게 지켜, 임명장이 문에 이르러도 마음으로 기뻐하지 않네. 앉아서 빙설 속에 향기로운 매화 대하여, 매화의 기상 눈으로 보고 도가 있음을 알아 읊기를 그치지 않네.〔後凋主人堅素節, 除書到門心不悅. 坐對梅

花氷雪香, 目擊道存吟不輟.〕”라는 구절이 있다.[268] 뒤에 조정에서 장차 6품의 관직으로 공을 대우하려 하였으나 공을 좋아하지 않는 자가 시기하여 끝내 이루어지지 않았다.

만력(萬曆 명 신종(神宗)의 연호) 정축년(1577, 선조10, 62세) 11월[269]에 정침(正寢)에서 세상을 떠났으며, 관함(官銜)을 쓰지 말라는 유언을 남겼다. 향년 62세였다. 한 달 뒤 을미일(12월 13일)에 안동의 금학산(金鶴山) 동향(東向)의 언덕에 장사 지냈다.

부인은 진주 하씨(晉州河氏)이니, 상서원 직장(尙瑞院直長) 하취심(河就深)의 딸이다. 자식이 없어 아우 부의(富儀)의 아들 해(垓)를 후사로 삼았다. 해는 과거에 급제해 한원(翰苑 예문관)에 들어갔고, 임진왜란 때 의병장으로서 진중에서 세상을 떠났으며 수찬으로 추증되었다.[270] 이분이 아들 넷을 두었으니, 교관(敎官)을 지낸 광계(光繼)와

268 이 선생의……있다 : 《퇴계집》 권5에 〈김언우에게 주다〔贈金彦遇〕〉라는 제목으로 수록되어 있는데, 제3구의 '좌대(坐對)'가 '좌대(坐待)'로 되어 있다. 원문의 '목격도존(目擊道存)'은, 자로(子路)가 일찍이 공자에게 “선생님께서는 온백설자(溫伯雪子)를 만나고자 하신 지 오래였는데 만나고 나서는 아무 말씀이 없으니 무슨 까닭입니까?” 하자, 공자가 “그런 사람은 눈으로만 보아도 도가 있는 줄 알 수 있으니 또한 말을 할 필요가 없는 것이다.〔若夫人者, 目擊而道存矣, 亦不可以容聲矣.〕”라고 한 데서 온 말이다. 《莊子 田子方》

269 11월 : 《후조당집》 부록 권1에 실린 시장(諡狀)에는 10월로 기록되어 있다. 김시찬(金是瓚)이 지은 〈가장(家狀)〉에는, 10월 12일에 세상을 떠난 것으로 기록되어 있다.

270 해(垓)는……추증되었다 : 김해(金垓)는 1589년(선조22)에 문과에 급제하여 예문관 검열에 제수되었고, 의병장으로서 1593년 5월에 진중에서 병사하였으며, 1595년에 홍문관 수찬으로 추증되었다. 《大山集 卷49 藝文館檢閱贈弘文館修撰近始齋金先生行狀》

광실(光實)과 광보(光輔)와 광악(光岳)이다. 이로부터 후손이 번성하여 지금까지 8, 9세 동안 관례를 치른 자가 수백 명이나 된다.

공은 평소에 저술에 힘쓰지 않았고 또 원고도 남겨두지 않았다. 7세 손 영(瑩)에 이르러 비로소 약간 편을 수집하여 집에 보관해 두었다.

공은 타고난 성품이 효성스럽고 우애 있고 강직하고 올발랐으며 몸가짐이 신중하고 근엄하였다. 운암공(부친 김연)의 상을 당했을 때는 상장(喪杖)을 짚고서야 일어날 수 있었고 상례를 행하는 것은 한결같이 옛 법도를 따랐다. 뒤에 조모와 모부인의 상을 당했을 때도 또한 똑같이 행하니, 마을 사람 중에 칭찬하고 탄복하지 않는 자가 없었다. 새벽에 일어나 반드시 사당에 참배하였고 사시(四時)에는 반드시 제사를 올렸다. 제사를 지내는 날에는 반드시 목욕하여 몸을 깨끗이 하기를 노년까지 게을리하지 않았다.

형제를 수족처럼 여겼으니, 아우 부의(富儀)가 만년에 풍비(風痺)를 앓자 공이 늘 눈물을 흘리며 구제하고 보호해 주었다. 누이동생 박 의인(朴宜人)[271]이 죽자 상기가 끝날 때까지 고기반찬을 물리쳤고, 초하루와 보름 때마다 위(位)를 진설해 중당(中堂)에서 곡하였으니, 그 돈독한 사랑과 예법은 남들이 따라가기 어려웠다.

공은 남을 대할 때 현우(賢愚)에 따라 각각 그 분수를 다하여, 선한 자는 마음을 기울여 허여하고 바르지 않은 자는 얼굴빛을 바르게 하여 꾸짖어서 조금도 용서함이 없었다. 그러므로 이웃 마을 사람과 벗들이 혹 잘못을 저지르면 그때마다 "후조당이 아는가?"라고 하였다.

271 박 의인(朴宜人) : 생원 박사눌(朴思訥)에게 출가한 누이동생을 말한다. 《樊巖集 卷44 嘉善大夫……金公神道碑銘》

자제들을 가르칠 때는 반드시 효제(孝悌)와 충신(忠信)을 우선으로 삼았다. 일찍이 말하기를 "학문은 마땅히 효제를 근본으로 삼아야 한다."라고 하였고, 또 "참된 마음으로 선을 행해야 바로 참된 선이다. 만약 조금이라도 꾸미는 것이 있다면 아무리 선하더라도 또한 거짓이다."라고 하였다.

인종(仁宗)이 동궁에 있을 때부터 훌륭한 명성이 일찌감치 드러나 팔방 사람들이 목을 빼고 기다렸다. 공은 일찍 태학(太學)에서 공부하며 태평 시대에 벼슬하겠다고 다짐하였는데, 인종이 갑자기 승하하자 공은 실의하여 원통해하며 더 이상 세상에 뜻을 두지 않았다. 매년 6월 그믐에 반드시 거인리(居仁里) 산의 분암(墳庵)에 들어가 밤새도록 통곡하였다.[272] 일찍이 "굴원과 악비의 전을 감회에 젖어 낭송하며, 멀리 하서옹과 청송옹을 생각하네.〔感誦屈原岳飛傳, 遙憶河西聽松翁.〕"라는 구절을 지었으니, 그 처절하고 강개한 마음은 가릴 수 없는 것이 있었던 것이다.[273]

272 매년……통곡하였다 : 거인리(居仁里) 산은 김부필 부친의 묘소가 있던 안동 거인리의 금학산(金鶴山)을 말한다. 분암은 묘를 보살피기 위해 세운 암자를 말한다. 인종은 1545년(인종1) 7월 1일에 세상을 떠났다. 《仁宗實錄 卷2 仁宗大王墓誌文》

273 일찍이……것이다 : 본문의 시는 〈우연히 읊다〔偶吟〕〉라는 칠언절구 중 앞의 두 구절로, 《후조당집》 권2에 수록되어 있다. 굴원(屈原)은 초나라 때의 충신이고, 악비(岳飛)는 남송(南宋)의 충신이다. 하서(河西)는 김인후(金麟厚)의 호이고, 청송(聽松)은 성수침(成守琛)의 호이다. 1816년(순조16)에 영남 유생들이 김부필의 벼슬과 시호를 청하며 올린 상소에, 호남의 김인후와 한양의 성수침과 영남의 김부필은 절조를 지키며 은거한 행적이 똑같으며, 김부필의 이 시에는 초나라 굴원과 송나라 악비를 읊은 김인후의 시와 같은 기상이 들어 있다고 칭찬한 내용이 보인다. 《承政院日記 純祖 16年 8月 20日》《後彫堂集 附錄 卷2 請爵諡疏〔李彙禎等〕》

처음에 이 선생이 고향에서 학문을 강론할 때 공보다 열다섯 살이 많았다. 공이 처음에는 이 선생을 벗으로 대했다가 얼마 뒤에는 또 연장자와 연소자의 예로 대했으며 마지막에는 마침내 제자의 예를 행하고 문하에 올라 학업을 청하였다. 논자들은 '만약 지혜가 성인을 알아보기에 충분한 자가 아니라면 할 수 없는 일이다.'라고 하였지만, 공은 오히려 뒤늦게 깨달은 것을 한스럽게 여겼다. 이 선생이 세상을 떠나자 공은 소의(素衣)를 입고 소대(素帶)를 두르고 소식(素食)을 하며 1년 동안 심상(心喪)을 행하였다.

아우 부의(富儀), 종형 부인(富仁), 종제 부신(富信)·부륜(富倫), 외종 금씨(琴氏) 형제[274]와 모두 이 선생의 문하에서 공부하였고 또 같은 마을에 거처하였다. 아침저녁으로 함께 모여 시와 문을 담론하지 않으면 늘 의리를 변설(辨說)하여 덕업(德業)을 권면하고 과실을 경계하였다. 혼례와 상례의 길사와 흉사에 이르기까지 서로 묻고 서로 도와 예의(禮義)와 충신(忠信)을 행하지 않는 것이 없으니, 마침내 마을의 풍속이 되었다. 한강(寒岡) 정 문목공(鄭文穆公 정구(鄭逑))이 일찍이 감탄하며 말하기를 "보통 사람은 같은 집안 사람이 모두 선하기 어려운데 오천(烏川) 한 고을에는 군자답지 않은 사람이 없다."라고 하였다.

공은 학문을 할 때 근본을 돈독히 하고 실제에 힘쓰는 것에 주안점을 두었고 스승의 문하에 올라서는 견문이 더욱 정밀하고 바르게 되었다. 평생 《심경(心經)》 한 책에 힘을 쏟았으니, 늘 눈을 감고 단정히 앉아 마음으로 연구하고 몸으로 실천하였으며, 깨달은 점이 있으면 기뻐서

274 외종 금씨(琴氏) 형제 : 금응협(琴應夾)과 금응훈(琴應壎)을 말한다.

밥 먹는 것도 잊었다. 이 선생을 모시고 강론할 때 왕왕 조용히 자신의 의견을 고수할 때가 있었고 이 선생 또한 이따금 자신의 견해를 버리고 공의 의견을 따르기도 하였다. 그러므로 이 선생이 공에게 보낸 편지에 "회암(晦庵 주희(朱熹))의 글에서 의심스러운 점을 변론한 곳은 근거가 매우 정확하네. 매우 감사하고 감사하네."라는 말이 있었고, 또 "지난번에 만나서 연구했을 때 끝내 마음에 시원하지 못한 부분이 있었는데, 보내준 편지를 보고서 마침내 알게 되었네."라고 하였다.[275] 다른 문인에게 보낸 편지에는 "언우(彦遇) 등 여러 사람과 함께 《심경》을 읽으며 개발된 바가 많으니 애매하고 잘못된 부분이 적지 않음을 비로소 알게 되었네."라고 하였다.[276] 공이 스승의 문하에서 중시된 것이 이와 같았다.

금상 병자년(1816, 순조16)에 영남의 유생들이 상소하여, 공의 도덕과 절의(節義)의 실상을 진언하며 벼슬과 시호를 내려줄 것을 청하였다. 그 일이 예조에 내려가 묘당(廟堂)으로 옮겨졌으나 끝내 시행되지 못하였다. 기묘년(1819, 순조19)에 유신(儒臣) 이언순(李彦淳)이 상소하여 다시 시호를 내려주기를 청하였고, 대신이 특별히 허락해 줄 것을 주청하였다.[277] 이에 공을 이조 판서로 추증하고 겸직은 관례대

275 이 선생이……하였다 : 퇴계 이황이 1560년(명종15)에 김부필에게 보낸 편지에 이런 내용이 보인다. 《退溪集 卷27 答金彦遇〔富弼○庚申〕》

276 다른……하였다 : 퇴계 이황이 1570년(선조3)에 이덕홍(李德弘)에게 보낸 편지에 이런 내용이 보인다. 《退溪集 卷36 答李宏仲》

277 기묘년에……주청하였다 : 《순조실록》과 《승정원일기》에 따르면, 이언순(李彦淳)이 김부필의 시호를 청한 것은 임오년(1822, 순조22) 1월 14일이고, 영의정 김재찬(金載瓚)이 순조에게 주청하여 허락받은 것은 임오년 윤3월 25일이다. 《후조당집》

로 하였다. 공의 후손 상유(商儒)가 나에게 시장을 부탁하였다.

아! 지금 공이 살았던 시대와의 거리가 3백 년이 되어 간다. 공의 깊은 학문과 특별한 품행은 그의 자손들에게도 오히려 자세히 전해질 수 없었으니, 하물며 다른 사람들이야 말할 필요가 있겠는가. 내가 어찌 감추어진 덕을 드러내고 은미한 행적을 선양할 수 있겠는가. 그렇지만 시호는 절혜(節惠)[278]이다. 공은 학문을 한 분이니 공이 성취한 학문의 오묘함을 사람마다 헤아릴 수 있는 것이 아닌데, 하물며 어찌 사람마다 공을 평가할 수 있겠는가. 오직 현자(賢者)의 말만이 백 대(代)에 드리워져 사라지지 않을 것이니, 공의 선행을 요약하되 평소 분명한 근거가 있는 것이 이와 같다.

공이 살아 있을 때 퇴계(退溪) 선생이 공에게 준 시에 "의리는 삼밭에 자라는 쑥이 절로 곧아지는 것과 같고, 즐거움은 금석의 소리가 서로 어울리는 것과 같네. 누구나 밝은 나의 신감 오랫동안 어두워져 부끄러웠는데, 그대 덕분에 맑은 옥빛 연못에 새로 씻었다네.〔義同自直蓬麻植, 樂似相宣金石聲. 愧我久昏神鑑炯, 憑君新澡玉淵淸.〕"라고 하였으니,[279] 이것은 퇴계가 공을 추중하고 칭찬한 것이다. 율곡(栗谷)

부록 권1에 실린 시장에도 임오년으로 기록되어 있다.

278 절혜(節惠) : 절은 요약의 뜻이고, 혜는 선행을 말한다. 여러 가지 선행을 다 들기 어려우므로 가장 큰 선행을 요약했다는 말로, 시호를 의미하는 말이다. 《예기》 〈표기(表記)〉에 "선왕이 시호로써 이름을 높이고 한 가지 선으로써 요약했다.〔先王謚以尊名, 節以壹惠.〕"라고 한 데서 나온 말이다. 시호를 일혜(壹惠)라고도 한다.

279 퇴계(退溪)……하였으니 : 《퇴계집》 권5에 수록된 칠언율시 〈앞의 시를 차운하여 뒤늦게 언우 상사에게 부치다〔次前韻追寄彦遇上舍〕〉의 함련과 경련이다. 삼밭에 자란 쑥이 절로 곧아진다는 것은 훌륭한 벗을 사귄 효용을 표현한 말인데, 《순자(荀

이 선생(李先生 이이(李珥))이 다른 사람에게 보낸 편지에 이르기를 "무오년(1558, 명종13) 가을에 도산(陶山)에서 후조당을 뵙고 며칠 동안 강학하고 토론하였는데, 의(義)가 정밀하고 인이 무르익음이 더욱 조밀하고 더욱 견고하였다. 지금 이미 세상을 떠나셨으니 사도(斯道)가 상실되고 바른 의리가 사라지게 되었다."라고 하였으니,[280] 이것은 율곡이 감탄하고 상심한 것이다. 두 선생은 모두 우리나라의 대현(大賢)이다. 그분들이 공을 알아줌은 반드시 진실함이 있고 그분들이 공을 헤아림은 반드시 조리가 있을 것이니, 또 누가 그것을 바꿀 수 있겠는가. 아! 위대하다.

과거 공부를 영원히 폐기하고 임명장을 받고도 나아가지 않은 것으로 말하면 그 행적이 청송공(聽松公 성수침(成守琛))과 같고, 6월에 거인리(居仁里)의 산에서 통곡한 것으로 말하면 그 행적이 하서공(河西公 김인후(金麟厚))과 같다.[281] 무릇 행적은 마음을 실천하는 것이다. 공의 행적에 의거해 그 마음을 징험하면, 곧고 견고하여 변하지 않는 절조에 대해 동시대의 제공들이 '일월과 빛을 다툰다.'고 평한 것이 실제보다 지나친 것이 아니다.

子)》〈권학(勸學)〉에, "쑥이 삼대 밭에 자라면 붙잡아 주지 않아도 곧아진다.〔蓬生麻中, 不扶而直.〕"라는 말에서 나왔다.

280 율곡(栗谷)……하였으니 : 《율곡전서(栗谷全書)》에는 이 편지가 보이지 않는다. 한치응(韓致應)이 지은 김부필의 행장(行狀)에는 율곡이 우성전(禹性傳)에게 답한 편지에 나오는 내용으로 기록되어 있다. 《後彫堂集 附錄 卷1 行狀》

281 6월에……같다 : 김인후가 옥과 현감(玉果縣監)으로 있을 때 인종이 승하하자, 벼슬을 버리고 고향으로 돌아와 인종의 기일이 되면 산골짜기에 들어가 밤새 통곡하고 돌아왔다고 한다. 《文谷集 卷20 河西金先生墓表》

삼가 위와 같이 시장을 기록해 태상시(太常寺 봉상시)가 헤아려 채택하기를 기다린다.[282]

282 삼가……기다린다 : 《후조당집》 부록 권1에 실린 시장에는 "보국숭록대부 영돈녕부도사 영안부원군 김조순이 짓다.〔輔國崇祿大夫、領敦寧府都事、永安府院君金祖淳撰.〕"라는 말이 더 있다.

대제학 이공 시장[283]

大提學李公諡狀

공은 휘는 정보(鼎輔), 자는 사수(士受)이고, 자호는 삼주(三洲)이다.

이씨(李氏)의 관향은 연안(延安)이니, 당나라 때 중랑장(中郞將)을 지낸 휘 무(茂)의 후손이다.[284] 조선의 저헌(樗軒) 문강공(文康公) 휘 석형(石亨)에 이르러 비로소 크게 현달하였다. 4대를 지나 좌의정을 지낸 월사(月沙) 문충공(文忠公) 휘 정귀(廷龜)가 있으니, 문형(文衡 대제학)으로서 〈임진변무주(壬辰辨誣奏)〉를 지었는데, 천하 사람들이 그 문장을 암송한다.[285] 이분이 공의 5대조이다.

283 대제학 이공 시장 : 이정보(李鼎輔, 1693~1766)의 시호를 청하는 글이다. 이정보의 본관은 연안(延安), 자는 사수(士受), 호는 삼주(三洲)·보객정(報客亭)이다. 풍고가 세상을 떠난 뒤인 1834년(순조34) 5월 30일에 문간(文簡)이라는 시호를 하사받았다. 《純祖實錄 34年 5月 30日》

284 당나라……후손이다 : 당나라 고종(高宗) 연간에 당나라 종실(宗室)인 중랑장 이무(李茂)가 소정방(蘇定方)을 따라서 백제를 정벌하고 그 공으로 연안(延安)을 채읍(采邑)으로 하사받아 연안 이씨가 되었다고 한다. 《星湖全集 卷50 延安李氏族譜序》

285 월사(月沙)……암송한다 : 월사 이정귀가 변무하는 주문을 지은 것은 임진년이 아니라 무술년(1598, 선조31)이다. 명나라의 병부 주사(兵部主事) 정응태(丁應泰)가 '조선이 왜병을 끌어들여 명나라를 침범하려 한다'는 등의 내용으로 무고하자, 조정에서 이항복(李恒福)을 정사(正使)로, 이정귀를 부사(副使)로 삼아 명나라에 보내 정응태가 조선을 무고한 사실을 밝히도록 하였다. 또 변무하는 주문을 이정귀가 지었는데, 《월사집》 권21에 〈정주사응태참론본국변무주(丁主事應泰參論本國辨誣奏)〉로 수록되어 있으며, 이를 〈무술변무주(戊戌辨誣奏〉라고도 한다. 한편, 당시 이정귀는 병조 참지로 있었는데, 대제학의 자리가 오래도록 비어 있자 이정귀에게 그 임무를 모두 위임했다

고조는 이조 판서를 지내고 문형(文衡)을 지낸 휘 명한(明漢)이니, 호는 백주(白洲)이고 시호는 문정(文靖)이다. 증조는 휘는 일상(一相)이고 호는 청호(青湖)이다. 관직은 예조 판서를 지냈고 시호는 문숙(文肅)이며, 역시 문형을 맡았다. 조선에서 3대에 걸쳐 문형을 지낸 것은 오직 공의 집안뿐이다. 조부는 휘가 성조(成朝)이니, 첨정을 지냈고 이조 판서에 추증되었다. 부친은 휘가 우신(雨臣)이니, 참판을 지냈고 찬성으로 추증되었다. 모친은 정경부인(貞敬夫人)으로 추증된 남원 윤씨(南原尹氏)이니, 승지를 지낸 윤빈(尹彬)의 딸이다. 공은 둘째 아들이다.

공은 숙종 계유년(1693, 숙종19)에 태어났다. 어려서부터 빼어난 기상이 있었고 문재(文才)가 일찍 성취되어, 성동(成童 15세)이 되기 전에 변려문(騈儷文)을 지을 줄 알았다.

신축년(1721, 경종1, 29세)에 진사시에 합격하였다.

영종(英宗 영조) 갑진년(1724, 영조즉위년, 32세)에 익릉 참봉(翼陵參奉)에 제수되었으나 얼마 뒤에 그만두고 떠났다.

임자년(1732, 영조8, 40세)에 정시 문과에 병과로 급제하였다.

이듬해(1733, 영조9, 41세) 봄에 천거를 받아 검열(檢閱)이 되고 대교(待教)를 지냈으며 봉교(奉教)로 승진하였다. 공이 입시할 때마다 행동거지가 침착하고 일을 기록하는 것이 정밀하고 민첩하니, 단암(丹巖) 민 문충공(閔文忠公 민진원(閔鎭遠))이 공을 보고 감탄하기를 "참으

는 기록이 보인다. 또 호남의 선비 노인(魯認)이 중국의 소주(蘇州)와 항주(杭州)에 표류했을 때 그곳 사람들이 모두 이정귀의 주문(奏文)을 외우면서 '조선의 이정귀가 지은 글이다.'라고 했다고 한다. 《宣祖修正實錄 31年 9月 1日》《月沙集 年譜 卷1》

로 사관의 재목이다."라고 하였다. 당시에 성상이 피차를 조정한다는 설을 받아들여[286] 충신과 역신이 구분되지 않고 현신과 간신이 뒤섞여 벼슬에 나왔기에, 상주하는 글에 시휘(時諱)와 관련된 말이 있으면 성상이 그때마다 보류하고 해당 부서에 내려보내지 않았다. 공이 개연히 말하기를 "이것은 나의 직분상 간쟁하지 않을 수 없다."라고 하고, 상소하여 사관(史館)에 넘겨줄 것을 청하니, 사람들이 직분에 합당한 일을 했다고 하였다.

병진년(1736, 영조12, 44세)에 병조 좌랑과 정랑으로 승진하였다. 양사(兩司)에서는 정언과 지평과 헌납과 집의를 지냈고, 홍문관에 들어가 수찬과 교리와 응교가 되었다. 그사이에 세자시강원 문학과 필선(弼善), 경기 도사(京畿都事), 교서관 겸교리(兼校理), 한학교수(漢學教授)와 사학교수(四學教授)에 제수되었다. 또 천거를 받아 이조 좌랑이 되었다가 정랑으로 승진하였는데, 관원을 추천할 때 오직 자신의 판단에 의거하고 남에게 뜻을 빼앗기지 않으니, 한때의 명사들이 공을 많이 따랐으나 시기하고 질투하는 자 역시 많았다.

정언으로 있을 때 상소하여 건저대신(建儲大臣)의 원통함을 극력으로 변론하고, 이어 동래 부사(東萊府使) 구택규(具宅奎)는 흉역의 혈당(血黨)이므로 승진시켜 발탁해서는 안 된다고 말하며 개정(改正)할 것을 청하였다.[287] 성상이 엄한 비답을 내리고 공의 직책을 파직하였다.

286 성상이……받아들여 : 조정(調停)의 설은 당론의 중간에 서서 화해를 시키자는 논의를 말하는데, 영조가 즉위 후 조문명(趙文命)·송인명(宋寅明) 등 탕평파 관료들을 등용한 것을 말한다.

287 정언으로……청하였다 : 이와 관련한 기록이 《영조실록》 12년(1736) 5월 25일 기사와 《승정원일기》 동일자 기사에 보인다. 건저대신(建儲大臣)은 노론사대신을 말

지평으로 있을 때 대각(臺閣)의 간관(諫官)이 형벌을 받게 되자 이로 인해 상소하여 말하기를[288] "전하께서는 간언한 사람에 대해 그 말을 채용하지 않을 뿐만이 아닙니다. 기를 꺾는 것으로도 부족하면 쫓아내시고, 꾸짖는 것으로도 부족하면 모욕을 주셨습니다. 끝내는 그 노여움을 옮겨 대각의 간관에게 엄한 형벌을 내리기까지 하니, 대각을 업신여기는 것이 노예를 대하는 것과 다름이 없습니다. 언로가 막히고서 망하지 않은 나라는 지금까지 없었습니다."라고 하였다.

또 만언봉사(萬言封事)를 올려 당시의 폐단 열한 가지를 극력으로 논하였다.[289] 그 가운데 탕평의 실책을 논하며 다음과 같이 말하였다.

"전하께서는 탕평이라는 명목을 만들어 내시고 시비와 충역(忠逆)의 구분을 자세히 살피지 않은 채, 한결같이 관직의 동등한 배분과 언론의 모호함만을 가지고서 조정을 이끌고 당론을 조정하는 좋은 계책으로 삼으십니다. 이에 아래에 있는 자들이 모두 그 뜻에 영합하여 때에 따라 뒤집는 풍조가 이미 습속이 되었습니다. 죄를 지은 불순한 무리를 거두어 쓸 때면 그때마다 '성상께서 말끔히 죄를 씻어 주신 뜻을 본받는 것이다.'라고 하고, 간혹 배척하고 막는 논의가 있으면 그때마다 '성상께서 화합하려는 뜻에 어긋난다.'라고 합니다.

하는데, 여기서는 당시까지 신원되지 못한 김창집(金昌集)과 이이명(李頤命)을 가리킨다. 흉역은 김일경(金一鏡)과 박필몽(朴弼夢)을 지칭한다.

288 지평으로……말하기를 : 상소 내용은 《승정원일기》 영조 12년 10월 27일 기사에 보인다.

289 만언봉사(萬言封事)를……논하였다 : 만언봉사의 내용은 《영조실록》 12년 11월 7일 기사와 《승정원일기》 영조 12년 12월 7일 기사에 보인다.

들어가 임금에게 고할 때는 '탕평이 거의 성공할 희망이 있습니다.' 라고 하고, 나가서 사람들에게 말할 때는 '탕평은 시행할 수 있는 도가 아니다.'라고 합니다. 성상에게 잘못된 거조가 있으면 겉으로는 바로잡는 체하면서 몰래 격동시키기를 주도하고, 아랫사람이 견책을 당하면 속으로는 실로 상쾌하게 여기면서 겉으로는 구원해 주려는 체합니다. 신원(伸冤)하는 은전에 대해서는 의리를 구분하지 않고 반드시 탕평에 내맡기며, 역도(逆徒)를 다스리는 형률에 대해서도 긴요한지를 생각지 않고 또한 탕평을 사용합니다. 이른바 '탕평'이라는 것이 한갓 뜻을 얻은 무리가 총애를 견고히 하고 사욕을 이루기 위한 소굴이 되고 말았으며, 심지어 의대(衣帶)와 기용(器用)에도 또한 탕평이라는 이름이 있습니다.[290] 바른 행실이 무너지고 관리의 법도가 어지러워졌으며 명예와 절조가 실추되고 정직한 사람이 사라졌습니다. 이전의 색목(色目) 이외에 또 색목이 더해져 예전에는 두 개이던 당(黨)이 지금은 8, 9개가 되었으니, 나라를 병들게 하는 해악이 원우(元祐)의 조정(調停)과 원부(元符)의 건중(建中)보다 심함이 있습니다.[291]

290 의대(衣帶)와……있습니다 : 《승정원일기》에 수록된 이정보의 만언봉사에, "옷에는 탕평의(蕩平衣)가 있고 관모에는 탕평관이 있으며 허리띠에는 탕평대가 있고, 부채에는 탕평선이 있습니다."라는 기록이 보인다.

291 원우(元祐)의……있습니다 : 원우는 송나라 철종(哲宗) 초의 연호이고, 조정(調停)은 붕당 화해책을 말한다. 원우 초에 구법파가 권력을 잡자 여대방(呂大防) 등이 신법파도 함께 등용하여 붕당을 해소해야 한다고 주장하였는데, 결국 실패하였다. 원부(元符)는 철종 말기의 연호이고, 건중(建中)은 조정과 같은 의미이며, 송나라 휘종(徽宗)의 첫 연호이기도 하다. 원부 말년인 1100년에 철종을 이어 등극한 휘종이 붕당을 해소하고 공평한 정치를 펴겠다는 뜻으로 "내년에 연호를 고쳐 건중정국으로 하겠다.

전하께서는 탕평이 진실로 마땅히 이와 같아야 한다고 하여, 느긋하게 여겨 깨닫지 못하시는 것입니까? 아니면 혹 스스로 알고 계시면서도 우선 임시로 이같이 하시는 것입니까? 이 때문에 조금이라도 자신의 뜻을 지키고자 하는 자는 그사이에 자취를 더럽히려 하지 않습니다. 혹 엄한 명령에 못 이겨 애써 직무를 수행하더라도 속마음은 서로 원수처럼 여기고 의론은 초(楚)나라와 월(越)나라처럼 멀기만 하니, 어떻게 한마음으로 국정을 맡아 국사를 다스리기를 요구하겠습니까."

상소가 들어가자 성상이 진노하여 비답을 내려 엄히 꾸짖었다. 또 의대(衣帶)의 설[292]로 여러 차례 듣기 불편한 하교를 내렸다. 공이 즉시 자책하고 체직을 청하는 상소를 올렸으나, 그 상소를 끝내 궁중에 두고 내리지 않았다. 뒤에 다시 벼슬을 내리자, 공이 또 상소하여 진언하기를[293] "신이 망령되이 시휘(時諱)를 저촉하였기에 전후로 연신(筵臣)이 번갈아 비난하고 배척하였으며, '화를 당한 집안에 마음이 동요되어 분수에 넘치는 것을 바라고 기꺼이 하였다'라는 설로 말하면 신은 너무도 두렵고 불안합니다. 정사를 논하는 도리는 마땅히 의리에 관계된 것만을 살펴야 하니, 어찌 남에 의해 동요될 이치가 있겠

〔改明年元, 爲建中靖國.〕"라는 조서를 내렸는데, '원부의 건중'이라고 한 것은 이를 두고 한 말이다. 그러나 휘종 역시 붕당을 해소하는 데 실패하고 결국 금나라에 잡혀가 죽음을 당했다. 《退溪集 卷11 答李仲久問目》

292 의대(衣帶)의 설 : 385쪽 주290 참조.

293 공이……진언하기를 : 이하의 내용은 《승정원일기》 영조 13년 2월 12일 기사에 수록되어 있고, 동일자 《영조실록》에도 축약되어 실려 있다.

습니까. 예부터 임금에게 간언을 올리는 자가 민간의 가요를 채집해 진달한 일이 간혹 있었으니, 신 또한 삼가 그 뜻을 붙인 것입니다. 근래 여항에서 오색(五色)에서 벗어난 흑색과 백색이 나오고 오미(五味)에서 벗어난 짠맛과 단맛이 나온 것이 있으면 그때마다 이것을 '탕평'이라는 말로 일컬으니, 탕평이 하나의 속언(俗諺)이 되었음을 알 수 있습니다. 신이 어찌 감히 실체가 없는 일을 망령되이 진달할 수 있겠습니까"라고 하였다. 성상이 기분이 좋지는 않았지만 또한 처벌하지는 않았다.

교리로 있을 때 을사년(1725, 영조1)의 옛사람들이 점차 자책하고 떠나가자, 정옥(鄭玉)이라는 자가 대간(臺諫)이 되어 다른 일을 끌어와 그들을 얽어 넣었다. 공이 재이(災異)로 인해 경계를 진달하고 또 정옥이 남의 잘못을 들추어낸 일을 논척하였다. 성상이 한창 외지에 있는 여러 신하에게 노여움을 품고 있던 터라 명을 내려 공을 삭직하게 하였다.[294]

응교로 있을 때 성상이 바야흐로 《주역》의 〈태괘(泰卦)〉를 강론하고 있었다. 공이 진언하기를 "오늘날 조정에 또한 어찌 소인이 없으리라고 장담하겠습니까. 진퇴의 기틀을 자세히 살피지 않아서는 안 됩니

294 교리로……하였다 : 이와 관련한 기록이 《영조실록》 13년(1737) 11월 29일 기사에 보인다. '을사년의 옛사람들'은 영조의 등극에 공을 세운 노론 세력을 말한다. 당시 노론은 영조의 탕평책에 반대하여 조정을 떠났는데, 정옥(鄭玉)이 사헌부 지평으로 이들을 비판하는 상소를 올리자, 이정보가 정옥의 파직을 청했다가 도리어 삭직 처분을 받은 것이다. 한편, 황경원(黃景源)이 지은 이정보의 묘지명에 따르면 이때 떠나간 사람이 태학사(太學士) 이병상(李秉常)으로 기록되어 있다. 《江漢集 卷17 輔國崇祿大夫……世孫師李公墓誌銘幷序》

다."라고 하였다.[295] 성상이 그 말에 의도가 있음을 알고 특명을 내려 무거운 쪽으로 추고(推考)하게 하였다.

어떤 경박한 자가 다른 사람의 위세를 끼고 횡포를 심하게 부렸는데, 자신의 집에 요망한 기생을 숨겨 주었다. 법사(法司)에서 추포해 포박하려 하였으나 관리가 잡을 수 없었다. 공이 때마침 사헌부의 관원으로 있었는데 사헌부의 관속을 다 풀어 그 집을 포위하였다. 그자가 계책이 궁해져 관아의 문으로 나와 애걸하였으나 끝내 들어주지 않았다.

단경왕후(端敬王后)가 복위될 때 도청(都廳)의 공로로 통정대부의 품계로 승진하고 형조 참의에 제수되었다.[296] 형조 참의로 있은 지 몇 달 만에 백성들이 공을 두려워할 줄 알게 되었다.[297] 승지와 병조 참의와 참지를 거쳐 외직으로 나가 수원 부사(水原府使)가 되었다. 공이 헌의(獻議)하여 부성(府城)을 쌓아 독성(禿城)과 서로 기각지세(掎角

295 응교로……하였다 : 《주역》 〈태괘 단(彖)〉에 "군자를 안에 있게 하고 소인을 밖에 있게 하니, 군자의 도가 자라나고 소인의 도가 없어진다.〔內君子而外小人, 君子道長, 小人道消也.〕"라는 말이 보인다. 이정보는 1739년(영조15) 2월 12일에 응교에 임명되었다. 《承政院日記 英祖 15年 2月 12日》

296 단경왕후(端敬王后)가……제수되었다 : 단경왕후는 중종의 비 신씨(愼氏)로, 1499년(연산군5)에 성종의 둘째 아들 진성대군(晉城大君)과 혼인하였고, 1506년에 진성대군이 중종으로 추대되면서 왕후에 올랐다. 그러나 부친이 중종반정에 반대한 일로 살해되면서 폐위되었다가 1739년(영조15) 3월 28일에 복위되었다. 이정보는 부묘도감 도청(祔廟都監都廳)의 낭청으로 1739년 5월에 통정대부에 제수되었다. 《英祖實錄 15年 3月 28日》 《承政院日記 英祖 15年 5月 9日·13日》

297 형조……되었다 : 황경원(黃景源)이 지은 이정보의 묘지명에 따르면, 이정보의 여종이 사사로이 소를 잡아 팔았는데 이정보가 여종을 먼 지방으로 내쫓자, 이에 도민들이 감히 법을 어기지 못했다는 내용이 보인다. 《江漢集 卷17 輔國崇祿大夫……李公墓誌銘幷序》

之勢)를 이루게 할 것을 청하였으며, 홍원(洪原)과 대부(大阜)의 두 목장에 있는 전마(戰馬)로 군대의 위용을 장대하게 할 것을 청하였다. 또 민전(民田)에 허세(虛稅)를 물리는 폐단을 진언하여 없애니,[298] 백성들이 철비(鐵碑)를 세워 그 덕을 칭송하였다.

신유년(1741, 영조17, 49세)에 내직으로 들어가 부제학이 되고 대사간과 대사성을 거쳤다. 이때 공의 동당(同堂 사촌) 삼 형제가 모두 청요직의 반열에 있었는데, 대신(臺臣) 이선태(李善泰)가 '권세를 부리며 의론을 주도한다'고 모함하였다.[299] 성상이 이선태를 내쳤지만 공이 극력으로 사직하여 체직되었다. 얼마 뒤에 예조 참의와 부제학에 제수되고, 일에 연루되어 파직되었다가 서용되어 병조 참의에 제수되었다.

부제학으로 있을 때, 관록(館錄 홍문록(弘文錄))을 작성할 즈음에 조공 중회(趙公重晦)가 일찍이 사묘(私廟)의 일을 논했다가 크게 성상의 뜻을 거슬렀다.[300] 어떤 사람이 공을 위해 염려하자, 공이 말하기를

298 공이……없애니 : 이정보의 상소 내용은 《영조실록》 16년(1740) 8월 5일 기사에 보인다. 독성(禿城)은 선조 때 수원에 축조한 성으로 감영에서 7리 떨어진 곳에 있었다. 허세(虛稅)는 경작할 전지를 가지지 못한 사람에게 경작하는 전지가 있는 것으로 만들어 전세를 물리는 것을 말한다. 한편, 이정보는 1739년(영조15) 9월 26일에 수원 부사에 제수되었다. 《承政院日記 英祖 15年 9月 26日》

299 이때……모함하였다 : 이와 관련한 기록이 《영조실록》 18년(1742) 8월 8일 기사에 보인다. 삼 형제는 이정보 및 이천보(李天輔)와 이익보(李益輔)를 말한다. 이들 형제는 모두 이성조(李成朝)의 손자이다. 이선태(李善泰)는 남인으로 당시 사헌부 장령이었다.

300 조공 중회(趙公重晦)가……거슬렀다 : 조중회가 정언으로서 상소하여, 종묘(宗廟)의 봉심과 개수를 미루고 사묘(私廟)에 수시로 거둥하는 것을 잘못된 처사라고 간언

"화(禍)는 아직 일어나지 않았고 의리로 보면 해야 하니, 나는 마땅히 해야 할 일을 할 뿐이다."라고 하였다.[301]

계해년(1743, 영조19, 51세)에 모친상을 당하였다.

이듬해(1744, 영조20, 52세)에 또 부친상을 당하였다. 탈상한 뒤 연이어 형조와 호조와 병조와 예조의 참의, 부제학, 대사성에 제수되었다.

정묘년(1747, 영조23, 55세)에 승지가 되었다. 당시에 일변인(一邊人)이 역신 이광좌(李光佐)와 조태억(趙泰億)에 대한 합계(合啓)를 정지시키고자 하였다. 공이 연석(筵席)에서 이를 매우 엄하게 배척하니, 성상이 특명을 내려 공을 체차하였다.[302]

무진년(1748, 영조24, 56세)에 함경도 관찰사로 승진하였다. 공이 북방의 풍속이 어리석고 완악하여 교화를 모른다고 여겨 《경민편(警民

한 것을 말한다. 사묘는 영조의 생모인 숙빈 최씨(淑嬪崔氏)의 신주를 모신 사당을 말한다. 1725년(영조1)에 창건하여 숙빈묘(淑嬪廟)라고 했다가 1753년(영조29)에 육상궁(毓祥宮)으로 격상시켰다. 《英祖實錄 19年 11月 28日》

301 어떤……하였다 : 어떤 사람이, 영조의 심기를 건드린 조중회가 홍문록에 들면 홍문록의 선발에 참여한 이정보가 화를 당할 것을 염려했다고 한다. 그러나 이정보는 조중회를 천거하였고, 뒤에 영조는 조중회를 천거한 것이 진실로 잘한 일이라고 칭찬했다고 한다. 《江漢集 卷17 輔國崇祿大夫……李公墓誌銘幷序》

302 당시에……체차하였다 : 이와 관련한 기록이 《영조실록》 23년(1747) 11월 24일 기사에 보인다. 일변인(一邊人)은 당파나 이념을 달리하는 쪽의 사람을 구체적으로 지칭하지 않고자 할 때 쓰는 말인데, 여기서는 대사간 유건기(兪健基)를 지칭한 말이다. 당시 이미 세상을 떠난 이광좌와 조태억의 관작을 추탈할 것을 청한 삼사(三司)의 합계에 대해 유건기가 이를 정지할 것을 발론했는데, 이정보가 합계를 정지할 수 없다고 주장했다가 동부승지에서 체차되었다.

篇)》 한 편을 지어서 간행해 주현(州縣)에 배포하여 백성들에게 외고 익히게 하였다.

이듬해(1749, 영조25, 57세)에 병으로 체직되었다. 내직으로 들어와 부제학과 동지의금부사와 부총관(副摠管)과 좌윤(左尹)이 되었다.

경오년(1750, 영조26, 58세)에 도승지에 제수되고 비변사 당상을 겸직하였다. 오랜 관례에 생원시와 진사시의 회시(會試)는 반드시 제생(諸生) 가운데 명성이 있는 자를 가려 뽑아 장원으로 삼았는데, 허증(許增)의 방(榜) 때부터 그 관례를 폐지하였다.[303] 공이 이를 애석하게 여겨 일을 아뢰는 기회에 상주했다가 성상의 뜻을 거슬러 인천 부사(仁川府使)에 보임되었다.[304] 곧 명이 거두어져 예조 참판이 되었다.

성상이 삼사(三司)에서 역적을 토죄하는 것이 탕평의 뜻이 아니라고 하여 누차 막았는데도 삼사의 쟁론이 여전히 그치지 않자 마침내 갑자기 의릉(懿陵)에 행차하여 능 앞에 엎드려 눈물을 흘리며 일어나지 않았다.[305] 수행한 대소 신료들이 모두 눈물을 흘렸으나 공은 신하의

303 오랜……폐지하였다 : 생원시와 진사시의 회시 합격자 명단을 발표할 때 시관(試官)이 합격자 명단을 몰래 살펴 문벌가의 자손을 장원으로 삼는 것이 관례였다. 1747년(영조23)에 실시한 식년시에서 생원시와 진사시의 장원을 두고 시관들이 밤새 다투다가, 이재관(李在寬)을 진사시의 장원으로 이담(李潭)을 생원시의 장원으로 결정하였다. 이에 영조가 개성(開城) 출신으로 생원시에 3등으로 합격한 허증(許增)을 생원시의 장원으로 발탁한 뒤, 합격자 명단을 몰래 살펴 장원을 정하는 관례를 폐지하도록 명하였다. 《英祖實錄 23年 2月 14日》《國朝寶鑑 卷63 英祖朝7 23年》

304 공이……보임되었다 : 이와 관련한 기록이 《영조실록》 26년(1750) 2월 21일 기사에 보인다.

305 성상이……않았다 : 이와 관련한 기록이 《영조실록》 28년(1752) 8월 25일 기사에 보인다. 역적은 이광좌와 조태억을 말한다. 의릉(懿陵)은 경종의 능이다. 390쪽

반열 속에 꼿꼿이 서서 홀로 눈물을 흘리지 않았고 큰 소리로 외치며 "날이 이미 저물었는데 대신들은 어찌 어가의 환궁을 재촉하지 않는단 말입니까."라고 하였다. 성상이 몹시 분하게 여겨 근신을 돌아보며 말하기를 "저놈이 홀로 울지 않으니 이는 신하의 분수가 없는 것이다."라고 하였다.

공이 스스로 편안하게 여기지 못해 외직을 구하여 평안도 성천 부사(成川府使)에 제수되었다. 어떤 여자가 하소연하며 말하기를 "첩은 황해도 토산(兎山)에 사는 사람입니다. 성천부에 아무개 성씨 사람이 제 남편에게 돈을 빌려 가서 돌려주지 않자, 남편이 그에게 돈을 돌려받으려고 이곳에 왔는데 한 달 남짓 되도록 돌아오지 않습니다. 부디 관아에서 찾아주십시오."라고 하였다. 공이 웃으며 말하기를 "네가 스스로 남편을 잃어버린 것인데 관아와 무슨 관계가 있느냐?"라고 하고 손을 내저어 가게 하였다. 그리고 남몰래 아무개 성씨 사람을 불러 물어보니, 그가 대답하기를 "그 사람이 돈을 받아 돌아간 것이 이미 한 달여가 되었습니다."라고 하였다. 공은 사건이 이상하다는 것을 알아차리고 그를 옥에 가두게 하고는 조용히 아무것도 묻지 않았다. 어느 날 갑자기 곧장 그 집에 이르러 아전에게 명해 뜰 북쪽 으슥한 곳을 찾아보게 하니 죽은 사람이 돌무더기 아래에 있었다. 이에 옥안(獄案)을 갖추어 아무개 성씨 사람에게 사형을 판결하니, 성천 사람들이 귀신 같다고 여겼다. 내직으로 들어와 우부빈객(右副賓客)이 되었다.

갑술년(1754, 영조30, 62세)에 자헌대부(資憲大夫)의 품계에 오르고 한성부 판윤과 오위도총부 도총관이 되었다. 얼마 뒤에 형조 판서로

주302 참조.

옮겼다.

이듬해(1755, 영조31, 63세)에 우참찬과 예조 판서가 되었다. 인빈봉원도감(仁嬪封園都監)의 당상으로서 정헌대부(正憲大夫)의 품계에 올라 삼전(三殿)에 존호를 올렸고, 또 도감의 공로로 숭정대부(崇政大夫)의 품계에 올랐다.[306] 판의금부사와 지경연사와 동지성균관사와 공조 판서를 역임하였다.

정축년(1757, 영조33, 65세)에 홍문관과 예문관의 제학, 세손사(世孫師), 수어사(守禦使)에 연이어 제수되었다. 2월에 정성왕후(貞聖王后 영조의 정비)가 승하하였고, 얼마 뒤에 인원대비(仁元大妃 숙종의 계비)가 이어 세상을 떠났다. 공은 두 혼전도감 당상(魂殿都監堂上)을 겸하여 행하였고 숭록대부(崇祿大夫)의 품계에 올랐다.

무인년(1758, 영조34, 66세)에 이조 판서와 지춘추관사에 제수되었다. 일로 인해 상서했다가 파직되었다. 서용되어 판돈녕부사가 되었다. 공이 전조(銓曹)에 있을 때 관리의 선발이 깨끗하고 준엄했기에 사론(士論)이 일제히 칭송하였다.

임오년(1762, 영조38, 70세)에 기로소에 들어갔다. 얼마 뒤에 특명으로 대제학에 제수되자 상소하여 간곡히 사양하였다. 성상이 공의 상소문을 읽게 해 듣고서 말하기를 "참으로 문형(文衡)의 상소이다."라

306 인빈 봉원도감(仁嬪封園都監)의……올랐다 : 이와 관련한 기록이 《승정원일기》 영조 31년(1755) 6월 2일과 7월 24일, 32년 1월 3일 기사에 보인다. 인빈은 선조의 후궁 인빈 김씨(仁嬪金氏)를 말한다. 영조는 6월 2일에 인빈 김씨의 궁(宮)과 원(園)의 호를 올리게 하여, 궁은 저경궁(儲慶宮), 원은 순강원(順康園)이라 하였다. 이정보는 예조 판서로서 인빈 봉원도감 제조를 맡았다. 삼전은 대왕대비와 왕대비와 대비를 말한다.

고 하였다.

계미년(1763, 영조39, 71세)에 성상의 보령이 칠순이라 하여 널리 은혜를 베풀어 공은 보국대부(輔國大夫)의 품계에 올랐다. 가을에 다시 문형을 맡으니 이때까지 모두 세 번에 걸쳐 제수된 것이었다. 공이 스스로 나이가 많음을 진언하며 더욱 힘을 다해 사직하니, 성상이 윤허해 주었다. 이때부터 서추(西樞)에서 몇 년을 한가로이 보냈다.[307] 공은 평소 성률(聲律)에 능했는데, 악보(樂譜)와 새 가사(歌詞)를 공이 직접 지은 것이 많았다. 별서(別墅)가 학탄(鶴灘)[308] 가에 있었는데 매번 한가한 날이 되면 거문고를 들고 노래하며 배를 타고 노닐다 돌아오니, 아름다운 얼굴과 빛나는 눈동자는 멀리서 바라보면 신선 세계의 사람 같았다.

병술년(1766, 영조42) 5월에 병들어 누워 세상을 떠나니 향년 74세였다. 성상이 매우 애통해하며 규례대로 죽음을 애도하는 예를 표하였으며, 시호를 내리는 은전을 서두르게 하였다. 음죽현(陰竹縣) 조제(釣堤)의 신좌(辛坐) 언덕에 장사 지냈다. 문집 약간 권이 집에 보관되어 있다.

공의 초배(初配)는 여흥 민씨(驪興閔氏)이니 현감 민승수(閔承洙)의 딸이다. 계취(繼娶)는 은진 송씨(恩津宋氏)이니 참봉 송상윤(宋相允)의 딸이다. 삼취(三娶)는 의령 남씨(宜寧南氏)이니 남한위(南漢緯)

307 서추(西樞)에서……보냈다 : 서추는 중추부(中樞府)의 이칭이다. 중추부는 특정한 관장 사항 없이 문무의 당상관으로서 소임이 없는 사람들을 소속시켜 대우하던 기관이다.

308 학탄(鶴灘) : 학여울로, 지금의 서울시 강남구 대치동 일대이다.

의 딸이다. 세 부인 모두 아들이 없어 종부제(從父弟) 혜보(惠輔)의 아들 건원(健源)을 취해 후사로 삼았으니, 건원은 문과에 급제하여 주서(注書)를 지냈다. 딸은 하나로 윤현동(尹顯東)에게 출가하였으니, 민씨 부인 소생이다. 건원이 또 아들 없이 죽으니, 일가 사람이 족자(族子) 희수(喜秀)를 세워 후사로 삼아주었다.

공은 빼어나고 곧고 굳세어 정신과 풍채가 사람을 감동시켰고 성품이 준엄하고 말과 웃음이 적었다. 매번 대궐에 나아가 일을 논할 때마다 강직하여 영합하는 모습이 없었다. 성상의 안색에 번번이 기뻐하지 않는 기색이 있었고 꾸짖을 때는 반드시 오만하고 불경하다고 일컬었으나, 공은 또한 동요되지 않았다. 그러나 진실하고 정직한 언사와 임금에게 충성하고 나라를 사랑하는 정성이 가득하여 절로 드러났기에, 성상이 마음으로 괴롭게 여기면서도 또한 시종 변함없이 은총을 베풀었다.

공은 효성과 우애에 돈독하여, 부모의 곁에 있을 때는 반드시 어린아이의 재롱을 흉내 내었다. 부친상과 모친상을 연이어 당했을 때 공은 이미 나이가 많았으나 상복을 벗지 않고 곡읍을 게을리하지 않으니, 상을 잘 치렀다고 소문이 났다. 아우 판서공(判書公 이익보(李益輔))과의 우애가 매우 남달라서 하루라도 보지 못하면 그리움이 얼굴에 드러났다. 귀한 신분이 된 뒤에도 옷과 음식을 직접 마련해 주었고, 병이 나면 근심하는 기색이 사람들을 감동시킬 만하였다. 남과 교유할 때는 겉치레를 하지 않았고 응낙한 일은 반드시 실천하였으며, 신분이 낮은 사람이라도 또한 소홀히 대하지 않았으니, 천성에서 나온 것이었다.

처음 사관(史官)이 되었을 때 개연히 명예와 절의로 스스로를 면려하여 장차 임금의 덕을 높이고 사론(士論)을 펼치려 하였다. 그러나 시사(時事)가 날로 잘못되고 사대부의 추향이 날로 낮아지니, 조정에서 벼슬하며 힘을 다해 직분을 받들기는 했지만 맑은 절개로 자신을 지키며 한 번도 시류에 동조하고 더러운 세속에 영합한 적이 없었다.

공은 젊은 시절에 경전과 사서를 널리 섭렵하였는데 《서경》을 매우 좋아하여 《서경》을 읽을 때면 매번 닭이 울 때까지 그치지 않았으며 여름에는 잠방이가 썩어 문드러져도 깨닫지 못했다. 시문(詩文)은 내용이 풍부하고 생각이 영민하고 골기(骨氣)가 있었으며 특히 변려문에 뛰어나니 여러 공이 모두 그 재능을 칭찬하였다. 성균관 대사성이 되어서는 인재를 양성함에 법도가 있었고 과거 시험을 주관할 때는 털끝만큼도 사사로움을 용납하지 않았다. 세상 사람들이 죽천(竹泉) 김공(金公)[309] 이후 유일한 사람이라고 칭찬하였다.

공이 막 세상을 떠났을 때 원릉(元陵 영조)이 시호를 내리는 절차를 거행하라고 신칙하였으나[310] 실현되지 못했다. 그 뒤에 공의 집안이

309 죽천(竹泉) 김공(金公) : 김진규(金鎭圭, 1658~1716)로, 본관은 광산(光山)이고 자는 달보(達甫)이며, 죽천은 그의 호이다. 김장생의 후손이자 송시열의 문인이다. 대표적인 노론 정객으로서, 대사성과 예조 판서 등을 역임하였으며, 문장과 글씨에 뛰어났다. 시호는 문청(文淸)이며, 문집으로 《죽천집》이 있다. 한편, 1702년 8월에 충주(忠州) 유학(幼學) 최세일(崔世鎰)이 상소하여, 봄에 치른 알성시의 급제자 9명 중에 8명이 김진규(金鎭圭) 등의 고관(考官)들과 가까운 친척 사이인 점을 들어 시험에 부정이 자행되었다고 의심하고는 해당 시험을 파방(罷榜)할 것을 청하였다. 이에 대해 숙종은 조정 신료들을 무함하였다고 하여 최세일을 정배(定配)하도록 하였다. 《肅宗實錄 28年 8月 19日》《陶谷集 卷20 禮曹判書竹泉金公墓表》

310 공이……신칙하였으나 : 《승정원일기》 영조 42년(1766) 5월 29일 기사에 보인다. 이정보는 1766년 5월 28일에 세상을 떠났다.

쇠락하여 또 겨를이 없었다. 희수(喜秀 이정보의 손자)가 비로소 시호를 청하고자 하여 나에게 시장을 부탁하니, 삼가 그 대략을 위와 같이 기록한다.

안풍군 시장[311]

安豐君諡狀

삼가 살피건대, 공은 휘는 영(烣)이고, 자는 휘원(輝遠)이다. 원종대왕(元宗大王 인조의 부친)의 별자인 능원대군(綾原大君) 정효공(貞孝公)의 증손이다.

정효공은 휘는 보(俌)로 충의의 큰 절개가 있었으니, 사적은 송 문정공(宋文正公 송시열)이 지은 신도비[312]에 자세하다. 조부는 영춘군(靈春君) 휘 정(涏)이다. 부친은 창은군(昌恩君) 휘 권(權)이다. 모친은 전주(全州) 군부인(郡夫人) 류씨(柳氏)이니, 바로 충신으로 부사를 역임하고 참판으로 추증된 휘 류질(柳秩)의 현손이고, 그 부친은 통덕랑(通德郎)을 지낸 휘 류춘식(柳春植)이다. 숙종 대왕 45년(1719) 5월 14일에 공을 낳았다.

공은 14세 때인 영종 대왕(英宗大王 영조) 8년(1732)에 안풍수(安豐守)에 제수되었다. 전강(殿講)에서 수석을 차지해 부정(副正 종친부 종3품)으로 승진하였고, 종학강(宗學講 종친 대상 시험)에서 수석을 차지해 품계가 명선대부(明善大夫 종친부 정3품)로 올랐으며, 또 수석을 차지해

311 안풍군(安豐君) 시장 : 이영(李烣, 1719~1770)의 시호를 청하는 글이다. 이영의 본관은 전주, 자는 휘원(輝遠), 호는 양졸와(養拙窩)이며, 봉호는 안풍군이다. 1811년(순조11) 6월 19일에 문단(文端)이라는 시호를 하사받았다. 《承政院日記 純祖 11年 6月 19日》

312 송 문정공(宋文正公)이 지은 신도비 : 송시열이 지은 〈능원대군 신도비명 병서(綾原大君神道碑銘幷序)〉를 말한다. 《宋子大全 卷157》

소의대부(昭義大夫 종친부 종2품)로 오르고 군(君)에 봉해졌다. 장헌세자(莊獻世子)가 세상을 떠나자 수묘관(守墓官)에 제수되었고 중의대부(中義大夫 종친부 종2품)에 올랐다. 이듬해(1763, 영조39, 45세)에 승헌대부(承憲大夫 종친부 정2품)에 올랐다. 또 이듬해(1764, 영조40)에 복명하고 숭헌대부(崇憲大夫 종친부 정2품)에 올랐다.[313] 그사이에 오위도총부 부총관을 겸직하였다. 영종 대왕 46년(1770) 5월 23일에 세상을 떠나니, 향년 52세였다.

부음이 알려지자 부의와 제사를 내렸고, 왕세손(王世孫 정조)이 따로 사람을 보내 문상하고 고아를 위로하였다. 정종 대왕(正宗大王 정조)이 왕위에 오른 뒤 명을 내려 예장(禮葬)의 은전과 고아를 녹용(錄用)하라는 은혜를 뒤미처 베풀었다.[314] 뒤에 또 명을 내려 특별히 가덕대부(嘉德大夫 종친부 종1품)로 추증하게 하였다.[315] 또 명을 내려 군의 효성을 정려하게 하였다.[316]

공은 처음에 광주(廣州) 삼정동(三政洞)에 묻혔는데, 여러 차례 계문(啓聞)하여 파평(坡平) 군부인(郡夫人) 윤씨(尹氏)와 광주의 치소 동쪽 10리에 있는 도마치(導麻峙) 선영의 오른쪽 등성이 좌자(坐子)의

313 또……올랐다 : 장헌세자의 수묘관을 마치고 돌아와 복명한 뒤 숭헌대부(崇憲大夫)의 품계로 승진하였다. 《承政院日記 英祖 40年 5月 22日 · 25日》

314 정종 대왕(正宗大王)이……베풀었다 : 이와 관련한 기록이 《승정원일기》 정조 2년(1778) 1월 21일 기사에 보인다.

315 뒤에……하였다 : 이와 관련한 기록이 《승정원일기》 정조 7년(1783) 1월 23일 기사에 보인다.

316 또……하였다 : 이와 관련한 기록이 《승정원일기》 정조 21년(1797) 8월 27일 기사에 보인다.

언덕에 합장하였다. 윤 부인(尹夫人)은 사인(士人) 윤정복(尹鼎復)의 딸이다.

공은 1남 1녀를 두었다. 아들 후근(厚瑾)은 음직으로 벼슬하여 도사(都事)를 지냈다. 딸은 현령 김재칠(金載七)에게 출가하였다. 손자는 한 명이니 복현(復鉉)으로 전 군수이다. 손녀는 3명이니 출가하여 사인(士人)의 아내가 되었다. 외손자는 셋이고 외손 사위는 하나이다. 내외의 증손과 현손은 아들과 딸이 약간 명이다.

공은 자상하고 유순하며 부모에게 효도하고 어른을 공경하였으며, 청렴하고 신중하며 단정하고 진실하였다. 예로써 마음을 지키고 충심으로 남을 대하여 이로써 집안에 미치고 이로써 나라에까지 미쳐서 처음과 끝이 한결같았으며, 부모를 사랑한 것은 천성에서 나온 것이라고 한다. 태어날 때부터 영민하였으니, 전주 군부인이 젖을 먹이다가 아프다고 소리치면 그 소리에 응해 울음을 울며 이때부터 젖을 빠는 것이 곧 줄어들었다.

이를 갈기 전에 중부(仲父) 창선군(昌善君 이학(李壆))이 세상을 떠나 곡하였는데 애통해하는 것이 어른과 같았다. 얼마 뒤에는 온화하고 순량하고 순후하고 돈독하여 오직 부모의 뜻을 받들고 따랐다. 창은공(昌恩公 부친 이권)의 병이 위독하자 손가락을 베어 피를 먹여드렸고, 상을 당해서는 몸이 수척할 정도로 슬퍼하여 정해진 예법을 넘어섰다가 오한과 신열로 크게 땀을 흘리는 증세를 얻었다. 손가락은 한 해가 지나 나았지만 마침내 굽어서 펴지지 않으니, 남들이 보지 못하도록 감추었다. 전주 군부인이 병이 나자 밤에 홀로 집 정원 으슥한 곳에 나아가 목욕하고 향을 피우고 밖에 서서 하늘에 기도하여 자신의 목숨을 대신 가져가기를 빌었으니, 이같이 한 것이 여러 번이었다. 상을 당했을 때는 나이가 쉰 살에 가까웠지만 정성을 극진히 하여 더욱 삼갔고, 상이 끝난 뒤에는 실의하여 사람 축에 끼지 못하는 듯하였다.

매번 새벽에 사당을 참배할 때마다 얼굴에 슬픈 모습이 있었고, 무덤에 나아가 곡읍할 때는 여전히 상중에 있는 사람 같았으며, 분황(焚黃)[317]하여 신주를 고쳐 쓸 때는 눈물을 줄줄 쏟았다. 기제사가 있는 달에는 외출을 거의 하지 않고 말과 웃음을 줄이며 미리 재계하였다. 제향에 필요한 음식은 따로 준비해 두되 남는 것이 있게 하였으며, 반드시 천신(薦新)할 음식과 갑자기 얻은 다른 제철 음식은 조상에게 올리기 전에는 먹지 않았다.

종형의 집안이 매우 가난하지는 않았지만 조부와 부친과 모친의 묘전(墓田)을 공이 직접 마련해 주었다. 외조부가 노년에 자식을 잃자 공이 집에서 세상을 마칠 때까지 정성스럽게 봉양하였다. 외조부의 손자 류국진(柳國鎭)이 어려서부터 외가에 의탁해 살았는데 서울과의 거리가 천 리나 되었기에, 공이 몸소 데리고 돌아와 아내를 맞이해 주고 살림을 마련해 주어 제사를 주관하게 하였다. 얼마 되지 않아 국진이 죽자 또 그 어머니 한씨(韓氏)를 집으로 맞이하고 힘을 다해 후사를 세워 주어 대가 끊기는 데 이르지 않게 하였다.

처음에 공에게 세 아우가 있었다. 첫째 아우 안평수(安平守 이한(李爗))가 빼어나고 비범해 공이 매우 아꼈는데, 직책을 부여받자마자 요절하니 공이 매우 슬퍼하여 자신의 손가락을 어루만지며 오열하기를 "나의 아우가 병이 심해져 내가 약을 달이다가 창졸간에 불이 꺼지고

317 분황(焚黃) : 선조에게 증직의 교지가 내렸을 때 황지(黃紙)로 교지의 부본을 만들어 증직된 조상의 무덤 앞에 고하고 불태우는 것을 말한다.

내 손가락이 화로에 닿았는데 나는 덴 줄도 몰랐다. 내 손가락은 이제 나았지만 내 아우는 볼 수가 없구나."라고 하였다. 애통해하는 소리가 마치 창자를 끊어내는 듯하였다.

둘째와 셋째 두 아우와 한집에 살며 물고기 비늘처럼 늘 나란히 붙어 다녔고 공적인 일이 아니면 서로 떨어지지 않았다. 두 아우가 식구가 점점 많아진다고 하여 분가를 청하자, 공이 말하기를 "안평수가 요절해 어머니의 마음에 한이 맺혀 연연해하며 떨어지지 못하는 것이 우리 삼 형제뿐인데, 어찌 삼 형제 안에서 다시 갈라져 살기를 바라시겠는가. 또 비록 아침과 저녁을 함께한다고 한들 지금처럼 뜻을 어김이 없고 슬하에서 어머니를 뵙고자 한들 할 수 있겠는가."라고 하였다. 그 말이 너무 비통하여 두 아우가 눈물을 머금고 분가하자는 청을 그만두었다. 분가하고 나서는[318] 스스로 슬픔을 금치 못하고 말하기를 "아! 이것이 어찌 이른바 '없는 이를 섬기기를 있는 이를 섬기듯이 한다.〔事亡如事存.〕'[319]는 것이겠는가."라고 하였다. 한 명의 누이가 가난하여 먹을 것이 없자 녹봉을 나누어 주었다. 종형제들과 매달 세 번 모임을 하며 친밀하게 대하고 간곡하게 경계하니, 종형제들이 사랑하고 경외하였다.

조정에서 벼슬한 40년 동안 무릇 제관(祭官)에 차임되고 어가를 호종하는 일은 모면하기를 바란 적이 없었으며, 궁중에서 숙직할 때는

318 분가하고 나서는 : 앞뒤 내용으로 보아 모친이 세상을 떠난 뒤의 일로 보인다.

319 없는……한다 : 《중용장구》 제19장에 "죽은 이를 섬기기를 산 이를 섬기듯이 하고 없는 이를 섬기기를 있는 이를 섬기듯이 하는 것이 효의 지극함이다.〔事死如事生, 事亡如事存, 孝之至也.〕"라고 하였다.

삼가지 않은 적이 없었다. 공은 말하기를 "국법에 따르면, 종친(宗親)은 조정에서 녹봉을 먹으면서 직분을 수행하지 않는데, 이 일마저 또 감히 스스로 편안함을 생각하겠는가."라고 하였다. 마침 성상의 옥체가 편안치 않았는데, 종친부의 관리가 문안을 그만두어도 된다고 고하자 공이 안도하며 기쁜 낯빛을 지었다. 곁에서 이를 본 자가 돌아가 사람들에게 말하기를 "어질다. 진정한 충효군자(忠孝君子)이다."라고 하였다. 대궐에 들어가 조관(朝官)의 행렬이 정돈되지 않은 것을 보고 엄정한 목소리로 말하기를 "조정을 엄숙히 하는 것이 군부를 높이는 것이다."라고 하니, 제공(諸公)이 송연해하였다. 명을 받들어 혼사를 주관할 때 행동거지가 법도에 맞으니 궁중에서 주목하였다.

수묘관(守墓官)은 임무가 무겁고 은총이 융숭하여 백관(百官)이 모두 기대하는 자리였는데, 공은 아래 관리들을 엄히 단속하여 감히 침탈함이 없게 하였고, 하사받은 물품은 다 나누어주며 말하기를 "내가 감히 나의 집안을 사사로이 할 수 없기 때문일 뿐이다."라고 하였다. 오직 애통한 마음으로 스스로 정성을 다하며 소식(疏食)하고 고기를 먹지 않기를 삼 년을 하루 같이 하였다.

집에 거처할 때는 침착함과 엄숙함으로 자신을 지켜 게으르고 오만한 기운이 몸에 나타나지 않았고 우스갯소리와 방탕한 말이 입에서 나오지 않았다. 비록 하인들이라고 할지라도 함부로 욕하고 꾸짖지 않아서 오직 혹시라도 그들의 마음을 다치게 할까 걱정하였다. 음악과 여색, 재물과 이익에 대해 담박하였다. 밭 몇 뙈기를 마련할 때 흉년이 들어 밭의 가격이 헐했는데, 뒤에 밭을 팔 때 곧 가격이 두 배가 되니 그 남은 금액을 덜어 밭 주인에게 주었다. 외방노비(外方奴婢)[320]의 증서와 장부가 꽤 많았는데 모두 불사르고 살펴보지 않았다.

평소에 '마음을 맑게 하고 욕심을 줄이며 선을 즐기고 의를 좋아한다.〔淸心寡欲樂善嗜義.〕'라는 말을 병풍에 써 두었는데, 퇴어(退漁) 김공 진상(金公鎭商)[321]이 공의 양졸와(養拙窩)에 편액을 써 주자, 공은 물러나 하루 종일 그곳에 머물며 조용히 맑게 지냈다. 간간이 정효공(貞孝公 증조 이보(李俌))의 빙호(氷湖)[322]의 별서에 나가 머물면서 이웃 선비와 어울려 활을 쏘고 낚시하며 강과 바위 사이를 소요하여 강해(江海)에 은거할 생각을 하였다. 이름난 어떤 재상이 우연히 공을 만나 말하기를 "수레와 하인을 보아하니 높은 벼슬아치 같은데 어찌면 이렇게도 조용한 선비와 같은가. 또 내가 이전에 면식이 없었던 것도 괴이하다."라고 하였다. 공이 선비와 교유하기를 좋아하고 현달한 가문 사람을 가까이하지 않았기 때문에 함께 조정에서 벼슬하는 자라도 공의 얼굴을 모르는 사람이 많았던 것이다. 그러나 남을 대할 때는 과격한 모습을 보이지 않았고 남의 잘못을 드러내는 것을 정직함으로 삼지 않았으며 남과 다르게 행동하는 것으로 이름을 내려고 하지 않았으니, 공과 교유한 자들은 오랜 시간이 흘러도 싫어하지 않았다.

320 외방노비(外方奴婢) : 지방에 거주하는 공노비 또는 주인집과 떨어져 다른 군현에 독립적으로 거주하는 사노비를 말하는데, 여기서는 사노비를 가리킨 것으로 보인다. 사노비의 경우 주인집과 떨어져 다른 군현에 거주하는 재지노비(在地奴婢)를 외방노비로 칭할 수 있다.

321 퇴어(退漁) 김공 진상(金公鎭尙) : 김진상의 본관은 광산(光山), 자는 여익(汝翼)이었다가 태백(太白)으로 고쳤으며, 퇴어(退漁)는 그의 호이다. 행적과 이력은 125쪽 주213 참조.

322 빙호(氷湖) : 지금의 동빙고동(東氷庫洞)과 서빙고동(西氷庫洞) 앞을 흐르는 한강을 가리킨다.

어떤 사람이 겨울에 공을 찾아왔는데 이마에 땀이 흐르고 있었다. 공이 문득 그 이유를 묻자 아무런 이유가 없다고 하였다. 이에 공이 이르기를 "마음이 안정되면 발걸음도 안정된다. 유생(儒生)이 어찌 겨울에 땀을 흘린단 말인가. 나는 네 부모에게 병환이 있는 줄 알았다."라고 하였다. 청나라 사신이 왔을 때 구경하고 싶어 하는 자가 있었다. 공이 말하기를 "옛날 나의 증왕고(曾王考 이보(李俌))께서 정축년(1637, 인조15)의 화의(和議)가 이루어졌을 때부터 북쪽 문을 열지 않으셨고, 자리에 앉을 때도 반드시 북쪽을 등지고 앉으셨으며,[323] 청소하는 천한 것들도 북쪽에서 온 물건을 보지 못하게 했었다. 지금 공이 굳이 저들의 부끄러운 복색을 볼 필요가 있겠는가."라고 하였다. 공이 화합하면서도 시속에 휩쓸리지 않을 수 있었던 것이 또 이러하였다.

어려운 사람을 진휼하고 다급한 사람을 구제할 때에는 자신의 형편을 생각하지 않았다. 한 음관(蔭官)이 객사하자 조문하러 가서 장례 물품을 마련해 주고 반장(返葬)하도록 알려주었다. 친척과 벗 가운데 길사와 흉사에 궁색하여 공에게 힘입어 그 예를 이룰 수 있었던 자가 부지기수였으며, 먼 고을의 잠깐 만나본 사람이라도 영락하여 쌀을 꾸러 오면, 바라는 것을 얻어서 돌아가지 못한 사람이 없었다. 그러므로 공이 세상을 떠났다는 소식을 듣자 벼슬아치건 은사(隱士)건 평민이건 하인이건 간에 무릇 공을 아는 자들은 모두 공을 위해 탄식하며

323 옛날……앉으셨으며 : 화의(和議)는 병자호란 때 인조가 청나라와 맺은 화의를 말한다. 능원대군(綾原大君) 이보(李俌)는 청나라와의 화의에 반대하였고, 화의가 이루어지자 벼슬에서 물러난 뒤 끝까지 청나라의 연호를 사용하지 않았다고 한다. 《宋子大全 卷157 綾原大君神道碑銘幷序》

눈물을 흘렸고, 어떤 자는 기의(起義 예서(禮書)에 없는 일을 만들어 행함)하여 상복을 입기도 하였다.

공은 유학을 숭상하였고 특히 예(禮)를 삼가 지켰다. 매번 사대부가 예를 잃은 일을 들을 때마다 한참 미간을 찌푸렸으며, 경박한 세상 사람들이 시끄럽게 떠들며 현자를 꺼리고 지조를 지키는 선비를 해치는 것을 걱정하였다. 뜻을 돈독히 하여 학문에 힘쓰는 자가 있음을 보면 나아가 질문하였고, 산림의 장로(長老) 가운데 혹 그 자취를 만나지 못하는 사람이 있으면 그리워하고 사모하기를 그치지 않았다. 공이 빙호(氷湖)에 있을 때는 규약을 세우고 모여서 강독하였는데 《소학(小學)》으로 시작하니 나이와 지위가 이미 높다는 것도 잊었다. 공과 같은 분으로 말하면 재물에 약하고 의리에 강하며 오늘날의 풍속을 낮게 보고 옛 도를 숭상했던 자라고 할 만하다.

공은 국조(國朝)의 고사(故事)와 사문(斯文)의 시비를 익히 알았으며, 충신과 간신의 진퇴와 사화(士禍)의 본말을 환히 다 알지 못하는 것이 없어서 저술한 것이 많았다. 또 씨족의 족보에 밝아 내외 13대의 세보(世譜)를 지었으나 미처 완성하지 못했다. 《상례고증초기(喪禮考證抄記)》와 시집이 집에 보관되어 있다.

우리나라는 종친을 예우하여 직분을 맡기지 않으니 이것은 보호하고 감싸주는 것이 매우 두터웠기 때문이다. 그러나 걸출한 재능을 지녀 평범하지 않은 사람은 또한 자신의 능력을 드러낼 길이 없기에 왕왕 말을 내달리고 좋은 옷을 입고 바둑을 두고 마음껏 술을 마시며, 거문고와 비파를 튕기고 아리따운 미녀를 불러서 화려하고 질탕한 쾌락을 극도로 즐기는 경우가 있다. 이미 받은 직무가 없는데 녹봉이 삼족(三族)을 보살피기에 부족하면 심한 경우 간혹 악착스레 사익을 도모하여 비루한 짓을 하는 지경까지 이르기도 한다. 그러니 공이 했던 것처럼 내면과 외면이 잘 어우러져 문아(文雅)한 사람을 이를 어찌 쉽게 얻겠는가.

공은 재주가 뛰어났음에도 나라의 제도에 막혀 다 펼치지 못하였으며, 그 순후하고 아름다운 덕행이 세상의 모범이 되어 풍속을 가다듬기에 충분했음에도 공이 또 겸손히 이를 숨겨 사람들이 칭찬할 수 없도록 하였다. 그러나 내면에 쌓여서 외면에 흘러넘치는 것은 감출수록 더욱 빛나니, 끝내 정려(旌閭)가 내려[324] 환하게 나라의 빛을 더하였다. 능원(陵園)을 지키던 날에 부지런히 수고했음이 분명히 드러나, 이미 관청에서 공의 장례를 도왔고 공의 후사(後嗣)를 발탁해 녹용하였다. 공의 손자 복현(復鉉)이 능관(陵官)으로 입대(入對)하자 성상이 공이 남긴 충정을 기억해 즉시 현의 수령에 제수하였으니,[325] 아! 공의 은덕이 멀리까지 전해졌도다. 이것이 도는 높고 빛나며 자처(自處)함은 낮되 넘을 수가 없다는 것이니,[326] 《주역》을 지은 자가 그것을 알았도다.

나는 동자 때부터 공의 내외 여러 후손과 교유하여 공의 덕과 공의 행실에 대해 매우 자세히 알아서, 마음속으로 풍류와 문채를 지닌 아

324 정려(旌閭)가 내려 : 이영은 1797년(정조21) 8월 27일에 효자로서 정려문을 하사받았다. 《承政院日記 正祖 21年 8月 27日》

325 공의……제수하였으니 : 이영의 손자 이복현은 1798년(정조22) 8월 29일에 경릉령(敬陵令)으로서 경릉에 행차한 정조를 알현하였고, 9월 6일에 진보 현감(眞寶縣監)에 임명되었다. 《承政院日記 正祖 22年 8月 29日, 9月 6日》

326 이것이……것이니 : 《주역》 〈겸괘(謙卦) 단(彖)〉에 "겸은 도는 높고 빛나며 자처함은 낮되 넘을 수가 없으니, 군자의 끝마침이다.〔謙, 尊而光, 卑而不可踰, 君子之終也.〕"라는 말이 보인다.

름다운 공자(公子)를 사모하는 마음을 갖게 되었고 내가 늦게 태어난 것을 한스럽게 여겼다. 지금 공의 손자인 군수군(郡守君 이복현)이 장차 태상시(太常寺 봉상시)에 공의 시호를 청하기 위해 이 장작(李將作) 우신씨(友信氏)가 지은 행장[327]을 가지고 와 나에게 시장을 부탁하였다. 장작은 산림의 선비로 학술과 문장이 당세에 높고, 그가 펼쳐 서술한 것은 모두 내가 일찍부터 익히 들어서 능히 말할 수 있는 것이었기에, 마침내 더 이상 억지로 고치기를 일삼지 않고 삼가 위와 같이 서술하였다.

327 이 장작(李將作)……행장 : 이우신(李友信)의 본관은 덕산(德山)이고, 자는 익지(益之), 호는 문원(文原)·수산(睡山) 등이다. 김양행(金亮行)의 문인으로, 학행(學行)이 높아 사림의 존경을 받았다. 장작(將作)은 선공감(繕工監)의 이칭으로, 이우신은 1806년(순조6) 1월 27일에 선공감 감역(繕工監監役)에 제수되었고, 1810년에 선공감 부봉사(繕工監副奉事)에 제수되었으나, 모두 출사하지 않았다. 문집으로 《수산유고(睡山遺稿)》가 있으며, 1807년(순조7)에 지은 〈종실 안풍군 행장(宗室安豊君行狀)〉이 수록되어 있다.

좌부빈객 증 좌의정 임공 시장[328]

左副賓客贈左議政任公諡狀

공은 휘는 광(絖)이고, 자는 자정(子瀞)이다.

임씨(任氏)는 풍천(豐川)에서 나왔다. 시조 휘 주(澍)는 고려 때 어사대부(御史大夫)를 지냈다. 대대로 훌륭한 덕을 쌓았고 본조(本朝)에 이르러 더욱 성대해졌다.

증조는 휘가 유겸(由謙)이니, 공조 판서를 지냈고 시호는 소간(昭簡)이다. 조부는 휘가 간(幹)이니, 종묘서 령(宗廟署令)을 지냈고 좌찬성으로 추증되었다. 부친은 휘가 예신(禮臣)이니, 금산 군수(金山郡守)를 지냈고 이조 판서로 추증되었다. 모친은 정부인 서원 한씨(西原韓氏)이다. 생부는 휘가 익신(翊臣)이니, 사헌부 감찰을 지냈으며, 판서공(判書公 이예신)의 아우이다. 생모는 완산 이씨(完山李氏)이다.

공은 만력(萬曆 명 신종(神宗)의 연호) 기묘년(1579, 선조12)에 태어났다. 열 살 때 이 부인(李夫人)이 세상을 떠나자 어른처럼 상을 치렀다.

계묘년(1603, 선조36, 25세)에 사마시에 합격하였다. 횡사(黌舍)[329]에서 유학하여 명성이 있었다.

328 좌부빈객……시장 : 임광(任絖, 1579~1644)의 시호를 청하는 글이다. 임광의 본관은 풍천(豐川), 자는 자정(子瀞)이다. 1811년(순조11) 6월 19일에 충간(忠簡)이라는 시호를 하사받았다. 《純祖實錄 11年 6月 19日》

329 횡사(黌舍) : 횡궁(黌宮)과 같은 말로 서당이나 학교를 말하는데, 여기서는 성균관을 뜻한다.

병오년(1606, 선조39, 28세)에 판서공(判書公 부친 임예신)이 세상을 떠났다.

을묘년(1615, 광해군7, 37세)에 또 감찰공(監察公 생부 이익신)의 상을 당하였는데, 슬픔과 예법이 모두 지극하였다.

광해주(光海主)가 포악하고 무도하니, 공은 시골에 살면서 과거에 나가지 않았다. 천계(天啓 청 태조의 연호) 계해년(1623, 인조1, 45세)에 인조가 반정하자 비로소 순릉 참봉(順陵參奉)에 제수되고 집경전 참봉(集慶殿參奉)으로 옮겨졌으나 벼슬에 나아가지 않았다. 이괄(李适)이 반란을 일으키자 공주(公州)로 임금을 호종하였고, 빙고 별제(氷庫別提)에 제수되었다. 이해(1624, 인조2, 46세) 가을에 증광시(增廣試)에 2등으로 급제하여 규례에 따라 풍저창 직장(豐儲倉直長)에 제수되었다.

이듬해(1625, 인조3, 47세)에 천거되어 승정원 주서가 되었다.

병인년(1626, 인조4, 48세)에 성균관 전적으로 승진하였고, 사헌부 감찰로 옮겼다.

정묘년(1627, 인조5, 49세) 호란(胡亂) 때 호조 좌랑으로서 강도(江都 강화도)로 임금을 호종하여 군량(軍糧)을 맡아 다스렸다. 얼마 뒤에 병조 좌랑에 추천되고 사간원 정언과 사헌부 지평을 차례로 역임하였다.

숭정(崇禎 청 태종의 연호) 무진년(1628, 인조6, 50세)에 정언으로서 전관(銓官)을 탄핵했다가 배척을 당해 함종 현령(咸從縣令)이 되었다. 현령의 직분에 마음을 다해 부지런히 힘쓰니 고을의 정사가 훌륭하게 다스려졌다. 얼마 뒤에 관직을 버리고 떠나니 백성들이 길을 막고 머물러 달라고 청원하였으며 비석을 세워 덕을 칭송하였다. 서용되어 호조

정랑이 되었다가 예조 정랑으로 옮겼다. 또 외직으로 나가 영광 군수(靈光郡守)가 되었는데, 그 다스림이 처음 외직에 나갔을 때와 같았다.

이듬해(1631, 인조9, 53세)에 또 벼슬을 버리고 떠났다. 또 이듬해에 선발되어 홍문관에 들어가 수찬이 되었고, 교리와 부교리, 성균관 사예와 사헌부 장령을 역임하였으며, 다시 시강원 필선(侍講院弼善)이 되었다.

계유년(1633, 인조11, 55세)에 평안도 암행어사가 되어 불법을 저지른 수령 네 명을 탄핵하였다. 시강원 보덕으로 승진했다가 사헌부 집의로 옮겼다. 또 사복시와 장악원의 정(正)으로 바뀌어 제수되었다. 균전사(均田使)로서 경상우도를 안찰하여 강성한 호족(豪族)을 억누르고 경계와 전지(田地)를 정돈하였다. 간사한 백성 중에 상언하여 이를 막고 헐뜯는 자가 있자 성상이 엄히 물리쳤으니, 이는 공의 청렴함과 명민함을 알았기 때문이었다. 돌아와 집의에 제수되었고, 이때부터 4, 5년 사이에 오랫동안 삼사(三司)와 춘방(春坊 세자시강원)에 있었고 특히 법을 잘 지키는 것으로 이름이 드러나니, 여항의 사람들이 서로 조심하여 감히 공의 명을 범하는 자가 없었다.

병자년(1636, 인조14, 58세)에 인열왕후(仁烈王后 인조의 비)가 홍서하자 봉폐관(封閉官)[330]이 되었고 그 공로로 통정대부의 품계에 오르고, 승정원 동부승지에 제수되었다가 체직되어 첨지중추부사에 제수되었다. 일본과 우호를 닦을 때 공이 정사(正使)에 뽑혔는데,[331] 관

330 봉폐관(封閉官) : 광중(壙中)을 덮고 봉분을 쌓는 것을 감독하는 관원을 말한다.

331 일본과……뽑혔는데 : 당시 통신사의 부사는 김세렴(金世濂)이고, 종사관은 황호(黃㦿)였다. 통신사행은 1636년 10월에 부산항을 출발하였고, 1637년(인조15) 3월

백(關白)이 산을 유람할 것을 청하였으나 공이 허락하지 않았다. 돌아오려고 할 때 일본에서 금폐(金幣)를 선물로 주었는데, 공이 이를 받아 모두 바다에 던지고 돌아오니 일본 사람들이 지금까지도 '투금해(投金海)'라고 부른다. 돌아와 동래(東萊)에 정박했을 때 '남한산성에서 내려왔다〔南漢下城〕'는 소식[332]을 듣고 탄식하기를 "격설(鴂舌)하는 나라에서 돌아오자마자, 또 장차 가한(可汗)의 배신(陪臣)이 된단 말인가."[333]라고 하고, 통곡을 그치지 않았다.

복명하고 우부승지에 제수되었다가 좌부승지로 승진하고, 사신으로 수고한 공로로 발탁되어 가선대부에 오르고 한성부 우윤에 제수되었다. 때마침 조정에 남쪽 변경에 대한 걱정이 생겨 공을 삼남 주사검찰사(三南舟師檢察使)에 차임하여 보내니, 조치에 법도가 있었다. 돌아와 형조 참판이 되고 오위도총부 부총관을 겸직하였다.

무인년(1638, 인조16, 60세)에 다시 남쪽으로 나가 주사(舟師)의 편의를 조목조목 아뢰었다. 다시 돌아와 우윤이 되고 동지의금부사를 겸직하였다. 청나라 사람들이 장차 서쪽의 중국을 침범하려고 우리나

9일에 복명하였다. 이 통신사행에서 정사 임광은 《병자일본일기》를, 부사 김세렴은 《해사록(海槎錄)》을, 종사관 황호는 《동사록(東槎錄)》을 남겼다.

332 남한산성에서 내려왔다는 소식 : 인조가 남한산성을 내려와 삼전도(三田渡)에서 청군(淸軍)에 항복한 것을 완곡하게 표현한 말이다.

333 격설(鴂舌)하는……말인가 : 일본에서 돌아오자마자 청나라의 신하가 되고 말았다는 말이다. 격설은 왜가리가 우는 소리라는 뜻으로 야만인의 말을 비유한 것이다. 《맹자》 〈등문공 상(滕文公上)〉에, "지금 남만의 왜가리 소리를 내는 사람의 말은 선왕의 도가 아니다.〔今也南蠻鴂舌之人, 非先王之道.〕"라고 한 데서 나왔다. 가한(可汗)은 몽골족 등의 왕을 일컫는 호칭이다.

라에 군사를 빌리자, 조정에서 공을 원수(元帥)로 의망하였다.[334] 공이 강개하여 말하기를, "죽는 한이 있어도 갈 수 없다."라고 하고 마침내 7일 동안 밥을 먹지 않으니, 조정에서 그 뜻을 빼앗을 수 없음을 알고 마침내 논의를 그만두었다. 외직으로 나가 충주 목사(忠州牧使)가 되었다. 얼마 뒤에 안동 부사(安東府使)로 옮겼는데 그해의 농사가 마침 가뭄으로 흉년이 들었지만 백성 가운데 굶어 죽은 자가 없었으며, 여가에는 교육 정책에 힘쓰니 많은 선비가 감화되었다. 임기가 만료되어 돌아왔다.

이듬해(1642, 인조20, 64세)에 황해도 관찰사에 제수되었다. 새로 큰 난리를 겪어 일은 번다하고 백성은 피폐하였지만, 공이 명철함으로 다스리고 너그러움으로 어루만지니 한 도가 되살아나게 되었다.

계미년(1643, 인조21, 65세)에 내직으로 들어와 동지중추부사에 제수되고 승정원 도승지로 옮겼다. 이때 소현세자(昭顯世子)가 심양(瀋陽)에 인질로 가 있었는데, 공이 좌부빈객으로 그곳에 가서 일에 따라 간언을 올리니 강직한 말이 많았다. 해가 바뀌어 장차 교체되려 하다가 그대로 더 머물러 있으라는 명이 있었다. 이해(1644, 인조22) 9월에 여관에서 세상을 떠나니 향년 66세였다. 이듬해에 장단진(長湍津) 동면(東面) 계좌(癸坐)의 언덕에 귀장(歸葬)하였다.

성상이 측은히 여겨 하교하여 부의 물품을 더 내려주게 하고, 연도(沿道)의 고을로 하여금 공의 상여를 호송하게 하였다. 또 영사(寧社)

334 청나라……의망하였다 : 이와 관련한 기록이 《승정원일기》 인조 16년(1638) 7월 28일 기사에 보인다. 당시 인조는 이시영(李時英)·유림(柳琳)·임경업(林慶業) 등을 장수로 삼아 군사 5천을 보냈다. 《仁祖實錄 16年 9月 18日》

와 정사(靖社)의 원종공신(原從功臣)으로서[335] 대광보국숭록대부(大匡輔國崇祿大夫) 의정부좌의정 겸영경연사 감춘추관사 세자부(世子傅)로 추증하고, 제관(祭官)을 보내 제사하게 하였다.

부인은 동래 정씨(東萊鄭氏)이니, 정사민(鄭師閔)의 딸이다. 남녀의 손자와 증손이 모두 약간 명이다.

공은 사람됨이 고상하고 굳세며 엄정하고 곧아서 남의 잘못을 용납하지 않으니, 함께 거처할 때 두려워하며 꺼리지 않는 사람이 없었다. 일에 임해서는 대나무를 쪼개듯 거침없이 처리하되 먼저 이치에 닿는 곳에서 시작했기에 사람들이 공의 뜻을 빼앗을 수 없었다. 이 때문에 마음이 맞는 사람이 적었고 20여 년 벼슬살이를 하는 동안 태반을 외직으로 떠돌았다. 그러나 공의 명성과 기절(氣節)은 한 시대 명류(名流)에게 크게 추중을 받았다. 그러므로 공이 원수(元帥)로 임명됨을 거절했을 때 백강(白江) 이 문정공(李文靖公 이경여(李敬輿))이 "초(楚)나라를 위해 싸우는 일을 사양한 것은 높은 의리이다."[336]라고 극구 찬탄하였다. 공이 질관(質館)에 있을 때[337] 잠곡(潛谷) 김 문충공(金文忠公

335 영사(寧社)와 정사(靖社)의 원종공신(原從功臣)으로서 : 영사 공신(寧社功臣)은 1628년(인조6)에 유효립(柳孝立)이 대북(大北)의 잔당과 제휴하여 광해군을 상왕(上王)으로 삼고, 선조의 다섯째 아들 인성군(仁城君) 공(珙)을 추대하려는 역모를 사전에 적발한 공로로 책록된 공신이다. 정사 공신(靖社功臣)은 1623년(인조1)에 인조반정에 공을 세운 사람들에게 내린 공신호이다.

336 초(楚)나라를……의리이다 : 여기서 초나라는 오랑캐 청나라를 말한 것으로 보인다.

337 질관(質館)에 있을 때 : 질관은 병자호란 이후에 청나라에 볼모로 잡혀간 사람들이 심양(瀋陽)에서 머물던 곳을 일컫는 말이다. 여기에서는 소현세자가 심양에 볼모로 있을 때 임광이 좌부빈객으로 시종했던 것을 말한다.

김육(金堉))이 늘 "임모(任某)의 일신은 모두가 《춘추》의 큰 의리이다." 라고 하였다.

나의 선조 문정공(文正公 김상헌(金尙憲))은 공 및 공의 형인 경(絖)과 같은 마을에 살며 벗으로 서로 친하였다. 공이 심양에 들어갔을 때 문정공 역시 심양에 억류되어 있었다. 문정공은 돌아가게 되자 공에게 부채를 남겨 주고 그 위에 시를 적었는데, 시어가 매우 감개하였다. 얼마 뒤에 문정공은 이미 또 공의 신도비를 지었는데 거기에 "내가 심양의 북쪽 움막에 억류되어 있을 때 공이 궁료(宮僚)로서 따라와 있었다. 비록 성대하게 영광을 누리고 위태롭게 곤욕을 당한 바가 서로 현격히 다르기는 하였으나, 성대한 것은 영광으로 여기지 않고 위태로운 것은 곤욕으로 여기지 않았던 점은 처음부터 같지 않은 것이 없었다."라고 하였다.

아! 문정공(文貞公 이경여)과 문충공(文忠公 김육) 및 나의 선조 문정공 이 세 분은, 그 명성과 덕을 모두 우리나라 사람들이 믿고 따른다. 그분들의 말은 당시에 사람들을 기쁘게 만들었고 후세에 믿음을 줄 수 있으니, 그들의 말이 이와 같다면 공의 현명함을 알 수가 있고, 그들의 교유가 서로에게 성대한 도움이 되었음을 또 알 수가 있다. 후생 천학으로서 감히 무슨 말을 덧붙이겠는가.

지금 공의 후손인 제생(諸生) 모(某)가 장차 공의 역명(易名 시호)의 은전을 청하려 하며, 내가 문정공의 후손이라는 이유로 시장을 부탁하였다. 삼가 이상과 같이 차례대로 서술하여 태상씨(太常氏 봉상시)가 헤아려 채택하기를 기다린다.

풍고집

제15권

序서 記기 跋발

箴잠 銘명 頌송

贊찬 傳전

서序

《실록청제명록》에 대한 서문[1]

實錄廳題名錄序

《정종장효대왕실록(正宗莊孝大王實錄)》은 병신년(1776, 정조즉위년)부터 경신년(1800, 정조24)까지 25년의 기록이며, 모두 54권이다. 실록청(實錄廳)을 연 것은 신유년(1801, 순조1) 봄부터 을축년(1805) 가을까지 모두 5년이다. 찬수(纂修)와 교수(校讎)의 일에 참여한 사람은 모두 당상관이니, 보국대부(輔國大夫 정1품)의 품계부터 통정대부(通政大夫 정3품)의 품계에 이르기까지 총 약간 명이다. 등록(謄錄)과 선사(繕寫)의 노고가 있는 자는 모두 6품관부터 당하 3품관에 이르기까지 총 약간 명이다. 총재관(摠裁官)은 직접 일에 참여하지 않고 다만 수시로 실록청에 나아가 완성될 때까지 감독하였다.

1 실록청제명록(實錄廳題名錄)에 대한 서문 : 1805년(순조5) 8월에 《정조실록》의 인출(印出)을 완료한 뒤 작성한 《실록청제명록》에 붙인 서문이다. 풍고는 실록청 도청당상(都廳堂上)으로 《정조실록》의 편찬에 참여하였다. 《실록청제명록》은 실록 편찬에 참여한 인물들의 명단을 기록한 책으로, 《실록청제명기(實錄廳題名記)》라고도 한다. 실록의 인출이 완료되면 춘추관에 봉안하고 즉각 의궤청(儀軌廳)을 설치하여 의궤와 제명기를 편찬하였다.

관례상 실록이 완성되면 성상이 반드시 직분을 수행한 기간을 따져 차등을 두어 논공행상을 하였으며, 세초(洗草)를 할 때는 반드시 선온(宣醞)을 내려 총애를 보였다. 이해에 실록이 완성되었을 때 정순왕후(貞純王后)의 상(喪)[2]이 있었기 때문에 선온은 행하지 않았지만 논공행상은 관례대로 행하였다. 세초를 하고 난 뒤 《실록청제명록》의 완성을 앞두고 나에게 그 서문을 짓게 하였다.

삼가 생각건대, 실록은 국가의 역사이다. 제명록을 만드는 것은 후세의 사람들에게 이 역사 기록이 누구의 손에서 나온 것인지를 알게 하려는 것이고, 또 이 역사를 찬수하는 데 참여한 것이 영예롭고 영광스러운 것임을 기록하려는 것이다.

아! 우리 선왕의 큰 지모와 성대한 업적이 백 대(代)에 우뚝하여 그 천지처럼 위대함과 일월처럼 밝음은 붓을 잡은 두세 신하가 만분의 일도 능히 비슷하게 그려낼 수 있는 것이 아니니, 근심하고 두려워할 점이 오직 여기에 있을 뿐이다. 영예롭고 영광스럽기로 말하면, 이 《제명록》이 진실로 후세에 사실을 증명하기에 충분할 것이니, 또 어찌 군더더기 말을 많이 하겠는가.

2 정순왕후(貞純王后)의 상(喪) : 정순왕후는 영조의 계비로, 1805년(순조5) 1월 12일에 세상을 떠났다.

《운석소고》에 대한 서문[3]

雲石小稿序

아! 이것은 연안(延安) 이원우(李元愚) 경지(景芝)의 유고(遺稿)이다.

군(君)은 태학사(太學士) 극옹공(屐翁公 이만수(李晚秀))의 아들이다. 군은 태어나 네 살 때 글자를 알았고, 열 살 때 경전과 역사서에 통하였다. 열세 살에 관례(冠禮)를 치렀고 열너덧 살 때 사부(詞賦)와 고문(古文)을 지을 줄 알았으며, 열아홉 살에 세상을 떠났다. 세상을 떠난 뒤에 행적을 의탁할 수 있는 혈육이 없으니, 군이 세상을 살며 남긴 흔적은 오직 남양(南陽)에 있는 하나의 무덤과 이 책뿐이다. 슬프다.

극옹이 서하(西河)의 슬픔[4]을 안고서 밤낮으로 슬피 소리치고 방황하며 다시 그 얼굴을 보고 싶어 했으나 어쩔 도리가 없었다. 이에 먼지 낀 책 상자 속에서 군의 유문(遺文)을 찾았지만, 또 모두 산일되고 남은 것은 겨우 시부(詩賦)와 잡문(雜文) 약간 수와 공령문(功令文 과거 시험에 쓰는 문장) 수십 편뿐이었다. 사람을 보내 나에게 말하기를

3 운석소고(雲石小稿)에 대한 서문 : 19세의 나이로 요절한 이원우(李元愚, 1796~1814)의 문집《운석소고》에 붙인 서문이다. 이원우의 본관은 연안(延安)이고, 자는 경지(景芝)이며, 운석(雲石)은 그의 호이다. 풍고의 평생지기였던 이만수(李晚秀)의 아들이다.

4 서하(西河)의 슬픔 : 자식을 잃은 슬픔을 말한다. 공자(孔子)의 제자 자하(子夏)가 공자가 세상을 떠난 뒤 서하에 살다가 아들을 잃고 그 슬픔에 통곡하다가 실명(失明)했던 고사에서 나왔다.《史記 卷67 仲尼弟子列傳》

"공께서 일찍이 저 아이를 아들이나 조카처럼 보았습니다. 지금 저 아이는 죽고 남은 자취마저 사라지려고 하니, 아비 된 사람이 어찌 견딜 수 있겠습니까. 이 책이 세상에 전할 만하다고 여기는 것은 아니지만 오직 저 아이의 그림자와 목소리가 여기에 있으니, 만약 공께서 한마디 말씀을 내려주신다면 산 사람이나 죽은 사람이나 모두 감격스러울 것입니다."라고 하였다. 내가 그 말을 듣고 나도 모르게 눈물이 줄줄 흘렀다.

아! 하늘의 도는 선인에게 복을 내리고 악인에게 벌을 내리는 법인데, 저 훌륭한 덕을 지닌 극옹이 한 명의 자식을 보존할 수 없었으니 이미 유감이 없을 수 없다. 하물며 군처럼 효성스럽고 우애 있고 인후(仁厚)한 자질이 있고, 군처럼 상서롭고 깨끗한 자태를 지녔으며 군처럼 총명하고 영특한 재주가 있으면서도 수명을 오래 누리지 못하였으니, 이것이 어찌 이른바 '선인에게 복을 내린다'는 이치이겠는가.

나는 극옹과 더불어 선왕(先王 정조)을 함께 섬겨 그 말년에 이르러선 선왕의 말씀이 각별했는데, 갑자기 멀리 세상을 떠나시니 지금까지도 공경히 받들어 그 옥음(玉音)을 외고 금석 같은 사귐에 힘쓰고 있다. 이것이 우리 두 사람이 교제가 깊은 이유이다. 그러므로 군이 처음에 태어났을 때는 내가 건강하게 장수하기를 축원하였고, 군이 어려서 남보다 영특함을 보였을 때는 내가 또 일찍 성취하기를 기대하였으며, 군이 이미 성인이 된 뒤에는 내가 또 우뚝이 이름을 드러내어 성상을 보좌하여 나라를 다스릴 것을 면려하였다. 무릇 이것은 모두 서로를 깊이 인정한 것이고, 바로 군의 자질과 자태와 재주가 출중함을 안 것이다.

아! 군이 열두 살 때 북관(北關 함경도)에서 〈일출(日出)〉시를 읊었는데,[5] 내가 군의 백부(伯父) 의정공(議政公 이시수(李時秀))에게 축하하기를 "이 아이는 자질과 모습이 비범하고 재주와 생각이 높고 원대하니 훗날 반드시 그대 형제의 가업을 이을 것이오."라고 하였다. 그 뒤에 다시 군이 지은 〈형화부(螢火賦)〉를 읽어보니 구양수(歐陽修)의 〈추성부(秋聲賦)〉의 유음(遺音)으로 점차 나아갔기에, 내가 그 부(賦)에 쓰기를 '군자의 마음이요, 재상의 기상이며, 문장의 뛰어난 솜씨로다. 〔君子心術, 宰相氣象, 文章手段.〕'라고 하였다. 내가 군을 마음으로 사랑하고 좋아하여 상서로운 기린과 봉황처럼 여길 뿐만이 아니었던 것이, 어찌 좋아함에 눈이 어두워져서 깨닫지 못해 그런 것이었겠는가.

그러나 군이 세상을 떠난 날 군의 일족과 이웃 마을 사람들부터 벼슬아치와 학사(學士)로 군의 이름을 알았던 자에 이르기까지 모두 경악하며 탄식하기를 "이런 사람이 이 지경에 이르다니."라고 하였다. 군이 일찍 세상을 떠나자 사람들이 이처럼 슬퍼한 것이 어찌 까닭 없이 그런 것이겠는가.

아! 하늘이 군을 낳을 때 부여한 것이 두터워 마치 장차 큰일을 하게 하려는 듯하였다. 그러나 군의 목숨을 빨리 빼앗아 갈 때는 질병으로 화를 내려 그 삶을 가혹하게 해쳐, 오직 조금이라도 목숨이 연장될까만 걱정했던 것은 무엇 때문인가? 혹시 태어나게 하는 것은 하늘이지만 장수와 요절은 사람에게 달려서인가? 아니면 스스로 태어나고 스스로 죽어서 하늘은 본래 관여함이 없는 것인가? 아! 믿을 수 없다.

5 군(君)이……읊었는데 : 이만수는 1806년(순조6) 6월부터 1808년 4월까지 함경도 관찰사를 지냈는데, 이때 이원우가 부친을 따라갔던 것으로 보인다. 이원우가 열두 살 때는 1807년이다.

지금 군이 남긴 글과 글씨가 비록 여기에 남아 있다고 하지만 오래도록 군을 전하기에 부족하고, 전한다고 하더라도 또한 누가 다시 알아주겠는가. 그렇지만 극옹이 일족의 아이를 데려와 그를 군의 후사로 세웠으니, 훗날 이 아이가 장성하고 자손이 번성하여 아버지와 할아버지의 모습을 찾으려 한다면, 또한 이 책이 아니고는 다른 것이 없을 것이다. 마침내 이 글을 써서 돌려주어 극옹의 슬픔을 달랜다.

연경에 가는 동어 이 판서를 전송하는 서문[6]

送桐漁李判書赴燕序

금상 13년 계유년(1813, 순조13) 봄에 조정에서 동어(桐漁) 이 대부(李大夫 이상황(李相璜))에게 판중추부사의 직함을 임시로 주고 사은사의 정사(正使)로 임명하여 연경(燕京)에 가게 하니,[7] 대부가 나에게 전송하는 말을 청하였다. 나는 대부와 젊은 시절 동료가 되어 우의를 나누며 백발이 되도록 변함이 없으니, 지금 이역으로 이별하는 때에 어찌 입을 다물고 있을 수 있겠는가.

이에 그에게 다음과 같이 말하였다.

"이 대부여! 사람 중에 사행(使行)의 명을 듣고서 근심하고 낙담하고 싫어하고 꺼려서 마치 유배되고 옥에 갇히는 재앙을 당한 것처럼 여기는 자는 본래 말할 것도 없습니다. 기뻐하며 용감하게 나아가는 자일지라도 그 마음은 또한 산천·풍토·인물·성지(城池)·궁실·정원·창고의 웅장하고 화려하고 기이한 구경거리가 귀와 눈을 놀라게

6 연경에……서문 : 1813년(순조13) 2월에 사은사의 정사가 되어 연경으로 떠나는 이상황(李相璜, 1763~1841)을 전송한 서문이다. 이상황의 본관은 전주(全州)이고, 자는 주옥(周玉)이며, 동어(桐漁)는 그의 호이다. 효령대군(孝寧大君)의 14대손으로 1786년(정조10) 문과에 급제하여 예문관 검열에 임명되었으며, 대사간·황해도 관찰사·형조 판서를 역임하고 1813년에 사은사로 연경에 다녀왔다. 뒤에 영의정에까지 올랐다. 저서로 《동어집》, 《해영일기(海營日記)》가 있다. 시호는 문익(文翼)이다.

7 금상……하니 : 이상황은 1813년 1월 22일에 정2품 한성부 판윤(漢城府判尹)에 임명되었는데, 동년 2월 1일에 사은사의 정사에 임명되면서 관례에 따라 종1품인 판중추부사에 임명된 기록이 보인다. 《承政院日記 純祖 13年(1813) 1月 22日, 2月 1日》

하고 마음과 뜻을 즐겁게 할 수 있음을 기뻐하는 것에 불과합니다. 그러므로 떠날 때는 먼 여정에 대한 한탄을 잊고, 돌아와서는 자랑하는 이야기만 실컷 늘어놓을 뿐입니다.

지금 대부는 그렇지 않습니다. 평소에 담백하여 물욕이 적어 몸은 옷을 이기지 못할 듯하고 말은 입 밖으로 내지 못하는 듯하며 말을 내달리면서 유람하는 일은 아예 익히지도 않아, 사모하고 좋아하는 것이 세상 사람들과 전혀 같지 않습니다. 나는 대부께서, 길에서는 수레의 휘장을 걷을 때가 없고 여관에서는 한 권의 책을 손에 들고 쓰러지듯 누울 것임을 반드시 장담합니다. 이와 같다면 이번 행역(行役)이 대부에게 무슨 상관이 있겠습니까. 그렇지만 이번 행역에 대해 내가 조정을 위해 매우 기뻐하는 것은 삼가 스스로 대부를 깊이 안다고 여기기 때문입니다.

우리 동방은 중원(中原)과 영토가 서로 닿아 있고 천문(天文) 또한 연(燕)나라 분야의 끝자락에 해당합니다.[8] 그러므로 이전 시대부터 중원에 일이 생기면 우리 조선이 그때마다 시종을 함께하여 중원이 어지러우면 함께 어지러웠고 중원이 편안하면 함께 편안하였으니, 역사서를 상고하면 살펴서 알 수 있습니다.

제가 연경에 사신으로 다녀온 지 지금 20년이 되었는데,[9] 당시에는 보고 듣는 것이 그래도 풍부하고 성대했다고 할 만합니다. 그런데 근

8 천문(天文)……해당합니다 : 연나라 분야는 전국 시대 연나라 지역이었던 연주(燕州) 지역으로, 이곳의 천문은 미수(眉宿)와 기수(箕宿)에 해당한다. 우리나라의 황해도 지역 역시 해당하는 천문의 분야가 미수와 기수이다.

9 제가……되었는데 : 풍고는 28세 때인 1792년(정조16) 10월 21일에 동지 겸 사은사의 서장관으로 연행을 다녀왔다.

래에 들으니 기강은 날로 무너지고 풍속은 날로 경박해지고 백성은 날로 곤궁해져서, 재화의 원천은 날로 바닥나고 여염과 저자의 산업은 날로 쇠퇴해지며 인재가 적어 날로 지난날에 미치지 못하는데도, 오히려 또 태평 시대라고 꾸며대며 안일함에 젖어 경계하지 않는다고 합니다.

무릇 넓고 큰 천하로 논할 때 쇠퇴함이 이러하고도 아무 일 없었던 적은 아직까지 없었습니다. 저들의 쇠퇴함은 우리의 근심입니다. 저들에게 일이 없다면 우리가 어떻게 미리 대비할 것이며, 저들에게 일이 있다면 우리가 어떻게 변고에 대응해야 할지 알아야 하니, 대부의 책무는 어찌 잘 살피는 것이 급선무가 아니겠습니까.

사신의 수레는 관서(關西)를 거쳐 가는데, 관서는 우리 조선의 큰 변방으로 군대가 강성하고 비축이 충실하다는 것은 대부께서 익히 아는 것입니다. 불행히 몇 년 이래 하늘이 서도(西道)의 백성에게 노여움을 보여 기근으로 무너뜨리고 역병으로 죽게 하였습니다. 게다가 교활한 도적의 기세가 하늘까지 뒤덮었다가 반년 만에야 비로소 평정되었습니다.[10] 남북의 여덟 고을 수백 리 사이에 해골이 들판에 쌓이고 마을이 쑥대밭으로 변하여 참혹함이 눈에 가득하니, 길을 가는 사람들이 눈물을 흘립니다. 공적으로나 사적으로나 깡그리 손상되고 지혜와 역량이 다 궁색해져, 살아남은 백성들이 비록 잿더미를 수습하며 억지로 상처를 싸매고 조석에 달린 목숨을 구제하고자 하나, 베를 짜려니 실이 없고 밭을 갈려니 소가 없어 한탄하고 원망하여 항심(恒心)을 지닌

10 교활한……평정되었습니다 : 1811년(순조11) 12월에 홍경래(洪景來) 등이 중심이 되어 반란을 일으켰다가 1812년 4월에 진압된 것을 말한다.

자가 있지 않습니다. 그 형세는 모여서 도적이 되지 않으면 곧 전전하며 다른 곳으로 떠나가는 것입니다. 백성이 없으면 관서가 무너지고, 관서가 무너지면 국가의 울타리가 허물어집니다. 이러한 때를 당하여 품어서 보호하고 안정시켜 편안하게 해주는 것이 오늘날의 급선무이니, 대부의 수고로운 행차가 두루 자문하고 모의하는 관찰사의 임무보다 더 중요하지 않겠습니까.

이 두 가지는 제가 밤낮으로 노심초사하여, 쓸데없는 근심을 안고 하루살이의 시를 읊는 것을 편안히 여기지 못하는 이유입니다.[11]

대부께서는 나라를 걱정하는 정성과 세상을 다스릴 계책을 지니고서 큰 계책을 세우는 조정의 자리로부터 나와 관서를 거쳐 연경에 도착하기까지 수천 리 먼 길을 석 달에서 다섯 달에 걸쳐 갈 것입니다. 그사이에 귀로 듣고 눈으로 보는 것은 제가 억측으로 단정한 것에 그칠 뿐만이 아닐 것입니다. 반드시 그 실상을 알아서 깊이 생각하고 두루 근심하고 익히 강구하여 돌아와 정책에 시행할 수 있다면, 변방을 견고히 하여 승리할 방책과 어지러움을 다스리고 어려움을 구제할 정책으로 반드시 나라의 상황을 반석 위에 공고히 다질 수 있을 것입니다. 저는 장차 눈을 비비고 기다리겠습니다.

외물에 얽매이지 않는 자는 반드시 내면에 전일하고, 화려함에 현혹되지 않는 자는 반드시 실질에 힘쓰는 법입니다. 대부가 이번 행역에 대해 기쁘게 여기는 것이 없는 것이 어찌 국가의 기쁨이 아니겠습니까. 저는 본래 연경에 가는 것을 기쁘게 여기는 자를 위해서는 이런 말을

11 이……이유입니다 : 하루살이의 시는 《시경》 〈부유(蜉蝣)〉로, 작은 즐거움을 좋아하고 원대한 생각을 잊은 자를 풍자한 시이다. 부유는 하루살이를 말한다.

해주지 않는데 이 말을 대부를 위해 읊어드리니, 대부께서는 힘쓰십시오. 먼 여정을 슬퍼할 만하고 이별을 아쉬워할 만하나, 대부가 그 기색을 보이지 않으시니 제가 또 어찌 감히 그렇게 하겠습니까.

만기 선생의 회갑을 축하하는 서문[12]

賀晩磯先生周甲序

생명을 받아 태어나면 장수하기를 바라는 것이 인지상정이다. 장수하기를 바라되 장수하지 못하기도 하고 장수하기를 바라서 장수할 수 있는 것은 모두 명(命)이다. 마음은 사람에게서 나오고 명은 하늘에 달렸으므로, 《서경》 〈홍범(洪範)〉에서 '장수'를 오복(五福)의 첫머리로 삼은 것[13]은 사람이 바라는 것 중에 장수보다 더한 것이 없으며 장수는 하늘로부터 받는 것이므로 이를 복이라고 한다는 것을 밝힌 것이다.

그러나 공자(孔子)가 원양(原壤)의 정강이를 툭툭 치면서 늙어서 죽지 않음을 꾸짖었으니,[14] 장수는 또한 복이라고 할 만하지 못할 것이

12 만기(晩磯)……서문 : 1813년(순조13) 11월에 만기 안광우(安光宇, 1753~?)의 회갑을 축하하며 지은 서문이다. 안광우의 본관은 죽산(竹山)이고, 자는 천택(天宅)이며, 만기는 그의 호로 보인다. 《담정유고》 권11 〈동계잡록 권후에 쓰다〔題東溪雜錄卷後〕〉에 "내가 일찍이 안만기 태정이 지은 동국유현록을 읽었다.〔余嘗讀安晩磯泰定所述東國儒賢錄.〕"라는 기록이 있는 것으로 보아, 다른 자는 태정(泰定)으로 보인다. 저술로는 《청구호보(靑邱號譜)》《속수청구호보(續修靑邱號譜)》 등이 전한다.

13 서경(書經)……것 : 《서경》 〈홍범〉에 "오복은 첫째는 장수함이고, 둘째는 부유함이고, 셋째는 강녕함이고, 넷째는 덕을 좋아함이고, 다섯째는 정명으로 마치는 것이다.〔五福, 一曰壽, 二曰富, 三曰康寧, 四曰攸好德, 五曰考終命.〕"라는 구절이 있다.

14 공자(孔子)가……꾸짖었으니 : 원양(原壤)은 노(魯)나라 사람으로 공자의 친구인데, 예법에 얽매이지 않았다. 원양이 걸터앉아 공자를 기다리자, 공자가 지팡이로 그의 정강이를 툭툭 치며 "어려서 공손하지도 않고, 자라서 칭찬할 만한 일이 없고,

있는가? 지초와 난초에 대해서는 늘 꽃이 피지 않음을 아쉬워하면서도 사람들이 오히려 애호해 마지않고, 가죽나무와 떡갈나무는 그 둘레가 한 아름에 이르러도 목수가 눈길조차 주지 않으니, 이는 향기가 있음과 목재가 되지 못함이 그렇게 만든 것이다. 만약 지초와 난초가 가죽나무와 떡갈나무의 수명을 누린다면 사람의 마음에 흡족함을 주는 것이 도리어 어떠하겠는가. 나는 이제야 원양처럼 '장수'하기만 하는 것으로는 복이 되기에 부족하고 복의 범위가 넓어져서 반드시 덕을 좋아하는 데까지 이르는 것이 까닭이 있음을 알았도다.

금년인 계유년(1813, 순조13) 11월 13일은 바로 나의 벗 만기 선생의 61세 생신이다. 그 집안사람이 술과 음식을 마련해 경하하고 붕우들이 술잔을 들며 축하하였는데, 나는 병이 나서 그 자리에 참석하지 못해 마침내 다음과 같이 읊어드린다.

선생은 어려서는 집안의 가르침을 따르고 장성해서는 육예(六藝 육경(六經))의 글을 익히며 곤궁해도 원망하는 기색이 보이지 않았고 영달해도 평소의 지조를 바꾸지 않았으니, 이 시대의 군자라고 할 만하다. 군자가 자신을 수양할 수 있다면 사람들이 사랑하고 좋아하며, 사람들이 사랑하고 좋아하면 그가 오래 살기를 바란다. 〈행위(行葦)〉의 시에 '누런 얼굴에 복어의 등을 한 노인이, 인도하고 도와주어, 하늘에서 복을 받는다.〔黃耉鮐背, 以引以翼, 受福于天.〕'라고 하였으니,[15] 하늘에

늙어서 죽지 않는 것이 바로 적이다.〔幼而不孫弟, 長而無述焉, 老而不死, 是爲賊.〕"라고 하였다. 《論語 憲問》

15 행위(行葦)의……하였으니 : 《시경》 〈행위〉에는 "누런 얼굴에 복어의 등을 한 노인이, 인도하고 도와주어, 오래도록 장수하고 길하니, 큰 복을 더욱 크게 받도다.〔黃耉鮐背, 以引以翼, 壽考維祺 以介景福.〕"라고 되어 있다.

서 복을 받고 싶은 것은 또한 인지상정이다. 이로 보건대, 장수를 원하여 장수할 수 있는 것은 스스로 원해서가 아니라 남들이 원해서이다.

지금 살피건대, 저 수많은 사람 속에 일흔이 된 자, 여든이 된 자, 아흔이 된 자, 백 세가 된 자가 어찌 한정이 있겠는가. 그런데 내가 유독 선생이 예순을 넘긴 것을 기뻐하는 것은 선생이 덕을 좋아하는 사람에 가깝기 때문이다. 선생께서는 힘쓰시라. 그리고 나는 선생이 장차 일흔이 되고 여든이 되고 아흔이 되고 백 세가 되어도 죽지 않을 것임을 장담한다.

《동성교여집》에 대한 서문[16]

東省校餘集序

경산(經山 정원용(鄭元容)) 직각(直閣)이 《동성교여집(東省校餘集)》을 편찬하여 간행하고 난 뒤 다시 나에게 서문을 청하였다. 이 책의 편찬 경위 및 편찬과 관련된 고사(故事), 문헌을 서술한 것은 죽리 족숙(竹里族叔 김이교(金履喬))의 서문에 이미 자세히 갖추어져 있다.[17] 시재(詩才)를 발휘하고 반복해 감탄한 일은 사영 태사(思穎太史 남공철(南公轍))의 서문에 지극하다. 나의 거친 재주를 돌아보건대 무슨 말을 덧붙일 수 있겠는가.

그렇지만 무릇 천하의 일은 근본이 있지 않은 것이 없으니 하물며 시(詩)임에랴. 시는 뜻을 말하는 것이니,[18] 참된 마음이 내면에 쌓인

16 동성교여집(東省校餘集)에 대한 서문 : 1814년(순조14) 9월에 《동성교여집》에 붙인 서문이다. 《동성교여집》은 1813년(순조13) 2월부터 1814년 6월까지 《홍재전서(弘齋全書)》를 교정하고 인쇄할 때 그 일에 참여한 15명의 문인이 수창한 시를 모은 것이다. 총 2권으로 서두에는 풍고와 김이교(金履喬)와 남공철(南公轍)의 서문이 수록되어 있고, 말미에는 편찬에 참여한 사람의 벼슬과 성명을 기록한 '주자소제명록(鑄字所題名錄)'이 붙어 있다. 동성(東省)은 송(宋)나라 때 왕실의 도서를 관장한 비서성(秘書省)의 이칭이다. 여기서는 규장각의 내각(內閣)을 일컫은 말이다. 금릉(金陵) 남공철(南公轍)은 《동성교여집》의 서문을 지었는데, 그 제목을 〈내각교여집서(內閣校餘集序)〉라고 하였다. 《金陵集 卷1》

17 이 책의……있다 : 김이교(金履喬)는 〈동성교여집서(東省校餘集序)〉에서 《동성교여집》의 편찬 경위를 서술한 뒤, 당(唐)나라 위처후(韋處厚)가 〈성산십이시(盛山十二詩)〉를 짓고 송(宋)나라 구양수(歐陽修)가 《내제집(內制集)》을 편찬하여 성대한 일을 영원토록 잊지 않고자 한 전례가 있음을 소개하였다.

연후에야 환하게 밖으로 표현된다. 그러므로 사물에 감응함은 비록 깊고 얕은 차이가 있을지라도 말로 표현하는 것은 각각 성정(性情)의 올바름을 얻은 것이다. 그러므로 '생각에 간사함이 없다.〔思無邪〕'[19]라고 한 것이다. 이것이 《시경》 삼백 편(三百篇)이 시의 근본이 된 이유이다.

지금 이 《동성교여집》도 그러한가? 그 취향을 말하면 바람과 꽃과 달과 이슬을 읊은 것이요 그 기습(氣習)을 논하면 웃고 화내는 것의 나머지이니, 어찌 시의 근본과 거리가 멀지 않겠는가. 이런 시는 있어도 되고 없어도 되니, 또 어찌 굳이 책으로 엮을 필요가 있겠는가.

그러나 삼가 저 여러 공의 시를 보건대, 정을 펼치고 흥을 의탁한 것은 걱정이 깊고 생각이 원대하며, 사귐을 돈독히 하고 남을 면려한 것은 충(忠)은 일러줄 만하고 신(信)은 반복하여 욀 만하다. 이와 같다면 비록 바람과 꽃과 달과 이슬을 읊은 것에 관련될지라도 또한 《시경》 삼백 편의 본래 뜻을 잃지 않았으니, 군자가 이런 시를 짓는 것도 무방할 것이다. 그렇다면 경산이 이 책을 편찬한 것이 또 어찌 헛된 것이라고 하겠는가.

그렇지만 뜻을 이미 말하였으니, 말은 몸을 꾸미는 것이다.[20] 군자는

18 시는……것이니 : 《서경》 〈순전(舜典)〉에 "시는 뜻을 말한 것이요, 노래는 말을 길게 한 것이다.〔詩言志, 歌永言.〕"라는 말이 있다.

19 생각에 간사함이 없다 : 《논어》 〈위정(爲政)〉에 "시 삼백 편의 뜻을 한마디 말로 덮을 수 있으니, 생각에 간사함이 없다는 말이다.〔詩三百, 一言以蔽之, 曰思無邪.〕"라는 공자의 말이 있다.

20 말은……것이다 : 《춘추좌씨전》 희공(僖公) 24년조에 "말은 몸을 꾸미는 것이니, 몸을 장차 숨기려 하면서 무엇 때문에 꾸미겠는가.〔言, 身之文也. 身將隱, 焉用文爲?〕"

말을 할 때 행동을 돌아보고 행동할 때 말을 돌아보므로, 그 말이 그 몸을 꾸밀 수가 있는 것이고, 그 꾸밈이 세상에 오래 전해질 수 있는 것이다. 이 세상에 말과 행동이 어긋나면서 군자가 될 수 있었던 자는 있지 않았으니, 이것은 나와 여러 공이 마땅히 독실히 하고 삼가야 할 것이다. 갑술년(1814, 순조14) 초가을에 쓰다.

라는 구절이 있다.

《임재집》에 대한 서문[21]

臨齋集序

내가 동자였을 때 일찍이 돌아가신 백부(伯父 김이기(金履基))를 모신 적이 있었다. 백부께서 집안의 자제들과 당세의 일을 이야기하다가 탄식하기를 "만약 윤경평(尹景平)이 지금 있다면 마땅히 이 지경에 이르지는 않았을 것이다."라고 하였다. 내가 당시에 비록 어리석기는 했지만 공손히 여쭙기를 "윤경평이 어떤 분입니까?"라고 하였다. 백부가 웃으며 다음과 같이 말하였다.

"어린아이가 이런 마음을 지닐 줄 아는구나. 내가 젊었을 때는 그래도 옛날 사대부의 풍모를 지닌 이를 보았으니, 내가 너를 위해 이야기를 해주마. 우리 마을에는 김 부제학(金副提學 김진상(金鎭商))[22]이 있었고 삼산(三山)에는 이 판서(李判書 이태중(李台重))[23]가 있었으며, 파주

21 임재집(臨齋集)에 대한 서문 : 1817년(순조17)에 윤심형(尹心衡, 1698~1754)의 문집인 《임재집》에 붙인 서문이다. 윤심형의 본관은 파평(坡平)이고, 자는 경평(景平)이며, 임재는 그의 호이다. 1721년(경종1)에 문과에 장원으로 급제하여 벼슬을 시작하였고, 신임사화로 노론이 추방당할 때 삭직되었다가 영조가 즉위한 뒤 정언·교리·헌납·예조 참판 등을 역임하였다. 1728년(영조4) 정미환국 때 다시 파직된 이후로는 종신토록 절조를 지키며 벼슬에 나오지 않았다. 시호는 청헌(淸獻)이다.

22 김 부제학(金副學) : 김진상(金鎭尙)으로, 본관은 광산(光山), 자는 여익(汝翼)이었다가 태백(太白)으로 고쳤으며, 호는 퇴어(退漁)이다. 행적에 대해서는 125쪽 주213 참조.

23 이 판서(李判書) : 이태중(李台重)으로, 본관은 한산(韓山), 자는 자삼(子三), 호는 삼산(三山)이다. 행적에 대해서는 327쪽 주172 참조.

(坡州)에는 윤 참판(尹參判)이 있었으니 경평은 그분의 자이다. 이 세 공은 모두 맑은 덕과 고상한 절조로 대의(大義)를 지켜 벼슬에 나가지 않아서, 임금의 경외를 받았고 사림의 추중을 받은 분이다.

그러나 김공(金公)은 숙종 말년에 한 번 떠난 뒤 다시 돌아오지 않았고, 오직 윤공(尹公)과 이공(李公)은 때때로 서울을 왕래하였다. 두 공은 벗으로 친했고 명성이 나란하였기에 서울에서 만날 때마다 고관(高官)들부터 초가에 사는 선비에 이르기까지 그 소문을 듣고 찾아와 문안을 여쭙지 않는 사람이 없었다. 두 공은 반드시 가운데 자리에 어깨를 맞대고 앉았고 술이 거나해진 뒤에는 바람이 이는 듯 의론을 펼쳤다. '어떤 사람은 어떤 일이 훌륭하니 선인(善人)이므로 상을 받아야 마땅하고, 어떤 사람은 어떤 일이 잘못되었으니 그릇된 사람이므로 벌을 받아야 마땅하다. 어떤 관원은 바른말을 올려 벌을 받았으니 정직한 선비이므로 반드시 구제해야 마땅하고, 어떤 관원은 성상의 뜻에 아부하여 등용되었으니 아첨꾼이므로 반드시 쫓아내야 마땅하다.'고 하며, 비록 권세를 잡은 사람이라 할지라도 배척하는 데 힘을 남기지 않았고, 비록 빈천한 선비라 할지라도 천거하고 아끼기를 미치지 못할 듯이 하였다. 그 자리에 함께한 사람들은 공손하게 두 손을 모으고서 두 공이 찡그리는지 웃는지를 살펴 영광과 걱정으로 삼지 않는 사람이 없었다. 그러므로 조정에는 분명한 의론이 있고 선비에 대해서는 분명한 평가가 있게 되어서 선(善)을 좋아하는 자는 의지할 곳이 있었고 어리석은 자들은 꺼려할 바가 있게 되었으니, 일시의 기풍의 성대함과 명교(名敎)의 막중함을 알 수 있다.

성상의 마음에 공을 반드시 조정으로 부르고자 하여 위엄으로 두렵게 만들기도 하고 녹봉으로 달래기도 하였다. 하지만 공은 스스로 두려워하거나 마음을 옮기지 않고 자신의 말을 바꾸지 않은 채 끝내 세상을 떠날 때까지 출사하지 않았으니, 어찌 진실로 우뚝이 자신의 길을 걸어간 분이 아니겠는가. 공이 신임(辛壬)의 대의를 지킨 것에 대해 '한 가닥 절의로 국가를 붙들었다.〔一絲扶鼎〕'고 해도 옳을 것이다.[24] 나는 그래도 옛날 사대부의 풍모를 지닌 이를 보았는데, 지금은 그런 사람이 없다."

나는 또 공손히 듣고서 마음에 새기고 감히 잊지 못하였다. 내가 장성하여 조정에서 벼슬한 것은 공이 세상을 떠난 지 겨우 30여 년인데, 사대부의 풍도와 절조가 이미 완전히 사라졌고 공의 후손은 또 몰락하여 세상에서 행세하지 못하고 있다. 이에 공의 자취가 점점 멀어짐을 안타까워하고 공의 집안이 대대로 이어지지 못함을 슬퍼하여, 공의 문장을 보고 지난날 우러러 존경했던 마음을 달래고 싶었으나 또한 방법이 없었으니, 거의 한스러움을 안고 노년에 이르고 말았다.

금년 정축년(1817, 순조17)에 의령(宜寧)의 남군 주헌(南君周獻)이 갑자기 《임재집》이라는 제목이 붙은 두 책을 소매에 넣어 와서 나에게 부탁하기를 "이 책은 저의 외증조부의 유집입니다. 공께서 서문을 지어주시겠습니까?"라고 하였다. 나는 생각지도 못한 일이라 벌떡 일어나 말하기를 "이 문집이 정녕 세상에 남아 있었단 말인가. 나는 이미

24 공이……것이다 : 신임의 대의는 신임사화 때 역적으로 몰려 죽은 노론 지도자들의 명예 회복과 소론에 대한 철저한 숙청을 주장하는 노론의 당론을 말한다. '한 가닥 의리로 국가를 붙들었다.〔一絲扶鼎.〕'는 말은, 숙종 때 소론의 영수로 영의정까지 오른 뒤 성묘를 핑계로 고향으로 돌아가 은거하던 최규서(崔奎瑞)가 이인좌(李麟佐)의 난 때 80세의 노구를 이끌고 조정으로 달려와 영조를 보필하자, 영조가 최규서에게 어필로써 주었던 말이다. 《英祖實錄 11年 1月 1日》

일실되어 남은 것이 없다고 여겼다."라고 하고, 마침내 옷깃을 여미고서 끝까지 읽어보았다.

공은 문장에 대해 특별히 뜻을 두려 하지 않은 듯하였으나, 청명하고 강직한 기운과 넓고 깊은 생각은 세속을 훨씬 뛰어넘어 옛날의 법도에 합치되었다. 공은 진실로 문장으로 이름을 전한 분이 아니지만, 문장으로 이름을 전한다고 하더라도 또한 공의 이름을 오래도록 전하기에 충분하였다. 아! 도가 사라지고 문장이 황폐해진 것이 오늘날에 이르러 극에 달했으니, 어찌하면 공과 같은 선배 두세 분을 살려내어 담소하는 사이에 구제하게 할 수 있을 것인가. 아! 그만이로다.

내가 글재주가 없으니 어찌 감히 공의 문집에 붓을 적셔 서문을 지을 수 있겠는가. 하지만 옛날 자첨(子瞻 소식(蘇軾))이 《범문정공집(范文正公集)》에 서문을 지으면서 직접 뵙지 못함을 한스러워하고 그 문하에 자신을 의탁하기를 원했으니,[25] 내가 공의 문집의 서문을 짓는 뜻 또한 그러할 뿐이다.

25 옛날……원했으니 : 자첨(子瞻)은 송나라 소식(蘇軾)의 자이다. 《범문정공집(范文正公集)》은 송나라 범중엄(范仲淹)의 문집이다. 소식은 어릴 때 한기(韓琦)·범중엄·부필(富弼)·구양수(歐陽脩)가 당대의 인걸이라는 말을 듣고 사모하였는데, 과거에 급제한 뒤 범중엄만은 이미 작고하여 만날 수가 없었다. 이에 범중엄의 문집 서문에서 "저 세 분의 인걸은 모두 종유할 수 있었으나 공만은 유독 만나 뵙지 못하여 평생의 한으로 삼고 있다. 공의 문집에 내 이름을 얹어서 스스로 문하의 선비의 말석에 의탁할 수 있다면 이 어찌 나의 숙원을 푸는 것이 아니겠는가."라고 하였다. 《東坡全集 卷34 范文正公文集序》

《노가재집》에 대한 서문[26]

老稼齋集序

나의 고조의 형제 여섯 분의 유집(遺集)으로 이미 세상에 간행된 것이 다섯인데, 고조의 문집은 《몽와집(夢窩集)》이고 다음은 《농암집(農巖集)》이며 다음은 《삼연집(三淵集)》이니, 모두 선생의 형의 문집이다. 다음은 《포음집(圃陰集)》이고 다음은 《택재집(澤齋集)》이니, 모두 선생의 아우의 문집이다. 유독 선생의 《노가집》만이 아직 간행되지 않아 학자들이 한스럽게 생각하였다.

나의 삼종숙(三從叔)인 치사공(致仕公 김이익(金履翼))은 선생의 증손인데, 일찍이 족증조(族曾祖) 모주공(茅洲公 김시보(金時保))이 간정(刊定)한 선생의 시집 5권을 관동(關東 강원도)에서 판각하였다.[27] 얼마

26 노가재집(老稼齋集)에 대한 서문 : 1820년(순조20)에 김창업(金昌業, 1658~1721)의 문집인 《노가재집》에 붙인 서문이다. 김창업의 본관은 안동이고, 자는 대유(大有)이며, 호는 노가재이다. 김수항(金壽恒)의 넷째 아들이다. 1681년(숙종7)에 진사시에 합격했으나, 1689년(숙종15)에 기사사화가 일어나자 포천(抱川)에 있는 영평산(永平山) 속에 들어가 은거하였다. 1712년(숙종38)에 연행정사(燕行正使)인 형 김창집(金昌集)을 따라 연경에 다녀와 《노가재연행록(老稼齋燕行錄)》을 남겼다. 그림에도 뛰어났다.

27 삼종숙(三從叔)인……판각하였다 : 치사공(致仕公)은 김이익(金履翼, 1743~1830)으로, 자는 보숙(輔叔)이고, 호는 유와(牖窩)이다. 1785년(정조9)에 문과에 급제하였고, 병조와 형조의 판서를 역임하였으며 1812년에 스스로 치사(致仕)하고 봉조하(奉朝賀)를 받았다. 1798년(정조 22)에 강원도 관찰사로 부임하여 《노가재집》을 판각하였다.

뒤에 경신년(1800, 정조24)과 신유년(1801, 순조1)의 즈음을 당하여 공은 풍파가 일어날 것을 염려하여 마침내 간행을 마무리 짓지 못한 채 인쇄한 책을 상자 속에 쌓아 둔 것이 거의 20년이나 되었다. 경진년(1820, 순조20) 정월에 내가 선생의 사당과 유상(遺像)을 참배한 뒤 급히 공에게 선생의 문집을 세상에 전하기를 청하였다. 공이 이에 나에게 서문을 쓸 것을 명하기에 내가 주저하기는 했으나 감히 끝내 사양하지 못하였다.

아! 선생은 우리 조선의 일민(逸民 학덕을 지닌 은자)이다. 몸은 밭두둑 사이를 떠나지 않았고 발걸음은 고을 밖으로 나가지 않았으니, 마치 세상에 드러낼 만한 것이 없는 것처럼 여겨지는 것도 당연하다. 그러나 옛날에 선생이 송계(松溪)에 거처할 때[28] 사람들은 연명(淵明 도잠(陶潛))이 시상촌(柴桑村)에 거처하고 요부(堯夫 소옹(邵雍))가 동락(東洛)에 우거한 것[29]과 같이 여겼다. 위로는 벼슬아치와 학사(學士)에게 존경을 받고 아래로는 목동과 농부에게까지 칭송을 받으며 지금까지 백 년이 되어서도 마치 하루밖에 지나지 않은 듯 변함이 없으니, 어찌 아무 이유 없이 그렇게 되었겠는가.

선생은 타고난 자질이 높고 명민하고 식견이 빼어나 유자(儒者)의

28 옛날에……때 : 송계(松溪)는 지금의 서울 성북구 석관동(石串洞) 일대의 시내를 말한다. 이곳에 김창업이 1694년 이후 조성한 석교(石郊) 동장(東庄)이 있었으며, 이때 거처하던 집이 노가재(老稼齋)이다. 《檜巢集 卷10 老稼齋府君遺事》

29 연명(淵明)이……것 : 도잠(陶潛)은 팽택 령(彭澤令)을 그만두고 고향인 시상현(柴桑縣)에서 은거하였다. 요부(堯夫)는 송(宋)나라 소옹(邵雍)의 자이며, 동락(東洛)은 낙양(洛陽)을 말한다. 소옹이 낙양의 누추한 집에 살면서 안락와(安樂窩)라는 이름을 붙였다는 고사가 전한다. 《宋史 卷427 邵雍列傳》

일에 대해 정통하지 않은 것이 없었다. 그러므로 가정에서는 문충공(文忠公 김수항(金壽恒)) 같은 어진 분도 선생의 재주에 항상 감탄했고, 형제들 중 몽와(夢窩 김창집(金昌集))·농암(農巖 김창협(金昌協))·삼연(三淵 김창흡(金昌翕))·포음(圃陰 김창즙(金昌緝)) 같은 현자들도 스스로 공의 재주에 미치지 못한다고 여겼다. 당대의 이름난 공과 뛰어난 선비 가운데 선생이 온축한 바를 아는 자들은 또 왕을 보좌할 재주로 선생을 꼽지 않은 사람이 없었다. 비유하면 보배로운 용천검(龍泉劍)이 상자 속에서 나오지 않아도 은연중에 발산된 그 검광(劍光)이 이미 견우성과 북두성을 비추는 것과 같았다.[30] 이것이 선생이 선생이 된 이유이며, 곤궁과 영달로 선생을 한정할 수 없는 이유이다.

융성함을 경계하고 흉액을 슬퍼하여 과거 공부를 폐하고 농사에 힘쓰며 죽을 때까지 뜻을 지킨 것은, 연명(淵明)이 지나간 일은 어쩔 수 없음을 깨닫고 미래의 일은 바로잡을 수 있음을 알아 소나무와 국화에 마음을 의탁했던 것[31]과 같은 것이었다. 절조를 지키면서도 세속과 단절하지 않고 화합하면서도 부화뇌동하거나 휩쓸리지 않으며 시절을 편안히 맞이하고 죽는 때를 편안히 따른 것은, 요부(堯夫)가 만물을 살피며 변화를 완상하고 고요함 속에 고금을 넘나들었던 것[32]과 같은

30 비유하면……같았다 : 용천(龍泉)과 태아(太阿)라는 두 보검이 풍성(豐城) 땅에 묻혀 있었는데, 그 검광이 견우성과 북두성 사이를 쏘아 비추었다는 전설이 있다. 《晉書 卷36 張華列傳》

31 연명(淵明)이……것 : 도잠(陶潛)의 〈귀거래사(歸去來辭)〉에 "지나간 일은 어쩔 수 없음을 깨닫고, 앞으로의 일은 바로잡을 수 있음을 알겠다.〔悟已往之不諫, 知來者之可追.〕"라는 구절과 "세 오솔길은 황폐해졌으나 소나무와 국화는 여전히 남았네.〔三逕就荒, 松菊猶存.〕"라는 구절이 있다.

것이었다. 혹시 선생의 성품이 일찌감치 연명과 요부를 사모한 바가 있었던 것인가? 아니면 선생이 살았던 시대가 연명과 요부의 시대와 서로 비슷한 바가 있는 것인가? 아! 선생은 진정한 일민이로다.

선생은 평소에 시는 남겨두었지만 산문은 남겨두지 않았기에 지금 이 문집도 그에 따라 간략하니, 유감스럽게 여길 만하다. 그러나 이 문집을 읽는 자들이 그 시에 나아가 그 뜻을 음미한다면 선생이 선생이 된 이유를 아는 것에 진실로 부족함이 없을 것이다. 그리고 이로부터 우리 고조 여섯 형제의 문집이 하늘과 땅 사이에 나란히 전해질 수 있게 되어 우리 집안의 문헌이 크게 갖추어졌으니 어찌 그 다행스러움이 적다고 하겠는가.

선생의 시를 품평하는 것은 소자(小子)가 감히 하지 못할 뿐만 아니라, 모주공(茅洲公 김시보)이 지은 발문에 실로 농암과 삼연 두 조부의 정론을 취해 두었으니[33] 또 감히 사족을 붙이겠는가.

32 요부(堯夫)가……것 : '만물을 살핀다〔觀物〕'는 것은 만물의 현상을 살펴 천지자연의 이치를 조응해 본다는 것인데, 소옹(邵雍)의 《황극경세서(皇極經世書)》에 〈관물편(觀物篇)〉이 있다. 또 주희(朱熹)가 〈육선생화상찬(六先生畫像讚)〉에서 소옹(邵雍)에 대해 "고요한 가운데 고금을 넘나들고 취한 가운데 하늘과 땅을 보았네.〔閑中今古, 醉裏乾坤.〕"라고 한 구절이 있다. 《晦庵集 卷85》

33 모주공(茅洲公)이……두었으니 : 모주 김시보(金時保)는 〈노가재집발(老稼齋集跋)〉에서, 김창업 시의 뛰어난 격조와 빼어난 품격을 따라갈 수 없다고 칭찬한 김창협과 김창흡의 평가를 소개하였다. 《茅洲集 卷9》

《난계유고》에 대한 서문[34]

蘭溪遺稿序

내가 젊은 시절에 《국조보감(國朝寶鑑)》을 읽다가 장헌왕(莊憲王 세종)이 공(박연(朴堧))과 아악(雅樂)을 바로잡을 때 공이 서율(黍律)과 편경(編磬)의 음을 귀신처럼 변별해 내는 대목에 이르러서 감탄하기를 "기이하다. 아마도 〈대장(大章)〉을 바로잡았던 기(夔)일 것이로다."라고 하였다.[35] 얼마 뒤에 황강한(黃江漢 황경원(黃景源))이 지은

34 난계유고(蘭溪遺稿)에 대한 서문 : 1822년(순조22) 4월에 박연(朴堧, 1378~1458)의 문집인 《난계유고》에 붙인 서문이다. 초간본 《난계유고》에 수록된 풍고의 서문에 "금상 22년 맹하에 보국숭록대부 영돈녕부사 영안부원군 김조순이 서하다.〔上之二十二年孟夏, 輔國崇祿大夫領敦寧府事永安府院君金祖淳序.〕"라는 기록이 보인다. 박연은 조선 전기의 문신이자 음악가로, 본관은 밀양(密陽), 초명은 연(然)이고, 자는 탄부(坦夫), 난계(蘭溪)는 그의 호이다. 공조 참의와 예문관 대제학 등을 역임하였다. 세종을 도와 음악을 정비하였으며, 특히 율관(律管) 제작을 통해 편경(編磬)을 제작하여 조선 초기의 음악을 완비하는 데 많은 기여를 했다. 《난계유고》는 1822년(순조22)에 박심학(朴心學)이 초간하였는데, 발문은 김노경(金魯敬)이 썼다. 조선 전기 세종 때의 음악사 연구에서 중요한 자료로 평가되고 있다.

35 국조보감(國朝寶鑑)을……하였다 : 서율(黍律)은 기장 알 한 알의 길이를 단위로 삼아 만든 율관(律管)을 말한 것으로 보인다. 《국조보감》 권6 세종조2 15년(1433)조에, 1425년(세종7)에 해주(海州)에서 큰 기장〔秬黍〕이 생산되고 1426년에 경기도 남양(南陽)에서 경석(磬石)이 생산되자 박연이 세종의 명을 받아 해주에서 생산된 기장 열 알의 길이를 1촌〔寸〕으로 삼아 9촌 길이의 황종(黃鐘) 피리를 제작하고 또 남양의 경석으로 편경(編磬)을 제작한 뒤, 그 소리의 고저가 중국의 악기와 같지 않은 이유를 분석한 내용이 보인다. 〈대장(大章)〉은 요(堯) 임금의 음악이며, 기(夔)는 요 임금 때에 음악을 관장했던 사람이다.

공의 신도비명(神道碑銘)[36]을 읽고서 공의 언행과 출처의 현명함을 더욱 잘 알게 되어 마음속으로 경모하였다.

박생 심전(朴生心傳)[37]은 공의 후손인데, 어느 날 우리 집에 찾아와 책 한 권을 내놓으면서 말하기를 "이것은 선조 난계공의 유고이니, 그 서문을 공에게 부탁드립니다."라고 하였다. 내가 받아서 읽어보니 시는 모두 8편, 소(疏)는 모두 39편, 잡저는 모두 2편이었다. 참으로 소략하도다. 전쟁을 겪으면서 유실되었기 때문인가?

무릇 저술이 후세에 전해지는 것은 문장이 뛰어나기 때문이거나 사람이 훌륭하기 때문이다. 그러나 그 문장이 남보다 월등히 뛰어나지 않다면 아무리 많더라도 꼭 오래 전해지지는 않으며, 그 사람이 현명하면 비록 그 문장이 적더라도 오래 전해질 것은 의심할 여지가 없다. 대개 명성은 문장에서 나오므로 문장이 사라지면 이름 또한 사라지고, 문장은 명성에 의지하므로 명성이 존재하면 문장 역시 그에 힘입어 존재하게 된다. 그리하여 문장이 많으면 많이 전해지고 문장이 적으면 적게 전해지니, 사람이 현명한데도 그 문장이 전해지지 않았던 적은 없었다. 그러므로 '덕이 있는 사람은 반드시 말이 있다.〔有德者, 必有言

36 황강한(黃江漢)이……신도비명 : 황강한은 황경원(黃景源, 1709~1787)으로, 본관은 장수(長水), 자는 대경(大卿)이며, 강한은 그의 호이다. 《강한집》 권14에 박연에 대한 신도비명인 〈이조판서 겸 예문관대제학 난계 박공 신도비명 병서〔吏曹判書兼藝文館大提學蘭溪朴公神道碑銘幷序〕〉가 실려 있다.

37 박생 심전(朴生心傳) : 초간본 《난계유고》에 수록된 풍고의 서문에는 '박생 심학(朴生心學)'으로 기록되어 있다. 박심전과 박심학이 동일 인물인지는 분명하지 않다. 밀양 박씨 난계공파(蘭溪公派) 족보에, 박심학의 자는 경직(敬直), 호는 경성재(警省齋)이며 풍고와 친분이 있어 《난계유고》의 서문을 부탁했다는 기록이 보인다.

也.〕'[38]라고 하는 것이다.

지금 전해지는 공의 문장은 비록 적지만 그 소(疏)와 의절(儀節) 여러 편은 모두 예악(禮樂)에 대한 논의이니,[39] 천하와 국가에서 결코 폐기해서는 안 되는 것이다. 그 〈가훈(家訓)〉 한 편은 안씨(顔氏)와 유씨(柳氏)의 유의(遺意)가 가지런히 담겨 있어[40] 집안에 거처할 때 반드시 알아야 할 것이니, 어찌 글이 소략하다고 해서 소홀히 여길 수 있겠는가. 그 후손이 반드시 오래 전하고자 하는 것도 당연하다.

아! 명철한 영릉(英陵 세종)께서 우제(虞帝 순 임금)가 전악(典樂)을 명하신 것[41]과 같이 공을 여겼으니, 공의 출사(出仕)는 이른바 '현명한 군주와 충량한 신하가 기뻐하고 흥기하는 것'[42]이 아니겠는가. 음악이

38 덕(德)이……있다 : 《논어》 〈헌문(憲問)〉에 보이는 공자의 말이다.

39 소(疏)와……논의이니 : 《난계유고》에 수록된 소(疏) 39편은 대부분 악기·음률·악제(樂制) 등 음악에 관련된 것으로서, 주로 《세종실록》에서 발췌한 것으로 보인다. 의절(儀節)은 〈조하의절(朝賀儀節)〉로, 세자의절(世子儀節)과 군신의절(君臣儀節)로 나뉘어 있다.

40 가훈(家訓)……있어 : 〈가훈〉은 총 17칙(則)으로 이루어져 있으며, 1805년 5월에 이재(李縡)가 지은 서문이 붙어 있다. 안씨(顔氏)는 북제(北齊)의 안지추(顔之推)로 《안씨가훈(顔氏家訓)》을 지었다. 유씨(柳氏)는 당나라 유빈(柳玭)으로, 자제들을 경계시킨 다섯 조목이 《소학(小學)》 〈가언(嘉言)〉에 실려 있다.

41 우제(虞帝)가……것 : 《서경》 〈순전(舜典)〉에서 순 임금이 악관인 기(夔)에게 "기여, 그대를 전악의 관직에 임명하니 주자를 가르치라〔夔! 命汝典樂, 敎胄子.〕"라고 한 것을 말한다. 전악은 음악을 맡은 관직이며, 주자는 고대에 제왕이나 귀족의 장자를 일컫는 말이다.

42 현명한……것 : 원문은 '명량희기(明良喜起)'인데, 《서경》 〈익직(益稷)〉의 "고굉이 기쁘게 일하면 원수가 흥기하고 백공이 기뻐한다.〔股肱喜哉, 元首起哉, 百工熙哉.〕"라고 노래한 순 임금의 말과 "원수가 현명하면 고굉이 어질어서 모든 일이 편안할 것입

바로잡히자 고향 마을에 거처하며 더 이상 정치에 종사하지 않았으니, 공의 지킴은 이른바 '공을 이룬 뒤에 잘 처신한 것'[43]이 아니겠는가.

그렇지만 공의 훌륭함이 어찌 다만 이것뿐이겠는가. 공의 아들은 육신(六臣)의 화에 목숨을 잃었지만 공은 세 임금을 섬긴 원로라는 이유로 화를 벗어났다.[44] 아! 당시에 세 임금을 섬긴 원로로 불리면서도 나란히 목이 잘려 저자에서 피를 흘린 자가 어찌 한정이 있겠는가. 그럼에도 공만은 홀로 화를 벗어났던 것이다. 그렇다면 공의 평소 명성이, 우레 같은 군주의 위엄을 지니고도 어쩔 수 없이 뜻을 굽힐 수밖에 없었던 것이 아니겠는가. 아! 훌륭하도다.

박심전은 나의 종숙부인 삼산재(三山齋 김이안(金履安))[45]의 문하에서 수학하여 나와 교분이 깊다. 지금 나에게 서문을 청하니 글재주가 없다는 이유로 사양할 수가 없어 삼가 위와 같이 쓴다.

니다.〔元首明哉, 股肱良哉, 庶事康哉!〕"라고 노래한 고요(皐陶)의 말에서 글자를 뽑아 만든 말이다. 인용문에서 원수(元首)는 임금을, 고굉(股肱)은 신하를 의미한다.

43 공을……것 : 원문은 '선거성공(善居成功)'인데, 《서경》 〈태갑 하(太甲下)〉의 "신하는 총애와 이록으로 성공에 거하지 않아야 한다.〔臣罔以寵利居成功.〕"라는 이윤(伊尹)의 말을 원용한 표현이다.

44 공의 아들은……벗어났다 : 박연의 막내아들 박계우(朴季愚)는 사육신의 단종 복위 사건에 연루되어 죽음을 당했으나, 박연은 세 임금에 걸쳐 봉직한 공으로 연좌의 화를 면하였다. 《端宗實錄 2年 8月 15日, 9月 9日》

45 삼산재(三山齋) : 김이안(金履安, 1722~1791)의 호이다. 김이안의 본관은 안동, 자는 원례(元禮)이다. 미호(渼湖) 김원행(金元行)의 아들이다. 학행(學行)으로 천거되어 경연관에 기용되었으며, 예설과 역학에 조예가 깊었다. 저서로 《삼산재집》이 있다.

《최순옹충의록》에 대한 서문[46]

崔淳翁忠義錄序

최순옹(崔淳翁)의 7세손 되는 자가 있으니 최규현(崔奎顯)이다. 낡은 솜옷을 걸치고 짚신을 신고 명함을 품에 넣고 행장(行狀)을 갖추고서, 날마다 공경(公卿)과 사대부 사이를 분주히 돌아다니며 아는 사람이건 모르는 사람이건 번번이 문(文)과 시(詩)를 청하였다. 무슨 일을 하는지 물으면 순옹을 후대에 영원히 전하게 하고자 한다고 하였다.

순순히 응해 주는 사람이 있으면 미칠 듯이 기뻐하고, 주저하며 즉시 응하지 않는 사람이 있으면 반드시 슬픈 목소리로 애절하게 간청하며 두 번 세 번 청하고 심지어 열 번 백 번에 이르기까지 하였다. 눈물과

46 최순옹충의록(崔淳翁忠義錄)에 대한 서문 : 《최순옹충의록》에 써 준 서문이다. 최순옹의 본관은 해주(海州), 자는 충보(忠甫), 이름은 영원(永元)이다. 1604년(선조 37)에 무과에 급제한 뒤 변경 방비를 자원하여 관서(關西)로 나갔다. 1619년 명나라가 후금을 공격하기 위해 조선에 파병을 요청하자 광해군은 강홍립(姜弘立)을 오도 도원수(五道都元帥)로 삼아 군대를 파견하였고, 북우후(北虞候)로 있던 김응하(金應河)가 좌영장(左營將)으로 참여하였다. 이때 최순옹이 김응하를 따라 심하(深河) 전투에 참여했다가 건주위(建州衛)에서 김응하와 함께 전사하였다. 1802년에 최순옹의 후손인 최규현(崔奎顯)이 최순옹의 행장을 들고 도성의 벼슬아치들을 찾아다니며 받은 시와 산문 백여 편을 모아 《최순옹충의록》을 편찬하고 풍고에게 서문을 부탁하였다. 서문의 내용으로 보아 풍고는 1807년 무렵에 이 서문을 지어 준 것으로 보인다. 《屐園遺稿 卷9 贈崔淳翁後孫奎顯幷序》《錦石集 卷4 贈崔淳翁後孫奎顯幷序》《錦帶詩文抄 下 崔義士贊》《敦巖集 卷6 崔淳翁忠義錄序》《純祖實錄 13年 2月 25日》

콧물이 턱을 타고 흐르도록 감정에 북받치고 원통해하니, 그 모습은 글을 얻으면 살고 얻지 못하면 앞에서 숨이 끊어질 듯하였다. 그 모습을 보고 그 말을 들은 사람은 비록 처음에는 미치광이 같은 행동을 괴이하게 여기다가도 그 정성에 감동하여 끝내 거절하는 이가 드물었다. 이 때문에 전(傳)과 기(記), 찬술(撰述), 제발(題跋), 고체와 금체의 가행(歌行) 등 모두 백여 편을 얻어 이를 모아 책을 만들고 각수(刻手)에게 맡겼다.

또 나와 극옹 태사(屐翁太史 이만수(李晩秀))에게 서문을 부탁하였는데, 극옹은 신속히 그의 청에 응해 주었다.[47] 나는 처음에 주저하다가 거절하지 못했고 중간에 또 맡은 일이 많아 결국 서문을 쓰지 못하고 추위와 더위가 이미 예닐곱 번이나 바뀌었다. 하지만 그의 기색을 살펴보니 내가 허락해 준 것에 감사해함은 있어도 나의 게으름을 섭섭해함이 없었다. 내가 일부러 후회하는 기색을 보이며 거절할 것처럼 하자 또 처음처럼 슬픈 목소리로 간청하였다. 나는 거절할 듯이 한 것이 장난이었음을 문득 잊고 나도 모르게 마음이 슬퍼지고 얼굴에 공경하는 빛을 띠게 되었으니, 그의 참된 뜻이 사람을 감동시킴을 알 만했다.

아! 순옹은 절개가 굳은 대장부이다. 김 장군(金將軍 김응하(金應河))과 함께 전사해 걸출한 기개와 의로운 명성을 나란히 하였으니 비유하자면 장 중승(張中丞)에게 남제운(南霽雲)과 뇌만춘(雷萬春)이 있었던 것과 같다.[48] 무릇 남제운과 뇌만춘 같은 현명함을 가지고 장 중승

47 극옹(屐翁)은……응해 주었다 : 이만수는 1802년(순조2)에 서문을 지어 주었다. 《屐園遺稿 卷9 贈崔淳翁後孫奎顯幷序》

48 장 중승(張中丞)에게……같다 : 장 중승은 당나라 때 어사 중승(御史中丞)을 지낸

같은 김 장군과 함께 죽음을 같이했는데도 자취는 가려져 사라졌고 이름은 없어져 전해지지 않았으니, 저 위용(威容)을 수립하고 떳떳한 도리를 지킨 최순옹은 그 마음에 진실로 자신의 안위를 따짐이 있지 않았다. 그 효성스러운 자손의 마음으로 말하면, 원통함을 품고 남모를 아픔을 지니고서 굳게 다짐하고 힘을 다하여 선조의 절개를 드러내어 널리 알리는 일을 도모하는 것은 또한 인륜의 선함이 아니겠는가. 최규현이 이 일에 이처럼 급급히 힘을 다한 것도 당연하다고 하겠다.

비록 그렇다고는 하나 친진(親盡 상복을 입어주는 것이 끝남)하면 은택이 끊어져 정성이 느슨해지기 쉽고 몸이 빈궁하면 힘이 약하여 일을 이루기 어려운 것은 또한 인지상정이다. 하지만 최규현이 추위와 배고픔과 곤궁함 속에서도 먼 선조의 일에 급급히 힘을 다하여, 해가 뜨면 이 일에 매달려 이 일 말고는 다른 일을 하지 않으며 마치 자신이 죽은 뒤에야 그만둘 듯이 한 것은 어찌 어려운 일이 아니겠는가.

아! 순옹이 부찰(富察)의 들판에서 전사할 때 그와 한날에 전사한 자들은 그들 모두가 순옹이다. 하지만 지금까지 몇 사람이나 과연 그 성명을 전할 수 있었던가? 성명을 전할 수 있었다 하더라도 과연 모두 자손이 있는가? 과연 모두 자손이 있다 하더라도 그 선조를 생각하기를 규현과 같이 할 수 있는가? 그렇다면 순옹에게 규현이 있는 것이 또한 남들보다 크게 대단한 것이 아니겠는가. 참으로 남들보다 크게 대단한 것이로다.

장순(張巡)을 말한다. 당나라 현종(玄宗) 때 안록산(安祿山)과 사사명(史思明)이 반란을 일으키자, 장순이 수양성(睢陽城)을 끝까지 지키다가 부하인 남제운(南霽雲)·뇌만춘(雷萬春) 등과 함께 전사한 일이 있다.

예전에 내가 젊었을 때 김형(金泂)이라는 자가 있었다. 땅속에서 자신의 조상인 남양부 중군(南陽府中軍) 김세보(金世輔)의 유애비(遺愛碑)를 얻어 충렬사(忠烈祠)의 곁에 묻고, 당대의 글 짓는 선비들에게 시와 문을 두루 청하여[49] 후대에 징험을 남기려 하였다. 내가 허락만 하고 오래도록 글을 이루지 못했는데 김형이 마침내 늙어서 죽고 말았으니, 내가 이를 생각할 때마다 상심하며 탄식하였다. 지금 규현의 일이 김형의 경우와 대략 비슷하고 규현의 머리카락 또한 듬성듬성해졌다. 그러니 비록 내가 게으르고 마무리 짓지 못하는 성격이긴 하지만 이 일 때문에 놀라고 두려워하지 않을 수 없었고, 또 김형이 나의 글을 얻지 못한 것에 대해 거듭 감회가 없을 수 없었다.

순옹의 행적의 시말은 극옹이 지은 서문과 여러 공이 지은 글에 모두 자세히 드러나 있기에 여기서는 우선 생략한다.

49 예전에……청하여 : 김형(金泂)이 자신의 조부인 김세보(金世輔)를 위해 당대 문인들에게 글을 청하자 이광려(李匡呂), 정범조(丁範祖), 목만중(睦萬中), 서영보(徐榮輔) 등이 이에 응하였다.《李參奉集 卷3 僉知中樞金君墓碣銘》《海左集 卷37 書金世輔遺事諸錄後》《餘窩集 卷13 記金中樞南陽去思碑後》《竹石館遺集 冊3 金孝子傳》

《교하노씨족보》에 대한 서문[50]

交河盧氏族譜序

노생(盧生) 문하(文河)는 우리 고을의 훌륭한 선비이다. 어느 날 자신의 세보(世譜)를 품에 안고 나에게 청하기를 "우리 노씨(盧氏)가 점차 쇠미해졌으니, 원컨대 공의 한마디 말을 얻어 이 족보를 빛내고 싶습니다."라고 하였다.

삼가 살피건대, 노씨는 신라 때 중국에서 우리 동방으로 왔다. 우리 동방으로 온 사람은 형제 네 명이었는데, 각각 봉토로 받은 땅을 자손들이 관향(貫鄕)으로 삼았다. 그 둘째인 휘 오(塢)가 교하백(交河伯)에 봉함을 받으니 교하를 관향으로 삼는 후손이 여기에서 나왔는데, 연대와 세파(世派)는 상고할 수 없다.

휘 강필(康弼)에 이르러 고려 태조 대왕(太祖大王)을 보좌해 삼한(三韓)을 통합하고 그 공으로 태사(太師)와 선성 부원군(宣城府院君)에 봉해졌으니, 선성은 교하의 옛 이름이다. 이에 교하의 노씨는 태사를 시조로 삼으니 형세상 그렇게 된 것이다. 이때부터 대대로 이어져 고려 왕조 5백 년을 다 지났고, 우리 조선에 이르러 명공(名公)과 달인(達人)이 연이어 성대히 배출된 것이 또 4백여 년이나 되었으니, 어찌 성대하지 않겠는가.

족보를 간행한 지 백 년이 되어 가는데 모두 세 차례 수정을 하였으

50 교하노씨족보(交河盧氏族譜)에 대한 서문 : 교하 노씨인 노문하(盧文河)의 부탁을 받고 《교하노씨족보》에 붙인 서문이다. 글을 쓴 시기는 분명하지 않다.

니 자세하다고 말할 수 있다. 하지만 노생의 생각은, 대대로 드러난 문헌이 다 기록되지 않음을 오히려 근심으로 여겨 일족을 모아 의논하여 시대를 거슬러 올라가 구하고 사방으로 찾아서 책으로 엮어 모두 간행하여 파계(派系)의 실제 기록이 모두 후손에게 전해지게 하려는 것이었다. 그 깊은 생각과 부지런한 정성은 사람을 감동시키고 세상을 경계하기에 충분하다.

아! 노라는 성씨는 진(秦)과 한(漢)과 진(晉)과 당(唐)나라로부터 저 송(宋)과 명(明)나라에 이르기까지 대대로 명망 있는 가문이었고, 그 지류(支流) 가운데 당나라로부터 바다 건너 동방으로 온 자는 또한 이처럼 현달하였다. 《만성통보(萬姓通譜)》[51]라는 책을 한 번 상고해 보아도 한 성씨로서 중국과 변방에서 모두 명성을 드러낸 것은 노씨에 비견할 성씨가 드물다.

나는 윗대에 처음으로 성을 얻은 자가 누구이기에 하늘로부터 이처럼 무궁한 복록을 받은 것인지 진실로 알지 못한다. 노생이여, 노생이여! 그대의 가문이 지금은 조금 쇠미한 듯하나, 번성했다가 쇠퇴하고 쇠퇴했다가 또 번성하는 것이 또한 하늘의 이치이다. 하물며 그대의 선조와 일족들이 충효의 기틀을 쌓았고, 그대의 마음 씀이 또 이처럼 부지런하고 원대함에랴. 이후로 다시 떨칠 것임을 진실로 미리 알 수 있으니, 이 말로 서문을 삼기를 청한다.

51 만성통보(萬姓通譜) : 고금의 성씨를 운(韻)에 따라 분류하고 정리한 일종의 인명 사전으로, 명나라의 능적지(凌迪知)가 편찬하였다.

기記

읍호루 중수기[52]

挹灝樓重修記

관서(關西 평안도)는 변방의 큰 고을이니 부유하고 화려함이 우리나라에서 으뜸이다. 예부터 재상(宰相) 가운데 내직을 사양하고 외직을 맡았던 자들이 항상 이곳에서 봉직하였으니, 마치 당(唐)나라의 서천(西川)과 같았다.[53] 관찰사의 감영이 패수(浿水 대동강) 가에 임해 사람의 본성을 흔들 만한 누대와 강산의 승경이 있으니, 노래하는 기생을 끼고 마음껏 연회를 펼치는 것은 또한 인지상정으로 쉽게 빠

52 읍호루(挹灝樓) 중수기 : 1810년(순조10) 2월에 평양의 동문인 대동문(大同門) 위에 있는 읍호루를 중수한 것에 대해 기록한 기문이다. 평안도 관찰사로 재임하던 죽석(竹石) 서영보(徐榮輔)가 부벽루(浮碧樓)·대동문·함구문(含毬門)·북성문(北城門)을 중수한 뒤 풍고·이만수(李晩秀)·심상규(沈象奎)에게 각각 기문을 부탁하자, 이에 응한 것이다.

53 마치……같았다 : 서천(西川)은 촉(蜀) 땅의 별칭이다. 당나라 때 고숭문(高崇文)이 서천 절도사(西川節度使)로 있은 지 1년 만에 감군(監軍)에게 이르기를 "서천은 재상이 봉직할 곳인데 내가 오래도록 외람되이 차지하니, 어찌 감히 스스로 편안히 여기겠는가.〔西川乃宰相回翔之地, 崇文叨居日久, 豈敢自安?〕"라고 하고, 상소하여 자신을 변방의 험난한 곳으로 보내줄 것을 청한 일이 있다.《資治通鑑 卷237 唐紀53》

져들 수 있는 것이다.

죽석(竹石) 서공(徐公 서영보(徐榮輔))이 이 변방 고을의 관찰사로 임명되어[54] 도성을 떠나려 할 때 근심스러운 표정으로 말하기를 "우리 집안은 대대로 청렴하고 깨끗하여 번화한 일을 익히지 않았으니, 큰 변방 고을이 나와 무슨 상관이 있겠소. 오직 누대와 강산의 승경을 여러 공과 함께할 수 없음이 크게 한스러운 일이오."라고 하였다.

평안도에 부임한 뒤에 가장 먼저 상정법(詳定法)을 써서 백성에게 적곡(糴穀)의 값을 징수하고[55] 비용을 줄이고 힘을 덜어 주었으며 집에 있을 때처럼 검소하게 생활하니, 1년 만에 정사가 잘 다스려졌다. 백성을 모집해 네 군(郡)의 버려진 땅을 회복하여 변방을 견고하게 할 것을 헌의하였으나 반대에 부딪혀 실현되지 못하자,[56] 마침내 새원령(塞垣嶺)의 용도(甬道)를 증축하였다.[57] 한 해 동안 삼십만 전(錢)을 마련하

54 죽석(竹石)……임명되어 : 죽석 서영보(徐榮輔)는 1808년(순조8) 9월 21일에 평안도 관찰사에 임명되었다가 1810년 5월에 이만수(李晩秀)와 교체되었다. 《純祖實錄 8年 9月 21日, 10年 5月 9日》

55 상정법(詳定法)을……징수하고 : 상정법은 조선 중기 이후의 세제(稅制) 가운데 하나로, 대동법(大同法)의 내용을 그 지방의 지리적 특수성에 알맞도록 조성한 세규를 말한다. 적곡(糴穀)은 민간에 대여한 곡식이다. 서영보의 《죽석관유집》 책(冊)6 〈관서에서 전지에 응하여 올린 계〔關西應旨啓〕〉 중 조정총론(糴政摠論)에, 상정법으로 환곡(還穀)의 문제를 해결해야 한다고 건의한 내용이 보인다.

56 백성을……못하자 : 네 군(郡)은 여진족이 침입하는 것을 방비하기 위해 조선 세종 때 최윤덕(崔潤德)을 시켜서 설치했던 여연(閭延)・자성(慈城)・무창(茂昌)・우예(虞芮) 등 네 군을 말하는데, 단종 때 여진족과의 소란을 막기 위해 폐지했으므로 폐사군(廢四郡)이라 부른다. 서영보가 평안도 관찰사로서 폐사군의 회복을 건의하는 장계를 올리자, 좌의정 김재찬(金載瓚)이 불가하다고 반대하는 내용이 《승정원일기》 순조 9년(1809) 6월 14일 기사에 보인다.

여 강계부(江界府)에 두고 백성에게 거두어들이는 공삼(貢蔘) 값을 보충해 주었다.[58]

얼마 뒤에 부벽루(浮碧樓)와 대동문(大同門 동문)·함구문(含毬門 남문)·북성문(北城門) 등 여러 성문의 성가퀴와 망루를 수리하고, 역마를 달려 보내 편지를 전하며 말하기를 "도성에 있을 때 우리 네 사람이 항상 시문으로 교유하며 좋은 날과 훌륭한 곳을 함께하지 않은 적이 없었소. 그런데 지금은 한 사람만 이곳에 오고 세 사람이 오지 않았으니, 누대와 강산의 승경이 있어도 더욱 무료하기만 하오. 만약 각자 기(記) 한 편씩을 지어 우리 네 사람의 이름을 이곳에 남긴다면, 오지 않은 사람은 애초에 여기에 있지 않은 적이 없게 될 것이고 온 사람 또한 홀로 거닌 적이 없게 될 것이니, 또한 아름다운 일이 아니겠소. 부벽루는 이미 극옹(屐翁 이만수(李晩秀))에게 부탁하였고, 북성문은 두실(斗室 심상규(沈象奎))에게 부탁하려 하오. 함구문은 내가 직접 지을 것이니, 대동문은 공에게 폐를 끼치고자 하오."라고 하고[59] 계속해서

57 마침내……증축하였다 : 새원령(塞垣嶺)은 평안북도 구성군(龜城郡) 천마면(天摩面)에 있는 고개인데, 1747년(영조23)에 이곳에 성을 쌓았다. 용도(甬道)는 양쪽에 담을 쌓아 군량을 운반하는 길을 말한다. 새원령에 용도 형태의 담을 설치해 방비를 튼튼히 하자는 서영보의 장계에 대해 순조가 윤허하는 내용이 《승정원일기》 순조 9년(1809) 4월 25일 기사에 보인다. 또 서영보의 장계는 《죽석관유집》 책(冊)6에 〈식송진 외성을 신축하는 일에 대한 장계〔植松鎭外城新築狀啓〕〉로 실려 있다.

58 한 해……주었다 : 공삼(貢蔘)은 평안북도 강계(江界)에서 공물로 바치던 인삼을 말한다. 서영보가 강계부의 공삼 값을 돈으로 보충해 주어야 한다고 논의한 내용이 《죽석관유집》 책(冊)6의 〈강계부의 삼정과 적정의 폐단을 구제하는 일에 대하여 비변사에 보내는 공문〔江界府蔘糴捄弊報備邊司公移〕〉에 보인다.

59 부벽루(浮碧樓)는……하고 : 이만수의 〈부벽루 중수기(浮碧樓重修記)〉와 서영보

강권해 마지않으니, 공은 참으로 호사자(好事者)로다.

이 문은 평양성의 동문이니 그 위의 누각은 읍호루이다. 연광정(練光亭)과 어깨를 나란히 하고 솟아 있어 그 거리가 십수 걸음이 되지 않으며, 안개 낀 풍광이 모이고 조망이 미치는 것은 또 연광정과 차이가 없다. 다만 성책으로 삼는 곳과 유람하는 곳은 즐거움을 누리는 것이 같지 않으므로 연광정만이 패수에서 유독 이름이 났으니, 또한 이 읍호루의 불행이다. 공이 기필코 나로 하여금 기를 짓게 한 것은 생각건대 또한 이유가 있을 것이다.

경오년(1810, 순조10) 중춘(仲春) 3일에 안동 김조순이 쓰다.

의 〈함구문을 중수한 것에 대한 기문[重修含毬門記]〉이 각각 문집에 남아 있다. 심상규의 《두실존고(斗室存稿)》에는 시와 척독(尺牘)만 실려 있고 기문은 보이지 않는다. 《展園遺稿 卷2》《竹石館遺集 冊三》

만마산성 신축기[60]

萬馬山城新築記

《맹자》에 이르기를 "국가를 견고히 하되 산과 강의 험준함으로써 하지 않으며, 천하를 두렵게 하되 무기의 예리함으로써 하지 않는다.〔固國, 不以山谿之險, 威天下, 不以兵革之利.〕"라고 하였으니,[61] 성(城)은 과연 없어도 되는가? 《주역》에 이르기를 "왕공이 견고한 성을 설치해서 나라를 지킨다.〔王公設險, 以守其國.〕"라고 하였으니,[62] 성은 과연 없어서는 안 되는가? 산과 강은 하늘이 만드는 것이니 오히려 견고하게 할 수 없지만, 이른바 성(城)으로 말하면 사람이 만드는 것이니 또 어찌 험준하게 할 수 있겠는가. 그렇다고는 하나 천하에 전쟁이 없다면 그만이려니와, 전쟁이 있다면 지키는 것이 없어서는 안 된다. 이것이 성을 만들지 않을 수 없는 이유이다. 헌원씨(軒轅氏 황제(黃帝))와 우(禹) 임금 이후로 수천 수백 년 동안 나라를 소유한 자는 성을 없앨 수 없었다.

전주부(全州府) 남쪽 40리에 만마곡(萬馬谷)이라는 골짜기가 있는

60 만마산성(萬馬山城) 신축기 : 전주(全州) 만마산성의 축성이 끝난 뒤 전라도 관찰사로서 축성을 주도했던 이상황(李相璜)의 부탁을 받고 지은 기문이다. 내용으로 보아 1814년(순조14)에 지은 것으로 보인다. 만마산성은 지금의 전주 남고산성(南固山城)을 말하는 것으로 보이는데, 남고산성의 증축 기록이 이 글의 내용과 거의 일치한다. 이상황에 대해서는 425쪽 주6 참조.

61 맹자(孟子)에……하였으니 : 《맹자》 〈공손추 하(公孫丑下)〉에 보인다.

62 주역(周易)에……하였으니 : 《주역》 〈감괘(坎卦) 단(彖)〉에 보인다.

데 골짜기 안에 만 마리 말을 수용할 수 있기 때문에 붙은 이름이다. 어떤 이가 말하기를 "이곳은 매우 험준하여 한 명의 장부가 관문(關門)을 지키면 만 명의 장부가 관문을 열 수 없으니 '만막(萬莫)'이 바로 이곳이다."라고 한다. 나의 생각으로는 '마(馬)'와 '막(莫)'의 음이 서로 비슷하여 만마가 만막이 된 것이니, 하마릉(下馬陵)이 하마릉(蝦蟆陵)으로 와전된 것과 같은 것인 듯하다.[63] 그 산세가 감싸고 둘러싸서 사방이 막혀 있고 남북으로 오직 한 줄기 길만 나 있으며, 봉우리와 고개는 가팔라서 원숭이도 넘을 수 없다. 그런데 그 꼭대기는 조금 평평하고 넓어 주위가 10여 리쯤 되며 샘물이 솟아나고 초목이 우거지니, 성을 쌓아 지킬 만하다.

전주부의 치소(治所)는 영남과 호남의 사방에서 적의 공격을 받는 곳에 있는데, 이 땅에는 의지할 만한 험준한 곳이 없다. 그러므로 부(府)의 백성들이 항상 이 골짜기에 성을 쌓기를 원했고, 예부터 방백(方伯)과 통수(通守 판관(判官))로서 와서 살펴본 자들 역시 그런 생각을 하지 않은 사람이 없었으나 끝내 이루지는 못했다.

금상 경오년(1810, 순조10)에 동어(桐漁) 이공(李公)이 이 고을의 관찰사가 되었다.[64] 그때 막 큰 흉년을 겪어 백성 가운데 죽은 자가

63 하마릉(下馬陵)이……듯하다 : 하마릉(蝦蟆陵)은 중국 섬서성(陝西省)의 장안현(長安縣) 성남(城南)에 있는데, 한나라 때 학자인 동중서(董仲舒)를 장사 지낸 곳이다. 이곳에 이르면 동중서의 제자들이 모두 말에서 내렸으므로 하마릉(下馬陵)이라 불렀다고도 하고, 또 한나라 무제(武帝)가 의춘원(宜春苑)에 행차할 때마다 이 능에 이르러 말에서 내렸으므로 하마릉이라고 불렀다고도 한다. 뒤에 하마릉(蝦蟆陵)으로 와전되었다고 한다. 《漁隱叢話 後集 卷13》

64 동어(桐漁)……되었다 : 동어 이공은 이상황(李相璜)을 말한다. 이상황은 1810년

반이나 되었고 공사(公私) 간에 남은 것이 없어서 온갖 병폐가 모두 드러났는데, 공이 이 고을에 이르러서는 두려워하지도 않고 해이해지지도 않으며 조용히 조리 있게 다스렸다. 얼마 뒤에 각 고을을 순찰하다가 이 계곡을 지나면서 험준한 지세를 두루 살펴보고 말하기를 "이곳이 예전에 사람들이 축성을 논의했지만 미처 행할 겨를이 없었던 곳인가? 나라가 오래도록 태평을 누렸고 이 고을은 또 양남(兩南)의 요충지이니, 변란이 없다면 그만이려니와 변란이 생긴다면 부성(府城)을 믿을 수가 없다. 변란이 생긴 뒤에 의지할 데가 없는 것이 어찌 일이 없을 때 미리 준비하는 것만 하겠는가."라고 하였다. 이에 축성의 편부(便否)에 대한 열 가지 문제점을 가정하여 막부(幕府)의 군관(軍官) 및 고을의 부로들과 두루 논의하니, 이견이 있는 자가 없었다.

이에 일을 고려하고 공력을 헤아려서 감독하는 자에게 명하기를 "이것은 큰 공사이니, 일시에 이룰 수 없다."라고 하고, 마침내 녹봉을 떼 보태어서 재정(財政)을 계획하여 해마다 쌓을 방법을 만들었다. 얼마 뒤에 또 말하기를 "군대와 군량이 없으면 지킬 수가 없다."라고 하였다. 병정을 모집해 무기를 지급하고 창고를 설치해 곡식을 옮겨와 비축할 방책이 모두 정해지자 조정에 이를 청하니,[65] 전주부의 백성들이 크게 기뻐하였다.

축성이 시작된 뒤 공은 조정으로 돌아왔고,[66] 2년이 지난 뒤에 성이

(순조10) 6월 23일에 전라도 관찰사에 임명되어 1812년 2월까지 재임하였다.

65 조정에 이를 청하니 : 《순조실록》 11년(1811) 9월 8일 기사에 전라도 관찰사 이상황이 장계를 올려 축성을 청하고 순조가 이를 윤허한 내용이 보인다.

66 축성이……돌아왔고 : 이상황은 1812년(순조12) 2월 13일에 좌승지에 임명되었

완성되어 우뚝이 남쪽 고을의 큰 울타리가 되었다. 전주부의 사람들이 모두 이 일에 대한 기록이 없어서는 안 된다고 여겨 여러 차례 공에게 청하였다. 공이 나에게 기(記)를 지어줄 것을 부탁하고 또 "과장된 말이 없어야 합니다."라고 하였다. 아! 이것은 공이 스스로 자랑하고 싶지 않아서였다. 그렇다고는 하나 천 명 만 명이 바라던 바를 한 사람의 몸으로 부응하고 수백 년 동안 하지 못했던 일을 하루아침에 이루었으니, 공은 비록 자랑하고 싶지 않겠지만 사람들이 어찌 그 공을 가벼이 여기겠는가.

삼가 논해 보건대, 땅이 이미 험준한데 또 그곳에 성을 쌓았고 성이 이미 높아졌는데 또 군량과 무기를 비축하였으니, 때가 평안할 때는 백성들이 우러러보며 믿을 데가 있고, 세상이 혼란할 때는 백성들이 그곳에 거처하며 두려워함이 없을 것이니, 이것은 '지리(地利)'라고 할 수 있다.[67] 성을 쌓았으나 백성이 고생으로 여기지 않았고 성을 쌓고 난 뒤에는 백성들이 기뻐하여 힘은 여유가 있고 마음은 견고해졌으니, 이것은 '인화(人和)'라고 할 수 있다. 인화를 이루면 비록 성이 없더라도 괜찮을 것인데, 하물며 하늘이 내린 험준한 곳에 다시 견고한 성을 만든 경우임에랴. 이 공사는 한 가지 일을 행함으로써 지리와 인화의 훌륭함을 갖추었으니, 이를 미루어 말하면 공은 《주역》과 《맹자》의 뜻을 스스로 터득함이 있는 것이다. 내가 어찌 과장된 말을 하겠는가.

다. 《純祖實錄 12年 2月 13日》

67 이것은……있다 : 주희(朱熹)는 지리(地利)에 대해 '지형의 험준함과 성지(城池)의 견고함〔險阻城池之固也.〕'이라고 하였다. 《孟子 公孫丑下 集註》

안동 관왕묘 중수기[68]

安東關王廟重修記

우리 조선은 임진년(1592, 선조25) 왜구의 난리 때부터 처음으로 무안 관왕(武安關王)[69]의 사당을 세워 소상(塑像)을 안치하고 경건히 받들었으니, 서울에 동관왕묘(東關王廟)와 남관왕묘(南關王廟)가 있고 호남과 영남의 여러 고을에도 이따금 있다. 이는 왜란 당시에 우리나라를 구원하기 위해 온 명나라의 여러 장수가, 관왕이 영험한 힘을 드러내어 명나라 군대를 도와 왜적을 섬멸하고 백성을 지켜준다는 이유로 우리 조정에 청하여 세운 것이다. 이때부터 조정에서 매년 봄과 가을에 향과 축문(祝文)을 내려 사전(祀典)에 나열하게 하였으니, 안동부(安東府) 서악(西岳)의 사당[70]도 바로 그 가운데 하나이다.

금상 18년 무인년(1818, 순조18)은 안동 부사 윤공 노동(尹公魯東)이 부임해 다스린 지 1년이 된 해인데,[71] 선정이 이루어지고 일이 잘

68 안동(安東) 관왕묘(關王廟) 중수기 : 1818년(순조18)에 안동의 관왕묘를 중수한 안동 부사 윤노동(尹魯東)의 부탁을 받고 쓴 기문이다. 관왕묘는 삼국 시대 촉한(蜀漢)의 무장(武將) 관우(關羽)를 모시기 위해 세운 묘로, '관제묘(關帝廟)'라고도 한다. 관우를 신(神)으로 신봉하면 전시(戰時)에 관우가 나타나 적을 섬멸해 준다는 전설에 따라 건립되었으며, 우리나라에는 1598년(선조31)에 성주(星州)와 안동(安東)에 명나라 군사들이 처음 세웠고, 이어 서울에도 동관왕묘(東關王廟)와 남관왕묘(南關王廟)를 세웠다.

69 무안 관왕(武安關王) : 관우는 송나라 때 무안왕(武安王)으로 추봉되었다.

70 안동부(安東府) 서악(西岳)의 사당 : 안동의 관왕묘는 안동 서쪽에 있는 서악사(西岳寺)의 뒤뜰에 있었다. 《雪橋集 卷1 題武安王廟幷序》

거행되었다. 관왕묘를 둘러보게 되었을 때 탄식 어린 감회가 일어나 무너진 흙과 나무를 바꾸고 검게 흐려진 신상(神像)을 새롭게 하니, 단청이 다시 화려해지고 체모가 다시 근엄해져 상서와 복을 내려주기를 손꼽아 기다릴 만했다. 이에 급히 편지를 보내 나에게 중수기를 짓도록 하였다.

나는 서울에서 나고 자라서 안동으로 가는 길을 모른다. 그러나 우리 선조의 관향이기에 안동을 고향처럼 여기고 그 수령을 고향의 수령으로 여기며, 안동 경내에 있는 분묘가 여러 대(代)에 걸쳐 있고 안동에서 생활하는 일족도 귀천(貴賤)을 다 합하면 수천 명이나 된다. 그렇다면 비록 직접 사당의 신상 아래에서 공손히 바라본 적이 없다고 하더라도, 마음으로 높이 받들어 공손히 우러르는 것이 도리어 그 고을에 거처하는 자와 무슨 차이가 있겠는가.

그렇지만 내가 예전에 사명(使命)을 받들고 연경(燕京)에 갔었는데,[72] 압록강(鴨綠江) 서쪽에서부터 금대(金臺)[73] 아래에 이르기까지 수천 리 사이에 사당을 만들어 소상을 두어 관왕신(關王神)을 받드는

71 안동……해인데 : 윤노동(尹魯東)은 본관은 해평(海平)이고, 자는 성담(聖膽), 호는 용서(蓉西)이다. 1790년(정조14)에 문과에 급제하였으며, 1817년(순조17) 2월에 안동 도호부사(安東都護府使)에 임명되었다. 풍고는 윤노동이 안동에 부임할 때 시를 주어 전송하기도 하였다. 《承政院日記 純祖 17年 2月 18日》《楓皐集 卷3 奉別尹明府之安東任所》

72 내가……갔었는데 : 풍고는 1792년(정조16) 10월부터 이듬해 3월까지 동지 겸 사은사의 서장관으로 연경을 다녀온 일이 있다.

73 금대(金臺) : 전국 시대 연(燕)나라 소왕(昭王)이 천하의 현사(賢士)들을 맞이하기 위해 역수(易水) 동남쪽에 건립했던 황금대(黃金臺)의 준말로, 연경의 대명사로 쓰인다.

자가 부지기수였다. 심지어 집집마다 향을 사르고 사람마다 도상(圖像)을 지니고서 스스로 관왕의 보살핌에 보호를 받는다고 여겼다. 또한 우리 동방 사람도 신령하고 영험한 관왕에게 말하는 것이 하나같이 도리어 어지럽고 자질구레함에 가까운 것은 무엇 때문일까.

아! 관왕은 음양(陰陽)과 오행(五行)의 빼어난 기운을 타고나 우주와 같은 지조와 기개를 넓혀 마음은 천고(千古)에 걸출하고 힘은 만 명의 사내와 맞섰다. 태어나서는 천하에 큰 의리를 밝히고 죽어서는 인간 세상에 큰 한탄을 남겼으니, 그 정신은 하늘에 있으면 해와 달과 같고, 땅에 있으면 강과 산악과 같다. 이 때문에 위엄은 중화와 이적(夷狄)에 떨칠 수 있었고 공적은 생령(生靈 백성)을 보호할 수 있었으며 명성은 하늘과 땅을 덮을 수가 있었다. 이것이 관왕이 관왕이 된 이유이다. 저 자잘하게 한 사람과 한 집안의 구구한 화복(禍福)으로써 신이 신이 됨을 논하는 것은 또한 잘못이 아니겠는가.

나는 어리석어서 신명(神明)의 이치를 알 수 없고, 알지 못하는 것을 말하지 않는 것은 또 유자(儒者)의 일이다.[74] 그러므로 마침내 현공(賢公 윤노동)께서 기문을 지으라는 명을 받음으로 인해 삼가 이렇게 쓰고, 이를 통해 내가 평소 관왕을 우러러 사모한 것이 여기에 있지 구복(求福)에 있지 않음을 말할 뿐이다.

74 알지……일이다 : 공자가 자로(子路)에게 "군자는 모르는 것에 대해서 말을 하지 않는 것이다.〔君子於其所不知, 蓋闕如也.〕"라고 하였다. 《論語 子路》

교정복괘연에 대한 기[75]

記橋亭卜卦硯

교정복괘연(橋亭卜卦硯)은 송(宋)나라 첩산(疊山) 사 시랑(謝侍郎)의 벼루이다. 내가 왕년에 우연히 원(元)나라와 명(明)나라 사이의 잡설(雜說)을 보고 그 이름을 알았으나 어떻게 생겼는지는 몰랐다. 무인년(1818, 순조18) 봄에 서 대부(徐大夫) 학수(鶴叟)[76]가 벼루 하나를 주면서 연경의 상인에게서 구했다고 하였다. 나는 상자를 열자마자 나도 모르게 놀라 소리쳤으니, 바로 왕년에 이름만 알던 것이었다.

벼루의 모양은 풍(風)자를 본떴고[77] 윗부분에 소전(小篆)으로 '교정복괘연' 다섯 자가 가로로 쓰여 있었다. 양 모서리에는 정문해(程文

75 교정복괘연(橋亭卜卦硯)에 대한 기 : 1818년(순조18)에 서유문(徐有聞)에게서 송나라 사방득(謝枋得)의 벼루인 교정복괘연을 얻고 쓴 기문이다. 사방득의 자는 군직(君直), 호는 첩산(疊山)이다. 송나라가 망한 뒤 원나라 조정에서 누차 출사를 권했으나, 복건성(福建省) 건녕현(建寧縣)에 교정(橋亭)을 사서 은거하였다고 한다. 연경에 끌려가 억류당했으나 굴복하지 않고 단식하다가 죽었다. 문인들이 문절(文節)이라는 사시(私諡)를 올렸다. 문집에 《첩산집》이 있다. 《宋史 卷425 謝枋得列傳》

76 서 대부(徐大夫) 학수(鶴叟) : 서유문(徐有聞)으로, 본관은 달성(達城)이고 학수는 그의 자이다. 1787년(정조11)에 문과에 급제하였고, 평안도 관찰사・이조 참판 등을 지냈다. 1798년에 동지사의 서장관으로 북경에 다녀온 뒤 한글 연행록인 《무오연행록(戊午燕行錄)》을 남겼다.

77 벼루의……본떴고 : 일명 풍자연(風字硯)으로, 풍자 형태로 만들어진 벼루를 말한다.

海)[78]의 명(銘)이 새겨져 있었는데, 내용이 자못 기이했다. 뒷면에는 '송사시랑연(宋謝侍郎硯)'이라는 다섯 자가 새겨져 있었고, 또 민(閩) 땅 사람 조원(趙元)의 짧은 지(識)가 있었다. 먹을 갈아보니 피어나는 먹빛이 다른 돌보다 좋았으니, 역시 훌륭한 벼루였다.

스스로 생각건대, 나는 평소에 좋은 물건이 없었고 또한 특별한 재주도 없어 오직 아는 것이라고는 붓과 벼루만 가지고 노는 것뿐이었다. 그러나 우리나라에서 생산되는 벼루는 조악하여 좋은 것을 전혀 보지 못하였다. 설령 연경의 저자에서 얻은 벼루라 하더라도 단계(端溪)와 흡주(歙州)[79] 두 곳에서 생산되는 조탁(彫琢)이 약간 정밀한 벼루에 지나지 않을 뿐이니, 오래된 벼루를 어찌 쉽게 얻겠으며, 설령 얻는다고 하더라도 그 벼루를 쓴 옛사람이 사공(謝公)처럼 현명한 사람이겠는가. 천하의 사람들이 반드시 이 벼루를 목숨처럼 여겼을 것이니, 어찌 가벼이 내버려 외국으로 흘러가게 하려 했겠는가. 그렇다면 이 벼루가 나에게 온 것은 우연이 아니다.

나는 성품이 고집스럽고 감상(感傷)에 쉽게 빠져 어려서부터 난리에 임해 절개를 바꾸지 않았던 자들을 좋아하였다. 백이(伯夷)와 숙제(叔齊)부터 명나라 사 문정(史文正)[80] 등 여러 사람에 이르기까지 그들의

78 정문해(程文海) : 원(元)나라의 명신이자 문학가인 정거부(程鉅夫)로 문해는 그의 초명이며, 호는 설루(雪樓)이다. 한림학사를 지냈으며 시호는 문헌(文憲)이다. 문집으로 《설루집》이 있다.

79 단계(端溪)와 흡주(歙州) : 단계는 광동성(廣東省) 고요현(高要縣)의 단계를 말하고, 흡주는 안휘성(安徽省) 무원현(婺源縣) 흡주를 말한다. 이 두 곳에서 생산되는 벼루를 단계연(端溪硯)과 흡주연(歙州硯)이라 하여 상품(上品)으로 친다.

80 사 문정(史文正) : 명나라 말기의 충신 사가법(史可法)으로, 자는 헌지(憲之)이

전기(傳記)가 실린 책을 읽고서 탄식하고 눈물을 흘리지 않은 적이 없었으며, 책을 덮고 차마 읽지 못하기까지 하였다. 그러나 더욱더 차마 다시 책을 펼치지 않을 수 없어서 탄식하고 눈물을 흘리며 마침내 다 읽었으니, 사공(謝公) 역시 내가 탄식하고 눈물을 흘리며 차마 다 읽지 않을 수 없었던 사람 가운데 하나였다. 그런데 지금 공이 쓰던 옛 물건을 얻었으니 나의 마음이 마땅히 어떠하겠는가.

공이 살았던 시대는 나와 거의 600여 년쯤 차이가 나고 이 벼루가 이리저리 떠돌아 세상에 나왔다 사라졌다 하며 주인이 몇 번이나 바뀌었는지 모르니, 지금 이지러진 흔적과 닳은 자국이 반드시 모두 공의 수택(手澤)만은 아닐 것이다. 그러나 나의 처지에서 보면 그 흔적 하나와 자국 하나가 하나라도 공의 수택이 아님이 없어서, 마치 훈호(焄蒿)하는 기운[81]이 내 마음을 감동시키고 내 몸에 끼쳐 오는 것이 있는 듯하니, 도리어 어찌 깊이 아끼고 매우 보배롭게 여기지 않을 수 있겠는가. 비록 백 쌍의 옥(玉)과 만 덩어리의 금이라고 하더라도 이 벼루

고, 호는 도린(道隣)이다. 복왕(福王) 때 무영전 대학사(武英殿大學士)에 이르렀는데, 당시 마사영(馬士英)이 권력을 독점하자 이를 못마땅하게 여겨 양주(揚州)로 가서 강북(江北)의 군사를 통솔하였다. 청군(淸軍)이 남하하여 양주를 포위하자 극력 항전하다가 끝내 청군에게 피살당했다. 문정은 청나라 건륭제(乾隆帝)가 내린 시호이다. 《明史 卷274 史可法列傳》

81 훈호(焄蒿)하는 기운 : 신령(神靈)의 향취를 말한다. 《예기》 〈제의(祭義)〉에 "그 기운이 발산하여 위로 날아 올라가서, 소명하고 훈호하고 처창함이 된다.〔其氣發揚于上, 爲昭明焄蒿悽愴.〕"라고 하였는데, 주희(朱熹)의 해설에 "귀신이 밝게 드러나는 것이 소명이고, 그 기운이 위로 퍼져 올라가는 것이 훈호이고, 사람의 정신을 오싹하게 하는 것이 처창이다.〔鬼神之露光處是昭明, 其氣蒸上處是焄蒿, 使人精神竦動處是悽愴.〕"라고 하였다. 《朱子語類 卷68 易四乾上》

와 그 진귀함을 비교하기에 부족한데, 다만 중국 사람이 어떤 이유로 이것을 잃어버려 내가 소장하게 되었는지 모르겠다. 어떤 사람이 말하기를 "연경의 시장에는 가짜가 많으니, 아방궁(阿房宮)과 동작대(銅雀臺)의 기와[82]가 모두 그렇다."라고 하였다.

아! 그렇지 않다. 수양(首陽)이라는 이름의 산이 다섯 군데가 있고[83] 모두 백이와 숙제가 살았다고 일컫지만, 백이와 숙제가 어찌 열 개의 몸이 있겠는가. 이미 어느 산이 그들이 은거한 곳인지 변별하지 못하지만, 수양이라는 산의 이름을 들으면 모두 감회를 일으키고 공경하는 마음을 일으킬 수 있다. 감회를 먼저 일으키지 않고 먼저 그 산이 맞는지를 변별하려고 생각하는 자는 반드시 사람의 마음이 없는 자일 것이다.

이 벼루가 진짜 사공(謝公)의 벼루가 아니라는 것은 어쩌면 또한 이상할 것이 없으나, 진짜가 아니라는 것도 이미 증명할 수가 없다. 설령 이른바 진짜가 있다고 하더라도 또 어찌 그것이 진짜인지 진짜가 아닌지 장담할 수 있겠는가. 그렇다면 비록 이 벼루가 열 개가 되더라도 이것을 얻은 자는 모두 사공을 사모할 수 있다. 하물며 내 눈으로

82 아방궁(阿房宮)과 동작대(銅雀臺)의 기와 : 아방궁은 진시황(秦始皇)이 지은 궁전이다. 동작대는 조조(曹操)가 상주(相州)에 세운 누대로 흑연(黑鉛)에 호도(胡桃) 기름을 섞어서 기와를 구워 만들었다고 하는데, 후대에 그 기왓장을 벼루 재료로 썼다는 기록이 전한다. 《春渚紀聞 銅雀臺瓦》

83 수양(首陽)이라는……있고 : 《사기(史記)》 권61 〈백이열전(伯夷列傳)〉 주석에, 수양산은 하동(河東) 포판(蒲坂)의 화산(華山) 북쪽 하곡(河曲) 가운데 있다는 마융(馬融)의 설, 농서(隴西)에 있다는 조대가(曹大家)의 설, 낙양(洛陽)의 언사현(偃師縣) 서북쪽에 있다는 대연지(戴延之)의 설, 요서(遼西)에 있다는 《설문해자(說文解字)》의 설, 청원현(淸源縣) 기양(岐陽) 서북쪽에 있다는 설 등이 실려 있다.

수양이라는 산을 단지 하나만 보고[84] 나머지 넷을 듣지 못한 자임에랴. 나는 다만 내가 이 벼루를 얻은 것이 우연이 아님을 알 뿐이다.

84 하물며……보고 : 풍고가 1792년(정조16) 10월에 동지 겸 사은사의 서장관으로 연행할 때 백이와 숙제의 위패를 모신 이제묘(夷齊廟)를 방문한 것을 말한 것으로 보인다. 당시 풍고는 〈청절사에서 상사의 시에 차운하다〔淸節祠次上使韻〕〉라는 시를 남겼다. 《楓皐集 卷1》

봉원사의 유람에 대한 기[85]

記奉元寺遊

기묘년(1819, 순조19) 동짓달 16일에 유자범(兪子範 유한식(兪漢寔))의 처인서옥(處仁書屋)에서 술을 마셨으니, 김명원(金明遠 김조(金照))·조군소(趙君素 조학은(趙學殷))·이숙가(李叔嘉 이영현(李英顯))·조사현(趙士顯 조진익(趙鎭翼))·이사소(李士昭 이희현(李羲玄))·이문오(李文五)·김사정(金士精 김려(金鑢)) 등 모두 시사(詩社)에 속한 사람들이었다. 술을 마시기 시작할 때는 산바람이 사립을 흔들고 가랑눈이 막 날리더니, 얼마 뒤 술이 거나해지고 한밤중이 되자 맑은 달이 정원을 비추었다. 자범이 갑자기 자리에서 일어나 말하기를 "오늘 밤이 참으로 즐겁기는 하지만 항상 도성 안에서 모여 답답하여 정취가 적음을 우리가 한스럽게 여겼으니, 다음번에는 성곽 밖으로 유람하는 것이 어떻겠소?"라고 하였다. 내가 말하기를 "이 의견이 참으로 훌륭하오. 도성 서쪽의 봉원사(奉元寺)는 바로 내가 명원과 여름을 보냈던 곳인데, 한번 떠나온 지 40여 년이 되었다오. 매번 다시 찾아가기

85 봉원사(奉元寺)의……기 : 1819년(순조19) 11월에 봉원사를 유람하고 붙인 기문이다. 봉원사는 서울 서대문구 봉원동(奉元洞) 안산(鞍山)에 있는 절이다. 889년(진성여왕3)에 도선 국사(道詵國師)가 창건하고 반야사(般若寺)라고 이름하였다. 1592년(선조25)에 임진왜란으로 불탄 것을 지인(智仁)이 크게 중창하였다. 1748년(영조24)에 찬즙(贊汁)·증암(增巖) 두 대사가 현재의 위치로 이전 중건하면서 봉원사라 개칭하였다. 《풍고집》 권4에 당시에 지은 〈다시 봉원사에 노닐며〔重遊奉元寺〕〉, 〈또 벗들과 함께 읊다〔又與諸友共賦〕〉가 수록되어 있다.

를 생각하고 있으니, 거기서 모이기를 청하오."라고 하였다. 자범이 말하기를 "좋습니다. 사소(士昭)가 가까이 사니 모임을 주관하는 것이 좋겠습니다. 또 좋은 일은 기한을 앞당겨야 마땅하니 열흘 뒤 해가 뜰 때 사소의 집에 모여 손을 잡고 함께 가시지요. 약속을 어기지 마십시오. 또한 다시 기별하지 않을 것입니다."라고 하니, 모두들 좋다고 하였다.

기약한 날이 되어 모두 약속대로 모이니, 전날 밤에 사소가 이미 사람을 시켜 행장을 준비하게 하여 봉원사의 중이 와서 인도하였다. 드디어 원현(圓峴)[86]의 서쪽에서 출발하여 승전봉(勝戰峰)을 넘었다. 이중예(李仲睿 이우재(李愚在))가 이 소식을 듣고 술을 가지고 뒤늦게 오니, 참으로 일 벌이기 좋아하는 사람이다. 승전봉 뒤에는 얼음과 눈이 덮여 있어 번갈아 밟을 때마다 뽀드득 소리가 났고, 발을 조금 멈추기만 하면 번번이 미끄러져 참으로 고생스러웠다. 절에 이르니 예전의 모습 그대로였지만 다만 황량하고 쇠락함이 안타까웠다. 예전의 중들은 한 명도 남아 있는 자가 없었고 두 법사(法嗣)의 삭발한 머리도 이미 싸락눈이 하얗게 내려와 있었다. 뜬구름 같은 인생을 우스워하고 주름지지 않는 항하(恒河)의 물결을 탄식하면서[87] 함께 불전(佛殿)을 배회하며 한참 감개에 젖었다.

따라온 일행 중에 바둑꾼 한홍(漢興)[88]과 소리꾼 군빈(君賓)과 거문

86 원현(圓峴) : 서대문 밖 아현동 부근에 있던 고개로, 둥그재라고도 한다.

87 주름지지……탄식하면서 : 변하지 않는 산천을 부러워한다는 말이다. 항하(恒河)는 갠지스강을 말한다. 《능엄경(楞嚴經)》 권2에 부처가 파사익왕(波斯匿王)에게 불멸성(不滅性)을 이야기하면서 주름이 생기지 않는 항하를 빗댄 고사가 있다.

고 악사 익대(益大)는 그 재주가 모두 최고였다. 또 새 사냥꾼이 있는데 백발을 쏘아 한 발도 놓치지 않는 자였으니 또한 빼어난 재주였다. 이들은 각자 자신의 능력을 발휘하여 우리의 즐거움을 북돋워 주었다. 식사는 훈채(葷菜)를 쓰지 않았으니 승려들의 법을 따랐고, 밥을 먹을 때는 줄지어 앉아 중을 시켜 종을 울리게 하였다. 내가 들고 간 상자에서 나무로 만든 바리때 몇 벌을 꺼내 밥을 받으니, 앉아 있던 사람들이 모두 크게 웃었다. 밤이 되자 두 중이 소리를 나란히 하여 불경을 외웠는데, 그 소리가 크고 깊고 맑고 고아하여 사람으로 하여금 잡념이 잦아들게 하였다. 한 젊은 중이 조금 의리를 담론할 줄 알고 자태가 훌륭하여 사랑스러웠다. 술을 마시다 사경(四更)이 되어서야 베개를 나란히 하여 잠들었는데, 방이 깊숙하고 따뜻하여 밤 날씨가 매우 추웠지만 추위를 느끼지 못하였다.

이튿날 나와 명원이 각각 시를 몇 수 읊었다. 밥을 먹은 뒤에 함께 돌아오며 다시 승전봉에 올랐는데, 이때 구름과 햇살이 맑고 고와 가슴이 탁 트였다. 동으로 한양성을 내려다보니 성 안팎의 누대와 골목길이 손바닥에서 손금을 보는 듯하였다. 북쪽으로는 삼각산(三角山)과 도봉산(道峯山)에 쌓인 눈이 빛을 뿜어 반짝이고 번득거려 무어라 형용할 수 없었다. 서남쪽으로는 큰 강이 구불구불 뻗으며 수십 리에 얼어 있어 푸른 유리가 강 위에 펼쳐져 있었고 긴 바람이 모래와 눈을 불어 날려 마치 안개가 낀 듯 자욱하기에, 서로 돌아보며 매우 즐거워하였다. 바위에 걸터앉아 술을 데우고 거문고 악사에게 노래에 맞추어 연주

88 바둑꾼 한흥(漢興) : 한흥은 정조와 순조 시대에 바둑으로 명성을 떨친 국수(國手) 김한흥(金漢興)을 말한다.

하게 하였다. 거문고는 얼어서 더욱 운치가 있고 노래는 고상하고 더욱 높이 울렸는데, 처음 소리는 맑게 울리고 뒷소리는 애절하여 여음이 허공에 이어져 솔바람 소리와 잘 어우러졌다. 모두 말하기를 “반평생 동안 노래와 거문고 소리를 들었지만 유독 오늘이 가장 좋다.”라고 하였다. 내가 또 입으로 긴 율시를 읊고, 앞서 지은 시와 함께 여러 벗에게 화답을 청하였다. 돌아와 사소의 집으로 들어가 각자 술 한 잔씩을 마시고 헤어졌다.

아! 이번 유람은 날씨가 따뜻하지 않고 추웠으니 이보다 더 괴로운 적이 없었고, 유람 길에 말을 타지 않고 걸어갔으니 이보다 더 고생스러운 적이 없었다. 절에는 빼어난 수석(水石)과 골짜기가 없어 감상하기에 맞지 않았고, 식사는 큰 상에 차려진 진미가 없어 음식이 너무 박하였으니, 남들의 눈으로 보면 당연히 즐거울 만한 것이 없을 것이다. 그런데 이상하게도 함께 유람했던 3, 40명이 너도나도 질탕하게 즐기며 기뻐서 춤을 추었던 것은 무엇 때문일까? 어찌 서로 통한 것은 정신이고 눈으로 만난 것은 경계여서가 아니겠는가. 정신이 온전하면 좋은 경계가 이르고 그 경계가 이르면 자연히 즐거움이 생긴다. 즐거움이라는 것은 사물이 있어도 좋고 사물이 없어도 또한 괜찮으니, 오직 어디를 가더라도 스스로 만족하지 않음이 없는 자[89]라야 함께 알 수 있다.

‘상심낙사(賞心樂事)’는 붓의 이름이다. 우리의 유람이 이미 즐거웠

89 어디를……자 : 《중용장구》 제14장에 “군자는 어디를 가더라도 스스로 만족하지 않음이 없다.〔君子無入而不自得焉.〕”라고 하였다.

는데 끝내 필묵을 기다려 그 즐거움을 기록하므로, 마침내 붓의 이름을 취하여 이 시권(詩卷)의 이름으로 삼는다.[90]

90 상심낙사(賞心樂事)는……삼는다 : 봉원사를 유람하고 엮은 시권(試卷)의 이름을 자신의 붓 이름을 취해 '상심낙사'로 정했다는 말이다. 상심낙사는 '마음의 기쁨과 즐거운 일'을 말하는데, 사영운(謝靈運)의 〈의위태자업중집시서(擬魏太子鄴中集詩序)〉에 "천하에 좋은 때, 아름다운 경치, 기쁜 마음, 즐거운 일 이 네 가지를 동시에 만나기는 어렵다.〔天下良辰、美景、賞心、樂事四者難幷.〕"라고 한 데서 나온 말이다.

부용당 중수기[91]

重修芙蓉堂記

단와(端窩) 권계직(權季直) 씨가 관찰사로 해서(海西 황해도)에 부임한 지 1년이 지난 뒤에[92] 이른바 부용당(芙蓉堂)을 중수하고 편지와 폐백을 보내 나에게 부탁하기를 "부용당은 김공 근사(金公謹思)[93]가 다스리던 가정(嘉靖) 병술년(1526, 중종21)에 창건되었으니 창건된 지 거의 삼백 년이 되었고 중수한 것이 지금까지 세 차례입니다. 옛날 나공(羅公)이 이 당을 중수했을 때 화양(華陽) 송문정(宋文正 송시열(宋時烈)) 선생이 실로 여기에 기(記)를 지었습니다.[94] 지금 제가 이미 부용당을 중수하였으니 그 기를 부탁하려는데 반드시 당세(當世)

91 부용당(芙蓉堂) 중수기 : 1820년(순조20)에 해주(海州)의 객관 서쪽 연못 안에 있던 정자인 부용당을 중수한 황해도 관찰사 권비응(權丕應)의 부탁을 받고 지은 기문이다.

92 단와(端窩)……뒤에 : 단와 권계직(權季直)은 권비응(權丕應)으로, 본관은 안동(安東)이고 계직은 그의 자이며 단와는 그의 호이다. 1819년(순조19) 1월 25일에 황해도 관찰사에 제수되었다. 《承政院日記 純祖 19年 1月 25日》

93 김공 근사(金公謹思) : 1466~1539. 본관은 연안(延安)이고, 자는 명통(明通)이다. 1526년(중종21)에 황해도 관찰사를 지냈고, 영의정에까지 올랐다.

94 옛날……지었습니다 : 나공(羅公)은 나성두(羅星斗, 1614~1663)로, 본관은 안정(安定)이고, 자는 우천(于天)이며, 호는 기주(碁洲)이다. 나만갑(羅萬甲)의 아들이다. 1659년(효종10) 1월부터 해주 목사(海州牧使)로 있었으며, 이해 말에 부용당을 중수하였다. 송시열은 1660년(현종1) 8월에 〈해주부용당기(海州芙蓉堂記)〉를 지었다. 《明齋遺稿 卷43 海州牧使羅公行狀》《宋子大全 卷140 海州芙蓉堂記》

의 군자에게 부탁하려고 합니다. 당세의 군자는 합하(閤下)가 아니면 그 누구이겠습니까. 이에 감히 기를 청합니다."라고 하였다. 내가 편지를 열어보고 두려움에 땀을 흘리다가 한참 만에야 겨우 진정이 되었다.

무릇 누관(樓觀)과 누대와 연못을 만드는 것은 한 사람 자신의 이목의 감상에 맞게 하는 것일 뿐이니 치도(治道)와 아무런 관련이 없는 듯한 것도 당연하다. 그러나 주(周)나라 문왕(文王)이 영대(靈臺)를 처음 계획했을 때부터 그 연못 앞에 서고 그 동산에 들어간 사람들은 문왕이 사슴과 물고기와 자라를 소유함을 노래하였고 맹자(孟子)는 이를 읊조려 "현자인 뒤에야 이것을 즐거워할 수 있다.〔賢者而後樂此.〕"라고 칭송하였다.[95]

지금 저 천하에 세워지고 허물어진 누관과 누대와 연못이 반드시 다 주나라 문왕과 같아진 뒤에 세워지고 다 주나라 문왕과 같지 않은 뒤에 허물어진 것은 아니다. 그러나 보통 사람의 마음에 즐거워하는 것은 또한 성인(聖人)이 즐거워하는 것이다. 다만 성인은 그 즐김이 절도를 얻었지만 보통 사람의 마음은 즐기는 것으로만 내달리기 쉬울 뿐이다. 만약 즐기는 것으로만 내달리지 않는다면, 신체의 편안함과 마음의 유쾌함, 먹고 마시고 이야기하고 웃고 노래하고 여색을 찾고 놀고 쉬는 즐거움에 대해 성인이 또한 어찌 일찍이 보통 사람의 마음과 같지 않았던 적이 있었던가. 오직 그 근본을 바르게 하는 자는 항상 드물고 뜻을 잃어버리는 자는 항상 많으므로 그것이 세워지고 허

95 주(周)나라……칭송하였다 : 이 내용이 《맹자》 〈양혜왕 상(梁惠王上)〉에 보인다. 영대(靈臺)는 문왕이 경영한 누대의 이름이다.

물어지는 것이 사람과 크게 관련이 없는 것처럼 보이는 것일 뿐이다. 어찌 누관과 누대와 연못을 만드는 것이 치도와 상통하지 않는다고 하겠는가.

군자가 다스림을 펼침에 올바른 도를 얻는다면 누관과 누대와 연못을 새로 만들어도 괜찮고 중수해도 또한 괜찮으니, 이 때문에 "현자인 뒤에야 이것을 즐거워할 수 있다."고 한 것이다. 하물며 이 땅과 이 당(堂)은 바로 옛사람이 나라를 안정시킨 곳이요 두 선왕(先王)께서 머물고 상서를 길렀던 곳임에랴.[96] 이 당의 흥폐는 실로 그 후대 정사의 치란(治亂)과 관련이 있는데, 공이 부임하여 가장 먼저 이 일을 거행할 수 있었으니 또한 훌륭하지 않겠는가.

문정공(文正公 송시열)과 같은 대현(大賢)이 나공(羅公 나성두)이 부용당을 중수한 것에 대해 저처럼 부지런히 선양하고 서술하였으니, 나는 문정공에 비하여 비록 태산(泰山)과 개미 둑처럼 큰 차이가 있기는 하지만, 권공(權公)의 업적을 기록하는 것으로 말하면 문정공과 아름다움을 짝하고 후세에 법도가 되는 것이니 어찌 게을리할 수 있겠는가. 이 때문에 적이 두려우면서도 그만둘 수 없는 것이 있다.

생각건대 옛날 우리 선왕께서는 어수당(魚水堂)의 수택재(水澤齋)를 중수하여 그 이름을 부용정(芙蓉亭)으로 바꾸고 손수 상량문을 짓고서[97] 경연에 입시한 여러 신하에게 하교하기를 "부용은 군자의 꽃이

96 두……곳임에랴 : 임진왜란 때 의주로 피란하였던 선조(宣祖)가 돌아올 때 해주에 한 달간 머무르며 부용당을 찾았다고 하며, 피란 당시인 1595년(선조28)에 인조(仁祖)가 부용당에서 탄생했다고 한다. 《宋子大全 卷140 海州芙蓉堂記》《林下筆記 卷25 春明逸史 芙蓉堂竪碑》

97 옛날……짓고서 : 어수당(魚水堂)은 창덕궁 후원의 영화당(映花堂) 북쪽에 있던

니,[98] 군자에게 이 글씨를 쓰게 해야 할 것이다."라고 하고는, 미천한 이 몸에게 명해 써서 올려 걸게 하였다. 어리석고 보잘것없는 나는 가장 못난 사람이니, 선왕의 처지에서 말하자면 일월과 같은 명철함으로도 우연히 잘 살피지 못함이 있었던 것이다. 하지만 천한 이 몸의 처지에서 보자면 비록 제후(諸侯)에 봉해져 봉토를 받고 종정(鍾鼎)에 새겨져 공이 드러난다고 한들 그 어느 영광이 이것에 비할 수 있겠는가. 선왕께서 승하하신 지 이미 오래되었으나 한밤중에 이 일을 생각할 때마다 나도 모르게 눈물 자국이 베개를 적신다. 지금 당의 이름이 마침 서로 비슷하고 공이 기문을 부탁하는 말에 다시 군자로 일컬어졌으니, 아! 어쩌면 옛날 선왕의 하교와 또 이렇게도 서로 부합한단 말인가. 내가 정녕 꿈에서도 생각지 못한 일이다.

나의 글솜씨는 아름다운 모습을 수식하여 이 당에 천추토록 빛을 더하게 하기에는 진실로 부족하다. 그러나 가만히 바라건대, 성명한 선왕의 은혜로운 말씀을 받들고 지기(知己)의 좋은 말을 가슴에 새겨 독실하게 이를 살펴 소인(小人)이 되는 결과를 면할 수만 있다면 종신의 다행스러움이 될 것이다. 이에 기문을 짓고 또 그 감회를 기록한다.

건물이다. 《홍재전서》 제172권 〈일득록(日得錄) 12 인물(人物) 2〉에 효종이 송시열(宋時烈)을 독대하기 위해 지은 것이라고 하였다. 한편, 《홍재전서》 권55에 〈부용정상량문(芙蓉亭上梁文)〉이 수록되어 있으며, 지은 시기가 1793년(정조17)으로 기록되어 있다.

98 부용은 군자의 꽃이니 : 송나라 주돈이(周敦頤)의 〈애련설(愛蓮說)〉에 "연꽃은 꽃 중의 군자이다.〔蓮, 花之君子者也.〕"라는 말이 보인다. 부용은 연꽃을 말한다.

문소루 중수기[99]

闻韶樓重修記

문소루(聞韶樓)는 의성현(義城縣)의 공관(公館)이다. 처음 세워진 것이 어느 때인지는 모르지만, 문소루에 고려 정포은(鄭圃隱 정몽주(鄭夢周)) 선생과 김 학사(金學士) 지대(之岱)의 제영(題詠)이 판각되어 걸려 있다.[100] 정 선생은 참으로 고려 말 사람이고 김 학사의 이름은 고려 초에 보이니, 이로써 유추하건대 문소루가 처음 세워진 것은 아마도 신라 시대였으리라.

나는 서울에서 태어나 늙었고 발걸음이 조령(鳥嶺)을 한 발짝도 넘어본 적이 없기에 조령 이남 칠십 개 고을의 산천과 풍속에 대해서는 오히려 그 중요한 것을 어렴풋이도 알지 못한다. 하물며 정자와 해우(廨宇 관사(官舍))의 유무는 말해 무엇 하겠는가. 또 하물며 그곳의 풍광과 감상의 훌륭함에 대해 도리어 어찌 알겠는가.

99 문소루(聞韶樓) 중수기 : 1825년(순조25)에 의성(義城)의 문소루를 중수한 의성 현령 김홍근(金弘根)의 부탁을 받고 지은 기문이다. 문소루는 의성현에 있던 누각으로 창건 시기는 불분명하다. 고려 공민왕 때 현령 이광제(李光濟)가 중건하였고, 순조 때 김홍근이 다시 중건하였다. 6·25전쟁 때 없어졌다가 1983년에 복원하였다. 진주(晉州)의 촉석루(矗石樓), 밀양(密陽)의 영남루(嶺南樓), 안동의 영호루(映湖樓)와 함께 영남의 4대 누각으로 불린다.

100 정포은(鄭圃隱)……있다 : 정몽주와 김지대(金之岱, 1190~1266)가 문소루를 읊은 시는 《신증동국여지승람(新增東國輿地勝覽)》 권25 〈경상도 의성현(義城縣)〉 누정(樓亭)조에 수록되어 있다. 김지대의 본관은 청도(靑道)이고, 초명은 김중룡(金仲龍)이며, 시호는 영헌(英憲)이다. 청도 김씨(淸道金氏)의 시조이다.

생각건대, 옛날 정묘(正廟 정조) 기해년(1779, 정조3)에 백부(伯父 김이기(金履基))가 이 고을의 현령을 지냈는데,[101] 종형인 헐암공(歇菴公 김명순(金明淳))이 임지로 따라갔다가 돌아와 나를 위해 이 누각의 승경을 말해 주었고 이어 정 선생의 시를 읊어 주었다. 나는 아직 아이의 식견으로 견문이 적었던 터라 기쁘게 마음에 담아 두었기에 지금까지도 마치 옛날에 유람한 적이 있는 듯하다. 금상 경진년(1820, 순조20)에 아들 원근(元根)이 의성의 현령이 되었을 때는 문소루가 무너져 간다고 하기에 중수를 권하였는데 곧 체직되어 실행하지 못하였다.[102] 5년 뒤에 홍근(弘根)이 또 의성 현령이 되었는데,[103] 부임한 지 겨우 몇 달 만에 편지를 보내 알리기를 "문소루는 천년의 고적(古迹)이라 차마 끝내 무너지게 할 수 없어 이미 중수하였으니, 숙부의 기문을 얻고 싶습니다."라고 하였다.

나는 다음과 같이 말하였다.

"훌륭한 일이다. 내가 문소루를 알게 된 것은 나의 종형(김명순)을 통해서였고 너는 또 내 종형의 아들이다. 내가 일찍이 이 누각을 한번 보고 싶었으나 백발에 이르도록 뜻을 이루지 못했다. 지금 너를 통해 이 기문에 이름을 의탁하여 정 선생의 시와 나란히 걸려 후세에 전해진

101 백부(伯父)가……지냈는데 : 풍고의 백부인 김이기(金履基)는 1778년(정조2) 12월 27일에 의성 현령에 제수되었다. 《承政院日記 正祖 2年 12月 27日》

102 아들……못하였다 : 김원근(金元根)은 1818년(순조18) 6월 25일에 의성 현령에 제수되어 1820년 1월 13일 재령 군수(載寧郡守)에 제수될 때까지 재직하였다. 《承政院日記 純祖 18年 6月 25日, 20年 1月 13日》

103 홍근(弘根)이……되었는데 : 김홍근(金弘根)은 김명순(金明淳)의 아들로, 1824년(순조24) 12월 22일에 의성 현령에 제수되었다. 《承政院日記 純祖 24年 12月 22日》

다면, 비록 종신토록 보지 못한다고 하더라도 아침저녁으로 올라서 굽어보는 것과 무엇이 다르겠느냐. 나는 유감이 없다.

그렇지만 내가 옛날에 들으니, 의성은 이름난 고을로 백성은 많고 아전들은 착하며 관아의 모든 일은 번거롭게 명령할 필요가 없다고 하였는데, 근래에는 도망하는 자가 이어지고 간사함과 거짓이 날로 불어나 피폐해져서 장차 위태로운 지경에 이르게 되었다고 한다. 진실로 이 말대로라면 백성을 구휼하려는[104] 정성이 진실하지 못하고 아랫사람을 단속하는[105] 정사가 행해지지 않은 것이니, 어찌 현령의 책임이 아니겠는가. 고을이 있고 누각이 없으면 그래도 편안히 누릴 수 있지만, 누각만 있고 고을이 없다면 장차 누구와 즐기겠는가. 나는 홍근이 마음을 다해 정사를 펼치며 쌓인 병폐를 제거하고 여러 폐단을 개혁하는 데 힘을 다 쏟고 있음을 잘 안다. 그러나 이 말을 말미암아 더욱 힘쓴다면 또한 좋지 않겠는가."

104 백성을 구휼하려는 : 원문은 '구추(求芻)'인데, 소와 양을 기르기 위해 꼴을 구한다는 말로 고을 수령이 되어 백성을 위해 힘을 쏟는 것을 가리킨다. 《맹자》〈공손추하(公孫丑下)〉에 고을 수령이 백성을 구휼하는 일을 비유하여, "지금 남의 소와 양을 받아 그를 위해 기르는 자가 있다면, 반드시 목장과 꼴을 구하려고 할 것이다.〔今有受人之牛羊而爲之牧之者, 則必爲之求牧與芻矣.〕"라고 한 데서 나온 말이다.

105 아랫사람을 단속하는 : 원문은 '속신(束薪)'인데, 상관이 아랫사람을 단속하는 것을 비유하는 말이다. 한나라 때 관리인 영성(甯成)이 상관이 되어 아랫사람을 다루기를 마치 젖은 나무를 묶듯이 했던〔操下如束濕薪〕 데서 나온 말이다. 《史記 卷122 酷吏列傳 甯成》

황학루 중수기[106]

黃鶴樓重修記

산수와 누각은 나란히 생긴 것이 아니라서 번갈아 서로 주인과 객이 되니, 인간의 일과 조물주가 서로 참여하는 것이다.

갑신년(1824, 순조24) 가을에 나는 서쪽으로 가 패수(浿水 대동강) 밖을 유람하여 영변(寧邊)의 철옹성(鐵甕城)을 굽어보고 묘향산(妙香山)에 올랐으며 동명왕(東明王)의 옛 도읍지[107]에서 시를 읊조리고 만류제(萬柳提)[108]의 긴 제방에서 바람을 쐬었다.

돌아올 때 삼등현(三登縣)에서 머물렀는데 현령인 서후 유민(徐侯有民)[109]이 술을 마련해 황학루(黃鶴樓) 아래에서 나를 맞이하였다. 누

106 황학루(黃鶴樓) 중수기: 황학루를 중수한 삼등 현령(三登縣令) 서유민(徐有民)의 부탁을 받고, 1826년(순조26) 봄에 지은 것이다. 황학루는 평안도 삼등현(三登縣) 능성강(能成江) 가에 있던 누각이다. 풍고는 1824년(순조24)에 평안도를 유람하며 황학루에 올랐던 일을 추억하고, 화재로 소실된 황학루를 중수한 서유민의 공을 칭찬하였다.

107 동명왕(東明王)의 옛 도읍지 : 고구려 시조 동명왕이 처음 도읍을 세운 평안도 성천(成川)을 말한다. 비류왕(沸流王) 송양(松讓)이 성천을 도읍으로 삼았다가, 동명왕에게 나라를 바쳤다는 전설이 전한다.

108 만류제(萬柳堤) : 평안도 평양부 강동현(江東縣)에 있던 제방이다. 이계(耳溪) 홍양호(洪良浩)가 강동 현감(江東縣監)으로 있던 1759년(영조35) 봄에 수해를 방비하기 위해 긴 제방을 쌓고 버들을 심어 만류제라는 이름을 붙였다고 한다.《耳溪集 卷7 宿江東縣, 卷25 江東萬柳堤碑》

109 서후 유민(徐侯有民) : 1779～1844. 본관은 대구(大丘)이고, 자는 원경(元耕)이다. 1822년(순조22) 5월 29일에 삼등 현령(三登縣令)에 제수되어 1826년(순조26) 6월까지 재직하였다.《承政院日記 純祖 22年 5月 29日, 26年 6月 25日》

각의 이름을 일찍부터 익히 알고 있었기에 내가 이에 흔쾌히 올라 한참 조망하였다. 누각은 모두 다섯 개 기둥으로 이루어져 강에 임해 서 있으니 옛사람이 세운 것이다. 오른쪽에 방이 있고 왼쪽에 마루가 있어 환하고 편안하다. 강 건너편에 작은 모래밭이 있고 모래밭 가에 작은 산기슭이 에워싸고 있는데 누각과 거리가 활 한 바탕쯤이니, 활을 쏘면 거룻배를 저어가 화살을 가지고 온다고 하는데 그곳은 수안(遂安) 땅이다. 누각 뜰 앞은 겨우 말을 돌릴 만큼 좁고 낮은 담장이 둘러 있으며 담장 오른쪽에는 각문(角門 쪽문)이 입을 벌리고 있어 강 빛이 훤히 보였다.

문밖의 섬돌은 한 길 남짓 되는데 곧장 강나루에 닿았다. 내가 또 기쁘게 섬돌을 밟고 내려가 배의 봉창에 기대어 물길을 거슬러 올라갔는데, 강물은 맑고 차가웠고 깊이는 노가 다 잠기지 않았으니 항상 가까이 즐길 만했다. 1리쯤 가서 이른바 앵무주(鸚鵡洲)라는 것을 보니 물결은 비단처럼 푸르렀고 물가의 돌은 흰색으로 들쭉날쭉 이어져 있었다.

나는 더욱 즐겁게 완상을 하고 돌아와서 황학루에 올라 객을 돌아보고 말하였다. "보고도 깨달을 수 없다면 헛되이 본 것이고, 노닐고도 정취를 모른다면 헛되이 노닌 것이다. 오늘 이 누각에 대한 품평을 한 번 해도 되겠소? 연광정(練光亭)은 번화하여 구경하는 사람들이 풍광을 보느라 지치고, 부벽루(浮碧樓)는 소쇄(瀟灑)하지만 안개 낀 물결이 아득하여 사람을 수심에 젖게 하며, 강선루(降仙樓)는 아름답고 곱지만 건물이 너무 크고 넓으니, 모두 나그네로 지나며 볼 풍광이지 항상 머무를 수는 없습니다. 이 황학루로 말하면 기거하여 자고 먹으면서 산수와 떨어지지 않을 수 있으니, 만약 내가 수령이 된다면 마땅히 관아를 놓아두고 이곳에서 지낼 것입니다. 공문서를 처리할 아전 둘 및 명령을 전하고 심부름할 하인과 크고 작은 하인 모두 다섯을 모두 밖에서 번갈아 숙직시키고, 어린 지인(知印)[110] 하나와 바둑 잘 두는 자 하나와 나이 3, 40세와 13, 4세 되는 기녀 각 한 명씩을 곁에다 둘 것입니다. 정무가 끝나면 책을 읽고 활을 쏘고, 지치면 손님과 기녀를 데리고 노를 저어서 갔다가 흥이 다하면 돌아와서 본성을 함양할 수도 있고 수명을 연장할 수도 있을 것입니다. 비록 십 년 동안 승진이 되지 않더라도 유감이 없을 것이며 비록 종신토록 다른 곳을 유람하지 않더라도 또한 유감이 없을 것입니다. 서주(西州 평안도)의 승경으로 나는 이 누각을 손꼽고자 합니다."라고 하였다. 자리에 있던 사람들이 모두 크게 웃었다. 얼마 뒤에 자리를 파하고 서른여섯 굽이에 배를 띄워서 오는 동안[111] 마음속으로 그리워하며 잊을 수가 없었다.

이듬해인 을유년(1825, 순조25)에 누각이 갑자기 불에 타버렸다. 서후(徐侯 서유민)가 말하기를 "이 누각은 옛사람이 세운 것이니 내가 다스리던 때에 마침내 허물어지게 할 수 없다."라고 하고, 급히 담장 북쪽의 땅을 넓혀 민가를 멀리 물리게 하고 옛터에 의지해 중건하였다. 낙성한 뒤에 나에게 기문을 지어줄 것을 부탁하였다.

110 지인(知印) : 각 관아에서 관인(官印)을 맡아 관리하던 사람으로, 통인(通引)이라고도 한다.

111 서른여섯……동안 : 삼등에서 배를 타고 선경(仙境)을 구경하며 왔다는 말로 보인다. 서른여섯 골짜기〔三十六曲〕는 도가에서 선경을 의미하는 삼십육동천(三十六洞天)의 다른 표현으로 보인다. 한편, 《명미당집(明美堂集)》에 "삼등에서 대동강에 이르기까지 배로 서른여섯 골짜기를 지나왔다.〔三登至大同江, 舟過三十六洞.〕"라는 말이 보인다. 《明美堂集 卷18 從祖考贈參判公墓誌銘》

내가 생각건대, 천지의 사이에는 사람이 주인이 되니, 풍경은 예나 지금이나 다르지 않지만 강산은 때때로 알려지기도 하고 숨겨지기도 하며 누각의 존망은 늘 일정하지는 않다. 그러므로 '나란히 생긴 것이 아니라서 번갈아 서로 주인과 객이 된다.'고 한 것이다. 만약 서후가 사람의 일을 부지런히 하지 않고 조물주의 뜻에만 내맡겨 버렸다면, 내가 비록 이 누각터를 다시 찾아온다고 하더라도 과연 기쁘게 마음으로 감상하고 팔을 내저으며 미련 없이 떠나지 않을 것이라고 어찌 장담할 수 있겠는가. 마침내 황학루에 올랐을 때 했던 농담을 기록해 서후의 현명함을 칭찬한다. 병술년(1826, 순조26) 봄에 짓다.

〔규장각 소장 고지도 〈지승(地乘)〉 중 황해도 삼등현 일부〕

발跋

가재 선생이 남긴 희작 그림에 대한 발문[112]

稼齋先生戲墨跋

앞에 실려 있는 부처〔佛尊〕 그림과 신선〔仙眞〕 그림 열두 폭은 바로 나의 종고조(從高祖) 노가재(老稼齋 김창업(金昌業)) 선생이 약관 시절에 그리다가 미처 마무리하지 못한 유희의 작품이다. 그 두 폭은 그림과 채색을 다 펼쳤고, 열 폭은 인물에 눈동자를 그리지 않았거나 눈동자를 그리다가 말았고 구름과 안개, 꽃과 나무, 바위와 시내, 옷과 두건, 그릇과 집기, 난간과 담장 같은 것들은 모두 묵선(墨線)만 있을 뿐이다. 하지만 정채가 살아 움직이고 자태가 자유자재로 구현되었으니, 선생이 재주가 많았음을 알 수가 있다.

나의 삼종숙(三從叔)인 참판공(判書公 김이익(金履翼))이 오래된 상자 안에서 이 화폭을 얻어 어루만지며 감탄하다가 사라질까 두려워 손수 배접하고 장정(裝幀)하여 한 두루마리로 만들어서 후세에 전하기를 바랐다. 사람들이 선대의 기물과 서적을 중요하게 여기는 것은 거기에

112 가재(稼齋)……발문 : 1797년(정조21)에 노가재(老稼齋) 김창업(金昌業)이 약관 시절에 그린 열두 폭 그림 두루마리에 붙인 발문이다.

손때가 남아 있기 때문이다. 그림으로 말하면 마음으로 운용하고 눈으로 드러내고 손으로 닮게 그린 것이니, 어찌 손때만 남아 있을 뿐이겠는가. 공이 공경히 완상하고 보배롭게 꾸민 것도 당연하다.

선생은 일찍부터 큰 명성을 짊어지고 종족과 사우(士友)들에게 크게 칭찬을 받았다. 그러나 덕을 숨기고 빛을 감추어 높은 벼슬을 헌신짝 버리듯 여기고서 전원에서 편안히 살며 종신토록 세상을 잊었다. 백 년 뒤에 선생의 유문(遺文)을 읽고 선생의 옛 거처를 방문하더라도 오히려 감탄하면서 하나하나 손으로 짚으며 그분의 모습을 상상할 수 있을 것이다. 더구나 이 두루마리는 선생이 남긴 진적(眞迹)이고 그 내용은 또 속세의 일이 아니니, 선생께서 의탁하신 정취를 또한 대략 알 수 있다.

정사년(1797, 정조21) 12월에 종현손(從玄孫) 조순이 삼가 짓고 쓰다.

《선원보략》에 대한 발문113

璿源譜略跋

성상 12년(1812 순조12) 5월 초하루에 대신(大臣)과 예신(禮臣)이 원자(元子 효명세자(孝明世子))의 보령이 이미 4세가 되었고 총명함이 일찌감치 드러났다고 하여 책봉(冊封)의 의식을 행하여 이극(貳極 왕세자)을 바로잡을 것을 청하니, 성상이 허락하였다. 그 한 달 뒤인 7월 6일에 성상이 인정전(仁政殿)에 임하여 옥책(玉冊)을 내어 사신(使臣)에게 명하여 주게 하니, 세자가 옥책을 받고 희정당(熙政堂)에

113 선원보략(璿源譜略)에 대한 발문 : 1812년(순조12) 7월에 효명세자(孝明世子)의 세자 책봉례를 행한 뒤 개수한 《선원보략》에 붙인 발문이다. 《선원보략》은 조선 왕실의 보첩(譜牒)인 《선원록(璿源錄)》을 간략하게 기록한 책으로, 정식 명칭은 《선원계보기략(璿源系譜記略)》이다. 숙종 5년(1679)에 종친이었던 낭원군(朗原君) 이간(李偘)이 개인적으로 작성하였고 이후 《선원록》을 대신하는 왕실 족보의 대표로 1900년대까지 지속적으로 개수되고 간행되었다. 《선원계보기략》 이전까지 왕실의 세계(世系)를 기록한 보책은 《선원록》, 《종친록(宗親錄)》, 《유부록(類附錄)》으로 나누어 간행되었는데, 《선원록》은 열성의 세계를 기록한 것이고, 《종친록》은 왕실 종실의 자손들을 기록한 것이며, 《유부록》은 종실의 여인과 서얼 자손을 기록한 책이다. 이간은 이렇게 나누어 기록된 것을 하나로 통합하여 모든 종친을 일목요연하게 보여줄 수 있는 종합적인 족보를 만들고자 하는 의도에서 《선원보략》을 작성해 숙종에게 올렸고, 숙종이 이를 치하한 후 내용을 수정하여 2권 1책의 《선원계보기략》으로 간행하게 하였다. 그 체제는 범례(凡例), 선원선계(璿源先系), 열성계서지도(列聖繼序之圖), 선원세계(璿源世係), 선원계보기략(璿源系譜記略), 발문(跋文)의 순서로 편집되었다. 《선원계보기략》은 이후 114회 보간(補刊)되었는데, 그 과정에서 수정된 내용과 증보된 내용을 각각의 발문에 자세히 기록하였다.

서 예를 행하였다. 그 자태가 엄숙하고 거동이 법도에 맞으니, 조정에 나와 본 자들이 감동하는 얼굴로 축하하지 않는 자가 없었다. 얼마 뒤에 종정시(宗正寺 종부시(宗簿寺))에서 전례를 끌어와 삼가 선계(璿系)의 보첩(譜牒)에 기록하고, 신(臣)이 일찍이 태사(太史)의 직임[114]을 맡은 적이 있다는 이유로 명하여 발문을 기록하게 하였다.

신이 삼가 생각건대, 세자를 책봉하는 것은 국가의 큰 예이니, 우리 왕조의 성명한 임금들이 이어진 400여 년 동안 이 예의 거행이 없었던 시대가 없었다. 지금 우리 성상의 성대한 인(仁)과 큰 효성이 하늘의 마음에 합당하여 본손(本孫)과 지손(支孫)의 경사가 이미 성대히 번창하였는데, 이 예를 올해에 거행하게 된 것은 또한 우연이 아니다. 이해는 임신년이니, 이해는 우리 태조(太祖)가 천명을 받아 나라를 연 해이며, 이해는 우리 영고(寧考 선왕 정조)가 경사를 길러 탄생하신 해이다.

대저 국가의 상서와 복 가운데 그 어느 것이 하늘의 보살핌과 도움이 아니겠는가마는 하늘의 보살핌과 도움의 증험은 왕업(王業)을 창건하는 것보다 큰 것이 없으며, 또한 성인을 탄생하게 하는 것보다 큰 것이 없다. 태조가 이해에 왕업을 일으켰고 영고가 이해에 탄생하셨으니, 이 이치의 현묘하고 원대함을 내 감히 알지는 못하지만, 천시(天時)가 위에서 움직이면 인사(人事)가 아래에서 드러나는 법이다. 사가(私家)를 국가(國家)로 만들어 터전을 세워서 명운을 열고 만세토록 무궁한 대통(大統)을 드리워 주었으니, 공은 우리 태조보다 성대한 분이 없다. 훌륭히 이어받고 훌륭히 현양하여 계승하고 본받아서 선대의 왕을 빛

114 태사(太史)의 직임 : 대제학(大提學)을 말한다. 풍고는 1802년(순조2)에 대제학에 임명되었으나, 여러 차례 상소하여 체직된 바 있다.

내고 후손에게 넉넉히 남겨 주었으니, 덕은 우리 영고보다 높은 분이 없다.

우리 태조와 영고의 이미 드러난 자취로 볼 때 이해는 우리나라에 길하여 이롭지 않음이 없는 해임을 알 수 있다. 이 예는 나라의 근본을 튼튼히 하고 종묘(宗廟)를 중하게 하는 것이다. 나라의 근본을 튼튼히 하고 종묘를 중하게 하는 것을 또한 반드시 이해가 오기를 기다려 행한 것은 진실로 천시(天時)와 인사(人事)가 말없이 서로 부합했다고 할 수 있을 것이다. 또한 우리 태조와 영고의 영령이 하늘에서 오르내리며 그 공과 덕을 다 베풀어 우리 후인(後人)을 도와 계도해 주신다는 것을, 신은 감히 이것으로 그 증명을 삼는다.

선부군이 남긴 글에 쓴 발문
先府君遺文跋

아! 이것은 나의 선군(先君 김이중(金履中))이 남긴 글과 글씨이다. 선군은 평소에 글을 짓는 것을 작은 기예라고 여겨 글을 지을 당시에 마음을 다한 적이 없었고 또한 원고를 남겨둔 적도 없었다. 불초는 또 늦게 태어나고 너무 어리석어서 전해 받은 것을 제대로 간직하지 못했으니, 한스러움을 이길 수 있겠는가. 미처 보지 못한 것은 그나마 모른다고 할 수 있겠지만, 직접 본 것은 삼가 암송해야 마땅한데도 또 그렇게 하지 못하였으니, 천하의 어리석은 자 가운데 그 누가 나보다 심하겠는가.

우연히 오래된 종이 꾸러미를 훑어보다가 선군이 직접 쓰신 석 장의 종이를 얻었는데, 그중 한 장은 바로 계사년(1773, 영조49) 가을에 쓴 돌아가신 어머니에 대한 제문이었다. 당시에 어머니는 도성 서쪽 밖의 벽만 남은 셋집에서 돌아가셨는데 나는 겨우 아홉 살이었다. 아직도 기억하나니, 선군이 어느 날 밤 등불 아래에서 이 글을 지어 완성하였는데 곁에는 아무도 없고 오직 불초만이 모시고 있었다. 선군은 불초의 머리를 쓰다듬고 제문을 읽으며 눈물을 흘리면서 슬픔을 이기지 못하였고, 불초 역시 엉엉 울었다. 제문에 적힌 '아극(阿極)'은 바로 불초의 아명(兒名)을 가리킨 것이니, 이것이 제문의 원본이다. 종이는 비록 낡았지만 필획은 방금 쓴 듯하여 이를 대하자니 마치 어제 일인 듯 황홀하였다. 그러나 내가 또한 어느새 육순에 가까워졌으니, 지난 자취를 추억하며 어루만지고 오열하여 마음을 가눌 방법을 모르겠다. 마침내 배접하여 첩(帖)을 만들어 후세에 오래 전하고자 한다.

다른 두 장은 그 문장의 뜻을 살펴보니 바로 미호(渼湖 김원행(金元行)) 종조부모에 대한 제문의 초고이다. 종이가 바스라지고 색이 어두워져 장정(裝幀)할 수 없기에 공손히 직접 베껴 써서 아래에 붙여둔다. 그러나 종조에 대한 제문은 글자가 작으며 고치고 지운 곳이 많아서 한참 깊이 살펴보고서야 겨우 구두를 찾았으니, 과연 어설프고 잘못된 곳이 없는지 모르겠고 또 당시에 이 제문을 사용했는지도 모르겠다.

근세에 윤 판서 사국(尹判書師國)[115]이 그의 선친이 예닐곱 살 때 쓴 묵적(墨迹)을 수습하여 비단으로 겹겹이 싸서 상자에 넣어 간직하니, 세간에서는 간혹 너무 지나치다고 비웃기도 한다. 너무 지나친 일이라면 지나친 일일 수도 있겠지만, 버려두어 먼지가 쌓이고 좀이 슬게 하는 것에 비하면 어떠한가. 저 아이 시절에 장난삼아 끄적거린 유치한[116] 묵적도 효자가 오히려 차마 사라지게 하지 못하는데, 하물며 후세에 전할 만한 문자인데도 하나같이 모두 잃어버린 자는 말해 무엇하겠는가. 내가 비록 세속을 따라 이 사람을 비웃은 적은 없지만, 참된

115 윤 판서 사국(尹判書師國) : 윤사국(1728~1809)의 본관은 칠원(漆原)이고, 자는 빈경(賓卿)이며, 호는 직암(直菴)이다. 1759년(영조35)에 문과에 급제하였고, 대사헌과 대사성을 거쳐 공조와 형조의 판서를 지냈으며, 기로소에 들어갔다.

116 유치한 : 원문은 '도아(塗鴉)'인데, 글씨가 유치한 것을 이르는 말이다. 당(唐)나라 노동(盧仝)의 〈시첨정(示添丁)〉에 "갑자기 서안 위에 먹물을 끼적이면 시서를 지우고 고친 것이 마치 늙은 까마귀 같네.〔忽來案上飜墨汁, 塗抹詩書如老鴉.〕"라고 한 구절에서 나온 말이다. 《玉川子集 卷1》

정성으로 수습하지 못하고 잃어버리는 데 이르게 하였으니, 이 사람에게 죄인이 됨을 면할 수 없다. 아! 부끄럽고 애통하다. 삼가 이렇게 기록하여 후세의 자손이 된 자들에게 경계할 줄 알게 한다.

정종 대왕의 어서 〈명사강목 부록 뒤에 제하다〉라는 문초 한 폭에 대한 발문[117]

正宗大王御書題明史綱目附錄後文草一幅跋

생각건대, 우리 성고(聖考 정조)의 성대한 덕과 위대한 사업은 역사서에 이루 다 기록할 수 없거니와 또한 《춘추(春秋)》의 대의를 밝힌 것보다 더 성대한 것은 없다. 봉실(奉室)의 의식을 갖추고[118] 궐자패(闕字牌)를 따로 만든 것,[119] 용만(龍灣 의주(義州))의 제단을 설치하고[120]

117 정종 대왕의……발문 : 1824년 3월에, 정조가 어린 시절에 《명사강목(明史綱目)》을 읽고 남명(南明)의 역사를 본문이 아닌 부록(附錄)에 기록한 것을 비판한 글에 붙인 발문이다. 《명사강목》은 이현석(李玄錫)이 1703년에 편찬한 중국 명(明)나라의 역사서로, 명 태조(明太祖)에서 영명왕(永明王)까지의 사실을 수록하였다. 총 24권 30책으로 제30책은 보유(補遺)와 부록(附錄)인데, 남명의 황제들을 이 부록에 따로 실어놓았다. 이 때문에 이현석이 남명을 정통으로 취급하지 않았다는 후대 인물들의 비판이 많이 제기되었다. 이현석의 본관은 전주이고, 자는 하서(夏瑞)이며, 호는 유재(游齋)이다. 이수광(李睟光)의 증손이다. 1675년(숙종1)에 문과에 급제하였고, 형조판서에 이르렀다. 1694년에 청풍 현감으로 나가서 《명사강목》을 저술하였다. 저서로 《역의규반(易義窺斑)》과 《유재집(游齋集)》이 있다.

118 봉실(奉室)의 의식을 갖추고 : 봉실은 대보단(大報壇) 내의 명나라 태조(太祖)·신종(神宗)·의종(毅宗) 세 황제의 신탑(神榻)을 모신 곳이다. 처음 설치되었을 때에는 신실(神室)로 부르다가 영조 때 봉실로 명칭을 변경하고 건물도 새로 지었다. 영조는 또 1758년(영조34) 12월에 예조에 명하여 《황단봉실의(皇壇奉室儀)》를 짓게 하였다. 한편, 정조가 대보단을 참배하며 여러 가지 의식의 수정을 명한 내용이 〈정조대왕행장(正祖大王行狀)〉에 보인다.

119 궐자패(闕字牌)를……것 : 궐자패는 '궐(闕)' 자가 새겨진 패를 말하는 것으로, 궐패(闕牌)라고도 하였다. 왕을 상징하는 것으로, 각 고을의 객사에 두고 수령이 그

한려(漢旅)의 명칭을 하사한 것[121]과 《존주록(尊周錄)》을 편찬한 것[122]으로 말하면 이미 선대의 왕을 빛내고 후손을 계도한 것이다. 더군다나 또 재위 25년 동안 황단(皇壇 대보단)의 늦봄의 제향과 세 황제〔三皇〕[123]의 기신(忌辰)의 예를 몸소 받들어 친히 행하지 않은 적이

앞에서 망궐례(望闕禮)를 행하였다. 여기서 말하는 궐자패는 중국의 황제를 상징하는 것으로, 중국의 칙사(勅使)나 칙서(勅書)를 맞이할 때와 중국의 황제 등이 서거하였을 때 전각 안에 이를 설치하고서 사배례(四拜禮)를 행하였다. 정조는 청나라의 칙서를 맞이할 때 쓰는 궐자패를 대보단에서 망배례를 행할 때 같이 쓰는 것은 문제가 있다 하여, 대보단에 망배례를 행할 때 사용하는 궐자패를 따로 만들게 하였다. 《正祖實錄 6年 6月 5日》

120 용만(龍灣)의 제단을 설치하고 : 정조가 1798년(정조22) 7월 23일에 임인관(林寅觀) 등 명나라 유민을 의주(義州)의 현충사(顯忠祠)에 제향하게 한 것을 말한다. 임인관은 명나라 상인으로 1667년(현종8)에 표류하여 제주(濟州)에 상륙하였는데, 명나라로 돌려보내 주기를 원했으나 당시 조정에서 이들을 청나라 북경으로 압송하여 피살되게 한 사건이 있었다. 정조는 임인관 등을 제향하게 하고 그 감회를 시로 읊기도 하였다. 《正祖實錄 22年 7月 23日》《弘齋全書 卷7 命築壇龍灣 歲侑皇朝遺民林寅觀等九十五人……》

121 한려(漢旅)의……것 : 한려는 명나라 사람의 자손 중에 무관(武官)을 지낸 사람을 돌려가며 대보단에 번 들게 하던 군대를 말한다. 원래 효종이 심양(瀋陽)에서 환국할 때 8성(姓)의 한인(漢人)이 호종하여 우리나라에 왔는데, 그 후손을 훈련도감에 소속시켜 '한인아병(漢人牙兵)'이라 하였다가 1790년(정조14)에 '한려'로 명칭을 고쳤다. 《正祖實錄 14年 3月 19日》《萬機要覽 軍政篇2 訓鍊都監 軍摠》

122 존주록(尊周錄)을 편찬한 것 : 《존주록》의 정식 명칭은 《존주휘편(尊周彙編)》으로, 1595년(선조28) 신충일(申忠一)을 건주위(建州衛)에 사자(使者)로 보낸 이후부터 정묘호란과 병자호란을 거쳐 정조가 죽을 때까지 대후금(對後金)·대청(對淸)의 전란과 교섭사 및 이와 관련된 여러 신하의 사적을 모은 책이다. 20권 7책으로 1800년(정조24)에 정조의 명에 따라 간행하였다.

123 세 황제 : 대보단(大報壇)에 제향한 명나라 태조(太祖)·신종(神宗)·의종(毅

없어 재계하고 깨끗이 하며 삼가고 두려워하기를 미치지 못할 듯이 하였으니, 이는 신(臣)이 16년 동안 성고를 받들어 모시면서 항상 우러러보며 감탄한 것이다.

동지돈녕부사 홍낙륜(洪樂倫)[124]의 집에 성고께서 어린 시절에 직접 쓴 〈명사강목 부록 뒤에 제하다〉라는 문초 한 폭이 있다. 그 대의(大意)는, 이현석(李玄錫)이 편찬한 《명사강목》에서 홍광(弘光)을 부록에 실은 것이 자양(紫陽 주희(朱熹))의 필법과 서로 배치된다는 것[125]을 엄정히 변별하고 통렬히 물리친 것이다. 그 글의 문사(文辭)가 화려하여 비록 덕(德)을 완성한 이후의 의리가 정심(精深)하고 뜻이 준정(峻正)한 글만은 못하지만, 해와 별처럼 빛나고 추상(秋霜)처럼 엄정하니 자양이 다시 살아난다고 하더라도 바꿀 수 없을 것이다. 신(臣)은 이제야 재위 25년 동안 《춘추》의 대의를 밝힌 것이 바로 이 글에서 시작되었음을 알았다. 아! 성대하다.

올해의 태세(太歲 간지(干支))는 바로 숭정제(崇禎帝 명나라 의종)가 사직과 함께 순절한 해와 같은 달이요 홍광(弘光 남명 복왕(福王))이 계승하여 등극한 해이니,[126] 풍천(風泉)의 감회가 이미 길고, 궁검(弓劍)

宗)을 말한다.

124 홍낙륜(洪樂倫) : 본관은 풍산(豐山)이며, 혜경궁 홍씨(惠慶宮洪氏)의 친동생이다. 돈녕부 도정과 동지돈녕부사 등을 지냈다.

125 홍광(弘光)을……것 : 이현석(李玄錫)이 《명사강목》에서 남명(南明)의 역사를 부록에 기록한 것이 주희(朱熹)가 《자치통감강목(資治通鑑綱目)》에서 정통을 분명히 하고 찬탈을 배척했던 필법과 서로 배치된다는 말이다. 홍광은 남명 복왕(福王)의 연호로 1644년부터 1645년까지 사용되었다.

126 올해의……해이니 : 갑신년이라는 말이다. 숭정황제가 순절하고 복왕이 왕위를

의 애통함이 더욱 새롭다.[127] 이에 참람함을 잊고 삼가 이렇게 발문을 짓는다.

갑신년(1824, 순조24) 3월에 서청(西淸)[128]의 옛 신하인 김조순이 삼가 쓰다.

이은 것은 갑신년인 1644년 3월이다.

127 풍천(風泉)의……새롭다 : 풍천의 감회는 멸망한 명나라에 대한 애통한 심정을 말한다. 풍천은 《시경》 〈비풍(匪風)〉과 〈하천(下泉)〉을 이르는데, 모두 제후의 대부가 주나라 왕실이 쇠미해진 것을 탄식해 읊은 시로 망한 왕조를 그리는 뜻으로 쓰인다. 궁검(弓劍)의 애통함은 돌아가신 정조에 대한 애통함을 말한다. 궁검은 임금의 죽음을 뜻한다. 황제(黃帝)가 승하할 때 하늘에서 용이 수염을 드리우고 내려와 황제를 모시고 올라갔는데, 이때 황제를 따라간 신하와 후궁이 70여 명이었다. 이에 나머지 사람들이 용의 수염을 잡으니 수염이 뽑히면서 황제의 활과 검이 함께 땅에 떨어졌는데 남은 백성들은 곧 그 활과 검을 끌어안고 하늘을 우러러보았다는 고사에서 전한다. 《史記 卷28 封禪書》

128 서청(西淸) : 대궐의 조용한 곳으로, 여기서는 규장각(奎章閣)을 가리킨 것으로 보인다. 풍고는 정조 재위 시절에 규장각 대교(待敎)와 직각(直閣) 등을 지낸 바 있다.

정종 대왕의 어제 〈영설시〉에 대한 발문
正宗大王御製詠雪詩跋

위 칠언 십운(七言十韻) 배율(排律) 한 폭은 바로 우리 성고(聖考) 장효왕(莊孝王 정조)이 어린 시절에 손수 쓴 〈영설시(詠雪詩)〉이다. 사장(詞章 시문(詩文))은 제왕의 일과 관련이 없지만 음악과 여색을 즐기고 재물을 좋아하는 것에 비하면 거리가 멀 뿐만이 아니다. 이 시가 비록 어린 시절에 지은 것이기는 하지만 기상이 진실로 평범한 사람과 같지 않으며, 또한 평소에 좋아하고 즐기던 것이 육예(六藝)[129]의 밖으로 벗어나지 않았음을 볼 수 있으니, 아! 성대하다.

성고께서 옛날에 일찍이 미천한 신에게 말하기를 "내가 배움을 시작할 때부터 뜻을 세움은 성현이 되기를 기약하였고, 문장은 뛰어난 작가(作家)를 기준으로 삼아 각 문체를 익히되 날마다 일정한 과정(課程)을 두어서 마치 유생(儒生)이 과거(科擧) 시험공부를 익히는 것같이 하였다."라고 하였다. 미천한 신이 공경히 그 말씀을 읊조리며 감히 잊지 못하였는데, 지금 이 시폭(詩幅)을 보니 아마도 또한 일과(日課)로 지었던 한 편의 원고인 듯하다. 이 때문에 마음에 감회가 일었다.

오늘날은 글을 읽는 사람조차 또한 드문데, 성고의 문장은 풍부하고도 성대함이 거의 천고의 제왕 중에서도 짝할 이가 드물 것이다. 그러나 그 귀결을 찾아본다면 날마다 익힌 데서 축적된 것에 지나지 않는다. 하늘이 내린 재능을 지녔더라도 오히려 반드시 부단히 노력

129 육예(六藝) : 예(禮)・악(樂)・사(射)・어(御)・서(書)・수(數)를 말한다.

해야 이루어지는데, 하물며 보통 사람이 학업을 하면서 힘을 다하기를 생각지 않아서야 되겠는가. 사장(詞章)도 오히려 이러한데 하물며 사장보다 더 큰 것임에랴. 이 시폭을 보는 자는 부디 삼가 생각해야 할 것이다.

〈정심당기〉에 쓴 발문

靜心堂記跋

위의 글은 누가 지은 것인지는 모르지만 〈기(記)〉 속에 나오는 말로 미루어보면 부인(婦人)임이 분명하다. 예부터 부녀자 중에 붓을 잡고 글을 지을 줄 아는 자가 또한 많았다. 하지만 규방(閨房) 아녀자의 마음을 적은 것에 불과할 뿐, 학문이나 성명(性命)에 대해 특별히 자신의 식견을 낸 자는 있지 않았다.

그런데 지금 이 글을 읽어보니 심(心)을 논한 방법이 주자(周子 주돈이(周敦頤))와 장자(張子 장재(張載))와 정자(程子)와 주자(朱子)의 가르침을 깊이 터득함이 있어 문로(門路)가 이미 바르고 본말 또한 갖추어졌으니, 스스로 도를 안다고 일컫는 노사(老師)와 숙유(宿儒)라고 할지라도 대뜸 그 흠결을 지적할 수 없을 것이다. 장구(章句)나 외어 과거(科擧) 시험공부에 밑천으로 삼는 자들은 장차 받들어 모시고 스승으로 섬기기에도 겨를이 없을 것이니, 도리어 부인이라고 가벼이 여길 수 있겠는가. 안타깝다, 남자로 태어나지 못함이여!

옛날에 주 문공(朱文公 주희(朱熹))이 범씨(范氏)의 딸에 대해 "성인을 알지는 못하였지만 도리어 성인의 마음은 알았다.〔不能識聖, 却能識心.〕"라고 평하였는데,[130] 이 부인으로 말하면 '마음을 알고 성인을 알았

130 주 문공(朱文公)이……평하였는데 : 범씨(范氏)의 딸은 송나라 범순부(范純夫)의 딸을 말한다. 범순부의 딸이 《맹자》 〈고자 상(告子上)〉의 "잡으면 보존되고 놓으면 잃어서 나가고 들어옴이 정한 때가 없으며 그 방향을 알 수 없는 것은 오직 사람의

다'고 평하더라도 괜찮을 것이다. 이를 통해 생각하면 하늘이 성(性)을 부여할 때 애초에 남녀의 차이가 없으며, 오직 총명하고 재지가 있는 자라면 바야흐로 천지 사이에 자립하여 문왕(文王)을 기다리지 않고도 흥기할 수 있는 것이다.[131]

그러나 풍속이 사람에게 영향을 미치는 것은 도리어 하늘이 부여한 것보다 훨씬 더 절실한 것이 있다. 부녀자로서 이렇게 할 수 있었던 것이 어찌 유독 그 사람의 총명과 재지 때문만이겠는가. 또한 우리 조정에서 유학을 숭상하고 도리를 중요시한 교화가 이렇게 만들 수 있었던 것이니 또한 기뻐할 만하지 않겠는가.

마음을 말함일 것이다.〔操則存, 舍則亡, 出入無時, 莫知其鄕, 惟心之謂與.〕"라는 구절을 읽고 말하기를 "맹자는 마음을 몰랐다. 마음이 어찌 출입이 있는 것이겠는가.〔孟子不識心, 心豈有出入?〕"라고 하자, 정이천(程伊川)이 그 말을 듣고 "이 여자가 맹자는 몰랐으나 맹자의 마음은 제대로 알았다.〔此女雖不識孟子, 却能識心.〕"고 평하였다. 풍고가 주 문공이라고 한 것은 착각으로 보인다. 《心經附註 卷3 牛山之木章》

131 문왕(文王)을……것이다 : 《맹자》 〈진심 상(盡心上)〉에 "문왕을 기다린 뒤에 흥기하는 자는 일반 백성들이다. 호걸의 선비로 말하면 비록 문왕 같은 성군이 없더라도 오히려 흥기한다.〔待文王而後興者, 凡民也. 若夫豪傑之士, 雖無文王猶興.〕"라는 말이 있다.

《퇴헌집》에 대한 발문[132]

退軒集跋

상서 사구(尙書司寇 형조 판서) 조장(趙丈 조정철(趙貞喆))이 장차 그의 선대부(先大夫) 퇴헌공(退軒公 조영순(趙榮順))의 유집을 간행하고자 하여, 서문을 나의 족숙(族叔)인 연천공(淵泉公 김이양(金履陽))에게 부탁하고 발문을 나에게 부탁하였다. 나는 늦게 태어나서 공을 섬기지는 못했지만 다만 동자 시절에 장로들에게 들은 말을 기억한다. 영조의 중년과 만년 이후로 조정론(調停論)[133]이 행해져 진신대부(搢紳大夫)들이 대부분 평소의 뜻을 지키지 못하고, 팽팽한 활시위를 기름처럼 부드럽게 하고 뾰족한 뿔을 잘라낸 듯 시류에 동화되고 더러운 세속에 영합하여 구차히 용납되는 것을 능사로 삼았다. 오직 퇴헌공만은 강직하게 기상을 떨쳐서 굽히지도 않고 현혹되지도 않아 언론과 절조가 그 집안의 명성에 부끄럽지 않았다고 하였다. 지금 남긴 글을 읽어보니 옛날에 들은 말이 진실로 믿을 만하다.

132 퇴헌집에 대한 발문 : 조영순(趙榮順, 1725～1775)의 문집인 《퇴헌집》에 붙인 발문이다. 이 글을 지은 시기는 분명하지 않으나 다만 발문을 부탁한 조정철(趙貞喆)을 형조 판서로 지칭하는 점으로 보아, 조정철이 형조 판서로 임명된 1824년(순조24) 2월 이후에 지은 것으로 보인다. 조영순의 본관은 양주(楊州)이고, 자는 효승(孝承)이며, 퇴헌은 그의 호이다. 노론사대신의 한 사람인 조태채(趙泰采)의 손자이다.

133 조정론(調停論) : 당론의 중간에 서서 화해를 시키자는 논의를 말한다. 영조는 이인좌(李麟佐)의 난 이후 당론의 화해를 통해 탕평을 시도하려 했던 조문명(趙文命)·송인명(宋寅明) 등 탕평파 관료들을 등용하여 노론과 소론의 보합을 시도하였다.

공은 충익공(忠翼公 조태채(趙泰采))의 손자요 문간공(文簡公 조관빈(趙觀彬))의 조카이니, 몸가짐이 만약 이와 같지 않다면 참으로 공이 되지 못한다. 공이 되어 이와 같았기 때문에, 공을 시기하고 질투하는 것이 더 심했고 존경하고 사모하여 공을 추종하는 것이 또 다른 사람에 비해 현격히 달랐던 것이니, 인정이 그럴 수밖에 없는 것이었다.

남긴 글이 많지 않은 점이 한스럽기는 하지만 임금을 사랑하고 나라를 걱정한 정성, 시대를 아파하고 시속을 슬퍼한 뜻, 악을 구별하고 의를 천명한 자취가 그 글 속에 분명히 드러나 있으니, 옛날의 이른바 '형체를 따라 사라지지 않는다.〔不隨形而泯.〕'라는 것에 거의 가까울 것이다. 뒷날 이 글을 읽는 자는 저절로 공의 사람됨을 알 수 있을 것이다. 하물며 연천(淵泉)의 서문[134]에서 이미 공의 평생을 대부분 다 형용하였으니 내가 다시 무엇을 더 보태겠는가. 오직 사구(司寇) 어른이 나에게 발문을 청한 뜻은 두 집안의 지극한 정의(情誼)를 잊지 못해서이니, 다만 발문으로 나의 이름을 의탁하는 것을 다행으로 여겨 감히 글재주가 없다는 이유로 사양하지 못하였다.

134 연천(淵泉)의 서문 : 《퇴헌집》 서두에 김이양의 서문이 있다. 국립중앙도서관에 소장된 김이양의 문집인 필사본 《김이양문집》에는 보이지 않는다.

잠箴

육헌잠[135]

六獻箴

둥근 것은 천체의 모습이고 圓惟天體
덮은 것은 하늘의 덕을 본떴나니 覆象天德
머리 위에 올려놓으면 加之元首
그 위의 어그러지지 않네 其儀不忒
외면을 신칙하고 내면을 바로잡으면 飭外正內
마음과 용모가 또한 곧아지니 心容亦直
군자께서 만년토록 君子萬年
그 표준을 세우시기를 建其有極

옷을 입고 띠를 매지 않으면 衣而不帶

135 육헌잠(六獻箴) : 여섯 가지 물건을 진상하며 경계를 올린 글이다. 잠(箴)의 내용과 뒤에 붙은 후지(後識)의 내용으로 보아, 효명세자(孝明世子)의 어느 해 생일 때 여섯 가지 선물을 올리고 하나하나의 의미를 밝혀 읊은 것으로 보인다. 선물은 관(冠)·허리띠·신·붓·거울이며 마지막은 벼루를 말한 것으로 보인다. 잠의 내용 역시 이에 대응한다.

이를 일러 창피라 하네[136] 是曰昌披
몸을 단속함을 귀하게 여기니 束躬是貴
아름다움 위해 드리우는 것 아니네 非美之垂
아 옛날에 시인이 維昔詩人
생사로 만듦을 읊조렸네[137] 詠彼伊絲
단정하고도 넓으니 旣整旣博
빛나도다 그 위의여 赫兮威儀

발걸음은 무겁게 하라 했으니[138] 足容曰重
성인이 주신 가르침이라네 垂訓惟聖
수식하여 예를 갖추어서 飾以爲禮
반걸음도 반드시 공경해야 하네 跬步必敬
아래에 처함이 겸손한 듯하니 處下若謙
이 도를 실천하면 바르게 되리라 履道則正
주공의 발걸음 편안하시니[139] 周公几几

136 옷을……하네 : 《초사(楚辭)》 〈이소(離騷)〉에 "어찌하여 걸주는 허리띠도 매지 않고, 좁은 길로 황급히 걸어가나.〔何桀紂之昌披兮, 夫唯捷徑以窘步.〕"라고 하였고, 주희(朱熹)는 주에서 "창피는 옷에 띠를 매지 않은 모습이다.〔昌披, 衣不帶之貌.〕"라고 하였다.

137 아……읊조렸네 : 《시경》 〈시구(鳲鳩)〉에 "훌륭한 군자여, 그 띠를 생사로 만들었도다.〔淑人君子, 其帶伊絲.〕"라고 한 구절을 말한다.

138 발걸음은……했으니 : 군자가 지녀야 할 아홉 가지 자세〔九容〕 중 하나로 "발걸음은 무겁게 하라.〔足容重.〕"는 말이 《예기》 〈옥조(玉藻)〉에 나온다.

139 주공(周公)의 발걸음 편안하시니 : 《시경》 〈낭발(狼跋)〉에, "공이 큰 아름다움을 사양하시니, 붉은 신이 편안하시네.〔公孫碩膚, 赤舃几几.〕"라고 하였고, 주희는 《집

사방에 경사가 있었네　四方有慶

저 바르고 곧은 것은　彼端直者
그 이름이 붓이니[140]　其名弗律
녹침과 문서가　綠沈文犀
아름다움의 실체는 아니라네[141]　非美之實
일을 서술하고 모습을 기록함에　述事擧形
부화함 몰아내고 질박함 귀히 여기네　黜華貴質
마음이 바르면 이에 바르게 되어　心正斯正
그 필획이 한결같이 된다네　其畫若一

희디흰 밝은 달처럼　皎皎明月
맑고 맑은 고요한 물처럼　湛湛止水
모습을 실어줌이 사사로움 없으니　載其無私
저 흠과 아름다움 환히 드러나네　炳彼疵美
또한 나를 밝히는 것은　亦我光明

전(集傳)》에서, 주공(周公)이 비방과 의심을 만났으나 대처함에 떳떳함을 잃지 않음을 찬미한 시라고 하였다.

140　붓이니 : 원문은 '불율(弗律)'인데, 청나라 항세준(杭世駿)의 《속방언(續方言)》에 "붓을 초(楚)나라에서는 율(聿)이라 하고, 오(吳)나라에서는 불율(不律)이라 하고, 연(燕)나라에서는 불(弗)이라고 한다."라고 하였다.

141　녹침(綠沈)과……아니라네 : 붓대의 재질이 붓의 가치를 결정하는 것이 아니라는 말이다. 녹침은 대나무 붓대에 옻칠을 한 녹침필(綠沈筆)을 말하며, 문서는 문채 좋은 무소뿔로 대롱을 장식한 붓인 문서관(文犀管)을 말한다.

작은 내 마음속에 있나니 在方寸裏
앞을 보면서 뒤를 생각하면 見前慮後
무왕의 덕이 지극해지리[142] 武德至矣

복숭아 본뜬 기물이 있어 有器象桃
바탕은 검소하고 무늬는 선명하니 質儉文玭
둥글게 덮는 것은 뚜껑이 되고 穹覆爲蓋
네모나게 실어주는 것은 받침이 되네 方載爲底
나누면 두 쓰임이 되고 分爲二用
합하면 일체가 되며 合則一體
중간을 비워서 외물을 받아들임은 虛中受物
마음을 여는 것과 같네[143] 如心乃啓

천추절(千秋節)의 경사가 머지않아 다가오기에 산마루〔岡〕처럼 언덕〔阜〕처럼 장수하기를 축원하며[144] 그 기쁨을 형용하기 어렵다. 변변치 않은 선물이 마침 여섯 가지라 감히 고인의 단의(丹扆)의 여섯

142 앞을……지극해지리 : 《대대례기(大戴禮記)》 〈무왕천조(武王踐祚)〉에 "너의 앞을 보고 너의 뒤를 생각하라.〔見爾前, 慮爾後.〕"는 감명(鑑銘)이 나온다.

143 마음을……같네 : 은(殷)나라 고종(高宗)이 재상 부열(傅說)에게 "네 마음을 열어 내 마음에 주입하도록 하라.〔啓乃心, 沃朕心.〕"라고 한 말을 원용한 표현이다. 《書經 說命上》

144 산마루〔岡〕처럼……축원하며 : 원래는 군주의 만수무강을 기원하는 말이다. 《시경》 〈천보(天保)〉에 "산과 같고 언덕과 같고 산마루와 같고 구릉과 같다.〔如山如阜, 如岡如陵.〕"라고 축원한 데서 온 말이다.

잠(箴)을 본떠[145] 각각 거친 말로 서술하여 살펴보시게 될 것에 대비한다. 비록 문채는 전혀 볼 만한 것이 없지만 참된 정성은 혹시라도 보탬이 될 것이다. 하늘을 우러러 지극한 두려움과 부끄러움을 이기지 못한다.

145 고인의……본떠 : 단의(丹扆)는 임금이 조회를 볼 때 어탑(御榻) 뒤에 세우는 붉은 병풍으로, 임금을 상징하는 말로 쓰인다. 당나라 경종(敬宗)이 소인을 친애하고 사냥을 좋아하자 이덕유(李德裕)가 단의(丹扆) 육잠(六箴)을 지어 올려 경계한 일이 있다. 《舊唐書 卷174 李德裕傳》

명銘

정종 대왕께서 하사하신 흡주연에 대한 명[146]

正宗大王御賜歙硯銘

갈아도 얇아지지 않음은 바탕의 견고함 때문이니[147]	磨不磷質之堅
흡주에서 생산되어 조선으로 왔다네	産歙州來朝鮮
군자가 궤에 보관하는 옥에 비유했으니[148]	君子韞櫝比於玉
성인의 하사품 만세를 누리리라	聖人攸錫壽萬年

146 정종 대왕께서……명 : 흡주연(歙州硯)은 강서성(江西省) 무원현(婺源縣) 흡계(歙溪)에서 나는 유명한 벼루이다. 무원이 옛날 흡주에 속해 있어 흡주연이라고 하고 무원연(婺源硯), 용미연(龍尾硯)이라고도 한다. 석질이 매우 단단할 뿐만 아니라 매끄럽고 조밀해서 물을 빨아들이지 않는다고 한다.

147 갈아도……때문이니 : 《논어》 〈양화(陽貨)〉에 "굳다고 말하지 않았더냐! 갈아도 얇아지지 않느리라.〔不曰堅乎, 磨而不磷.〕"라는 공자의 말을 원용한 표현이다.

148 군자가……비유했으니 : 자공(子貢)이 공자에게 "아름다운 옥이 여기에 있으니, 궤 속에 넣어 감추어 두시겠습니까? 좋은 값을 구하여 파시겠습니까?〔有美玉於斯. 韞櫝而藏諸? 求善賈而沽諸?〕"라고 묻자, 공자가 "팔아야지, 팔아야지. 그러나 나는 좋은 값을 기다리는 자이다.〔沽之哉沽之哉! 我待賈者也.〕"라고 대답한 고사가 있다. 여기서는 갈아도 얇아지지 않는 벼루의 견고함을 군자의 덕에 비유하였다. 《論語 子罕》

어제 〈내각 직제학 이만수에게 나막신을 하사하며 지은 명〉에 이어 짓다[149]

賡御製賜內閣直提學李晩秀木屐銘

허리에 차는 명월주도 아니요	匪珮之月
피변(皮弁)에 별과 같은 장식도 아니로다[150]	匪弁之星
나막신 신은 자 그 누구인가	躡屐者誰
성상께서 경에게 하사하라 하셨네	王曰賚卿
거처할 땐 마땅히 검소함을 실천하고	居宜踐素
걸어갈 땐 반드시 바른길을 따르며	行必循經
반걸음도 잘못하지 말아서	跬步毋愆
조정에서 그 위의가 모범이 되기를	式儀明廷

149 어제……짓다 : 정조가 이만수(李晩秀)에게 하사한 명(銘)은《홍재전서(弘齋全書)》 권53에 위와 같은 제목으로 수록되어 있다. 또《극원유고(屐園遺稿)》 권3에는 〈어제명(御製銘)〉으로 수록되어 있으며, 1796년(정조20) 2월 25일에 지은 것으로 기록되어 있다.《홍재전서》에 수록된 명의 병서(幷序)에 따르면 정조가 활쏘기를 행하고 이만수에게 나막신을 하사하며 오속(汚俗)에 물들지 말 것을 당부하는 명(銘)을 지은 뒤 활쏘기에 참여한 다른 신하들에게 화운하게 하였다고 하였다. 따라서 풍고의 이 명도 1796년 2월에 지은 것임을 알 수 있다.

150 피변(皮弁)에……아니로다 :《시경》〈기욱(淇奧)〉의 "고깔에 꿰맨 구슬이 별처럼 빛난다.〔會弁如星.〕"라는 구절을 원용한 표현이다.

왜국 붓에 대한 명

倭筆銘

뾰족하게 터럭을 묶었으니　有尖束毫
그 이름은 붓이라네[151]　其名弗律
모습을 그리고 뜻을 써서　摹形寫意
어긋나지도 잘못되지도 않네　不錯不失
붉게 빛나는 붉은 붓대는　彤管之煒
《주시》에서 사실을 기록하였고[152]　周詩載實
중산의 모영(毛穎)은　中山之穎
진나라 사람에게서 나왔네[153]　秦人自出
이것은 왜국에서 만들었는데　玆惟倭製
그 모양은 똑같지만　爲狀則一
종이를 꼬아 필심(筆心)을 만들어　撚紙作心

151 붓이라네 : 506쪽 주140 참조.

152 붉게……기록하였고 : 《시경》 〈정녀(靜女)〉의 "얌전한 아가씨 예쁘기도 한데, 나에게 붉은 대통 선물해 주었네. 붉은 대통 참으로 붉기도 하니, 너의 아름다움 좋아하노라.〔靜女其孌, 貽我彤管. 彤管有煒, 說懌女美.〕"라고 한 구절을 말한다. 《주시(周詩)》는 《시경》의 이칭이다.

153 중산(中山)의……나왔네 : 붓이 진(秦)나라 때 만들어졌다는 말이다. 중산의 모영(毛穎)은 붓을 의미한다. 한유(韓愈)의 〈모영전(毛穎傳)〉에서 붓을 의인화하여 "모영은 중산 사람이다.〔毛穎者, 中山人也.〕"라고 하였고, 또 진(秦)나라 몽염(蒙恬)이 중산에서 모영을 잡았다고 하였다.

먹을 적시자 빠져버리네	濡墨而脫
글씨 쓰기에 맞지 않음은	不中於書
그 이유 따질 필요 없으니	莫究其說
벼루 상에 놓아두는 건	卓之硯牀
먼 곳 물건임을 귀히 여겨서라네	貴在遠物

신여금에 대한 명

慎汝琴銘

매화에 비친 달은 추위에 더욱 밝고	梅之月寒而明
소나무에 부는 바람은 더위에 더욱 청명하네	松之風暑而淸
맑고 밝음이 몸에 있어 마음이 화평하니	淸明在躬心和平
현을 튕겨 거문고 연주하며 한가한 정 의탁하네	調絲韻桐寄閑情
남곽자기는 안석에 기대 대지의 소리 들었으니[154]	南郭隱几聞地籟
소리 없음이 소리 있음보다 나음을 깨달았네[155]	解取無聲勝有聲

154 남곽자기(南郭子綦)는……들었으니 : 《장자(莊子)》 〈제물론(齊物論)〉에, 안성자유(顔成子游)가 멍하니 안석에 기대앉아 있는 남곽자기에게 그 이유를 묻자, "너는 인뢰는 들었어도 지뢰는 듣지 못했고 지뢰는 들었어도 천뢰는 듣지 못했을 것이다.〔女聞人籟而未聞地籟, 女聞地籟而未聞天籟夫.〕"라고 하며, 다양한 소리가 나름의 의미를 각기 지니고는 있지만 조물주의 시각으로 보면 다 같은 것이라고 하였다. 인뢰는 사람이 울리는 악기 소리이고, 지뢰는 대지가 일으키는 바람 소리이고, 천뢰는 인뢰와 지뢰의 근본이 되는 대자연의 소리를 말한다.

155 소리 없음이……깨달았네 : 백거이(白居易)의 〈비파행(琵琶行)〉에 "각별히 그윽한 시름 있어 속 타는 한 생기니, 이때는 소리 없음이 소리 있음보다 낫다오.〔別有幽愁暗恨生, 此時無聲勝有聲.〕"라는 구절이 있다.

이경혼이 하사받은 허리띠에 대한 명[156]

李景混賜帶銘

성상 21년(1797, 정조21) 봄에 내원(內苑 춘당대(春塘臺))에 납시어 활쏘기를 하여 모두 적중시키고 재상과 근시(近侍)에게 문방구(文房具)와 향(香)과 단(緞)을 하사하였는데 각각 차등이 있었다. 규장각 직각(直閣)이자 시독학사(侍讀學士)인 이군 경심(李君景深 이시원(李始源))과 그의 아우 승지 이경혼(李景混 이조원(李肇源))이 이때 모두 참여하였는데, 이경심은 생초 도포〔綃袍〕 한 벌을 얻고 이경혼은 문송은대(文松銀帶) 하나를 얻었으니 더욱 특별한 은총이었다. 이경심 형제는 문학과 지벌(地閥)로 성상의 은총을 입어 한집안 사람에 해당하는 예로 대우받았는데, 지금 이 물품을 하사받으니 당시 사람들이 영화롭게 여겼다.

그 덕이 직책에 어울려 옷이 매우 걸맞은 것을 군자가 찬미하였으니, 《시경》의 〈치의(緇衣)〉가 바로 이것이다.[157] 혹여 올바른 도리로 처하

156 이경혼(李景混)이……명 : 이경혼은 이조원(李肇源, 1758~1832)으로, 본관은 연안(延安)이고, 경혼은 그의 자이며, 호는 옥호(玉壺)이다. 1792년(정조16)에 문과에 급제하였고, 판서까지 역임하였다. 1827년(순조27)에 반역을 도모했다는 탄핵을 받아 흑산도에 유배되어 그곳에서 죽었다. 이 명(銘)의 서문에 이경혼이 문송은대(文松銀帶)를 하사받은 것이 1797년 봄으로 기록되어 있으므로, 이 글 역시 그때 지은 것임을 알 수 있다. 그런데 《일성록(日省錄)》에는 정조가 활쏘기를 하고 이조원에게 문송은대를 하사한 것이 1796년 2월 25일 기사에 보인다.

157 시경의……이것이다 : 〈치의(緇衣)〉는 《시경》 〈정풍(鄭風)〉의 편명으로, 현사(賢士)를 예우하는 내용이다. 그 첫 장에 "치의의 걸맞음이여, 해지면 내 또다시 만들어

지 않고서 명복(命服)을 하사받는 것은 또한 성인이 깊이 경계한 바이니, 《주역》〈송괘(訟卦)〉의 상구(上九) 효사(爻辭)가 바로 이것이다.[158] 아! 힘써야 할 것이다. 경혼이 여러 공에게 띠에 대한 명을 지어 줄 것을 청하였는데, 내가 가장 오랜 벗이기에 송축의 내용으로 쓰지 않고 경계의 내용을 붙인다. 명(銘)은 다음과 같다.

저 군자여	彼君子兮
띠를 드리웠도다	言垂之帶
어울리고도 걸맞음이여	宜且稱兮
그 하사받음 지나치지 않도다	其賜匪泰
그대의 지위를 공손히 받들고	竫恭爾位
그대의 위의를 신중히 하라	淑愼爾儀
마음으로 받들고서	佩之以心乎而
예로써 따를지어다	服之以禮乎而

주리라.〔緇衣之宜兮, 敝予又改爲兮.〕"라는 내용이 있다. 치의는 경대부(卿大夫)가 입던 조복(朝服)이다.

158 주역……이것이다 : 《주역》〈송괘(訟卦) 상구(上九)〉에 "혹 관복을 하사받더라도 하루아침에 세 번 빼앗기리라.〔或錫之鞶帶, 終朝三褫之.〕"라고 한 것을 말한다.

송頌

새로 만든 양털 붓에 대한 송
新製羔毫頌

새끼 양털로 붓촉을 엮으니	羔毫紉穎
허리는 두툼하고 끝은 뾰족하네	腰大指劣
비단실과 은실을 써서	綵縷銀絲
묶고 감싸 놓았네	縛束糾結
중국과 왜국의 묘한 것에는	雖不能及
비록 미칠 수 없다지만	漢倭妙製
우리나라 사람에게는	於我國人
처음으로 계획해서 만든 것이라네	剏運心計
붓 시렁에 잘 꽂아 두니	妥挿架中
찬란하게 빛나도다	陸離斑斕
한 번도 본 적 없는 것이라	彼未曾睹
즐겁고 기뻐 감탄하네	歡喜讚歎
뽑아서 휘두르자	言抽以揮
주옥과 운연[159]이 펼쳐지기에	珠璣雲煙
이에 풍고가	于時楓皐

즐거워하며 노래하노라 樂而頌焉

159 운연(雲煙) : 자유로운 필세를 형용하는 말로 쓰인다. 두보(杜甫)가 초성(草聖) 장욱(張旭)의 글씨에 대해 "붓 휘갈겨 종이 위에 쓰니 글자가 구름과 연기 같다오.〔揮毫落紙如雲煙.〕"라고 묘사하였다. 《杜少陵詩集 卷2 飮中八仙歌》

이종 아우 이사성 희찬 의 새집에 대한 송[160]

姨弟李士成 羲贊 新第頌

시원한 우물 있으니 有冽者井
깊이 파내지 않아도 渫之無深
신분[161]이 흘러나와 神瀵泛濫
띄우고 담글 수 있네 可浮可沈
석산의 유천(乳泉)이며 錫山之乳
양자강 가운데의 샘물과[162] 揚子之心
맛이 필적하고 효험도 같아 匹味同功
명성이 고금에 알려졌네 名聞古今
그대가 그 곁에 집터 정하니 君卜其側
뜰에는 홰나무 그늘 가득해라 庭滿槐陰

160 이종(姨從)……송(頌) : 이희찬(李羲贊, 1766~?)의 본관은 한산(韓山)이고, 사성(士成)은 그의 자이다. 1795년(정조19)에 생원시에 합격한 뒤, 음직으로 서흥 부사(瑞興府使)와 함흥 판관(咸興判官) 등을 역임하였다.

161 신분(神瀵) : 샘물을 말한다. 원래는 전설상의 선산(仙山)인 호령산(壺領山)의 땅속에서 솟아오르는 신령스러운 샘물 이름이다. 《列子 湯問》

162 석산(錫山)의……샘물과 : 석산은 중국 강소성(江蘇省)에 있는 무석산(無錫山)으로 이곳에 있는 혜산천(惠山泉)은 암반에서 흘러나와 그 맛이 훌륭하다고 한다. 또 강소성 양자강 기슭에 있는 금산사(金山寺) 안에 '중령천(中泠泉)'이 있는데 '남령천(南零泉)' 또는 '남령수(南泠水)'라고도 하며 그 근원이 양자강 밑바닥에 있는 유일한 샘이다. 당나라 장우신(張又新)의 〈전다수기(煎茶水記)〉에서 차를 끓이기에 알맞은 샘물로 중령천과 혜산천을 첫째와 둘째로 꼽았다.

차를 달이고 술을 빚어서　　以瀹以釀
벗들이 모이기를 기다리네　　以待盍簪
앞에는 바둑판이 있고　　前有紋楸
뒤에는 거문고가 있어　　後有橫琴
웃기도 하고 이야기도 나누며　　載笑載言
술잔을 들기도 하고 시를 읊기도 하네　　或觴或吟
화려한 집은 아니지만　　匪屋之華
샘은 황금과도 바꾸지 않으며　　泉不換金
샘이 길지는 않지만　　匪泉之長
좋은 소리 그치지 않네　　不已令音
군자가 행하는 바를　　君子攸行
신명이 반드시 굽어보나니　　神明必臨
백세토록 편안함 남겨 주리니[163]　　百世遺安
모든 재앙 침범하지 않으리라　　萬災不侵

163 편안함 남겨 주리니 : 자손에게 편안함을 물려준다는 말이다. 후한(後漢)의 은사(隱士) 방공(龐公)이 현산(峴山)에 은거하면서, "세상 사람들은 모두 위태로움을 남겨 주지만 나는 홀로 편안함을 남겨 준다네.〔世人皆遺之以危, 今獨遺之以安.〕"라고 한 고사가 전한다.《後漢書 卷83 逸民列傳 龐公》

찬贊

어제 〈각신에게 생강을 하사하며 지은 찬〉에 이어 짓다[164]

賡御製賜閣臣薑贊

그 기운은 향기롭고 정결하며 其氣也芳以潔
그 성질은 준엄하고 매워서 其性也峻而烈
비유하면 우뚝한 위인과 같네 譬之挺特之偉人
효험은 껍질과 알맹이 늦고 급한 쓰임의 구별이 있으니[165] 功存乎表裏緩急之別
나라의 병통 고친 좋은 신하와 같다네 其猶醫國之良臣
그 맛을 음미하고 그 실효를 취하면 咀其味而取其實
나의 기운 가라앉히고 나의 정신 즐겁게 하네 聊以降吾氣而怡吾神

164 어제(御製)……짓다 : 《홍재전서(弘齋全書)》 권183 〈군서표기4(群書標記四) 종강명갱재축(種薑銘賡載軸)〉에 "병진년(1796, 정조20) 봄에 내원(內苑)에 생강을 심어 근신(近臣)들에게 나누어 주었는데, 이는 고사를 따른 것이다. 붓 가는 대로 증명시(贈銘詩) 한 편을 썼는데, 갱재한 이는 11명이다."라는 기록이 있는 것으로 보아, 풍고가 이 찬(贊)을 지은 것은 1796년으로 보인다.

165 효험은……있으니 : 생강은 약재와 음식으로 두루 효험이 있다는 말로 보인다.

전傳

이언진전[166]
李彥瑱傳

이언진은 자가 우상(虞裳)이니, 서울 사람이다. 집안이 대대로 상서(象胥 역관(譯官))를 업으로 삼았으니, 이언진은 역과(譯科)에 합격해 본원(本院 사역원(司譯院))에서 벼슬하였다. 총명함이 남달라 책을 읽으며 한 번 본 것은 잊지 않았으며, 문장 솜씨가 넉넉하여 짧은 시간에[167] 시문을 지을 수 있었다. 또 글씨를 잘 쓰고 빨리 썼으니, 일찍이

166 이언진전(李彥瑱傳) : 조선 후기 역관(譯官) 이언진(1740～1766)에 대한 전이다. 이언진의 본관은 강양(江陽)이고, 자는 우상(虞裳)이며, 호는 송목관(松穆館)・창기(滄起) 등이다. 1759년(영조35)에 역과에 합격하여 사역원 주부(司譯院主簿)를 지냈고, 1763년(영조39)에 통신사 조엄(趙曮)을 수행하여 일본에 다녀왔다. 문집으로 《송목관신여고(松穆館燼餘稿)》가 있다. 박지원(朴趾源)과 이상적(李尙迪) 역시 이언진에 대한 전을 남겼다. 《燕岩集 卷8 虞裳傳》《恩誦堂集 卷2 李虞裳先生傳》

167 짧은 시간에 : 원문은 '격발(擊鉢)'인데, 바리를 쳐서 그 울림이 그치기 전에 시를 짓는 것을 말한다. 남제(南齊) 때 경릉왕(竟陵王) 소자량(蕭子良)이 항상 밤에 문인들을 불러 시를 짓게 하면서 촛불 1촌(寸)이 타는 동안에 사운시(四韻詩)를 짓도록 했는데, 소문염(蕭文琰)이 바리를 치게 하고 시를 지었던 데서 나온 말이다. 《南史 卷59 王僧孺列傳》

어느 겨울날 느지막이 일어나 세수하고 머리를 빗고 단정히 앉아 글을 베꼈는데 아침밥을 먹기 전에 삼십여 장을 얻었으며, 자획이 모두 단정하여 활자로 찍어낸 것 같았고 또한 빠지거나 잘못된 곳도 없었다. 그의 정확하고 민첩함이 대체로 이러하였다.

통신사(通信使)가 갈 때 이언진이 재주로 서기(書記)의 선발에 뽑혀 바다를 건너 일본으로 갔다. 같은 배에 탄 사람들이 대부분 문장에 능한 선비들이었지만 신속히 짓기로는 이언진보다 나은 자가 없었다. 일본 사람들은 본래 교활하여 매번 우리 통신사가 가면 번번이 떼를 지어 몰려와 시문을 요구하였는데, 때로는 수천백 자에 이르는 시문을 미리 지어놓고 이를 갑자기 꺼내 화답을 요구하며 우리를 곤욕스럽게 만들고자 하였다. 우리나라 사람들도 굽히기 싫어서 반드시 붓을 휘둘러 응하였지만 또한 너무 급박한 것을 걱정하였다. 이언진이 이르자 왜인들이 부채 5백 자루를 들고 와 5언 율시를 요구하였다. 이언진이 즉시 먹 몇 되를 갈아 한편으로는 읊조리고 한편으로는 써 내려가며 잠깐 사이에 다 채우니, 왜인들이 둘러서서 보고 있다가 놀라고 기뻐하였다. 다시 부채 5백 자루를 가지고 와 청하기를 "이미 그대의 재주에 탄복했는데, 이제 그대의 기억력을 시험해 보고 싶습니다."라고 하였다. 이언진이 또 한편으로는 생각하고 한편으로는 써 내려가며 자기 말을 기록하는 듯이 하니, 손가락 사이에서 쏴쏴 가을 빗소리가 일어났다. 잠깐 사이에 붓을 던지고 옷깃을 정돈하여 앉으니, 날은 아직 포시(晡時 오후 3시~5시)가 되지 않았는데 천 자루 부채에 다 썼으니, 읊은 것이 5백 수의 율시였고 기억해 암송한 것이 또한 그 숫자와 같았다. 왜인이 더욱 놀라고 감탄하여 혀를 내두르며 귀신과 같다고 하였다. 이에 이언진의 이름이 당시에 떠들썩하였다고 한다.

이언진은 비록 재주와 명성을 자부하였지만 미천한 신분 때문에 끝내 우울하게 뜻을 얻지 못하고 죽었으니 나이는 겨우 30여 세였다.[168] 세상을 떠나기 전에 일찍이 자신이 지은 글을 꺼내 다 불사르며 말하기를 "남겨 둔들 또한 보탬이 없을 것이니, 세상에서 누가 이언진이라는 자를 알아주겠는가."라고 하였다. 그의 아내가 달려가 건져냈으나 미처 다 건지지 못하고 다만 타다 남은 약간 수만 수습하여 보관하였으며, 이언진이 죽은 뒤에 비로소 세상에 나오게 되었다. 이언진은 젊은 시절에 이용휴(李用休)[169]로부터 학문을 배웠고 성력(星曆 천문역법)과 구고(句股 기하학)의 법에 대략 통했다고 한다.

윤인(閏人 풍고의 호)은 말한다. 내가 일찍이 이원(摛院 규장각의 별칭)의 소사(小史)를 통해서 이언진의 타고 남은 시를 보고 한 본을 잘 베끼도록 하여 《강양초미집(江陽焦尾集)》이라는 이름을 붙여 벗인 명원(明遠) 김조(金照)[170]에게 주었는데, 과연 탈 없이 잘 있는지 모르겠다. 대체로 그의 시는 격조(格調)는 부족했지만 문사가 풍부하고 생각이 영민하여 또한 볼만했다. 만약 하늘이 그를 더 오래 살게 했더라면

168 나이는……세였다 : 실제로 이언진은 27세의 나이로 세상을 떠났다.

169 이용휴(李用休) : 1708~1782. 본관은 여주(驪州), 자는 경명(景命), 호는 혜환(惠寰)이다. 성호(星湖) 이익(李瀷)의 조카이며, 이가환(李家煥)의 부친이다. 1735년(영조11)에 생원시에 합격하였으나 벼슬하지 않고 학문에 몰두하였다. 문집으로 《탄만집(歎敷集)》이 있다.

170 명원(明遠) 김조(金照) : 1754~1825. 본관은 해풍(海豊)이고, 명원(明遠)은 그의 자이며, 호는 석한(石閒)이다. 1784년(정조8) 12월에 사은사 박명원(朴明源)의 수행원으로 연행에 참여했으며, 돌아온 뒤 연행록인 《관해록(觀海錄)》을 남겼다. 《풍고집》에 김조와 수창한 시가 많아 교유가 깊었음을 짐작할 수 있으며, 자하 신위(申緯), 담정(藫庭) 김려(金鑢) 등과의 교유가 확인된다.

아마도 진보가 있었을 것이니, 애석하다. 우중상(虞仲翔)이 "영지는 뿌리가 없고 예천은 근원이 없다.〔靈芝無根, 醴泉無源.〕"라고 한 것[171]은 이언진을 두고 한 말이리라.

171 우중상(虞仲翔)이……것 : 우중상은 삼국 시대 오나라 사람 우번(虞翻)으로 중상은 그의 자이다. 그의 말은 그가 아우에게 보낸 편지에서 반드시 유서 깊은 귀족 집안과 혼인할 필요가 없다는 뜻으로 한 말이다. 여기서는 가문이나 사승(師承)의 도움 없이도 시문이 빼어날 수 있다는 말로 쓰였다.《太平御覽 卷541 禮儀部20 婚姻下》

미치광이 한씨전

韓顚傳

옥호정사(玉壺精舍)[172]의 이웃에 한씨(韓氏) 성을 가진 미치광이가 있다. 내가 일찍이 그의 목소리를 들은 적이 있는데, 갑자기 고함을 치며 욕을 하는 것이 마치 자신을 핍박하는 자에게 항거하는 것 같았고 또 자신을 잡아가려는 자를 늠연히 쫓아내는 것 같았다. 이웃 사람에게 물어보니 예전에 도성 남쪽 숲에서 낮잠을 자다가 이 병을 얻었다고 한다.

미치광이 한씨는 비록 병에 걸리기는 했지만, 부모를 모시며 뜻을 어기지 않았고 망령된 말을 하지 않아서 말을 하면 충(忠)과 의(義)에 대해 이야기하기를 좋아하였다. 집이 가난하고 생계로 삼을 일이 없어 날마다 비단 시장에 가서 남을 위해 비단 매매를 도와주고 그 품삯을 받아 부모를 봉양하였는데, 털끝만큼도 남을 속이지 않았고 시장 사람들도 그가 미치광이라는 이유로 의심하지 않았다. 시장에 있다가 병이 발작하려는 느낌이 들면 그때마다 꼭 참고 집으로 달려 돌아간 뒤에야 발작을 하였고, 시장과 길에서는 발작을 하지 않았다. 병이 발작하면 다른 증세는 없고 곧장 고함을 치며 욕을 할 뿐이었다. 이유를 묻는 사람이 있으면 그때마다 "귀신이 나타나 나를 핍박하기에 소리 질러

172 옥호정사(玉壺精舍) : 풍고의 별장으로 옥호산방(玉壺山房)·옥호정(玉壺亭)으로 일컬어지기도 한다. 현재 서울시 종로구 삼청동 주민센터에서 북쪽으로 약 100미터 지점에 옥호정이 있었음을 알리는 표지석이 세워져 있다.

쫓는 것일 뿐이오."라고 하였다.

내가 원융(元戎)으로 있을 때[173] 미치광이 한씨가 조용히 나의 아랫사람에게 간청하기를 "상공(相公) 어르신께 청해 정예 포수 십여 명만 빌려주십시오."라고 하였고, 아랫사람이 어디에 쓸 것이냐고 묻자 "포를 쏘아 나를 핍박하는 귀신을 죽이고자 합니다."라고 대답하였으니, 아! 정말로 미치광이이다. 그렇지만 미치는 것은 마음의 병이니, 내가 이런 병에 걸린 자를 또한 많이 보았다. 그 걸음걸이는 다급하고 눈빛과 말은 두서가 없고 조리도 없으며 지각은 오상(五常)을 구별하지 못하니, 언행이 보통 사람과 다르므로 그를 미쳤다고 하는 것이다. 그런데 한씨는 그렇지 않아서 부모를 봉양함이 효성스럽고 하는 말이 충성스러우며 남들과 신의로 사귀니, 도리어 마음에 병이 든 자로 대할 수 있겠는가.

마음에 병이 든 사람은 진실로 미치광이라고 부르겠지만, 저 마음에 병이 든 적이 없는데도 말과 행동이 미치광이처럼 상도와 어긋나는 자들은 또 무엇이라 부를 것인가? 그렇다면 한씨의 병은 기(氣)의 병이지 마음의 병이 아니다. 미치광이 같은 사람들이야말로 바로 진실로 마음에 병이 든 것이지 기에 병이 든 것이 아니다. 맹자(孟子)가 말하기를 "뜻이 한결같으면 기를 움직이고, 기가 한결같으면 뜻을 움직인다.〔志壹則動氣, 氣壹則動志.〕"라고 하였다.[174] 그러나 뜻이 한결같아 기가 움직이는 자는 항상 많고, 기가 한결같아 마음이 움직이는 자는

173 내가……때 : 원융(元戎)은 장군을 말하는데, 풍고는 1802년(순조3) 10월부터 1809년 4월까지 훈련대장(訓鍊大將)을 역임하였다.

174 맹자(孟子)가……하였다 : 《맹자》 〈공손추 상(公孫丑上)〉에 나온다.

항상 적다. 이것이 아마 한씨가 다른 병든 자들과 매우 다른 것이리라.

아! 천지가 생긴 지 오래되었으니 인간의 도리가 어두워졌다. 인간의 도리가 어두워지니 이 때문에 자식으로서 부모를 업신여기고 신하로서 임금을 속이며 사람으로서 하늘을 기만하고 사람을 속이는 자가 또한 세상에 끊이지 않게 된 것이다. 이와 같은 부류들은 비록 자신을 사람이라고 여기겠지만 미치광이 한씨가 보기에는 모두가 귀신이다. 오늘날 이런 부류가 또한 많으니, 한씨가 고함을 쳐 욕하고 쫓아내는 것이 이런 부류를 비난하여 귀신에 가탁한 것임을 어찌 알겠는가. 그렇다면 한씨는 진정으로 병든 자가 아니다.

이선생전

李先生傳

선생은 휘는 사문(思問)이고 자는 치육(穉育)이니, 종실의 후예이다. 태어나면서부터 총명함이 남달랐고 단아하고 정중하며 장난이 적었다. 장성한 뒤에는 문사(文思)가 날로 성취되니, 이계(耳溪) 홍공(洪公 홍양호(洪良浩))과는 외가 쪽 친척이었는데 홍공이 항상 그 재능을 칭찬하였다. 얼마 뒤에 뜻을 얻지 못하자 과거 공부를 그만두고 글을 읽으니 선생을 아는 사람이 적었다.

임자년(1792, 정조16) 가을에 정묘(正廟 정조)가 연신(筵臣)에게 묻기를 "북산(北山) 아래에 이사문(李思問)이라는 자가 있어 학문이 넓고 행동이 고상한데 경(卿)들은 아는가?"라고 하였다. 서공 유린(徐公有隣) 이하 7, 8명이 서로 돌아보며 대답하지 못했다. 성상이 두 번 세 번 묻기에 내가 비로소 일어나 "신이 그를 압니다."라고 하였다. 성상이 깜짝 놀라며 말하기를 "네가 어디서 그 사람을 알았느냐? 항상 네가 세상 사람과 다르다고 여겼는데 과연 그렇구나. 나는 당세의 사람에 대해 스스로 빠뜨리지 않았다고 여겼지만 오히려 늦게서야 그에 대해 들었는데, 너는 어디서 그 사람을 알았느냐?"라고 하니, 제공이 무안해하였다.

잠시 뒤에 제공이 먼저 물러가고 내가 뒤에 남았다. 성상이 말하기를 "내가 들으니, 그 사람은 경륜을 온축하고 있어 다만 학문이 넓을 뿐만이 아니라고 한다."라고 하였다. 내가 대답하기를 "그렇습니다. 그런데 그 사람이 재능을 잘 감추기에 아는 사람이 적습니다."라고 하였다.

성상이 “그렇구나. 내일 네가 나를 대신해 나의 은근한 정을 전하라.”라고 하기에, 내가 공경히 대답하였다.

이튿날 그의 집에 이르니 선생은 집에 없었는데, 동자가 말하기를 “선생께서 출타하셨는데, 손님이 찾아오면 즉시 알리라고 당부하셨습니다. 공께서 잠시 앉아 계시면 제가 알리겠습니다.”라고 하였다. 내가 동자에게 부탁하기를 “다만 손님이 왔다고만 말하고 누가 왔는지는 말하지 말라.”라고 하였다. 마침내 그 집의 서쪽 동산으로 나가 소나무 아래에서 기다렸는데, 이때 산은 고요하고 숲은 성글고 서리 맞은 나뭇잎이 빛나고 바위틈의 국화는 선명하고 고와 좋은 향기가 절로 풍겼다. 배회하며 감상하니 마음이 매우 즐거웠다. 조금 뒤에 동자가 돌아왔고 선생이 또한 이르렀는데, 폭건(幅巾)에 평민의 옷을 입고 화정장(華頂杖)을 짚고 천천히 걸어 벼랑길을 따라서 오니, 멀리서 바라보매 한가로워 높은 하늘의 구름이나 들판의 학과 같았다.

내가 맞이해 절하고 안부를 물으니 선생이 기뻐하며 말하기를 “어찌 시간이 나서 이 늙은이를 찾아오셨소?”라고 하였다. 방으로 들어간 뒤에 내가 삼가 성상의 뜻을 전하자 선생이 얼굴빛을 바꾸고 말하기를 “보잘것없는 이 몸을 누가 성상께 잘못 전했단 말입니까? 황공하여 죽고 싶은 심정입니다. 비록 그렇지만 이처럼 미천한데도 한 번 그 이름을 들으시고 근신으로 하여금 덕음(德音)을 전하게까지 하셨으니, 이는 옛날의 현명한 군주도 하기 어려운 일입니다. 다만 천한 이 몸이 그만한 사람이 아닐 뿐, 참으로 성대한 주상의 덕을 알 수 있는 일입니다.”라고 하고 이어 감격해하며 흐느꼈다.

이튿날 아침에 내가 입시하여 아뢰니 성상께서 매우 기뻐하며 말하기를 “오늘 다행히 큰 선비와 교유할 수 있게 되었다.”라고 하였다.

이듬해에 경술과 품행이 뛰어난 사람으로 추천되었고, 또 그 이듬해 겨울에 병으로 세상을 떠나니 향년 62세였다.

선생은 긴 얼굴에 수염이 아름다웠고 앉거나 서 있을 때는 산처럼 우뚝하였다. 행실은 효성과 우애에 근본을 두었고 인륜에 독실하였으며, 평소에 거처할 때는 단정하고 공경스럽기가 마치 신명을 받드는 것과 같았다. 남을 대할 때는 온화한 기운이 가득하여 지극한 정성을 보이며 거짓이 없었으니, 그 모습을 보고 그 말을 들으면 비록 천박한 사내라 할지라도 선생이 성대한 덕을 지닌 군자임을 알았다.

젊었을 때 광병(狂病)에 걸려 치료하기가 어려웠는데 선생은 병이 발작하는 것을 느끼면 곧장 바르게 앉아 마음을 가누니 3년 만에 나았다. 책은 읽지 않은 것이 없었는데 《주역》과 《춘추》에 대해 가장 많이 힘을 쏟았다. 특히 사학(史學)에 뛰어났는데 한 번 본 것은 모두 묵묵히 기억하였다. 박연암(朴燕巖 박지원(朴趾源))이 일찍이 《자치통감강목(資治通鑑綱目)》 가운데 역사적 사실에 관련된 문장 백여 항목을 절취하여 간혹 한두 대문씩을 쉽게 이해하지 못하도록 만들고서 시험 삼아 물어보았다. 선생은 모두 대답하며 하나도 착오가 없으니 연암이 크게 놀라며 귀신같다고 여겼다.

선생의 학문은 사실에 힘쓰고 거짓을 없애는 것을 우선으로 삼았고, 자신의 마음을 스승으로 삼아 스스로 깨우치는 것을 목표로 삼았다. 그러므로 학문을 논해서는 말하기를 "한(漢)나라 유자들이 경(經)을 전한 것이 진(秦)나라의 분서(焚書) 이후의 일이라서 모두 스스로 터득하고 남의 힘을 빌리지 않았다. 그러므로 그 졸렬한 부분에서도 그가 힘을 들였음을 볼 수 있다. 만약 한나라 유자가 없었다면 구경(九經)이 어떻게 후세에 전해졌겠는가. 《집주(集註)》가 나오자 주소(註疏)가 비록 배척을 당하기는 했지만 《집주》가 나와서 한나라 유자의 공을 더욱 속일 수가 없게 되었다."라고 하였다.

치도(治道)를 논해서는 말하기를 "삼대(三代)의 다스림은 성대함으로 말하면 이보다 더 성대한 때가 없었다. 그러나 오직 임금은 요(堯)·순(舜)·우(禹)·탕(湯)·문(文)·무(武)와 같고 신하는 고요(咎陶 고요(皐陶))·후직(后稷)·이윤(伊尹)·부열(傅說)·주공(周公)·소공(召公)과 같아야만 삼대의 정치를 행할 수 있다. 그렇지 않다면 헛된 말일 뿐이다. 맹자가 말하기를 '오곡이 익지 않으면 잘 익은 피만 못하다.〔五穀之不熟, 不如稊稗之熟.〕'라고 하였으니,[175] 맹자가 어찌 사람을 속였겠는가. 후세의 정치를 하는 자가 삼대의 마음으로 오늘날 마땅한 것을 행한다면 거의 그 도에 가까울 것이다."라고 하였다.

선생은 학문과 치도에 대해 깊은 경지에 들어갔다고 할 만하다. 그러나 골목에서 늙고 죽어 일찍이 한 번도 온축한 바를 시험해 볼 수 없었으니, 아! 애석하다.

문장을 논해서는 말하기를 "평담(平澹)과 고원(高遠)을 정취로 삼고 웅섬(雄贍)과 부려(富麗)를 소재로 삼으며 심묘(深妙)와 기경(奇警)을 공교함으로 삼는다. 문장을 짓는 자가 육경(六經)을 근본으로 삼지 않는다면 그 이치가 순정하지 못하고, 선진(先秦)과 양한(兩漢)을 법도로 삼지 않는다면 그 기운이 특출하지 못하며, 내전(內典 불경(佛經))

175 맹자가……하였으니 : 《맹자》 〈고자 상(告子上)〉에 "오곡은 종자 가운데 아름다운 것이지만 만일 익지 않으면 돌피만도 못하다. 인 또한 그것을 익숙히 함에 달려 있을 뿐이다.〔五穀者, 種之美者也, 苟爲不熟, 不如荑稗. 夫仁亦在乎熟之而已矣.〕"라고 하였다.

을 섭렵하지 않는다면 그 이해가 오묘하지 못하다. 한유(韓愈)와 유종원(柳宗元) 등 제가를 진실로 모범으로 삼아 도움을 받을 만하다."라고 하였다.

선생은 문장에 대해 그 핵심을 다 얻었다고 할 만하다. 그러나 문자로 명성을 세우려 하지 않았기에 지은 것을 일찍이 다 불태워버렸다. 연로한 뒤에 간혹 경치를 만나 심정을 읊거나 간혹 어쩔 수 없이 남을 위해 대신 지은 글도 즉시 원고를 버리고 남겨 두지 않았다. 그러므로 시와 문장은 한 편도 전하는 것이 없으니, 아! 이 또한 기이하다.

평생토록 조용하여 말과 웃음이 적었지만, 오직 남을 가르칠 때만은 정성을 다해 처음과 끝을 다 일러주었다. 정밀한 학식과 빼어난 해석이 고금의 학자를 뛰어넘었으므로, 안천택(安天宅 안광우(安光宇))과 황희도(黃羲圖 황기천(黃基天))와 같이 총명함을 자부하여 박학을 자랑하던 자들도 선생 앞에서는 옷깃을 여미고 가르침을 청했으며 물러나서도 다른 말이 없었다. 한근지(韓近之 한상묵(韓象默))와 같은 자는 가장 오랫동안 수업을 받으면서 가장 깊이 기뻐하고 심복하였으니, 이습지(李習之)가 창려(昌黎)에 대한 경우와 같았다.[176]

선생은 아들 둘이 있었다. 장남은 모(某)이다. 막내는 규문(奎文)으로 문장과 덕행이 있었는데 일찍 죽으니 선생이 통곡해 마지않았다. 선생이 병이 위중해지자 장남에게 이르기를 "내가 죽으면 너는 도성에 살 필요가 없다. 영종(永宗 지금의 영종도)에 선대가 남긴 밭이 있으니

176 이습지(李習之)가……같았다 : 이습지는 당나라 이고(李翺)로 습지는 그의 자이다. 한유(韓愈)의 벗이자 제자이자 조카사위로, 한유에게 고문(古文)을 배워 당대에 명성을 떨쳤다.

힘써 밭을 갈면 굶어 죽지는 않을 것이다."라고 하였다. 선생의 장례를 치른 뒤에 장남이 과연 가족을 이끌고 돌아갔으니, 선생이 원고를 태운 것에서 느낀 바가 있었다고 한다.

선생은 나의 선군(先君 김이중(金履中))과 벗으로 친했기에 나 또한 동자 때부터 선생에게 남다른 사랑을 받았다. 비록 일찍 벼슬길에 나가느라 선생을 좇아 문하의 대열에 이르지는 못했지만 내가 다행히 어(魚) 자와 노(魯) 자를 구별할 수 있었던 것은 또한 선생이 늘 계발시켜 준 힘이 크다. 선생이 일찍이 안천택에게 말하기를 "오늘날 후진 가운데 오직 김사원(金士原 김조순)의 재주가 짝할 사람이 드무니 그의 진보를 헤아릴 수 없다."라고 하였다. 선생이 인재를 잘 인도하고 권면함이 이와 같았는데 내가 어리석고 겁이 많아 백발이 되도록 아무것도 이룬 것이 없으니 또한 슬프지 않겠는가.

내가 생각하기에 선생의 담박한 흉금과 고상한 절개는 소요부(邵堯夫 소옹(邵雍))와 같고 넓은 식견과 뛰어난 문장은 진중순(陳仲醇 진계유(陳繼儒))[177]과 같다. 집안에는 선생을 닮은 후손이 없고 상자에는 전할 만한 글이 없어 선생을 아는 자는 오직 선생을 따르며 섬긴 두세 사람뿐인데 또한 차례로 세상을 떠났다. 내가 만약 다시 그들을 이어 세상을 떠난다면 후세 사람들이 장차 선생이 이처럼 훌륭했다는 것을 알지 못하게 될 것이다. 더구나 선생이 포의로서 어진 임금의 지우를 성대히

177 진중순(陳仲醇) : 명나라 진계유(陳繼儒)로 중순은 그의 자이고 호는 화정(華亭)이다. 시서화(詩書畫)에 능하였고, 제생(諸生)으로 있다가 유관(儒冠)을 불사른 뒤 곤산(崑山)에 은거해 살면서 누차 관직에 제수해도 나아가지 않고 저술에 몰두하였다. 저서에 《진미공비급(陳眉公祕笈)》이 있다. 《明史 卷298 陳繼儒列傳》

입은 것은 위중선(魏仲先)과 임군복(林君復)[178]에게도 없었던 일이니, 어찌 끝내 사라져서 전하지 않게 할 수 있겠는가. 《시경》에 이르기를 "학이 아홉 웅덩이에서 울면, 그 소리가 하늘에까지 들린다.〔鶴鳴于九皐, 聲聞于天.〕"라고 하였고,[179] 《주역》에 이르기를 "자신의 일을 고상히 하도다.〔高尙其事.〕"라고 하였으니,[180] 선생을 두고 한 말이다. 삼가 써서 선생의 전으로 삼는다.

178 위중선(魏仲先)과 임군복(林君復) : 위중선은 송나라의 은사인 위야(魏野)로 중선은 그의 자이다. 섬주(陝州)의 교외에 은거하면서 초당거사(草堂居士)로 자칭하였으며 황제의 부름을 받고도 상소하여 나가지 않았다. 임군복(林君復) 역시 송나라의 은사인 임포(林逋)로, 군복은 그의 자이다. 서호(西湖)의 고산(孤山)에 은거하여 20년 동안 성시(城市)에 발을 들여놓지 않았으며, 매화를 심고 학을 길러 당시에 '매처학자(梅妻鶴子)'로 불렸다. 사후에 화정선생(和靖先生)이란 시호를 받았다. 《宋史 卷457 魏野列傳·林逋列傳》

179 시경에……하였고 : 《시경》 〈학명(鶴鳴)〉에 보인다.

180 주역에……하였으니 : 《주역》 〈고괘(蠱卦) 상구(上九)〉에, "왕이나 제후를 섬기지 않고 자신의 일을 고상히 하도다.〔不事王侯, 高尙其事.〕"라고 하였다.

양산숙전[181]

梁山璹傳

양산숙은 자가 회원(會元)이니, 관향은 제주(濟州)이다. 그 시조 양을나(良乙那)는 한라산(漢拏山)의 석굴 속에서 태어났고 단군(檀君)과 같은 때에 나라를 열었다. 그 후손 탕(宕)이 처음으로 신라와 교통하였는데 당시에 객성(客星)이 나타나자 신라의 왕이 크게 기뻐하여 벼슬을 내리고 성주(星主)로 삼으니, 마침내 양(良)을 고쳐 양(梁)으로 바꾸었다고 한다. 조부 팽손(彭孫)은 홍문관 교리를 지냈고 조광조(趙光祖)와 함께 죽었다.[182] 부친 응정(應鼎)은 대사성을 지냈고 문장과 덕행으로 일컬어졌다.

양산숙은 태어나면서부터 바르고 순수하였으며 학문을 좋아하였다. 어떤 사람이 과거 공부를 권하자 양산숙이 말하기를 "성현의 학문은 공명(功名) 때문에 하지 않소."라고 하였다. 얼마 뒤에 우계(牛溪) 성혼(成渾)을 섬겼는데 성혼이 제생을 일깨우기를 "양생(梁生)은 내가 미치지 못한다."라고 하였다. 소경왕(昭敬王 선조) 때 국가가 오래도록

181 양산숙전 : 임진왜란 때의 의병장인 양산숙(1561~1593)에 대한 전이다. 양산숙의 본관은 제주(濟州)이고, 자는 회원(會元)이다. 조부는 기묘명현(己卯名賢) 양팽손(梁彭孫)이며, 부친은 대사성을 지낸 양응정(梁應鼎)이다. 시호는 충민(忠愍)이다. 나주의 정렬사(旌烈祠), 진주의 창렬사(彰烈祠)에 제향되었다.

182 조부……죽었다 : 양팽손은 기묘명현의 한 사람으로 1519년 기묘사화 때 파직되어 고향인 전라도 능주(綾州)로 돌아와 살다가 1549년에 세상을 떠났다. 능주는 화순(和順)의 옛 지명이다. 조광조(趙光祖)는 기묘사화 때 희생되었다.

태평을 누리고 당인(黨人)이 권력을 멋대로 하니, 양산숙은 반드시 난리가 생길 것을 알고 자신의 집 백 리 밖에 정사(精舍)를 짓고[183] 날마다 걸어서 왕래하며 고난을 단련하였다.

만력(萬曆) 정해년(1587, 선조20, 27세) 겨울에 왜구 평수길(平秀吉)이 귤강광(橘康光)을 조선에 보내 화친을 요구하게 하였다. 양산숙에게 양대박(梁大樸)이라는 친척이 있었는데 또한 호걸스러운 선비였다. 양산숙이 그와 함께 동래부(東萊府)에 가서 왜구 일행을 호위하는 병사가 되어 뇌물로 유인해서 왜구로부터 정보를 정탐하니, 저들 왕 원의등(源義藤)이 평수길(平秀吉)에게 시해된 지 이미 10여 년이 되었는데도 우리나라에서는 모르고 있었다. 연회를 할 때마다 귤강광이 번번이 술잔을 떨궈 깨트리니 양산숙이 양대박에게 말하기를 "저들의 명분은 화친을 요구하는 것이지만 실제로는 맹약을 깨트리려는 것이다."라고 하였다. 하루는 귤강광이 양산숙을 노려보고 웃으며 말하기를 "너의 검은 어찌 그리 짧으냐?"라고 하니, 양산숙이 즉시 대답하기를 "너의 총은 너무 길다."라고 하였다. 귤강광이 깜짝 놀라 내려와 절하며 양산숙에게 말에 오르기를 청하여 함께 이야기하며 길을 갔다. 상주(尙州)에 이르니 목사 송응형(宋應泂)이 기악(妓樂)으로 귤강광의 흥을 돋우었는데, 귤강광이 말하기를 "이 몸은 전쟁터를 오래 돌아다니느라 머리털이 참으로 변했다지만, 사또는 노래하는 기생을 끼고서 아무 걱정도 없는데 왜 백발이 되었소?"라고 하였다. 양산숙이 탄식하며 말하기를 "저 왜구 귤강광이 우리나라를 넌지시 비꼰 것이다."라

183 자신의……짓고 : 양산숙은 자신의 고향인 진주(晉州)에서 백 리 떨어진 나주(羅州) 삼향리(三鄕里)에 정사를 지었다고 한다. 《耳溪集 卷26 工曹佐郎梁公神道碑并序》

고 하였다.

만력 무자년(1588, 선조21, 28세) 여름에 왜구가 또 현소(玄蘇)를 보내 서로 우호를 맺자고 하며 공작새 한 마리와 조총〔鳥鎗〕 두 자루를 바쳤다. 양산숙이 울분을 이기지 못하고 형인 양산룡(梁山龍)과 함께 항소(抗疏)하여 시사의 잘못을 극력으로 진달하였다. 성상이 노하여 하옥시켰으나 이정귀(李廷龜)가 힘을 다해 구원하여 풀려났다. 양산숙이 또 상소하니 말이 더욱 격렬하였고, 또 조헌(趙憲)은 정여립(鄭汝立)이 반드시 모반할 것임을 미리 알았으니 선견지명이 있다고 할 수 있는데 아직 귀양 중에 있다고 말하자, 성상이 명을 내려 석방되어 돌아왔다.[184]

신묘년(1591, 선조24, 31세)에 왜구 평조신(平調信) 등이 또 왔는데 말이 매우 거만하였다. 양산숙이 조헌과 함께 걸어서 대궐에 이르러 도끼를 짊어지고 상소하여 왜구 사신을 죽이고 상주하여 중국에 알릴 것을 청하였으나 성상이 듣지 않았다. 이듬해에 평수길이 과연 군대를 크게 일으켜 침략해 오니 50만 대군이라고 하였다. 부산진(釜山鎭)과 동래부(東萊府)를 연달아 함락시키니 동래 부사 송상현(宋象賢)이 전사하였다. 여러 고을이 무너지고 감히 대항하는 곳이 없었다.

양산숙이 정사(精舍)에서 칼을 짚고 옛집으로 돌아가 모친에게 작별을 고하고 의병을 일으켜 각 고을에 격문(檄文)을 전달하니 열흘 사이에 의병에 달려온 자가 매우 많았다. 이미 신립(申砬)이 전사하고 이일

184 조헌(趙憲)은……돌아왔다 : 조헌은 1589년 4월에 만언소(萬言疏)를 올렸다가 5월에 길주(吉州)의 영동역(嶺東驛)으로 유배되었으며 11월에 석방되었다. 《宣祖實錄 22年 4月 3日, 5月 5日, 11月 3日》

(李鎰)이 달아났으며 어가가 파천했다는 소식을 듣고서 양산숙이 여러 의병과 함께 임금을 호위하러 갈 것을 모의하였다. 사람들이 양산숙을 추대하여 맹주(盟主)로 삼고자 하니, 양산숙이 말하기를 "저는 벼슬이 없고 나이도 어립니다."라고 하였다. 마침내 전 부사 김천일(金千鎰)을 추대하여 대장으로 삼고 자신은 부장(副將)이 되었다. 김천일의 아들 김상건(金象乾)을 종사관(從事官)으로 삼고 자신의 형인 양산룡에게 군량을 담당하게 했으며, 아우 양산축(梁山軸)으로 하여금 고향으로 돌아가 모친을 봉양하게 하였다.

6월에 나주(羅州)에서 군사들과 맹약하고 마침내 의병을 이끌고 북으로 올라갔다. 왜적이 요해처를 나누어 차지하여 그 위세가 매우 성대했는데, 양산숙이 외로운 군대를 거느리고 이곳저곳에서 전투를 벌이며 전진하였다. 독산(禿山)의 옛 성[185]에 이르러서 왜적에게 붙은 간사한 백성 수천 명을 베었으며, 금령(金嶺 용인(龍仁)의 속원(屬院))의 왜적을 습격하여 격파하고 50여 리를 추격하니 의병군의 위세가 크게 떨쳐졌다. 왜적이 두려워하여 병사를 모아 오니 김천일이 목숨을 걸고 전투를 벌이려 하였다. 양산숙이 말하기를 "적군은 많고 우리는 적으니 경솔히 전투를 벌이면 반드시 패합니다."라고 하였다. 마침내 강도(江都 강화도)에 군대를 주둔하고 호서(湖西)의 의병을 불러 모아 강을 따라 울타리를 세워 멀리 서남쪽에서 호응하는 형세를 이루었다.

185 독산(禿山)의 옛 성 : 독성산성(禿城山城)을 말한다. 경기도 오산시 지곶동에 있는 백제 때의 석축산성으로, 일명 독산성(禿山城)이라고도 한다. 선조 26년(1593) 7월에 전라도 관찰사 겸 순변사 권율(權慄)이 근왕병(勤王兵) 2만을 이끌고 북상하다가 이 성에 진을 치고 왜적을 물리쳤던 곳으로 유명하다.

당시 남쪽 지방에서는 어가가 머무는 곳을 몰라 인심이 두려워하고 당혹스러워하였다. 양산숙이 마침내 납서(蠟書)를 지니고 배를 타고 서쪽으로 나가서 산을 타고 넘어 급히 달려가 7월에 의주(義州)에 도착하였다.[186] 성상이 불러서 만나니 양산숙이 땅에 엎드려 울면서 남쪽의 일을 매우 자세히 아뢰었다. 성상이 말하기를 "오랫동안 남쪽의 소식을 듣지 못하였는데 지금 너를 만나 비로소 옛 강토가 아직도 남아 있다는 것을 알게 되었다."라고 하였다. 양산숙이 납서를 올리는데 두 손이 모두 찢어져 있었기에 성상이 눈물을 흘리며 약을 발라 주고 손수 글을 내려 칭찬하였다. 양산숙이 또 회복할 계책을 진언하였다. 성상이 가납하고 양산숙을 공조 좌랑에 제수하고 김천일을 창의사(倡義使)에 제수하였으며 고경명(高敬命)을 초토사(招討使)에 제수하였다. 남쪽 사람들이 비로소 임금이 있는 곳을 알게 되어 부세(賦稅)를 행재소로 보냈다.

도성의 백성들이 왜적에 익숙해 있었는데 양산숙이 결사대를 모집하여 몰래 성에 들어가 격문을 붙여 대의(大義)를 효유하니, 백성 중에 밤을 틈타 군대 앞에 나타나 스스로 힘을 바치기를 청하는 자가 많았고, 역관(譯官) 주계강(朱繼康)[187] 등이 또한 정성을 바쳐 내응(內應)이 되겠다고 약속하였다. 마침내 날마다 의병을 내어 왜적을 습격하여 장포(藏浦)와 김포(金浦)에서 여러 차례 전투를 벌였고 전투를 벌일

186 양산숙이……도착하였다 : 납서(蠟書)는 물에 젖는 것을 방지하기 위해 밀랍으로 봉한 편지를 말한다. 여기서는 의병장 김천일이 선조에게 올리는 밀서를 말한다. 이와 관련한 기록이 《승정원일기》 인조 13년(1635) 3월 10일 기사에 보인다.

187 주계강(朱繼康) : 《선조실록》에는 주계강(周繼康)으로 기록되어 있다. 《宣祖實錄 26年 2月 21日》

때마다 번번이 선봉에 서니, 왜적이 밤에 달아났다. 양산숙이 마침내 삼도(三道)의 장수와 함께 수군(水軍) 4백여 척을 거느리고 양화도(楊花渡) 어귀에 주둔하여 방(榜)을 내걸고 평수길의 죄를 조목조목 꾸짖어 성안의 왜적에게 싸움을 걸었는데 왜적은 감히 나오지 못했다. 양산숙이 장사(壯士)로 하여금 성에 들어가게 하니 내응하는 군대와 함께 왜적을 유인해 무수히 죽였다.

얼마 뒤에 조정에서 육지로 나와 한성(漢城)을 탈환할 것을 독촉하는 명을 내렸다. 김천일이 황공해하고 걱정하며 양산숙에게 계책을 물었다. 양산숙이 즉시 정예병을 뽑아 임환(林懽)과 조응신(曺應臣)으로 하여금 이들을 거느리고 가서 권율(權慄)의 휘하에 예속되어 합세하여 진격하게 하였다.

그리고 마침내 상소하여 형세를 진달하기를 "경기 고을과 남쪽 땅은 모두 적의 소굴이 되었습니다. 오직 강화도 한 곳만이 산과 바다의 요충지이니, 신은 험준하고 견고한 곳에 의지하기를 제갈량(諸葛亮)이 검각(劍閣)에 의지한 것[188]처럼 하고, 군량을 끊기지 않게 하기를 소하(蕭何)가 관중(關中)에서 했던 것[189]처럼 하며, 성을 굳게 지키며 틈을 엿보기를 전단(田單)이 즉묵(卽墨)에서 했던 것[190]처럼 하고자 합니다.

188 제갈량(諸葛亮)이……것 : 검각(劍閣)은 사천성(四川省) 검각현(劍閣縣)에 있는 잔교(棧橋)로 제갈량이 설치한 것으로 전해지고 있다.

189 소하(蕭何)가……것 : 소하는 한나라의 개국 공신으로, 한나라 고조가 항우(項羽)와 싸울 때 관중(關中)을 지키면서 군량이 끊이지 않게 하여 공신이 되었다. 《史記 卷53 蕭相國世家》

190 전단(田單)이……것 : 전단은 전국 시대 제(齊)나라의 장군으로, 연(燕)나라의 명장 악의(樂毅)가 제나라를 침입했을 때 전단이 즉묵성(卽墨城)에서 결사 항전하면서

신이 이곳에 머무는 것은 진실로 얕은 계책이 아닙니다. 옛날 조충국(趙充國)은 몸소 금성(金城)을 답사한 연후에 방략을 도면으로 그려 올렸고,[191] 가서한(哥舒翰)은 엄한 명에 내몰려 얼마 되지 않아 패하고 말았습니다.[192] 전쟁은 멀리서 헤아리기 어렵고 또한 멀리서 제어할 수도 없습니다. 지금 강화도에 있는 여러 군영이 하루아침에 육지로 나간다면 그 형세상 반드시 흩어지게 될 것입니다. 신이 비록 죽음을 걱정하지는 않지만 나라를 망치는 죄를 짓는다면 장차 눈을 감지 못할 것입니다."라고 하였다.

왜구의 우두머리가 여러 왕릉을 파헤쳐 보옥(寶玉)을 찾으려 했는데 양산숙이 은과 폐백을 보내어 달래고, 또 주계강 등을 보내《국조오례의(國朝五禮儀)》를 보여주어 우리 조정에서는 보옥을 왕릉에 묻지 않는다는 것을 증명하니, 왜적이 마침내 그만두었다.

명나라의 총병(摠兵) 이여송(李如松)이 이미 서경(西京 평양)의 왜

반간계(反間計)를 써서 악의를 파면시키고, 천여 마리의 소를 동원하여 한밤중에 소꼬리에 불을 붙여 공격하여 대승을 거두고 제나라의 70여 성을 수복한 고사가 전한다.《史記 卷82 田單列傳》

191 조충국(趙充國)은……올렸고 : 조충국은 한(漢)나라 선제(宣帝) 때의 장군이다. 선제가 흉노의 침입을 막아 낼 방도를 묻자, "백 번 듣는 것이 한 번 보느니만 못합니다. 신이 금성(金城)에 가서 대책을 세워 올리겠습니다."라고 하고는 직접 변경에 가서 대책을 올리고 둔전법(屯田法)을 시행하여 공을 세웠다고 한다.《漢書 卷69 趙充國傳》

192 가서한(哥舒翰)은……말았습니다 : 가서한은 당나라 현종(玄宗) 때의 장군이다. 안록산(安祿山)의 난이 일어났을 때 동관(潼關)을 굳게 지키고 있었는데, 진군하여 낙주(洛州)를 수복하라는 현종의 재촉을 받고 전쟁에 나섰다가 포로가 된 뒤 죽었다.《通鑑節要 卷42 唐紀 肅宗》

적을 격파하고 장차 한양을 합공하려 하였다. 양산숙이 한양의 도로와 크고 작은 왜적의 진영을 그림으로 그려 올리니, 이여송이 매우 훌륭하게 여겼다. 왜적이 한양의 백성이 관군과 내응한다는 사실을 알고 마침내 백성을 크게 살육하고 공사(公私)의 집을 불태우고 달아나니, 이때가 만력 계사년(1593, 선조26) 정월 14일이었다. 양산숙이 도성에 들어와 장수들과 종묘(宗廟)의 남은 터에서 통곡하고 선미(船米)[193]를 풀어 남은 백성을 구휼하니 그동안 목숨을 건진 자가 수십만 명이었다.

화의(和議)가 진행되어 명나라 장군이 관군에게 왜적을 죽이지 못하게 하였다. 그러나 양산숙이 듣지 않고 더욱 맹렬하게 왜적을 사로잡았다. 어떤 사람이 이를 나무라자, 양산숙이 얼굴빛을 바로잡고 말하기를 "나라의 치욕은 만년토록 잊을 수가 없는 것이다. 하물며 부형(父兄)을 잃은 자제들이 각자 그 원수를 갚는 것을 무슨 마음으로 금지할 수 있겠는가."라고 하였다.

얼마 뒤에 왜적이 영남(嶺南)으로 향해 가자 양산숙이 힘껏 추격해 경상도 함안(咸安)에 이르렀다. 다시 얼마 뒤에 왜적 우두머리 가등청정(加藤淸正)이 병사 수십만 명을 규합해 다시 진주(晉州)를 침범하였다. 명나라 장군 유정(劉綎)이 글을 보내 구원할 수 없다고 하였고 평행장(平行長) 또한 성을 비우기를 권유하였다. 양산숙이 김천일에게 말하기를 "성을 버려 왜적을 돕는 것은 의리가 아닙니다. 왜적이 진주에서 뜻을 얻게 되면 반드시 멀리 호남으로 달려갈 것입니다. 울타리

193 선미(船米) : 선저미(船儲米)라고도 하며, 원래 전선(戰船)과 병선(兵船)을 운영하는 데 필요한 비용을 쓰기 위해 마련하는 쌀이다. 여기서는 의병의 배에 실려 있던 군량미를 말한 것으로 보인다.

밖에서 그들을 막지 않고 방 안에서 막고자 하는 것은 좋은 계책이 아니니, 이곳을 굳게 지키며 명나라 군대에 구원을 요청하는 것이 더 낫습니다."라고 하니, 김천일이 마침내 진주를 지키기로 하였다.

이에 경상 병사 최경회(崔慶會), 충청 병사 황진(黃進), 거제 현령(巨濟縣令) 김준민(金俊民), 해미 현감(海美縣監) 정명세(鄭名世), 사천 현감(泗川縣監) 장윤(張潤), 복수장(復讎將) 고종후(高從厚), 부장(副將) 오유웅(吳宥熊), 의병장 이계련(李繼連), 비의병장(飛義兵將) 민여운(閔汝雲), 표의병장(彪義兵將) 강희보(姜希輔), 김해 부사(金海府使) 이종인(李宗仁) 등이 각각 병사를 거느리고 와서 모였다. 양산숙이 진주성에 들어가 사방을 둘러보고 여러 장수에게 말하기를 "이 성은 달아날 길이 없으니 참으로 배수진입니다."라고 하였다.

즉시 몇 사람과 함께 유정에게 군사를 요청했는데 사기(辭氣)가 강개하였고 말을 하면서 눈물을 떨구었다. 유정이 마음속으로 탄복했으나 여전히 두려워하여 군사를 내주려 하지 않으니, 양산숙은 일이 이루어지지 않을 것을 알고 울분을 터트리며 길을 나섰다. 돌아오니 성이 이미 십여 겹으로 포위되어 있었다. 마침내 남강(南江)으로 뛰어들어 헤엄을 쳐 성으로 들어가니 온 군사들이 모두 깜짝 놀랐다.

이튿날 왜적이 맹렬히 성을 공격하니 양산숙이 날랜 기병을 뽑아 나가서 공격해 물리쳤다. 또 그 이튿날 왜적이 좌우의 산을 끼고 성을 빙 둘러 진을 쳤다. 양산숙은 이보다 앞서 사람을 보내 성 밖 민가를 성안으로 철수시켰었는데, 이때 이르러 두 성가퀴마다 횃불을 하나씩 설치하고 왜적이 올 때마다 번번이 활을 쏘니 왜적이 감히 접근하지 못했다. 왜적이 또 대나무를 엮어 큰 가리개를 만들고 나무를 엮어 방패를 만들고 중간에 화포 구멍을 뚫어 곧장 격대(隔臺)를 공격해

왔는데, 성안에서 끓는 물과 불화살과 돌을 한꺼번에 떨어뜨리니 불에 타고 떨어져 죽은 왜적의 숫자를 이루 다 헤아릴 수 없었다. 왜적이 또 토산(土山)을 쌓아 성안을 내려다보면서 비처럼 탄환을 날리니 성안에도 많은 사람이 죽었다. 양산숙 역시 대응하여 토산을 쌓아 그들을 막고 헤엄을 잘 치는 자를 시켜 명나라 장군과 원수(元帥)에게 다급한 상황을 보고하게 하였으나 아무도 이르는 사람이 없었다.

왜적이 편지를 화살에 묶어 성안으로 쏘았는데 거기에 "듣자니 성안에 김씨(金氏), 양씨(梁氏), 고씨(高氏) 세 장사가 있다는데, 그들이 쓰고 있는 삿갓을 취해 성 위에 내걸면 우리는 마땅히 물러날 것이다." 라고 되어 있었다. 김천일이 사람을 시켜 대답하기를 "우리에게는 목숨을 걸고 싸우는 군사가 있고 대군이 머지않아 이를 것이니, 너희들은 속히 떠나 스스로 명을 재촉하지 말라."라고 하였다. 이 당시 평수길이 여러 장수가 한양을 버린 것에 노하여 직접 비전주(肥前州 일본 서해도(西海道)의 지명)에 이르러 신임하는 왜장을 파견해 여러 장수를 독려하여 중요한 성을 도륙해 그 분한 마음을 씻게 하였다. 그러므로 이 전투에서 죽은 왜병이 반을 넘었는데도 오히려 퇴각하려 하지 않았던 것이다.

포위를 당했을 때부터 장맛비가 이어져 성에 무너진 곳이 많았고 쌓는 대로 곧장 무너지니 성안 사람들의 힘이 이미 다하였다. 얼마 뒤에 김준민이 힘써 싸우다가 전사하고 황진과 장윤이 모두 탄환에 맞아 전사하니, 세 사람은 모두 명장이었다. 양산숙이 친척을 잃은 듯 통곡하였고, 미음과 죽을 들고 친히 상처 입은 자를 먹여주니 장수와 병사들이 모두 감격해 눈물을 흘리며 반드시 목숨을 걸기로 맹세하여 버틴 것이 모두 18일 밤낮이었다.

6월 그믐에 밤비가 그치지 않아 성이 크게 무너지자 왜병이 개미처럼 성을 올라왔고, 서북쪽 모퉁이가 또 무너지니 생력(生力 새로 투입한 정예부대) 왜군이 또 뒤따라 들어왔다. 지키던 장수가 패하여 달아나니 군대가 마침내 무너져 더 이상 버틸 수가 없었고 화살과 돌 또한 소진되어 대나무로 치고 찌를 뿐이었다. 얼마 뒤에 왜적이 사방을 에워싸고 들어오니 중군장(中軍將) 오영념(吳永念)과 별장(別將) 지득룡(池得龍)이 모두 전사하였다. 의병장들은 일이 성공하지 못할 것을 알고 모두 촉석루(矗石樓)로 올라갔다. 양산숙이 김상건(金象乾)과 함께 김천일을 부축하여 북쪽을 향해 두 번 절하였다. 장차 남강에 투신하려 할 때, 김천일이 양산숙에게 이르기를 "그대가 이 강을 건너는 것이 어렵지 않다는 것을 아는데 어찌 살아서 훗날을 도모하려 하지 않는 것이오?"라고 하였고, 주위 사람들 역시 그것을 권하였다. 양산숙이 눈물을 흘리며 말하기를 "의리상 혼자서 살 수 없습니다."라고 하고 먼저 투신하여 죽으니, 향년 33세였다.

이에 김천일 부자와 고종후 역시 투신하여 죽었다. 고경원(高敬元), 문홍헌(文弘獻), 오빈(吳玭), 김인혼(金麟渾), 강희보, 오유웅, 이잠(李潛), 이종인, 윤의(尹誼) 등은 혹은 격투를 벌이다 전사하기도 하고 혹은 스스로 투신하여 죽기도 하였으며, 그 나머지 군사와 백성 가운데 죽은 자가 모두 6만여 명이나 되었다. 양산룡은 군량미를 조달하느라 밖에 있어서 화를 당하지 않았는데, 밤낮으로 강가에서 소리치며 양산숙의 시신을 찾았으나 찾지 못하자 마침내 옷과 관으로 혼을 부르고 장례를 치렀다. 일이 알려지자 명을 내려 진주의 창렬사(彰烈祠)와 나주의 정렬사(旌烈祠)에 제향하게 하였다. 숭정(崇禎) 4년(1631, 인조9)에 좌부승지에 추증되었다. 8년에 그의 집안에 '충신(忠臣)'이라는 정려문(旌閭門)을 내렸다.

정유년(1597, 선조30)에 왜적이 다시 침범했을 때 양산숙의 모친 박씨(朴氏)가 양산룡·양산축과 함께 바다로 나가 전란을 피하였으나 왜적을 만나자 바다에 투신해 죽었다. 양산룡의 아내 류씨(柳氏) 및 양산룡의 여동생과 서녀(庶女)와 족녀(族女)가 모두 죽었다. 양산숙의 아내 이씨(李氏)는 양산축의 아내 고씨(高氏)와 함께 여종의 구원을 받아 산 위로 피했는데, 왜적이 또 이르자 이씨는 그 자리에서 자결하였다. 왜적이 흩어지자 고씨가 여러 시신을 수습하였는데, 양산룡과 양산축은 어머니를 안고 수면에 떠 있었으며 이씨는 칼이 여전히 목에 꽂혀 있었고 등에는 남편의 나무 신주(神主)를 짊어지고 있었다. 이를 본 사람들이 눈물을 흘리지 않는 사람이 없었다.

풍고집

제16권

잡저
雜著

잡저雜著

성상께서 하사하신 손거울과 작은 나무 쟁반에 대한 설
御賜面鑑手槃說

신해년(1791, 정조15) 봄에 천신(賤臣)이 수진방(壽進坊)의 집에서 거상(居喪)하고 있었다.[1] 어느 날 성상께서 사자(使者)를 보내 안부를 묻고 손거울과 작은 나무 쟁반 하나씩을 하사하며 하유하기를 "때마침 연경(燕京)의 물건을 얻어 이에 몇 가지를 나누어 주니 이로써 내가 그대를 아끼는 마음을 표하노라."라고 하였다. 천신이 명을 받들어 북쪽을 바라보며 머리를 조아려 은혜에 감사하고 사자 앞에서 봉함을 열었다.

거울은 네모난 몸체에 길이는 6촌 남짓이었고 너비는 길이보다 2촌쯤 못 미쳤다. 나무로 테두리를 둘렀고 뒷면 및 상하와 좌우는 모두 초록색으로 칠해져 있었으며, 거울 앞면에는 소란(小欄)을 만들어 무늬를 새기고 도금하였다. 쟁반은 둥근 모양에 여덟 개의 모서리가 있었는데, 지름은 두 자쯤 되었고 깊이는 8, 9푼이었다. 모서리마다 높이가

1 신해년……있었다 : 풍고는 1790년(정조14) 5월에 계모 함평 이씨(咸平李氏)의 상을 당하였다. 수진방(壽進坊)은 현재의 서울시 종로구 수송동(壽松洞) 일대이다.

1, 2푼 되는 발이 있었는데, 그 몸체를 통틀어서 길이가 1촌쯤 되었다. 주사(硃沙)로 칠하였고 안에는 이금(泥金 아교에 갠 금가루 물)을 사용하여 두 겹으로 된 선을 그렸는데 모두 크게 각이 지게 그렸다. 가운데에는 당나라 사람의 칠언절구 두 수를 적었는데, 한 수는 네모난 모양으로 쓰고 한 수는 둥근 모양으로 썼으며 모두 금자(金字)였다. 꺼낸 뒤에 앞에 펼쳐 놓으니 거울의 고요한 벽옥 빛은 물보다 맑았고 쟁반의 발그레한 붉은빛은 불보다 빛나서 현란하게 반짝이는 것이 정신과 눈을 아찔하고 놀라게 하였다.

삼가 생각건대, 환히 밝아 다 비추는 것은 거울의 덕이고 둥글어서 편안한 것은 쟁반의 본질이다. 무릇 연경의 물건 가운데 진귀하게 여길 만한 것이 다만 두 가지일 뿐만이 아닌데 반드시 이것을 하사하신 것은 아마도 성상의 깊은 뜻이 있어서 그런 것이리라. 어쩌면 그 만분의 일은 망령되어 헤아려 볼 수 있을 듯하다.

임금과 신하 간에는 서로 마음을 알아주는 것을 귀하게 여기니, 은총과 작록(爵祿)의 관계로는 몸을 온전히 할 수 있는 자가 드물다. 선비 가운데 조정에 서서 임금을 섬기는 자가 마음을 다스리기를 거울의 빛처럼 하고 처신하기를 쟁반의 모양처럼 하여 어둡고 간사한 태도가 없고 치우치고 위태로운 행실이 없어서, 밖으로 보일 때나 은미하게 홀로 있을 때의 차이가 없고 나아가고 물러남이 위태롭지 않으면, 군신(君臣)의 마음과 뜻이 저절로 통하여 감응하는 오묘함이 있을 것이다. 그리하여 몸이 평탄하고 편안한 자리에 처하여 큰 이로움이 국가에 펴지고 명성이 죽백(竹帛 역사책)에 펼쳐지게 될 것이다. 천신이 어리석어서 비록 이런 경지를 감당하기에는 부족하지만 어찌 감히 절하며 받지 않을 수 있겠는가.

《홍엽첩》에 쓰다[2]

書紅葉帖

지난번에 극옹(屐翁 이만수(李晩秀))이 경내(境內)를 순행하다가[3] 길주(吉州)에 이르러서 나의 편지에 답서를 보내, 경유한 산과 시내와 고개와 바다의 승경을 자세히 말해 주었다. 또 나와 죽석(竹石 서영보(徐榮輔))을 그리워하는 시도 보내주었으니 바로 이 첩(帖)의 첫머리에 실은 것이다. 얼마 뒤에 죽석의 편지가 금강산(金剛山)으로부터 왔는데 붉은 단풍잎을 함께 넣어 보내왔다. 내가 죽석의 고아한 정취를 사랑하여 단풍잎을 상자에 보관하고 극옹의 시와 함께 때때로 꺼내 보곤 하였다. 그러다가 이번에 이 첩을 살펴보니 극옹이 첩에 붙인 이 단풍잎이 내가 보관하고 있던 것과 본래 같은 가지에서 나온 것임을 알게 되었다. 이 첩이 나오고서 상자에 보관했던 나의 계책이 더없이 졸렬한 것이 되고 말았으니, 극옹은 참으로 천하의 절묘한 호사자(好事者)일 것이다.

2 홍엽첩에 쓰다 : 극옹(屐翁) 이만수(李晩秀)가 엮은 《홍엽첩》에 붙인 글이다. 서영보(徐榮輔)가 1806년(순조6) 가을에 금강산을 유람하며 이만수와 풍고에게 시와 함께 금강산의 단풍잎을 보내자, 당시 함경도 관찰사로 있던 이만수는 함경도에서 짓고 있던 정자에 '홍엽루(紅葉樓)'라는 이름을 붙이고, 또 서영보에게 받은 단풍잎과 서로 창수한 시를 첩으로 엮어 《홍엽첩》이라는 이름을 붙였다. 한편 풍고는 따로 화가를 시켜 단풍잎을 모사하게 하고 글과 함께 묶어 《홍엽전조첩(紅葉傳照帖)》이라는 이름을 붙였다고 한다. 《竹石館遺集 卷2 紅葉帖序》《楓皐集 卷3 溪上折取楓枝有感》

3 극옹(屐翁)이 경내(境內)를 순행하다가 : 이만수가 1806년(순조6) 6월에 함경도 관찰사에 임명되어 순행할 때를 말한다. 《純祖實錄 6年 6月 24日》

바야흐로 죽석이 금강산에 있을 때 나는 옥호정사(玉壺精舍)[4]에서 《주역》을 읽고 있었는데, 늦가을에 몹시 쓸쓸하여 벗들과 떨어져 지내는 생활이 괴롭기만 하였다. 하루는 우연히 왕원미(王元美)의 문집을 읽다가 그가 서중행(徐中行)과 이별할 때 지은 시를 보았는데, 그 시에 "평생의 교유는 이와 서였네.〔平生之交李與徐.〕"라는 구절[5]이 있기에 나도 모르게 마음에 감흥이 촉발되었다. 생각건대, 나는 두 공께서 가르쳐주시며 쭉정이나 자갈 같은 하찮은 나를 외람되이 찾아주신 덕분에 과분하게 두 공과 앞뒤에 처하며 교유할 수 있었다. 나는 재주가 노둔해 왕원미와 비교할 때 벌레와 고니만큼이나 차이가 날 뿐만이 아니지만, 두 공의 빼어남과 굉박함은 실로 제남(濟南)·오흥(吳興)[6]과 나란히 내달리며 그들을 능가한다. 그러나 두 공이 나를 두터이 인정해 준 것은 비록 제남·오흥이 왕원미에게 인정받은 것에 비교하더라도 내가 감히 사양하지 못할 것이 있다. 또 두 공의 성씨가 제남·오흥과 같은 성씨이고, 같은 시대에 우뚝이 일어나 큰 소리로 '고풍(古風)'을 외치며 선진(先秦)과 정시(正始)의 사이에 뜻을 둠이 있는 것[7]

4 옥호정사(玉壺精舍) : 풍고의 별서이다. 525쪽 주172 참조.

5 왕원미(王元美)의……구절 : 왕원미는 명나라의 왕세정(王世貞)으로 원미는 그의 자이다. 그의 문집은 《엄주사부고(弇州四部稿)》이며, 서중행(徐中行)과 이별하며 지은 시는 권17에 수록된 〈긴 노래를 지어 서자여를 전송하다〔長歌送徐子與〕〉이다. 자여는 서중행의 자이다. 왕세정 시에 나오는 '이'는 이반룡(李攀龍)을, '서'는 서중행을 말하는데, 이들은 왕세정과 함께 명나라의 문단을 주도한 '후칠자(後七子)'의 일원이었다.

6 제남(濟南)·오흥(吳興) : 이반룡과 서중행을 말한다. 제남은 이반룡의 고향이고, 오흥은 서중행의 고향이다.

7 같은 시대에……것 : 이만수와 서영보가 선진(先秦) 시대의 문장과 위진(魏晉) 시

또한 대략 서로 비슷하니, 어찌 우연이라고 할 수 있겠는가.

내가 왕원미의 시에 보운(步韻)하여[8] 두 공에게 드리고자 하여 이 뜻을 유혜보(柳惠甫 유득공(柳得恭))에게 말했었는데, 일이 있어서 실행하지 못하였다. 그런데 지금 극옹이 품평을 부탁해 오니 갑자기 이 일이 생각나 마침내 왕원미의 〈오자편(五子篇)〉 가운데 제남과 오흥을 지목한 것[9]을 취하여 화답한 시에 언급하고, 아울러 이를 두루 끌어 써서 우리 세 사람의 정신적인 교유를 기록하였다. 또 화공(畫工)으로 하여금 그 첩 위에 있는 단풍잎을 모사하게 하고 《홍엽전조(紅葉傳照)》라는 이름을 붙여 또 보관해 둔다.

대의 시를 추구하였다는 말이다. 정시(正始)는 위나라 제왕(齊王)의 연호인데, 여기서는 정시 연간에 성행했던 시풍인 정시체(正始體)를 말한다. 왕세정과 이반룡과 서중행 등 후칠자는 산문에서는 선진 시대의 문장을 추구하고, 시에서는 한(漢)·위(魏)·성당(盛唐)의 시풍을 추구하였다.

8 내가……보운(步韻)하여 : 왕세정의 시는 바로 아래 주 참조. 보운은 다른 사람이 지은 시에 대해 운자의 순서까지 그대로 써서 차운(次韻)하는 것을 말한다.

9 왕원미의……것 : 왕세정의 〈오자편(五子篇)〉은 후칠자에 속한 문인들을 읊은 시로 〈제남이반룡(濟南李攀龍)〉·〈오흥서중행(吳興徐中行)〉·〈남해양유예(南海梁有譽)〉·〈무창오국륜(武昌吳國倫)〉·〈광릉종신(廣陵宗臣)〉 등 5편으로 이루어져 있으며 《엄주사부고》 권14에 수록되어 있다. 《풍고집》 원문에는 '오자편(五字篇)'으로 되어 있으나, 《엄주사부고》의 기록에 근거하여 바로잡아 번역하였다.

장수의 원인을 탐색하여 심효선 능술 의 육십일 세 생신을 축하하다[10]

原壽賀沈孝善 能述 六十一歲

오래 사는 것을 '수(壽)'라고 하니, 예순 살부터 백 살까지가 모두 장수한 것이다. 장수하면 귀하게 여기는데, 귀하게 여기는 이유는 무엇 때문인가? 하늘이 그것을 부여해 줌을 귀하게 여기는 것이다. 인간사의 수많은 일은 모두 사람의 힘으로 얻지만 장수하는 것은 사람의 힘이 아니다. 그러므로 벼슬을 하여 장수(將帥)와 재상에 이를 수 있고 농사짓고 장사하여 부유함에 이를 수 있으며, 기술은 여러 오묘한 경지에 이를 수 있고 학문은 여러 도에 이를 수 있지만, 오직 장수만은 하늘에서 얻는 것이 아니면 이를 수 없다.

어떤 이는 '건강을 잘 관리하고 타고난 본성을 잘 기른다면 장수할 수 있다.'고 하는데, 참으로 그러한가? 장자방(張子房 장량(張良))은 조용하여[11] 유자(儒者)의 기상이 있었고, 제갈공명(諸葛孔明 제갈량(諸葛亮))은 담박하고 고요하였으나[12] 모두 오래 살지 못했으니, 이들이 어

10 장수의……축하하다 : 풍고가 자신의 손위 처남인 심능술(沈能述, 1758~?)의 회갑을 축하한 글로, 1818년(순조18)에 지은 것이다. 심능술의 본관은 청송(靑松)이고, 효선은 그의 자이다. 심건지(沈健之)의 아들로 1798년(정조22)에 진사시에 합격한 기록이 보인다.

11 장자방(張子房)은 조용하여 : 주희는 연평(延平) 이통(李侗)의 말을 인용하여 "공명은 자방의 조용함만 못하고, 자방은 무후의 정대함만 못하다.〔孔明不若子房之從容, 而子房不若武侯之正大也.〕"라고 하였다. 《晦菴集 卷39 答魏元履》

찌 욕망만 추구하며 생을 잊은 사람이었던가. 안자(顏子 안회(顏回))는 성인 중에 가장 장수하지 못했으며 정백자(程伯子 정호(程顥))의 모습은 성인에 가까웠는데도 또한 중년(中年)을 넘기지 못했으니, 도대체 무엇이 부족해서 모두 그렇게 된 것인가? 만약 사람의 힘으로 장수에 이를 수 있다면 저 두 현인과 두 성인은 필시 남들보다 몇 곱절 더 장수하였을 것이다. 내가 이 때문에 "하늘이 부여하는 것이지 사람의 힘이 아니다."라고 한 것이다.

무릇 이치 가운데 가장 귀한 것은 천리(天理)이므로 천리로부터 나온 것을 사람이 모두 품부받는다. 무릇 사람에게 가장 귀한 것은 목숨이므로 사람에게 있는 목숨을 하늘이 모두 부여한다. 그러므로 《서경》의 '구오복(九五福)'에서 반드시 장수를 으뜸으로 삼았으니,[13] 성인이 이미 이를 귀하게 여긴 것이다.

청송(青松) 심효선(沈孝善)은 내 처의 오빠이다. 내가 어렸을 때부터 이웃에 살며 벗이 되어 그의 내외 여러 종형제 일곱 명과 아침저녁으로 함께 어울렸다. 당시에 군(君)은 한창 정년(丁年)[14]이었는데 몸이

12 제갈공명(諸葛孔明)은 담박하고 고요하였으나 : 제갈량이 아들 제갈첨(諸葛瞻)을 경계시키기 위한 글에 "담박하지 않으면 뜻을 밝힐 수 없고, 고요하지 않으면 원대함을 이룰 수 없다.〔非澹泊無以明志, 非寧靜無以致遠.〕"라는 말이 보인다. 《諸葛忠武書 卷9 遺事》《小學集註 嘉言》

13 《서경》의……삼았으니 : 《서경》〈홍범(洪範)〉에, "아홉 번째는 오복이니, 장수와 부와 강녕과 유호덕과 고종명이 그것이다.〔九五福, 一曰壽, 二曰富, 三曰康寧, 四曰攸好德, 五曰考終命.〕"라고 한 것을 말한다.

14 정년(丁年) : 장정(壯丁)으로 간주되는 나이로 청년 시절을 의미한다. 한(漢)나라 때에는 20세를 정년이라 하였고 명청(明清) 시대에는 16세를 정년이라 하였다.

여위고 고질병이 있어 한 달에 침상에 누워 있지 않는 날이 며칠이 되지 않았다. 그의 병이 심했을 때 친한 자들은 걱정하면서 차마 보지 못하였고 소원한 자들은 겁을 내면서 가까이하려 하지 않았으니, 모두 조만간 세상을 떠날 것이라고 여겼고, 군 스스로도 그렇게 여겼다.

그런데 지금 그 병은 여전한데도 나이가 이미 예순한 살에 이르렀고 여러 종형제 중에 살아 있는 자가 또 거의 드물지만 군만 홀로 우뚝이 남았으니, 어찌 참으로 기이하고도 귀하지 않겠는가. 이것은 군이 스스로 기약한 바가 아니며, 남들 중에 또 어느 누가 이렇게 될 줄 알았겠는가. 하늘이 부여한 것이로다, 하늘이 부여한 것이로다. 하늘이 만약 부여한 것이라면 어떤 복인들 마땅하지 않겠는가. 《주역》에 이르기를 "하늘이 도와주어 길하여 이롭지 않음이 없다.〔自天祐之, 吉無不利.〕"라고 하였다.[15]

5월 8일은 군이 태어난 날이다. 병이 있으면서도 수를 누릴 수 있음을 내가 귀하게 여겨 이 글을 써서 축하한다.

15 주역에……하였다 : 《주역》 〈계사전 상(繫辭傳上)〉에 보인다.

김명원의 《경독원미정고》 뒤에 쓰다[16]

書金明遠畊讀園未定稿後

지난날 내가 시 짓는 것을 배울 때는 나이가 아주 젊고 기운이 매우 거칠어서 고금인의 시를 읽고 가슴속에 온전히 담지 못하고 다만 그 대략만 이해할 뿐이었으며, 괴롭게 읊조리는 사람을 보면 그때마다 그 영문을 알 수가 없었다. 근래에 나이는 점점 만년이 되고 기운은 점점 떨어져서 시가 점점 공교하지 않게 되고서야 비로소 고심하며 연구하는 학문에 머리를 숙이게 되었으니, 남들이 시에 공교할 수 있는 것과 내가 시에 공교하지 못한 것은 괴롭게 읊조렸느냐 괴롭게 읊조리지 않았느냐에서 홀연히 드러날 뿐이었다.

괴롭게 읊조리면 생각이 반드시 깊어지고, 생각이 깊어지면 이치가 반드시 다 갖추어지며 이치가 다 갖추어지면 말이 반드시 새로워진다. 새로워지고서 그치지 않으면 공교해지고, 공교해지고서 그치지 않으면 귀신을 떨게 하고 조화(造化)를 옮겨오게 된다. 비록 그렇다고는 하나 공교함은 그냥 얻을 수 없으니 반드시 배운 연후에 이루어지고, 배움은 저절로 이루어질 수 없으니 반드시 재능이 있는 연후에 학문을 이르게 할 수 있으며, 재능은 저절로 이르게 할 수 없으니 반드시 하늘로부터 부여받아야 한다. 그렇다면 할 수 있는 것은 사람의 일이고

16 김명원(金明遠)의……쓰다 : 김조(金照, 1754~1825)의 정리되지 않은 《경독원시고(畊讀園詩稿)》에 붙인 글이다. 경독원은 김조의 호로 보인다. 김조에 대해서는 523쪽 주170 참조.

할 수 없는 것은 하늘의 일이다.

내가 명원(明遠)과 교유한 지 20년이 되어 가는데 매번 그의 시를 얻을 때마다 번번이 기쁘게 암송하였다. 그러나 날마다 그와 어울림에 익숙해지면서 나보다 훨씬 뛰어나다는 것을 그다지 깨닫지 못하였다. 그런데 금년 봄에 병으로 누워 있던 차에 우연히 그의 《경독원시고(畊讀園詩稿)》를 보았는데, 정신은 더욱 원대하고 의경은 더욱 오묘하여 왕왕 들을 수는 있지만 볼 수는 없는 상령(湘靈)이 타는 비파소리와 같았으니,[17] 이것이 어찌 하늘에서 품부받은 것이 유독 후하여 힘을 쓸 곳도 없었던 것이 아니겠는가. 저 윤 부인(尹夫人)의 아름다움으로도 해진 옷을 입은 형 부인(邢夫人)의 참모습에 눈물을 흘리며 낮추었던 것은 진실로 아름다움을 가릴 수 없기 때문이니,[18] 나는 명원의 시에 대해서도 또한 그렇다고 말하겠다. 비록 그렇다고는 하나 명원은 시를 지을 때 반드시 미간을 모아 자글자글한 주름살을 더욱 주름지게 하고 수염의 뿌리를 꼬아서 본래 성근 수염발을 더욱 성글게 만들었으니, 또한 벽(癖)이 너무 심한 자라고 말할 수 있을 것이다.

17 들을……같았으니 : 상령(湘靈)은 상수(湘水)에 빠져 죽은 순(舜) 임금의 비(妃)인 아황(娥皇)과 여영(女英)의 넋을 일컫는 말인데, 밤이면 공중에서 비파를 타며 노래한다고 한다. 굴원(屈原)의 〈원유(遠遊)〉에 "상령에게 비파를 타게 함이여, 해약을 부리고 풍이를 춤추게 하네.〔使湘靈鼓瑟兮, 令海若舞馮夷.〕"라는 구절이 있다. 《唐詩紀事 卷30 七言唐音》

18 저……때문이니 : 윤 부인(尹夫人)과 형 부인(邢夫人)은 한(漢)나라 무제(武帝)의 총애를 받은 후궁이다. 무제가 두 부인을 못 만나게 하다가, 윤 부인의 청으로 만나게 해주었다. 윤 부인은 처음에 형 부인이 아름답게 꾸미고 나타났을 때는 아름답게 여기지 않다가 평소에 입던 옷을 입고 나타나자 자신보다 훨씬 아름다운 모습에 질투가 나서 고개를 숙이고 눈물을 흘렸다는 고사가 전한다. 《史記 卷49 外戚世家》

이원의 최충일이 소장한 우리 집안의 옛 간독 두루마리의 끝에 쓰다[19]

書利原崔忠一所藏吾家故牘卷端

원한을 잊을 수 있는가? 원한이 쌓이면 밝히지 않아서는 안 된다. 은덕을 저버릴 수 있는가? 은덕은 아무리 작더라도 잊어서는 안 된다. 작은 것도 오히려 잊어서는 안 되는데 하물며 큰 것임에랴. 자신에게 있는 것도 오히려 잊어서는 안 되는데 하물며 조상에게 있는 것임에랴.

우리 선조가 대대로 나라를 위해 목숨을 바쳐서 소장(消長)하고 굴신(屈伸)하는 사이에 원한과 은덕이 세상에서 모두 반반씩 된다. 자손이 된 자가 조상의 일을 애통해하고 기억하여 원한을 반드시 씻고자 하고 은덕을 반드시 갚고자 하는 것은 바로 천리와 인정상 당연한 일이다. 그러나 그 원한은 공적인 것이므로 국가의 끝없는 은혜에 힘입어 씻을 수 있는 것을 조금씩 씻었으니 자손이 감히 마음대로 할 것이 아니다. 오직 은덕은 사적인 것에 그치므로 마땅히 갚아야 하나 힘이 부족해 아직 갚지 못한 것이 있는데 지금까지 6, 70년에 이르도록 마치 잊은 듯이 내버려 두었으니 형세가 실로 그러하였다.

19 이원(利原)의……쓰다 : 함경도 이원에 사는 최충일(崔忠一)이 풍고 집안의 옛 간독을 들고 찾아와 글을 부탁하자 지어준 것이다. 최충일은 최진섬(崔振暹)의 손자인데, 최진섬은 함경도 이원 곡구역(谷口驛)의 역리(驛吏)이다. 풍고의 증조인 죽취(竹醉) 김제겸(金濟謙)이 신임사화를 당해 부령(富寧)으로 유배되었을 때 최진섬의 집에 머물렀으며, 김제겸이 부령에서 사사되자 그 시신을 반장(返葬)하는 데 큰 도움을 주었다고 한다.《楢巢集 卷2 百六哀吟幷序 崔振暹》

그렇다면 은덕을 갚으려면 마땅히 어떻게 해야 하는가? 진심을 다해 갚을 뿐이다. 오늘날 자손이 된 자가 만약 대대로 조상의 마음을 자신의 마음으로 삼아 일이 없을 때는 정성을 다해 사심을 제거하고 일이 있을 때는 몸을 던져 공의(公義)를 따라서 국가의 은혜에 보답한다면, 선조의 영령이 장차 하늘에서 기뻐하며 '아무개가 내 마음을 잊지 않으니, 나에게 훌륭한 자손이 있다.'고 할 것이며, 옛날에 우리 조상에게 은덕을 베풀었던 분의 영령은 모두 반드시 '아무개에게 훌륭한 자손이 있으니 이 영광에 참여함이 욕되지 않다.'라고 할 것이다. 이와 같다면 보답하기를 기필하지 않아도 두터이 보답함이 될 것이니, 이와 같지 않다면 비록 날마다 보답할 방법을 찾더라도 군자가 인정하지 않을 것이다.

이원(利原)에 사는 최 의사(崔義士) 진섬(振暹)의 손자 최충일(崔忠一)이 천 리 길을 와서 인사하고 또 우리 집안의 옛 간독 두루마리 약간 권을 지니고 와서 보여주며 나에게 그 끝에 몇 마디를 기록해 대대로 쌓아온 우호를 이어가기를 청하기에, 내가 그를 위해 위와 같이 써 주었다. 최 의사가 신임(辛壬)의 화변 때 우리 집안에 대단히 큰 은덕을 베풀어 주었으니, 그 일은 삼종숙(三從叔) 이의공(吏議公 김이익(金履翼))[20]이 지은 최공의 묘갈에 자세하므로 우선 생략한다.

20 이의공(吏議公) : 김이익(金履翼, 1743~1830)으로, 자는 보숙(輔叔)이고, 호는 유와(牖窩)이다. 김창업(金昌業)의 증손이다. 1785년(정조9)에 문과에 급제하였고, 1794년(정조18)에 이조 참의를 지낸 바 있다.

바람과 비에 대한 설[21]

風雨說

근래의 가뭄으로는 올해 여름보다 긴 적이 없고 올해 여름의 더위로는 오늘보다 혹독한 날이 없으니, 흙과 돌이 바싹 마르고 풀과 나무가 시들어 축 늘어졌다. 그런데 풍고자(楓皐子 김조순)의 거처는 담장이 바로 코앞에 있고 상투가 들보에 닿을 정도로 낮으니, 그 문을 엿보고 그 방에 들어가면 찌는 듯한 열기가 올라와 사람을 덮쳐 마치 한창 끓는 솥과 같고 한창 김이 나는 시루와 같으며 한창 타오르는 용광로와 같았다.

풍고자가 객과 더불어 답답함과 열기에 괴로워하며 숨을 헐떡이고 땀을 흘렸는데도 그치지 않았고, 이에 함께 대나무를 엮고 도롱이를 덮어 처마에 그늘을 만들었는데도 그치지 않았다. 이에 또 띠를 풀고 옷을 벗어 부채를 부쳤는데도 그치지 않았으며, 이에 또 갓을 벗어 머리를 드러내고 버선을 벗어 발을 드러내고 얼음을 잡고 물을 마셨는데도 그치지 않았다. 객이 말하기를 "참으로 이 더위가 괴로우니, 내 어찌하면 이 괴로움에서 벗어날 수 있을까?"라고 하였다.

21 바람과……설 : 가뭄과 더위로 고생하다가 갑작스럽게 폭풍우가 휩쓸고 지나간 뒤에 그 감상을 기록한 글이다. 비와 바람으로 더위는 가셨으나 집과 주위의 기물이 다 손상된 상황을 한(漢)나라 말에 십상시(十常侍)의 전횡에 고생하다가 동탁(董卓)에 의해 십상시의 전횡은 끝났으나 오히려 더 큰 재앙을 만난 상황에 비유하였다. 권세로 상징되는 바람과 비가 적당할 경우 인간의 삶을 윤택하게 하는 은혜가 되지만 지나칠 경우 인간의 삶을 크게 해치게 됨을 경계하였다.

그 말이 채 끝나기도 전에 동북쪽으로부터 구름이 몰려와 축축하게 운무가 일어 뭉게뭉게 사방에 퍼지더니 번개가 번쩍 치고 우레가 우르르 울렸다. 얼마 뒤에 쿵쾅거리고 번쩍이며 바람과 비가 갑자기 몰려와 자갈을 굴리고 지붕을 뒤집고 밭고랑을 무너뜨리고 동이를 엎으며, 우레 소리가 가득하고 세찬 빗줄기를 뿜어대어 마치 산악이 무너지는 듯하고 마치 제방이 터진 듯하며 마치 만 마리 말이 내달리는 듯했다. 하늘과 땅은 이 때문에 어두워졌고 짐승과 가축은 이 때문에 놀라서 떨었다.

풍고자는 귀를 막지 않았는데도 귀머거리가 되었고[22] 눈은 가리는 것이 없는데도 흐릿하였으며 정신은 두려워서 장차 넋이 나갈 듯하였고 몸은 떨려서 마치 오한이 든 듯하였다. 이에 객과 함께 문을 닫고 목을 움츠리고 입을 다물고서 엎드려 있었는데, 얼마 뒤에 바람이 멎고 비가 걷혀 흩어진 구름 사이로 햇살이 비쳤다. 이에 객과 함께 기어서 나와 보니 빗물은 오목한 마루 사이에 고여 있고 진흙과 모래는 난간과 기둥 위에 쌓였으며, 섬돌은 부서지고 벽은 무너졌고 서까래는 내려앉고 기와는 떨어졌으며, 아름다운 화초는 꺾여서 낭자하고 큰 나무는 뽑혀 찢어져 있었다. 담장 안이 참담하고 처참하여 마치 상전벽해를 거치고 전란을 겪은 듯하여 수습할 수가 없었다.

풍고자가 한참 망연자실하다가 객을 돌아보며 다음과 같이 말하였다.

22 귀를……되었고 : 원문은 '이불충이유유(耳不充而褎褎)'이다. 《시경》 〈모구(旄丘)〉에 "숙이여 백이여, 빙긋이 귀를 막은 듯하도다.〔叔兮伯兮, 褎如充耳.〕"라는 내용이 보이는데, 주희(朱熹)는 "유는 웃음이 많은 모양이요, 충이는 귀를 막은 것이니, 귀먹은 사람이 항상 웃음이 많다.〔褎, 多笑貌, 充耳, 塞耳也, 耳聾之人恒多笑.〕"라고 주석하였다.

무섭다, 바람과 비여! 인간사에 비유하면 동탁(董卓)이 환관(宦官)을 처단한 것과 같을 것이다.[23] 바야흐로 환관이 정권을 농락할 때는 불꽃 같은 기세가 하늘을 태울 정도라서 가까이 다가갈 수조차 없었기에, 사람들이 이를 두려워한 것이 한발(旱魃 가뭄의 신)이 멋대로 포악을 부린 것에 비할 바가 아니었으니, 환관이 동탁에게 섬멸당한 것은 진실로 사람의 마음을 시원하게 만들기에 충분하였다. 그러나 동탁이 벼슬아치를 도륙하고 성곽을 불사르며 보화를 약탈하고 남녀를 사로잡아 서쪽으로 옮겨감에 이르러서는, 한(漢)나라 왕실이 입은 화가 또 홍수가 구주(九州)를 물에 잠기게 한 것에 비할 바가 아니었다.

저 혹독한 더위는 진실로 사람을 병들게 하기 쉽지만 나의 집은 아무 탈이 없었으니 곧 내 몸은 진실로 원래 그대로였다. 조금 전의 바람과 비에 나의 집이 거의 무너질 뻔했는데, 집이 무너졌다면 나와 그대의 몸도 화를 면하지 못했을 것이니, 비록 함께 미칠 듯이 더위에 괴로워하고 싶어 한들 도리어 그렇게 할 수 있었겠는가. 그런데 그대가 저 바람과 비의 자취를 보는 것이 어찌 동탁이 동경(東京 낙양)을 지나간 것과 다른 것인가. 나의 집이 무너짐을 면한 것은 또한 천행일 뿐이니 더위의 괴로움이야 말할 것이 있겠는가.

그렇다고는 하지만 바람과 비는 만물을 적셔주는 것이니, 사랑할 만한 것이지 두려워할 만한 것이 아니며 기뻐할 만한 것이지 한스럽게

23 동탁(董卓)이……것이다 : 동탁은 후한 말의 장군이고, 환관(宦官)은 후한(後漢) 영제(靈帝) 때 정권을 농락했던 십상시(十常侍)를 말한다. 영제가 죽자 동탁은 십상시를 처단하고 정권을 잡은 뒤 한나라 수도인 낙양(洛陽)을 불태우고 어린 헌제(獻帝)를 데리고 서쪽의 장안(長安)으로 수도를 옮겼다. 여기서는 가뭄과 더위의 고통을 십상시의 전횡에 비유하고 갑자기 몰아친 비바람의 피해를 동탁의 난리에 비유하였다.

여길 만한 것이 아니다. 조금 전에 가령 바람과 비가 시원하게 더위만 씻어준 채 그치고 흡족하게 내려 곡식만 소생시키고 멈추었다면, 혜택이 두루 미치고 이로움이 넓어서 나와 그대는 유감이 없었을 것이다. 무릇 사물을 적셔주는 덕으로 도리어 사물을 해치는 위세를 행한다면 이는 바람과 비의 잘못이니, 나와 그대가 두려움이 없을 수 없고 한스러움이 없을 수 없었던 것이다.

법에 대하여
說法

사람이 지려(智慮)를 다하여 법을 만들었지만, 법이 사람을 선하게 하는 것은 아니다. 그러나 사람이 이 지려를 쓴 것이 정미(精微)하고 심오하여 온갖 이치에 두루 미쳐서 천지를 다스리고 인정을 다하며 귀신과 통하고 서품(庶品 만물)을 차례 지으며 정기(政紀)를 세우고 교화를 보필하니, 법에는 사람을 선하게 만드는 것이 있는 듯하다.

그러나 법은 사람에게서 생겨난 것이다. 법을 선하게 만드는 것은 사람이며 법을 불선하게 만드는 것도 사람이니, 법은 진실로 사람이 있어야만 하는 것이다. 그런데 사람의 경우로 말하면 선과 불선이 법에 매여 있지 않아 법이 있어야 선해지거나 불선해지는 것이 아니니, 법은 과연 사람을 선하게 만드는 것이 아니다.

비록 그렇다고는 하나 법에 밝더라도 법을 업신여기면 몸을 잃게 되고, 법에 무지하더라도 법을 따르면 힘입게 된다. 법이 한 몸에 있으면 그 몸이 바르게 되고 법이 한 집안에 있으면 집안이 다스려지며 법이 한 나라에 있으면 나라가 편안해진다. 광대한 천하와 유구한 우주가 모두 이러하다.

아! 사람이 비록 선하다고 하더라도 법이 아니면 자신의 선을 선하게 할 수 없다. 자신의 선을 선하게 할 수 없으면 몸은 몸답지 못하고 집안은 집안답지 못하며 나라는 나라답지 못하고 사람은 사람답지 못하게 되니, 두려워하지 않을 수 있겠는가. 지극하도다, 법이 법이 됨이여! 사람에게서 생겨나 도리어 사람을 다스리도다. 어떤 이는 “법은 나중이고 사람이 먼저다."라고 하고, "사람이 있어야 이에 법이 있다."라고 하지만, 사람은 없어져도 법은 오히려 존재한다.

《춘추》를 읽고 지은 설
讀春秋說

내가 어렸을 때 종형(從兄)이 《춘추좌씨전(春秋左氏傳)》을 읽는 것을 보고 그 문장이 간결하면서도 문채가 나는 것을 좋아하여 곁에서 남몰래 외웠는데, 장성해서도 여전히 그 반을 기억하고 있었다. 벼슬에 나간 이후로는 그만두고서 더 이상 익히지 않다가 지난해에 상을 당해 일이 적어서 비로소 가져다 읽어보니, 구두(句讀) 사이에 옛날의 기억이 아직도 남은 것이 있었고 또한 의미를 이해함이 지난날보다 나음을 느꼈다.

세상 사람 중에 《춘추좌씨전》의 부화함〔浮夸〕이 의리를 추구한 《춘추공양전(春秋公羊傳)》과 《춘추곡량전(春秋穀梁傳)》에 미치지 못한다고 여기는 사람이 많은데,[24] 이는 대체로 《춘추좌씨전》의 의론을 제대로 이해하지 못한 것이다. 저 공양고(公羊高)와 곡량적(穀梁赤)이 태어난 것은 부자(夫子 공자)보다 백여 년 뒤이니 필삭(筆削)의 의리[25]에 대해 잘못 전해 들은 것이 많고 그 의도가 이미 어두워졌을

24 세상……많은데 : 한유(韓愈)의 〈진학해(進學解)〉에 '《춘추좌씨전》의 허황함〔左氏浮誇〕'이라는 표현이 보인다. 또 일반적으로 《춘추좌씨전》은 사실관계에 치중하였고, 《춘추공양전(春秋公羊傳)》과 《춘추곡량전(春秋穀梁傳)》은 《춘추》의 의리적 측면을 중시하여 미언대의(微言大義)를 해석하는 데 힘썼다고 평가된다.

25 필삭(筆削)의 의리 : 필삭은 '필즉필 삭즉삭(筆則筆 削則削)'의 줄임말이다. 노나라에 원래 《춘추》라는 역사책이 있었는데, 공자가 이 책에 의거하여 현재의 《춘추》를 지으면서 그대로 기록할 만한 것은 그대로 두고 삭제할 만한 것은 삭제했다고 한다.

때였다. 그러므로 정밀히 생각하고 분발하여 새로운 것을 만들기는 했지만, 차라리 질박할지언정 문채를 내지 않고 차라리 막힐지언정 넘치게 하지 않아서 오직 성인의 뜻에 부합하기를 마음으로 삼았던 것이다. 이것이 바로 간략하기를 기필하지 않고도 저절로 요약(要約)하게 된 것이며 예스럽기를 기필하지 않고도 저절로 전아(典雅)해진 것이다.

좌구명(左丘明)으로 말하면, 직접 부자의 시대에 살아서 의례(義例 저술의 뜻과 체례)와 내용의 정변(正變)과 동이(同異) 및 포폄(褒貶)과 여탈(予奪)의 은미함과 드러남을 귀로 듣고 마음으로 이해할 수 있었다. 그러므로 여러 나라의 역사를 채취하여 오직 나열해서 사실을 기록하는 데 힘을 썼으니, 이 때문에 문장은 공교로운 것을 꺼리지 않았고 말은 번다한 것을 꺼리지 않았던 것이다. 좌씨와 공양고와 곡량적의 기록이 각각 그 문체를 달리한 것은 당시의 시대가 그렇게 만든 것이다. 그런데 학자들이 그 이유를 자세히 살피지 않고서, 의리를 주장하는 자들은 좌씨가 기이함을 좋아한다며 배척하고 사실에 집중하는 자들은 공양고와 곡량적이 자신의 견해만을 주장함을 병통으로 여기니, 어찌 이치에 맞겠는가.

가령 좌씨가 사실을 기록함이 없었다면 공양고와 곡량적이 아무리 현명하더라도 부자께서 필삭하신 뜻을 어디에서 구했겠는가. 백 년 뒤에 태어나 부자께서 필삭하신 뜻을 살펴 한 부(部)의 의리를 추구한 책을 이룰 수 있었던 것은 실로 사실을 기록한 노력에 힘입은 것이다. 이는 송(宋)나라의 성리학이 한(漢)나라 유자의 훈고(訓詁)의 공에

《史記 卷47 孔子世家》

근원한 것과 같다. 그렇다면 좌씨는 소왕(素王 공자)의 훌륭한 신하일 뿐만 아니라[26] 또한 공양고와 곡량적이 사숙(私淑)한 사람이 된다. 《춘추》를 읽는 자는 이를 살피지 않아서는 안 된다.

26 좌씨(左氏)는……아니라 : 소왕(素王)은 제왕의 덕을 갖추고 있으면서도 그 지위를 얻지 못한 이를 일컫는 말로 보통 공자(孔子)를 뜻한다. 한(漢)나라 왕충(王充)의 《논형(論衡)》 권27 〈정현(定賢)〉에 "소왕의 사업은 《춘추》에 있다.〔素王之業在於春秋.〕"라는 말이 있다. 또 공자의 뜻을 계술하여 《춘추좌씨전》을 지은 좌구명을 소신(素臣)이라 부른다. 《春秋左傳注疏 春秋經傳集解序》

《노자》를 읽고서

讀老子

유·불·도(儒佛道) 삼교(三教)를 말하면 노씨(老氏)가 그 하나를 차지한다. 그 가르침은 비록 유자(儒者)와 다르다고는 하나 그 사람은 옛날의 '신성(神聖)하여 도를 지녔다'고 일컬어지던 자이다. 나의 족조(族祖) 중에 《도덕경(道德經)》을 좋아하는 분이 있어 예전에 나를 위해 그 말을 읊어준 적이 있었다. 내가 당시에 아이로서 정순(精純)하고 전일(專一)하여 묵묵히 기억하였다가 마침내 남과 담론도 하였지만, 전서(全書)를 익힌 적은 없었다. 요사이 밤에 잠이 줄어 처음으로 가져다 읽어보았는데 대체로 그 말에서 취할 만한 것은 열 가지 중에 겨우 한두 가지일 뿐이었다. 곧 옛날에 들었던 말 외에는 모두 천박하고 지리(支離)하며 그릇되고 조잡하여 아예 사람의 흥미를 잃게 하니, 혹시 노씨는 신성한 자가 아니었던가?

그의 말은 마땅히 이와 같지 않을 것이다. 만약 진실로 이와 같다면 그 이른바 '도'라는 것은 다만 교묘한 속임수와 허위와 사나운 도적의 마음일 뿐이니, 어찌 가르침이 될 수 있겠는가. 또 어찌 교묘한 속임수와 허위와 사나운 도적의 마음을 도로 삼은 것을 남에게 분명히 일러줌이 있겠는가. 노씨가 아무리 유자와 다르다고 하더라도 아마 그렇지 않을 것이다. 장주(莊周)의 입언(立言)은 마치 허공의 누각과 같아 의지하고 따른 데가 없지만 그래도 노씨를 스승으로 칭찬하며 종주로 받들었다. 노씨의 도가 만약 그 책에서 말한 바와 같다면 어리석은 사내도 마땅히 스승으로 삼으려 하지 않을 것인데 장주와 같은 인물이 그를 스승으로 삼으려 했겠는가. 또 예부터 노씨는 청정(淸靜)을 위주로 했다고 일컬어지니, 청정한 자는 그 말이 당연히 현묘하고 심오하며 세상의 입맛에 맞추어 치달리지 않아서 사람을 요동시키기에 부족한데, 지금 도리어 조급하고 경망스러운 것은 무엇 때문인가?

아! 후세에 중용(中庸)에 반대로 하여 이욕(利慾)을 따르는 자가 많아졌으니, 이러한 부류들이 유자에 들어갈 수 없음을 알고 이에 노씨에게 귀의하였다. 그러나 또 노씨가 현묘하고 심오하며 세상의 입맛에 맞추어 치달리지 않아서 사람을 요동시키기에 부족함을 알았다. 이에 서로 반복하고 술수를 부리며 날카롭고 교활한 일체의 말을 모아 이리저리 엮어서 노씨의 책에 어지러이 뒤섞어 놓고 우리 스승의 학술이 본래 그러하다고 말하며 자신의 생각을 방자하게 펼치니, 노씨의 참모습이 사라지고 또 어지러워졌다. 그렇지 않다면 '신성하여 도를 지녔다'라고 일컫는 것은 잘못된 것이다. 노씨의 청정과 과욕(寡欲)은 그 도가 천하를 구제할 수 있는 점이 있다.

시문을 객에게 보여주는 것에 대한 설
詩文示客說

사람을 비견할 때는 반드시 비슷한 사람으로 비견해야 하니〔擬人必於其倫〕[27] 사람의 현명함과 어리석음은 본래 정해진 분수가 있기에 올렸다 내렸다 한다고 해서 그 실제를 어지럽게 할 수 있는 것이 아니다.

문장을 논하는 것도 또한 그러하다. 진미공(陳眉公)이 말하기를[28] "예부터 산림의 처사와 사객(詞客)과 고관과 귀인이 글을 꺼내 객에게 보여주면 객은 걸핏하면 그 글을 칭찬하여 '이것은 함양(咸陽)과 동경(東京)·서경(西京)의 문장이다.'[29]라고 하고, 시를 꺼내 객에게 보여주면 객은 또한 그 시를 칭찬하며 '이것은 개원(開元)과 대력(大曆) 연간의 시이다.'[30]라고 한다. 무릇 공자가 《춘추(春秋)》를 저술할 때 자유(子游)와 자하(子夏)는 한 글자도 도울 수 없었으며,[31] 유하혜(柳

27 사람을……하니 : 《예기》 〈곡례 하(曲禮下)〉에 보인다.

28 진미공(陳眉公)이 말하기를 : 진미공은 명나라 진계유(陳繼儒)로 미공은 그의 호이다. 시문과 서화에 능하여 동기창(董其昌)과 명성이 나란하였으며, 벼슬에 나가지 않고 저술에 몰두하였다. 아래에 인용된 진미공의 말은 출처를 찾지 못했다.

29 이것은……문장이다 : 진한(秦漢) 시대의 고문이라는 말이다. 함양(咸陽)은 진나라의 도읍이고, 동경(東京)과 서경(西京)은 각각 한(漢)나라의 도읍인 낙양(洛陽)과 장안(長安)을 말한다.

30 이것은……시이다 : 성당(盛唐) 시대의 훌륭한 시라는 말이다. 개원(開元)은 당나라 현종(玄宗)의 연호이고 대력(大曆)은 대종(代宗)의 연호인데, 이 시기가 당시(唐詩)의 전성기인 성당에 해당한다.

31 공자가……없었으며 : 《사기(史記)》 권47 〈공자세가(孔子世家)〉에 "공자가 《춘

下惠)의 아내가 남편의 뇌문(誄文)을 지었는데 문인들이 한 글자도 고칠 수 없었다.[32] 이들 외에 여불위(呂不韋) 같은 자는 천금을 걸고 도성의 문에 책을 내놓았으나 끝내 한 사람도 그 책의 내용을 덜거나 보탤 수 없었다고 하는데,[33] 아! 어찌 그 책을 과연 덜거나 보탤 수 없었겠는가. 사부(詞賦)를 짓는 자들은 자만심을 버리고 칭찬하는 사람을 멀리해야 옳으니, 그렇지 않다면 여씨(呂氏) 상인의 책이 되지 않는 것이 거의 드물 것이다."라고 하였다. 이 말이 참으로 뜻이 깊다.

요사이 내가 한 편의 글과 한 수의 시를 지을 때마다 천민(天民)과 의민(義民)[34] 두 사람에게 보여주면 두 사람은 번번이 극구 칭찬하며 때로는 "고인(古人)도 미치지 못한다."라고 하고 때로는 "고인에게 뒤

추》를 지을 적에 기록할 것은 기록하고 삭제할 것은 삭제하여, 자하 등은 한 글자도 도울 수가 없었다.〔至於爲春秋, 筆則筆削則削, 子夏之徒不能贊一辭.〕"라는 말이 나온다.

32 유하혜(柳下惠)의……없었다 : 유하혜가 죽었을 때 문인들이 뇌문(誄文)을 지으려 하자 유하혜의 아내가 "그대들은 내가 그를 아는 것만 못하다."라고 하고 뇌문을 지으니, '문인들이 그 뇌문을 받아들이며 한 글자도 고치지 못했다.〔門人從之, 以爲誄莫能竄一字.〕'고 한다.《古列女傳 卷2 柳下惠妻》

33 여불위(呂不韋)……하는데 : 진(秦)나라의 상인(商人)으로서 승상에 오른 여불위(呂不韋)가《여씨춘추(呂氏春秋)》를 저술하여 함양(咸陽)의 도성 문에 펼쳐 놓고 천금을 걸며 "한 글자라도 늘리거나 줄일 수 있는 자가 있으면 천금을 주겠다.〔有能增損一字者, 予千金.〕"라고 했는데, 고칠 수 있는 자가 아무도 없었다는 고사가 전한다.《史記 卷85 呂不韋列傳》

34 천민(天民)과 의민(義民) : 천민은 이의철(李懿喆, 1779~?)로 본관은 원주(原州)이며, 천민은 그의 자이다. 다른 자는 호민(好民), 호는 용성(蓉城)이다. 1804년(순조4)에 진사시에 합격한 기록이 보인다. 의민(義民)은 원유영(元有永)으로, 본관은 원주(原州)이며, 의민은 그의 자이다. 검서관(檢書官)·울산 감목관(蔚山監牧官)·함창 현감(咸昌縣監) 등을 역임한 것이 확인된다.

지지 않는다."라고 하였다. 결점을 물어보면 번번이 주저하고 사양하기를 거의 공자 문하의 자유와 자하 및 유씨(柳氏)의 문인처럼 한다. 아! 이는 잘못된 것이다. 혹시 나의 성품이 정직함을 싫어하고 두 사람이 아첨을 잘해서인가? 여기에는 반드시 이유가 있어서 그러는 것이지 나의 시문이 진정으로 고인에게 비견될 만해서는 아닐 것이다.

그렇다고는 하나 시문이 덕(德)과 관계됨이 없다면 헐뜯고 칭찬하는 자가 비록 올렸다 내렸다 하여 실제를 어지럽힌다고 하더라도 진실로 걱정할 것이 못 된다. 만약 나의 언행에 대해 잘잘못을 따지지 않고 오직 고인에만 비견하여 마치 한유(韓愈)가 이른바 '고금을 담론하고 성대한 덕을 기리는〔道古今而譽盛德〕' 것[35]과 같이한다면, 나를 불의(不義)에 빠뜨릴 뿐만 아니라 또한 두 사람이 자신을 속이고 남을 속이는 것이다. 이와 같다면 두 사람이 나와 교유하는 것은 오직 겉모습일 뿐이어서 단지 그 드높은 부귀를 살피는 것이니,[36] 내가 두 사람과 교유하기를 원했던 마음이 아니다. 비록 종신토록 다시 만나지 않는다고 한들 무슨 유감이 있겠는가. 우연히 미공(眉公)의 말을 읽고 이렇게 써서 두 사람이 오기를 기다려 꺼내어 물어봄으로써 이에 서로 면려하는 뜻을 붙이고자 한다.

35 한유(韓愈)가……것 : 한유의 〈반곡으로 돌아가는 이원을 전송한 서〔送李愿歸盤谷序〕〉에 이원(李愿)이 대장부의 생활을 논하면서 "재능이 뛰어난 사람들이 앞에 가득히 모여 고금을 담론하고 성대한 덕을 기리면 귀에 들어와도 번거롭지 않다.〔才畯滿前, 道古今而譽盛德, 入耳而不煩.〕"라고 한 것을 말한다.

36 단지……것이니 : 《맹자》 〈진심 하(盡心下)〉에, "대인을 설득할 때에는 하찮게 여겨서 그의 드높은 부귀함을 보지 말아야 한다.〔說大人則藐之, 勿視其巍巍然.〕"라고 한 말을 원용한 표현이다.

홍류동의 바위에 새겨진 시의 뒤에 쓰다[37]

書紅流石刻詩後

세상에서는 최고운(崔孤雲 최치원(崔致遠))이 이 시를 지었다고 하는데, 나는 그렇지 않다고 생각한다. 어찌 신선의 말투가 이처럼 함축적이지 않고 겉으로 다 드러날 수 있겠는가. 필시 시를 조금 읊조릴 줄 아는 비루한 중이 바위에 새기고서 세상 사람을 속인 것이다. 그런데 세상 사람들이 이를 깨닫지 못하고 마침내 마구 그대로 답습하였고, 심한 자는 '고운이 아니면 지을 수 없다.'라고까지 한다. 아! 신선이면서 지은 시가 저와 같다면 저 신선을 장차 어디에 쓰겠는가.

37 홍류동(紅流洞)의……쓰다 : 홍류동은 경상남도 합천(陜川)의 가야산(伽倻山)에 있는 골짜기로, 신라의 고운(孤雲) 최치원(崔致遠)이 은거했다가 종적을 감춘 곳이다. 바위에 새겨진 시는 최치원이 지은 것으로 알려진 〈가야산 독서당에 제하다〔題伽倻山讀書堂〕〉라는 시로 《고운집(孤雲集)》 권1에 수록되어 있다. 그 시는 다음과 같다. "바위 골짝 치닫는 물 첩첩 산골 뒤흔드니, 사람 말은 지척에도 분간하기 어려워라. 세속의 시비 소리 행여나 들릴세라, 흐르는 계곡물로 산을 둘러치게 했네.〔狂奔疊石吼重巒, 人語難分咫尺間. 常恐是非聲到耳, 故敎流水盡籠山.〕"

어떤 사람에게 주다

贈人

"노두(老杜 두보(杜甫))는 말하기를 '장공은 일생 동안 강호의 나그네라, 신장이 구 척이요 수염과 눈썹 세었다오.〔張公一生江海客, 身長九尺鬚眉蒼.〕'라고 하였고, 소숭(蕭嵩)은 장공을 천거하여 말하기를 '등용하면 제왕의 스승이 되고, 등용하지 않으면 깊은 골짜기의 한 병든 늙은이가 될 뿐이다.〔用之則爲帝王師, 不用則窮谷一病叟耳.〕'라고 하였다." 이 말은 동파 노인(東坡老人 소식(蘇軾))이 가운로(賈耘老 가수(賈收))에게 답한 편지의 내용이다.[38]

노선생(老先生)의 강가 거처에 조각배로 물결을 헤쳐 왔던 등원발(滕元發)의 고사[39]와 같은 일이 있을 만한지는 모르겠지만, 그렇지 않다면 소공(蕭公 소숭)의 이른바 '제왕의 스승'이나 '깊은 골짜기의 병든

38 노두(老杜)는……내용이다 : 두보(杜甫)와 소숭(蕭嵩)의 말은 모두 소식(蘇軾)이 가운로(賈耘老)에게 답한 편지 중 세 번째 편지에 나오는 말이다. 장공(張公)은 당나라 숙종(肅宗) 때의 재상 장호(張鎬)이고, 소숭은 당나라 현종(玄宗) 때 중서령(中書令)을 지낸 인물이다. 가운로는 송나라의 가수(賈收)로 운로는 그의 자이다. 한편 인용한 두보의 말은 〈세병마행(洗兵馬行)〉이라는 시에 나오는 구절이다. 《東坡全集 卷81 答賈耘老四首》

39 조각배로……고사 : 등원발(滕元發)은 송나라 신종(神宗) 때 어사중승(御史中丞)과 한림학사(翰林學士)를 지낸 인물이다. 소식이 가운로에게 답한 편지 중 세 번째 편지에, "전에 금산(金山)에 있을 때 등원발이 조각배로 큰 물결을 헤치고 찾아와 서로 만났다.〔昨在金山, 滕元發以扁舟破巨浪來相見.〕"는 내용이 보인다. 《東坡全集 卷81 答賈耘老四首》

늙은이'가 어찌 선생의 참모습이 아니겠는가.

비록 그렇다고는 하나 삼가 선생의 뜻을 보면, 마음속에는 산림에 있으면서 뜻을 원대히 하는 실상을 품고 있고 밖으로는 급류 속에서 과감히 물러났다는 명성을 피하고자 한 것이다. 이를 고인 중에서 찾아보면 오직 산중재상(山中宰相)이었던 도은거(陶隱居 도홍경(陶弘景))가 이와 방불하여 비슷하니, 선생 또한 고개 위의 흰 구름을 줄 수 없는 뜻이 있으리라.[40]

도공(陶公 도홍경)은, 구름은 비록 줄 수 없었지만 당세의 대사(大事)에 대해 일찍이 참여해 들어서 함께 논하지 않았던 적이 없었다. 사는 곳이 다만 산중이었을 뿐이니 어찌 이른바 '은자라는 이름만 움켜쥔 자'가 아니겠는가. 이런 자는 또 편안한 옷을 입고 맛있는 음식을 먹으며 길에서 큰 소리로 벽제(辟除)하며 거리낌 없이 다니는 자만 못하다.

선생은 장차 어디에 처하시겠는가? 장생(莊生 장자(莊子))은 "장차 쓸모 있음과 쓸모없음의 사이에 처하겠다.〔將處才不才之間.〕"고 하였으니,[41] 불녕(不佞)은 감히 '등용되고 등용되지 않은 사이〔用不用之間〕'

40 이를……있으리라 : 도은거(陶隱居)는 남조(南朝) 양(梁)나라의 고사(高士) 도홍경(陶弘景)을 가리키는데, 자호는 화양은거(華陽隱居)이다. 고제(高帝) 때에 제왕시독(諸王侍讀)을 지내다가 사직소를 남긴 뒤에 구용(句容)의 구곡산(句曲山)에 은거하였는데, 무제(武帝)가 즉위하여 나라에 큰일이 있을 때마다 자문을 구하였으므로 산중재상(山中宰相)이라고 일컬어졌다. 또 고제가 도홍경을 찾아가 산중에 무엇이 있는지를 묻자, "산중에는 무엇이 있는가? 고개 위에 흰 구름이 많다네. 그저 나 혼자 즐길 뿐, 임금께 드릴 수는 없네.〔山中何所有? 嶺上多白雲. 只可自怡悅, 不堪持贈君.〕"라고 답한 시가 있다. 《南史 卷76 陶弘景列傳》《類說 卷51》

41 장생(莊生)은……하였으니 : 장자(莊子)의 제자가 "어제 산속의 나무는 쓸모없었기 때문에 천수를 다할 수 있었고 지금 주인집 거위는 쓸모없었기 때문에 죽었으니

라는 말로 선생의 강가 거처에 대한 송(頌)으로 삼는다.

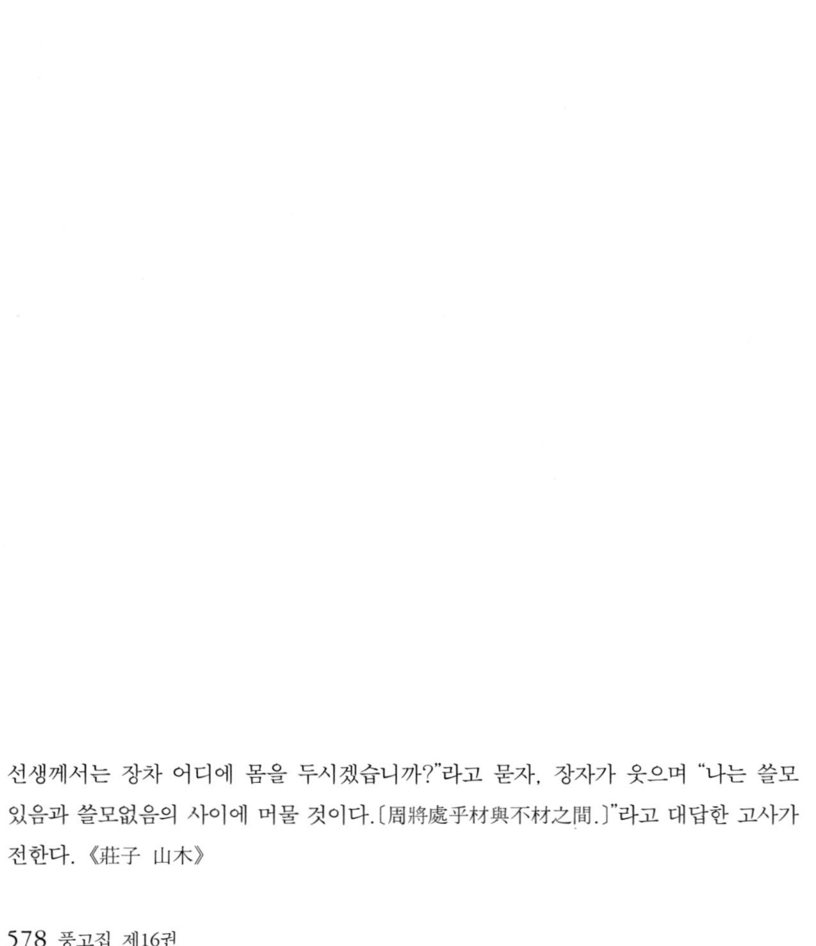

선생께서는 장차 어디에 몸을 두시겠습니까?"라고 묻자, 장자가 웃으며 "나는 쓸모 있음과 쓸모없음의 사이에 머물 것이다.〔周將處乎材與不材之間.〕"라고 대답한 고사가 전한다.《莊子 山木》

집안에 소장한 《서한문》의 뒤에 쓰다
書家藏西漢文後

이 《서한문(西漢文)》 한 부(部)는 바로 나의 집에 전해오는 옛 책이다. 선대(先代)에 신임(辛壬)의 화[42]를 겪었을 때부터 환난을 당해 이리저리 떠돌다보니 서적이 거의 보존된 것이 없었다. 우리 집은 또 지자(支子)의 지자라서 선군자(先君子 김이중(金履中))가 나이 마흔이 넘어서도 입고 먹는 것을 여전히 백씨(伯氏 김이기(金履基))에게 의지하였으니, 도리어 어디에 책이 있었겠는가. 오직 이 책과 《천가주두집(千家註杜集)》[43]만이 책상에 있을 뿐이었다.

내가 8, 9세 때에 선군자가 일찍이 이 책을 가리키며 일러주기를 "이 두 책은 매우 좋으니, 내가 너를 위해 다른 사람이 소장한 것을 얻어왔다."라고 하였다. 나는 그때 매우 어리석어서 두 책에 대해 비록 그 구두(句讀)를 익히기는 했으나 깊은 뜻을 궁구하지는 못했다. 내가 과거에 급제해 벼슬살이를 하게 되어서야 비로소 책을 모으기 시작하여 30여 년 동안 3~5천 권 정도 모았으니 옛날에 비하면 그래도 많은 것이다. 그러나 《두집(杜集)》은 애석하게도 중간에 잃어버리고 오직

42 신임(辛壬)의 화 : 소론(少論)의 거두였던 조태구(趙泰耉)와 김일경(金一鏡)이 환관(宦官) 박상검(朴尙儉)과 결탁해 옥사를 일으켜 노론 세력을 완전히 축출한 신임사화를 말한다. 이때 김창집(金昌集)을 비롯한 노론사대신이 모두 유배되었다가 사사되었다.

43 천가주두집(千家註杜集) : 《집천가주두공부시집(集千家註杜工部詩集)》을 말한다.

이 책만 온전히 남았다. 우리 집에 있는 오래된 물건은 오직 이 책뿐이라 마음으로 애지중지하는 것이 어찌 저 3~5천 권 되는 책에 비하겠는가. 옛사람은 푸른 모포〔青氈〕도 오히려 옛 물건이기에 아꼈는데,[44] 하물며 이 책에 대해 어찌 아끼지 않겠는가.

금년 병자년(1816, 순조16) 초여름에 이 책을 지니고 옥호산방(玉壺山房)[45]에 가서 때때로 꺼내어 읽으며 문사(文辭)가 전아하고 후중(厚重)함을 좋아하였다. 그 책에 실린 명령과 조령(詔令)과 상주(上奏)와 대책(對策)의 문장이 모두 사실에 근거하였기에 득실과 하유(瑕瑜 장점과 단점)를 문장에서 바로 볼 수 있었으니, 허황한 담론과 부질없는 말로 오직 그럴듯해 보이기만을 취한 후세의 문장이 아니었다. 송(宋)나라 사람들은 서한(西漢)이 패도(霸道)를 뒤섞어 써서[46] 왕도(王道)를 알지 못했다고 비난하였다. 그러나 한(漢)나라의 다스림은 본래 옛 도에 가깝고 송나라 시대는 본래 질박함이 적었으니, 왕도가 어찌 질박함을 잃은 것이겠는가.

44 옛사람은……아꼈는데 : 진(晉)나라 왕헌지(王獻之)가 밤에 도둑이 들어 방 안의 물건을 훔쳐 가려는 것을 보고 "도둑이여, 푸른 모포는 우리 집안의 유물이니 그것만은 놓고 가는 것이 좋겠다.〔偸兒! 靑氈我家舊物, 可特置之.〕"라고 하자, 도둑이 도망쳤다는 고사가 있다.《晉書 卷80 王羲之傳 王獻之》

45 옥호산방(玉壺山房) : 풍고의 별서인 옥호정사(玉壺精舍)를 말한다. 525쪽 주172 참조.

46 서한(西漢)이……써서 : 한(漢)나라 선제(宣帝)가 "한나라의 제도는 본래 패도와 왕도를 섞은 것이니, 어찌 순전히 덕의 교화에만 맡겨서 주(周)나라의 정사처럼 하겠는가.〔漢家自有制度, 本以霸王道雜之, 奈何純任德敎 用周政乎?〕"라고 한 내용이 보인다.《漢書 卷9 元帝紀》

이 책은 예전에 5책이었는데 세월이 오래되어 책장이 많이 잔결되었기에 마침내 공인(工人)으로 하여금 배접을 하여 10책으로 다시 꾸미게 하고, 이어 책 말미에 기록한다.

선조 문충공과 우암 송 선생이 귤옥 윤공의 유집에 쓴 서문과 발문의 뒤에 쓰다[47]

書先祖文忠公尤庵宋先生所撰橘屋尹公遺集序跋後

태사공(太史公 사마천(司馬遷))이 말하기를 "허유(許由)와 무광(務光)에 대한 기록은 조금도 보이지 않는다."라고 하였고, "백이(伯夷)와 숙제(叔齊)는 공자의 칭찬을 받고서 명성이 더욱 드러나게 되었다."라고 하였으니,[48] 이것은 다행과 불행을 말한 것이다.

귤옥(橘屋) 윤공(尹公 윤광계(尹光啓))은 본관이 해남(海南)으로, 젊

47 선조……쓰다 : 문정공(文正公) 김수항(金壽恒)과 우암(尤庵) 송시열(宋時烈)이 자필로 쓴 《귤옥집(橘屋集)》의 서문과 발문을 보고 그 감회를 적은 글로, 1818년(순조18)에 지었다. 귤옥(橘屋) 윤공(尹公)은 윤광계(尹光啓, 1559~1619)로 본관은 해남(海南)이고 자는 경열(景說)이며 귤옥은 그의 호이다. 1589년(선조22)에 문과에 급제하였으며, 평안도 도사(平安道都事)와 공조 좌랑 등을 역임하였다. 조헌(趙憲)의 문인이라는 이유로 시론의 배척을 받았으며, 광해군 때 미관말직을 전전하다가 고향 해남으로 물러나 살았다. 저서에 《귤옥집》이 있는데, 서문은 1676년(숙종2)에 김수항이 지었고, 발문은 1680년(숙종6)에 송시열이 지었다. 《文谷集 卷26 橘屋集序》《宋子大全 卷148 橘屋詩稿跋》

48 태사공(太史公)이……하였으니 : 인용한 사마천(司馬遷)의 말은 《사기(史記)》 권61 〈백이열전(伯夷列傳)〉에 나오는 말을 축약한 것이다. 허유(許由)와 무광(務光)은 요(堯) 임금과 탕왕(湯王)의 선양(禪讓)을 거절한 은자이다. 사마천은 이들의 행적에 대한 기록이 어디에도 없음을 안타깝게 여겼다. 또 백이(伯夷)와 숙제(叔齊)에 대해서는 "남이 예전에 저지른 악행을 생각하지 않았기에 원망하는 사람이 드물었다.〔不念舊惡, 怨是用希.〕", "인을 구하여 얻었으니, 또 어찌 후회하였겠는가.〔求仁而得仁, 又何怨?〕"라는 공자의 칭찬을 얻어 그 명성이 더욱 드러나게 되었다고 하였다.

은 시절에 조중봉(趙重峯 조헌(趙憲)) 선생을 섬겼는데 이로 인해 여러 소인배에게 곤란을 당하였다. 만년에 혼조(昏朝 광해군)에서 벼슬하며 올바른 도리를 지켜 굽히지 않다가 마침내 불우하게 세상을 마쳤으니, 위대하도다. 나의 선조 문정공(文正公 김상헌(金尙憲))은 붕우를 선택함에 엄격하여 함께 교유한 사람이 모두 당세의 이름난 선비와 뛰어난 덕을 지닌 분이었는데 특히 윤공과 친했으니, 윤공의 현명함을 알 수 있다. 나의 선조 문충공(文忠公 김수항)이 영암(靈巖)에 유배되었을 때[49] 공의 유집에 서문을 쓰고, 화양(華陽) 송 선생(宋先生 송시열)이 또 발문을 지으니, 이에 세상 사람들이 공의 현명함을 더욱 잘 알게 되었다. 그러나 집안이 더욱 가난하고 곤궁해져 문집이 지금에 이르도록 간행되지 못하였다.

금상 18년(1818, 순조18) 가을에 윤생 동익(尹生東翊)이 두 공의 글을 가지고 천 리 길을 찾아와 나를 만나서 선대의 우의를 말하며 한마디 말을 청하였다. 아! 공의 지위가 낮아 사람들에게 그 덕이 펼쳐지지 않았으니, 예전에 두 공이 환하게 드러내지 않았더라면 허유와 무광처럼 기록이 조금도 보이지 않는 지경에는 이르지 않았을지라도, 백이와 숙제처럼 명성이 더욱 드러나게 되었으리라고는 감히 기약하지 못했을 것이다. 그렇다면 공이 비록 현명하다고 하더라도 두 공의 문장을 얻은 것은 바로 공의 다행스러운 일이다. 두 공의 문장은 해와 별처럼 환한 빛을 드리우기에 사람들이 모두 믿고 우러르니 아무리 문사에

49 문충공(文忠公)이……때 : 김수항은 1675년(숙종1) 7월에 허적(許積)과 윤휴(尹鑴)를 배척하고 종실 복창군(福昌君)과 복선군(福善君)의 처벌을 주장하다가 영암에 유배되었다. 《肅宗實錄 1年 7月 18日》

익숙한 사람이라도 그보다 더 뛰어날 수가 없다. 하물며 불초한 나는 내 선조에게는 시봉할 정도도 되지 못하고, 송 선생에게 비교하면 또 벌레와 고니만큼이나 그 차이가 현격할 뿐만이 아니니, 어찌 감히 이 유집에 못난 글을 이어 붙여 분수에 넘치는 짓을 하는 두려운 일을 하겠는가.

오직 두 공의 문장은 모두 직접 쓰신 것이라 백 년 뒤에도 그 손때가 어제 쓴 것과 같았다. 얼굴과 손을 씻은 뒤 펼쳐서 옷깃을 여미고서 읽었는데 어루만지고 감탄하고 완상하며 거의 손에서 놓을 수 없었다. 마침내 이 글을 보게 된 기쁨과 옛일에 대한 감회를 간략히 기록하여 돌려준다.

동익은 공에게 7세손이 되는데, 나 또한 문정공에게 7세손이 되니, 이는 우연이 아닐 것이다.

임자년에 받은 하사품에 대한 설

王子內賜說

방선지(仿宣紙) 두 폭, 용장규조필(龍章奎藻筆) 한 자루, 서청조채필(西淸藻采筆) 한 자루, 휘묵(徽墨 휘주(徽州)에서 생산된 먹) 한 개는 바로 임자년(1792, 정조16)에 각신(閣臣)들이 나누어 하사받은 것이다. 당시에는 뜻하지 않게 사용해 보지 않았고, 경신년(1800, 정조24)에 정조께서 승하한 이후로는 더욱 소중하게 보관하여 때때로 꺼내어 완상할 뿐이었다. 오늘 또 봉함을 열어 어루만지다가 그 붓이 좀이 슬까 두려워 먹물을 붓 끝에 칠했는데 과연 좀이 스는 것을 막을 수 있을지 모르겠다.

또 일광옥결필(日光玉潔筆) 한 자루는 종숙부 의정공(議政公 김이소(金履素))이 연행에서 돌아온 뒤에[50] 선물로 준 것 가운데 하나인데, 다른 것은 다 없어지고 오직 이 붓만 우연히 남았기에 또한 차마 사용하여 다 닳게 할 수가 없었다. 마침내 먹물을 적셔 이 글을 기록해서 임금께서 하사한 물건과 함께 간직하여 후세에 전해 주려고 생각한다. 이것은 모두 주신 분이나 받은 사람이 소중하게 여긴 것이니, 후세의 자손이 부디 또한 공경하고 아껴야 할 것이다.

무인년(1818, 순조18) 2월 4일에 풍고거사가 쓰다.

50 종숙부……뒤에 : 의정공(議政公)은 풍고의 종숙부인 김이소(金履素, 1735~1798)를 말한다. 벼슬은 좌의정에까지 올랐다. 김이소는 1791년(정조15)에 동지사의 정사로 연경에 다녀왔다.

선씨의 《삼강록》 뒤에 쓰다

書宣氏三綱錄後

선씨(宣氏)는 성을 얻었을 때부터 대대로 보성(寶城)에 살았다. 윗대에 명망 있는 사람이 많았고 비록 중간에 미약해지기는 했지만 지금까지 여전히 호남(湖南)의 명문가이다.

나의 객(客)인 선종한(宣宗漢)은 자가 무현(武賢)으로 질박하고 굳세며 의술에 뛰어나고 재간이 있는데 나와 교유한 지 이미 오래되었다. 어느 날 그 선대의 충효 행적을 기록한 책 한 권을 가지고 와 나에게 보여주었다. 또 말하기를 "제가 10년 동안 도성에 머문 것은 벼슬을 구하기 위함도 아니고 명성을 구하기 위함도 아니며, 선조의 덕을 세상에 드러내 밝히고자 해서입니다. 당세의 대인군자(大人君子)를 두루 살펴보니 공처럼 성대한 분이 없고, 나를 알아주고 나를 아껴주는 것 또한 공처럼 깊은 분이 없었습니다. 원컨대 공의 한마디 말씀을 얻어 이 책을 빛내고 싶습니다. 공의 말씀이 영원히 전해지는 것이 바로 제 선조가 영원히 전해지는 것이니, 감히 청합니다."라고 하였다.

내가 책을 받아 다 읽고서 선종한에게 돌려주며 다음과 같이 말하였다.

근래에 시골 사람 가운데 남에게 글을 부탁하여 선조의 덕을 현양하려는 자들을 손가락으로 이루 다 꼽을 수 없다. 그러나 책의 간행이 끝나기도 전에 비난과 비웃음이 사방에서 일어나는 것은 무엇 때문이겠는가? 어찌 사실을 기록한 것이 증명하기에 부족한 데도 이를 현양하려는 자가 세상에 바람이 있기 때문이 아니겠는가.

그런데 지금 그대의 이 책은 충효의 실상이 환하고 분명하여 사람들의 이목에 가득하니 공사(公私) 간에 믿을 만한 증거가 될 수 있으며, 그대의 마음이 또 순수하여 다른 이유가 없으니, 내가 또 무엇 때문에 붓으로 기록하기를 꺼리겠는가. 그렇다고는 하나 그대 선조의 덕행이 이미 환하고 분명하여 사람들의 이목에 가득하니 다시 어찌 증거로 삼을 나의 말이 필요하겠는가. 내가 또한 무엇을 더할 것이 있겠는가. 나는 오직 그대에게 면려함이 있을 뿐이다.

《시경》에 이르기를 "사람이 떳떳한 성품을 가지고 있는지라, 이 아름다운 덕을 좋아하도다.〔民之秉彝, 好是懿德.〕"라고 하였으니,[51] 충효는 떳떳한 성품에서 나오는 것이다. 사람이 되어 떳떳한 본성이 없다면 그만이지만, 떳떳한 본성을 지닌 자라면 그 누구인들 충효가 없겠는가. 그러나 세상에 충신과 효자가 드문 것은 다만 나의 본성이 지닌 바를 알아서 확충하지 못하기 때문일 뿐이다. 그대의 선대 공들은 본성을 능히 확충할 수 있었기 때문에 환하고 분명한 충효가 백세를 지나더라도 사라지지 않을 수 있는 것이다. 지금 급급히 선조를 위하는 그대의 정성은 참으로 공경할 만하지만, 이보다는 오히려 그대의 충효의 본성을 확충하여 선조의 훌륭함을 계승함에 급급한 것이 더욱 아름다울 것이다. 《전(傳)》에 이르기를 "자신을 바르게 세우고 이름을 드날려 부모를 드러나게 한다.〔立身揚名, 以顯父母.〕"라고 하였으니,[52] 이른바

51 시경에……하였으니 : 《시경》 〈증민(烝民)〉에 나온다.

52 전(傳)에……하였으니 : 《효경(孝經)》 〈개종명의(開宗明義)〉에 "자신을 바르게 세우고 도를 행하여 후세에 이름을 드날려 부모를 드러나게 하는 것이 효의 마지막이다.〔立身行道, 揚名於後世, 以顯父母, 孝之終也.〕"라고 하였다.

‘세운다’, ‘드날린다’는 것이 어찌 벼슬하여 현달하는 것을 말한 것이겠는가. 충효일 뿐이니, 선조를 현양하는 일 중에 어느 것이 이보다 더 크겠는가. 그대는 힘써야 할 것이다.

임오년(1822, 순조22) 윤3월 기망(旣望 16일)에 풍고거사가 쓰다.

소장공의 《고목죽석도》 뒤에 쓰다
書蘇長公枯木竹石圖後

장공(長公 소식(蘇軾))은 고목(枯木)과 죽석(竹石)을 그리기를 좋아하였으니, 성품이 서로 감통하는 것이었고 그림의 기예 역시 신의 경지에 들었다. 세상에서 그 화법(畫法)을 배우는 자들은 장공의 우뚝하고 남다른 자질을 알지 못하고 오직 그 화법만 모방하니, 어찌 훌륭하다고 할 수 있겠는가. 비록 모사한 것이 핍진하다 하더라도 이미 소장공의 고목과 죽석과는 차이가 난다.

이자고의 부채에 쓰다[53]

題李子皐扇

담박하고 고요한 뜻은 제갈량(諸葛亮)이 마음으로 전한 것이었고,[54] 돈후하고 주밀(周密)한 행실은 문연(文淵)이 중시한 것이었다.[55] 선비가 이 세상에 태어나 바라는 것은 오직 현인(賢人)이 되는 것이니, 현인을 되기를 바라서 이를 성취한다면 곧 하늘에 부끄럽지 않다. 비록 영욕과 궁달(窮達), 득실과 화복 등 만나는 상황이 같지 않다고 하더라도, 사람의 일이 잘 닦여졌는지는 항상 긴 세월이 지난 뒤에 징험되니, 천년이 뒤에 있고 백대(百代)가 앞에 있다. 텅 비고 밝은 내 거울을 쥐고 연기 같은 뭇 움직임을 비추면, 길한지 허물인지 추

53 이자고(李子皐)의 부채에 쓰다 : 이자고는 이학수(李鶴秀, 1780~1859)로, 본관은 연안(延安)이고, 자고는 그의 자이며, 호는 단고(丹皐)이다. 1812년(순조12)에 문과에 급제하였고, 평안도 관찰사와 수원 유수(水原留守) 등을 거쳤으며, 이조·예조·공조의 판서를 역임하였다.

54 담박하고……것이었고 : 제갈량(諸葛亮)이 아들 제갈첨(諸葛瞻)을 경계시키기 위한 글에, "담박하지 않으면 뜻을 밝힐 수 없고, 고요하지 않으면 원대함을 이룰 수 없다.〔非澹泊無以明志, 非寧靜無以致遠.〕"라는 말이 보인다. 《諸葛忠武書 卷9 遺事》《小學集註 嘉言》

55 돈후하고……것이었다 : 문연(文淵)은 한나라의 복파장군(伏波將軍) 마원(馬援)의 자이다. 마원이 교지(交趾)에 있으면서 조카 마엄(馬嚴)과 마돈(馬敦)을 경계하기 위해 보낸 글에 "용백고는 돈후하고 주밀하여 입에서 가려낼 말이 없다.〔龍伯高敦厚周愼, 口無擇言.〕"라고 하였다. 용백고(龍伯高)는 후한 때의 선비 용술(龍述)로 백고는 그의 자이다. 《後漢書 卷54 馬援傳》《小學集註 嘉言》

한지 어여쁜지가 저 첨윤(詹尹)의 거북점과 군평(君平)의 시초점(蓍草占)[56]을 쳐 보지 않아도 절로 분명해진다. 몸을 수양함은 경(敬)을 지킴을 근본으로 삼고, 마음을 기름은 욕심을 줄임을 우선으로 삼는다.[57] 욕심을 줄이고 경을 지킨다면 구이(九夷)에서도 살 수 있고 오랑캐 땅에서도 행할 수 있으니, 하물며 조정임에랴. 하물며 붕우와 어울리는 일임에랴. 중니(仲尼 공자)가 말하기를 "나라에 도가 있을 때 궁할 때의 의지를 변치 않는다.〔邦有道, 不變塞焉.〕"라고 하였다.[58]

56 첨윤(詹尹)의……시초점(蓍草占) : 첨윤은 고대의 점치던 사람이다. 군평(君平)은 한(漢)나라 때 은사(隱士)인 엄준(嚴遵)의 자인데, 성도(成都)에서 점치는 일로 생계를 이어가며 일생을 마쳤다.

57 마음을……삼는다 : 《맹자》 〈진심 하(盡心下)〉에 "마음을 수양함은 욕심을 적게 하는 것보다 더 좋은 것이 없다.〔養心, 莫善於寡欲.〕"라고 하였다.

58 중니(仲尼)가……하였다 : 《중용장구》 제10장에 공자가 군자의 강함을 거론하며 "나라에 도가 있을 때 궁할 때의 의지를 변치 않는다.〔國有道, 不變塞焉.〕"라고 한 구절이 있다.

개벽에 대한 논변[59]

開闢辨

"천지(天地)는 시작이 있는가?"

"있다."

"어디에서 시작되는가?"

"천지가 있음을 아는 데서 시작된다."

"천지는 끝이 있는가?"

"있다."

"어디에서 끝이 나는가?"

"천지가 있음을 알지 못하는 데서 끝이 난다."

"어째서 그런가?"

"천지가 있은 연후에 사람이 있지만, 천지는 스스로 이름을 붙일 수 없고 반드시 사람을 기다려서 이름을 가지게 된다. 그러므로 사람이 있은 연후에 천지가 있음을 알게 되고, 앎이 있은 연후에 천지에 이름을 붙일 수가 있었다. 천지는 천지가 있음을 스스로 알 수 없고 반드시 사람을 기다려서 알게 된다. 사람이 있기 전에 천지가 없었던

59 개벽에 대한 논변 : 이 글은 송나라 소옹(邵雍)이 《황극경세서(皇極經世書)》에서 천지의 생성과 소멸의 주기를 논한 것을 부정한 뒤, 천지가 존재하는 것은 인간의 지각이 존재하는 것과 같으며 오직 인간만이 생성과 소멸을 반복하므로 혼돈과 개벽이라는 말 역시 천지에 적용되는 것이 아니라 인간에게 적용되는 것임을 주장한 것이다. 이 글 끝에는 1822년(순조22)에 정공(靖共) 진원(陳沅)이라는 인물이 쓴 발문이 붙어 있는데, 진원이 누구인지 분명하지 않다.

적이 없었지만, 사람이 없으면 천지가 있음을 알지 못한다. 천지보다 뒤에 사람이 있었지만 천지를 보고서야 알았으니, 알고 알지 못하는 것은 사람이지 천지가 아니다.

지금 사람이 시력을 다하여서 보면 가을의 가는 터럭을 살필 수 있고 햇살에 비친 먼지를 헤아릴 수 있다. 그러나 이는 해와 달의 밝음을 빌린 것에 불과하니, 만약 해와 달의 밝음이 없다면 맹인은 또한 맹인이고 맹인이 아닌 사람도 또한 맹인이 된다. 밝음이 있으면 보이는 것이 있게 되고 밝음이 없으면 보이는 것이 없게 된다. 보이는 것이 앎이 되어 시작이 되며, 보이지 않는 것이 알지 못함이 되어 끝이 된다. 비록 오늘이라고 하더라도 여기에 사람이 없다면 어느 것이 천지와 해와 달이라는 것이 되겠는가. 오늘 천지와 해와 달이라는 것이 있는 것은 여기에 사람이 있기 때문일 뿐이니, 그러므로 '천지가 있음을 아는 것이 천지의 시작이고, 천지가 있음을 알지 못하는 것이 천지의 끝이다.'라고 한 것이다."

"그렇다면 소요부(邵堯夫 소옹(邵雍))의 말은 무엇을 말한 것인가? 소요부는 '천지는 혼돈(混沌)과 개벽(開闢)이 있어서 개벽으로부터 12만 년을 지나 다시 혼돈으로 들어가며, 혼돈으로부터 다시 개벽이 된다.'고 하면서, 원회운세(元會運世)의 책을 지어 이를 밝혔다.[60] 요부는 고명한 선비이니 어찌 미처 궁구하지 못한 것이 있겠는가."

60 소요부(邵堯夫)는……밝혔다 : 소옹(邵雍)이 《황극경세서》를 지어 천지의 혼돈과 개벽의 주기를 논한 것을 말한다. 소옹은 세상이 생성했다가 소멸하는 주기를 원(元)이라고 하였는데, 1원은 12회(會)이고 1회는 30운(運)이며 1운은 12세(世)이고 1세는 30년(年)이 된다. 따라서 1원은 12만 9600년이 된다. 《皇極經世書 觀物篇》

"나의 앎으로 논한다면, 요부의 이른바 '앎'이라는 것은 천지를 알지 못할 뿐만 아니라 또한 사람을 알지도 못한다. 이에 대해 한번 논해 보겠다.

저 12만 년이라는 것은 바로 요부가 본 것이니, 어찌 천지가 말을 할 줄 알아서 스스로 한계를 지었겠는가. 요부는 1일은 12시진(時辰)인데 1일 내에 아침과 저녁, 낮과 밤의 구분이 있고, 1년은 12개월인데 1년 내에 춘하추동의 구분이 있어서, 1일은 1일의 시간이 한 바퀴 돌아서 다시 시작하고 1년은 1년의 광경이 한 바퀴 돌아서 다시 시작하는 것을 보았다. 이에 이를 미루어 확대하여 쌓아서 포개고 부연하여 지극히 하고서 스스로 천지의 이치를 다 알았다고 여겨서 천지의 연한(年限)을 만들어서 마치 사람에게 생과 사가 있는 것과 같이 하였다. 이것은 그가 본 것이 좁은 것이니, 너무도 엉성하고 너무도 비루하다.

왜 그러한가? 천지는 기(氣)일 뿐이고 기는 한 번 음(陰)이 되었다가 한 번 양(陽)이 되는 것일 뿐이기 때문이다. 하늘은 높고 멀리 있어서 형체가 없고 땅은 낮고 가까이 있어서 실제의 형질이 있으니, 땅에서 살피는 것이 바로 하늘을 보는 방법이다. 운행하여 변화시키는 것은 하늘이고 이를 받아서 이루어주는 것은 땅이니, 주야(晝夜)와 사시(四時)는 해와 달에서 생겨났지만 땅에서 이루어지는 것이지 하늘에서 이루어지는 것이 아니며, 사람이 보는 것이지 하늘이 아는 것이 아니다.

왜 그러한가? 하늘은 땅보다 높아 땅의 밖을 감싸고 있고 땅은 하늘보다 작아 하늘 안에 간직되어 있기 때문이다. 해와 달은 하늘에 달라붙어 있는 것이지[61] 땅에서 운행하는 것이 아니다. 해의 운행은 하루에

61 해와……것이지 : 《주역》 〈이괘(離卦) 단(彖)〉에 "이는 달라붙음이라, 해와 달은

한 번 하늘을 도니, 해의 운행은 참으로 이미 땅의 밖에서 도는 것이지만 땅이 커서 해의 빛을 다 비출 수 없다. 저 이른바 '하늘의 둘레가 365도와 4분의 1도이다.'라는 것[62]은 바로 또한 사람이 보는 것이고 땅이 다하는 것이지, 하늘의 실제 형질이 아니다.

하늘은 안도 없고 밖도 없으며, 가까운 곳도 없고 먼 곳도 없으며, 위도 없고 아래도 없으며, 왼쪽도 없고 오른쪽도 없으며, 얇은 곳도 없고 두꺼운 곳도 없으며, 네모난 것도 없고 둥근 것도 없으며, 형체도 없고 형질도 없고 변화도 없고 일정함도 없으니, 어찌 계산하여 헤아릴 수 있겠는가. 그 헤아린다는 것은 사람이 보는 것을 땅에서 적용하고 땅이 다하는 것을 하늘에 적용하는 것에 불과할 뿐이다. 땅이 커서 해가 비추는 것에 다함이 있으니 어둠과 밝음이 이로 인해 나뉘게 된다. 사람은 하늘과 땅의 가운데에 처하여 땅은 보지만 하늘은 보지 못하니 낮과 밤이 이로 인해 이름이 생겼다. 어둠과 밝음, 낮과 밤이 나뉘어 사시가 이루어지게 되었다.

그런데 하늘은 그렇지가 않다. 처음 있었을 때부터 지금에 이르기까지 해와 함께 순환할 뿐이니 어찌 이른바 밤이라는 것이 있었겠는가. 저 하늘의 환함과 달과 별의 밝음은 모두 햇빛 때문이다. 이로 말미암아 말하면, 땅에는 비록 1년 동안 밤과 낮이 있다고 하지만 하늘은 한결같이 낮이어서 애초에 바뀐 적이 없다. 1년이 이와 같다면 백 년이

하늘에 달라붙어 있다.〔離, 麗也, 日月麗乎天.〕"라는 말이 보인다.

62 이른바……것 : 《주자어류(朱子語類)》 권2 〈이기 하(理氣下)〉에 "하늘의 운행은 매우 강건하여 하루 밤낮 동안에 365도와 4분의 1도를 돌고 또 1도를 더 초과한다. 해의 운행은 빠르지만 하늘 다음으로 강건하여, 하루 동안에 365도와 4분의 1도를 돈다.〔日行速健, 次於天, 一日一夜, 周三百六十五度四分度之一.〕"라는 말이 보인다.

든 천 년이든 만 년이든 또 어찌 다르겠는가. 낮과 밤을 합하여서 '하루'라고 하니, 그렇다면 하늘은 처음 있었을 때부터 일찍이 하루가 이루어진 적이 없었다. 하루도 아직 이루어지지 않았는데 하물며 쌓여서 1년이 이루어지겠는가. 땅은 밤과 낮과 사시의 일정한 변화가 있고 사람은 태어나고 죽고 젊었다가 늙는 변화가 있으니, 사람과 땅은 진실로 나이를 말할 수 있지만, 저 하늘이 어찌 나이와 상관이 있겠는가.

하늘이 해와 달과 더불어 운행하는 것은 본래 그 자취가 없지만, 땅이 하늘 안에 간직되어 있기 때문에 땅에서 살펴보고 그 형상을 말할 수 있는 것이다. 만약 땅의 실체가 없다면 하늘의 운행을 또 어디에서 살필 수 있겠는가. 그렇다면 땅의 형세는 하늘에 국한되고 사람의 눈은 땅에 국한되니, 해와 달과 사시는 모두 사람이 땅에서 얻는 것이지 하늘에서 얻는 것이 아님이 분명하다.

대저 해와 달과 별은 모두 하늘에 있고 땅 또한 하늘이 낳은 것이다. 땅은 이미 하늘에서 받아 생겨났는데 또 해와 달과 별을 얻어서 밤과 낮과 사시를 삼았으니, 이는 하늘이 땅에 나이를 주고 땅이 하늘에서 받은 것이다. 지금 만약 '땅에 개벽과 혼돈이 있다.'고 한다면 그래도 괜찮겠지만, 하늘과 땅을 합하여 나이를 헤아린다면 하늘이 장차 누구에게서 나이를 받는단 말인가.

북극(北極)은 높이 하늘 위로 나오고 남극(南極)은 깊이 땅으로 들어가 그 형상이 마치 비스듬한 절굿공이와 같고 해와 달과 별이 그곳에서 선회하는데, 중원(中原)의 땅은 비스듬한 절굿공이의 사이에 정확히 해당한다. 그러므로 중원의 낮과 밤과 사시는 중원 사람이 보는 것이 이와 같을 뿐이다. 교지(交趾)의 남쪽[63]으로 말하면 북쪽으로 문을 내고 살아가니, 이곳은 추위와 더위가 중원과 다르다. 골리간(骨利

幹)의 땅은 양의 어깨뼈〔羊胛〕를 삶는 동안 해가 다시 뜨니,[64] 이곳은 밤과 낮이 중원과 다르다. 이들의 영토는 그 하늘과 땅의 연수(年數)가 또 장차 어떠하겠는가? 중원을 법도로 삼고자 한다면 그 다름이 저와 같고, 중원과 구별하고자 한다면 하늘과 땅이 두 개 있게 되니, 요부는 장차 어느 쪽을 주장할 것인가?

게다가 하루가 12시진(時辰)이 된 것은 또한 우연일 뿐이다. 간략하게 하여 남북과 동서의 사방으로 삼는다면 또한 4시가 되고, 조금 늘려서 팔방으로 삼는다면 또한 8시가 되며, 만약 두 배로 하여 24방으로 삼는다면 또한 24시가 된다. 중간을 취해 12시로 한 것은 곧 갑자(甲子)를 만들고 율력(律曆)을 만든 자가 그렇게 한 것이지, 어찌 하늘 때문이겠는가. 그렇다면 12만 년 운운한 것은 또한 매우 우스운 말이다.

《주역》에 이르기를 "천지는 항상 보여준다.〔天地貞觀.〕"라고 하였고,[65] 《중용》에 이르기를 "유구함은 다함이 없다.〔悠久無疆.〕"라고 하

63 교지(交趾)의 남쪽 : 교지는 중국 남방에 있던 나라 이름으로, 지금의 베트남 북쪽에 해당한다. 또 교지 남쪽에 월상국(越裳國)이라는 나라가 있었다고 한다. 《후한서(後漢書)》 권86 〈남만전(南蠻傳)〉에, "교지 남쪽에 월상국이 있다.〔交趾之南, 有越裳國.〕"라고 하였다.

64 골리간(骨利幹)의……뜨니 : 골리간은 북쪽 변방 끝에 있는 부족 이름이다. 양의 어깨뼈는 매우 빨리 익는다고 한다. 《신당서(新唐書)》 권217 〈회골전(回鶻傳)〉에, "골리간부(骨利幹部)는 한해(瀚海)에 있다. 여기에서 더 북쪽으로 건너가면 낮이 길고 밤이 짧기 때문에 해가 질 때 양의 어깨뼈를 삶기 시작해서 그것이 다 익을 때쯤엔 벌써 동쪽 하늘이 밝아 온다."라고 하였다. 한해(瀚海)는 지금의 바이칼호 북쪽이라고 한다.

65 주역(周易)에……하였고 : 《주역》 〈계사전 하(繫辭傳下)〉에 "천지의 도는 항상

였으니,[66] 모두 성인의 가르침이다. 비록 한순간일지라도 변함이 있다면 이는 '항상〔貞〕'이 아니며, 비록 만억(萬億) 년처럼 많을지라도 헤아릴 수 있다면 이는 '다함〔疆〕'이다. 성인이 알지 못한다고 한다면 내가 감히 군더더기 말을 하지 못하지만, 성인이 능히 안다면 성인이 필시 나의 말을 바꾸지 않을 것이다. 하물며 육합(六合)의 밖에 대해서는 성인은 내버려두고 논하지 않았음에랴.[67] 성인이 아는 것은 곧 중인(衆人)이 알 수 있는 것이며, 중인이 알 수 없는 것은 성인 또한 알 수가 없다. 그러므로 '그 지극함에 이르러서는 비록 성인이라도 또한 알지 못하는 바가 있다.〔及其至也, 雖聖人, 亦有所不知.〕'[68]라고 한 것이다. 요부가 비록 고명하다고는 하나 어찌 성인이 모르는 것을 알 수 있겠는가.

가령 요부와 같은 시대에 살았던 어떤 사람이 요부에게 '그대의 몸이 어디에서 생겨났는가?'라고 물었다면, 요부는 반드시 '천지로부터 생명을 받고 부모로부터 형체를 이루었다.'라고 대답할 것이다. 또 묻기를 '그대 자신으로부터 위로 올라가 인류(人類)가 생겨난 처음에까지

보여주는 것이요, 일월의 도는 항상 밝은 것이다.〔天地之道, 貞觀者也. 日月之道, 貞明者也.〕"라고 하였다.

66 중용(中庸)에……하였으니 : 《중용장구》 제26장에, "박후는 땅을 배합하고, 고명은 하늘을 배합하고, 유구함은 다함이 없다.〔博厚配地, 高明配天, 悠久無疆.〕"라고 하였다.

67 육합(六合)의……않았음에랴 : 《장자(莊子)》 〈제물론(齊物論)〉에, "육합의 밖에 대해서는 성인은 내버려두고 논하지 않고, 육합의 안에 대해서는 성인은 논하기만 하고 시비를 따지지 않는다.〔六合之外, 聖人存而不論. 六合之內, 聖人論而不議.〕"라는 말이 있다. 육합은 천지와 사방을 말한다.

68 그……있다 : 《중용장구》 제12장에 나오는 말이다.

도달한다면 그 세대를 헤아릴 수 있는가? 그대 자신으로부터 아래로 내려가 인류의 마지막에까지 이른다면 그 세대를 또한 헤아릴 수 있는가?'라고 한다면 비록 요부라 하더라도 결코 대답할 수 없을 것이니, 자신이 보지 못한 것이기 때문이다.

천지보다 뒤에 생겨난 것도 오히려 궁구할 수가 없는데, 사람보다 먼저 있었던 것을 또 어찌 헤아릴 수 있겠는가. 《시경》에 이르기를 '솔개는 날아 하늘에 이르거늘, 고기는 못에서 뛰놀도다.〔鳶飛戾天, 魚躍于淵.〕'라고 하였으니,[69] 이 시는 천리의 운행을 타고 있으면서도 스스로 깨닫지도 못하고 그치지도 못함을 말한 것이다. 사람은 새와 물고기에 비해 영명(靈明)한 식견이 비록 절로 월등히 다르다고는 하지만, 조화(造化)의 안에서 헤엄치면서도 스스로 깨닫지 못하는 것은 똑같다. 그 '마음은 육합의 밖에까지 두루 미치고 지각은 조화의 단서를 궁구하였다.'라고 한 말을 내가 감히 믿지 못하겠다. 내가 그래서 '요부는 천지를 알지도 못할 뿐만 아니라, 또한 사람을 알지도 못한다.'라고 한 것이다."

"그렇다면 과연 혼돈과 개벽의 설은 없는 것인가?"

"나는 개벽에 대한 설이 누구에게서 시작된 것인지 모르지만 이 설을 주장한 사람은 아마도 사람을 가리켜 말한 것일 것이다. 천지가 있은 연후에 사람이 있었지만 사람이 있은 연후에 천지가 비로소 천지가 될 수 있었다. 그러므로 '사람이 천지 속에 처하여 삼재(三才)에 참여하게 된 것이다.'라고 하는 것이다. 비록 그렇다고는 하나 천지는 기다리는 바 없이 저절로 생겨난 것이고, 사람과 만물은 천지를 기다려서

69 시경에……하였으니 : 《시경》 〈한록(旱麓)〉에 나온다.

생겨난 것이다. 기다리는 바가 없는 것은 시작도 없고 끝도 없지만 기다리는 바가 있는 것은 시작도 있고 끝도 있으니, 이것이 또한 이치의 떳떳함이다.

더없이 높은 것이 산이지만 가라앉을 때가 있고, 더없이 깊은 것이 바다이지만 밭으로 변할 때가 있으며, 견고한 바위도 부수어질 때가 있고 흐르는 물과 활활 타는 불도 마르고 꺼질 때가 있다. 이것은 모두 기다리는 바가 있어서 생겨난 것이므로 쇠망이 없을 수 없다. 하물며 혈기를 지닌 인류가 어찌 쇠망이 없을 수 있겠는가.

한번 생각해 보건대, 지금 인류가 소멸되어 다 없어진다면 산천과 초목과 조수(鳥獸)와 어별(魚鱉)이 비록 성대히 늘어서서 변함이 없다고 하더라도 그 누가 천지가 천지임을 알겠는가. 이것이 또한 혼돈이라는 것이 아니겠는가. 또 생각건대, 이전의 인류가 이미 다한다고 하더라도 하늘이 또 변화시키고 변화시키며 운행하여 뒷날의 인류가 무수히 태어나 또한 장차 천지가 천지임을 알고 만물에 이름을 부여할 것이니, 이것이 또한 개벽이라는 것이 아니겠는가. 그러므로 내가 '개벽 운운한 것은 아마도 사람을 가리켜서 말한 것일 것이다.'라고 한 것이다.

1원(元)이 되면 천지와 사람과 만물이 함께 모두 사라져 다한다고 생각한 것은 소요부이고, 1원이 되면 사람과 사물은 사라져 다하지만 천지는 이루거나 무너짐이 없다고 한 것은 심군(沈君)[70]이며, 1겁(劫)이 되면 천지는 모두 소멸하나 사람은 모두 소멸하지 않고 위로

70 심군(沈君) : 미상이다.

무색계(無色界)로 끌려 들어간다고 한 것은 석전(釋典 불경(佛經))이다. 나는 그 옳고 그름을 결정할 수가 없으니 아마도 홍범구주(洪範九疇)를 진술한 사람[71]에게 물어야 할 듯하다. 그러나 이 문장으로 논하면, 진실로 넓고도 넓어서 그 말이 황하(黃河)와 한수(漢水)와 같도다. 도광(道光) 2년(1822, 순조22) 임오년 10월에 정공(靖共) 진원(陳沅)[72]이 절하고 발문을 짓다.

71 홍범구주(洪範九疇)를 진술한 사람 : 기자(箕子)를 말한다. 홍범구주는 하늘이 하(夏)나라 우왕(禹王)에게 내려주었다는, 천하를 다스리는 9가지 대법(大法)을 이른다. 주(周)나라 무왕(武王)이 은(殷)나라를 정벌한 뒤 기자를 찾아와 천도(天道)를 묻자, 기자가 홍범구주를 설명해 주었다고 한다. 《書經 周書 洪範》《史記 卷4 周本紀》

72 정공(靖共) 진원(陳沅) : 미상이다.

《옥적신어》 병서

玉篴新語 幷序

임오년(1822, 순조22) 윤3월 24일 밤에 옥호정사(玉壺精舍)[73]에 도착하여 머물 생각을 하였다. 이튿날 장서(藏書)를 뒤지다가 먼지 낀 상자 속에서 평안도 성천(成川)의 옥적(玉篴 옥피리)을 찾아내 갑(匣)을 열고 어루만졌다. 이윽고 생각해 보니, 옛사람이 한가로이 거처하면서 기록할 때 기물을 취해 책의 이름으로 삼은 경우가 많았으니, 예컨대 《옥조신지(玉照新志)》[74] 같은 것이 바로 그것이다. 날마다 한 일과 생각한 바를 그때마다 기록하고 마침내 《옥적신어》라고 명명하였다.

저토록 큰 천지에 대해서도 사람들이 오히려 서운하게 여기는 것이 있으니〔天地之大也, 人猶有所憾.〕,[75] 서운하면 묵묵히 있을 수 없다. 그러므로 이르기를 "여름에 장맛비가 내리면 백성들이 원망하고 탄식하며, 겨울에 날씨가 몹시 추워져도 백성들이 또한 원망하고 탄식한다.〔夏暑雨, 惟曰怨咨, 冬祈寒, 亦惟曰怨咨.〕"[76]라고 하였고, "힘들고

73 옥호정사(玉壺精舍) : 풍고의 별장이다. 525쪽 주172 참조.

74 옥조신지(玉照新志) : 송(宋)나라 왕명청(王明淸, 1127~1202)이 지은 일종의 소설집이다. 옥조는 거울의 이칭이다.

75 저토록……있으니 : 《중용장구》 제12장에 나오는 말이다.

76 여름에……탄식한다 : 《서경》 〈주서(周書) 군아(君牙)〉에, "여름에 무덥고 비가 내리면 소민들이 원망하며, 겨울에 크게 추우면 소민들이 또한 원망한다.〔夏暑雨, 小民

피곤함이 극에 다다르면 일찍이 하늘을 부르지 않는 사람이 없었다."[77] 라고 하였다. 그러나 사람들이 원망스럽게 부른다고 하여 하늘이 사람들을 포악하게 대하지 않는 것은, 여름의 장맛비와 겨울의 큰 추위와 힘들고 피곤함이 극에 달한 것은 모두 사람들이 당연히 서운하게 여길 것이지만, 하늘도 사람들로 하여금 유감이 없도록 만들 수도 없기 때문이다.

그러므로 공자는 섭공(葉公)의 마을 사람 이야기를 듣고는 "나에게 잘못이 있으면 남들이 반드시 아는구나."라고 하였고,[78] 자로(子路)가 화를 내며 알현하는 것을 보고서는 "하늘이 나를 싫어하리라, 하늘이 나를 싫어하리라."라고 하였으며,[79] 미생묘(微生畝)가 말재주 부리기

惟曰怨咨, 冬祁寒, 小民亦惟曰怨咨.〕"라는 구절이 있다.

77 힘들고……없었다 : 《사기》 권84 〈굴원가생열전(屈原賈生列傳)〉에, "하늘은 인간의 기원이고 부모는 인간의 근본이니, 사람이 곤궁하면 근본으로 돌아가게 된다. 그러므로 힘들고 피곤함이 극에 다다르면 일찍이 하늘을 부르지 않은 사람이 없었고, 몸이 괴롭고 마음이 참담하면 일찍이 부모를 부르지 않은 사람이 없었다.〔夫天者, 人之始也; 父母者, 人之本也. 人窮則反本, 故勞苦倦極, 未嘗不呼天也; 疾痛慘, 未嘗不呼父母也.〕"라고 하였다.

78 공자는……하였고 : 섭공은 춘추 시대 초나라 섭현(葉縣)의 윤(尹)인데, 자기 마을에 아버지의 잘못을 관청에 고발한 정직한 사람이 있다고 공자에게 이야기한 일이 있다. 또 공자는 진(陳)나라 사패(司敗)로부터 잘못을 지적받자 "나는 다행이다. 만일 잘못이 있으면 남들이 반드시 아는구나.〔丘也幸! 苟有過, 人必知之.〕"라고 하였다. 풍고가 《논어》에서 인용한 두 일화는 원래 서로 연결된 것이 아니다. 《論語 子路·述而》

79 자로(子路)가……하였으며 : 진(陳)나라에서 양식이 떨어져 수행하는 자들이 일어날 수조차 없자 자로가 화를 내며 공자를 알현한 고사가 있다. 또 공자가 행실이 음란한 위(衛)나라 영공(靈公)의 부인 남자(南子)를 만나자 자로(子路)가 기뻐하지 않으니, 공자가 "내 맹세코 잘못된 짓을 하였다면 하늘이 나를 싫어하리라. 하늘이 나

를 좋아한다고 비난하자, "감히 말재주를 부리려는 것이 아니다."라고 하였으니,[80] 이와 같을 뿐이었다. 공자가 섭공과 자로와 미생을 탓하지 않았던 것은 원망하여 부른다고 하여 하늘이 사람을 미워하지 않는 것과 마찬가지이다. 그런데 왜 후세의 군자들은 스스로 공자를 배운다고 하면서, 한마디 말이라도 나와 같지 않으면 곧 온갖 말로 욕하고 힘을 다해 배척하여 남이 나를 털끝만큼도 흔들지 못하게 하려는 것인가. 이상하다.

를 싫어하리라.〔予所否者, 天厭之, 天厭之.〕"라고 했던 고사가 있다. 위와 마찬가지로 풍고가 《논어》에서 인용한 두 일화는 원래 서로 연결된 것이 아니다.《論語 衛靈公·雍也》

80 미생묘(微生畝)가……하였으니 : 미생묘는 공자와 동시대의 은자인데, 공자에게 "그대는 어찌하여 이리도 연연해하는가? 말재주를 부리는 것이 아닌가?〔丘何爲是栖栖者與? 無乃爲佞乎?〕"라고 하자, 공자가 "내 감히 말재주를 부리는 것이 아니라 고집불통을 미워하는 것이오.〔非敢爲佞也, 疾固也.〕"라고 대답한 고사가 있다.《論語 憲問》

대나무에 대한 설

竹說

대나무에는 다섯 가지 덕이 있다. 첫째는 속이 비어 있는 것이고, 둘째는 재질이 굳센 것이며, 셋째는 몸체가 곧은 것이고, 넷째는 마디를 없앨 수 없는 것이고, 다섯째는 색깔을 바꿀 수 없는 것이다. 대나무에는 두 가지 복이 있으니, 오래 사는 것이 첫째이고, 종족이 번성하는 것이 두 번째이다. 그러므로 군자가 대나무에서 취함이 있는 것은 서로 비슷하기 때문이다. 비슷하다는 것은 어떤 것인가?

군자는 마음을 비운다. 그러므로 '황이 중심에 있어 이치에 통한다.〔黃中通理.〕'[81]고 한 것이다. 군자는 자신을 굳세게 한다. 그러므로 '숨고 가라앉은 이는 강함으로 다스린다.〔沈潛剛克.〕'[82]고 한 것이다. 군자는 치우치지 않는다. 그러므로 '곧음이 화살과 같다.〔其直如矢.〕'[83]고 한 것이다. 군자는 한계를 넘지 않는다. 그러므로 "발하여 모두 절도에 맞다〔發而皆中節.〕"[84]라고 한 것이다. 군자는 구차히 용납되지 않는다.

81 황이……통한다 : 중정(中正)한 덕을 내면에 갖추고서 이치에 통함을 말하는 것으로, 《주역》〈곤괘(坤卦) 문언(文言)〉에 나온다. 황(黃)은 토(土)와 중앙의 색으로, 중(中)을 뜻한다.

82 숨고……다스린다 : 소극적인 사람은 강함으로 극복한다는 말로, 《서경》〈홍범(洪範)〉에 나온다.

83 곧음이 화살과 같다 : 《시경》〈대동(大東)〉에, "큰길이 숫돌처럼 판판하니, 그 곧음이 화살과 같도다. 군자가 밟는 바요, 소인들이 우러러보는 바이다.〔周道如砥, 其直如矢. 君子所履, 小人所視.〕"라는 말이 있다.

그러므로 "의기가 얼굴빛에 드러난다.〔義形于色.〕"[85]라고 한 것이다. 이것은 대나무가 군자와 비슷한 것이다.

이 때문에 군자에게 이런 덕이 있으면 사람들이 반드시 사랑하고 좋아하여 영탄하니, 《시경》에 "저 기수 물가를 바라보니, 푸른 대나무 무성도 하네.〔瞻彼淇澳, 菉竹猗猗.〕"[86]라고 한 것은, 좋아하여 그만두지 못하는 것이고 사랑하여 잊지 못하는 것이다. 영탄으로 부족하면 찬양하며 기원하니, 《시경》에 "군자가 만년토록, 그대의 뒤를 편안히 기르리로다〔君子萬年, 保艾爾後.〕"[87]라고 하였고, 또 "문왕의 자손들이, 본손과 지손이 백 세를 전할 것이로다.〔文王孫子, 本支百世.〕"[88]라고 하였으니, 만년이면 삶이 긴 것이고, 본손과 지손이면 종족이 번성한 것이다. 이것은 군자가 대나무와 비슷한 것이다.

무릇 군자의 덕을 지닌 연후에야 대나무에 비유할 수 있고, 대나무와

84 발하여……맞다 : 《중용장구》 제1장에 "기뻐하고 노하고 슬퍼하고 즐거워하는 정(情)이 발하지 않은 것을 중이라 하고, 발하여 모두 절도에 맞는 것을 화라고 한다.〔喜怒哀樂之未發謂之中, 發而皆中節謂之和.〕"라고 하였다.

85 의기가 얼굴빛에 드러난다 : 《춘추공양전(春秋公羊傳)》 환공(桓公) 2년에 "공보가 얼굴빛을 바로잡고 조정에 서 있으면 감히 그 앞을 지나가 임금을 위태롭게 만든 자가 없었으니, 공보는 의기가 얼굴빛에 드러났다고 이를 만하다.〔孔父正色而立於朝, 則人莫敢過而致難於其君者, 孔父可謂義形於色矣.〕"라는 구절이 보인다. 공보는 공자의 6대조인 공보가(孔父嘉)이다.

86 저……하네 : 《시경》 〈기욱(淇奧)〉에 나온다.

87 군자가……기르리로다 : 《시경》 〈첨피낙의(瞻彼洛矣)〉에 "군자가 만년토록 그 가실을 보전하리로다.〔君子萬年, 保其家室.〕"라고 하였고, 〈남산유대(南山有臺)〉에 "즐거운 군자여, 그대의 뒤를 편안히 기르리로다.〔樂只君子, 保艾爾後.〕"라고 하였다.

88 문왕의……것이로다 : 《시경》 〈문왕(文王)〉에 나온다.

같은 복을 지닌 연후에야 군자라고 일컬을 수 있으니, 군자가 대나무에서 취함이 있는 것이 또한 당연하다.

뜨락에 대나무가 있어 아침저녁으로 마주하니 이에 써서 대나무에 대한 설로 삼는다. 갑신년(1824, 순조24) 중춘(仲春) 춘분(春分)에 쓰다.

유근의 생일에[89]

迺兒生朝

80세와 90세는 대질(大耋)의 나이인데, 너의 나이가 올해로 80세의 절반이 되었으니 그 기쁨이 어떠하겠느냐. 돌이켜 생각해 보건대, 창하(倉下)[90]의 처가(妻家)에서 한밤중에 잠에서 깨어 직접 불수산(佛手散)[91]을 달인 것이 두 번에 이르렀고, 욕초(蓐草)를 가져다 부인의 요 곁에 놓아두고 병풍 밖에서 끓인 물에 인삼 가루를 타서 기다렸었다. 빙모(聘母)가 가져가 부인에게 마시게 하고 그릇을 나에게 주기에 받아서 내려놓기도 전에 너의 울음소리가 이미 방에 가득하였으니, 당시의 놀람과 기쁨은 지금도 생생히 떠오른다.

양가 사람들이 서로 축하하던 얼굴빛과 말이 마치 어제처럼 또렷한데 올해로 어느덧 만 40년이 되었고 오늘은 또 너의 생일이니, 늙은 아비의 기쁨이 어떠하겠느냐. 기쁘면 기념하고 기록하는 것이 옛사람이 남긴 법도이지만, 네가 상중(喪中)에 있으니[92] 기념을 받을 수는

89 유근의 생일에 : 풍고가 60세 되던 1824년(순조24)에 아들 김유근(金迺根, 1785. 9. 19~1840. 12. 17)의 마흔 살 생일을 축하하기 위해 쓴 글이다. 김유근은 풍고의 장남으로 태어나 풍고의 종형(從兄)인 김용순(金龍淳)의 후사가 되었다. 자는 경선(景先), 호는 황산(黃山)이다.

90 창하(倉下) : 풍고의 처가 위치를 표현한 말로 보이는데, 어디인지는 미상이다.

91 불수산(佛手散) : 해산 전후에 쓰는 처방으로, 궁귀탕(芎歸湯)이라고도 한다.

92 네가 상중에 있으니 : 김유근이 부친 김용순의 상을 당했음을 말한다. 김용순은 1823년(순조23) 4월 14일에 세상을 떠났다. 《安東金氏世譜》

없다. 다만 내가 기록한 것은 기쁜 마음이 참으로 끝이 없어서이니, 네가 그것을 받더라도 또한 안 될 것이 없다.

나는 본래 그림을 잘 그리지 못하지만 평소에 다만 대나무를 사랑하였기에 또한 때때로 그 모습을 그려보곤 하였으니, 비슷한지 아닌지는 따질 것이 아니다. 네가 나보다 더 대나무를 사랑하고 그림을 볼 때 안목이 항상 현황(玄黃)과 빈모(牝牡) 너머에 있음[93]을 알고 있기에, 특별히 대나무 8폭을 그려서 준다.

대나무는 오래 사는 식물이고 그 덕이 군자와 비슷하다. 8폭으로 만든 것은, 100세와 90세는 누구나 바랄 수 있는 나이가 아니라서 성인도 오히려 모기(耄期)를 어렵게 여겼지만[94] 80세는 누구나 또한 바랄 수 있기 때문이니, 80세까지 강건했던 것은 고금의 현인군자들도 많이 있었다.

93 안목이……있음 : 그림을 볼 때 겉으로 드러난 솜씨보다 내면에 숨은 정신을 찾는다는 말이다. 현황(玄黃)은 색이 검고 누런 말을, 빈모(牝牡)는 암말과 숫말을 의미한다. 준마를 잘 알아보는 구방고(九方皐)가 백락(伯樂)의 추천을 받고서 진 목공(秦穆公)을 위하여 천리마를 찾아낸 다음 '색깔이 노란 수컷〔牡而黃〕'이라고 하였는데, 정작 목공이 보니 '색깔이 까만 암컷〔牝而驪〕'이었으므로 의심을 하면서 백락을 책망하자, 백락이 탄식하면서 "그는 말의 안에 들어 있는 본질적인 능력만을 볼 뿐, 바깥에 드러나 있는 모양이나 색깔은 보지 않기 때문에 그렇게 된 것이다."라고 찬탄했던 고사가 있다. 《列子 說符》

94 성인도……여겼지만 : 모기(耄期)는 각각 90세와 100세를 의미하는 말이다. 《서경》〈대우모(大禹謨)〉에, "짐이 제위에 있은 지가 33년이니, 나이도 아흔을 넘어 백살이 되어 가서 부지런히 해야 할 정사에 게으르니, 너는 태만히 하지 말아서 짐의 백성을 거느리라.〔朕宅帝位, 三十有三載, 耄期, 倦于勤, 汝惟不怠, 總朕師.〕"라는 순임금의 말이 있고, 채침(蔡沈)의 주에 "90세를 모라 하고 100세를 기라 한다.〔九十曰耄, 百年曰期.〕"라고 하였다.

내가 지금 한 폭을 10년의 나이에 해당시키니, 만약 네가 지금부터 다시 40년을 더 산다면 나와 너는 아마 모두 한스러움이 없을 것이다. 이것은 내가 너를 위해 기쁨을 기록한 것이니, 네가 이것을 받더라도 안 될 것이 없다.

맹여의 회갑을 축하하다[95]

賀孟如晬日

나이가 61세에 이른 것을 주갑(周甲 회갑(回甲))이라고 하니, 태어난 해의 갑자가 다시 돌아왔다는 말이다. 우리나라의 풍속은 주갑을 중시하여, 그날을 맞은 사람은 생일날에 성대한 음식을 준비해 손님을 초청하고, 축하하는 사람은 글이나 물건으로 송축하는 것이 세속에서 예(禮)가 되었다. 예는 정(情)을 표현하는 것이니, 정에 그만두지 못하는 것은 성인도 바꾸지 않을 것이다.

맹여 상서(孟如尙書 김교근(金敎根))는 지난해인 병술년(1826, 순조26) 11월 19일에 주갑이 되었다. 나는 그때 황무(黃武 이천(利川))의 시골집에 있어서 축하연에 참석하지 못했기에, 올해(1827, 순조27) 이날에 내가 늦게나마 다섯 가지 물건으로 예를 삼아서 그만두지 못하는 정을 표한다.

그 하나는 다합(茶盒)이니, 합(盒)은 합한다〔合〕는 뜻이다. 천하의 이치는 나뉘면 어그러져 흩어지고 합하면 아름다운 이로움〔美利〕[96]이

95 맹여(孟如)의 회갑을 축하하다 : 풍고가 63세 되던 1827년(순조27) 11월 19일에 7촌 조카인 맹여의 회갑을 축하하며 지은 글이다. 맹여는 김교근(金敎根, 1766~1844)의 자인데, 《풍고집》 권1 〈재종질 맹여의 집에서 황주 사군과 작별하다〔再從姪孟汝第別黃州使君〕〉에는 자가 맹여(孟汝)로 되어 있으며, 《안동김씨세보(安東金氏世譜)》에는 맹여(孟如)로 기록되어 있다. 김태순(金泰淳)의 아들로, 1805년(순조5)에 문과에 급제하였고, 개성부 유수(開城府留守)와 평안도 관찰사 등을 거쳐 1827년 5월에 이조판서, 9월에 형조 판서에 올랐다.

있으니, 그러므로 양의(兩儀 음양)가 오묘하게 합하여 만물이 생겨난다. 그 하나는 촛대〔燭臺〕이니, 대(臺)는 초를 받치는 것이다. 높지 않으면 낮은 곳에 처하기를 편안히 여기는 것이고, 낮은 곳에 처하면 먼 곳을 비출 수 없으니, 군자의 마음이 높고 밝은 곳에 처해야 하는 것은 바로 그런 이유이다. 그 하나는 관이(盥匜 손을 씻는 대야)이니, 씻을 때 쓰는 기물이다. 몸을 씻지 않으면 정결하지 않고 덕이 닦이지 않으면 밝아지지 않으니, 탕(湯) 임금의 반명(盤銘)[97]이 매우 훌륭하므로 다시 무엇을 더하겠는가. 그 하나는 병풍이니, 병풍은 안을 보호하는 것이다. 군자가 얼굴빛을 바르게 하여 서 있으면 삿된 기운이 감히 범하지 못하니, 도를 호위하는 것을 공으로 삼는다. 그 하나는 여의(如意 효자손)이니 여의는 마음과 사물이 서로 어그러지지 않는 것이다. 《서경》의 '구오복(九五福)' 가운데 '강녕(康寧)'[98]이 그것에 가깝다.

맹여는 나보다 한 살이 적은데 어려서부터 한집안 사람 가운데 가장 사랑하고 좋아하였으니, 옛날의 소광(疏廣)과 소수(疏受)[99]와 비교해

96 아름다운 이로움 : 《주역》 〈건괘(乾卦) 문언(文言)〉에, "건의 처음이 능히 아름다운 이로움으로 천하를 이롭게 하도다.〔乾始, 能以美利利天下.〕"라고 한 데서 나온 말이다.

97 탕(湯) 임금의 반명(盤銘) : 탕 임금이 목욕하는 그릇에 새긴 명이다. 《대학장구》 전 2장에 "탕 임금의 반명에 '진실로 어느 날에 새로워졌다면 나날이 새롭게 하고 또 날로 새롭게 하라.'라고 하였다.〔湯之盤銘曰: 苟日新, 日日新, 又日新.〕"라는 말이 있다.

98 구오복(九五福) 가운데 강녕(康寧) : 《서경》 〈홍범(洪範〉에, "아홉 번째는 오복이니, 장수와 부와 강녕과 유호덕과 고종명이 그것이다.〔九五福, 一曰壽, 二曰富, 三曰康寧, 四曰攸好德, 五曰考終命.〕"라고 한 것을 말한다.

99 소광(疏廣)과 소수(疏受) : 한(漢)나라 선제(宣帝) 때의 태자태부(太子太傅) 소

도 부끄럽지 않다. 사랑하면 아름다운 덕을 지니기를 바라고 좋아하면 서로 잊지 않고자 하니, 이것을 일러 '정에 그만두지 못하는 것은 성인도 바꾸지 않을 것이다.'라고 한 것이다. 이에 물건을 통해 송축하는 마음을 담은 글을 이렇게 병풍에 쓴다.

광과 그의 조카인 태자소부(太子少傅) 소수를 말한다. 소광이 태자태부가 된 지 5년 만에 스스로 성만(盛滿)을 경계하는 뜻에서 상소하여 사직하고 조카 소수와 함께 고향으로 돌아간 고사가 전한다. 《漢書 卷71 疏廣傳》

겸재의 화첩에 대해 쓰다[100]

題謙齋畫帖

겸재(謙齋)는 우리 선조의 오랜 이웃이다. 젊어서부터 그림을 잘 그렸는데, 집안이 가난하고 부모가 연로하여 나의 선고조(先高祖) 충헌공(忠獻公 김창집(金昌集))을 통해 작은 벼슬을 구하고자 하니, 충헌공이 그에게 도화서(圖畵署)에 들어가기를 권하였다. 이윽고 벼슬길에 나가서 관직이 현감에까지 이르렀고 향년은 80여 세였다. 교유한 사람들이 모두 한때의 명류(名流)였으니, 그 사람됨을 알 수 있다.

그의 그림은 만년에 더욱 공교로워져 현재(玄齋) 심사정(沈師正)[101]과 이름을 나란히 하여 세상에서 '겸현(謙玄)'으로 일컬어졌고, 또한 '우아한 풍치는 심사정에게 미치지 못한다.'고 하였다. 다만 심사정은 운림(雲林)과 석전(石田)[102] 등 여러 사람의 체격(體格)을 스승으로

100 겸재(謙齋)의……쓰다 : 겸재는 정선(鄭敾, 1676~1759)의 호로, 본관은 광주(光州)이고, 자는 원백(元伯)이다. 한미한 양반 출신으로 김창집(金昌集)의 도움으로 벼슬을 시작해 청하 현감(淸河縣監), 양천 현령(陽川縣令) 등을 지냈으며, 1756년(영조32)에는 가선대부 지중추부사에까지 올랐다. 진경산수화의 화풍을 수립한 화가로 유명하다.

101 현재(玄齋) 심사정(沈師正) : 1707~1769. 본관은 청송(靑松)이고, 자는 이숙(頤叔)이며, 현재는 그의 호이다. 증조 심지원(沈之源)은 영의정까지 지냈으나, 조부 때 역모의 집안으로 몰려 몰락하였다. 평생 관직에 나가지 못하고 일생을 그림으로 지냈다.

102 운림(雲林)과 석전(石田) : 운림은 원(元)나라의 문인 화가인 예찬(倪瓚)의 자호이고, 석전은 명나라의 은자로 시·서·화에 뛰어났던 심주(沈周)의 호이다.

삼아 그 영향 속에서 벗어나지 않았으나, 겸옹(謙翁)은 털끝 하나까지 모두 스스로 터득하여 글씨와 그림이 모두 경지에 올랐으니, 천기(天機)에 깊은 자가 아니라면 이런 경지에 이를 수 없을 것이다. 중고(中古) 이후의 화가들 가운데 마땅히 동국 제일의 명가(名家)로 꼽아야 할 것이다. 그러나 심사정 역시 재능과 생각이 출중하여 참으로 겸옹의 강력한 맞수이니, 사람들의 말이 진실로 식견이 없는 것이 아니다.

《기사일기》 뒤에 쓰다[103]

書己巳日記後

기록(記錄)은 문사(文辭 문장)와 체재가 같지 않으므로 글을 읽는 자들이 소홀히 여기기 쉽다. 그러나 글을 읽으면서 그 사람을 알고자 한다면 문사는 기록만 못하다. 기록은 사실에 근거하여 반드시 증명함을 위주로 하기 때문에 실정이 저절로 드러나고, 문사는 가공(架空)에 의지하여 이치에 가깝기를 추구하기 때문에 화려한 꾸밈이 항상 앞서게 된다. 화려한 꾸밈이 앞서게 되면 간색(間色)인 자주색이 간혹 정색(正色)인 붉은색을 어지럽힐 수 있고 실정이 드러나게 되면 아름다움이 그 흠을 가릴 수 없으니, 이치가 그러하다.

이것은 기사년(1689, 숙종15) 사화(士禍)[104] 때의 《일기(日記)》 한

103 기사일기 뒤에 쓰다 : 기사환국(己巳換局)이 일어났을 때의 일을 일기 형식으로 기록한 이담(李湛)의 《기사일기》 뒤에 붙인 글이다. 미국 버클리대학교 동아시아도서관에 소장된 《남한기략(南漢紀略)》의 말미에 이담이 기록한 김수항(金壽恒)의 장례기록인 《기사일록(己巳日錄)》이 붙어 있는데, 《기사일록》이 여기서 말하는 《기사일기》가 아닌가 한다. 《기사일록》은 진도(珍島)에 유배되었다가 사사된 김수항의 시신을 수습하기 위해 이담이 4월 3일 출발하여 운상(運喪)하여 되돌아와서 장례를 치르기까지 41일간의 일을 기록한 것이다. 이담(1652~1716)은 본관은 전주(全州)이고, 자는 경화(景和)이며, 호는 성재(醒齋)이다. 광평대군(廣平大君) 이여(李璵)의 10세손으로, 김수항의 생질(甥姪)이자 송시열(宋時烈)의 문인이다. 1689년(숙종15)에 기사환국으로 송시열이 사사되자 광주(廣州)에 은거하였으며, 이후 1706년(숙종32)에 임천군수(林川郡守)를 지냈다. 《고려대학교 해외한국학자료센터 남한기략 해제》

104 기사년 사화(士禍) : 1689년(숙종15) 일어난 기사환국(己巳換局)으로, 남인이 다시 득세하고 서인이 축출되었으며 송시열과 김수항 등이 사사되었다.

권이니, 바로 고(故) 임천 군수(林川郡守) 이공 담(李公湛)이 쓴 것이다. 내가 《일기》를 펼치자마자 눈물이 그렁그렁 두 눈 사이에 맺혀서 거의 제대로 읽을 수조차 없었으니, 오히려 다시 차마 무슨 말을 하겠는가. 그러나 후세에 임천공(林川公)을 알고자 하는 자가 있다면, 내 생각으로는 이 《일기》가 마땅히 공의 평생을 대표하게 될 것이다. 이는 무엇 때문인가?

공은 나의 선조 문충공(文忠公 김수항)의 미생(彌甥)[105]으로서 화양(華陽) 문정공(文正公 송시열)의 제자가 되었으니, 그 몸은 도의를 실천한 사람이 아니겠는가. 외숙과 스승이 화를 입은 날을 당하여 천 리 길을 달려가 위험을 무릅쓰고서, 정성을 다하여 친척 간의 은의(恩誼)를 펴고 힘을 다해 의(義)를 다하였으니[106] 그 행실이 우뚝하여 구차하지 않은 것이 아니겠는가. 문정공이 죽음을 눈앞에 두었을 때 문충공의 묘지명을 받았으니,[107] 그 처사(處事)와 응변(應變)이 또 민첩하면서도 주밀하고 신중했던 것이 아니겠는가.

더군다나 이 기록이 슬프고 두려우며 원통하고 억울한 상황 속에서

105 미생(彌甥) : 누이의 후손을 이르는 말이다. 이담의 모친은 김수항의 누이이다. 《陶谷集 卷13 林川郡守李公墓碣銘幷序》

106 외숙과……다하였으니 : 이담은 1689년(숙종15) 4월에 김수항이 진도(珍島)에서 사사되자 진도로 가서 김수항의 시신을 수습하여 장례를 치렀으며, 또 송시열이 제주로 유배되자 글을 올려 그 억울함을 하소연하였다. 《陶谷集 卷13 林川郡守李公墓碣銘幷序》

107 문정공(文正公)이……받았으니 : 송시열은 제주에 유배되었다가 다시 서울로 압송되던 중에 김수항의 묘지명인 〈문곡김공묘지명병서(文谷金公墓誌銘幷序)〉를 지었는데, 이담이 이를 부탁하였다고 한다. 《陶谷集 卷13 林川郡守李公墓碣銘幷序》

이루어졌으면서도, 문충공과 문정공이 조용히 인(仁)을 이루는 것을 묘사한 부분에 대해 들은 것을 기록한 것과 직접 목도한 것에 대한 상략(詳略)의 차이가 있기는 하지만, 대체로 털끝만큼도 어긋나지 않아 그 기상을 우러러볼 수 있으니, 문장에 능숙하지 않고서 이렇게 할 수 있었겠는가. 만약 이 기록이 없었다면 후세의 사람이 어떻게 전술(傳述)했겠는가. 그렇다면 공이 스승과 외숙을 위하여 그 사실을 핍진하게 전한 것이 참으로 사람들로 하여금 공의 평생을 살필 수 있게 한 것이다. 비록 공의 저술에 대들보를 채울 만큼의 문사가 있다고 하더라도 어찌 의심할 여지 없이 반드시 후세에 전해질 이 기록만 하겠는가. 정해년(1827, 순조27) 5월에 쓰다.

범털로 만든 붓에 대하여

虎毛筆說

가죽을 벗겨서 깔개로 만들면 거기에 눕는 사람이 아롱무늬의 찬란함을 좋아하고, 털을 뽑아서 붓대에 묶으면 쓰는 사람이 다른 붓보다 털이 연약함을 아쉬워한다. 만약 살아 있는 범이 가죽을 입고 털을 붙인 채 돌아다닌다면 그 어루만질 만한 찬란함과 완상할 만한 부드러움이 어찌 죽은 범에 비교될 수 있겠는가.

그러나 살아 있으면 미워하여 오직 앞으로 다가올까 걱정하고 죽으면 사랑하여 오직 가까이 소유하지 못할까 걱정하니, 사랑하고 미워하는 사람의 감정은 과연 일정함이 있는가? 그리고 범이란 놈은 장차 사랑을 받기 위해 죽겠는가? 아니면 미움을 받으면서 살아 있을 것인가? 사랑과 미움, 삶과 죽음 사이에서 반드시 변별하는 자가 있을 것이다.

대수판[108]

大水判

지난 계축년(1793, 정조17)에 금대(金臺)[109]에서 수옥(水屋 장도악(張道渥))을 만나 함께 필담을 나누었다. 수옥이 이 붓을 사용하여 나는 듯이 붓을 휘둘렀고 이어 나에게 이르기를 "점포에 있는 붓은 좋은 것이 적은데 오직 이 종류만은 꽤 괜찮습니다. 내가 평소에 이 붓을 쓰기를 좋아하여 크고 작은 글자를 쓸 때 다른 종류의 붓을 쓰지 않습니다. 그대도 돌아갈 때 많이 지니고 가서 한번 써보십시오."라고 하였다. 또 붓대 끝의 세 가닥 세로획을 가리키며 말하기를 "이런 모양이 내가 말한 것이니, 작은 것은 또 쓸 만하지 않습니다."라고 하였다.

내가 마음속으로 기억하고 있다가 그 뒤에 한번 글자를 써보았는데, 작은 글씨는 다 좋았으나 큰 글씨는 왕왕 획이 칠해지지 않는 부분이 있어 마치 몽당붓으로 쓴 것과 같았기에, 그제야 재주가 있고 없음의 차이가 30리일 뿐만이 아님을 알게 되었다.[110] 지금 비은사(費隱舍)에

108 대수판(大水判) : 풍고의 나이 64세 때인 1828년(순조28) 6월에 쓴 글이다. 본문의 내용으로 보아 대수판은 붓의 이름으로 보이는데, 풍고가 1792년(정조16) 10월 21일에 동지 겸 사은사의 서장관으로 연행하여 북경에서 장도악(張道渥, 1757~1829)을 만났을 때, 이 붓을 소개받고 귀국할 때 지니고 온 것으로 보인다. 장도악은 태원(太原) 사람으로, 자는 수옥(水屋)이고, 호는 몽각(夢覺)이며, 양주 자사(楊州刺史)를 지냈으며, 시와 그림에 뛰어났다.

109 금대(金臺) : 전국 시대 연나라 소왕(昭王)이 천하의 현사(賢士)를 대접하기 위해 연경(燕京)에 세운 황금대(黃金臺)로, 북경을 상징하는 말로 쓰인다.

있는 '옥호산방(玉壺山房)'이라는 편액[111]은 바로 수옥의 글씨인데, 그 글자의 모양을 자세히 살펴보니 또한 이 붓으로 쓴 것이었다.

이날 밤에 우연히 산방에 남겨진 상자를 살펴보다가 이 붓을 발견해서 갑자기 수옥의 말이 기억나 먹물을 적셔 이 글을 써서 하늘 끝 멀리에서 죽은 이를 그리워하는 감회를 기록하였다.[112] 또 지금 근일에 돌아온 연공사(年貢使) 편에 얻은 중원 사람들의 시와 그림의 묵적(墨迹)은 모두 평범하여 사람을 감동시키지 못하였으니, 수옥과 같은 사람은 출중한 사람이라고 말해도 괜찮다는 것을 비로소 알았다. 무자년(1828, 순조28) 6월〔徂暑〕 그믐에 쓰다.

110 그제야……되었다 : 서로의 재주가 몹시 차이가 난다는 말이다. 후한(後漢)의 한단순(邯鄲淳)이 지은 조아비(曹娥碑) 뒷면에 채옹(蔡邕)이 '절묘호사(絶妙好辭)'라는 뜻으로 '황견유부외손제구(黃絹幼婦外孫虀臼)'라는 여덟 글자의 은어(隱語)를 써넣었다. 후한 말에 조조(曹操)가 양수(楊修)와 함께 길을 가다가 이 은어를 보았을 때 양수는 곧바로 의미를 알아챘으나 조조는 30리를 더 가서야 깨닫고는 "알고 모르는 것이 30리나 차이가 난다.〔有智無智較三十里.〕"라고 탄식했던 고사가 전한다. 참고로 황견(黃絹)은 '오색 실〔色絲〕'이니 절(絶)이 되고, 유부(幼婦)는 소녀(少女)이니 묘(妙)가 되고, 외손은 '딸의 자식〔女子〕'이니 호(好)가 되고, 제는 '매운〔辛〕' 부추이고 구(臼)는 '받는 것〔受〕'이니 사(辭)의 약자가 된다. 《世說新語 捷悟》

111 비은사(費隱舍)에……편액 : 비은사는 풍고의 별서인 옥호정(玉壺亭) 안에 있던 사랑채의 이름으로 보인다. 현재 남아 있는 〈옥호정도(玉壺亭圖)〉를 참고하면 옥호정의 사랑채로 보이는 건물의 현판으로 '옥호산방'이라는 글씨가 걸려 있음이 확인된다. 또 《풍고집》 권2에 〈비은사에서 읊은 절구〔費隱舍絶句〕〉라는 시가 수록되어 있다. 비은(費隱)은 《중용장구》 제12장의 "군자의 도는 넓고도 은미하다.〔君子之道, 費而隱.〕"라는 구절에서 따온 말이다.

112 죽은……기록하였다 : 장도악은 1829년 5월에 세상을 떠났으므로 이 글을 쓸 당시에 생존해 있었다. 《許雋超, 淸中葉著名畫家張道渥年表, 蜀學, 2018》

두 가지 누에 대해 탄식하다

歎二累

두 가지 누(累)를 왜 탄식하는가? 정원에 학이 있는데 병이 들어 엎드려 있어서 완상할 수가 없어 이런저런 치료를 해 보았는데 효험이 없었다. 사물에 박식한 자가 보고서 말하기를 "이것은 본성대로 살지 못해 생긴 병입니다."라고 하기에, 자잘한 개울의 물고기 30~50여 마리를 사다가 동이의 물에 띄워서 학에게 주었다. 학이 한참을 물끄러미 쳐다보더니 엎드렸다가 다시 일어나 물과 함께 삼켰는데, 목털이 울룩불룩 일어나 물고기가 내려가는 것을 셀 수 있을 듯했다. 얼마 뒤에 갑자기 설사를 쏟더니 날개를 치고 길게 울음을 울며 달려갔다. 이를 본 자들이 모두 크게 웃으며 포복절도했으니, 이는 음식이 누가 된 것이다.

이튿날 서산(西山) 아래에 분매(盆梅)를 기르는 자가 있는데 그 주인이 매화를 몹시 사랑하여 잠시도 남에게 보여주려 하지 않는다는 말을 들었다. 사람을 보내 빌려보려 했으나 허락하지 않기에 돈으로 바꾸기를 청하니 곧장 허락하였다. 마침내 들고서 돌아와 숙직하는 곳에 두었으니, 이는 재물이 누가 된 것이다.

무릇 만물 가운데 고결하고 우아한 것으로는 학과 매화만 한 것이 없는데도 음식과 재물이 오히려 그것의 누가 되었으니, 하물며 고기를 좋아하고 옥과 비단을 즐기는 성품을 지닌 사람의 몸임에랴. 이 때문에 탄식한다.

잡록
雜錄

증선지(曾先之)의 《십구사략(十九史略)》[113]은 〈예문지(藝文志)〉에 드러나지 않으니, 이 책이 중원에서 전해지던 책이 아니며 증선지가 명성을 지닌 선비가 아님을 알 수 있다. 게다가 그 책에 실린 역대의 기록은 크게 누락되고 생략되어 마치 오늘날 사람들이 어느 집안의 세보(世譜)를 초록한 것과 같아서 전혀 볼 만한 것이 없다.

우리나라 사람들이 반드시 이 책으로 초학자를 가르치며 《소학(小學)》과 함께 선후로 삼아서 이 책을 읽지 않는 것을 두고 본데없다고 여기니, 진실로 또한 우습다. 그러나 중국에서 전해지지 않던 책이 유독 한쪽 모퉁이 해동(海東)에 널리 퍼져 마침내 글을 배우는 자가 처음 익히는 책이 되었으니, 책이 세상에 드러나고 감추어짐도 또한 그 지역이 있는 것인가?

113 증선지(曾先之)의 십구사략(十九史略) : 증선지는 송말 원초(宋末元初)의 인물로 자는 종야(從野)이다. 《사기(史記)》로부터 《신오대사(新五代史)》에 이르기까지 16종의 정사(正史)와 2종의 송대(宋代) 사료를 취하여 《십팔사략(十八史略)》을 편찬하였다. 《십구사략》은 《십팔사략》에 원대(元代)의 역사를 보충하여 명나라 여진(余進)이 편찬한 책이다. 《십팔사략》은 조선 초기에 이미 간행되어 읽혔는데, 뒤이어 《십구사략》이 들어오면서 더 많이 읽혔고 언해본까지 간행되었다. 여기서는 《십구사략》의 내용 대부분이 증선지가 편찬한 것이므로, 증선지의 《십구사략》이라고 칭한 것으로 보인다.

세상에서는 의적(儀狄)이 처음으로 술을 만들었다고 하는데,[114] 나는 그렇게 생각하지 않는다. 대체로 이보다 앞서 이미 술이 있었고 의적은 다만 술을 잘 빚은 사람일 뿐일 것이다. 음식을 익혀 먹은 이래로 의적의 시대에 이르기까지 그사이에 몇천 년이 있는지 모르니, 그렇다면 단술을 빚으면서도 술을 빚을 수 없었다는 것은 필시 이런 이치가 없을 것이다.

대우(大禹)가 그를 멀리하여 물리친 것은 그가 간사한 맛으로 사람에게 아첨했기 때문에 물리친 것이지 그가 처음 술을 만들었기 때문에 물리친 것이 아니다. 대우의 가르침에 '술을 달게 여기고 음악을 좋아한다.〔甘酒嗜音.〕'라는 말이 있으니, 만약 의적 이전에 술 때문에 나라를 망친 자가 없었다면 무엇 때문에 번번이 '아직까지 망하지 않은 자는 없었다.〔未有不亡也.〕'라고 했겠는가.[115] 성인의 말은 글자 하나도 구차하게 쓰는 일이 없으니, '아직까지 없었다.〔未有.〕'라는 말은 의적 이전에 이미 허다한 임금들이 술에 빠진 우환이 있었던 것이 분명하니, 이 때문에 도리어 이처럼 간곡하게 가르침을 내린 것이다.

또 증거로 삼을 만한 한 가지 일이 있다. 신농씨(神農氏)의 시대에

114 세상에서는……하는데 : 《전국책(戰國策)》 〈위책(魏策)〉에 "옛날에 의적(儀狄)이 술을 만들었는데 맛이 좋으므로 우(禹) 임금에게 바쳤다. 우 임금이 술을 맛보고는 술맛이 좋자 술을 끊고 의적을 멀리하며 말하기를 '후세에 반드시 술로 인해 나라를 망치는 자가 있을 것이다.'라고 하였다."라는 내용이 보인다.

115 대우(大禹)의……했겠는가 : 《서경》 〈오자지가(五子之歌)〉에 "안으로 여색에 빠지거나, 밖으로 사냥만 좋아하거나, 술과 풍악에 탐닉하거나, 집을 높이 짓고 담장을 조각하거나 하여 이 중에 한 가지라도 있으면 망하지 않는 이가 없다.〔內作色荒, 外作禽荒, 甘酒嗜音, 峻宇彫牆, 有一於此, 未或不亡.〕"라는 우 임금의 말이 있다.

이미 쟁기와 보습으로 농사를 지은 일이 있는데,[116] 후직(后稷)에 이르러서야 '비로소 백곡을 파종한다.〔始播百穀.〕'라고 하였으니,[117] 그렇다면 신농씨가 심고 먹었던 것이 모두 풀과 나무 따위였다는 말인가. 토질의 적당함을 살피고 백곡의 성질을 터득한 것이 후직에 이르러서야 비로소 분명해진 것이다. 이런 논리로 미루어 헤아리면 '처음으로 술을 만들었다.'고 한 것은 또한 술을 빚는 법이 비로소 오묘한 경지에 이르렀음을 말한 것이지, 술을 처음으로 만들었음을 말한 것이 아니다.

대우와 같은 지극한 성인으로서 그 술을 마시고 달게 여겨 술에 빠지는 우환이 생길까 걱정함에 이르렀으니, 그렇다면 의적이 술을 빚는데 뛰어났음을 더욱 잘 볼 수 있다.

'흰 꿩〔白雉〕'이라는 이름은 서적에 보일 뿐이니,[118] 장로에게 물어보아도 또한 직접 본 사람이 없다.

116 신농씨(神農氏)의……있는데 : 《주역》 〈계사전 하(繫辭傳下)〉에, "신농씨가 나와 나무를 깎아 쟁기를 만들고 나무를 휘어 쟁기 자루를 만들어 쟁기와 호미의 이로움으로 천하를 가르쳤다.〔神農氏作, 斲木爲耜, 揉木爲耒, 耒耨之利, 以敎天下.〕"라는 말이 있다.

117 후직(后稷)에……하였으니 : 후직은 주(周)나라의 시조로, 순(舜) 임금 때 농사를 맡은 관직을 지냈다. 《시경》 〈빈풍(豳風) 칠월(七月)〉은 후직의 교화를 서술한 시인데, 그 시에 "낮이면 가서 띠풀을 베어오고, 밤이면 새끼를 꼬아, 빨리 지붕을 이어야 비로소 내년에 다시 백곡을 파종하느니라.〔晝爾于茅, 宵爾索綯, 亟其乘屋, 其始播百穀.〕"라는 말이 보인다.

118 흰……뿐이니 : 예컨대 《한시외전(韓詩外傳)》 권5에, 주(周)나라 성왕(成王) 때 주공(周公)이 섭정하여 천하가 태평해지자 월상씨(越裳氏)가 와서 주공에게 흰 꿩을 바쳤다는 기록이 대표적이다.

정미년(1787, 정조11) 겨울에 내가 한원(翰苑)에 있을 때 종숙부인 의정공(議政公 김이소(金履素))은 관서(關西)를 안절(按節)하였다.[119] 어느 날 역마 편에 흰 꿩을 보내오고 또 편지를 보내서 말하기를 "영원(寧遠) 땅의 꿩 잡는 일을 하는 백성이 깊은 산속에서 이 꿩을 잡았다고 한다."라고 하였다. 내가 급히 상자를 열어서 보니 깃털이 깨끗하고 고와서 온몸이 눈처럼 희었으며 꼬리털의 무늬가 빛나 너무도 하얘서 도리어 푸른빛이 돌았다. 오직 정수리에 한 점만이 주사(朱砂) 알갱이처럼 곱게 빛났으니, 산 채로 가져오지 못한 것이 한스러웠다.

저녁에 등대(登對)하게 되었을 때 어전에서 흰 꿩을 잡은 일을 진달하니, 성상께서 즉시 명하여 가져오게 하여 살펴보고는 바로 화공(畫工)에게 주어 실제 모습대로 본떠 그리고 그 깃털을 내부(內府 왕실의 창고)에 보관하게 하였다.

송(宋)나라는 신종(神宗) 시대에 이르렀을 때 천하의 병폐가 이미 심해졌으니, 어찌 변통(變通)함이 없을 수 있었겠는가. 개보(介甫 왕안석(王安石))의 신법(新法)[120]은 또한 어쩔 수 없는 것이었다. 만약 한기(韓琦)와 부필(富弼)과 사마광(司馬光)과 여공저(呂公著) 등 제공

119 정미년……안절(按節)하였다 : 한원(翰苑)은 예문관의 별칭으로 쓰였는데, 당시 풍고는 예문관 검열을 지내고 있었다. 또 풍고의 종숙부 김이소(金履素)는 1787년 11월 9일에 평안도 관찰사에 임명되었다.

120 개보(介甫)의 신법(新法) : 개보는 송나라 왕안석(王安石)의 자이다. 신종(神宗) 때 재상이 되어 시폐를 구제하기 위해 부국강병책인 신법(新法)을 시행하였는데, 여러 가지 병폐가 노출되는 한편 정치적 이해와 맞물려 구법당(舊法黨)의 반대에 부딪혀 실패하였다.

(諸公)[121]이 마음을 평온하게 하고 기운을 가라앉혀서 개보와 함께 조용히 강구했더라면, 개보가 반드시 자신의 견해만 고집하는 마음을 일으키지는 않았을 것이며 신법이 반드시 백성을 해치는 정사가 되지는 않았을 것이다.

그런데 한기와 부필과 사마광과 여공저는 개보가 남인(南人)으로서 갑자기 임금에게 신임을 얻었다고 하여[122] 먼저 불평스러운 마음을 품어 무리 지어 배척하고 앞다투어 물리쳤다. 심지어 함께 조정에 나란히 서지 못하겠다고 하는 데까지 이르자 개보의 화가 극에 달했던 것이니, 여혜경(呂惠卿)의 무리가 어찌 틈을 타고 일어나지 않을 수 있었겠는가.[123] 정백순(程伯淳 정호(程顥))이 말한 "우리가 그 잘못을 공평하게 나누어 져야 한다."라고 한 것[124]이 또한 훌륭하지 않은가. 그렇다면

121 한기(韓琦)와……제공(諸公) : 모두 송나라 때의 명상(名相)들로, 왕안석의 신법에 반대한 인물들이다.

122 개보가……하여 : 왕안석은 임천(臨川) 사람인데, 임천은 현재의 강서성(江西省) 무주(撫州) 임천시 지역이다. 남인(南人)은 양자강(揚子江) 남쪽 출신 사람을 일컫는 말인데, 송나라 태조가 '남인을 재상으로 등용하지 말라.'는 유언을 남긴 이래, 남인을 경시하는 사상이 이어졌다. 사마광이 왕안석이 추천한 진승지(陳升之)의 등용을 반대하며 신종에게 상주한 말에 '민 땅 사람은 교활하고 음험하며, 초 땅 사람은 가볍고 경솔하다.〔閩人狡險, 楚人輕易.〕'라고 한 내용이 보이는데, 진승지 역시 현재의 복건성(福建省) 출신이다. 《野客叢書 卷25 不用南人爲相》《宋史紀事本末 卷8 王安石變法》

123 여혜경(呂惠卿)의……있었겠는가 : 왕안석이 당대의 충신들과 불화하자 결국 간신배가 그 틈을 노리고 일어났다는 말이다. 여혜경은 송나라 신종(神宗) 때의 간신으로 자는 길보(吉甫)이다. 왕안석에 의해 추천되어 신법의 시행에 참여하였다가 왕안석이 재상에서 물러나자 왕안석을 공격하는 데 앞장섰던 인물이다.

124 정백순(程伯淳)이……것 : 정백순은 정호(程顥)로 백순은 그의 자이다. 《이정유

천하가 어지러워지고 소인이 벼슬에 나왔던 것을 어찌 개보에게만 그 허물을 돌릴 수 있겠는가. 나는 한기와 부필과 사마광과 여공저가 오히려 치우친 마음을 지녔던 것에 유감이 없을 수 없다.

소를 이용해 밭을 간 것을 세상 사람들은 조과(趙過)[125]로부터 시작되었다고 하는데 이 설이 참으로 옳은 듯하다. 여러 경전에서 소를 말한 것이 매우 많지만, 희생(犧牲)을 갖춘 것을 말하고 수레를 끈 것을 말하고 종(鍾)에 피를 칠한 것[126]을 말하고 무거운 것을 짊어진 것을 말한 것에 불과하며, 제자서(諸子書)와 《전국책(戰國策)》에서도 한군데도 보이지 않는다. 그 외에 농사일을 자세히 말한 곳에서도 다만 '발을 들어 밭을 간다.〔擧趾.〕'거나 '짝을 지어 밭을 간다.〔耦耕.〕'고만 하였으니[127] 이것은 모두 사람이 밭을 가는 것이다. 그렇다

서(二程遺書)》 권2상(上)에 "신법의 개혁에 대해 또한 우리가 쟁집한 것이 너무 지나침이 있으니, 오늘의 일을 만들어 천하를 도탄에 빠뜨린 것은 또한 마땅히 그 죄를 양분해야 옳다.〔新政之改, 亦是吾黨爭之有太過, 成就今日之事, 塗炭天下, 亦須兩分其罪可也.〕"라는 말이 있다.

125 조과(趙過) : 한(漢)나라 무제(武帝) 때 수속도위(搜粟都尉)가 되어 농토를 번갈아 쉬게 하며 경작하는 대전법(代田法)을 시행했고 소를 이용해 경작하는 방법을 고안했다고 한다. 《漢書 卷24上 食貨志4》

126 종(鍾)에……것 : 원문은 '흔종(釁鍾)'인데, 고대에 종을 새로 주조했을 때 희생(犧牲)을 죽여서 그 피를 종의 틈새에 바르는 제사 의식을 말한다. 《孟子 梁惠王上》

127 다만……하였으니 : 《시경》 〈빈풍(豳風) 칠월(七月)〉에 "삼월에는 농기구를 손질하고, 사월에는 밭갈이를 나간다.〔三之日于耜, 四之日擧趾.〕"라는 구절이 있다. 또 《예기》 〈월령(月令)〉에 "전농관(典農官)으로 하여금 백성들에게 고하여 오곡의 종자를 내게 하고, 농부에게 명하여 함께 경작하는 일을 계산하게 하며, 쟁기와 보습을 수리하고, 농기구를 장만하게 한다.〔令告民出五種. 命農計耦耕事, 修耒耜, 具田器.〕"

면 조과로부터 시작되었다는 것은 진실로 옳을 것이다.

어떤 사람은 '염경(冉耕)은 자가 백우(伯牛)이다.'라고 하는데, 이는 의심스럽다. 여러 경전이 진(秦)나라의 분서(焚書)에 훼손되었다가 한(漢)나라 때 나왔으니, 백우의 이름을 경(耕)으로 단정할 수 없고 염경의 자를 백우로 단정할 수 없다. 하물며 염경의 자가 백우라는 것은 경전에 보이지 않고 역사서에 보이니,[128] 후인이 근거 없이 한 말이 아니라고 어찌 장담할 수 있겠는가.

촉(蜀) 땅 속담에 '글씨를 배우면 종이를 허비하고, 의술을 배우면 사람을 허비한다.'라는 말이 있다.[129] 사람들을 허비하여 의원이 된 자는 그 배움을 위하여 사람을 허비하는 것을 알지 못하니, 남이 의술을 배우는 것을 위하여 거기에 허비되는 사람은 또한 슬퍼할 만하지 않겠는가.

내가 근년 이래로 남들의 부추김을 받아 때때로 글씨를 썼는데 얼마 뒤에는 또 습관이 되어 종이만 보면 그때마다 못난 글씨를 써서 온통 까맣게 만든 뒤에야 그만두었다. 나의 처지에서 말하면 비록 회계(會

라는 구절이 있다.

128 역사서에 보이니 : 《사기(史記)》 권67 〈중니제자열전(仲尼弟子列傳)〉에 "염경은 자가 백우이다.〔冉耕字伯牛.〕"라고 하였다.

129 촉(蜀)……있다 : 소식(蘇軾)의 〈묵보당기(墨寶堂記)〉에, "나는 촉 땅 사람인데, 촉 땅 사람들의 속담에 '글씨를 배우는 자는 종이만 허비하고, 의술을 배우는 자는 사람만 허비한다.'라고 하니, 이 말이 비록 작으나 큰일을 비유할 수 있다.〔予蜀人也, 蜀人諺曰: '學書者紙費, 學醫者人費.' 此言雖小, 可以喩大.〕"라는 말이 보인다. 《東坡全集 卷35》

稽)의 창고에 저장된 종이[130]를 다 없앤다고 하더라도 애석할 것이 없다. 하지만 종이의 처지에서 말한다면 결백하고 때 묻지 않은 몸이 나에 의해 더럽혀지게 되니, 종이가 만약 지각이 있다면 어찌 탄식하며 스스로 슬퍼하지 않겠는가.

종이를 허비하고도 글씨는 공교로워지지 않았으니, 나는 참으로 재주가 없음이 스스로 부끄럽거니와 종이가 재앙을 당하는 것만 더욱 커지게 되었다. 마침내 이렇게 써서 나의 부끄러움을 기록하고 또 종이의 재앙을 위로한다.

대인(大人)은 좀처럼 세상에 나타나지 않지만, 또한 한 번도 세상에 나타나지 않은 적이 없었다. 한(漢)나라에서 한 사람을 얻었으니 무후(武侯 제갈량(諸葛亮))가 바로 이 사람이고, 진(晉)나라에서 한 사람을 얻었으니 도연명(陶淵明 도잠(陶潛))이 바로 이 사람이다. 수(隋)나라에서 한 사람을 얻었으니 왕중엄(王仲淹 왕통(王通))이 바로 이 사람이고, 당(唐)나라에서 한 사람을 얻었으니 곽 영공(郭令公 곽자의(郭子儀))이 바로 이 사람이다. 송(宋)나라에서 한 사람을 얻었으니 명도(明道 정호(程顥))가 바로 이 사람이고, 원(元)나라에서 한 사람을 얻었으니 야율문정(耶律文正)[131]이 바로 이 사람이며, 명(明)나라

130 회계(會稽)의……종이 : 왕희지(王羲之)가 회계 령(會稽令)으로 있을 때 사안(謝安)이 글씨를 쓸 종이를 달라고 청하자, 회계의 창고 안에 있던 종이 9만 장을 다 주었다는 고사가 전한다. 《文房四譜 卷4 紙譜》

131 야율문정(耶律文正) : 원(元)나라의 야율초재(耶律楚材)로, 칭기즈칸을 도와 원나라 건국에 큰 공을 세운 인물이다. 자는 진경(晉卿)이고, 호는 담연거사(湛然居士) 또는 옥천노인(玉泉老人)이며, 문정은 그의 시호이다. 항상 담박한 생활을 하였다

에서 한 사람을 얻었으니 서 중산(徐中山)[132]이 바로 이 사람이다.

한(漢)나라의 자방(子房 장량(張良))과 진(晉)나라의 사종(嗣宗 완적(阮籍))과 당(唐)나라의 업후(鄴侯 이필(李泌))[133]와 송(宋)나라의 도남(圖南 진단(陳摶))[134]과 명(明)나라의 백온(伯溫 유기(劉基))[135]과 같은 사람들은 또 그 버금가는 부류이다.

무릇 대인이란 마음에 오로지 주장하는 것〔適〕도 없고 그렇게 하면 안 된다는 것〔莫〕도 없는 자이다.[136]

높고 높은 태산(泰山)은 그 아름다움을 형용한다면 높음이 하늘에까

고 한다.

132 서 중산(徐中山) : 중산왕(中山王)에 봉해진 명(明)나라 장군 서달(徐達)을 말한다. 많은 전공을 세우며 명나라의 개국 공신이 되었는데, 산해관(山海關)을 처음 세웠다고 전해진다.

133 업후(鄴侯) : 당나라 이필(李泌)로 업후는 그의 봉호이다. 어려서 신동으로 이름을 떨치고 장성해서는 신선술에 탐닉하였으며, 현종(玄宗)·숙종(肅宗)·대종(代宗)·덕종(德宗) 4대에 걸쳐 국가 대사에 막중한 영향력을 행사하였다.

134 도남(圖南) : 송나라 진단(陳摶)으로 도남은 그의 자이며, 호는 부요자(扶搖子)·희이선생(希夷先生) 등이다. 후주(後周) 말에 세상이 어지러워지자 화산(華山)에 은둔해 살았고, 송나라 태조(太祖)가 등극했다는 소식을 듣고 세상이 안정을 되찾았다고 하면서 웃었다고 한다.

135 백온(伯溫) : 명나라 초기의 학자 유기(劉基)로, 백온은 그의 자이다. 원나라 말에 의병을 일으켜 태조를 도와 개국 공신이 되었고, 성의백(誠意伯)에 봉해졌다.

136 대인이란……자이다 : 대인은 한쪽으로 치우친 마음이 없어야 한다는 말이다. 공자가 "군자는 천하의 일에 대해 오로지 주장함도 없고, 그렇게 하지 않는다는 것도 없어서 오직 의를 따를 뿐이다.〔君子之於天下也, 無適也, 無莫也, 義之與比.〕"라고 한 데서 나온 말이다.《論語 里仁》

지 닿는 것이고, 망망한 푸른 바다는 그 결점을 말한다면 낮은 곳에 처하여 더러움을 받아들이는 것이다. 그러나 산꼭대기에 한 번만 올라보아도 벌써 태산의 전모를 내려다보게 되니, 그 어느 것이 하늘의 깊이를 감싸 안고 땅의 구역을 포괄하여 헤아릴 수 없는 바다만 하겠는가. 사람을 보는 것은 기상이 높고 우뚝함을 귀하게 여기지 않고 도량이 깊고 넓음을 귀하게 여긴다.

일찍이 선배들의 간독(簡牘)을 보니 자기 일을 말하는 곳에서는 대부분 글을 읽지 못하는 것과 시간이 없는 것을 근심으로 삼았다. 대체로 그 말을 한 사람에게 반드시 모두 이런 마음이 있지는 않았겠지만, 그 말은 사람을 경계시키기에 충분하였다. 그런데 지금 사람들은 그렇지 않아서 몸에 병이 생겼다고 말하거나 아니면 번번이 공무가 번잡하다고 말하니, 어찌 옛사람에게는 몸에 병이 생기거나 공무가 번잡한 일이 없고 지금 사람에게만 유독 있겠는가. 여기에서 옛날과 오늘날의 풍기가 같지 않음을 알 수 있고 또한 나태하고 방만한 하나의 단서를 볼 수 있으니, 글을 읽는 종자가 날로 끊어지는 것도 당연하다.

사람이 충어(蟲魚)와 조수(鳥獸)를 잡아먹으면 그것을 상(常)이라고 하고 충어와 조수가 사람을 잡아먹으면 그것을 변(變)이라고 한다. 상은 과연 하늘의 뜻인가? 변은 하늘의 뜻이 아닌가? 사람은 조수·충어와 똑같이 하늘에서 생명을 받아 태어났는데, 하늘이 과연 사람의 먹을 것을 위해 조수와 충어를 만들었는가? 이와 같다면 하늘은 과연 사람을 편애하는 것인가? 조수와 충어도 하늘이 사람을 편애함을 알아서 기꺼이 사람에게 음식이 되어 주는가? 하늘이 만약 사람을 편애하지 않는다면 어찌하여 충어와 조수가 사람을 잡아먹을 수 없는가? 잡아먹을 수 있다면 상이며 변이 아니다. 충어와 조수가 사람에게 잡아먹히게 될 때는 그 마음에 또한 필시 '변이고 상이 아니다.'라고 할 것이다.

그렇다면 충어·조수와 사람이 서로 잡아먹는 것에 하늘이 무슨 상관이 있겠는가. 불씨(佛氏)가 살생을 경계로 삼은 것은 하늘의 뜻을 해칠까 두려워해서인데, 유자(儒者)가 불씨를 비난하는 것은 무엇 때문인가? 도(道)가 같지 않음을 비난하는 것이지 살생을 경계로 삼음을 비난하지는 않는다. 그렇다면 잡아먹는 것은 하늘의 뜻이 아닐 것이다. 옛사람 중에 처음으로 사냥과 고기잡이를 가르친 자가 있었는데,[137] 처음에는 잡아먹을 수 있는 것인지를 알지 못했을 것이다. 잡아먹는 것은 형세상 그렇게 된 것이지, 하늘의 뜻이 아니다. 내가 날마다 가물치〔鱻魚〕를 먹기 때문에 이에 이 글을 쓴다.

옛사람은 무엇 때문에 사냥과 고기잡이를 가르쳤는가? 사냥과 고기잡이를 가르친 것은 성인(聖人)의 마음이 어쩔 수 없음에 근원을 둔 것이니, 사람끼리 서로 잡아먹는 것을 두려워해서이다. 이는 어째서인가?

생명이 있으면 먹어야 하고 먹는 것에는 맛이 있다. 초목의 맛은 맛 가운데 좋지 않은 것이고 혈기를 지닌 것의 맛은 맛 가운데 좋은

137 옛사람……있었는데 : 《주역》 〈계사전 하(繫辭傳下)〉에, "옛날 포희씨가 천하에 왕 노릇할 때……노끈을 엮어 그물을 만들어서 사냥하고 고기를 잡았다.〔古者包犧氏之王天下也……作結繩而爲網罟, 以佃以漁.〕"라고 하였다.

것이다. 좋지 않은 맛을 버리고 좋은 맛을 취하는 것은 필연적인 본성이다. 사람은 혈기를 지닌 부류 가운데 지각이 가장 영험하고 식욕이 가장 강하니, 사람의 맛을 맛있게 여기는 것은 충어와 조수의 맛을 맛있게 여기는 것과 같다. 충어와 조수는 그 부류 중에서 약한 것의 고기를 강한 것이 먹는다. 사람에게 가르침이 없다면 또한 충어·조수의 본능과 같아서 같은 부류 가운데 약한 자의 고기를 강한 자가 먹을 것이니, 서로 잡아먹어 다 없어지기까지 얼마나 걸리겠는가.

먹을 때 맛이 좋은 것을 찾는 것은 비록 성인이라고 하더라도 금할 수 없다. 성인이 이에 사람이 서로 잡아먹는 것을 막기 위해 같은 부류끼리 잡아먹기보다 차라리 다른 부류를 잡아먹게 할 것을 생각하여, 마침내 사냥과 고기잡이를 가르쳐 사람들로 하여금 충어와 조수의 맛을 알게 하고 사람의 맛을 모르게 한 것이니, 이는 장차 서로 바로잡아 살게〔胥匡以生〕 하려 한 것이다.[138] 그러므로 "사냥과 고기잡이를 가르친 것은 성인이 어쩔 수 없어서였다."라고 한 것이다. 그렇지 않다면 사람이 조수·충어와 똑같이 하늘에서 생명을 받아 태어난 것을 성인이 어찌 몰랐겠는가.

천천히 걸어서 송원(松園 김이도(金履度))의 다옥(茶屋)에 이르니 때는 중추절(中秋節)이라 밝은 달빛을 받은 홰나무 그림자가 땅에 가득하였고, 단지 나뭇잎 사이로 비쳐드는 밝은 달빛이 그윽하고 환하여 사

138 이는……것이다 : 《서경》〈상서(商書) 태갑 중(太甲中)〉에, "백성은 군주가 아니면 서로 바로잡아 살 수가 없으며, 군주는 백성이 아니면 사방에 군주 노릇 할 수가 없다.〔民非后, 罔克胥匡以生; 后非民, 罔以辟四方.〕"라는 말이 있다.

랑스러웠다. 마침내 송원이 소장한 오래된 향 몇 개를 꺼내 구리 화로 안에 사르자 꽃다운 향기를 내뿜으며 연기가 성대히 피어오르니, 마치 아침놀이 자욱한 구름 속에서 해를 떠받드는 듯하였다.

다시 시원한 차 한 사발을 마시고서 호남(湖南)에서 생산된 얇은 종이를 펼쳐 몽당붓으로 글씨를 구하는 송원의 요구에 응하였다. 먹은 명(明)나라 때 만든 것이었는데 색이 옻처럼 검었고 새로 발하는 향기는 화로 속의 향보다 더 나았으니, 또한 하나의 유쾌한 일이었다.

이어 생각건대, 우리의 유희는 고개만 돌리면 곧장 옛 자취가 되니 만약 이 종이를 남겨 두어 내년 이 밤이 되었을 때 펼쳐 읽는다면 이미 오늘날 사람이 옛사람의 글을 읽는 것과 같을 것이니 또한 유쾌하지 않겠는가. 대하는 것에 옛 물건이 없다면 어찌 빨리 늙지 않을 수 있겠는가. 아득하고 아득한 내 마음이여, 산에 올라 물을 굽어보며 돌아가는 이를 전송하는 것과 같다.[139]

나는 수정(秀亭)[140]과 상투를 튼 뒤로 함께 지낸 지 거의 40년이 되었는데 중도에 잃고 말았으니 어찌 슬프지 않겠는가. 언제나 생각나노

139 아득하고……같다 : 소식(蘇軾)의 〈전적벽부(前赤壁賦)〉에 "아득하고 아득한 내 마음이여, 미인을 바라보니 하늘 한쪽에 있도다.〔渺渺兮余懷, 望美人兮天一方.〕"라는 구절이 있고, 초(楚)나라 송옥(宋玉)의 〈구변(九辯)〉에 "구슬퍼라 흡사 타향에 있는 듯하도다. 산에 올라 물을 굽어봄이여, 돌아가는 이를 보내도다.〔憭慄兮若在遠行, 登山臨水兮送將歸.〕"라는 구절이 있다.

140 수정(秀亭) : 풍고의 곁에서 수발을 들던 하인 이름으로 보인다. 《풍고집》 권2 〈엿을 먹으며〔喫餳〕〉라는 시에, "숨겨 둔 엿 찾아서 훔쳐 가길 생각지 말라, 수정에게 이처럼 단단히 일러 두었네.〔愼勿思偸啓吾藏, 爲告秀亭如是詳.〕"라는 구절이 보인다.

니, 벼루를 앞에 두고 먹을 갈 때면 그때마다 곁에서 떨어지지 않은 채 글자의 공졸(工拙)을 따지지 않고 내가 쓴 글씨는 한 글자라도 반드시 거두었으니, 그 글씨 때문이 아니라 바로 나를 좋아하는 마음이 그렇게 만든 것이었다.

근래에 전혀 글씨를 쓰지 않았다가 오늘 밤 우연히 근심을 달래려고 종이를 펼쳐 붓을 적셨다. 그런데 글자가 내 마음에 들어오기도 전에 죽은 이에 대한 감회를 이미 스스로 금하지 못하여 자꾸 다시 등불 그림자를 돌아보니, 마치 그가 눈을 부릅뜨고 고개 숙여 자세히 살펴보는 모습이 보이는 듯했다. 애석하다, 선량한 자질을 지녔음에도 하늘이 수명을 주지 않음이여!

이명(爾明)은 그와 같은 성씨로, 내 곁에 있은 지 수정처럼 오래되지는 않았지만 오히려 백개(伯喈 채옹(蔡邕))를 닮았던 늙은 병사보다 낫기에[141] 이 감회를 써서 그에게 준다.

오랜 벗 자하(紫霞 신위(申緯))는 십여 세 때 이미 삼절(三絶)에 이르러 고금에 그 짝을 찾기 드무니, 또한 하늘로부터 재주를 타고난 자일 것이다.[142]

141 백개(伯喈)를……낫기에 : 백개는 한(漢)나라 채옹(蔡邕)의 자이다. 공융(孔融)이 채옹과 매우 친하였는데, 채옹이 죽은 뒤에 채옹과 닮은 병사를 불러 함께 술을 마시며 슬픔을 달랜 고사가 전한다. 《後漢書 卷70 孔融列傳》

142 오랜……것이다 : 이 부분 및 자하 신위(申緯)의 시·서·화의 풍격을 논한 아래의 두 조목은 《경수당전고(警修堂全藁)》 책(冊)14 〈근일에 나의 시가 풍고공에게 크게 칭찬을 받았기에 참으로 감격스럽고 부끄러워 문득 장편시를 지어 기록하다〔近日僕詩大爲楓皐公激賞, 感怍之極, 輒爲長歌記之.〕〉라는 시의 뒤에 같은 내용이 첨부되어 있

자하의 시법(詩法)은 압록강(鴨綠江) 동쪽 우리나라에서는 처음으로 스스로 오묘함을 개창하였으니, 아무나 엿볼 수 있는 경지가 아니다. 그림 역시 기묘(奇妙)하고 청수(淸秀)하니, 운림(雲林)과 석전(石田)[143]의 무리가 아니면 함께 상대할 자가 전혀 없다. 오직 글씨만은 비록 그 정취를 극진히 하기는 했지만, 시와 그림에는 조금 미치지 못한다. 그러나 이것은 그 자신의 삼절(三絶)을 가지고 비교해 논한 것이니, 만약 동시대 사람을 두고 말한다면 진실로 이미 남보다 훨씬 빼어나다.

겨울밤에 우연히 자하가 그린 대 그림을 보다가 그림을 말미암아 그의 글씨를 생각하고 글씨를 말미암아 그의 시를 생각하고서 붓 가는 대로 이처럼 써보았으니, 나의 못난 식견 이외에 또 정론(定論)이 따로 있을지는 모르겠다. 자하를 논하는 것으로는 내가 나 스스로를 당세의 뛰어난 식견에 비기는데, 만약 모르는 자가 이를 망령되다고 한다면 내 감히 변론하기를 생각지 않는다.

곤궁해도 도를 잊지 않는다면 원헌(原憲)과 비슷할 것이고, 늙어서도 학문을 좋아한다면 안연(顔淵)보다 나을 것이다. 천년 뒤 동쪽 바다 외진 나라에 어찌 그런 사람이 있으랴. 두 현인을 겸할 것을 생각

다. 첨부된 내용은 '풍고공이 묵죽발에서 말하기를〔楓皐公墨竹跋曰〕'로 시작되며, 마지막에는 '정해년(1827, 순조27) 동짓달 29일에 새벽 등불 아래에서 풍고 노인이 기록하다.〔丁亥南至之小晦, 曉燈楓皐老人識.〕'라는 기록이 있다.

143 운림(雲林)과 석전(石田) : 운림은 원(元)나라의 문인화가인 예찬(倪瓚)의 호이고, 석전은 명나라의 은자로 시·서·화에 뛰어났던 심주(沈周)의 호이다.

하였네. 운명이 원수와 모의한 뒤에야[144] 하늘을 부르며 소리쳤고, 명성을 성취함이 없는 뒤에야 나이를 알게 되었으니, 후회하는 것이 후회함이 없는 것보다 낫다. 아! 효전(孝田)[145]이여.

동파(東坡 소식(蘇軾))가 말하기를 "촉(蜀) 땅 사람의 속담에 '글씨를 배우면 종이를 허비하고, 의술을 배우면 사람을 허비한다.'라는 말이 있다."라고 하였다.[146] 노군 대유(盧君大有)는 의술을 배우는 자이다. 만약 그의 의술이 글씨를 배우는 자가 종이를 허비하는 것처럼 한다면 천하의 사람을 모두 불쌍히 여길 만하지도 않을 것이다. 또 만약 내가 그가 허비하는 사람의 범주에 들어간다면 진실로 큰 낭패가 될 것이다. 나는 병이 들더라도 차라리 약을 쓰지 않고 죽을지언정 노군의 허비에 필요한 사람이 되기를 원하지 않는다. 이를 미루어 넓힌다

144 운명이……뒤에야 : 운명이 매우 기구함을 말한 것이다. 한유(韓愈)의 〈진학해(進學解)〉에, "3년 동안 박사로 있을 적에는 한직이라 치적을 나타내지 못했으니, 운명이 원수와 도모하여 실패를 당한 것이 그 얼마나 되는가.〔三年博士, 冗不見治, 命與仇謀, 取敗幾時?〕"라는 말이 있다.

145 효전(孝田) : 심노숭(沈魯崇, 1762~1837)으로, 본관은 청송(靑松)이고, 자는 태등(泰登)이며, 효전은 그의 호이다. 다른 호는 몽산거사(夢山居士)이다. 부친은 노론 시파(時派)로서 벽파(僻派) 공격의 선봉에 섰던 심낙수(沈樂洙)이다. 1801년(순조 1)에 벽파가 정권을 장악하자 부친 심낙수의 관직이 추삭되면서 심노숭도 경남 기장현(機張縣)으로 유배되었다. 1806년 해배되어 형조 정랑·논산 현감(論山縣監)·광주 판관(廣州判官) 등을 역임하였다. 저서에 《효전산고(孝田散稿)》, 《적선세가(積善世家)》 등이 있다.

146 동파(東坡)가……하였다 : 소식(蘇軾)의 〈묵보당기(墨寶堂記)〉에 나오는 말이다. 629쪽 주129 참조.

면 살기를 좋아하고 죽기를 싫어하는 것은 모두 사람의 마음이니, 노군이 어찌 신중히 하지 않고 어렵게 여기지 않고서 가벼이 사람에게 약을 써서야 되겠는가. 이를 써서 경계를 드린다.

이것은 석한(石閒)[147]이 절간에서 술에 취해 그린 것이다. 가슴속의 불평을 술에 취해서도 다 없앨 수 없어 붓끝의 지면에 토해 낸 것이니, 어찌 꼭 그 모습이 완전히 같을 필요가 있겠는가. 구방고(九方皐)가 말을 살필 때 단지 정신만 살폈으니,[148] 나는 이 석한의 그림에 대해서 또한 그렇게 말하겠다.

와당(瓦當)으로 벼루를 만들면 먹빛이 옻과 같아 매우 즐길 만하다. 동파선생(東坡先生 소식(蘇軾))이 말하기를 "글씨를 쓸 때 옛 법도에 따르지 않는다."라고 하였으니,[149] 또한 하나의 유쾌한 일이다. 나는 옛 법도에 따르지 않는 것이 아니라 본래 옛 법도가 있는 줄도 모르니, 이양빙(李陽氷)[150]과 이사(李斯)[151]와 왕희지(王羲之)와 왕헌지

147 석한(石閒) : 풍고의 절친한 벗인 김조(金照)의 호이다. 523쪽 주170 참조.

148 구방고(九方皐)가……살폈으니 : 구방고는 춘추 시대 때 준마를 감별하던 사람인데, 말을 살필 때 본질적인 능력을 살피고 외양의 모양이나 색깔을 살피지 않았던 고사가 전한다. 609쪽 주93 참조.

149 동파선생(東坡先生)이……하였으니 : 풍고가 인용한 소식(蘇軾)의 말은 그 출처를 찾지 못했다. 다만 송(宋)나라 황정견(黃庭堅)이 소식의 글씨에 대해 "사대부들 가운데 동파선생의 글씨가 옛 법도에 맞지 않음을 비난하는 이가 많다.〔士大夫多譏東坡用筆不合古法.〕"라고 한 내용이 보인다. 《山谷集 卷29 跋東坡水陸贊》

150 이양빙(李陽氷) : 당(唐)나라 때의 명필로 자는 소온(少溫)이고, 이백(李白)의 종숙(從叔)이다. 특히 소전(小篆)에 뛰어났다고 한다.

(王獻之)인들 나에게 어떠하겠는가.

무자년(1828, 순조28) 여름날 밤에 노군 금전(盧君錦田)이 이 부채에 대 그림을 그려달라고 청하였다. 내가 눈이 흐릿해 실수로 부채 뒷면에 그리니 옆에 있던 사람이 이를 알려주었으나 이미 그림을 다 그리고 난 뒤라 어쩔 도리가 없어 마침내 대 그림 뒷면에 낙관을 찍었다. 어떤 사람이 그 까닭을 묻기에, 내가 말하기를 "옛날 사람이 동전의 앞뒷면을 논한 것이 각각 같지 않으니, 어떤 사람은 글자가 있는 쪽을 앞면으로 여겼고, 어떤 사람은 글자가 없는 쪽을 앞면으로 여겼다.[152] 그렇다면 부채의 뒷면이 되고 앞면이 되는 것은 오직 사람이 일컫는 것이니, 대 그림의 진기함에 어찌 해가 될 것이 있겠는가."라고 하였다. 풍고 늙은이가 이를 기록하여 호사자(好事者)를 기다린다.

151 이사(李斯) : 진(秦)나라 때 승상(丞相)으로, 소전(小篆)을 창안하였는데 이를 옥저체(玉筯體)라고 한다.

152 옛날……여겼다 : 《주역》의 점괘를 뽑는 사람들이 편의를 위해 시초(蓍草)를 사용하지 않고 동전을 던져 음효(陰爻)와 양효(陽爻)를 가렸는데, 예부터 글자가 있는 쪽을 음(陰)으로 글자가 없는 쪽을 양(陽)으로 삼았다. 그런데 주희(朱熹)는 이와 반대로 글자가 있는 쪽을 앞면으로 여겨 양효로 삼고, 글자가 없는 쪽을 뒷면으로 여겨 음효로 삼았다고 한다. 《祛疑說 易占說》

발문 跋

풍고집 발문
跋

김 충문공(金忠文公 김조순)의 시문집이 공이 세상을 떠난 지 23년 뒤에 간행되어 세상에 나오게 되었다.[1] 아! 공이 어찌 문장으로 자처한 자이겠는가. 다만 내면에 축적되어서 글로 드러난 것일 뿐이다.

예나 지금이나 문장을 짓는 자들은 처음에는 저마다 자신의 글을 아끼고 중시하지 않은 적이 없건만, 전해지는 것이 장구하기도 하고 짧기도 하니 이는 무엇 때문인가? 덕행과 공적, 이름난 절개와 식견이 우뚝하고 특출하며, 빼어나고 출중한 기운이 산천과 같고 별과 같은 연후에야 서려 있는 순수한 정신과 빛나는 예리한 기상이 고금을 다하도록 시들지 않을 수 있는 것이다.

공이 집안에서 익힌 학문〔詩禮之學〕은 대대로 물려받은 것이고 충정(忠貞)은 타고난 것이며, 당당한 체구와 고상한 풍격을 지녔으며, 흉금은 담백하고 도량은 넓었다. 용과 범처럼 변화를 헤아릴 수 없지만 마음을 지니는 것은 기린과 봉황처럼 상서롭고 조화로웠으며, 높고 우뚝한 산악처럼 운용을 드러내지 않았지만 남을 다스리는 것은 어려운 때에 천하를 경륜하는 것과 같았다.[2] 의론은 종횡으로 내달리

1 김 충문공(金忠文公)의……되었다 : 《풍고집》은 1854년(철종5)에 풍고의 셋째 아들 영의정 김좌근(金左根)이 정리자(整理字)로 간행하였다.

2 어려운……같았다 : 원문은 '운뢰지경륜(雲雷之經綸)'인데, 《주역》 〈둔괘(屯卦) 상(象)〉에 "비를 이루지 못한 구름과 우레가 둔이니 군자가 보고서 천하를 경륜한다.〔雲雷屯, 君子以, 經綸.〕"라는 말을 원용한 표현이다. 구름과 우레는 하늘과 땅의 기운이

며 곡절(曲折)이 있고 근거가 있어 장강(長江)처럼 넓고 넓어 끝이 없되 풍류가 넘치고 여운이 길게 이어졌다. 마치 예관(禮冠)을 쓰고 패옥을 울리며 준뢰(罇罍 제기(祭器))와 종경(鍾磬 악기(樂器)) 사이에서 절하고 사양하는 것〔揖讓〕과 같았다. 무릇 선비가 칭송을 받으며 세상에 이름을 얻게 되는 것들이 공에게 한 가지도 갖추어지지 않은 것이 없었다.

정종(正宗 정조) 때 공이 나이가 아직 많지 않고 지위는 현달하지 않았으나 성상은 사람을 알아보는 밝은 안목으로 남들이 알지 못하는 가운데에서 공을 알아보고 '바르고 신중하니 대사(大事)를 맡길 만하다.'라고 여겼다. 마침내 위수(渭水)의 다리를 놓는 상서(祥瑞)를 정하였으며,[3] 손을 잡고 순종(純宗 순조)을 부탁하고서 순종에게 말하기를 "이 사람은 결코 너를 바르지 않은 도리로 인도하지 않을 것이다."라고 하였다.[4]

순종이 재위한 30여 년 동안 겸허하고 조심스럽게 행동하여 마치 세상사에 마음을 두지 않는 듯했다. 그러나 조정의 상황을 안정시키고

통하지 않는 어려운 때를 의미한다.

3 위수(渭水)의……정하였으며 : 풍고의 딸을 순조의 비(妃)로 간택했다는 말이다. 위수의 다리는 주(周)나라 문왕(文王)이 태사(太姒)를 친영(親迎)한 것을 말하는데, 《시경》 〈대명(大明)〉에 "큰 나라가 딸을 두니 하늘에 비길 만한 여인이로다. 예로 그 길함을 정하시고 위수(渭水)에서 친영하사, 배를 만들어 다리를 놓으시니 그 빛이 드러나지 아니할까.〔大邦有子, 俔天之妹. 文定厥祥, 親迎于渭. 造舟爲梁, 不顯其光?〕"라고 한 데서 나온 말이다.

4 손을……하였다 : 《순조실록》 32년(1832) 4월 3일자 풍고의 졸기(卒記)에 같은 내용이 보인다.

세신(世臣)을 보호하며 곤궁한 백성을 구제하고 형벌을 너그럽게 하는 큰일에 대해서는 그 관건을 묵묵히 보좌하였으니, 대부분 조정의 신하들이 모르고 대신(大臣)이 행하기 어려운 것이었다. 밝게 빛나는 그 충정은 요순군민(堯舜君民)의 바람[5]이었을 뿐만 아니라 만년토록 이어질 국가의 터전에 큰 명(命)을 맞이하고 큰 복을 넓히기를 항상 생각하였으니, 그 금석(金石) 같은 지극한 정성을 신명께서도 굽어볼 것이다. 옛날의 이른바 '사직신(社稷臣)'이라는 것[6]이 아마도 공을 이르는 것이리라.

공은 태어나면서부터 영특하고 순수하며 빼어나고 출중하였으며, 문장에 대해서는 신명처럼 깨우침이 있었다. 어려서부터 글을 탐독하는 것을 일로 삼았는데, 규장각 벼슬에 올라 손수 책을 엮게 되어서는 관청의 등불을 대하다가 왕왕 붉은 해가 창을 비추는 것도 깨닫지 못하였다. 위로는 경전을 모두 엿보고 아래로는 제자백가에 이르기까지[7] 푹 잠겨서 헤엄치고 두루 섭렵하였으니, 그 저술은 경전에 근본을 두되 제자(諸子)에서 힘을 얻은 것이 많아 웅장하고 광대하여 우뚝이 홀로

5 요순군민(堯舜君民)의 바람 : 임금을 요순과 같은 성군으로 만들고 백성을 요순시대의 순박한 백성으로 만드는 것을 말한다. 은(殷)나라 탕(湯) 임금의 세 번이나 계속된 초빙을 받은 이윤(伊尹)이 출사하면서 한 말에서 나왔다. 《孟子 萬章上》

6 옛날의……것 : 사직신(社稷臣)은 국가의 안위를 책임진 중신(重臣)을 말한다. 맹자가 "사직을 편안히 하려는 신하가 있으니, 사직을 편안히 함을 기쁨으로 삼는 자이다.〔有安社稷臣者, 以安社稷爲悅者也.〕"라고 하였다. 《孟子 盡心上》

7 위로는……이르기까지 : 원문은 '상규하체(上窺下逮)'이다. 한유(韓愈)의 〈진학해(進學解)〉에 "위로는 요순의 아득하여 끝이 없음과……살피며, 아래로는 《장자》와 《이소(離騷)》와……에까지 미친다.〔上規姚姒渾渾無涯……下逮莊騷……〕"라고 한 것을 축약한 표현한 것이므로, 〈진학해〉의 내용을 참작해 보충해서 번역하였다.

선 형세가 있었으며, 종묘와 조정에서 사용하는 글은 전아하고 우아하여 관악기와 현악기가 어우러져서 울리는 듯했다.

시에서는 고체(古體)에 더욱 뛰어났는데, 넓고 큰 강물이 험난한 곳을 만나 더욱 도도하게 끝없이 내달리는 것과 같았으며, 삼군(三軍)의 아침 기운[8]과 같았으며, 갑옷 입은 말이 좁은 골짜기에서 날듯이 뛰어오르는 것 같았으며, 바람이 세차게 불고 번개가 번쩍이듯 기묘한 변화가 귀신과 같았다. 율시와 절구는 빼어나고 훌륭하며 유원(悠遠)하여 여음이 있었으니, 논하는 자들이 간혹 소식(蘇軾)과 황정견(黃庭堅)의 시인가 의심하기도 하였다. 공이 항상 말하기를 "떨어진 깃털과 조각난 비단을 끌어 모아 스스로 자랑하는 것이 어찌 한 필의 비단을 다 써서 마름질하여 만든 것만 하겠는가."라고 하였으니, 이것이 바로 공이 표절과 절취를 공교한 것으로 여기지 않고 스스로 일가(一家)의 말을 이룬 이유이다. 사문(斯文)의 모범이 되고 다스림의 귀감이 되어 팔방의 선비들이 한마음으로 받들었으니, 우리의 성대한 교화와 문명의 운용을 꾸미고 드러낸 것은 그 공을 또한 어찌 쉽게 말할 수 있겠는가.

공의 서법(書法)은 굳세고 강건하였고 고상한 정취가 있었다. 일찍이 묘향산(妙香山)을 읊은 장편의 시를 쓰고서 나에게 산사(山寺)에

8 삼군(三軍)의 아침 기운 : 예리한 기운을 말한다. 《손자(孫子)》〈군쟁(軍爭)〉에, "그러므로 삼군의 기운을 빼앗을 수 있고, 장군의 마음을 빼앗을 수 있다. 그러므로 아침 기운은 예리하고 낮 기운은 태만하고 저녁 기운은 돌아가려 하므로, 용병을 잘하는 자는 적의 예리한 기운을 피하고, 나태하여 돌아갈 때 공격한다.〔故三軍可奪氣, 將軍可奪心. 是故朝氣銳, 晝氣惰, 暮氣歸. 故善用兵者, 避其銳氣, 擊其惰歸.〕"라고 한 데서 나온 말이다.

보관하라고 맡기셨다. 내가 연경(燕京)에 갈 때[9] 이 시를 지니고 연경에 이르니 명사(名士)들이 모여서 보고 깜짝 놀라 돌아보며 말하기를 "양양(襄陽 미불(米芾))의 글씨요 산곡(山谷 황정견(黃庭堅))의 시로다. 초고를 남겨두어 천하 사람들과 함께 보배로 여기고 싶소."라고 하였다. 이 글씨는 공이 손 가는 대로 붓을 적셔 쓴 것에 불과할 뿐인데도 안목이 높은 자에게 중시를 받은 것이 마침내 저와 같았단 말인가.

공의 막내아들인 상국(相國 김좌근(金左根))이 나에게 한마디의 서문을 명하였으니, 어찌 내가 공의 문장을 선양할 수 있을 것이라고 여겨서이겠는가. 아마도 내가 예원(藝苑)의 글을 짓는 자리에서 공의 덕에 감화되고 가르침을 입은 것이 지금 사람들 중에 오래되었기 때문일 것이리라. 내가 어찌 공의 문장을 알 수 있겠는가. 오직 공의 덕업과 학식과 세상에 보기 드문 도량이, 공이 살아 있느냐 세상을 떠났느냐에 따라 드러나고 묻힘이 없을 것이라는 것만 알 뿐이다. 하물며 이 책에 공의 해타(咳唾)와 담소와 정신이 모여 있음에랴.

옛날 송금화(宋金華 송렴(宋濂))가 구문공(歐文公 구양현(歐陽玄))의 책에 쓰기를 "공의 문장은 하늘과 땅의 사이에 있어서, 올라가면 경운(卿雲 상서로운 구름)이 되고 내려오면 예천(醴泉)이 될 것이니, 시간이 흘러도 항상 새로워 천고의 시간이 하루와 같을 것이다."라고 하였다.[10] 내가 늘 이 말을 외고 또 세상에 이 말에 해당될 만한 자가

9 내가……때 : 정원용(鄭元容)은 1831년(순조31)에 동지사로 연경에 다녀왔다.

10 옛날……하였다 : 송금화(宋金華)는 명나라 초기의 문인 송렴(宋濂)으로, 절강성(浙江省) 금화(金華) 출신이다. 자는 경렴(景濂)이고 호는 잠계(潛溪)이다. 구문공(歐文公)은 원(元)나라 구양현(歐陽玄)으로 시호가 문(文)이다. 자는 원공(原功)이며, 호는 규재(圭齋)이다. 인용한 내용은 송렴의 《문헌집(文憲集)》 권7의 〈구양문공문집

없음을 한스럽게 여겼는데, 오늘에야 공을 위해 이 말을 쓸 수 있게 되었다.

금상 5년 갑인년(1854, 철종5) 중추(仲秋)에 대광보국숭록대부(大匡輔國崇祿大夫) 의정부영의정 겸 영경연·홍문관·예문관·춘추관·관상감사 원임규장각제학(原任奎章閣提學) 동래(東萊) 정원용(鄭元容)이 삼가 짓다.

서(歐陽文公文集序)〉에 나오는 말을 축약해서 옮긴 것이다. 참고로 구양현의 문집은 《규재집(圭齋集)》이다.

풍고집 발문

跋

이 문집은 종숙부 풍고 선생이 지은 시와 문 약간 권이다. 큰아들 상서공(尙書公 김유근(金逌根))이 문체별로 모았고 막내아들인 지금의 원보공(元輔公 영의정 김좌근(金左根))이 목판에 새겨 간행하였다.

아! 선생은 우리 정조와 순조 두 성조(聖朝)를 섬기며 충성과 올바름으로 마음과 몸을 다 바쳤다. 비록 처지에 구애되어 겸손히 물러나 국가를 위해 공적을 세울 것을 자임하지는 않았으나, 저 사적과 공적이 어찌 담당 관리가 근근이 능력을 평가하여 나아가 등급을 매길 수 있는 것이겠는가. 국사(國史)와 야승(野乘)에 반드시 기록하여 후세를 일깨울 것이 있을 것이니, 소자가 감히 사사로이 말할 수 있는 것이 아니다. 그러나 선생이 대인군자(大人君子)라는 것은 백 세의 뒤를 기다릴 필요가 없이 논의가 정해진 것이 이미 오래라, 임금의 글이 환하게 빛나 화곤(華袞)을 받는 것보다 영광스러움이 있으니,[11] 훌륭한 이 말씀이

11 임금의……있으니 : 임금의 글을 받아 지극한 영예를 누리고 있다는 말이다. 임금의 글이 무엇인지 정확하지 않으나, 풍고가 세상을 떠났을 때 순조가 내린 하교를 지칭한 것으로 보인다. 《순조실록》 32년(1832) 4월 3일 기사의 풍고의 졸기에 "오직 부지런하고 충정(忠貞)하며 한결같은 마음으로 왕실을 위하여, 안으로는 지극한 정성으로 힘을 다해 나를 올바르게 돕고 밖으로는 두루 다스리어 진정시켜 시국의 어려움을 크게 구제하였으니, 국가가 오늘날이 있도록 보존한 것이 누구의 힘이었겠는가."라는 순조의 하교가 보인다. 화곤(華袞)은 왕공과 귀족의 복장을 말한다. 진(晉)나라 범녕(范寧)의 〈춘추곡량전서(春秋穀梁傳序)〉에 "한 글자의 포상이 화곤을 받는 것보다도 영광스러웠고, 한마디의 폄하가 시장에서 맞는 회초리보다도 치욕스러웠다.〔一字之褒, 寵踰華袞

여! 어찌 이보다 더할 수 있겠는가.

선생은 문장에 대해 읽지 않은 글이 없었고 읽지 않은 때가 없었다. 수레가 골목에 가득하고 고관(高官)이 자리에 넘치며 문서가 쌓이고 서찰이 산더미 같아도, 응수하는 일이 끝나면 그때마다 한 권의 책을 손에 들고 읊조렸다. 그러므로 문묵(文墨)으로 어울리는 자들이 대부분 당시의 명사들이었고, 세상과 어울리지 못하는 사람과 한미한 선비라 할지라도 일면식만 있다면 불러 모아 함께 즐겼다. 심지어 전사음(田社飮)이라는 기롱을 받기까지 하였으나[12] 평생 변치 않고 즐겼다. 풍류가 고아하여 이미 모든 이를 감싸줄 수 있는 것이 당시에 으뜸이었다.

아! 소자가 하늘의 보살핌을 받지 못한 뒤로[13] 선생이 보살피고 긍휼히 여겨준 것이 20년 남짓 되었다. 비록 어리석은 송아지처럼[14] 어리고

之贈; 片言之貶, 辱過市朝之撻.〕"라고 하였다.

12 전사음(田社飮)이라는……하였으나 : 연천(淵泉) 김이양(金履陽)이, 한미한 선비들과 어울려 밭에서 술 마시는 풍고를 '전간음(田間飮)'이라고 기롱한 일이 있는데, 여기서 말하는 전사음(田社飮)은 전간음의 다른 표현으로 보인다. 전사는 밭도랑을 말한다. 풍고 시의 원주(原註)에 "연천공은 내가 쇠잔한 음직의 한미한 선비들과 노니는 것을 늘 비웃으며 매양 '전간음(田間飮)'이라고 하였다."라는 내용이 보인다. 《楓皐集 卷6 上元夜……明日賦呈》

13 하늘의……뒤로 : 김홍근(金興根)의 부친인 김명순(金明淳)이 세상을 떠난 것을 말한 것으로 보인다. 김명순은 1810년(순조10)에 세상을 떠났다.

14 어리석은 송아지처럼 : 원문은 '용독(憃牘)'인데, '독(牘)'의 의미가 통하지 않는다. 《회남자(淮南子)》 〈도응훈(道應訓)〉에, "어리석기가 마치 새로 태어난 송아지 같다.〔憃乎若新生之犢.〕"라는 표현이 있으므로, 우선 '독(牘)'을 '독(犢)'의 오기로 보아 '송아지'로 번역해 둔다.

우매하여 비록 한 가지 재주도 이름을 얻지 못했지만, 나를 과분하게 칭찬하고 은혜와 사랑을 베풀어준 것이 상서공(尙書公 김유근) 형제와 비교해 조금의 차이도 없었다. 지금 생각해 보면 아마도 나의 어리석음을 감싸서 나아가게 하여 성취함이 있기를 기대하신 듯하다. 흰머리의 늙은이가 되어 더 이상 선생의 풍모를 뵐 길이 없어 오랜 옛날을 되돌아보며 남은 눈물만 흘릴 뿐이다.

갑인년(1854, 철종5) 중추(仲秋)에 종질(從姪) 홍근(興根)[15]이 삼가 발문을 짓다.

15 종질(從姪) 홍근(興根) : 1796~1870. 자는 기경(起卿)이고, 호는 유관(游觀)이다. 부친은 풍고의 종형인 김명순(金明淳)이다. 1825년(순조25)에 문과에 급제하였고, 1852년(철종3)에 영의정에 올랐다. 시호는 충문(忠文)이다.

풍고집 발문
跋

대인군자(大人君子)가 그 사람의 의(義)를 높이고 통유(通儒)와 달사(達士)가 그 사람의 계책을 법도로 삼으며, 어리석은 자가 그 사람의 덕(德)을 흠모하고 사나운 사내가 그 사람의 도량에 감복한다면, 그 사람은 반드시 사과(四科)[16]에 능하여서 이로 말미암아 삼불후(三不朽)[17]의 설이 일어나게 될 것이다. 바라보면 본받을 만한 의표가 있고 말을 들으면 선하지 않은 실마리가 없어서 영원토록 아름다운 명성이 은은하게 날로 드러날 것이다.[18] 이와 같은 분이 어찌 심정을 읊고 글을 읽은 나머지로써 후세에 전해짐이 있을 것이라고 자랑하겠는가.

우리 정묘(正廟 정조)는 임금으로서 스승이 되어 빼어난 인재를 높이 등용하여 군룡(群龍 현신(賢臣))을 날개로 삼아 세상을 경륜하였다. 공

16 사과(四科) : 덕행과 언어와 정사(政事)와 문학으로, 공자의 문하에서 익히던 네 분야를 말한다. 《論語 先進》

17 삼불후(三不朽) : 덕행을 수립하고 공업을 세우고 후세에 전할 만한 말을 남기는 것을 말한다. 《춘추좌씨전》 양공(襄公) 24년에 "최상은 덕행을 수립하고 그다음은 공업을 세우고 그다음은 후세에 전할 만한 말을 남겨서, 세월이 아무리 오래 흘러도 폐기되지 않는 것, 이것을 불후라고 한다.〔大上有立德, 其次有立功, 其次有立言, 雖久不廢, 此之謂不朽.〕"라고 하였다.

18 은은하게……것이다 : 《중용장구》 제33장에, "군자의 도는 은은하나 날로 드러나고, 소인의 도는 선명하나 날로 없어지는 것이다.〔君子之道闇然而日章, 小人之道的然而日亡.〕"라고 하였다.

은 약관에 성상의 지우를 입어 특별히 매우 밝게 드러났고, 옥궤(玉几)에서 손을 잡고 하신 부탁[19]을 받아 우리나라의 크나큰 기업(基業)을 크게 하고 치밀히 하여 천명을 맞이하여 이어주었다. 대성인(大聖人 정조)의 사람을 알아보는 식견은 참으로 해와 달처럼 밝았거니와, 공이 공이 된 것은 또한 신백(申伯)과 중산보(仲山甫)가 산악의 정기를 받아 태어나고[20] 이서평(李西平)을 하늘이 낸 것[21]이 아니겠는가.

무릇 공의 도량은 치우친 것을 공평하게 만들 수 있었고 공의 덕은 막힌 것을 이르게 할 수 있었으며, 계책을 세워 문사(文辭)를 펼치고 의리를 지켜 선악을 엄정히 한 것은 공이 본래 지닌 것이었다. 그러나 사람의 생각이 똑같지 않은 것[22]은 항상 그런 것이기에, 개보(介甫)는 위공(魏公)을 좋아하지 않았고[23] 성유(聖兪)는 희문(希文)을 힘을 다

19 옥궤(玉几)에서……부탁 : 정조가 세상을 떠나며 풍고에게 어린 순조를 부탁한 일을 말한다. 《純祖實錄 32年 4月 3日 金祖淳卒記》

20 신백(申伯)과……태어나고 : 신백과 중산보(仲山甫)는 주(周)나라 선왕(宣王) 때의 명신이다. 《시경》 〈숭고(崧高)〉에 "산악에서 신을 내려, 보후(甫侯)와 신후(申侯)를 내셨도다.〔維嶽降神, 生甫及申.〕"라는 구절이 있다.

21 이서평(李西平)을……것 : 이서평은 당나라 덕종(德宗) 때의 장군 이성(李晟)으로 주자(朱泚)의 난을 평정하고 서평왕(西平王)에 봉해졌다. 주자의 난 때 이성이 장안(長安)을 수복하자, 덕종이 "하늘이 이성을 낸 것은 사직과 만백성을 위한 것이지, 짐을 위한 것이 아니다.〔天生李晟, 爲社稷萬人, 不爲朕也.〕"라고 하였다. 《舊唐書 卷133 李晟列傳》

22 사람의……것 : 원문은 '물지부제(物之不齊)'로, 원래는 《맹자》 〈등문공 상(滕文公上)에서 사물의 모습이 서로 똑같지 않음을 뜻하는 말로 쓴 것인데, 여기서는 문맥을 고려하여 이렇게 의역하였다.

23 개보(介甫)는……않았고 : 개보는 왕안석(王安石)의 자이고, 위공(魏公)은 한기(韓琦)의 봉호이다. 왕안석과 한기는 모두 송나라의 명신이지만, 신법당과 구법당으로

해 헐뜯었으니,[24] 충신(忠信)한 원로대신도 서로 다름이 없을 수 없었던 것이다. 오직 공의 의론(議論)과 풍류는, 사람들이 절로 감화되어 공효와 이로움이 넓어져 우러러보고 굽어보며 강한(江漢)의 숙자(叔子)[25]를 그리워함이 있는 것과 같았으니, 이것이 어찌 음성과 웃음과 겉모습으로 꾸며서 갑자기 이를 수 있는 경지이겠는가. 이는 어려울 때 올바른 도리를 지키고 나라의 어려움에 몸을 돌보지 않는 데에서부터 곧으면서도 거만하지 않고 화합하면서도 휩쓸리지 않는 데에 이르기까지 천지의 원기(元氣)를 헤아려 조금씩 스며들게 해 우리의 성대한 태평을 도왔기 때문이다. 이른바 '찾을 수 있는 자취가 없다.〔無迹可尋.〕'는 것이고 '오래된 연후에 드러난다.〔久然後著.〕'는 것이니, 만약 남의 말을 잘 이해하는 자가 공의 처음과 끝을 구하고자 한다면 이것을 버리고 도리어 무엇으로써 할 것인가.

대로(大老) 이후로 4대에 걸쳐 네 분의 충신이 나왔으니,[26] 하늘이

갈려 서로 반목하였다.

24 성유(聖兪)는……헐뜯었으니 : 성유는 송나라 매요신(梅堯臣)의 자이고, 희문(希文)은 범중엄(范仲淹)의 자이다. 송나라의 위태(魏泰)가 매요신의 이름을 가탁하여 《벽운하(碧雲騢)》라는 소설(小說)을 짓고 명공(名公)들을 헐뜯었는데, 그중에서도 범중엄을 공격하는 데 온 힘을 기울였다고 한다. 《文獻通考 經籍考 子 碧雲騢》

25 강한(江漢)의 숙자(叔子) : 진(晉)나라 때의 명신 양호(羊祜)를 지칭한 것으로, 숙자는 그의 자이다. 강한은 양자강과 황하 사이의 요충지로 여기서는 형주(荊州) 지역을 일컫는다. 양호가 무제(武帝) 때 강한의 요충지인 형주의 도독제군사(都督諸軍事)로서 양양(襄陽)을 진무하면서, 진영에서 항상 가벼운 갖옷을 입고 띠를 느슨하게 맨 채 갑옷을 걸치지 않고 덕으로 다스려 선비의 기풍이 있었다고 한다. 《晉書 卷34 羊祜傳》

26 대로(大老)……나왔으니 : 대로는 청음(淸陰) 김상헌(金尙憲)을 말한다. 4대는

명문가를 배양한 것은 공의 가문에 사사로움이 있었던 것이 아니다. 공이 선대의 업적을 찬란히 이어 당시의 종신(宗臣)이 된 것은 그 후손에게 요구함이 있었던 것이 아니다. 공이 세상을 떠난 뒤로 20여 년이 흘러 별과 산악처럼 띠〔帶〕를 차고 홀(笏)을 두른 의용을, 세상의 법도요 본보기가 늘어선 반열에서 더 이상 볼 수 없으니, 인간 세상에 대한 감회와 재덕이 뛰어난 사람의 성쇠하는 때에 대해 그 느낌이 어떠하겠는가.

공의 시와 문은 모두 약간 권인데 여러 번의 계절을 거치며 모아서 비로소 완성함에 이르렀다. 시는 일가를 이룬 대가로서 연못과 바다처럼 크고 넓어 그 끝을 알 수 없다. 문장은 추맹씨(鄒孟氏 맹자(孟子))로부터 그 힘을 얻어 전아하고 돈후하였으며 끝까지 궁구하지 않으면 그치지 않았다. 만약 공이 글을 짓는 일에만 종사하여 작가의 부류로 내달렸더라면 또한 크고 우뚝하게 문호를 세웠을 것이다.

옛날 한(漢)나라의 하후씨(夏侯氏)가 말하기를 "음덕(陰德)이 있는 사람은 반드시 백 세의 뒤에 보답을 받는다."라고 하였으니,[27] 구정(九

김상헌의 손자로 기사환국 때 목숨을 잃은 김수항(金壽恒) 및 신임사화 때 목숨을 잃은 김창집(金昌集)·김제겸(金濟謙)·김성행(金省行)을 말한다. 이들의 시호에 모두 '충(忠)'이 들어 있다.

27 한(漢)나라의……하였으니 : 하후씨(夏侯氏)는 한나라 선제(宣帝) 때 태자 태부(太子太傅)를 지낸 하후승(夏侯勝)을 말한다. 박양후(博陽侯) 병길(丙吉)이 병이 들어 일어나지 못해 한나라 선제가 걱정하자 하후승이 "이 사람은 죽지 않을 것입니다. 제가 듣건대, 음덕이 있는 자는 반드시 그 즐거움을 누려서 자손에까지 이른다고 하였습니다. 지금 병길은 보답을 받지 못하고 병이 심해졌으니 이는 죽을병이 아닙니다.〔此未死也, 臣聞有陰德者, 必饗其樂, 以及子孫. 今吉未獲報而疾甚, 非其死疾也.〕"라고 하였고, 과연 병길의 병이 나았다는 고사가 있다. 《漢書 卷74 丙吉傳》

鼎)과 대려(大呂) 같은 공을 병 박양(丙博陽)에 비교한다면[28] 마땅히 어디에 있겠는가. 아! 〈전(傳)〉에서 '종묘사직이 장구하여 끝내 그 혜택을 입게 되었다.〔社稷靈長, 終必賴之.〕'라고 하지 않았던가.[29]

금상 5년(1854, 철종5) 중추(仲秋)에 양주(楊州) 조두순(趙斗淳)이 삼가 발문을 짓다.[30]

28 구정(九鼎)과……비교한다면 : 구정은 하우씨(夏禹氏)가 주조한 솥이며, 대려(大呂)는 큰 종인데, 국가의 중대한 보물을 뜻하는 의미로 쓰인다. 병 박양(丙博陽)은 한나라 선제(宣帝) 때의 재상으로 박양후(博陽侯)에 봉해진 병길(丙吉)을 말한다. 위의 주 참조.

29 전(傳)에서……않았던가 : 소식(蘇軾)의 〈신종 황제에게 올린 글〔上神宗皇帝書〕〉에 보이는데, 소식이 송나라 인종(仁宗) 때의 일을 거론하면서 "종묘사직이 장구하였으니 이는 끝내 반드시 이에 힘입은 것이다.〔社稷長遠, 終必賴之.〕"라고 한 내용이 보인다.

30 양주(楊州)……짓다 : 조두순(趙斗淳, 1796~1870)의 본관은 양주(楊州)이고, 자는 원칠(元七)이며, 호는 심암(心菴)이다. 1826년(순조26)에 문과에 급제하였고, 흥선대원군(興宣大院君) 집권 초기에 영의정에까지 올랐다. 문집으로 《심암유고》가 있는데, 《심암유고》 권28에는 이 발문이 〈풍고집 서문〔楓皐集序〕〉으로 수록되어 있다.

지은이 **김조순(金祖淳)**

1765(영조41)~1832(순조32). 본관은 안동(安東), 초명은 낙순(洛淳), 자는 사원(士源), 호는 풍고(楓皐), 시호는 충문(忠文)이다. 영의정 김창집(金昌集)의 4대손으로, 부친은 부사를 지낸 김이중(金履中)이다. 21세 때인 1785년(정조9)에 문과에 급제하여 정조로부터 조순(祖淳)이라는 이름을 하사받았으며, 1786년 초계문신(抄啓文臣)에 뽑혔다. 1792년(정조16)에 담정(藫庭) 김려(金鑢)와 함께 《우초신지(虞初新志)》를 모방하여 《우초속지(虞初續志)》를 만들었다. 이해 10월에 동지겸사은사의 서장관으로 연행하였으며, 패관소설의 탐독으로 문체가 바르지 못하다는 정조의 견책을 받고 연행 도중 자송문(自訟文)을 지어 올렸다. 1800년(정조24) 6월 정조가 승하한 뒤 정조의 시책문(諡冊文)을 지어 올렸다. 병조・예조・이조의 판서를 거친 뒤 1802년(순조2)에 문형이 되었으며, 이해 9월에 딸이 순조의 비(妃)가 되자 영안부원군(永安府院君)에 봉해졌다. 1804년(순조4) 무렵 삼청동(三淸洞)에 별장인 옥호정(玉壺亭)을 조성하였으며, 이곳을 중심으로 많은 문인들과 시회를 펼쳤다. 이후 훈련대장과 금위대장을 역임하였고, 1826년(순조26)에 다시 문형이 되었다. 1832년(순조32) 4월 3일 세상을 떠나 여주(驪州) 효자리(孝子里)에 묻혔으며, 1841년(헌종7)에 이천(利川) 가좌동(加佐洞)으로 이장되었다. 정조의 묘정에 배향되었으며, 양주의 석실서원(石室書院)과 여주의 현암서원(玄巖書院)에 제향되었다. 저서로 《풍고집》이 있다.

옮긴이 **이성민(李聖敏)**

1970년 부산에서 태어났다. 동아대학교 한문학과를 졸업하고, 성균관대학교 한문학과에서 석사 및 박사 학위를 받았다. 한국고전번역원의 전신인 민족문화추진회 부설 국역연수원에서 연수부 과정을 이수하였다. 한국고전번역원 전문역자를 거쳐 현재 성균관대학교 대동문화연구원에 재직하고 있다. 번역서로 《월사집 9》, 《환재집 3・4》, 《풍고집 1》, 《채근담》이 있고, 공역서로 《동유첩》, 《향산집 4》, 《논어주소 1》, 《연경재 성해응의 초사담헌》, 《석견루시초》, 《풍고집 2》, 《영재집 1》 등이 있다.

거점연구소협동번역사업 연구진

연구책임자 이영호(성균관대학교 HK 교수)
공동연구원 이희목(성균관대학교 한문학과 교수)
진재교(성균관대학교 한문교육과 교수)
안대회(성균관대학교 한문학과 교수)
책임연구원 김채식
이상아
이성민
이승현
서한석
연구원 임영걸

교열 임정기(전 한국고전번역원 자문위원)
윤문 김종하(성균관대학교 한문학과 박사과정 수료)

풍고집 5

김조순 지음 | 이성민 옮김
2020년 12월 31일 초판 1쇄 발행
편집・발행 성균관대학교 출판부 | 등록 1975. 5. 21. 제1975-9호
주소 (03063) 서울시 종로구 성균관로 25-2
전화 760-1253~4 | 팩스 762-7452 | 홈페이지 press.skku.edu
조판 고연 | 인쇄 및 제본 영신사

값 25,000원
ISBN 979-11-5550-447-5 94810
979-11-5550-365-2 (세트)